Hiernach
hat keiner gefragt.

Dave Eggers

Ein herzzerreissendes Werk von umwerfender Genialität

Eine wahre Geschichte

Aus dem Amerikanischen von
Leonie von Reppert-Bismarck und
Thomas Rütten

Droemer

Originaltitel: A Heartbreaking Work of Staggering Genius
Originalverlag: Simon & Schuster

In den USA wurde das Buch von Simon & Schuster veröffentlicht, eine Firma, die zu einem größeren und wesentlich mächtigeren Unternehmen, Viacom Inc., gehört. Dieses Unternehmen ist reicher und hat mehr Angestellte, als achtzehn von fünfzig amerikanischen Bundesstaaten, als alle Länder Zentralamerikas und alle der ehemaligen Sowjetunion zusammen an Bewohnern haben, und das noch verdreifacht. Das bedeutet, dass ganz gleichgültig, wie groß diese Unternehmen sind und was sie alles besitzen oder wie viel Geld sie haben oder machen oder kontrollieren, ihr Einfluss auf das tägliche Leben und das Herz der Einzelnen, auf 99% Prozent von dem, was Regierungsbeamte in Städten wie Washington, Sao Paulo, Moskau oder Auckland tun, ihr Effekt auf das kurze, schwere Leben von Leuten, die sich mühsam durchs Leben bewegen und schlafen und davon träumen, durch Blutströme zu fliegen, Leute, die Kautschukkitt lieben und über Raumfahrt nachdenken, während sie Geschlechtsverkehr haben, sehr sehr gering ist. Und deshalb sollte man sich darüber keine Gedanken machen.

Besuchen Sie uns im Internet: www.droemer-weltbild.de

Umschlaggestaltung: ZERO Werbeagentur, München
Satz: Ventura Publisher im Verlag
Druck und Bindung: Clausen & Bosse, Leck
Printed in Germany
ISBN 3-426-19563-1

4 5 3

Größe: 5 Fuß 11; Gewicht: 85 Kilo; Augen: blau; Haare: braun; Hände: molliger als man erwarten würde; Allergien: nur gegen Schuppen; Einordnung auf einer Skala »sexuelle Ausrichtung«, wenn »1« absolut heterosexuell und »10« absolut homosexuell bedeutet: »3«

Anmerkung: Dies ist nur dann ein Produkt der Fiktion, wo der Autor sich nicht mehr an die genauen Worte bestimmter Leute und die genaue Beschreibung bestimmter Dinge erinnern konnte. Da dies häufig der Fall ist, mußte er, so gut er konnte, die Lücken füllen. Andererseits: Alle Personen, Geschehnisse und Dialoge sind real und keine Produkte der Phantasie des Autors. Denn zum Zeitpunkt des Schreibens hatte der Autor keine Phantasie für Dinge dieser Art und konnte sich auch nicht vorstellen, eine Geschichte oder eine Figur zu *erfinden* – der Versuch war, als würde man mit einem Clownskostüm bekleidet Auto fahren –, vor allem deshalb nicht, weil es so viel zu sagen gibt über seine eigene, wahre, traurige und inspirierende Geschichte, über reale Leute, die er kannte und natürlich über all die Drehungen und Wendungen in seinem aufgewühlten und komplexen Hirn. Jegliche Ähnlichkeit mit lebenden oder toten Personen sollte absolut offensichtlich für sie und diejenigen, die sie kennen, sein, vor allem dann, wenn der Autor so nett war, sie mit ihrem richtigen Namen versehen und in manchen Fällen die Telefonnummer genannt hat. Alle hier geschilderten Ereignisse haben tatsächlich stattgefunden, auch wenn der Autor sich ab und an einige sehr kleine Freiheiten in Bezug auf die Chronologie herausgenommen hat – denn das ist sein Recht als Amerikaner.

Zunächst einmal:

Ich bin müde.
Ich bin aufrichtigen Herzens!

Dann aber auch:

Du bist müde.
Du bist aufrichtigen Herzens!

Richtlinien und Empfehlungen zur Steigerung des Lesevergnügens:

1. Es besteht keine zwingende Notwendigkeit, das Vorwort zu lesen. Wirklich nicht. Es ist in erster Linie für den Autor gedacht und für die, die nach der Lektüre des übrigen Textes aus welchen Gründen auch immer gerade nichts anderes zu lesen haben. Falls du das Vorwort bereits gelesen hast und wünschst, du hättest es nicht getan, möchten wir uns entschuldigen. Wir hätten dich eher darauf hinweisen sollen.

2. Es besteht ferner keine unbedingte Notwendigkeit, die Danksagung zu lesen. Zahlreiche frühere Leser dieses Buches (vgl. S. XXXVI) haben vorgeschlagen, sie zu kürzen oder ganz zu streichen, doch diesem Ansinnen wurde nicht entsprochen. Dennoch ist es nicht wichtig für die Handlung, so dass wir, wie schon beim Vorwort, abermals um Entschuldigung bitten, falls du die Danksagung bereits gelesen hast und wünschst, du hättest es nicht getan. Wir hätten ein Wort dazu verlieren sollen.

3. Auch das Inhaltsverzeichnis kannst du übergehen, falls deine Zeit knapp bemessen ist.

4. Übrigens werden viele von euch womöglich große Partien des Mittelteils überspringen wollen, nämlich die Seiten 262 bis 381, in denen es um die Lebensgeschichten von

Menschen in ihren frühen Zwanzigern geht. Diesen Lebensabschnitt interessant darzustellen, ist enorm schwierig, selbst wenn er denen interessant erschien, die ihn durchlebten.

5. Tatsächlich werden sich manche von euch nur mit den ersten drei oder vier Kapiteln abgeben wollen. Damit gelangt ihr auf Seite 135 oder so, was einem angenehmen Lesepensum, dem hübschen Umfang einer Novelle entspricht. Diese ersten vier Kapitel haben ein gemeinsames Thema, was gut überschaubar und immerhin mehr ist, als sich vom Rest des Buches sagen lässt.

6. Danach ist das Buch irgendwie unausgewogen.

Vorwort zu dieser Ausgabe

Unabhängig von den lautstarken Behauptungen des Autors an anderer Stelle handelt es sich bei diesem Buch keineswegs um rein Autobiografisches. Zahlreiche Abschnitte wurden in unterschiedlichem Maße und aus verschiedenen Gründen fiktionalisiert.

Dialoge: Diese sind natürlich nahezu vollständig nachgestellt. Sie wurden bei aller Wahrheitstreue – außer wenn ein Dialog offenbar nicht wahrheitsgemäß ist wie im Falle von Figuren, die aus ihrem narrativen Raum-Zeit-Kontinuum ausbrechen, um überaus schmeichelhaft über das Buch selbst zu sprechen – aus dem Gedächtnis niedergeschrieben und spiegeln daher sowohl die Grenzen des Erinnerungsvermögens des Autors als auch die Zutaten von seiner Phantasie. Sämtliche Wörter und Sätze wurden durch folgenden Produktionsweg geschleust: 1) sie sind erinnert; 2) sie sind aufgeschrieben; 3) sie sind umformuliert, um präziser zu klingen; 4) sie sind überarbeitet, um einen Erzählstrang zu ergeben (wenn auch im Einklang mit ihrer tieferen Wahrheit); 5) sie sind abermals umformuliert, um dem Autor und den übrigen Charakteren die Schande zu ersparen, so blöd zu klingen, wie sie es nun einmal unweigerlich tun bzw. täten, wenn ihre Sätze, die ausnahmslos mit dem Wort »Ey Mann« beginnen – wie z. B. in dem Satz »Ey Mann, sie ist tot« –, unverändert übernommen worden wären. Es sollte jedoch festgehalten werden, und das ist bemerkenswert, dass die surrealsten Dialoge des Buches, wie der mit den mexikanischen Teenys und der mit der überrumpelten Deirdre, zugleich die wahrheitsgetreusten sind.

Charaktere und deren Eigenschaften: Auch wenn der Autor es höchst ungern tat, so musste er doch einige Namen abändern und die so umbenannten Charaktere zusätzlich unkenntlich machen. Als bestes Beispiel ist hier die Figur mit Namen John zu nennen, der im wirklichen Leben natürlich nicht John heißt, da Johns Pendant im wirklichen Leben berechtigterweise nicht wollte, dass einige dunkle Abschnitte seines Lebens aufgezeichnet würden – auch wenn er nach der Lektüre des Manuskripts nichts gegen seine Taten und Worte aus dem Munde eines anderen einzuwenden hatte. Vor allem, wenn die Figur weniger ein unmittelbares Abbild als vielmehr ein Vexierbild sei. Was sie in der Tat auch ist. Bei dem Versuch, John in Aktion treten und eine flüssige Erzählung entstehen zu lassen, brachte seine Tarnung einen gewissen Domino-Effekt mit sich und machte einige weitere Fiktionalisierungen erforderlich. Zum Beispiel: Im wirklichen Leben kennt Meredith Weiss, die es in Wirklichkeit gibt, John gar nicht so gut. Die Person, die im wirklichen Leben als Vermittler fungierte, war nicht Meredith, sondern jemand anderes, dessen Auftauchen die Verbindung verraten, ja sogar den armen John verraten würde, und das geht ja nun gar nicht. Also rief der Autor Meredith an:

»Hey.«

»Hey.«

»Sag mal, würde es dir etwas ausmachen, [dieses oder jenes] zu tun und [dieses oder jenes] zu sagen, was du im wirklichen Leben nicht getan oder gesagt hast?«

»Nein, überhaupt nicht.«

Und das war's. Es sollte jedoch erwähnt werden, dass Meredith' Hauptszene in Kapitel fünf frei von jeglicher Erfindung ist. Ihr könnt sie fragen. Sie wohnt in Südkalifornien. Im Übrigen werden Namensänderungen im Text angesprochen. Au ja.

Schauplätze und Zeiten: Erstens gibt es einige Fälle, in denen die Schauplätze geändert wurden. Das gilt vor allem für zwei Episoden in Kapitel fünf. Die Unterhaltung mit Deirdre, in deren Verlauf der Erzähler ihr berichtet, dass Toph in der Schule seine Waffe abgefeuert hat und dann verschwunden ist, fand nicht in jener Nacht an jenem Ort statt, sondern vielmehr auf dem Rücksitz eines Autos, das am Silvesterabend des Jahres 1996 von einer Party zur nächsten fuhr. Im weiteren Verlauf desselben Kapitels treffen der Erzähler und die bereits erwähnte Meredith auf einige Jugendliche an einem Strand in San Francisco. Auch wenn sich diese Episode ansonsten haargenau so abgespielt hat, war der Ort des Geschehens in Wirklichkeit Los Angeles. Zweitens wurden die Ereignisse in demselben Kapitel wie auch in manch anderen Kapiteln zeitlich gerafft. Meistens wird im Text darauf hingewiesen, doch sei an dieser Stelle nochmals gesagt, dass im letzten Drittel des Buches sehr viel in einer anscheinend sehr kurzen Zeit geschieht. Obgleich die meisten dort wiedergegebenen Ereignisse in der Tat innerhalb kürzester Zeit passierten, gibt es einige, die es nicht taten. Es sollte jedoch festgehalten werden, dass in folgenden Kapiteln keine Zeitraffung vorkommt: I, II, IV, VII.

Eine Bemerkung zur Columbine High School in Littleton, Colorado: Dieses Buch wurde geschrieben und die Unterhaltung, die es wiedergibt, wurde geführt Jahre vor den Ereignissen an jener Schule und sonst wo. Wir reden von solchen Dingen nicht leichtfertig, weder absichtlich noch unabsichtlich.

Streichungen: Einige wirklich großartige Sexszenen wurden auf Bitten von Personen gestrichen, die heute verheiratet sind oder eine *feste Beziehung* haben. Ebenso gestrichen wurde eine phantastische Szene – 100 Prozent wahr –, in der die meisten Hauptfiguren und ein Wal vorkommen. Darüber hinaus ist diese Ausgabe Ergebnis der Streichung einer Reihe von Sätzen, Abschnitten und Passagen, als da wären:

S. 42: Während wir im Bett liegen, gibt es nur wenige, sich endlos dehnende Stunden, in denen Beth schläft, Toph schläft und meine Mutter schläft. Die meisten dieser Stunden bin ich wach. Ich bevorzuge den dunkelsten Teil der Nacht, nach Mitternacht und vor halb fünf, wenn es leerer, hohler ist. Dann kann ich atmen und denken, während andere schlafen, kann gewissermaßen die Zeit anhalten, kann es einrichten – und das war schon immer mein Traum –, während alle anderen erstarren, geschäftig um sie herum zu arbeiten und das jeweils Nötige zu erledigen, wie die Heinzelmännchen, die Schuhe herstellen, während die Kinder schlafen.

Wie ich so daliege, schweißnass in dem bernsteinfarbenen Raum, frage ich mich, ob ich wohl am Morgen ein Nickerchen machen werde. Ich denke, es wird gehen, ich glaube, es wird von, sagen wir, fünf bis zehn gehen, bevor die Pflegekräfte anrücken und alles einstellen und wischen, und so bleibe ich gern noch wach.

Doch diese Ausziehcouch bringt mich noch um, die dünne Matratze, die Art, wie sich diese Metallstrebe in meinen Rücken gräbt, mir die Wirbelsäule entzweibricht, sich in sie hineinbohrt. Toph, der sich umdreht und um sich tritt. Und im anderen Teil des Zimmers ihr unregelmäßiges Atmen.

S. 136: Wie geht man mit so etwas um? Bill ist zu Besuch, und er und Toph und ich fahren gerade über die Bay Bridge und sprechen über Börsenmaklerei. Wir sprechen darüber, dass Toph nun, da er ein Wochenende in Manhattan Beach bei Bill und dessen beiden Mitbewohnern, die Börsenmakler sind, verbracht hat, selbst ebenfalls Börsenmakler werden will. Bill ist so aufgeregt über das Ganze, dass er es kaum aushalten kann, möchte ihm gleich ein Paar Hosenträger kaufen, einen Börsenfernschreiber für Anfänger …

»Wir dachten, wo Toph so gut mit Zahlen umgehen kann, so etwas kann der ideale Beruf für ihn sein …«

Ich lenke den Wagen fast über die Leitplanke der Brücke.

S. 228: Alkoholismus und Tod lassen einen zum Nimmersatt werden, man verliert jeden Begriff von Moral und verzweifelt.

Glaubst du das wirklich?

Manchmal. Klar. Nein. Doch.

S. 238: … Aber weißt du, auf der High School habe ich verschiedene Mitglieder meiner Familie gemalt. Das erste Bild war von Toph, nach einem Foto, das ich von ihm gemacht hatte. Da wir für dieses Projekt das Bild aus Präzisionsgründen mit einem Raster überziehen sollten, war das Gemälde in Temperafarben genau richtig; es glich ihm aufs Haar. Nicht so bei den übrigen Zeichnungen. Ich machte mich an ein Bild von Bill, aber sein Gesicht geriet zu streng, seine Augen zu dunkel, und sein Haar sah verfilzt aus, wie bei Caesar, was im wirklichen Leben ganz und gar nicht der Fall war. Das Gemälde von Beth, nach einem Foto, auf dem sie für einen Ball zurechtgemacht ist, war auch daneben – ich ließ es sofort links liegen. Das Gemälde von meiner Mom und meinem Dad, nach einem alten Dia, zeigt sie zusammen auf einem Boot an einem grauen Tag. Meine Mom füllt den größten Teil des Rahmens, blickt in die Kamera, während mein Dad über ihrer Schulter am Bug des Bootes auftaucht, wie er selbstvergessen zur Seite blickt und gar nicht mitbekommt, dass geknipst wird. Auch dieses Bild habe ich versaut – konnte einfach keine Ähnlichkeit herstellen. Als sie die Gemälde sahen, fanden sie sie abscheulich. Bill war erbost, als das Bild von ihm in der Öffentlichen Bibliothek ausgestellt wurde. »Ist das legal?«, fragte er meinen Vater. »Darf er so etwas überhaupt? Ich sehe aus wie ein Monster!« Er hatte Recht. Er sah tatsächlich so aus. Als dann Ricky Wolfgram mich um ein Porträt seines Vaters bat, zögerte ich, weil ich schon so oft an meine Grenzen gestoßen und frustriert worden war durch meine Unfähigkeit, jemanden wiederzugeben, ohne mein Modell zu verzerren – ungeschickt, entsetzlich. Doch Ricky sagte ich zu, aus Achtung und irgendwie freudig erregt ob der Ehre, die er mir hatte angedeihen lassen, mir den Auftrag zu einem Ahnenporträt zu erteilen. Er überließ mir ein förmliches Schwarz-Weiß-Foto, und ich arbeitete wochenlang daran, mit winzigen Pinseln. Als ich fertig war, war die Ähnlichkeit meines Erachtens zwingend. Ich bat Ricky, im Kunstraum der Schule vorbeizukommen, das Bild sei fertig. Eines Tages beendete er sein Mittagessen früher als sonst und kam. Ich drehte es um, mit einer schwungvollen Bewegung,

mit großem Stolz und freudiger Erwartung, dass wir beide im Glanz seiner Gegenwart erstrahlen würden.
Doch er sagte:
»Au weia. Das ist nicht gerade, was ich erwartet habe. Es ist nicht ... was ich erwartet habe.«
Er ließ den Raum hinter sich und das Gemälde bei mir.

S. 216: *Warum das Gerüst?*
Weißt du, ich mag das Gerüst. Ich mag das Gerüst ebenso sehr wie das Gebäude. Besonders wenn dieses Gerüst schön ist, auf seine Weise.

S. 238: Wenn wir an einem Friedhof vorbeifahren, schnalzen wir mit der Zunge und staunen ungläubig. Vor allem über die großen, die stark belegten – obszöne Orte, so wenig Bäume, all das Grau, wie eine Art monströser Aschenbecher. Wenn wir einmal an einem Friedhof vorbeizogen, konnte Toph nicht hinsehen, und auch ich sah nur hin, um mich meines Versprechens zu vergewissern, um es zu erneuern, dass ich niemals an einem solchen Ort sein wollte, niemals jemanden an einem solchen Ort beerdigen würde – wozu gab es diese Gräber? Wen trösteten sie? –, niemals zulassen würde, selbst an einem solchen Ort beerdigt zu werden, dass ich entweder völlig verschwinden würde ...
Ich habe gewisse Vorstellungen, was mein Ableben betrifft: Wenn ich weiß, dass mir nur noch soundso viel Zeit bleibt – wenn ich beispielsweise wirklich Aids habe, wie ich ohnehin glaube, falls es jemand hat, dann ich, warum nicht –, wenn die Zeit gekommen ist, werde ich einfach fortgehen, Lebewohl sagen und fortgehen, und mich dann in den Krater eines Vulkans stürzen.
Nicht dass es überhaupt keinen angemessenen Ort gäbe, jemanden beizusetzen, aber diese städtischen Friedhöfe, eigentlich alle Friedhöfe, wie die entlang des Highways oder die in der Stadtmitte mit all den Leibern und den dazugehörigen Steinbrocken – ach, es ist doch einfach nur primitiv und vulgär, oder? Das Loch und die Kiste, und der Stein auf dem Rasen? Und wir glorifizieren die-

ses Verfahren, finden es angemessen und dramatisch, schön schlicht, wie wir so dastehen an der Grube und die Kiste hinablassen. Es ist unglaublich. Barbarisch und primitiv.

Obwohl ich sagen muss, dass ich einmal einen Ort sah, der mir passend erschien. Ich ging – ich würde sagen »wanderte«, wenn wir etwas anderes getan hätten als zu gehen, aber da wir schlicht gingen, werde ich das Wort »wandern« nicht verwenden, das zu verwenden jeder sich berufen fühlt, kaum dass er draußen ist und es ein bisschen rauf oder runter geht –, ich ging durch einen Wald oberhalb des Carapa, eines Amazonas-Zuflusses. Ich war auf einem Fest mit einigen anderen Journalisten – zwei von der Zeitschrift *Reptile* – und einer Gruppe von Herpetologen, einem Haufen rundlicher amerikanischer Schlangenexperten mit Kameras, und wir waren durch diesen Wald über einen aufwärts mäandernden Pfad auf der Suche nach Königsschlangen und Eidechsen geführt worden. Nach vielleicht vierzig Minuten unter diesen scheckigen dunklen Baumkronen lichtete es sich plötzlich, und wir befanden uns auf dem Gipfelpunkt des Pfades, auf einer Lichtung oberhalb des Flusses, und von diesem Punkt aus konnte man bestimmt 150 Kilometer weit sehen. Die Sonne ging gerade unter, und diesen weiten Amazonas-Himmel überzog ein bläulich orangefarbener Farbfilm, zwei dicke Farbkleckse, ineinander verlaufen, als seien sie mit den Fingern verrührt worden. Der Fluss drunten floss gemächlich dahin, die Farbe von Karamell, und jenseits davon erstreckte sich der Wald, der Urwald, ein grünes Chaos von Brokkoliköpfen, so weit das Auge reichte. Und direkt vor uns standen etwa zwanzig einfache weiße Kreuze ohne irgendeine Bezeichnung darauf. Ein Bestattungsplatz für die Bewohner der Gegend.

Und mir kam der Gedanke, dass ich hier bleiben könnte, dass, falls ich beerdigt, mein verrottender Leichnam mit Erde überhäuft werden müsste, ich es aushalten könnte, wenn es hier geschähe. Mit der Aussicht und allem.

Es war ein merkwürdiges Timing, weil ich schon einmal an jenem Tag beinahe sicher gewesen war, diese Welt verlassen zu müssen, und daran waren Piranhas schuld.

Wir hatten unser Schiff geankert, einen dreigeschossigen Flussdampfer, in einem kleinen toten Flussarm, und unsere einheimischen Führer fischten Piranhas, und zwar nur mit Hilfe von Stöcken und Bindfaden und Hühnchenfleisch als Köder.

Die Piranhas bissen sofort an. Es war ein Kinderspiel, sie sprangen uns förmlich ins Boot, sprangen herum mit ihren bösen, kleinen Gesichtern.

Und dann, auf der anderen Seite des Boots, ging unser amerikanischer Reiseleiter, ein bärtiger Bill, schwimmen. Das Wasser, das an Tee erinnerte, ließ seine untergetauchten Gliedmaßen rot aussehen, was die Tatsache umso beunruhigender machte, dass er in einem Schwarm von Piranhas schwamm.

»Komm ins Wasser!«, sagte er.

Mein Gott, no way.

Dann waren schließlich alle anderen im Wasser, die rundlichen Herpetologen waren drin, all ihre Gliedmaßen in dem blutroten Tee. Man hatte mir gesagt, Piranhas griffen nur äußerst selten an (es sei allerdings auch nicht ausgeschlossen), ich hätte nichts zu befürchten, und so sprang ich alsbald vom Boot und schwamm ebenfalls, ziemlich zuversichtlich darüber, dass meine Chancen im Falle einer Fressorgie besser standen, als wenn ich allein im Wasser gewesen wäre – während die Fische jemand anderen in sich hineinschlängen, hätte ich Zeit, mich schwimmend in Sicherheit zu bringen. Tatsächlich überschlug ich das Risiko und rechnete aus, wie lange die Fische wohl bräuchten, die vier anderen zu fressen, und wie lange ich bräuchte, um ans Flussufer zu gelangen. Nach etwa drei oder vier Minuten, jede einzelne davon eine Angstpartie, bei der ich versuchte, nicht mit den Füßen den schlammigen Boden zu berühren und meine Bewegungen so klein wie möglich zu halten, um keine Aufmerksamkeit zu erregen, floh ich aus dem Wasser.

Später probierte ich ein Kanu aus, das einem unserer Reiseleiter gehörte. Während ein paar Herpetologen erfolglos versuchten, nicht damit zu kentern, war ich, so ungemein elegant und beweglich, überzeugt, damit umgehen zu können, ohne zu kentern. So stieg ich in das schmale Kanu, fand die Balance und paddelte los. Und eine Zeit lang schaffte ich es auch. Mit abwechselnden Paddelbewegungen entfernte ich mich flussabwärts vom Dampfer, ein Inbegriff von Geschicklichkeit und Anmut. Dann aber, etwa zweihundert Meter flussabwärts, begann das Kanu zu sinken. Ich war zu schwer. Es nahm Wasser auf.

Ich schaute zum Boot zurück. Die peruanischen Reiseleiter sahen allesamt zu, waren völlig aus dem Häuschen. Ich versank in der braunen Brühe, die Strömung trieb mich weiter flussabwärts, und sie lachten, bogen sich vor Lachen. Sie fanden es ungeheuer komisch.

Das Kanu kenterte, und ich fiel ins Wasser, mittlerweile mitten auf dem Fluss, wo es viel tiefer, das Braun einen Tick dunkler war. Ich konnte meine Arme und Beine nicht sehen. Ich kletterte auf das gekenterte Kanu, der Verzweiflung nahe.

Ich war sicher, dass ich verloren war. Sicher, die Piranhas drüben am Schiff hatten uns zwar nicht angerührt, aber woher sollte man wissen, dass sie auch hier draußen einen Happen von meinem Finger verschmähen würden? Sie knabberten häufiger irgendwelche Finger und Füße an, das würde dann bluten und dann …

O mein Gott, Toph.

Da lag ich, das Kanu sank abermals, sank, obschon gekentert, unter meinem Gewicht. Schon bald würde ich wieder bis zum Hals in diesem Flusswasser stecken, das mit Piranhas verseucht war, und mein Plantschen würde sie anlocken – ich versuchte ja, mich so wenig wie möglich zu bewegen, nur ein paar ruhige Züge mit den Beinen, um über Wasser zu bleiben –, und dann würde langsam an mir herumgenagt, würden ganze Bissen aus meinen Waden, aus meinem Bauch gerissen, und wenn das Fleisch erst einmal verletzt wäre und Blut strömte, kämen sie hastig angeschwärmt, hundert auf einmal, sähe ich hinab, und meine Gliedmaßen inmitten einer schrecklichen Brühe von Zähnen und Blut, würde sauber genagt, bis auf die Knochen, und warum? Weil ich der Gruppe unbedingt beweisen musste, dass ich zu allem fähig war, wozu ein peruanischer Flussführer in der Lage ist …

Und ich dachte an den armen Toph, den armen Jungen, dreitausend Meilen weit weg, der bei meiner Schwester war …
Wie hatte ich ihn nur verlassen können?

S. 239: [M]eine Mutter las jeden Abend einen Horrorroman. Sie hatte schon jeden einzelnen in der Bücherei gelesen. Standen ihr Geburtstag oder Weihnachten vor der Tür, überlegte ich regelmäßig, ob ich ihr einen neuen kaufen sollte, den neuesten Dean R. Koontz oder Stephen King oder was auch immer, doch ich brachte es nicht über mich. Ich wollte sie nicht ermutigen. Ich konnte die Zigaretten meines Vaters nicht anfassen, konnte die Pall-Mall-Schachteln in der Vorratskammer nicht ansehen. Ich war die Sorte Kind, die nicht einmal *Reklame* für Horrorfilme im Fernsehen anschauen konnte – die Vorschau für *Magic*, den Film, in dem die Marionette Leute tötet, wurde für mich zu einem einzigen Alptraum, der sechs Monate andauerte. Also konnte ich auch ihre Bücher nicht ansehen, drehte sie um, so dass die Vorderseite des Umschlags verdeckt war, mit den vorspringenden Buchstaben und Blutflecken – vor allem auf den Büchern von V. C. Andrews –, all diese aufgeblasenen Bilder zu Tode erschreckter, erstarrter Kinder, in blaues Licht getaucht.

S. 451: Bill und Beth und Toph und ich sehen die Nachrichten. In einer kurzen Meldung geht es um die Großmutter von George Bush. Anscheinend hat sie Geburtstag. Wir diskutieren, wie alt die Großmutter eines Endsechzigers wohl sein muss. Es scheint geradezu unmöglich, dass sie überhaupt noch atmet.
Beth schaltet um.
»Das ist ekelhaft«, sagt sie.

S. 465: [S]ie lebte irgendwie in einem ewigen Jetzt. Immerzu musste man ihr die Umstände erklären, die sie hierher gebracht hatten, die Ausgangs- und Rahmenbedingungen für ihre jetzige Situation. Tag für Tag musste man ihr Dutzende Male alles aufs Neue erklären – Woher komme ich? Welchem Betriebsunfall verdanke ich

meine Existenz? Wie bin ich hier gelandet? Wer sind diese Menschen? –, wie der Unfall passiert war, zumindest in groben Zügen, und sie ständig an das erinnern, was sie immer wieder vergaß … Nicht vergaß. Vielmehr nicht die Fähigkeit besaß, die Information festzuhalten …
Aber wer hat die schon? Scheiß egal, sie war am Leben, und sie wusste es. Ihre Stimme sang auf dieselbe Art, wie sie es immer getan hatte, sie bekam wegen der kleinsten Dinge Stielaugen, wegen allem, selbst meines Haarschnitts wegen. Ja, sie wusste noch all das, was sie die ganzen Jahre begleitet hatte, und konnte darauf zurückgreifen – dieser Teil ihres Erinnerungsvermögens funktionierte noch, und während ich die Verantwortlichen bestrafen wollte, es genießen und wahrscheinlich nie die Lust daran verlieren würde, ließ das Zusammensein mit ihr, die Nähe zu ihrer Haut und zu dem Blut, das darunter strömte, meinen Hass verfliegen.
Die Musik am Pool wechselte.
»Oh, ich mag dieses Lied«, sagte sie und wiegte im Takt den Kopf.

Schließlich wurden für diese Ausgabe auf Bitten des Autors sämtliche Motti gestrichen – u. a. »Des Herzens unsterblicher Durst, vollständig erkannt zu sein und alles vergeben zu bekommen.« (H. van Dyke); »[Meine Gedichte] mögen den Toten weh tun, aber die Toten sind ein Teil meiner selbst.« (A. Sexton); »Nicht jeder Junge, den man vor die Wölfe wirft, wird ein Held.« (J. Barth); »Alles wird vergessen, nichts wieder gutgemacht.« (M. Kundera); »Warum nicht einfach schreiben, was passiert ist?« (R. Lowell); »Oh, schaut mich an, ich heiße Dave und schreibe ein Buch! Mit all meinen Gedanken darin! La la la!« (Christopher Eggers) –, da der Autor sich eigentlich noch nie zu der Sorte Mensch gezählt hat, die Motti verwendet.

August 1999

Inhalt

Richtlinien und Empfehlungen
zur Steigerung des Lesevergnügens VII
Vorwort zu dieser Ausgabe IX
Inhaltsverzeichnis XXI
Worte der Anerkennung XXV
Unvollständige Liste der Symbole und Metaphern XLVII

I.

Durch das schmale, hohe Badezimmerfenster etc. 1

Fäkalsprache – Videospiele – Blut – »blinde Blindenführer« [Bibel] – ein wenig Gewalt – Schildkröten – Peinlichkeit, nackter Mann – richtungweisend

II.

Bitte schaut her. Könnt ihr uns sehen etc. 51

Kalifornien – rollendes, schäumendes Meer – Little League, schwarze Mütter – Abwechslung und Ersatz – Hügel, Aussichten, Dächer, Zahnstocher – Betäubung und Empfindung – Johnny Bench – Bewegung

III.

Die Liste unserer Feinde wächst etc. 77

Erniedrigung – vorgeführte Lehrer – die Karte – Flugzeugabsturz – Licht – Messer – Barry Gifford – Ansprache zur Lage des Fernsehzimmers – Honigmelonenhälften – so wie ein zartes Mädchen – altes Modell, neues Modell – Bob Fosse präsentiert

IV.
Ja, klar könnte ich heute ausgehen 115
Aber nein. Nein, nein! – die Last – sieben Jahre älter als ich, absolut angebracht – befürchtete Schlaffheit – John Doe – Verfall oder Bewahrung – burgunderfarben, Riegel

V.
Draußen ist es blau-schwarz und wird immer dunkler etc.. . . . 136
Stephen, Mörder, bestimmt – Die Brücke – *Jon and Pontius Pilate* – John, Moodie und die anderen – die Marine – Lügen – eine gestohlene Brieftasche – Glückspilz – mexikanische Kids – vorgeführt und Lichter – Blut auf der Veranda, dann Stille, und dann Russland

VI.
Als wir die Neuigkeit erfahren 184
What's In, What's Out – Adressenlisten – Charles Bronsons Tochter, umwerfend – [Nacktheit in Maßen] – Randy Stickrod – die einzige Hoffnung seit Beginn der Menschheit – ein Interview – Tod und Selbstmord – Fehler – Bier vom Fass – Mr. T. – Steve, der Schwarze Typ – ein vorgetäuschter Tod, vielleicht [der graue Wagen] – eine Fluchtmöglichkeit, per Seil, aus Laken gedreht – eine aufgebrochene Tür – Verrat gerechtfertigt

VII.
Scheiße. Blöde Sendung etc. 262
Ein wenig Bitterkeit, ein wenig Berechnung – Oder irgendetwas, das uns nicht ähnlich sieht – noch mehr Nacktheit, immer noch in Maßen – farbig, wer ist farbig? – Chakka von Pakuni – Wie haarig wir alle um die Scham sind, Haar, das sich aus Höschen und Boxershorts drängt – die Marina – Das Täuschungsmanöver mit dem fliegenden Objekt – Drama oder Blut oder dass er Schaum vor dem Mund hat oder – hundert Orchesterbecken – ob man ihnen

Weintrauben anbieten sollte? Wäre das falsch? – »Also darf ich noch nicht mal ...« – Einzelheiten hiervon werden sicher nützlich sein

VIII.
Gegen die Exkremente auf dem Boden können wir nichts tun 310
Elliot Strunk – Die Zukunft – »Ein Abhängertyp? Ich doch nicht«, lacht Hillmann. – Meath: Ah ja, diese Multikulti-Sache finden wir ganz toll – »Ist es nicht toll?« – Wir füllen Formulare aus – ein freundlicher Betty-White-Typ – »ein Alptraum von einer WASP-Utopie« – eine sexuell anmutende Saftigkeit – Sie haben Flaschendrehen gespielt – »Ich weiß nicht.« – »Danke, Gott.« – »Ich sterbe, Shal.«

IX.
Robert Urich sagt nein. Wir waren so nahe dran 345
Laura Branigan, Lori Singer, Ed Begley, Jr. – als smart, korrekt, dauerhaft gelten. Also zieht ihr eure kleine Sache durch – ein gemeines kleines Ding über sie – ein Sturz – die schäbig glänzenden Flure sind mit kleinen Menschentrauben gefüllt – Der Killer von Polly Klaas zeigt mir bei der Verhandlung den Finger – Adam, im Vergleich, wenig eindrucksvoll

X.
Natürlich ist es kalt 381
Die Kälte beim Verlassen des Flugzeugs – Pläne für eine Art private archäologische Orgie, mit allem Drum und Dran, vom Bestattungsinstitut bis John Hussa, dessen Mom mir einmal, nach *Grizzly*, Milch warm gemacht hat – Hochzeiten – eine lesbische Agnostikerin namens Reverend Lovejoy – Chad und die Fotokopien – ein Laubhaufen – noch eine Drohung – natürlich weiß sie Bescheid – ist es nicht offensichtlich? – das Wasser steigt, als wäre ich bereits versunken

XI.
Black Sands Beach liegt nur 443
Kein Händchenhalten – der Weg den Hügel hinunter – und keine NAMBLA – Geburtstag und Parkett – Skye – heißes, vergiftetes Blut – Gefängnis, Bewährung, das Orakel – noch mehr Tricks – ein Streit – endlich

Worte der Anerkennung

Der Autor möchte zunächst und vor allem seinen Freunden bei der NASA und im Marinekorps der Vereinigten Staaten für ihre unschätzbare Unterstützung und unermessliche Hilfe bei der Lösung technischer Probleme im Zusammenhang mit dieser Erzählung seine tiefe Anerkennung aussprechen. *¡Les saludo, muchachos!* Auch möchte er ein Wort des Dankes an die vielen Menschen richten, die gezeigt haben, was Großzügigkeit auch heißen kann, als sie genehmigten, mit ihren wirklichen Namen und Handlungen in diesem Buch aufzutauchen. Das gilt besonders für die Geschwister des Autors, vor allem für seine Schwester Beth, deren Erinnerungen meist lebendiger waren, und es gilt aus nahe liegenden Gründen erst recht für Toph (ausgesprochen »Tofe«). Bill, der ältere Bruder des Autors, wird nicht eigens erwähnt, weil er Republikaner ist. Der Autor muss anerkennen, dass ihm Rot nicht steht. Oder Rosa oder Orange oder sogar Gelb – er ist kein Frühlingstyp. Und bis letztes Jahr war er der Meinung, Evelyn Waugh sei eine Frau und George Eliot ein Mann. Ferner muss der Autor und die, die hinter der Produktion dieses Buches stecken, wohl oder übel zugeben, dass vielleicht tatsächlich momentan zu viele biografisch orientierte Bücher geschrieben werden und dass solche Bücher über wirkliche Begebenheiten und wirkliche Menschen im Gegensatz zu irgendwie erfundenen Begebenheiten und Menschen von Natur aus abscheulich und korrupt und falsch und böse und schlecht sind, sie möchten aber auch jedermann daran erinnern, dass wir auch schlechter dran sein könnten, als Leser wie als Schriftsteller. ANEKDOTE: Mitten im Entstehungsprozess dieser … dieser … *Memoiren* sprach den Autor einer seiner Bekannten in einem Laden, halb Restaurant, halb Bar mit Western-Einrichtung, an, als der Autor eine Portion herzhafter Rippchen mit Kartoffeln aß, Letztere frittiert nach französischer Art. Der ihn Ansprechende nahm dem Autor gegenüber Platz, fragte, was es Neues gäbe, was so *los* sei, woran er zur Zeit arbeite usw. Der Autor sagte, nun, hm, dass er irgendwie an einem Buch arbeite, und grummelte irgendetwas vor sich hin. Oh, wow, sagte der Bekannte, der ein sportliches Sakko trug, das allem Anschein nach (aber es könnte auch an der Beleuchtung gelegen haben) aus lilafarbenem Velours gefertigt war. Was für ein Buch?, fragte der Bekannte (nennen wir ihn, wartet mal, »Oswald«). Wovon handelt es?, fragte Oswald. Nun, puh, sagte der Autor, auch dieses Mal äußerst mitteilsam, das lässt sich nur schwer beschreiben, was soll ich sagen, es ist so ne Art von Memoiren, so in der Art. – *O nein!*, sagte Oswald laut, indem er ihm ins Wort fiel. (Oswald hatte, das dürfte euch interessieren, einen Stufenhaarschnitt im Stil der 80er Jahre.) *Sag bloß, du bist in diese Falle getappt!* (Das Haar fiel ihm wallend über die Schultern wie bei den Dungeons- and Dragons-Gestalten.) *Memoiren! Ach komm, der Trick ist doch uralt, Mann!* So fuhr er noch eine Zeit lang fort, immer den neusten Szenenjargon parat, bis der Autor sich, nun ja, irgendwie schlecht fühlte. Vielleicht hatte Oswald mit dem Sakko aus lila Velours und den braunen Kordhosen ja Recht – vielleicht waren Memoiren *Schlecht*. Vielleicht war es *Schlecht*, über tatsächliche Begebenheiten als Ich-Erzähler zu schreiben, vor allem, wenn man nicht aus Irland kam und noch keine siebzig war. Er hatte einen Nerv getroffen! In der

Hoffnung, damit das Thema zu wechseln, fragte der Autor Oswald, der mit einem Präsidentenmörder den Nachnamen teilt, was es denn sei, woran *er* arbeite. (Oswald war so etwas wie ein Berufsschriftsteller.) Natürlich erwartete der Autor und fürchtete zugleich, dass Oswalds Projekt von schwerwiegender Bedeutung und gewaltigem Umfang war – eine Absage an den Keynesianismus, eine Überarbeitung der Überarbeitung des Beowolf-Stoffes à la *Grendel* (dieses Mal aus Sicht umstehender Nadelbäume), was auch immer. Aber wisst ihr, was er sagte, der mit dem wilden Haarschnitt und einem Sakko aus lilafarbenem Velours? Was er sagte, war: Ein Drehbuch. Er setzte das Wort damals nicht kursiv, aber wir wollen es hier nachholen: *Ein Drehbuch*. Was für ein Drehbuch?, fragte der Autor, der kein übermäßig großes Problem mit Drehbüchern hat, schon wegen seiner großen Vorliebe für Kinofilme und all das, wie da unserer gewaltbereiten Gesellschaft der Spiegel vorgehalten wird und all das, sich aber dennoch angesichts dieser Auskunft plötzlich etwas besser fühlte. Die Antwort: Ein Drehbuch »über William S. Burroughs und die Drogenkultur«. Nun, plötzlich riss die Wolkendecke auf, die Sonne schien wieder, und einmal mehr war dem Autor klar: dass, selbst wenn die Idee, eine wahre Geschichte zu erzählen, eine schlechte Idee ist, und selbst wenn die Idee, über Sterbefälle in der Familie und die sich daraus ergebenden Desillusionierungen zu schreiben, für jedermann völlig reizlos ist außer für Klassenkameraden des Autors an der High School und einige wenige, die an Universitäten in New Mexico *Creative Writing* studieren, es doch Ideen gibt, die noch *viel, viel schlechter* sind. Wenn euch übrigens die Vorstellung stört, dies hier sei alles wirklich passiert, seid ihr herzlich eingeladen zu tun, was auch der Autor hätte tun sollen und was Autor und Leser seit Menschengedenken ohnehin bereits tun:

TUT SO, ALS SEI ALLES ERFUNDEN.

Tatsächlich möchte euch der Autor ein Angebot machen. Für die, die auf Oswalds Seite stehen, gibt es folgende Offerte: Wenn ihr ein Exemplar dieses Buches – gebunden oder als Taschenbuch – einsendet, schickt er euch im Gegenzug eine 3,5-Zoll-Diskette, auf der eine komplette, computerlesbare Version dieses Werkes gespeichert ist, wenn auch mit veränderten Namen und Schauplätzen, so dass die einzigen Personen, die wissen, wer wer ist, diejenigen sind, deren Lebensgeschichten, freilich leicht abgeändert, in dieses Buch Eingang gefunden haben. Und *voila!* Schon habt ihr eine erfundene Geschichte! Darüber hinaus wird die computerlesbare Fassung eine interaktive sein, wie wir es von unseren Digitalisierungen erwarten (hey, übrigens, da fällt mir ein, habt ihr von diesen neuen Mikrochips gehört, die kaum größer als ein Molekül sind? Die, groß wie ein Salzkorn, in einer Sekunde sämtliche Funktionen ausführen können, die je ein Computer seit Menschengedenken auszuführen in der Lage war? Glaubt ihr das? Nun, es gilt heute so gut wie ehedem: Die Technik verändert unsere Lebensweise). Zu der computerlesbaren Fassung sei vorausgeschickt, dass ihr die Möglichkeit habt, den Namen des Protagonisten zu wählen. Wir liefern Dutzende von Vorschlägen, darunter ›der Schriftsteller‹, ›der Autor‹, ›der Journalist‹ und ›Paul Theroux‹ – oder ihr könnt euch selbst daranmachen, einen Namen zu erfinden! Eigentlich müsste es unter Verwendung der Suche/Ersetze-Funktion, die euer Computer sicher bereithält, möglich sein, sämtliche Namen zu ändern, von den Hauptcharakteren bis zu den kleinsten Nebenrollen. (Es kann also um *euch* gehen! Um euch und *eure* Kumpels!) Interessenten an der fiktionalen Fassung dieses Buches sollten ihre Exemplare einsenden an: E.H.W.V.U.G. Besonderes Angebot für Fiction-Fans: c/o Droemersche Verlagsanstalt, Hilblestr. 54, 80636 München. ANMERKUNG: Dieses Angebot steht. OBWOHL: Einmal eingeschickte Bücher können leider nicht zurückgegeben werden. STATTDESSEN: Sie kommen zu den übrigen Remittenden. Weiter geht es: Der Autor möchte die Existenz eines Planeten jenseits des Pluto anerkennen und außerdem aufgrund seiner eigenen beiläufig betriebenen Forschung und seines Glaubens die Planetenschaft des Pluto bekräftigen. *Wie konnten wir Pluto das antun?* Pluto war doch gut zu uns. Der Autor erkennt an, dass ihr dieses Buch, da es mitunter haha ist, getrost vergessen könnt. Der Autor muss anerkennen, dass ihr ein Problem mit dem Titel habt. Er hat selbst auch Vorbehalte. Der Titel, den ihr auf dem Cover seht, ist als Sieger aus einem wettkampfartigen Titelturnier hervorgegangen, das an einem langen Wochenende im Dezember 1998 außerhalb von Phoenix, Arizona, ausgetragen wurde. Hier die übrigen Turnierteilnehmer mit den Gründen für ihr Ausscheiden: *Ein herzzerreißendes Werk über Tod und Beschämung* (irgendwie zu traurig); *Ein erstaunliches Werk über Mut und Kraft* (klingt nach Stephen Ambrose); *Erinnerungen an eine katholische Kindheit* (auch ziemlich abgegriffen); *Alt und Schwarz in Amerika* (ein Risiko, sagten einige). Wir zogen Letzteren vor, weil er sowohl auf das Altern als auch auf eine amerikanische Spielart des *Andersseins* anspielt, doch der Verlag lehnte ihn rundherum ab, so dass nur noch *Ein herzzerreißendes Werk von umwerfender Genialität* übrig blieb. Ihr müsst zugeben, dass dieser Titel euch ins Auge stach. Auf den ersten Blick habt ihr ihn wörtlich genommen und sofort danach gegriffen. »Das ist genau die Sorte Buch, nach der ich gesucht habe!« Viele von euch, besonders die, die auf Sentimentalität und Melodramatik stehen, fühlten sich von dem Titelelement ›Herzzerreißend‹ angezogen. Andere dachten, der Aspekt ›umwerfende Genialität‹ klänge besonders viel versprechend. Aber dann dachtet ihr, Moment mal, passen die beiden Titelelemente überhaupt zusammen? Oder sind sie wie Erdnussbutter und Schokolade, Karo- und Blumenmuster – dazu verdammt, niemals friedlich nebeneinander bestehen zu können? So fragt man sich, wenn denn dieses Buch tatsächlich herzzerreißend ist, warum dann die Stimmung mit marktschreierischer Anpreisung verderben? Oder wenn der Titel irgend so ein ausgeklügelter Witz ist, warum ihm dann einen sentimentalen Anstrich geben? Und damit ist ja noch nichts gesagt über die Pseudo-Prahlerei (oder doch echte Prahlerei? O nein, bitte nicht), die in dem gesamten Titel steckt, wenn man ihn zusammensetzt. Am Ende läuft die einzig logische Erklärung des Titels hinaus auf a) einen billigen Witz, b) gepaart mit einem allerdings schwach umgesetzten Interesse an innovativen Titeln (mit der alleinigen Absicht, wie es scheint, zu schockieren), das c) natürlich unterlaufen wird durch den Billigen-Witz-Aspekt und d) in Zweifel gezogen wird durch den sich aufdrängenden Eindruck, dass es dem Autor todernst ist mit seinem Gefühl, dass der Titel als präzise Ultrakurzform den Inhalt, die Erzählabsicht und die Qualität des Buches wiedergibt. Andererseits, ach, was soll's – spielt das jetzt überhaupt noch eine Rolle? Zum Teufel nein. Ihr seid jetzt hier, ihr seid mit von der Partie, jetzt wird gefeiert! Der Autor muss zugeben, dass er 1996 für Ross Perot gestimmt hat und sich dessen nicht im mindesten schämt, weil er ein leidenschaftlicher Anhänger der Reichen und Verrückten ist, insbesondere wenn ihre Herzen bluten, was bei Mr. Perots Herz der Fall ist, ehrlich.

Andererseits fühlt sich der Autor verpflichtet anzuerkennen, dass, ja, der Erfolg von Memoiren – im Grunde eines jeden Buches – tatsächlich viel damit zu tun hat, wie ansprechend ihr Erzähler ist. Zu diesem Punkt möchte der Autor Folgendes sagen:

a) Er ist so wie jeder von euch.

b) Er schläft, wie ihr, kurz nachdem er sich betrunken hat, ein.

c) Er hat manchmal Sex ohne Kondome.

d) Er schläft manchmal ein, wenn er betrunken ist und Sex ohne Kondome hat.

e) Er hat seinen Eltern niemals zu einer anständigen Beerdigung verholfen.

f) Er hat niemals das College abgeschlossen.

g) Er rechnet damit, jung zu sterben.

h) Er hat Angst vor Nahrungsmitteln, weil sein Vater rauchte, trank und infolgedessen starb.

i) Er lächelt immer, wenn er einen jungen schwarzen Mann sieht, der ein Baby auf dem Arm hat.

Mit einem Wort: ansprechend. Und das ist ja erst der Anfang!

Nun möchte der Autor gern die Hauptthemen dieses Buches nennen. Es handelt sich dabei um folgende:

A) Der unausgesprochene Zauber, der im Verschwinden der Eltern liegt

Es ist der Traum jedes Kindes und Jugendlichen. Manchmal steigt er aus Bitterkeit auf. Manchmal entspringt er dem Selbstmitleid. Manchmal möchte man einfach Aufmerksamkeit erregen. Normalerweise spielen alle drei Faktoren eine Rolle. Tatsache ist, dass jeder früher oder später Tagträume über den Tod der Eltern hat und darüber, wie es wohl wäre, ein Waisenkind zu sein, wie Annie oder Pippi

Langstrumpf oder wie neulich die schönen, tragischen Unschuldslämmer aus der Serie *Party of Five*. Man träumt, dass an die Stelle der Elternliebe, die einem überraschenderweise geschenkt, häufiger noch vorenthalten wird, in dem Moment, in dem die Eltern nicht mehr leben, eine andere Liebe und Aufmerksamkeit tritt, mit der man nur so überschüttet wird, dass die Gemeinde, die Verwandten, die Freunde und Lehrer, die ganze Umgebung, plötzlich von einer Sympathie- und Faszinationswelle für ein verwaistes Kind ergriffen werden, das fortan ein Leben im Rampenlicht führt, dem etwas Ergreifendes anhaftet, der aus einer Tragödie geborene Ruhm – beileibe die beste Ruhmesart. Die meisten Menschen haben solche Tagträume, einige leben sie, und in dieser Hinsicht wird dieses Buch nahe legen, dass es im wirklichen Leben genauso zugeht wie bei Pippi Langstrumpf. So folgt aus unvergleichlichem Verlust nicht nur permanenter Lebenskampf und eine gewisse Versteinerung des Herzens, sondern auch einige nicht zu verachtende Vorteile, angefangen mit absoluter Freiheit, die sich auf mancherlei Art und Weise deuten und gebrauchen lässt. Und obwohl es geradezu unvorstellbar ist, innerhalb von 32 Tagen beide Elternteile zu verlieren – es gibt da diesen Satz aus Oscar Wildes *Ernst sein ist alles*: »Ein Elternteil zu verlieren, Mr. Worthing, kann man als Pech bezeichnen. Beide zu verlieren, schmeckt nach Leichtsinn.« – und sie noch dazu durch völlig unterschiedliche Krankheiten (Krebs, klar, aber was Lokalisierung, Krankheitsdauer und Ursache angeht, ganz schön unterschiedlich) zu verlieren, so wird dieser Verlust doch von einem unleugbaren, aber gleichzeitig natürlich Schuldgefühle weckenden Sinn für Mobilität, für unbegrenzte Möglichkeiten begleitet, wenn man sich plötzlich in einer aus den Fugen geratenen Welt wiederfindet.

B) Der Brüderliche-Liebe-/ Seltsame-Symbiose-Faktor

Dieses Thema wird sich wie ein roter Faden durch den gesamten Text ziehen und sollte am Ende des Buches eigentlich auf die überraschende Moral der Geschichte hinauslaufen, auf die große Entlohnung, die da besagt, dass, während der Autor nach Liebe sucht – es werden einige Episoden folgen, in denen es darum geht – und sein Bruder nach, na ja, wonach kleine Kinder eben so suchen (Kaugummi oder Pennies?), und sie zusammen versuchen, normal und glücklich zu sein, sie wahrscheinlich auf ewig in jedweder außerplanmäßigen Beziehung scheitern werden, weil sie einander die einzigen Menschen sind, die sie wirklich bewundern und lieben und für vollkommen halten.

C) Der Aspekt, dass es sich um ein schmerzlich und endlos selbsthinterfragendes Buch handelt

Nicht, dass dieser Gesichtspunkt nicht bereits offenkundig genug wäre. Tatsache ist, dass der Autor weder genug Energie noch, was wichtiger ist, das Können hat, glaubhaft zu machen, dies sei irgendetwas anderes als die Darstellung seiner Erlebnisse, und dass er ein zu schlechter Lügner ist, um diese Erlebnisse in Form einer gekonnt sublimierten Narration zu präsentieren. Zugleich wird er klar und deutlich auf die Tatsache hinweisen, dass dies Memoiren voller Selbstinfragestellungen sind, was ihr vielleicht zu schätzen lernen werdet, womit wir beim nächsten Thema wären:

C.2) Das Wissen um den Aspekt, dass es sich um ein selbsthinterfragendes Buch handelt

Während der Autor, indem er so selbstbezogen ist, sich selbst hinterfragt, weiß er doch andererseits um die selbsthinterfragende Selbstbezogenheit seines Buches. Darüber hinaus, und wenn ihr zu den Leuten zählt, die erraten können, was als Nächstes passiert, werdet ihr den folgenden Schritt schon ahnen: ist er wild entschlossen, sich sein Wissen um die Selbsthinterfragung seiner Selbstbezogenheit voll und ganz bewusst zu machen. Zudem ist er sich vollkommen im Klaren darüber, und euch darin um Längen voraus, was das Wissen um und die Einsicht in die Effekthascherei betrifft, die in dem Ganzen steckt, und möchte eurem Einwand, das Buch sei wegen besagter Effekthascherei völlig irrelevant, unverzüglich zuvorkommen, indem er die Effekthascherei lediglich zu einem Instrument, zu einer Schutzmaßnahme erklärt, die dazu dient, jene pechschwarze, blind machende, mörderische Wut und Traurigkeit auf dem Grund dieser ganzen Geschichte zu maskieren, die einfach zu kohlrabenschwarz und zugleich zu gleißend ist, um ihrer ansichtig zu werden – *wendet ab ... eure ... Augen!* –, aber dennoch nützlich, zumindest für den Autor, selbst noch in karikierter oder komprimierter Form, weil er glaubt, dass es ihm hilft, so vielen Menschen wie möglich davon zu erzählen, um den Schmerz und die Bitterkeit zu lindern und sie so aus seiner Seele zu verbannen, welches Ziel die Klammer für folgenden Themenkreis ist:

D) Der Aspekt, dass das In-die-Welt-Erzählen vom eigenen Leiden ein Mittel zur Verbannung oder zumindest Linderung des Schmerzes ist

Um ein Beispiel zu geben, der Autor wird im Verlauf des Buches einige Zeit darauf verwenden, von seinem erfolglosen, wenn auch nur knapp erfolglosen Versuch zu berichten, eine Rolle in der dritten Staffel der Fernsehserie *The Real World* zu bekommen, die 1994 in San Francisco gedreht wurde. Damals ging es dem Autor um zweierlei:

1) seine Vergangenheit abzustreifen, indem er die jüngsten Ereignisse in seinem Leben in die Welt hinausposaunte, auf dass ihm durch die Mitteilung seines Schmerzes, seiner herzzerreißenden Geschichte von Tausenden oder Millionen von Zuschauern riesige Wogen der Sympathie und Hilfsbereitschaft entgegenschlügen und er nie mehr würde allein sein müssen; 2) wegen seines Schmerzes berühmt zu werden, oder zumindest seinen Leidensweg dazu beitragen zu lassen, berühmt zu werden, und zugleich nicht davor zurückzuschrecken, sich solche Manipulationen seines Schmerzes aus Profitsucht einzugestehen, weil das Eingeständnis eines solchen Motivs, zumindest in seinen Augen, ihn auf der Stelle jeglicher Verantwortung für die Implikationen oder Konsequenzen solcher Manipulationen enthöbe, weil die Tatsache, sich seiner eigenen Motive bewusst zu sein und offen mit ihnen umzugehen, immerhin bedeutet, dass man kein Lügner ist – und niemand, außer Wählern, mag einen Lügner. Wir sind alle für rückhaltlose Offenlegung, besonders wenn sie das Eingeständnis der eigenen 1) Sterblichkeit und 2) Fehlbarkeit einschließt (hängen miteinander zusammen, sind aber nicht identisch).

E) Der Aspekt, dass eine allumfassende Aufzeichnung ein Mittel ist, angesichts aufsteigender Todesangst die Zeit anzuhalten

sowie die sich aus E) ergebende logische Konsequenz:

E.2) In Ergänzung zur Aufzeichnung dieser Geschichte als Mittel, die Zeit anzuhalten, die sexuellen Begegnungen mit alten Freundinnen oder Flammen aus der Schulzeit als Mittel zur Aufhebung der Zeit und zur Aufrechterhaltung des Selbstwertgefühls

F) Der Teil, wo der Autor seine Eltern entweder ausschlachtet oder verklärt, je nach eurer Sichtweise

G) Das unwillkürliche Gefühl, das einen beschleicht, nachdem einem etwas wirklich Seltsames oder Aussergewöhnliches oder aussergewöhnlich Seltsames oder seltsam Schreckliches widerfahren ist, der Aspekt, dass man irgendwie auserwählt ist

So ist es natürlich dem Autor ergangen. Nach dem Doppeltod und der Zeit der Vormundschaft fühlte er sich plötzlich *beobachtet* – er konnte nicht umhin zu glauben, ganz so wie es einem vom Blitz Getroffenen erginge, dass er irgendwie auserkoren sei, dass sein Leben danach einem höheren Zweck diene, größte Bedeutung habe, dass er keine Zeit vergeuden dürfe, dass er im Einklang mit seiner Bestimmung handeln müsse, dass es so glasklar auf der Hand liege, dass ... dass ... *er erwählt worden sei ... zu führen!*

H) Der Aspekt, der mit (womöglich) ererbtem Fatalismus zu tun hat

Hierbei handelt es sich um das unerschütterliche Gefühl, das sich einstellt, so denkt man, nachdem das Unvorstellbare und Unerklärliche geschehen ist – das Gefühl, dass, wenn diese oder jene Person sterben kann und dieses oder jenes geschehen kann ... nun, was genau sollte dann verhindern, dass all das auch jener Person geschieht, dem Menschen, in dessen Umfeld das alles geschah? Wenn Menschen sterben, warum nicht auch er? Wenn Menschen andere Menschen aus Autos heraus erschießen, wenn Menschen Steinbrocken von Brücken auf Straßen runterwerfen, wird er doch ganz bestimmt das nächste Opfer sein, oder? Wenn Menschen sich mit

Aids infizieren, stehen die Chancen gut, dass auch er sich infizieren wird. Dasselbe gilt für Hausbrände, Verkehrsunfälle, Flugzeugabstürze, willkürliche Messerstechereien, Blindgänger, Hirnblutungen, Spinnenbisse, Heckenschützen, Piranhas, Tiere im Zoo. Es handelt sich um eine Mischung aus dem in G) erwähnten Um-sich-selbst-Kreisen und einer schwarzseherischen Art, in die Zukunft zu blicken, die ihm bleibt, wenn alle Regeln der Unwahrscheinlichkeit und des guten Anstandes über den Haufen geworfen wurden. So stellt sich das Gefühl ein, der Tod lauere buchstäblich hinter jeder Biegung – um genau zu sein, in jedem Aufzug; und um noch genauer zu sein, das Gefühl, dass jedes Mal, wenn sich die Tür eines Aufzugs öffnet, ein Mann in einem Trenchcoat mit einer Waffe vor ihm stehen, ihm eine einzelne Kugel verpassen und ihn damit auf der Stelle töten wird, verdientermaßen übrigens und sowohl in Übereinstimmung mit seiner Rolle als Zielscheibe eines ungeheuren Zorns als auch wegen seiner zahllosen Versündigungen, am Katholizismus wie auch am Karma. Wie auch manche Polizisten mit dem Tod auf vertrautem Fuße stehen – vor allem solche, die im Fernsehen gezeigt werden – und jeden Augenblick mit ihm rechnen – nicht unbedingt mit ihrem eigenen, aber mit dem Tod im Allgemeinen –, so geht es dem Autor, der zudem von Natur aus paranoid veranlagt ist, was durch Umweltfaktoren noch verschärft wird, die es nicht nur möglich, sondern *wahrscheinlich* machen, dass, was immer da draußen bereit sein mag, den Lebensfaden zu kappen, vielleicht schon seine Fährte aufgenommen hat, dass er auf immer und ewig ausgespielt hat, dass ihm der Stellungsbefehl bald ins Haus flattert, dass seine Bingo-Karte heiß ist, dass ein Stier ein Auge auf seine Brust geworfen hat und sein Rücken als Zielscheibe markiert ist. Es macht Spaß. Ihr werdet sehen.

Und schließlich:

I) Der Aspekt, dass Memoiren ein Akt der Selbstzerstörung sind

Es kann und sollte wie eine Häutung sein, etwas, das man unbedingt machen sollte, ebenso notwendig und belebend wie die gelegentliche Häutung im Gesicht oder im Darm. Offenbarung ist dabei alles, nicht um ihrer selbst willen, weil Selbstoffenbarung meist Müll ist – oh, oh! – ja, doch wir müssen uns von diesem Abfall befreien, ihn abschütteln, in einen Kohlenbunker werfen und verbrennen, weil er Brennstoff ist. Er ist fossiler Brennstoff. Und was machen wir mit fossilen Brennstoffen? Wir kippen sie in einen Kohlebunker und verbrennen sie natürlich, was sonst? Nein, das machen wir nicht. Aber ihr wisst jetzt, worauf ich hinauswill. Diese Art von Brennstoff ist unendlich erneuerbar, verwendbar, ohne dass unsere Fähigkeit, mehr davon zu produzieren, eingeschränkt würde. Der Autor schläft ein, kurz nachdem er sich betrunken hat. Der Autor hat Sex ohne Kondome. Der Autor schläft ein, wenn er betrunken ist und Sex ohne Kondome hat. Da. Das ist immerhin etwas. Da habt ihr etwas. Aber was *habt* ihr?

I.2) Die leichte und wenig überzeugende nihilistische Pose betr.: vollständige Enthüllung der eigenen Geheimnisse und Schmerzerfahrungen, was unter einem halbwegs ehrenwerten Deckmantel vonstatten geht, dabei geht der Autor selbst in Wirklichkeit mit vielen oder den meisten Angelegenheiten sehr diskret um, auch wenn er einen gewissen Nutzen darin sieht, bestimmte Tatsachen und Ereignisse öffentlich zu machen

I.3) Die Tatsache, dass es unterhalb oder vielleicht neben der Selbstgerechtigkeit und dem Selbsthass eine gewisse Hoffnung gibt, die sich eingenistet hat, lange bevor irgendetwas von dem hier Geschilderten passierte

Außerdem wird es folgende Themenstränge geben, die allesamt mehr oder weniger für sich sprechen:

J) Der Aspekt, dass das Pfeifen auf Sublimation Beweis für einen verstärkten Solipsismus ist

K) Der Aspekt, dass Solipsismus wahrscheinlich das Ergebnis wirtschaftlicher, historischer und geopolitischer Privilegiertheit ist

L) Die Toph-Dialektik: Er als Inspirationsquelle und Hindernis beim Verfassen von Memoiren

M) Die Toph-Dialektik II: Er als Magnet und im Bedarfsfall als Keil in der Gestaltung von Beziehungen zu Frauen

Ebenso:

N) Die Elternverlust-Dialektik: insofern als sich dieser Faktor gut für Situationen eignet, in denen das Werben um Sympathie erforderlich ist, und auch für solche, die einen raschen Abgang erfordern

Und ganz besonders:

O) der Aspekt, der die Unvermeidbarkeit einer fast permanenten Wehmut betrifft, die die Situation mit dem Bruder mit sich bringt

P) der Aspekt der Selbstverherrlichung als Kunstform

Q) der Aspekt der Selbstgeisselung als Kunstform

R) der Aspekt der Selbstverherrlichung unter dem Deckmantel der Selbstgeisselung als noch höhere Kunstform

S) der Aspekt der Selbstkanonisierung unter dem Deckmantel der Selbstzerstörung, maskiert als Selbstverherrlichung unter dem Deckmantel der Selbstgeisselung als höchste aller Kunstformen

T) der Aspekt der Suche nach Unterstützung, einem Gemeinschaftssinn, wenn ihr so wollt, unter seinesgleichen, unter Gleichaltrigen, nachdem man sich umgeschaut und erkannt hat, dass alle anderen, alle Älteren, entweder tot sind oder es sein sollten

U) der Aspekt der Tatsache, dass T) ganz gut mit G) übereinstimmt

Oder, um es graphisch auszudrücken (gegenüberliegende Seite):

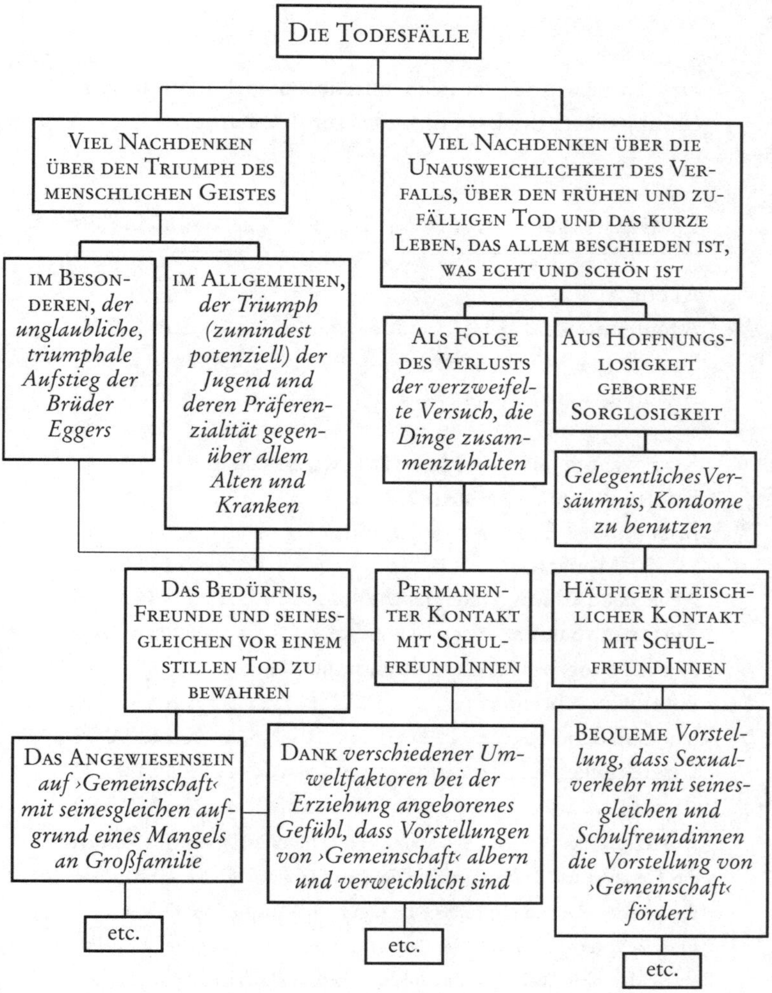

Anmerkung: Die oben stehende Übersicht ist Teil eines wesentlich größeren Diagramms, 60 x 45 cm (allerdings nicht maßstabgetreu), das eine Gliederung des ganzen Buches darstellt, allerdings in einer Schriftgröße, die zu klein ist, um noch lesbar zu sein. Das Diagramm sollte mit dem Buch mitgegeben werden, aber ihr wisst ja, wie diese Verlage so sind. Es kann nun stattdessen auf dem Postweg bezogen werden, und zwar über dieselbe Adresse, die schon an anderem Ort in diesem Kapitel genannt wurde. Es kostet 5 Dollar. Ihr werdet nicht enttäuscht sein. Es sei denn, ihr seid gewohnheitsmäßig enttäuscht, in welchem Falle dies lediglich eine Enttäuschung mehr bedeutet.

Der Autor würde gern auch mitteilen, dass ihm für die Abfassung dieses Buches Folgendes gezahlt wurde:

INSGESAMT (BRUTTO)	$ 100.000,00

ABZÜGE

Agentenhonorar (15%)	$ 15.000,00
Steuern (nach Abzug des Agentenanteils)	$ 23.800,00

KOSTEN, DIE MIT DER HERSTELLUNG DES BUCHES VERBUNDEN SIND

Mietanteil, 2 Jahre (zw. $600 und $1.500/Monat) ca.	$ 12.000,00
Reise nach Chicago (Recherche)	$ 850,00
Reise nach San Francisco (Recherche)	$ 620,00
Verpflegung (verzehrt, während man vorgibt zu schreiben)	$ 5.800,00
Verschiedenes	$ 1.200,00
Laserdrucker	$ 600,00
Papier	$ 242,00
Porto [für den Versand des Manuskripts, für Bestätigung, für Post an die Geschwister Beth (irgendwo in Nordkalifornien) und Bill (einen Berater des Rechnungsprüfers von Texas, in Austin), an Kirsten (San Francisco, verheiratet), Shalini (lebt zu Hause in Los Angeles, ihr geht's gut), Meredith Weiss (freiberufliche Kostümschneiderin, San Diego), Jamie Carrick (in Los Angeles, gehört zum Management von Hanson, einer bekannten Popgruppe), Rick Wolfgram (San Francisco, Investmentbanker, erste öffentliche Zeichnungsangebote im Hightech-Sektor), etc. etc.]	$ 231,00
Ein Exemplar des *Xanadu*-Original-Kino-Soundtracks	$ 14,32

Informationsbeschaffungsservice (erfolgloser Versuch, die Tagebucheinträge von zwei Jahren von einem externen Rechner, der den Geist aufgegeben hatte, zurückzubekommen) .... $ 75,00

INSGESAMT (NETTO) .... $ 39.567,68

Was trotz allem nicht schlecht ist, wenn man's recht bedenkt – jedenfalls mehr, als der Autor, der kein Haustierbesitzer ist, ausgeben kann. Daher gelobt er, euch etwas davon abzugeben, zumindest einigen von euch. Die ersten 200 Leser dieses Buches, die schriftlich nachweisen können, dass sie die hierin enthaltenen zahlreichen Lektionen gelesen und verinnerlicht haben, erhalten vom Autor je einen Scheck über fünf Dollar, ausgestellt von einer amerikanischen Bank, wahrscheinlich Chase Manhattan, was übrigens keine gute Bank ist – eröffnet bei denen bloß kein Konto. So: Und wie sollt ihr nachweisen, dass ihr das Buch gekauft und gelesen habt? Wie wäre es, wenn wir es so machten: Ihr nehmt das Buch, das ihr gekauft haben müsst* – legt die Quittung oder eine Kopie der Quittung dazu – und lasst euch von jemandem beim Lesen oder bei einer vielleicht besseren Nutzanwendung des Buches fotografieren. Besonders berücksichtigt werden a) Fotos, auf denen

* Es bedarf wohl kaum der Erwähnung, dass ihr viel, viel zu spät dran seid, wenn ihr das Buch aus der Bibliothek entliehen habt oder die Taschenbuchausgabe lest. Denkt doch mal nach, ihr könnt das hier in ferner, ferner Zukunft lesen – da wird es womöglich längst in allen Schulen unterrichtet! Sagt mal: Wie ist es denn so in der Zukunft? Trägt jedermann inzwischen eine Robe? Sind die Autos runder oder weniger rund? Gibt es immer noch eine Fußballliga für Damen?

auch ein Baby (oder mehrere Babys) zu sehen sind, da jeder weiß, dass Babys süß sind; b) Fotos, auf dem auch ein Baby mit einer außergewöhnlich großen Zunge zu sehen ist; c) an exotischen Orten aufgenommene Fotos (mit Buch natürlich, nicht vergessen); d) Fotos vom Buch, wie es sich an einem roten Panda scheuert, einem Säugetier, das wie ein kleiner Bär + Waschbär aussieht und unter dem Namen ›Kleinpanda‹ bekannt, in Zentralchina beheimatet und ein notorisch häufiger Gegenrubbler an Gegenständen zwecks Reviermarkierung ist.

VERGESST NICHT: euch selbst oder was immer euer Gegenstand ist, in den Mittelpunkt des Fotos zu platzieren. Wenn ihr eine Automatikkamera mit einer 35-mm-Linse benutzt, geht näher ran, als eurem Empfinden nach ratsam wäre; die Linse hat wegen ihrer konvexen Form die Eigenschaft, euch eineinhalb bis zweieinhalb Meter weit zurückzuprojizieren. EBENSO: Behaltet bitte schön eure Kleider an. Die Leser, die genügend Grips haben, ein Exemplar einer bestimmten vierteljährlich erscheinenden Zeitschrift zur Hand zu nehmen, werden die Adresse schon kennen, über die man diese Prämie am schnellsten beziehen kann (auch wenn diese Adresse nur bis ungefähr August 2000 gültig ist), und verfügen daher über einen gewissen Zeitvorteil. Ist das nicht der Fall, sendet eure geschmackvollen Fotos an:

E.H.W.V.U.G. Angebot, c/o
Droemersche Verlagsanstalt
Hilblestr. 54
80636 München
Deutschland

Falls der Autor zum Zeitpunkt des Eintreffens eures Briefes bereits die 200 Schecks verteilt haben sollte, ist euch das

Schicksal vielleicht dennoch gewogen. Denn wenn euer Foto amüsant ist oder euer Name bzw. euer Heimatort katastrophal klingt und ihr einen adressierten und frankierten Rückumschlag beilegt, wird der Autor etwas (kein Geld) hineinstecken und ihn zurückschicken, weil er kein Kabelfernsehen hat und ein wenig Zerstreuung braucht. Also.** Der Autor erkennt euren Wunsch an, mit der Handlung, dem Corpus des Buches, der eigentlichen *Geschichte* zu beginnen. Er wird diesem eurem Wunsch entsprechen und euch im Widerspruch zu dem unter D) Gesagten gut 100 Seiten ununterbrochene Prosa ohne jede Selbsthinterfragung bieten, die unterhalten und traurig machen und hier und da aufmuntern werden. Er wird jetzt jeden Moment mit der Geschichte beginnen, denn er weiß, wann die Zeit gekommen ist, wann der richtige Moment da ist, wann der Vorhang sich hebt. Er erkennt die Bedürfnisse und Empfindungen des Lesers an, die Tatsache, dass ein Leser nur soundso viel Zeit hat, nur soundso viel Geduld – das anscheinend endlose Sich-Winden, das unentwegte Räuspern kann leicht für ein abschätziges Hinhaltemanöver gehalten werden oder tatsächlich zu einem solchen *verkommen*, zu einem Schlag vor den Kopf der Leser, und wer will das schon (ihr vielleicht?). So heben wir also an, weil der Autor

** Gute Geschichte. Mein Vater erzählte einmal, wie er und sein Freund Les, wenn sie bei einer Sitzung oder Aussage [er und Les waren Rechtsanwälte (Les, der lebt und dem es gut geht, ist es noch)], Zeit schinden wollten, statt »Hm…« oder »Äh…« zu sagen, auf die Idee kamen, »Also …« zu sagen, ein Wort, das zweierlei besagt: Es dient dem Zeitschinden in demselben Maße wie »Hm …« oder »Äh …«, aber anstatt dumm zu klingen und dadurch abstoßend zu wirken, schafft es einen Schwebezustand mit Blick auf das Kommende, was auch immer es sei, auf das, was der Sprecher noch nicht weiß.

– wie ihr – will, dass es losgeht, dass man zum Kern der Sache kommt, sich hineinstürzt und die ganze Sache nochmals heraufbeschwört, denn es ist eine Geschichte, die erzählt werden sollte, mit allem, was dazugehört, Tod und Erlösung, Zorn und Verrat. Der Autor möchte den tapferen Männern und Frauen, die in den Streitkräften der USA dienen, seine Anerkennung zollen. Er wünscht ihnen alles Gute und hofft, dass sie bald wieder nach Hause kommen. Das heißt, wenn sie wollen. Wenn es ihnen da gefällt, wo sie sind, bleiben sie hoffentlich dort. Zumindest so lange, bis sie wieder nach Hause wollen. Dann allerdings sollten sie geradewegs nach Hause kommen, mit dem nächsten Flugzeug. Der Autor würde gern auch denen seine Anerkennung bekunden, die Comicganoven und -superhelden erschaffen, den Leuten, die die Idee erfunden oder zumindest populär gemacht haben, ein normaler, freundlicher Mensch könne sich durch einen verrückten Unfall in ein anderes Wesen verwandeln und nach dieser Mutation durch eine merkwürdige Mischung aus ranziger Bitterkeit und maßlosester Hoffnung dazu getrieben werden, ganz und gar seltsame und lächerliche Dinge zu tun, nicht selten im Namen Gottes. Die Hersteller von Comics scheinen da etwas auf der Spur zu sein. Nun, ganz im Sinne einer interpretatorischen *Glasnost* möchte der Autor euch ein wenig Mühe ersparen, indem er euch einen groben Schlüssel zu etwas mehr als der Hälfte aller in diesem Buch verwandten Metaphern an die Hand gibt. (Nächste Seite.)

Unvollständige Liste der Symbole und Metaphern

Sonne	=	Mutter
Mond	=	Vater
Fernsehzimmer	=	Vergangenheit
Nasenbluten	=	Verfall
Tumor	=	Omen
Himmel	=	Emanzipation
Ozean	=	Sterblichkeit
Brücke	=	Brücke
Brieftasche	=	Sicherheit
		Vater
		Vergangenheit
		Klasse
Gitter	=	Transzendenzäquivalent
Weißes Bett	=	Mutterschoß
Möbel, Teppiche etc.	=	Vergangenheit
Kleiner, ausgestopfter Bär	=	Mutter
Toph	=	Mutter
Puppen	=	Mutter
Lake Michigan	=	Mutter
		Vergangenheit
		Frieden
		Chaos
		Unbekanntes
Mutter	=	Sterblichkeit
Mutter	=	Liebe
Mutter	=	Wut
Mutter	=	Krebs
Betsy	=	Vergangenheit
John	=	Vater
Shalini	=	Versprechen
Skye	=	Versprechen
Ich	=	Mutter

Anmerkung: Mit der Verwendung von Journey's Lied »Any way you want it« wird keinem Symbolismus gefrönt.

Der Autor möchte auch seinen Hang zur Übertreibung bekennen. Und seinen Hang zu flunkern, um sich selbst in ein besseres oder schlechteres Licht zu stellen, je nachdem was ihm jeweils gerade besser zustatten kommt. Er möchte ferner feststellen, dass er natürlich nicht der Einzige ist, der jemals Eltern verloren hat, und dass er außerdem nicht der Einzige ist, der jemals Eltern verloren und einen kleinen Bruder geerbt hat. Doch er möchte darauf hinweisen, dass er gegenwärtig die einzige derartige Person mit einem Autorenvertrag ist. Er möchte dem verdienten Senator von Massachusetts seine Anerkennung aussprechen. Und der Eigenstaatlichkeit Palästinas. Und der impliziten Logik der Wiederholungsregel. Und dass auch er sich all der Mängel und Fehler des Buches sehr wohl bewusst ist, wo immer sie eurer Meinung nach liegen mögen, und dass er vor denen, die sie bemerken, den Hut zieht. Und da er einmal dabei ist, möchte er eigentlich auch seinem Bruder Bill danken; sein Bruder Bill ist so ein famoser Mann. Und dem Lektor dieses Buches, Geoff Kloske, und Mr. Kloskes Assistentin, Nicole Graev, die zwar ihre Vokale merkwürdig ausspricht, aber ansonsten sehr nett ist. Und natürlich Elyse Cheney, die – schlimm genug für sie – von Anfang an bei diesem Projekt dabei war. Ebenso C. Leyshon, A. Quinn, J. Lethem und V. Vida für ihre Beschwichtigungen meiner Ängste, ganz zu schweigen von Adrienne Miller, John Warner, Marny Requa und Sarah Vowell, für deren Lektüren dieses Buches, noch bevor es lesbar war, ich sehr dankbar bin (auch wenn bei Licht besehen der Autor Warner schon $ 100 in die Hand gedrückt hat, was den Dank irgendwie unnötig macht). Und nochmals all denen, die in dieser Geschichte mitspielen, vor allem Mr. C. M. E., der weiß, wer er ist. Schließlich würde der Autor gern die Männer und Frauen von der US-amerikanischen Bundespost anerkennend erwähnen, die eine mitunter undankbare Aufgabe mit großer Gelassenheit und atemberaubender Effizienz erfüllen, insbesondere wenn man das Ausmaß und den Umfang der Anstrengung bedenkt.

Und hier noch eine Zeichnung von einem Hefter:

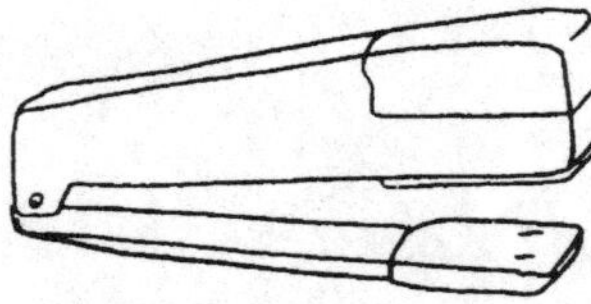

I.

Vor dem schmalen, hohen Badezimmerfenster liegt der Dezembergarten grau und kritzelig, die Bäume wie kalligraphiert. Die Dunstwolken des Trockners wallen schwerfällig aus dem Haus und reißen auf, während sie himmelwärts ins Weiße wabern. Das Haus ist eine Fabrik.

Ich ziehe mir die Hose hoch und gehe zu meiner Mutter zurück. Ich gehe durch den Flur, am Wäscheraum vorbei und in das Fernsehzimmer. Ich schließe die Tür hinter mir und sperre das Rumoren der kleinen Schuhe im Trockner aus. Es sind Tophs Schuhe.

»Wo warst du?«, fragt meine Mutter.

»Im Bad«, sage ich.

»Humpf«, sagt sie.

»Was?«

»Fünfzehn Minuten?«

»So lange war ich nicht weg.«

»Sogar länger. War etwas kaputt?«

»Nein.«

»Bist du ins Klo gefallen?«

»Nein.«

»Hast du an dir herumgespielt?«

»Ich hab mir die Haare geschnitten.«

»Du hast Nabelschau abgehalten.«

»Ja, ja. Wie du meinst.«

»Hast du hinter dir aufgeräumt?«

»Yeah.«

Tatsächlich habe ich nicht aufgeräumt, habe Haare im Waschbecken und überall liegen lassen, krause braune Locken, aber ich weiß, dass meine Mutter das ohnehin nie herausfinden wird. Sie kann nicht aufstehen, um nachzusehen.

Meine Mutter liegt auf dem Sofa. Und vorerst wird sie es auch nicht verlassen. Eine Zeit lang, bis vor einigen Monaten, war sie noch auf den Beinen, lief herum, fuhr Auto und machte Besorgungen. In der Zeit danach verbrachte sie den größten Teil des Tages in ihrem Sessel direkt neben dem Sofa, erledigte gelegentlich dieses oder jenes, ging aus und was weiß ich. Schließlich zog sie aufs Sofa. Doch selbst dann, als sie bereits die meiste Zeit auf dem Sofa verbrachte, zwang sie sich, jedenfalls anfänglich, jede Nacht gegen 23 Uhr die Treppe hinaufzugehen, auf nackten, noch im November sonnengebräunten Füßen, langsam und vorsichtig über den grünen Teppich in das ehemalige Schlafzimmer meiner Schwester. Sie schlief seit Jahren dort: das Zimmer war rosa und sauber, das Bett ein Himmelbett; vor langer Zeit schon hatte sie beschlossen, dass sie nicht mehr mit dem Husten meines Vaters schlafen konnte.

Doch es ist Wochen her, dass sie zuletzt nach oben gegangen ist. Jetzt ist sie auf dem Sofa, verlässt das Sofa nie, liegt tagsüber auf dem Sofa und schläft auch nachts dort, in ihrem Nachthemd, unter dem bis zum Hals hochgezogenen Deckbett, während der Fernseher bis zur Morgendämmerung läuft. Die Leute wissen Bescheid.

Während meine Mom ihre Tage und Nächte überwiegend auf dem Rücken liegend auf dem Sofa verbringt, dreht sie den Kopf zur Seite, um fernzusehen, und wieder zurück, um grüne Flüssigkeit in eine Plastikschale zu spucken. Die Plastikschale ist neu. Wochenlang hatte sie die grüne Flüssigkeit in ein Handtuch gespuckt, nicht immer in dasselbe Handtuch, sondern in eine Reihe von Handtüchern, von denen immer eines auf ihrer Brust lag. Aber das Handtuch auf ihrer Brust war, wie meine Schwester Beth und ich schon bald herausfanden, nicht der beste Ort für die grüne Flüssigkeit, weil, wie sich herausstellte, die grüne Flüssigkeit furchtbar stank, wesentlich stechender roch, als man hätte denken können. (Natürlich erwartet man, dass sie nach irgendetwas stinkt, klar, aber nicht *so*.) Also konnte die grüne Flüssigkeit dort nicht bleiben, stinkend und versteinernd auf dem Frottee-

handtuch. (Da die grüne Flüssigkeit auf den Frotteehandtüchern zu einer festen Kruste gerann, waren diese kaum sauber zu bekommen. So waren die Grüne-Flüssigkeit-Handtücher zugleich Einweg-Handtücher, die man, so sehr auch jeder Zipfel ausgenutzt und jedes einzelne immer wieder gefaltet und gewendet, gewendet und gefaltet wurde, jeweils nur wenige Tage benutzen konnte; und obwohl wir die Badezimmer, die Schränke und die Garage geplündert hatten, neigte sich unser Vorrat dem Ende zu.)
Schließlich besorgte Beth ihr etwas, in das meine Mutter fortan die grüne Flüssigkeit spuckte: ein kleines Plastikgefäß, das irgendwie provisorisch und wie ein Teil einer Klimaanlage aussah, aber vom Krankenhaus gestellt und – soweit wir wussten – für Leute entworfen worden war, die häufig grüne Flüssigkeit ausspucken müssen. Es ist eine wie ein Halbmond geformte Plastikschale, cremefarben, die man leicht zur Hand nehmen und zum Hineinspucken verwenden kann. Sie kann unter den Mund einer liegenden Person gehalten werden, direkt unter das Kinn, und zwar so, dass Abhuster grüner Flüssigkeiten sowohl ihren Kopf heben und direkt hineinspucken als auch die Flüssigkeit einfach über ihr Kinn in die bereitgehaltene Schale rinnen lassen können. Das war schon eine großartige Entdeckung, diese halbmondförmige Plastikschale.
»Das Ding ist echt praktisch, nicht wahr?«, frage ich meine Mutter, als ich an ihr vorbei Richtung Küche gehe.
»Oh ja, der letzte Schrei«, sagt sie.
Ich hole mir ein Eis-am-Stil aus dem Eisschrank und kehre in das Fernsehzimmer zurück.
Vor etwa sechs Monaten haben sie meiner Mutter den Magen entfernt. Viel gab es da nicht mehr, was sie hätten entfernen können. Ungefähr ein Jahr zuvor hatten sie ihr bereits [wenn ich sie wüsste, würde ich hier die medizinischen Begriffe verwenden] ein Stück herausgenommen. Damals hatten sie die [Soundso] mit dem [Soundso] vernäht in der Hoffnung, sie hätten den Stein des Anstoßes beseitigt, und ihr Chemotherapie verschrieben. Aber natürlich hatten sie nicht alles erwischt. Sie hatten etwas zurück-

gelassen, das gewachsen, zurückgekommen war, das Eier gelegt hatte und nun gut verstaut seitlich am Raumschiff klebte. Eine Zeit lang schien es ihr gut zu gehen, sie hatte die Chemotherapie hinter sich gebracht, sich Perücken besorgt, bis ihr Haar wieder nachgewachsen war – dunkler und spröder. Doch sechs Monate später fingen die Schmerzen von neuem an – *War es vielleicht eine Magenverstimmung*? Vielleicht war es tatsächlich nur eine Magenverstimmung, das Aufstoßen und die Schmerzen, das Sich-beim-Abendessen-über-den-Küchentisch-Krümmen; Magenverstimmungen hat man schon einmal; dagegen kann man Rennies nehmen. *Ey, Mom, soll ich dir ein paar Rennies holen?* Aber als man sie wieder einlieferte, »aufschnitt« – eine ihrer Redewendungen – und in sie hineinschaute, starrte er ihnen, den Ärzten, entgegen wie tausend sich windender Würmer unter einem Stein, wogend, schimmernd, feucht und fettig – *Großer Gott!* – oder gar nicht wie Würmer, sondern wie eine Million kleiner Kapseln, eine jede eine winzige Krebsstadt, eine jede bevölkert von wilden, sich ausbreitenden Bürgern ohne Umweltbewusstsein und Sinn für Bebauungsvorschriften. Als der Arzt sie aufschnitt und Licht auf die Welt der Krebskapseln fallen ließ, zeigten sich diese verärgert über die Störung, geradezu feindselig. *Mach. Das verfluchte. Licht aus.* Sie funkelten den Arzt wütend an, jede Kapsel – obwohl eine eigenständige Stadt – mit nur einem Auge ausgestattet, einem blinden, bösen Auge genau in der Mitte, das fordernd, wie es nur blinde Augen vermögen, den Arzt anstarrte. *Verpiss dich. Arschloch.* Die Ärzte gaben ihr Bestes, nahmen den ganzen Magen heraus, verknüpften miteinander, was noch übrig war, diesen Teil mit jenem Teil, und nähten sie wieder zu, überließen die Stadt samt ihren Kolonisten ihrem offenkundigen Schicksal, ihren fossilen Brennstoffen, hässlichen Einkaufszentren und der vorortstypischen Wucherung und ersetzten den Magen durch einen Schlauch und einen tragbaren Infusionsbeutel. Irgendwie ganz niedlich, der Infusionsbeutel. Sie trug ihn immer in einem grauen Rucksack mit sich herum – ein leicht futuristisch wirkendes Teil, das wie eine Kreuzung aus einem synthetischen Eisbeutel und einem dieser Behälter mit flüssigem Essen aussieht, wie sie für die Raumfahrt entworfen wurden. Wir haben einen Namen für den Beutel. Wir nennen ihn »den Beutel«.

Meine Mutter und ich sehen fern. Wir schauen eine Sendung an, in der Amateursportler, die sonst in der Werbebranche oder als Ingenieure arbeiten, gegen weibliche und männliche Bodybuilder in Sportarten antreten, die Kraft und Wendigkeit erfordern. Die Bodybuilder sind überwiegend blond und durchweg makellos braun. Sie sehen großartig aus. Ihre Namen verheißen Schnelligkeit und Unbezwingbarkeit und erinnern an amerikanische Autos oder Elektronik: Firestar etwa oder Mercury oder Zenith. Es ist eine großartige Sendung.

»Was ist das?«, fragt sie und beugt sich zum Fernseher vor. Ihre Augen, einst klein, scharf und einschüchternd, blicken jetzt trüb, gelb, schlaff, überanstrengt – das Spucken gibt ihnen einen Ausdruck von anhaltender Verzweiflung.

»Diese Wettkampfsendung«, sage ich.

»Hmm«, sagt sie, wendet sich ab und hebt den Kopf, um auszuspucken.

»Blutet's noch?«, frage ich, während ich an meinem Eis lutsche.

»Ja.«

Wir haben es mit Nasenbluten zu tun. Während ich im Badezimmer war, hat sie sich die Nase zugehalten, aber sie kann nicht fest genug zudrücken, so dass ich sie jetzt wieder ablöse und ihre Nase mit meiner freien Hand zuhalte. Ihre Haut ist fettig und glatt.

»Drück fester«, sagt sie.

»Okay«, sage ich und drücke fester. Ihre Haut fühlt sich heiß an.

Tophs Schuhe rumpeln immer noch im Wäschetrockner.

Vor einem Monat wachte Beth früh morgens auf; sie weiß nicht mehr, warum. Sie ging die Treppe hinunter, über den grünen Teppich, der ihre Schritte dämpfte, bis zum schwarzen Steinboden des Eingangsflurs. Die Haustür stand offen, nur das Fliegengitter war geschlossen. Es war Herbst und kalt, und so schloss sie die große

Holztür mit beiden Händen, klick, und wandte sich der Küche zu. Sie ging den Korridor hinunter und in die Küche. Eisblumen verzierten die Ecken der gläsernen Schiebetür, Frost überzog die nackten Bäume im Garten. Sie öffnete den Kühlschrank und schaute hinein. Milch, Obst, Infusionsbeutel, die zwecks richtigen Gebrauchs mit einem Datum beschriftet waren. Sie schloss den Kühlschrank. Sie ging von der Küche in das Fernsehzimmer, wo die Gardinen vor dem großen, zur Straße gelegenen Fenster zurückgezogen waren und den Blick auf ein gleißend weißes Licht freigaben. Das Fenster war wie ein heller, silberner Bildschirm, der von hinten erleuchtet wurde. Sie blinzelte, bis sich ihre Augen an das Licht gewöhnt hatten. Als sie schließlich klar sehen konnte, erblickte sie in der Mitte des Bildschirms meinen Vater, der am Ende der Auffahrt auf den Knien lag.

Ich möchte nicht behaupten, meine Familie hätte keinen Geschmack, aber unser Geschmack ist uneinheitlich. Die Tapete im unteren Badezimmer haben wir zwar mit dem Haus erworben, in ihr spricht sich aber der Einrichtungsstil des gesamten Hauses am allerdeutlichsten aus. Sie besteht aus einem Muster von etwa fünfzehn Slogans und Redewendungen, die damals, als sie geklebt wurde, gerade beliebt waren. *Alles klar, Das ist spitze, Verdufte!* ergeben aufeinander treffend und ineinander übergehend faszinierende Kombinationen. So trifft *That-A-Way* irgendwann auf *Way Out* und ergibt dann *A Way Out*. Die Wörter sind handgeschrieben, in stilisierten Großbuchstaben, rot und schwarz auf weißem Grund. Hässlicher geht es kaum, und doch haftet der Tapete etwas Neuartiges an, das Besuchern gefällt, zeugt sie doch von einer Familie ohne den drängenden Wunsch, offensichtliche Einrichtungsprobleme anzugehen, sowie von einer glücklichen Zeit, einer verrückten, abstrusen Ära der amerikanischen Geschichte, die verrückte und abstruse Tapeten hervorbrachte.

Das Wohnzimmer wirkt eigentlich ziemlich edel – sauber, ordentlich, voller Erbstücke und Antiquitäten, mit einem orientalischen Teppich auf dem Holzdielenboden. Das Fernsehzimmer aber, der einzige Raum, in dem wir uns wirklich aufgehalten haben, war immer, im Guten wie im Schlechten, der eigentliche Spiegel unserer wahren Vorlieben. Es ist immer schon ein Mischmasch von Möbeln gewesen, die untereinander mit zusammengebissenen Zähnen und spitzen Ellbogen um die Auszeichnung als »unpassendstes Möbelobjekt« kämpften. Zwölf Jahre lang waren die beherrschenden Sessel blutorangefarben. Das Sofa unserer Kindheit, das mit den orangefarbenen Sesseln und dem weißen Florteppich zusammengewürfelt war, war kariert – grün, braun und weiß. Das Fernsehzimmer hat immer schon an eine Kajüte erinnert, mit seiner Holzvertäfelung und den sechs schweren Holzbalken, die die Decke stützen oder zumindest so tun. Das Fernsehzimmer ist dunkel und hat sich – abgesehen vom zeitüblichen Verschleiß der Möbel und Wände – in den zwanzig Jahren, die wir hier leben, kaum verändert. Die Möbel sind beklemmend braun und niedrig, wie die Möbel einer Bärenfamilie. Da ist ein Sofa neueren Datums, dasjenige meines Vaters; es ist lang und mit einem veloursähnlichen braunen Material bezogen, und da neben dem Sofa, das vor fünf Jahren das blutorangefarbene ersetzte, steht der bräunlich karierte Sessel, der Sessel meiner Mutter. Vor dem Sofa steht ein Couchtisch, der aus einem Stück Baumstamm gefertigt und dessen Rinde mehrfach lackiert ist. Wir haben diesen Tisch, der wie die meisten unserer Möbel von unserer einfühlsamen, mitleidsschwangeren Inneneinrichtungsphilosophie zeugt, vor Jahren aus Kalifornien mitgebracht. Für ästhetisch entrechtete Möbel sind wir, was andere Familien für Not leidende Kinder und Flüchtlinge aus der ganzen Welt sind – wir nehmen ihre innere Schönheit wahr und können nicht anders, als sie aufzunehmen.

Eine Wand des Fernsehzimmers wurde und wird von einem Kamin aus Ziegelsteinen eingenommen. An diesem Kamin gibt es eine kleine eingebaute Nische, die wir jedoch nie, wie vorgesehen, zum Grillen benutzt haben, vor allem, weil uns bei unserem Einzug gesagt wurde, hoch oben im Schornstein lebten irgendwo

Waschbären. So blieb die Nische viele Jahre lang unbenutzt, bis eines Tages vor etwa vier Jahren unser Vater von einer ähnlich bizarren Inspiration gepackt wurde wie damals, als es ihm einfiel, jahrelang die Lampe neben dem Sofa mit Gummispinnen und Schlangen zu dekorieren: Er beschloss, ein Aquarium dort aufzustellen. Das Aquarium, dessen Maße auf einer kühnen Vermutung basierten, passte tatsächlich ganz genau.

»Hey, *hey!*«, sagte er, als er es aufstellte und mit kaum einem Zentimeter Luft auf beiden Seiten in die Nische schob. »Hey, *hey!*« war etwas, was er gerne sagte, was aber in unseren Ohren aus dem Mund eines grauhaarigen Rechtsanwalts, der gestreifte Stoffhosen trug, ein wenig zu cool und unangepasst klang. »Hey, *hey!*«, pflegte er nach solchen Wundern zu sagen, die wegen der Häufigkeit, mit der sie auftraten, und wegen des Erstaunens, das sie erregten, geradezu schwindelig machten. Neben dem Wunder »perfekt passendes Aquarium« gab es da beispielsweise noch das Wunder »Verkabelung von Fernseher mit Stereoanlage für den ultimativen Stereosound« oder das Wunder »Verlegung der Nintendokabel *unter* den Teppichboden, damit das Baby nicht immerzu darüber stolpert, verdammt noch mal« (er war nintendosüchtig). Um für jedes dieser Wunder auch gebührend gefeiert zu werden, stellte er sich vor denjenigen, der sich gerade zufällig im Raum befand, grinste von einem Ohr zum anderen, führte die Hände in Triumphgeste zusammen und hob sie erst über die eine, dann über die andere Schulter, wie ein Pfadfinder, der das Seifenkistenrennen gewinnt. Aus Bescheidenheit tat er dies manchmal mit geschlossenen Augen und zur Seite geneigtem Kopf. Ist *das* wirklich *mein* Werk?

»Loser«, pflegten wir dann zu sagen.

»Ach, ihr könnt mich mal«, lautete seine Antwort, und dann ging er sich eine Bloody Mary mixen.

In einer Ecke der Decke sind konzentrische, gelb-braune Flecken, ein Andenken an die schweren Regenfälle des letzten Frühjahrs. Die Tür zum Eingangsflur hängt nur noch an einem ihrer drei Scharniere. Der cremefarbene Teppich ist völlig abgetreten und seit Monaten nicht mehr gesaugt worden. Die Fliegengitter vor den Fenstern sind immer noch nicht abmontiert – mein Vater wollte sie herausnehmen, hat es aber dieses Jahr nicht geschafft. Da das Fenster des Fernsehzimmers nach Osten zeigt und das Haus von einigen hohen Platanen umgeben ist, fällt nur wenig Licht durch das Fenster hinein. Im Fernsehzimmer ist es meistens gleich hell, ob Tag oder Nacht. Das Fernsehzimmer ist meistens dunkel.

Ich bin über Weihnachten zu Hause. Unser älterer Bruder, Bill, ist gerade nach Washington D.C. zurückgefahren, wo er für die *Heritage Foundation* arbeitet, einen Verein, der irgendetwas mit osteuropäischer Wirtschaft, Privatisierung und Strukturwandel zu tun hat. Meine Schwester ist zu Hause, weil sie das ganze Jahr schon zu Hause ist – sie hat mit ihrem Jurastudium ausgesetzt, um auch ja nichts vom Spaß zu verpassen. Wann immer ich nach Hause komme, geht Beth aus.
»Wohin gehst du?«, frage ich dann meistens.
»Aus«, lautet ihre Antwort.
Ich halte die Nase zu. Während sie vor sich hin blutet und wir die Blutung zu stillen versuchen, sehen wir fern. In der Sendung, die wir uns anschauen, versucht gerade ein Steuerberater aus Denver eine Mauer zu erklimmen, ehe ein Bodybuilder namens Striker ihn einholen und von der Wand herunterzerren kann. Die anderen Wettkampfspiele, die in dieser Sendung gezeigt werden, sind an sich schon spannend genug. Da ist zum einen eine Art Hindernisrennen, in dem die Teilnehmer gegeneinander aber auch gegen die Zeit laufen, zum anderen der Paddelkampf, in dem die Wettkampfteilnehmer mit Paddeln, die mit Schwämmen abgepolstert sind, aufeinander einschlagen. Beide Disziplinen sind außerordentlich aufregend, besonders, wenn es eng wird, weil die Gegner einander gewachsen sind und viel auf dem Spiel steht – aber dieser Wettkampf, der mit dem Hochklettern an der Mauer, ist einfach extrem beunruhigend. Allein der Gedanke, dass da jemand dem

Steuerberater auf den Fersen ist, während er die Wand hinaufklettert … keiner möchte bei so etwas gejagt werden, von niemandem, nicht von Leuten und nicht von Händen, die nach Fußknöcheln angeln, während man sich nach der Klingel auf der Mauer reckt. Striker will den Steuerberater packen und herunterzerren – immer wieder versucht er das Bein seines Gegners zu erwischen – dafür bedarf es nur eines guten Halts, eines gezielten Sprungs, eines sicheren Griffs und eines festen Rucks –, und wenn ihm das gelingt, bevor der Steuerberater die Klingel auf der Mauer erreicht … es ist der grauenhafteste Teil der Show. Der Steuerberater hangelt sich flink, beinahe fieberhaft von einem Halt zum anderen, und für einen Moment sieht es so aus, als würde er es schaffen, weil Striker weit zurückliegt, lässig zwei Körperlängen, aber dann hält der Steuerberater inne. Er weiß nicht, wie es weitergehen soll. Der nächste Halt ist für ihn unerreichbar. Also muss er zurückklettern, eine Stufe nach unten gehen, um einen anderen Weg auszumachen, und als er hinuntersteigt, wird die Spannung unerträglich. Der Steuerberater lässt sich ein Stück herab und macht sich daran, auf der linken Seite der Mauer wieder hochzuklettern, aber plötzlich, aus dem Nichts, taucht Striker auf – *gerade war er doch noch nicht mal auf dem Bildschirm!* – und bekommt das Bein des Steuerberaters zu packen, am Unterschenkel nämlich, und zieht daran, und das Spiel ist aus. Der Steuerberater fliegt von der Wand (natürlich hängt er an einem Seil) und gleitet langsam zu Boden. Es ist schrecklich. Ich werde mir diese Show nicht wieder ansehen. Mom sieht lieber die Sendung, in der drei junge Frauen auf einem pastellfarbenen Sofa sitzen und von ihren schönen bis alptraumhaften Erlebnissen mit ein und demselben Mann bei einem *Blind Date* erzählen. Beth und Mom haben diese Sendung monatelang jeden Abend verfolgt. Manche der Teilnehmer hatten miteinander geschlafen, aber sie benutzen merkwürdige Worte, um das zu umschreiben. Und dann ist da der witzige Moderator mit der großen Nase und dem schwarzen, lockigen Haar. Er ist ein lustiger Mann, dem die Show Spaß zu machen scheint, was dem Ganzen eine gewisse Leichtigkeit gibt. Zum Schluss der Sendung wählt der

Junggeselle eine der drei Frauen aus, um sich ein zweites Mal mit ihr zu verabreden. Und dann macht der Moderator etwas geradezu Unglaubliches: Obwohl er bereits für die drei während der Sendung beschriebenen Treffen bezahlt hat und obwohl er von einer weiteren Zahlung keinerlei Vorteil hat, *gibt er den beiden verbliebenen Singles dennoch Geld für ihr nächstes Treffen.*

Mom sieht die Sendung jeden Abend; es ist das Einzige, was sie sich anschauen kann, ohne dabei einzuschlafen, was ihr sehr häufig passiert, dieses Immer-wieder-Einnicken während des Tages. Nur nachts, da schläft sie nicht.

»Natürlich schläfst du nachts«, sage ich.

»Tu ich nicht«, sagt sie.

»Jeder schläft nachts«, sage ich – das Thema ist mir wichtig – »selbst, wenn es einem nicht so vorkommt. Die Nacht ist viel, viel zu lang, um sie ganz durchwachen zu können. Ich meine, ich hab auch schon geglaubt, ich sei die ganze Nacht wach geblieben, wie damals, als ich sicher war, dass die Vampire aus *Brennen muss Salem* – erinnerst du dich an den Film, mit David Soul und so? Wo die Leute auf Geweihe aufgespießt wurden? Ich hatte Angst einzuschlafen und bin deshalb die ganze Nacht aufgeblieben, hab auf dem Bauch gelegen und ferngesehen, die ganz Nacht lang, voller Angst, doch einzunicken, weil ich ganz sicher war, sie würden genau diesen Moment abpassen – den Moment, in dem ich gerade einschlief –, um aufzutauchen, vor meinem Fenster oder über den Korridor herbeischweben und mich beißen, ganz langsam ...«

Sie spuckt in ihren Halbmond und schaut mich an.

»Wovon redest du eigentlich?«

Das Aquarium steht noch immer im Kamin, aber die Fische, vier oder fünf dieser glubschäugigen Fische mit Elephantiasis, sind schon vor Wochen gestorben. Das Wasser, das noch immer von der lilafarbenen Aquariumslampe angestrahlt wird, ist vor lauter Schimmel und Fischkot ganz grau, undurchsichtig wie eine geschüttelte Schneekugel. Mir geht eins nicht aus dem Sinn. Mir geht die Frage nicht aus dem Sinn, wie das Wasser wohl schmecken mag. Wie ein Diätmilchshake? Wie Kloake? Ich überlege, ob ich meine Mutter fragen soll: Wie, glaubst du, schmeckt das? Aber sie wird die Frage nicht witzig finden. Sie wird sie nicht beantworten.

»Könntest du mal nachsehen?«, fragt sie und meint ihre Nase.

Ich lasse ihre Nasenflügel los. Nichts.

Ich betrachte die Nase. Sie ist noch braun vom Sommer. Ihre Haut ist glatt und braun.

Dann kommt es, das Blut, erst als kleines Rinnsal, dann wie ein dicker Aal, der sich langsam hervorschlängelt. Ich hole ein Handtuch und tupfe es weg.

»Sie blutet noch«, sage ich.

Sie hat zu wenig weiße Blutkörperchen. Ihr Blut könne nicht richtig gerinnen, hatte der Arzt beim letzten Mal gesagt, als wir dasselbe Problem hatten, deshalb dürfe es erst gar nicht zu einer Blutung kommen, hatte er gemeint. Eine Blutung könnte das Ende bedeuten, sagte er. Gut, sagten wir. Wir waren nicht weiter beunruhigt. So wie sie lebte, auf dem Sofa, schien es herzlich wenig Gelegenheiten zu geben, sich so zu verwunden, dass man auf Blut stieß. *Ich sorg dafür, dass alle scharfen Gegenstände außer Reichweite sind*, hatte ich gewitzelt. Der Arzt verzog keine Miene. Ich fragte mich, ob er mich gehört hatte. Ich überlegte, ob ich den Witz wiederholen sollte, dachte mir dann jedoch, dass er ihn bestimmt gehört, aber nicht lustig gefunden hatte. Oder vielleicht hatte er mich doch nicht gehört? Vielleicht sollte ich den Witz irgendwie ergänzen, ihm sozusagen auf die Sprünge helfen, ihm mit einem zweiten Witz Auftrieb geben, bis es mit einem Streich zu einer zweifachen Pointe käme. *Keine Messerstechereien mehr*, könnte ich vielleicht sagen. *Kein Messerwerfen mehr*, könnte ich vielleicht sagen, ha, ha. Aber dieser Arzt macht nur selten Witze. Einige der Krankenschwestern witzeln da schon mal eher. Unsere Aufgabe ist es, mit den Ärzten und Krankenschwestern herumzuscherzen. Unsere Aufgabe ist es, den Ärzten zuzuhören; und nachdem wir ihnen zugehört haben, stellt Beth den Ärzten in der Regel einige konkrete Fragen – *Wie oft soll sie das nehmen? Können wir das nicht einfach über den Infusionsbeutel geben?* – und dann fügen wir noch ein wenig Leichtigkeit mit einer Portion Witz hinzu. Aus Büchern und Fernsehsendungen weiß ich, dass man das tut. Angesichts widriger Umstände sollte man seinen Sinn für Humor behalten; etwas zu lachen gibt es immer, heißt es. Aber in den letzten Wochen haben wir nicht viel gefunden. Wir haben nach etwas Witzigem gesucht, aber nur sehr wenig gefunden.

»Das Spiel funktioniert nicht«, sagt Toph, der aus dem Keller aufgetaucht ist. Weihnachten war vor einer Woche, und wir haben ihm ein paar neue Spiele für das Sega besorgt.

»Was?«

»Das Spiel funktioniert nicht.«

»Ist es angeschaltet?«

»Ja.«

»Ist die Patrone richtig eingesetzt?«

»Ja.«

»Schalte es einmal aus und wieder an.«

»Okay«, sagt er und geht zurück nach unten.

Durch das Fenster des Fernsehzimmers, in der Mitte des silbrig weißen Schirms, sah sie meinen Vater in seinem Anzug, einem grauen Anzug, angezogen fürs Büro. Beth hielt auf der Schwelle zwischen Küche und Fernsehzimmer inne und beobachtete ihn. Die Bäume im Garten auf der anderen Straßenseite waren groß, graustämmig, mit schlanken Ästen; das kurze Gras des Rasens gelb gesprenkelt vom herabfallenden Herbstlaub. Er bewegte sich nicht. Sein Anzug hing ihm, selbst wie er so dakniete und sich nach vorn lehnte, locker von den Schultern. Er hatte so viel Gewicht verloren. Ein Auto fuhr vorbei, ein grauer, verschwommener Fleck. Sie wartete darauf, dass er wieder aufstand.

Ihr solltet einmal die Stelle sehen, wo ihr Magen war. Wie ein Kürbis sieht sie aus. Rund und dick. Es ist merkwürdig – da haben sie ihr den Magen und auch, wenn ich mich recht erinnere, einige umliegende Partien entfernt, und doch sieht sie aus, als sei sie schwanger, selbst nachdem sie so viel Drumherum weggeschnitten haben. Man kann sie deutlich erkennen, die Wölbung, selbst unter der Decke. Ich vermute, dass es der Krebs ist, aber ich habe weder meine Mutter noch Beth danach gefragt. Ist das der angeschwollene Bauch eines verhungernden Kindes? Ich weiß es nicht. Ich stelle keine Fragen. Dass ich Fragen stellen würde, wie ich früher behauptet habe, war gelogen.

Ihre Nase blutet mittlerweile seit ungefähr zehn Minuten. Sie hat schon einmal so ein Nasenbluten gehabt, vor zwei Wochen ungefähr, und Beth ist es nicht gelungen, die Blutung zu stillen, so dass die beiden in die Notaufnahme gefahren sind. Die Krankenhausleute haben sie zwei Tage dort behalten. Ihr Onkologe, den wir manchmal sympathisch finden und manchmal nicht, kam sie besuchen, warf einen Blick auf den in Metall gefassten, fleckenlosen Krankenbericht und plauderte mit ihr am Krankenbett – er ist schon seit vielen Jahren ihr Onkologe. Sie gaben ihr frisches Blut und achteten auf die Anzahl ihrer weißen Blutkörperchen. Sie wollten sie länger im Krankenhaus behalten, aber sie bestand darauf, nach Hause entlassen zu werden; sie hatte einen Horror vor Krankenhausaufenthalten, hatte genug von Krankenhäusern, wollte nicht …

Sie war mit einem Gefühl des Geschlagenseins, des Ausgelaugtseins herausgekommen und wollte nun, da sie sicher wieder zu Hause war, auf keinen Fall zurück. Sie hatte mir und Beth das Versprechen abgenommen, nie wieder dorthin zurückzumüssen. Wir hatten es ihr versprochen.

»Okay«, sagten wir.

»Das ist mein Ernst«, sagte sie.

»Okay«, sagten wir.

Ich drücke ihre Stirn so weit nach hinten wie möglich. Die Armlehne des Sofas ist weich und nachgiebig.

Sie spuckt. Sie ist das Spucken gewöhnt, gibt dabei aber immer noch angestrengte, leise Würgegeräusche von sich.

»Tut das weh?«, frage ich.

»Tut was weh?«

»Das Spucken.«

»Nein, es fühlt sich toll an, Dummkopf.«

»Tut mir Leid.«

Draußen geht eine Familie vorbei, die Eltern, ein kleines Kind in Schneehosen und Anorak, die Kinderkarre. Sie schauen nicht zum Fenster herein. Es ist schwer zu sagen, ob sie Bescheid wissen. Vielleicht wissen sie es und sind lediglich höflich. Die Leute wissen Bescheid.

Meine Mutter hat es gern, wenn die Gardinen zurückgezogen sind, weil sie dann den Vorgarten und die Straße sehen kann. Tagsüber ist es häufig sehr hell draußen, doch obwohl die Helligkeit vom Fernsehzimmer aus zu sehen ist, scheint sie irgendwie nicht bis in den Raum vorzudringen und ihn nennenswert auszufüllen. Ich bin kein Verfechter der offenen Gardinen.

Manche wissen Bescheid. Natürlich wissen sie Bescheid.

Die Leute wissen Bescheid.

Alle wissen Bescheid.

Alle reden darüber. Und warten.

Ich habe einen Plan – für die Neugierigen, Zudringlichen, Mitleidigen; ich habe mir genau ausgemalt, was mit denen passiert, die uns als grotesk, als bemitleidenswert ansehen und unsere Situation als Klatschquelle ausschlachten. Ich male mir Erwürgungsszenen aus – *oh, je, ich höre, sie ist* – RÖCHEL! –; Genickbrüche – *was wird nur aus dem armen kleinen Jun…* – KRACH! –; ich stell mir vor, wie ich auf Körper eintrete, die auf dem Boden liegen, Blut spucken und – *Oh Gott, oh Gott, verflucht, es tut mir Leid, es tut mir leid!* – um Gnade winseln. Ich stemme sie hoch, bis über meinen Kopf, und schmettere sie dann zu Boden, zertrümmere sie über meinem Knie, ihre Wirbelsäulen wie Streichhölzer. Könnt ihr es euch vorstellen? Ich stoße die Täter in riesige Säurefässer und sehe zu, wie sie sich winden, wie sie schreien, während die

Säure sie zerfrisst und zerstört. Meine Hände krallen sich in sie, zerfetzen ihre Haut – ich reiße Herzen und Eingeweide heraus und werfe sie beiseite. Ich zertrümmere Schädel, nehme Enthauptungen vor, arbeite mit dem Baseballschläger, bestrafe je nach Täter und Tat. Am schlechtesten ergeht es denjenigen, die ich nicht mag oder die meine Mutter nicht mag – meistens werden sie ganz langsam erwürgt; Gesichter, die erst rot, dann lila und schließlich malvenfarben anlaufen. Das Schlimmste bleibt denen erspart, die ich kaum kenne, wie die Familie, die gerade vorbeigelaufen ist. Bei ihnen ist es nichts Persönliches. Ich überfahre sie einfach mit dem Auto.
Die blutende Nase bereitet uns beiden leise Sorgen, meiner Mutter und mir, aber vorerst arbeiten wir unter der Annahme, dass die Nase aufhören wird zu bluten. Während ich die Nase zudrücke, hält sie die halbmondförmige Schale, die auf der oberen Hälfte ihres Oberkörpers ruht, unter ihr Kinn.
Und dann habe ich plötzlich eine großartige Idee. Ich versuche sie dazu zu bringen, albern zu sprechen, so wie Leute sprechen, wenn ihnen die Nase zugehalten wird.
»Ach, bitte!«, sage ich.
»Nein«, sagt sie.
»Ach, komm.«
»Hör auf.«
»*Was denn?*«

Die Hände meiner Mutter sind venenübersät und sehen kräftig aus. Am Hals laufen ebenfalls Venen entlang. Auf ihrem Rücken hat sie Sommersprossen. Früher führte sie uns immer einen Trick vor, bei dem es so aussah, als würde sie sich den Daumen abreißen, was sie jedoch nicht tat. Kennt ihr diesen Trick? Ein Teil des rechten Daumens sieht dabei so aus, als gehöre er zur linken Hand, und wird dann am Zeigefinger der linken Hand auseinander gezogen – zusammen, auseinander. Es ist ein beunruhigender Trick, und besonders beängstigend war es, wenn meine Mutter ihn vorführte, weil ihre Hände dann immer irgendwie zitterten und vibrierten, ihre Halsvenen angespannt waren und hervortraten, ihr Gesicht die Anstrengung widerspiegelte, die natürlicherweise mit dem Abreißen des eigenen Fingers einhergeht. Als Kinder beobachteten wir sie mit einer Mischung aus Begeisterung und Entsetzen. Wir wussten, dass es nicht wirklich passierte, wir hatten es schon Dutzende von Malen gesehen, aber die Faszination blieb, weil meine Mutter von einer ungemeinen Körperlichkeit war – sie bestand nur aus Haut und Muskeln. Wir ließen sie den Trick auch vor unseren Freunden vorführen, die ebenfalls entsetzt und begeistert waren. Aber die Kinder liebten sie. Jeder kannte sie von der Schule her; sie leitete die Vorführungen des Schultheaters, nahm Kinder bei sich auf, die gerade Scheidungen miterlebten, kannte und liebte sie alle und hatte auch keine Scheu, jedes von ihnen zu umarmen, besonders die Schüchternen. Ihr müheloses Einfühlungsvermögen und ihre von Selbstzweifeln völlig ungetrübte Art nahmen den Leuten jede Befangenheit, ganz im Gegensatz zu manch anderen Müttern, die so zerbrechlich und unsicher sind. Wenn sie aber ein Kind nicht mochte, wusste es auch das Kind ganz genau. So wie Dean Baldwin, der gewichtige, dreckigblonde Junge am Ende des Karrees, der immer auf der Straße stand und ihr ohne jeden Anlass den Stinkefinger zeigte, wenn sie vorbeifuhr. »Böser Junge«, sagte sie dann und meinte es auch – sie war von einer inneren Härte, mit der auf keinen Fall zu spaßen war; sie strich einen dann von ihrer Liste, bis zu dem Moment, an dem man sich entschuldigte (was Dean unglücklicherweise nie tat), worauf man sofort wieder wie alle anderen umarmt wurde. Bei aller Stärke ging doch die meiste Kraft von ihren Augen aus, klein und blau, wie sie waren, und wenn sie blinzelte, tat sie es mit einer so mörderischen Eindringlichkeit, dass einem unmissverständlich klar wurde, dass sie, einmal provoziert, durchaus imstande war, die in ihrem Blick enthaltene Drohung in die Tat umzusetzen, dabei zum Schutz dessen, was ihr wichtig war, nicht Halt zu machen und den Herausforderer einfach platt zu walzen. Aber sie ging mit ihrer Kraft ganz unbefangen um, legte, was ihren

Körper und ihre Muskeln betraf, eine vertrauensvolle Sorglosigkeit an den Tag. So schnitt sie sich häufig beim Gemüseschneiden, schnitt sich verdammt tief in den Finger, meistens in den Daumen, so dass überall Blut war, auf den Tomaten, dem Schneidebrett, im Spülbecken, während wir an ihrer Taille hingen und zuschauten, ehrfürchtig und voller Angst, sie könnte sterben. Aber sie verzog nur das Gesicht, wusch den Daumen unter dem Wasserhahn ab, wickelte ein Stück Haushaltspapier darum und fuhr fort, das Gemüse zu schneiden, während das Blut das Haushaltspapier langsam durchweichte, sich ausbreitete, wie nur Blut sich ausbreiten kann, vom nassen Zentrum der Wunde aus.

Neben dem Fernseher stehen mehrere Bilder von uns Kindern, unter anderem eines von Bill, Beth und mir, wie wir als kleine Kinder – keiner von uns scheint älter als sieben – in einem orangefarbenen Schlauchboot sitzen, die Panik deutlich ins Gesicht geschrieben. Auf dem Bild scheint uns nichts als Wasser zu umgeben, als wären wir – allem Anschein nach – Meilen von der nächsten Küste entfernt. Unser Gesichtsausdruck legt diese Vermutung jedenfalls nahe. Aber natürlich können wir nicht weiter als drei Meter vom Ufer entfernt gewesen sein, über uns unsere Mutter in ihrem braunen Badeanzug mit der weißen Bordüre, knöcheltief im Wasser stehend, von wo aus sie das Foto knipst. Es ist das Bild, das uns am vertrautesten ist, das Bild, das wir jeden Tag gesehen haben, und die Farben darauf – das Blau des Lake Michigan, das Orange des Schlauchboots, das Braun unserer Haut und das Blond unseres Haars – sind die Farben, die wir mit unserer Kindheit verbinden. Auf dem Bild klammern wir uns an die Seite des kleinen Bootes, wollen heraus, wollen, dass unsere Mutter uns heraushebt, bevor das Ding sinken oder davontreiben kann.

»Wie läuft's in der Schule?«, fragt sie.

»Gut.«

Ich erzähle ihr nicht, dass ich Stunden schwänze.

»Wie geht's Kirsten?«

»Der geht's gut.«
»Ich hab sie schon immer gemocht. Nettes Mädchen. Hat Mumm.«
Als ich meinen Kopf auf das Sofa lege, weiß ich, dass er schon bald anklopfen wird, so sicher anklopfen wird wie der Postbote, der etwas bringt, das man bestellt hat. Wir wissen, dass er kommt, wissen aber nicht genau, wann – in ein paar Wochen? Monaten? Sie ist einundfünfzig. Ich bin einundzwanzig. Meine Schwester ist dreiundzwanzig. Meine Brüder sind vierundzwanzig und sieben.
Wir sind bereit. Wir sind nicht bereit. Die Leute wissen Bescheid. Unser Haus sitzt auf einer Sickergrube. Es ist unser Haus, das von einem Tornado emporgewirbelt wird, ein kleines Spielzeugeisenbahnhaus, das hilflos und erbarmungswürdig in dem schwarzen, heulenden Trichter schwebt. Wir sind schwach und winzig. Wir sind Grenada. Fallschirmtruppen schweben vom Himmel herab. Wir warten darauf, dass das Ganze endlich kollabiert – dass die Organe und Systeme, eines nach dem anderen, die Hände in die Luft werfen und sich ergeben. *Das Spiel ist aus*, sagt die endokrine Drüse; *ich hab getan, was ich konnte*, sagt der Magen, oder was von ihm noch übrig ist; *das nächste Mal kriegen wir sie*, fügt das Herz mit einem freundschaftlichen Rippenstoß hinzu.

Nach einer halben Stunde hebe ich das Handtuch hoch, und für einen Augenblick fließt kein Blut nach.
»Ich glaub, wir haben's geschafft«, sage ich.
»Wirklich?«, sagt sie und schaut zu mir auf.
»Es kommt nichts«, sage ich.
Ich bemerke, wie groß ihre Poren sind, besonders die auf der Nase. Ihre Haut ist schon seit Jahren ledern, braun gebrannt auf ewig, nicht hässlich, sondern auf eine interessante Art, wenn man ihre irische Herkunft bedenkt und die Tatsache, dass sie bestimmt sehr hellhäutig war …
Es fängt wieder an zu rinnen, erst zäh und langsam, mit kleinen,

schwarzen Krusten dazwischen, dann quillt das Blut dünner, in helllerem Rot. Ich drücke wieder zu.
»Zu fest«, sagt sie. »Das tut weh.«
»Tschuldige.«
»Ich hab Hunger«, sagt eine Stimme. Toph. Er steht hinter mir, neben dem Sofa.
»Was ist?«, sage ich.
»Ich hab Hunger.«
»Ich kann dir jetzt nichts zu essen machen. Hol dir etwas aus dem Kühlschrank.«
»Was denn?«
»Ist mir gleich, irgendetwas.«
»Was denn?«
»Ich weiß es nicht.«
»Was haben wir denn?«
»Warum siehst du nicht nach? Du bist sieben; du bist durchaus in der Lage, selbst nachzuschauen.«
»Wir haben nichts Gutes.«
»Dann iss eben nichts.«
»Aber ich hab Hunger.«
»Mein Gott, Toph. Nimm dir eben einfach einen Apfel.«
»Ich will keinen Apfel.«
»Komm her, mein Liebling«, sagt Mom.
»Wir holen später etwas zu essen«, sage ich.
»Komm zu deiner Mommy.«
»Was für Essen?«
»Geh jetzt nach unten, Topher.«
Toph geht wieder nach unten.
»Er hat Angst vor mir«, sagt sie.
»Er hat keine Angst vor dir.«
Nach ein paar Minuten nehme ich das Handtuch von ihrer Nase. Die Nase färbt sich allmählich lila. Das Blut wird nicht dicker. Das Blut ist immer noch dünn und rot.
»Es gerinnt nicht«, sage ich.
»Ich weiß.«

»Was willst du tun?«
»Nichts.«
»Wie meinst du das: nichts?«
»Es wird schon aufhören.«
»Es hört aber nicht auf.«
»Wart's ab.«
»Wir warten es doch schon eine ganze Weile ab.«
»Dann warten wir eben weiter.«
»Ich finde, wir sollten etwas tun.«
»Warten.«
»Wann kommt Beth zurück?«
»Weiß ich nicht.«
»Wir sollten etwas tun.«
»Okay. Ruf die Krankenschwester an.«
Ich rufe die Krankenschwester an, die wir immer anrufen, wenn wir Fragen haben. Wir rufen sie an, wenn die Infusion nicht richtig läuft oder wenn eine Luftblase im Schlauch ist oder wenn plötzlich tellergroße blaue Flecken auf dem Rücken meiner Mutter auftauchen. Für die Nase rät die Krankenschwester, Druck auszuüben und den Kopf in den Nacken zu legen. Ich erzähle ihr, dass ich genau das getan habe und es bisher nicht funktioniert hat. Sie rät mir, es mit Eis zu probieren. Ich sage vielen Dank, lege auf und gehe in die Küche, um drei Eiswürfel in ein Stück Haushaltspapier zu wickeln. Ich komme damit zurück und drücke sie meiner Mutter auf das Nasenbein.
»Ah!«, sagt sie.
»Tut mir Leid.«
»Das ist *kalt*.«
»Ist ja auch *Eis*.«
»Ich weiß, dass es Eis ist.«
»Eis *ist* nun mal *kalt*.«
Ich muss ihr auch weiterhin die Nase zuhalten. Mit der linken Hand halte ich ihr also die Nase zu und mit der rechten das Eis auf ihrem Nasenrücken. Das ist unbequem, und ich kann von meinem Platz auf der Sofalehne aus nicht beides tun und dabei noch fern-

sehen. Ich versuche das Kunststück, indem ich mich auf den Boden neben das Sofa knie. Ich greife mit beiden Armen über die Armlehne, um das Eis mit dem einen und den Druck mit dem anderen zu handhaben. So klappt es gut, aber nach einer Weile wird mein Hals steif, weil ich ihn um neunzig Grad verrenken muss, um den Bildschirm zu sehen. Es ist alles ganz falsch.
Ich habe eine Eingebung. Ich klettere auf den oberen Teil des Sofas, oberhalb der Kissen auf die Rückenlehne. Ich strecke mich dort oben aus, die Kissen geben unter meinem Gewicht hörbar nach. Ich strecke meine Arme nach unten, so dass Kopf und Arme beide in dieselbe Richtung zeigen und meine Arme gerade ihre Nase erreichen, während mein Kopf gemütlich auf der Rückenlehne des Sofas ruht, mit wunderbarer Sicht auf den Fernseher. Perfekt. Sie schaut zu mir herauf und verdreht die Augen. Ich gebe ihr das Alles-klar-Zeichen. Darauf spuckt sie grüne Flüssigkeit in die halbmondförmige Schale.

Mein Vater hatte sich nicht gerührt. Beth stand auf der Schwelle zum Fernsehzimmer und wartete. Er war ungefähr drei Meter von der Straße entfernt. Er kniete, hatte aber seine Hände auf die Erde gelegt, mit den Fingern nach unten, wie Wurzeln eines Baums am Flussbett. Er machte nicht den Eindruck, als betete er. Sein Kopf fiel kurz in den Nacken, als er aufschaute, nicht zum Himmel, sondern zu den Bäumen im Garten des Nachbarn. Er war noch immer auf den Knien. Er hatte die Zeitung holen wollen.

Die halbmondförmige Schale ist voll. In der halbmondförmigen Schale schwimmen nunmehr drei Farben: Grün, Rot und Schwarz. Das Blut, das ihr aus der Nase fließt, rinnt ihr auch aus dem Mund. Ich studiere die Schale und stelle fest, dass die drei Flüssigkeiten sich nicht vermischen, die eher zähflüssige grüne und das Blut, das unsäglich dünne Blut, das einfach an der Ober-

fläche schwappt. In der Ecke ist etwas von der schwarzen Flüssigkeit. Vielleicht ist das Galle.
»Was ist denn das schwarze Zeug?«, frage ich und zeige von meinem Ausguck darauf.
»Das ist wahrscheinlich Galle«, sagt sie.
Ein Auto biegt auf unsere Auffahrt und fährt in die Garage. Die Tür zwischen Garage und Wäscheraum wird geöffnet und wieder geschlossen, und dann wird auch die Tür zum Bad geöffnet und wieder geschlossen. Beth ist wieder da.
Beth war im Fitnessstudio. Beth ist froh, wenn ich an den Wochenenden vom College nach Hause komme, weil sie dann zum Fitnessstudio gehen kann. Sie brauche ihr Fitnesstraining, sagt sie.
Tophs Schuhe hört man immer noch rumpeln. Beth kommt herein. Sie trägt ein Sweatshirt und Leggings. Ihr Haar ist hochgesteckt, obwohl sie es sonst immer offen trägt.
»Hi«, sage ich.
»Hi«, sagt Beth.
»Hi«, sagt Mom.
»Was machst du denn da oben auf dem Sofa?«, fragt Beth.
»Es ist einfacher so.«
»Was?«
»Nasenbluten«, sage ich.
»Scheiße. Wie lange schon?«
»Ungefähr vierzig Minuten.«
»Hast du die Krankenschwester angerufen?«
»Ja. Sie hat gesagt, ich soll Eis drauflegen.«
»Das hat schon das letzte Mal nicht funktioniert.«
»Ihr habt es schon mal mit Eis versucht?«
»Ja, klar.«
»Davon hast du nichts gesagt, Mom.«
»Mom?«
»Ich gehe da nicht wieder hin.«

Mein Vater, ein Mann der kleinen Wunder, tat etwas ziemlich Unglaubliches. Und das war so: Vor etwa sechs Monaten rief er uns, Beth und mich – Bill nicht, Bill war in Washington D.C., und Toph war aus nahe liegenden Gründen ebenfalls nicht eingeladen –, im Fernsehzimmer zusammen. Unsere Mutter war aus irgendeinem Grund nicht zu Hause, ich kann mich nicht mehr erinnern, wo sie war – jedenfalls saßen wir da, möglichst weit weg von der üblichen Rauchwolke, die ihn und seine Zigarette umgab. In dieser Unterhaltung hätte es, wenn sie dem üblichen Muster für diese Art von Unterredung gefolgt wäre, zunächst eine Aufwärmphase geben müssen, einige Worte zur allgemeinen Situation, eine Ankündigung, dass das, was er uns gleich mitteilen würde, sehr schwer sei, und so weiter, doch wir hatten kaum Zeit, uns bequem hinzusetzen, ahnten irgendwie nichts Böses –

»Eure Mutter wird bald sterben.«

Ich lasse mich von Beth beim Nasezuhalten und Eisaufdrücken ablösen. Sie ignoriert meine Erfindung und setzt sich auf die Armlehne statt oben auf das Sofa. Das Handtuch ist durchnässt. Das Blut fühlt sich warm und nass in meiner Hand an. Ich gehe in den Waschraum und werfe das Handtuch in das Waschbecken, wo es mit einem Klatschen landet. Ich schüttele meine verkrampften Hände aus und hole ein neues Handtuch aus dem Schrank und Tophs Schuhe aus dem Trockner. Ich gebe Beth das Handtuch. Ich gehe nach unten, um nach Toph zu sehen. Ich setze mich auf die Treppe, von der aus man den Keller überblicken kann, ein Spielzimmer, das in ein Schlafzimmer umgebaut wurde, um dann wieder in ein Spielzimmer verwandelt zu werden.

»Hi«, sage ich.

»Hi«, sagt Toph.

»Wie geht's?«

»Gut.«

»Hast du noch Hunger?«

»Was?«

»Hast du noch Hunger?«
»Was?«
»Schalte das dumme Spiel mal ab.«
»Okay.«
»Kannst du mich hören?«
»Ja.«
»Hörst du mir zu?«
»Ja.«
»Möchtest du noch immer etwas zu essen?«
»Oh, ja!«
»Wir holen uns bald Pizza.«
»Okay.«
»Hier sind deine Schuhe.«
»Sind sie trocken?«
»Klar.«
Ich gehe wieder nach oben.
»Das hier muss mal geleert werden«, sagt Beth und deutet auf die halbmondförmige Schale.
»Warum denn ich?«
»Warum denn nicht du?«
Ich hebe die halbmondförmige Schale langsam über Moms Kopf hinweg und gehe damit in Richtung Küche. Sie ist randvoll. Der Inhalt schwappt hin und her. Auf halbem Weg zur Küche verschütte ich das meiste über mein Bein, und sofort schießt mir der Gedanke durch den Kopf, wie säurehaltig der Inhalt der halbmondförmigen Schale ist, mit all der Galle und so. *Wird die Flüssigkeit meine Hose durchätzen?* Ich bleibe stehen, um nachzusehen, ob sie ätzt wie Säure, beinahe erwarte ich Rauch und ein allmählich größer werdendes Loch – wie man es von verschüttetem Blut Außerirdischer kennt.
Aber sie ätzt nicht, die Flüssigkeit. Ich beschließe, dennoch meine Hose zu wechseln.
Beth hält die Nase weiter zu. Sie sitzt auf der Armlehne des Sofas, neben Moms Kopf. Von der Küche aus stelle ich den Fernseher lauter. Eine Stunde geht das jetzt schon so.

Während die Nase weiter blutet, kommt Beth zu mir in die Küche.
»Was sollen wir nur tun?«, flüstert sie.
»Wir müssen sie einliefern, oder?«
»Das geht nicht.«
»Warum nicht?«
»Wir haben's ihr versprochen.«
»Ach, komm.«
»Was?«
»Das kann's doch nicht sein.«
»Das könnte es aber sein.«
»Ich weiß, dass es das sein könnte, aber das sollte es jetzt nicht sein.«
»Sie will, dass es das jetzt ist.«
»Nein, will sie nicht.«
»Das hat sie aber gesagt.«
»Das hat sie nicht so gemeint.«
»Ich glaube, doch.«
»Garantiert nicht. Das ist doch lächerlich.«
»Hast du's mitbekommen?«
»Nein. Trotzdem.«
»Was glaubst du?«
»Ich glaube, sie hat Angst.«
»Ja, allerdings.«
»Und ich glaube, sie ist noch nicht bereit. Ich meine, bist du bereit?«
»Nein, natürlich nicht. Du?«
»Nein. Nein, nein, nein.«
Beth geht zurück ins Fernsehzimmer. Ich wasche die halbmondförmige Schale aus, während mir lauter logistische Fragen durch den Kopf schwirren. Gut. Okay. Wenn das so weitergeht, wenn das Blut langsam, aber stetig fließt, wie lange wird es eigentlich dauern? Einen Tag? Nein, nein, weniger – alles Blut müsste es ja gar nicht sein; lange bevor sie alles Blut verloren hätte, wäre sie – wir würden also nicht wirklich darauf warten, bis alles Blut aus-

läuft; nach einer Weile würde einfach alles zusammenbrechen, würde – *Himmel, wie viel Blut nur?* Ungefähr vier Liter? Weniger? Das könnten wir herausfinden. Wir könnten die Krankenschwester noch einmal anrufen. Nein, nein, das geht nicht. Wenn wir jemanden fragen, zwingen sie uns, sie einzuliefern. Und wenn sie wüssten, dass wir sie eigentlich einliefern müssten, sie aber nicht einliefern, wären wir Mörder. Wir könnten in der Notaufnahme anrufen und rein hypothetisch fragen: »Hi, ich schreibe gerade einen Bericht für die Schule über allmählichen Blutverlust und ... « Oh, Scheiße. Ob wir wohl genügend Handtücher haben? Oh, Gott, nein, haben wir nicht. Wir könnten Laken benutzen, wir haben jede Menge Laken ... Vielleicht handelt es sich ja nur um ein paar Stunden. Ob das genug Zeit ist? Was ist schon genügend Zeit? Wir würden viel reden. Ja. Wir würden ein Resümee ziehen. Wären wir ernst, nüchtern oder heiter? Wir würden ein paar Minuten lang ernst sein ... Okay, okay, okay, okay. Verdammt, was ist, wenn wir uns plötzlich nichts mehr zu sagen hätten und ... ? Die notwendigen Vorkehrungen sind bereits getroffen. Ja, über Einzelheiten müssten wir nicht reden. Wir würden Toph nach oben holen. Würden wir Toph nach oben holen? Natürlich, aber ... ach, er sollte das nicht sehen, oder? Wer will schon ganz zum Schluss dabei sein? Keiner; keiner. Sie aber alleine zu lassen ... natürlich wird sie nicht alleine sein, du Idiot, du wirst da sein, Beth wird da sein. Verflucht. Wir müssten Bill ans Telefon holen. Wen noch? Welche Verwandten? Keine Großeltern; ihre Eltern sind längst tot, Schwiegereltern auch, ihre Schwester Ruth ist auch nicht mehr da, ihre Schwester Ann zwar nicht tot, aber auch nicht mehr da, Kontakt verloren, verschwunden, diese Hippieverrückte ... Verdammt. Einige dieser Leute haben sich seit Jahren nicht mehr gemeldet. Freunde also. Aber wen? Die vom Volleyball, von der Montessori ... Scheiße, wir werden bestimmt irgendjemanden vergessen ... Na und, dann vergessen wir eben jemanden, das werden die Leute schon verstehen, das müssen sie verstehen ... Scheiß drauf, wir hauen hier sowieso ab, wir ziehen hier weg, nach alldem, verdammt ... Eine Telefonkonferenz?

Nein, nein ... zu abgeschmackt. Abgeschmackt, aber ziemlich praktisch, sogar sehr praktisch, und es könnte auch nett werden; Leute, die miteinander plaudern, Stimmengewirr, wir könnten das Lärmen und die Ablenkung gebrauchen, nur keine Stille, keine Stille, Stille ist nicht gut ... brauchen Lärm. Wir müssten sie vorbereiten, sie warnen, aber was sagt man denn, verdammt? »Mit ihr könnte es jetzt schnell zu Ende gehen« ... so etwas in der Art, nicht ganz eindeutig, aber klar genug, am besten ganz ruhig gesagt, alles in Andeutungen, wir gehen an den Apparat in der Küche, außer Hörweite, sagen etwas, bevor Mom den Hörer abnimmt ... Das wäre die Lösung, alle Leute auf einmal in der Leitung ... Ich werde die Telefongesellschaft anrufen müssen und uns irgendwie freischalten lassen ... Sind wir das vielleicht sogar schon? Was das Anklopfen angeht, klar, aber für eine Telefonkonferenz ... wahrscheinlich nicht, ganz bestimmt nicht, Scheiße ... Wir brauchen ein Telefon mit Lautsprechanlage, das ist es, was wir brauchen. Das ist es, ein Telefon mit Lautsprechanlage ... ich könnte eins besorgen, ich müsste bis zum K-mart fahren, am besten in Dads Wagen, der ist schneller als Moms, viel schneller ... Hat der eine Knüppelschaltung? Nein, nein, hat Automatik, dann kann ich ihn fahren, hab ihn zwar noch nie gefahren, aber könnte ihn fahren, kein Problem, schneller Wagen, könnte richtig Gas geben oben auf dem Highway ... Mist, verflucht, es sind mindestens zwanzig Minuten hin und zurück, nicht eingerechnet die Zeit, die ich zum Einkaufen brauche, und was ist, wenn sie so was gar nicht haben ... Ich könnte erst anrufen, natürlich würde ich zuerst anrufen, Schwachkopf, und sie fragen, ob sie ein Telefon mit Lautsprechanlage haben ... Ich müsste herausfinden, was für ein Telefon ich hier habe, wegen der Kompatibilität, okay, ein Sony und dann ... Aber verdammte Scheiße, warum soll eigentlich ich fahren? Beth ist schon das ganze Jahr hier, hat viel mehr Zeit gehabt, Beth sollte fahren, natürlich Beth, Beth wird fahren, Beth wird fahren ... Aber sie wird das Telefon mit Lautsprechanlage für überflüssig halten, sie wird sagen, vergiss es ... Verdammt, vielleicht sollten wir einfach drauf scheißen ... Scheiß drauf. Scheiß drauf. Scheiß drauf. Würde ein Telefon mit Lautsprecher die Sache wirklich vereinfachen? Nein, natürlich nicht, und wir bräuchten ohnehin eine Freischaltung für eine Telefonkonferenz ... Wir werden Bill, Tante Jane und die Cousinen, Susie und Janie, Ruths Töchter, anrufen. Genau. Der Anruf würde also vielleicht zwanzig Minuten dauern, dann würden wir Toph für eine Weile nach oben bringen, für einen kurzen Besuch, und wieder locker, heiter, lustig, entspannt, entspannt, lustig, heiter ... Das wären also zwanzig Minuten oder so mit Toph oben, dann ... Moment mal, Moment mal: von wie viel Zeit reden wir hier eigentlich? Wie lange braucht die Nase? Vielleicht zwei Stunden, vermutlich mehr, bestimmt mehr, könnte auch einen Tag dauern – Herrgott, wer weiß denn so etwas? – nach vorsichtigen Schätzungen etwa zwei Stunden ... Warte mal. Ich kann das Nasenbluten stillen. *Ich* werde das Nasenbluten stillen. Ja. Ich werde einen Weg finden. Mehr Eis. Sie anders legen – mit einem umgekehrten Neigungsgrad; Schwerkraft, ja. Ich werde die Nase dieses Mal fester, fester halten. Ich habe sie wahrscheinlich vorher nicht fest genug zugedrückt ... Scheiße. Was ist, wenn es nicht klappt? Es wird nicht klappen. Wir sollten nicht die letzten Stunden damit verbringen, dagegen anzukämpfen; nein, wir werden Bescheid wissen und der Sache ihren Lauf lassen – und natürlich den Fernseher gleich ausschalten ... Aber wäre das nicht zu dramatisch? Verdammt, wir können hier so dramatisch sein, wie wir wollen, wir können ... Na ja, wir fragen sie einfach, natürlich, du Idiot, es wird natürlich Mom überlassen sein, das mit dem Fernseher, ob er laufen oder nicht laufen soll – es ist schließlich ihre Show – wie bescheuert, es so zu nennen: »ihre Show«, so krass, so respektlos, du idiotischer Schwachkopf. Scheiße. Okay, uns bliebe also ein wenig Zeit, wir könnten dasitzen, herumhängen, einfach nur dasitzen, es wäre nett ... Herrgott, *nett* wird es ganz sicher nicht, nicht mit all dem Blut überall ... Durch das Blut wird es unerträglich werden ... Aber vielleicht auch nicht, es kommt so langsam, das Blut – Oh, es wird noch Tage dauern, bis es ausgelaufen ist, bis genug ausgelaufen ist, aber vielleicht wird das auch gut sein, ganz natürlich, ein langsames Auslaufen, wie beim Blutschröpfen – *ganz sicher nicht*, wie beim Blutschröpfen, *Arschloch, du perverses, beschissenes Arschloch* – eben kein *gottverdammtes, beschissenes Blutschröpfen* – Ob wir den Leuten erzählen werden, was passiert ist? Nein, nein. Das hier würde eines dieser »Zu Hause verstorben«-Fälle werden, nette Floskel; wenn ich mich richtig erinnere, übrigens genau die Floskel, die sie bei diesem einen Typen von der High School benutzt haben, der sich nach seinem Abi erschossen hat, der Typ vom Kunstkurs mit den Marty-Feldman-Augen. Auch bei der einen Frau, der mit dem Knochenkrebs, die sich in ihrem Haus eingeschlossen hat und es in Flammen hat aufgehen lassen. Das war unglaublich. War das mutig oder durchgeknallt? Ob das wohl alles einfacher gemacht hat, alles zu verbrennen? Ja. Nein. »Zu Hause verstorben.« So werden wir's machen, nichts weitersagen. Die Leute werden sowieso Bescheid wissen. Keiner wird ein Wort sagen. Gut. Gut. Gut. Gut.

Ich schütte den Inhalt der Schale über die Essensreste, die im Müllschlucker gelandet sind. Ich stelle den Wasserhahn an, dann den Müllschlucker, der alles zerkleinert. Ich kann Beth im Fernsehzimmer hören.

»Mom, wir sollten ins Krankenhaus.«

»Nein.«

»Ernsthaft.«

»Nein.«

»Wir müssen.«

»Müssen wir nicht.«

»Was willst du denn tun?«

»Hier bleiben.«

»Das geht nicht. Du blutest.«

»Du hast gesagt, wir können hier bleiben.«

»Aber Mom. Komm schon.«

»Du hast es mir versprochen.«

»Das ist verrückt.«

»Du hast es mir versprochen.«

»Du kannst nicht einfach weiterbluten.«

»Ruf die Krankenschwester noch mal an.«
»Wir haben die Krankenschwester noch mal angerufen. Die Krankenschwester hat gesagt, wir müssten ins Krankenhaus. Sie warten auf uns.«
»Ruf eine andere Krankenschwester an.«
»Mom, bitte.«
»Das ist doch bescheuert.«
»Nenn mich nicht bescheuert.«
»Ich hab dich nicht bescheuert genannt.«
»Wen hast du dann bescheuert genannt?«
»Niemanden. Ich hab gesagt, *es* sei bescheuert.«
»Was ist bescheuert?«
»An einer blutenden Nase zu sterben.«
»Ich werde nicht an einer blutenden Nase sterben.«
»Die Schwester hat gesagt, das wäre möglich.«
»Der Arzt hat gesagt, das wäre möglich.«
»Wenn wir hingehen, komme ich da nie wieder raus.«
»Doch, das wirst du.«
»Werd ich nicht.«
»Oh Gott.«
»Ich will nicht eingeliefert werden.«
»Nicht weinen, Mom, oh Gott.«
»Sag das nicht.«
»Es tut mir Leid.«
»Wir werden dich da rausholen.«
»Mom?«
»Was!«
»Du kommst da schon raus.«
»Ihr *wollt*, dass ich dorthin gehe.«
»Oh Gott.«
»Schaut euch zwei doch mal an, einer nicht besser als der andere.«
»Hä?«
»Ihr wollt heute Abend noch weggehen, das ist es doch.«
»Oh Gott.«
»Es ist *Silvester*. Ihr habt etwas Besseres vor!«

»Gut, dann blute du. Bleib hier sitzen und verblute eben.«
»Mom? Bitte?«
»Blute eben einfach. Aber wir haben nicht genügend Handtücher für all das Blut. Ich werde noch mehr Handtücher besorgen müssen.«
»Mom?«
»Und das Sofa wirst du auch ruinieren.«
»Wo ist Toph?«, fragt sie.
»Unten.«
»Was macht er?«
»Er spielt mit seinem Spiel.«
»Was ist mit ihm?«
»Er muss eben mitkommen.«

Am Ende der Auffahrt kniete mein Vater. Beth beobachtete ihn, und irgendwie sah es hübsch aus, für ein paar Sekunden, wie er da kniete in dem grauen Winterfenster. Und dann begriff sie. Er war in letzter Zeit häufiger gefallen. In der Küche, unter der Dusche. Sie rannte los, riss die Tür auf, schmiss das Fliegengitter auf und rannte zu ihm.

Ich räume den Rücksitz des Kombiwagens leer, lege eine Decke auf den Sitz und lehne ein Kissen an die Seitentür, die ich verschließe. Ich komme in das Fernsehzimmer zurück.
»Wie komm ich denn ins Auto?«, sagt sie.
»Ich trag dich«, sage ich.
»Du?«
»Yeah.«
»Ha!«
Wir holen ihre Jacke. Wir holen eine zweite Decke. Wir holen die halbmondförmige Schale. Wir holen den Infusionsbeutel. Ein zweites Nachthemd. Pantoffeln. Etwas zu essen für Toph. Beth bringt alles in den Wagen.

Ich öffne die Tür zum Keller.
»Toph, komm, wir gehen.«
»Wohin?«
»Ins Krankenhaus.«
»Wieso?«
»Für eine Untersuchung.«
»Jetzt?«
»Ja.«
»Muss ich mitkommen?«
»Ja.«
»Warum? Ich kann doch bei Beth bleiben.«
»Beth kommt auch mit.«
»Ich kann alleine hier bleiben.«
»Nein, kannst du nicht.«
»Warum nicht?«
»Darum nicht.«
»Aber warum nicht?«
»Herrgott, Toph, beweg dich und komm!«
»Is ja gut.«
Ich bin nicht sicher, ob ich sie heben kann. Ich weiß nicht, wie schwer sie sein wird. Sie könnte fünfzig Kilo, sie könnte aber auch fünfundsiebzig Kilo wiegen. Ich öffne die Tür zur Garage und gehe zurück. Ich rücke den Sofatisch vom Sofa weg. Ich knie mich vor sie. Ich schiebe einen Arm unter ihre Beine und den anderen unter ihren Rücken. Sie hat versucht, sich aufzusetzen.
»Wenn du kniest, kommst du nie hoch.«
»Okay.«
Ich erhebe mich von den Knien und hocke mich hin.
»Leg mir deinen Arm um den Hals«, sage ich.
»Sei vorsichtig«, sagt sie.
Sie legt mir den Arm um den Hals. Ihre Hand ist heiß.
Ich denke daran, meine Beine zu benutzen. Ich achte darauf, dass ihr Nachthemd zwischen meiner Hand und ihren Kniekehlen ist. Ich weiß nicht, wie sich ihre Haut dort anfühlt. Ich habe Angst vor dem, was sich unter ihrem Nachthemd verbirgt – blaue

Flecken, Beulen, wunde Stellen. Sie hat blaue Flecken, weiche durchgelegene Stellen ... wo alles schon verrottet ist? Als ich aufstehe, hebt sie den anderen Arm hoch und greift nach der Hand ihres Arms, der mir um den Hals liegt. Sie ist nicht so schwer, wie ich gedacht habe. Sie ist nicht so knöchern, wie ich befürchtet habe. Ich mache einen Bogen um den Sessel neben dem Sofa. Einmal habe ich sie beide, meine Mutter und meinen Vater, auf dem Sofa gesehen, wie sie dort saßen. Ich gehe durch den Korridor in Richtung Garage. Das Weiße ihrer Augen ist gelb.

»Pass auf, dass ich mir nicht den Kopf stoße.«

»Ich pass auf.«

»Pass auf.«

»Ich pass auf.«

Wir kommen an den ersten Türrahmen. Das Holz kracht.

»Aua!«

»Tut mir Leid.«

»Auaaaaaahhhh!«

»Oh, tut mir Leid, tut mir Leid, tut mir Leid. Alles okay?«

»Mmmmm.«

»Tut mir Leid.«

Die Tür zur Garage steht auf. Die Luft ist eisig. Sie zieht den Kopf ein, und ich überquere problemlos die Schwelle. Ich denke an Hochzeitsreisen, an die Türschwelle. Sie ist schwanger. Sie ist eine geschwängerte Braut. Der Tumor ist ein Ballon. Der Tumor ist eine Frucht, ein ausgehöhlter Flaschenkürbis. Sie ist leichter, als ich gedacht habe. Ich hatte erwartet, der Tumor brächte mehr Gewicht auf die Waage. Der Tumor ist groß und rund. Sie trägt ihre Hose darüber, trug ihre Hose darüber, die mit dem Elastikband, das letzte Mal, als sie Hosen trug, vor den Nachthemden. Aber sie ist leicht. Der Tumor ist ein leichter Tumor, leer, ein Ballon. Der Tumor ist verrottendes Obst, das schon braun an den Rändern ist. Oder ein Insektennest, etwas Nagendes, Schwarzes, Lebendiges, mit unscharfen Rändern. Etwas mit Augen. Eine Spinne. Eine Tarantel, die ihre Beine ausfährt, sich ausbreitet. Ein verdreckter Ballon. Die Farbe ist die von Dreck. Eigentlich noch schwärzer und glänzender. Kaviar. Von der Farbe und auch von der Struktur und Teilchengröße her wie Kaviar. Sie hat Toph spät bekommen. Sie war damals zweiundvierzig. Während der Schwangerschaft ging sie jeden Tag in die Kirche, um zu beten. Als sie so weit war, schnitt man ihr den Bauch auf, um ihn zu holen, aber ihm ging es gut, wunderbar.

Als ich die Garage betrete, muss sie spucken. Man kann es hören, wie es sich durch ein gurgelndes Geräusch ankündigt. Sie hat weder das Handtuch noch die halbmondförmige Schale bei sich. Die grüne Flüssigkeit fließt ihr Kinn hinab und landet auf ihrem Nachthemd. Eine zweite Welle überkommt sie, aber sie hält den Mund geschlossen, die Backen wie aufgeblasen. Auf ihrem Gesicht klebt grüne Flüssigkeit.

Die Wagentür steht offen; ich will sie mit dem Kopf zuerst hineinmanövrieren. Sie zuckt mit den Achseln, versucht, sich kleiner zu machen, damit sie leichter durch die Tür passt. Ich mache kleine trippelnde Schritte, versuche, mich besser zu positionieren, und korrigiere meinen Griff. Ich bewege mich in Zeitlupentempo. Ich bewege mich kaum. Sie ist eine Vase, eine Puppe. Eine riesige Vase. Eine riesige Frucht. Ein prämiertes Gemüse. Ich schaffe es, sie durch die Wagentür zu bugsieren. Ich beuge mich hinunter und lege sie auf dem Sitz ab. Plötzlich wirkt sie mädchenhaft in ihrem Nachthemd, das sie schamhaft glättet, bis ihre Beine gänzlich bedeckt sind. Sie rückt das Kissen an der Tür in ihrem Rücken zurecht und lässt sich zurücksinken.

Nachdem sie es sich bequem gemacht hat, fischt sie sich vom Boden des Wagens ein Handtuch, hält es vor den Mund, spuckt hinein und wischt sich dann das Kinn ab.

»Danke«, sagt sie.

Ich schließe die Tür und warte auf dem Beifahrersitz. Beth kommt mit Toph heraus, der in Wintermantel und Fäustlingen steckt. Beth öffnet die Hecktür des Kombiwagens, und Toph klettert hinein.

»Hallo, mein Schatz«, sagt Mom und legt den Kopf in den Nacken, um zu ihm hinaufsehen zu können.

»Hi«, sagt Toph.
Beth klettert auf den Fahrersitz, dreht sich um und klatscht in die Hände.
»Zeit für einen Ausflug!«

Sie hätten einmal die Beerdigungsfeier meines Vaters sehen sollen. Lauter Leute: Lehrer der dritten Klasse, Freunde meiner Mutter, Leute aus dem Büro meines Vaters, keiner kannte sie, Eltern unserer Freunde, alle dick vermummt, innerlich schnaufend, mit vor Kälte glasigen Augen, fest mit ihren schneebedeckten Schuhen auf die Matte aufstampfend. Es war die dritte Novemberwoche, der Frost war zu früh eingebrochen, die Straßen eisbedeckt, der schlimmste November seit Jahren.
Die Gäste sahen alle betroffen aus. Alle wussten, dass meine Mutter krank war, hatten so etwas von *ihr* erwartet, aber dies, dies und noch dazu von ihm, kam völlig überraschend. Keiner wusste, was er tun, was er sagen sollte. Nicht viele kannten ihn – er war nicht sehr gesellig, jedenfalls nicht in der Stadt, hatte nur eine Hand voll Freundschaften gepflegt –, aber sie kannten meine Mutter, und sie müssen das Gefühl gehabt haben, sie befänden sich auf der Beerdigung des Ehemannes eines Geistes.
Wir waren verlegen. Es war alles so krass, so schauderhaft – da luden wir die Leute ein, mitzukommen und uns bei unserem Zerfall zuzuschauen. Wir lächelten und schüttelten jedem, der hereinkam, die Hand. *Oh hi!*, begrüßte ich Mrs. Glacking, meine Lehrerin aus der vierten Klasse, die ich seit bestimmt zehn Jahren nicht mehr gesehen hatte. Sie sah gut, das heißt unverändert, aus. Im Vorraum aneinander gedrängt, standen wir verlegen und bedauernd da und versuchten, der Sache einen forsch-fröhlichen Anstrich zu geben. Meine Mutter in ihrem blumengemusterten Kleid (es war das einzige ihrer Kleidungsstücke, das schön war und gleichzeitig ihren intravenösen Apparat verbarg) versuchte, die Gäste stehend zu empfangen, aber bald schon musste sie sich hinsetzen, lächelte zu den Leuten hinauf, hallo, hallo, danke, danke,

und wie geht es *Ihnen*? Ich überlegte, ob ich Toph nicht in einen anderen Raum schicken sollte, einerseits ihm zuliebe, andererseits damit die Gäste nicht das ganze erschreckende Spektrum zu sehen bekamen, aber er machte sich ohnehin mit einem Freund davon. Der Pfarrer, ein schwergewichtiger Fremder in Schwarz-Weiß und dem kirchlichen Neongrün, das diese Leute so tragen, wusste nicht weiter. Mein Vater war Atheist. Und so sprach dieser Pastor, der von meinem Vater nur das wusste, was ihm in der Stunde zuvor erzählt worden war, davon, wie sehr mein Vater seine Arbeit geliebt hatte (*hatte* er das?, fragten wir uns und wussten die Frage weder zu bejahen noch zu verneinen) und wie viel Spaß ihm das Golfspielen gemacht habe (das stimmte, so viel wussten auch wir). Dann erhob sich Bill. Er war gut gekleidet; er wusste seine Anzüge zu tragen. Er riss ein paar Witze, sprach fröhlich-scherzhaft, ein wenig zu fröhlich vielleicht, ein wenig zu sehr nach dem Motto: Ein-paar-Scherze-um-die-Menge-einzustimmen (zu der Zeit hielt er viele öffentliche Reden). Beth und ich stießen meine Mutter ein paar Mal solidarisch in die Rippen, in wachsender Verlegenheit, immer darauf aus, einen Witz auf seine Kosten zu machen, seine lockere Ernsthaftigkeit zu verspotten. Und dann gingen wir hinaus, alle Augen auf meine Mutter und ihre langsamen, vorsichtigen Schritte gerichtet, während sie allen entgegenlächelte, froh war, sie zu sehen, all diese Leute, die sie so lange nicht mehr gesehen hatte. Wir standen ein wenig in der Diele herum und erklärten dann, wir wollten zu Hause ein kleines Fest feiern, wir hätten noch ganz viel Essen, das uns Leute gebracht hätten – vielen Dank, übrigens –, und sie könnten also gerne vorbeikommen.

Es kamen viele; die Freunde meiner Mutter, meiner Brüder, meiner Schwester, meine Freunde von der High School und vom College, die für das Erntedankfest zu Hause waren, und angesichts all dieser Menschen im Haus und der winterlichen Dunkelheit draußen versuchte ich die meiste Zeit, aus einer eher ernsten Angelegenheit etwas Lustiges zu machen. Ich deutete an, irgendjemand solle doch ein wenig Bier holen – *Ey, irgendjemand sollte einen*

Kasten holen, Alter, flüsterte ich Steve zu, einem Freund vom College –, aber keiner tat es. Ich fand, wir sollten uns besaufen, nicht aus Kummer oder so, sondern weil – na ja, es war doch eine Party, oder?

Bill war mit einer Freundin, die wir nicht mochten, aus Washington D.C. gekommen. Kirsten hatte einen Eifersuchtsanfall, weil Marny, eine frühere Freundin von mir, auch da war. Wir saßen im Fernsehzimmer, immer noch in Jackett und Krawatte, und gaben uns Mühe, Trivial Pursuit zu spielen, aber es war nicht besonders lustig, vor allem nicht ohne Bier. Toph und einer seiner Freunde spielten im Keller Sega. Meine Mutter saß in der Küche, während ihre alten Volleyballfreunde um sie herumstanden, Wein tranken und laut lachten.

Les Blau kam vorbei. Er war der einzige Freund unseres Vaters, den wir tatsächlich kannten, von dem wir gelegentlich etwas mitbekommen hatten. Vor Jahren waren sie beide bei derselben Anwaltskanzlei in der Stadt beschäftigt gewesen, und später, nachdem sie beide die Kanzlei verlassen und andere Stellen gefunden hatten, fuhren sie noch ab und zu gemeinsam nach Chicago zur Arbeit. Als Les und seine Frau ihre Schals und Mäntel holen und aufbrechen wollten, trafen Beth und ich sie an der Tür und dankten ihnen. Les, ein freundlicher und lustiger Mann, geriet ins Erzählen über den Fahrstil meines Vaters.

»Er war der beste Autofahrer, den ich je getroffen habe«, sagte Les voller Bewunderung. »So locker, so alles im Griff. Er war unglaublich. Er konnte drei, vier Manöver im Voraus bedenken und den Wagen mit nur ein paar Fingern am Steuer lenken.«

Beth und ich hingen an seinen Lippen. Wir hatten nie irgendetwas über unseren Vater gehört, wussten nichts von ihm außerhalb unseres gemeinsamen Lebens. Wir baten Les um mehr, um irgendetwas. Er erzählte uns, wie unser Vater Toph immer das Schlusslicht genannt hatte.

»Ja, ja, lange Zeit wusste ich noch nicht einmal seinen richtigen Namen«, sagte Les und schlüpfte in seinen Mantel. »Immer hieß es ›Das Schlusslicht‹.«

Les war großartig, absolut großartig. Wir hatten diesen Spitznamen noch nie gehört. Er war nie in unserem Haus gefallen, kein einziges Mal. Ich stellte mir vor, wie mein Vater es sagte, stellte mir ihn und Les in einem Restaurant in der Nähe der Wacker Street vor, wie er Les Witze über Stosh und Jon, die beiden polnischen Fischer, erzählte. Wir wollten, dass Les blieb. Ich wollte von Les wissen, was mein Vater über mich, über uns, über uns andere gedacht hatte, ob er wusste, dass er in Schwierigkeiten gesteckt, ob er aufgegeben hatte (warum hatte er aufgegeben?). Und, Les, warum ist er immer noch zur Arbeit gegangen, wenige Tage bevor er starb? Wusstest du das, Les? Dass er noch vier Tage vorher im Büro gewesen war? Wann hast du das letzte Mal mit ihm gesprochen, Les? Wusste er Bescheid? Was wusste er? Hat er es dir erzählt? Was hat er zu alldem gesagt?

Wir fragen Les, ob er irgendwann einmal zum Abendessen kommen wolle. Er sagt, ja, natürlich. Ruft einfach an, irgendwann.

Als ich meinen Vater das letzte Mal sah, wusste ich nicht, dass dies das letzte Mal sein würde, das ich ihn sah. Er befand sich auf der Intensivstation. Ich war vom College nach Hause gefahren, um ihn zu besuchen, aber da er seine Diagnose gerade erst erfahren hatte, machte ich nicht viel aus dieser Gelegenheit. Er sollte sich einigen Untersuchungen und Behandlungen unterziehen, ein wenig Kraft tanken und dann in einigen Tagen nach Hause zurückkehren. Ich war mit meiner Mutter, Beth und Toph ins Krankenhaus gefahren. Die Tür zum Zimmer meines Vaters war geschlossen. Wir drückten sie auf, schwer, und dort war er und rauchte. Auf der Intensivstation. Die Fenster waren geschlossen, der Dunst lag schwer in der Luft, der Gestank unbeschreiblich, und mittendrin mein Vater, allem Anschein nach glücklich, uns zu sehen.

Viel sprachen wir nicht. Wir blieben vielleicht zehn Minuten, zusammengedrängt am anderen Ende des Zimmers, wo wir unser Bestes taten, dem Rauch möglichst fern zu bleiben. Toph hatte sich hinter mir versteckt. Zwei grüne Lichter an dem Gerät neben

meinem Vater blinkten abwechselnd, an, aus, an, aus. Ein rotes Licht leuchtete die ganze Zeit.
Mein Vater lag gegen zwei Kissen gelehnt auf dem Bett. Die Beine hatte er lässig gekreuzt, die Hände hinter dem Kopf verschränkt. Er grinste, als habe er den größten Preis gewonnen, den es je gab.

Nach einer Nacht in der Notaufnahme und einem Tag auf der Intensivstation liegt sie in einem schönen Zimmer, einem sehr großen Zimmer mit sehr großen Fenstern.
»Das ist ein Sterbezimmer«, sagt Beth. »Guck mal, sie geben einem viel Platz, genug Platz für Verwandte, zum Schlafen …«
Im Zimmer steht ein zweites Bett, ein großes Sofa zum Ausziehen, in dem wir in voller Montur liegen. Ich habe vergessen, meine Hose zu wechseln, bevor wir von zu Hause losfuhren, und der Fleck ist inzwischen braun mit schwarzen Rändern. Es ist spät. Mom schläft. Toph schläft. Die Ausziehcouch ist unbequem. Die Metallstreben unter der Matratze drücken.
Die Lampe über ihrem Bett ist angeschaltet und wirft einen übertrieben dramatisch wirkenden Heiligenschein um ihren Kopf. Das Gerät hinter ihrem Bett sieht aus wie ein Akkordeon, ist aber hellblau. Es ist senkrecht gebaut und zieht sich auseinander und wieder zusammen, wobei es ein saugendes Geräusch macht. Da ist dieses Geräusch und das Geräusch ihres Atems und das Summen der anderen Apparaturen und das Klopfen des Heizkörpers und Tophs Atemzüge, ganz nah und regelmäßig. Mom atmet verzweifelt und unregelmäßig.
»Toph schnarcht«, sagt Beth.
»Ich weiß«, sage ich.
»Dürfen Kinder überhaupt schnarchen?«
»Weiß ich nicht.«
»Hör mal, wie sie atmet. Es ist so unregelmäßig. Für jeden Atemzug braucht sie Ewigkeiten.«
»Es ist grauenhaft.«
»Ja. Manchmal dauert es an die zwanzig Sekunden.«

»Es ist total verrückt.«
»Toph tritt im Schlaf.«
»Ich weiß.«
»Sieh ihn dir an. Schläft wie ein Stein.«
»Ich weiß.«
»Er bräuchte einen Haarschnitt.«
»Hmm-m.«
»Schönes Zimmer.«
»Hmm-m.«
»Allerdings ohne Fernseher.«
»Yeah, schon schräg.«

Nachdem sich die meisten Gäste verabschiedet hatten, waren Kirsten und ich in das Badezimmer meiner Eltern gezogen. Das Bett hätte gequietscht, außerdem wollten wir ohnehin nicht im Schlafzimmer schlafen, so wie es dort roch, die Kissen und Wände wie mein Vater vollgesogen mit dem grauen Gestank von Rauch. Es gab nur zwei Gründe, weshalb überhaupt je einer von uns das Zimmer betrat, und zwar entweder um das Kleingeld von Vaters Nachttisch zu stehlen oder um durch das Schlafzimmerfenster auf das Dach zu klettern – kein anderer Weg führte dorthin. Alle im Haus schliefen: unten und in den verschiedenen Schlafzimmern, während wir uns in dem begehbaren Schrank meiner Eltern befanden. Wir trugen Decken und ein Kissen auf den Korridor zwischen Schrank und Dusche und breiteten eine Decke auf dem Fußboden aus, vor einer der verspiegelten Schranktüren.

»Das ist verrückt«, sagte Kirsten. Kirsten und ich hatten uns im College kennen gelernt, gingen schon seit Monaten miteinander und hatten uns lange Zeit abwartend verhalten – wir mochten einander zwar sehr, aber ich dachte, jemand, der so normal war und süß aussah, würde mir früher oder später doch auf die Schliche kommen –, bis sie eines Wochenendes mit mir nach Hause kam und wir zum See gingen, wo ich ihr erzählte, dass meine Mutter krank war und auch nur noch eine gewisse Zeit zu leben hatte, und sie erwiderte, das sei schon merkwürdig, weil ihre Mutter einen Gehirntumor habe. Ich hatte gewusst, dass ihr Vater verschwunden war, als sie noch jung war, dass sie seit ihrem vierzehnten Lebensjahr das ganze Jahr hindurch arbeitete, dass sie stark war, aber dann lagen plötzlich diese neuen Wörter auf ihrem Gesicht, diese kleinen, schattenbehafteten Wörter. Ab dem Moment war unsere Beziehung ernster.

»Viel zu verrückt«, sagte sie.

»Nein, das ist gut so«, sagte ich und zog sie aus.

Überall schliefen Leute – meine Mutter in Beth' Zimmer, mein Freund Kim auf dem Sofa im Salon, mein Freund Brooke auf dem Sofa im Fernsehzimmer, Beth in meinem alten Zimmer, Bill im Keller, Toph in seinem Zimmer.

Wir waren leise. Es war nichts mehr von irgendwas geblieben.

Beth erinnert sich als Erste, mit einem Schreckenslaut mitten in der Nacht. Unbewusst hatten wir daran gedacht, die ganzen letzten Tage, aber dann hatten wir vergessen, bis zu diesem Moment um drei Uhr einundzwanzig morgens, dass sie morgen – heute – Geburtstag hat.

»Scheiße.«

»Pscht.«

»Er hört nichts. Er schläft.«

»Was sollen wir tun?«

»Hier gibt's einen Geschenkladen.«

Sie wird nicht merken, dass wir ihn beinahe vergessen haben.

»Gut. Ballons.«

»Blumen.«

»Wir unterschreiben für Bill.«

»Ja, gut.«

»Vielleicht ein Stofftier.«

»Oh Gott, das sieht alles so nach Geschenkladen aus.«

»Was sollen wir denn sonst tun?«

»Aua!«

»Was is?«
»Toph hat mich gerade getreten.«
»Er dreht sich im Schlaf. Um hundertachtzig Grad.«
»Hörst du?«
»Was?«
»Hör doch!«
»Was?«
»Psscht! Sie atmet nicht mehr.«
»Wie lange schon nicht?«
»Kommt mir wie eine Ewigkeit vor.«
»Scheiße.«
»Warte. Da ist sie wieder.«
»Oh Gott, das ist so krass.«
»Es ist furchtbar.«
»Vielleicht sollten wir mit der Geburtstagssache warten, bis wir wieder zu Hause sind.«
»Nein, wir müssen etwas tun.«
»Ich hasse es, dass dieses Zimmer im Erdgeschoss liegt.«
»Ja, aber es ist ein schönes Zimmer.«
»Ich mag die Scheinwerfer nicht.«
»Stimmt.«
»Sollen wir die Vorhänge zuziehen?«
»Nein.«
»Und morgens?«
»Nein, wieso?«

Um vier Uhr zwanzig schläft Beth. Ich setze mich auf und betrachte Mom. Sie hat wieder Haare. Lange Zeit hatte sie keine Haare. Im Laufe der Jahre hat sie fünf Perücken gehabt, mindestens, und alle waren traurig, wie nur Perücken traurig sein können. Die eine war zu groß. Die andere zu dunkel. Die dritte zu kraus. Die nächste zu grau. Dennoch hatten die meisten mehr oder weniger echt gewirkt. Das Merkwürdige war, dass ihr Haar jetzt zwar echt, aber viel lockiger war als früher und sogar noch lockiger als selbst die lockigste Perücke. Dunkler übrigens auch. Ihr Haar sah jetzt mehr nach Perücke aus als alle Perücken, die sie getragen hatte.

»Merkwürdig, wie dein Haar nachgewachsen ist«, hatte ich gemeint.

»Was ist daran merkwürdig?«

»Na ja, dass es jetzt dunkler ist als früher.«

»Ist es nicht.«

»Natürlich ist es das. Dein Haar war beinahe völlig grau.«

»Nein, war es nicht. Ich hatte es grau getönt.«

»Das war vor zehn Jahren.«

»Es war nie grau.«

»Okay.«

Ich lege mich wieder hin. Beth' Atem geht schwer und leise. Die Decke sieht aus wie Milch. Die Decke bewegt sich langsam. In den Ecken ist die Decke dunkler. Die Decke sieht aus wie Sahne. Die Metallstreben, die die Matratze des Bettes aufteilen und halten, drücken sich in unsere Rücken. Die Decke ist flüssig.

Als mein Vater auf der Intensivstation lag, ungefähr eineinhalb Tage bevor er das Handtuch warf, wurde ein Priester zu ihm geschickt, vermutlich um ihm die Letzte Ölung zu geben. Nachdem sie sich kennen gelernt und mein Vater den Zweck seines Besuches herausgefunden hatte, entließ er ihn sofort, schickte ihn fort. Als der Arzt die Geschichte später erzählte – sie war so etwas wie eine Legende auf der Station geworden –, erwähnte er die Binsenweisheit, die da sagt, dass es in den sprichwörtlichen Schützengräben keine Atheisten gäbe: »Es heißt, in Schützengräben gebe es keine Atheisten«, sagte der Arzt und blickte dabei auf den Boden, »aber das … *wow, heftig!*« Er habe den Mann noch nicht einmal ein kurzes Gebet sprechen lassen, kein Ave Maria, nichts. Als er ihn aufsuchte, war dem Priester wahrscheinlich klar, dass mein Vater kein Kirchgänger war und auch keiner Kirche angehörte. Aber im Glauben, er werde meinem Vater irgendwie einen Gefallen tun,

bot er ihm die Möglichkeit zur Reue, das große Los der Gnade. Aber wissen Sie, mein Vater hatte für Religion ungefähr so viel übrig wie für Hausierer. Wenn er denen die Tür öffnete, pflegte er sein dümmliches Grinsen aufzusetzen, rasch und fröhlich nein, danke zu sagen, um sodann die Tür energisch wieder zu schließen. Und genau das tat er mit dem armen, es gut meinenden Priester: Er grinste sein breites Grinsen und sagte, da er nicht in der Lage war, aufzustehen und dem armen Mann selbst die Tür von außen zu zeigen, einfach nur: »Nein, danke.«
»Aber Mr. Eggers …«
»Nein, danke. Auf Wiedersehen.«

In ein paar Tagen werden wir sie herausholen. Beth und ich haben uns geschworen, dass wir sie herausholen, sie herausschmuggeln, selbst wenn die Ärzte nein sagen; wir werden sie auf einem Rollwagen verstecken, uns als Ärzte tarnen, Sonnenbrillen tragen und sie schnell zum Wagen bringen, wo ich sie hineinheben werde und Toph, falls nötig, ein Ablenkungsmanöver startet, irgendetwas tut, einen kleinen Tanz aufführt oder so etwas; und dann werden wir in den Wagen springen und verschwinden, werden sie nach Hause bringen, im Triumph – *Wir haben's geschafft! Wir haben's geschafft!* –, und wir werden ein Krankenhausbett besorgen, es im Fernsehzimmer aufstellen, dorthin, wo das Sofa stand. Wir werden dafür sorgen, dass eine Krankenschwester kommt, rund um die Uhr … um genau zu sein, werden das Bett und die Krankenschwester von einer Frau, einer Mrs. Rentschler, organisiert werden, die gegenüber wohnte, in dem Haus, in dessen Garten mein Vater – kniend – schaute, eine Frau, die vor langer Zeit fortgezogen war, allerdings nur in einen anderen Teil der Stadt, und dann ist sie plötzlich wieder da, gehört dem Hospizprogramm des Krankenhauses an und wird alles Nötige veranlassen. Sie wird uns umarmen, und wir werden sie gern haben, auch wenn wir sie bis dahin nicht kannten. Eine der Krankenschwestern wird eine groß gewachsene Schwarze mittleren Alters aus dem Norden

Chicagos sein, die mit einem Südstaatenakzent spricht. Sie wird ihre eigene Bibel mitbringen und gelegentlich weinen, mit zuckenden Schultern. Es wird eine jüngere, mürrische Frau aus Russland geben, die mit Wut im Bauch auftauchen, ihre Aufgaben mit abgehackten Bewegungen und sehr schnell erledigen und ein Nickerchen halten wird, wann immer wir sie nicht beaufsichtigen. Eine dritte Schwester wird für einen Tag kommen, um dann nie wieder aufzutauchen. Da werden Frauen sein, Freundinnen unserer Mutter, die zu Besuch kommen werden, geschminkt und im Pelzmantel. Da wird Mrs. Dineen auftauchen, eine alte Freundin der Familie, die für eine Woche aus Massachusetts herfliegen wird, weil sie hier sein möchte, um Mom wieder zu sehen, und sie wird im Keller schlafen und von Spiritualität reden. Es wird gewaltig schneien. Die Schwestern werden meine Mutter waschen, wenn wir nicht im Raum oder wach sind. Es wird lange Nachtwachen geben. Wir werden den Raum zu jeder Tages- oder Nachtzeit betreten und werden, wenn unsere Mutter nicht wach ist, erstarren, uns erst wappnen, dann zu ihr hingehen und unsere Hand über ihren Mund halten, um zu sehen, ob sie noch atmet. Eines Tages wird sie uns erlauben, ihre Schwester Jane zu holen, und wir werden ihr den Flug besorgen, gerade noch rechtzeitig. Wenn dann Tante Jane, die wir vom Flughafen abgeholt haben werden, am Bett erscheint, wird unsere Mutter, die sich zu dem Zeitpunkt schon seit Tagen nicht mehr aufgesetzt haben wird, hochfahren wie ein Kind aus einem Alptraum und ihre Schwester umarmen, die breit lächeln und die Augen schließen wird. Es wird einen endlosen Strom von Besuchern geben, die unbekümmert am Bett unserer Mutter sitzen und von den Ereignissen der Tage erzählen werden, weil, weil Sterbende nicht über das Sterben reden wollen, sondern lieber erzählt bekommen, wer sich gerade scheiden lässt, wessen Kinder in Rehabilitation sind oder dort bald hinkommen. Es wird Gebackenes geben. Es wird einen Father Mike geben, einen jungen, uns zugewiesenen Priester mit roten Haaren – wie werden Priester eigentlich zugewiesen? Ich stell mir das irgendwie wie auf einer Polizeiwache vor, wo jemand bellt: »O'Bannan, Sie kümmern sich um die Katastrophe auf der Waveland Street«, und die Priester aufstöhnen, wenn sie ihre Befehle erteilt bekommen. Father Mike wird deutlich machen, dass er nicht versuchen wird, irgendjemanden zu konvertieren; er wird die Messe lesen, während sie im Bett bleibt, ihr die Kommunion geben, aber den Teil mit der Oblate wegen ihres fehlenden Magens auslassen, und auch Mrs. Dineen wird die Kommunion entgegennehmen; ich werde einen Teil davon mitbekommen, da ich gerade in der Küche sein werde, um eine gefrorene Pizza aufzubacken. Der Rosenkranz wird oben vom Schrank geholt werden. Wir werden Kerzen anzünden, um dem Geruch entgegenzuwirken, der ihren Poren entströmen wird, nachdem die Leber aufgehört haben wird zu arbeiten. Wir werden an ihrem Bett sitzen und ihre heißen Hände halten. Sie wird sich plötzlich mitten in der Nacht aufsetzen und laut reden, völlig wirr. Jedes ihrer Wörter wird als ihr letztes gehandelt werden, bis weitere folgen. Eines Tages wird Kirsten hereinspazieren, und Mom wird sich aufrichten und darauf bestehen, dass sich ihr Besuch den nackten Mann im Aquarium ansieht. Wir werden unser Kichern unterdrücken – sie wird schon tagelang auf diesen nackten Mann bestanden haben –, doch Kirsten wird mit einer gewissen Ernsthaftigkeit tatsächlich zum Aquarium gehen, um sich die Sache anzuschauen, eine Tat, die Mom erst mit einem Augenrollen kommentieren und dann mit einem zutiefst zufriedenen Lächeln als Rehabilitation empfinden wird. Dann wird sie sich wieder zurücklegen, und wenige Tage darauf wird ihr Mund austrocknen, ihre Lippen werden aufspringen und krustig werden, und die Schwestern werden sie alle zwanzig Minuten mit einem Wattestäbchen anfeuchten. Es wird Morphium geben. Mit ihrem Haar, das aus irgendeinem Grund auch weiterhin merkwürdig kess und unbändig aussehen wird, und ihrer Haut, schimmernd, gelbbraun, und ihren glänzenden Lippen wird sie umwerfend aussehen. Sie wird den Schlafanzug aus Satin tragen, den Bill ihr gekauft hat. Wir werden Musik hören. Beth wird Pachelbel auflegen, und wenn uns das zu viel wird, werden wir heftige New-Age-Musik spielen, die Tante Connie produziert hat, eine Cousine meines Vaters, die mit einem sprechenden Kakadu in Marin County lebt. Der Morphiumtropf wird nicht ausreichen. Wir werden immer wieder anrufen, um mehr zu bekommen. Schließlich werden wir genügend haben und die Erlaubnis erhalten, die Dosis selbst zu bestimmen, worauf wir schon bald anfangen werden, es zu verabreichen, sobald sie stöhnt, indem wir es durch den durchsichtigen Schlauch in sie hineinrinnen lassen werden; und wenn wir das tun, wird sie aufhören zu stöhnen.

Wir werden das Haus verlassen, wenn sie kommen, um sie abzuholen, und bei unserer Rückkehr wird auch das Krankenhausbett verschwunden sein. Wir werden das Sofa wieder zurückstellen, an die Wand, wo es stand, bevor das Bett seinen Platz einnahm. Ein paar Wochen später wird ein Freund dafür sorgen, dass Toph die Chicago Bulls nach ihrem Training in deren Fitnessstudio in Deerfield trifft, wohin Toph sämtliche Basketballsammelkarten mitnehmen wird, eine oder zwei von jeder, meistens Karten von Teamneulingen, weil die mehr wert sind, damit die Spieler sie unterschreiben und sie wertvoller machen können. Wir werden sie durch ein Fenster bei ihrem Gedränge beobachten, und dann, nach dem Training, da sind sie plötzlich in ihren Trainingsanzügen – sie kommen extra heraus, sind darum gebeten worden –, und Scottie Pippen und Bill Cartwright werden Toph fragen, während sie seine Karten mit dem Textmarker unterschreiben, den er eigens mitgebracht hat, warum er nicht in der Schule ist, wo es doch ein Mittwoch oder Montag sei oder welcher Tag es auch immer sein wird, worauf Toph einfach nur mit den Achseln zucken wird … Beth und ich werden ihn in jenem Frühjahr gelegentlich aus der Schule nehmen, wenn irgendetwas ansteht oder einfach nur so, denn obwohl wir den Anschein der Normalität aufrechterhalten wollen, sagen wir häufig einfach ach, scheiß der Hund drauf, und er ist so glücklich, übersprudelnd vor Glück, die Bulls kennen gelernt zu haben, hat jetzt all diese unglaublich wertvollen Karten, und auf dem Nachhauseweg werden wir darüber sprechen, ob wir sie nicht notariell beglaubigen lassen sollen, um den Leuten zu beweisen, dass er da war. Bill wird die Stelle wechseln, um in unserer Nähe zu sein, wird von D.C. nach L.A. ziehen, kurz nach den Unruhen, und dort seinem Think-tanking nachgehen. Er wird sich um das Geld kümmern, von der Versicherung und dem Haus – Ersparnisse gab es keine, keinen einzigen Pfennig –, und Beth wird sich um Rechnungen und Formalitäten und ähnlichen Papierkram kümmern, während Toph zu mir kommt, weil wir uns altersmäßig am nächsten stehen und es im übrigen nie zur Diskussion stand. Aber erst wird er die dritte Klasse beenden, und ich werde einige Stunden schwänzen und dann – mit ich weiß nicht wie vielen fehlenden Punkten – die Examenszeremonie mitmachen, zusammen mit Beth, Toph und Kirsten, danach Essen gehen, aber ganz bescheiden, lasst es uns bloß bescheiden halten, nichts Großes. Und danach, spätestens nach einer Woche, werden wir, während die Leute, die alten Leute, die Stirn runzeln, missbilligend mit der Zunge schnalzen und den Kopf schütteln, das Haus verkaufen, werden das meiste darin verkaufen, hätten den Scheißkasten am liebsten abgebrannt, wenn das möglich gewesen wäre, und wir werden nach Berkeley ziehen, wo Beth ihr Jurastudium beginnen und wir uns alle zusammen irgendwo neu niederlassen werden, ein schönes, großes Haus in Berkeley für uns alle, mit Blick auf die Bucht, in der Nähe eines Parks mit einem Basketballplatz und genug Platz zum Rennen …

Sie bewegt sich und öffnet ihre Augen einen Spalt.

Ich klettere aus dem Bett, das quietscht. Der Boden ist kalt. Es ist vier Uhr vierzig morgens. Toph rollt auf meine Seite des Ausziehsofas. Ich trete an das Bett meiner Mutter. Sie schaut mich an. Ich beuge mich über sie und berühre ihren Arm. Ihr Arm ist heiß.

»Herzlichen Glückwunsch zum Geburtstag«, flüstere ich.

Sie schaut mich nicht an. Ihre Augen sind nicht geöffnet. Sie waren einen Spalt offen, aber jetzt sind sie es nicht mehr. Ich bin nicht sicher, ob sie mich wahrgenommen haben. Ich gehe zum Fenster und schließe den Vorhang. Die Bäume draußen sind nackt und schwarz, flüchtig skizziert. Ich sitze auf dem harten Polsterstuhl in der Ecke und beobachte sie und das hellblaue Absauggerät. Das hellblaue Absauggerät, das ganz rhythmisch arbeitet, scheint eine Attrappe, eine Theaterrequisite. Ich sinke tiefer in den Polsterstuhl hinein und lehne mich zurück. Die Decke schwimmt. Sie ist milchig, stuckatiert mit großzügigen Halbkreisen, und die Halbkreise bewegen sich, drehen sich langsam, die Decke so wandelbar wie Wasser. Die Decke hat Tiefe oder – die Decke bewegt sich vor und zurück. Oder die Wände sind nicht fest. Der Raum ist vielleicht gar nicht echt. Ich befinde mich an einem Drehort. In dem Zimmer sind nicht genügend Blumen. Das Zimmer sollte voller Blumen sein. Wo sind die Blumen? Wann öffnet der Geschenkladen? Um sechs? Um acht? Ich schließe mit mir eine Wette ab. Ich wette, um sechs. Okay, die Wette gilt. Ich überlege, wie viele Blumen ich kaufen kann. Ich weiß nicht, was sie kosten; ich habe noch nie Blumen gekauft. Ich werde sehen, was sie kosten, und dann so viele Blumen kaufen, wie ich mir leisten kann, und sie vom Geschenkladen in dieses Zimmer holen. Ein Feuerwerk.

Sie wird aufwachen und die Blumen sehen.

»Was für eine Verschwendung«, wird sie sagen.

Sie bewegt sich und öffnet die Augen. Sie schaut mich an. Ich erhebe mich von meinem Stuhl und stelle mich ans Bett. Ich berühre ihren Arm. Er ist heiß.

»Herzlichen Glückwunsch zum Geburtstag«, flüstere ich und lächele sie von oben herabschauend an.

Sie antwortet nicht. Sie schaut mich nicht an. Sie ist nicht wach.

Ich setze mich wieder hin.

Toph liegt auf dem Rücken, die Arme weit von sich geworfen. Er schwitzt im Schlaf, unabhängig von der Raumtemperatur. Wenn er schläft, bewegt er sich und dreht sich immerzu in eine Richtung, wie die Zeiger einer Uhr. Er atmet hörbar. Er hat lange Wimpern. Seine Hand hängt vom Ausziehsofa herunter. Wie ich ihn so anschaue, wacht er auf. Er steht auf und kommt zu mir, auf den Stuhl zu, auf dem ich sitze, und ich nehme ihn an der Hand, und wir gehen durch das Fenster hindurch und fliegen auf und hinweg, über die flüchtig skizzierten Bäume, nach Kalifornien.

II.

Bitte schaut her. Könnt ihr uns sehen? Könnt ihr uns in unserem kleinen roten Auto sehen? Stellt euch vor, ihr würdet uns von oben sehen, als schwebtet ihr über uns in, sagen wir, in einem Helikopter oder auf dem Rücken eines Vogels, während unser Auto die Straße entlang saust, niedrig über dem Boden, sich müht, die allmählich ansteigende Flugbahn zu bewältigen, aber immer noch mit hundert bis hundertzwanzig Sachen die gnadenlosen, zum Teil auch lächerlichen Kurven des Highway 1 nimmt. Schaut her, verflucht noch mal, seht uns zwei, die wir von der Rückseite des Mondes fort katapultiert wurden und jetzt gierig all dem entgegen rollen, was man uns schuldet. Jeden Tag sacken wir ein, was uns zusteht, jeden Tag wird uns zurückgezahlt, was uns geschuldet wird, was wir verdient haben, samt Zinsen und einem Extra an Scheißrücksicht – man *schuldet* uns etwas, verdammt noch mal – und deshalb kennt unsere Erwartung keine Grenzen, will sie alles, einfach alles. Wir können nehmen, was wir wollen, eins von jedem, von allem, was der Laden zu bieten hat, ein dreistündiger Einkaufsrausch, die Farbe unserer Wahl, jede Marke, jede Farbe, soviel wir wollen, wann immer wir wollen, was immer wir wollen. Heute müssen wir nirgends sein und so sind wir auf dem Weg zu Montara, einem Strand ungefähr fünfunddreißig Minuten südlich von San Francisco. Und gerade singen wir:

She was alone!
She never knew!
(la, la, irgendetwas la,la)
When we touched!
When we (reimt sich auf »same«).
All (la, la, la)!
All night!

All night!
All-ll every night!
So hold tight!
Hoo-ld tight
Baby hold tight!
Any way you want it!
That's the way you need it!
Any way you want it!

Toph kennt den Text gar nicht und ich kenne nur wenige Worte, aber das hindert uns nicht am Singen. Ich versuche, ihn dazu zu bringen, den zweiten *Allnight*-Part zu übernehmen, während ich den ersten singe, also so:

Ich: *All night!* (höher)

Er: *All-ll night!* (etwas tiefer)

Ich deute auf ihn, wenn sein Einsatz kommt, aber er schaut mich nur ausdruckslos an. Ich zeige auf das Radio, dann auf ihn, dann auf seinen Mund, aber er ist immer noch verwirrt, und es ist auch schwer, all das zu tun, während man sein Möglichstes versucht, um nicht ins Schleudern zu geraten und im Pazifik zu landen, und im Übrigen könnten meine Gesten missverstanden werden, weil sie so aussehen, als wollte ich ihn dazu bringen, das Radio zu essen. Aber, mal ehrlich: Eigentlich müsste er es doch kapieren. Er verweigert sich. Oder er ist einfach dumm. Vielleicht ist er dumm. Scheiß drauf – dann eben ein Solo. Ich treffe den Steve-Perry-Klang, ich singe mit dem Steve-Perry-Vibrato. Ich kann das, weil ich ein außergewöhnlicher Sänger bin.

»Kann ich nicht toll singen?«, brülle ich.

»Was?«, brüllt er zurück.

Die Fenster sind ja heruntergekurbelt.

»Ich sagte: Kann ich nicht toll singen?«

Er schüttelt den Kopf.

»Wie meinst du das?«, brülle ich. »Natürlich kann ich singen, ver*dammt*.«

Er kurbelt sein Fenster hoch.

»Was hast du gesagt? Ich hab dich grad nicht verstanden.«

»Ich hab gesagt: Kann ich nicht toll singen?«
»Nein.« Er lächelt. »Du kannst überhaupt nicht singen.«
Ich zerbreche mir den Kopf darüber, ob ich ihn mit einer Band wie Journey bekannt machen soll, deren Wertschätzung ihm nichts als Hohn von seinen Altersgenossen einbringen würde. Obwohl er sich häufig widerspenstig gibt – Kinder wissen wirklich nur selten, was gut für sie ist –, habe ich ihm all die epochemachenden Musiker unserer Zeit, wie Big Country, Haircut One Hundred, Loverboy, nahe gebracht, und darüber kann er sich glücklich schätzen. Sein Kopf ist mein Labor, mein Archiv. Ich füttere es mit den Büchern meiner Wahl, mit Fernsehsendungen, Filmen, meinen Meinungen zu gewählten Amtsinhabern, historischen Ereignissen, Nachbarn, Passanten. Er ist vierundzwanzig Stunden am Tag bei mir in der Lehre, er ist mein aufmerksames Publikum, gezwungen, alles aufzunehmen, was ich für wichtig halte. Er kann sich wirklich sehr, sehr glücklich schätzen, der Junge! Und keiner kann mich daran hindern. Er gehört mir, und ihr könnt mir nicht Einhalt gebieten, ihr könnt uns nicht Einhalt gebieten. Ihr könnt uns nicht am Singen hindern, und ihr könnt uns nicht daran hindern, Furzgeräusche von uns zu geben oder unsere Hände aus dem offenen Wagenfenster zu halten, um die Luftdynamik verschiedener Handhaltungen auszuprobieren, oder unseren Naseninhalt vorne am Sitz abzuschmieren. Ihr könnt mich nicht daran hindern, dem achtjährigen Toph auf einer geraden Strecke das Steuer zu überlassen, damit ich mein Sweatshirt ausziehen kann, weil es plötzlich so verdammt heiß geworden ist. Ihr könnt nicht verhindern, dass wir unsere mit Fleisch gefüllten Fladentaschen auf den Boden werfen, und auch nicht, dass wir unsere nicht zusammengelegte Wäsche seit nunmehr, oh fuck, acht Tagen im Kofferraum liegen lassen, weil wir anderes zu tun hatten. Ihr könnt Toph nicht daran hindern, eine halbvolle Tüte Orangensaft unter dem Vordersitz stehen zu lassen, wo er vor sich hin gärt und schimmelt und einen Gestank produziert, dessen Ursache uns wochenlang schleierhaft bleibt und der so unerträglich wird, dass die Fenster immerzu offen sein müssen, bis der Grund

endlich gefunden und Toph wegen seiner Rolle in diesem Debakel im Hinterhof bis zum Hals eingegraben und sein Kopf mit Honig beschmiert wird – oder vielmehr hätte werden sollen. Ihr könnt uns nicht daran hindern, all die armseligen Menschen voller Mitleid zu betrachten, die nicht mit unserem Charme gesegnet und durch Schicksalsschläge wie die unseren gefestigt sind, die nicht gezeichnet und damit stark, sondern wie Wackelpudding sind. Ihr könnt mich nicht daran hindern, Toph zu sagen, er solle über die Leute auf der Nebenspur lästern und ihnen Grimassen schneiden.

ICH: Schau dir mal den Versager da an.

ER: So'n *Spasti*!

ICH: Und guck mal den.

ER: Oh, mein *Gott*!

ICH: Kriegst 'nen Dollar, wenn du ihm zuwinkst.

ER: Wie viel?

ICH: Einen Dollar.

ER: Das ist nicht genug.

ICH: Okay, fünf Dollar, wenn du ihm das Alles-klar-Zeichen gibst.

Er: Warum das Alles-klar-Zeichen?

ICH: Weil er so'n toller Hecht is!

ER: Okay, okay.

ICH: Warum hast du's nicht getan?

ER: Ich konnt's einfach nicht.

Es ist unfair. Die Aufstellung Wir gegen die Anderen (oder dich) ist unfair. Wir sind gefährlich. Wir sind kühn und unsterblich. Gepeitschte Nebelfetzen wirbeln von unterhalb der Klippen herauf und breiten sich über dem Highway aus. Jenseits des Nebels blitzt plötzlich ein wenig Blau hervor, und aus dem Blau kreischt plötzlich die Sonne auf.

Rechts von uns liegt der Pazifik, und da wir uns Hunderte von Metern über dem Ozean befinden, von dem uns häufig nur eine Leitplanke trennt, erstreckt sich der Himmel nicht nur über uns, sondern auch unter uns. Toph mag die Klippen nicht, er schaut nicht nach unten, aber wir fahren durch den Himmel, mit Wolken, die über die Straße hinwegfegen, einer Sonne, die immer wieder durchblitzt, unter uns der Himmel und das Meer. Nur von hier oben sieht die Welt rund aus, nur von hier oben senkt sich der Horizont an den Seiten, nur von hier oben kann man die Neigung unseres Planeten am Rand unseres Sichtfeldes erkennen. Nur hier oben kann man ansatzweise begreifen, dass man über einen großen, schimmernden Globus schlingert, der sich bis zur Schemenhaftigkeit dreht – in Chicago ist man sich dessen nie bewusst, flach und gerade, wie es dort ist –, und, und, und wir sind eben *auserwählt*, versteht ihr: auserwählt, und das hier ist für uns, wurde uns geschuldet, wir haben es verdient, all das – der Himmel strahlt unseretwegen so blau, die Sonne lässt die vorbeifahrenden Autos unseretwegen wie Spielzeug funkeln, das Meer rollt und schäumt für uns, murmelt und besänftigt uns. Das ist man uns schuldig, klar? Das hier gehört uns, klar? Wir sind in Kalifornien und leben in Berkeley, wo der Himmel gewaltiger ist, als wir ihn jemals erlebt haben. Er erstreckt sich ins Unendliche, ist sichtbar von jedem zweiten Hügel – Hügel! –, von jeder Straßenbiegung in Berkeley oder San Francisco. Wir haben ein Haus zur Untermiete für den Sommer, von dem aus wir die Welt überblicken können, oben in den Hügeln von Berkeley. Es gehört Leuten – Skandinaviern, wie Beth meint –, die Geld haben müssen, weil es so weit oben liegt und nur aus Fenstern, Licht und Balkons besteht; von dort können wir alles erkennen: Oakland zur Linken, El Cerrito und Richmond zur Rechten, Marin vor uns, jenseits der Bucht, Berkeley unter uns als ein Meer von roten Dächern und blumenkohlförmigen und akeleifarbigen Bäumen, die an Raketen und Explosionspilze erinnern, mitsamt den vielen anderen Menschen mit bescheidenerer Aussicht unter uns. Von unserem Haus aus sieht man die Bay Bridge, ratatam-ratternd, die Richmond Bridge, schnurgerade und niedrig, die Golden Gate Bridge, rote Zahnstocher und Strippen, dazwischen Blau, darüber Blau, das leuchtend weiße *Land of the Lost* / Supermans geheimes Nordpolversteck der magischen Kristalle, das ist San Francisco … und nachts besteht die ganze Wahnsinnsgegend aus Tausenden von Landebahnen: das blinkende Alcatraz, die Flut der Scheinwerfer auf der Bay Bridge, die hin und her strömt, wie eine Kette von Weihnachtslichtern, an der langsam, aber gleichmäßig gezogen wird, und dann natürlich die Zeppeline – so viele Zeppeline diesen Sommer – und die Sterne, nicht viele sind zu sehen, wegen der Städte und so, aber immerhin einige, vielleicht einhundert, genug jedenfalls – wie viele Sterne braucht man schon? Von unseren Fenstern, vom Balkon ist die Sicht hypnotisierend, scheint jedes Bedürfnis nach Bewegung und Denken aufgehoben, weil alles vor einem liegt, alles überschaubar ist, ohne dass man den Kopf drehen muss. Die Morgen sind filmstreifenweiß; wir frühstücken auf dem Balkon, und später essen wird dort zu Mittag, und auch zu Abend essen wir da, wir lesen dort, spielen Karten, immer mit Blick auf das Ganze, das Postkartenpanorama, direkt vor uns, all diese kleinen Leute, eine zu großartige Aussicht, um echt zu sein, aber andererseits, andererseits scheint auch nichts mehr wirklich ganz echt zu sein, das dürfen wir natürlich nicht vergessen, natürlich nicht. (Oder ist eher das Gegenteil wahr? Scheint alles umso *echter*? Aha.) Hinter unserem Haus, nicht weit davon, liegt Tilden Park, eine endlose Weite mit Seen und Bäumen und Hügeln, Mohairhügeln, hier und da mit einigem Buschwerk versehen, nach dem Motto: Mohairhügel, Mohairhügel, Mohairhügel, dann eine Achsel dunkles Grün, dann wieder Mohairhügel, die sich immer weiter und weiter erstrecken, wie schlafende Löwen, so weit wie … Besonders wenn man mit dem Fahrrad unterwegs ist, vom Inspiration Point (Nein. Doch.) losfährt und auf dem Hinweg gegen den Wind, auf dem Rückweg mit dem Wind in die Pedale tritt, über die Hügel, die sich bis Richmond ziehen, meilenweit weg, wo die Fabriken und Stromanlagen und große Container mit tödlichen oder auch lebensspendenden Dingen stehen, bis dorthin führt der Fahrradweg, und immer kann man links in der Ferne die Bucht ausmachen, rechts nichts als Hügel, Hügel und nochmals Hügel, bis zum Mount Diablo, dem größten von allen, dem König der zarten Hügel, etwa dreißig Kilometer in Richtung Osten oder Nordosten, oder wie auch immer. Die von Holz- und Drahtzäunen gesäumten Fahrradwege teilen die Ebene in Karrees, auf denen Kühe, manchmal auch Schafe weiden. All das liegt nur Minuten von uns entfernt, ist alles da, vor unserem Haus, unserem Haus, hinter dem sogar ein Wanderweg verläuft, der geradewegs zu einem riesigen Felsen führt, dem Grotto Rock, der knappe zehn Meter vor unserem hinteren Balkon aufragt. An manchen Tagen, wenn Toph und ich unter einer unseretwegen völlig durchgedrehten und glücklichen Sonne, die lächelnd und mit Tränen des Stolzes in den Augen auf uns herabscheint, auf dem Balkon frühstücken, tauchen plötzlich Wanderer auf, Männer und Frauen, immer paarweise, die in ihren khakifarbenen Shorts, braunen Schuhen und umgedreht aufgesetzten Kappen aus dem Schatten des Felsens hervortreten, hinaufklettern und dann oben stehen, die Daumen unter die Trageriemen ihres Rucksacks geklemmt, genau auf Augenhöhe mit uns, die wir keine zehn Meter entfernt auf unserem Holzbalkon sitzen und frühstücken.

»Hallo!«, sagen wir, Toph und ich, und winken beide.

»Hallo«, sagen sie, völlig überrascht, uns dort zu sehen, beim Frühstück und auf Augenhöhe.

Das ist immer ein schöner Moment. Und dann wird es peinlich, weil sie ganz oben angelangt sind, am Ende ihrer Wanderung, und nur den Wunsch haben, sich hinzusetzen und die Aussicht zu genießen, nun aber nicht umhin können, sich in Gesellschaft zweier Menschen zu wissen, unverschämt gut aussehender Menschen, von Toph und mir, die wir keine zehn Meter hinter ihnen sitzen und Kellogg's Apfel-Zimt-Loops aus der Packung essen.

Wir fahren an der Half Moon Bay vorbei, an Pacifica und Seaside, links von uns die Bungalows, rechts die Surfer, das Meer ein explosives Rosa. Wir kommen an jubelnden Eukalyptusbäumen und winkenden Pinien vorbei; entgegenkommende Autos reflektieren wie wild, sie scheinen direkt auf uns zuzukommen, und ich schaue durch die Windschutzscheiben in die Gesichter derer, die auf uns zukommen, und suche nach einem Zeichen für ihr

Verständnis, für ihr Vertrauen, und ich finde ihr Vertrauen, und sie ziehen vorüber. Unser Auto brummt lärmend, so dass ich das Radio lauter stelle, weil ich es kann. Ich trommle zuerst mit der flachen Hand, dann mit den Fäusten auf das Lenkrad, weil ich es kann. Toph schaut zu mir herüber. Ich nicke ernst. In dieser Welt, in unserer neuen Welt geht die Post ab. Wir werden Bands wie Journey Tribut zollen, besonders wenn ihre Lieder dienstags im Doppelpack gespielt werden, was so viel heißt, dass sie auf jeden Fall

Just a small town girl …

auflegen.

Gelegentlich mache ich mir Sorgen um den Gesichtsausdruck, den Toph aufsetzt, wenn ich anfange, aus vollem Hals zu singen, mit Vibrato und allem, Gitarrenpassagen und so – ein Gesicht, das von einem ungeschulten Auge als Ausdruck extremen Entsetzens, ja, Ekels verstanden werden könnte – aber ich weiß nur zu gut, dass es Ehrfurcht ist. Ich kann seine Ehrfurcht verstehen. Ich habe diese Ehrfurcht verdient. Ich bin ein außergewöhnlicher Sänger.

Wir haben eine Schule für Toph gefunden, eine eigenartige, kleine Privatschule namens Black Pine Circle, die ihm praktisch ein volles Stipendium gegeben hat, obwohl wir uns die Schulgebühren durchaus leisten könnten. Wir verfügen über etwas Geld: vom Hausverkauf, von der Versicherung, die unser Vater kurz vor seinem Tod abgeschlossen hat. Wir sind also ganz gut versorgt. Aber weil uns etwas geschuldet wird, nehmen wir mit, was immer komme. Meistens sorgt Beth für so etwas, weil ihr mindestens ebenso viel geschuldet wird wie Toph und mir, wenn nicht noch mehr, und sie ein Ass darin ist, aus unserer Situation Profit zu schlagen. Das hat sich auch bei den Studiengebühren für ihr Jurastudium erwiesen, die ihr angesichts ihres (offiziellen) Status als allein erziehende Mutter erlassen wurden. Selbst wenn es nicht umsonst wäre, wäre Beth, genauso wie jetzt auch, außer sich vor Freude über die Aussicht, im Herbst, also in ein paar Monaten, wieder zur Uni gehen, wieder in diese Welt eintauchen zu können, sich von ihr mitreißen und das Ganze vom letzten Jahr fortspülen zu lassen. Sie ist voll abgehoben, total hyper, und wir beide powern durch den Sommer, weil man uns etwas schuldet. Ich tue nichts Besonderes. Toph und ich spielen Frisbee und gehen an den Strand. Ich nehme an einem Kurs für Möbelgestaltung teil, und ich nehme diesen Kurs sehr ernst. Ich verbringe ziemlich viel Zeit damit, im Hof Möbel zu bemalen, und während ich meine zwölfjährige Kunstausbildung darauf verwende, Möbel zu bemalen, frage ich mich, was ich machen werde, mehr allgemein und futuristisch gedacht, was genau ich machen will. Meine Möbel sind gut, finde ich. Ich suche mir Tische in Trödelläden, meistens kleine Beistelltischchen, sande sie ab und bemale sie dann mit den Gesichtern fetter Männer, mit blauen Ziegen und verlorenen Socken. Ich hab mir vorgenommen, diese Tische zu verkaufen, irgendwo in der Stadt eine Boutique ausfindig zu machen und sie dort für, sagen wir, tausend Dollar das Stück zu verkaufen, und wenn ich konzentriert an einem meiner Tische arbeite, mich sozusagen ganz in ihn »vertiefe« und mich den einzigartigen Problemen dieses Einzelstücks widme – *ist die Darstellung dieses abgetrennten Fußes zu naiv, zu kommerziell?* –, habe ich das Gefühl, dass das, was ich tue, edel und bedeutend ist und mich über kurz oder lang berühmt und reich machen wird. Nachmittags komme ich dann ins Haus, streife meine dicken Gummihandschuhe ab und lasse mein eigenes Hochgefühl, auf der Veranda sitzend, die untergehende Sonne im Blick, sanft abklingen. Vielleicht muss ich mir irgendwann eine Stelle suchen, doch vorerst, zumindest für diesen Sommer, gestehe ich uns die Zeit zu, dies hier zu genießen, diese Abwesenheit von allem, die Abwesenheit der Feuchtigkeit, die Zeit, sich umzuschauen. Toph nimmt am Sommercamp auf dem Berkeley-Campus teil, der von Sportlern der Uni geleitet wird, und sein Talent auf allen Gebieten, von Lacrosse über Fußball und Basketball zu Frisbeespielen, zeigt, dass er schon bald ein professioneller Sportler in (mindestens) drei Disziplinen sein wird. Das wird wohl weitere Stipendien, weitere Geschenke bedeuten, die eine peinlich berührte und mitleidige Welt vor uns ausbreitet.

Beth und ich wechseln uns mit dem Hin- und Herbringen ab, den Hügel hinunter und wieder hinauf, aber ansonsten kommen uns die Wochen abhanden wie Knöpfe, wie Bleistifte.

Die Autos blitzen in den Kurven des Highway 1 auf, schießen aus den Klippen hervor, ganz Glas und Licht. Jedes einzelne könnte uns den Tod bringen. Alle könnten uns den Tod bringen. Verschiedene Varianten schießen mir durch den Kopf: Wir könnten von der Klippe gedrängt und ins Meer gestoßen werden. Ach, fuck, wir würden das schon schaffen, Toph und ich, gewieft, agil und reaktionsschnell, wie wir sind. Doch, ja. Wir könnten bei Tempo einhundert mit einem anderen Auto auf dem Highway 1 zusammenprallen und es schaffen, rechtzeitig aus dem Wagen herauszuspringen. Doch, Toph und ich würden das schaffen. Wir sind ja von der schnellen Truppe, das ist allgemein bekannt, oh, ja. Nach dem Zusammenstoß, klar, würden wir, während unser roter Civic im hohen Bogen durch die Luft segelt, blitzschnell mit einem Plan aufwarten – ach was, wir würden den fix und fertigen Plan *bereits gecheckt haben* –, wobei der Plan natürlich offensichtlich, total offensichtlich wäre: Während der Wagen im Bogen in die Tiefe stürzte, würden wir gleichzeitig unsere Türen öffnen, der Wagen fällt weiter, dann aus dem Wagen herausklettern, der Wagen fällt weiter, jeder auf seiner Seite des Autos, und dann würden wir, wir würden, wir würden einen Moment *in der Türöffnung des Wagens* stehen, der Wagen fällt weiter, uns an der offenen Autotür oder am Dach des Autos festhalten und dann, ganz kurz nur, der Wagen ist nur noch zehn Meter oder so vom Wasser entfernt, Sekunden vor dem Aufprall, würden wir uns einen wissenden Blick zuwerfen – *»Du weißt, was zu tun ist« »Alles klar«* (wir würden diese Worte natürlich nicht wirklich sagen, das wäre gar nicht nötig) – und dann würden wir uns beide – selbstverständlich wieder gleichzeitig – vom Wagen abstoßen, um zwischen unseren Aufprall und den des Wagens genügend Abstand zu bringen, so dass wir zusammen mit dem Civic in das gemulchte

Glas des Ozeans stürzten, wir allerdings in untadeliger Körperhaltung, nachdem wir unsere Flugbahn mitten in der Luft geändert hätten, die Hände vorne weg, gestreckt und leicht gewölbt, unsere Körper senkrecht zum Wasser, die Zehen gespitzt – *perfekt!* Wir würden eintauchen, im Halbkreis zurück an die Oberfläche, sie durchbrechen, zur Sonne hin, unser Haar kräftig zurückwerfen, um das Wasser abzuschütteln, und dann aufeinander zuschwimmen, während der Wagen blasenblubbernd absaufen würde.

ICH: Puh! Das war knapp.
ER: Das kannst du laut sagen!
ICH: Hast du Hunger?
ER: Du kannst Gedanken lesen.

Toph ist auch in einer Baseballmannschaft namens Little League, einem von zwei Schwarzen trainierten Team, wobei die beiden Trainer Tophs Bekanntschaften Nummer eins und zwei sind, was schwarze Männer überhaupt betrifft. Die Mannschaftsmitglieder (und auch deren Trainer) tragen rote Trikots und trainieren auf einem Feld, das in einem piniengesäumten Park nur zwei Blocks hügelaufwärts von unserer Bleibe liegt und eine Aussicht bietet, die noch spektakulärer ist. Ich nehme zum Sport ein Buch mit, weil ich vermute, dass es langweilig ist, einer Gruppe von Acht- bis Zehnjährigen beim Training zuzuschauen, aber weit gefehlt. Es ist faszinierend. Ich beobachte jede Bewegung, beobachte, wie sie sich um die Trainer scharen und Anweisungen erhalten, beobachte, wie sie Bällen nachjagen, beobachte, wie sie zum Trinkbrunnen laufen. Nein, ich beobachte nicht alle, natürlich nicht, ich beobachte Toph, folge seiner neuen, übergroßen roten Filzkappe auf dem Platz, beobachte, wie er darauf wartet, an die Reihe zu kommen, beobachte, wie er einen Bodenball auffängt, sich sofort umdreht und ihn dem Trainer zurückwirft, beobachte nur ihn, selbst als er in der Schlange steht, weil ich sehen will, ob er mit den anderen Kindern spricht, ob es ihm gut geht, weil ich angestrengt

Ausschau halte, ob er akzeptiert wird, ob … doch gelegentlich bekomme ich mit, wie eines der schwarzen Kinder etwas Unglaubliches vollbringt – in der Gruppe sind zwei Stars, ein Junge und ein Mädchen, beide groß, schnell und von übernatürlichen Gaben, den anderen meilenweit voraus, die aber locker und faul mit ihrem Talent umgehen. Während des Trainings warte ich darauf, dass Toph an die Reihe kommt, und wenn es so weit ist, dass er einen Bodenball auffängt und zurückwirft oder das zweite Mal bei einem wichtigen Schlag deckt, sterbe ich beinahe vor Aufregung.

Den hätte er kriegen müssen.

Gut, gut, sehr gut.

Mein Gott, KOMM schon!

Ich sage kein Wort, aber es kostet mich große Mühe, keinen Ton von mir zu geben. Er kann gut fangen, fängt eigentlich alles – wir arbeiten daran, seit er vier ist –, aber sein Schlag … warum kann der Junge nicht richtig schlagen? *Vielleicht mit einem leichteren Schläger?* Schlag zu! Mit Schmackes! Mit Schmackes! Herrgott noch mal, der kam doch angetrudelt wie ne lahme Ente. Nun triff doch den Ball. *Triff doch mal endlich dieses Ei, Junge!*

Ich war nie ein besonders guter Baseballspieler, tat aber so, als wüsste ich genug, und bekam über Jahre während meiner Highschool- und College-Zeit den Sommerjob als Trainer für Kinderbaseball und Leiter der Sportfreizeit. Als Toph alt genug war, nahm er an diesen Freizeiten teil, fuhr jeden Tag mit mir dort hin und sonnte sich ein wenig verschämt in dem Glanz, der Bruder des Freizeitleiters zu sein, gut aussehend und cool, wie der nun einmal war.

Ich beobachte, und die Mütter beobachten ebenfalls. Ich weiß nicht, wie ich mit den Müttern kommunizieren soll. Bin ich sie? Gelegentlich versuchen sie, mich einzubeziehen, aber es ist klar, dass sie nicht wissen, was sie von mir halten sollen. Ich schaue hinüber und lächle, wenn eine von ihnen einen Witz macht, über den die anderen lachen. Sie lachen, ich lächle, aber nicht zu sehr – ich will mich ja nicht anbiedern –, sondern gerade genug, um zum

Ausdruck zu bringen: »Ich höre euch zu und lache mit euch. Ich nehme Anteil.« Doch wenn die Heiterkeit verflogen ist, stehe ich noch immer außen vor, bin anders, und keiner weiß so genau, was ich bin. Sie wollen keine Zeit in einen Bruder investieren, der losgeschickt wurde, um Toph abzuholen, während seine Mutter entweder Abendessen kocht oder am Arbeitsplatz beziehungsweise im Verkehr festhängt. In ihren Augen bin ich die Aushilfe. Vielleicht der Cousin. Der junge Freund einer Geschiedenen? Es ist ihnen egal.

Scheiß drauf! Ich möchte mit diesen Frauen ohnehin nichts zu tun haben. Also, was kratzt es mich? Ich bin nicht sie. Sie vertreten das alte Modell, wir das neue.

Ich beobachte Toph, wie er mit den anderen Kindern redet, prüfend, misstrauisch.

Warum lachen diese Kids?

Worüber lachen die? Über Tophs Kappe? Die ist zu groß, oder?

Was wollen die kleinen Arschlöcher, ey? Ich schlag die Hosenscheißer zu Brei.

Oh.

Ach so, deshalb. Nur deshalb. He, he. He.

Nach dem Training laufen wir nach Hause, die Marin Road hinunter, eine fünfundvierzig Grad steile Ausgeburt von einer Straße. Es ist beinahe unmöglich, diese Straße entlangzulaufen, ohne lächerlich zu wirken, aber Toph hat zur Lösung des Problems einen bestimmten Gang erfunden. Es ist ein ziemlich grooviger Gang, bei dem er tief in die Knie geht, mit den Armen quasi Schwimmbewegungen macht, die Luft sozusagen packt und nach hinten wegdrückt, was ihn letztlich viel normaler aussehen lässt, als wenn er in den sohlenaufklatschenden Gang verfallen würde, den die Straße sonst erfordert. Es ist ein echt cooler Gang.

Als wir in unsere Straße, Spruce Street, einbiegen und es wieder flacher wird, erkundige ich mich so vorsichtig wie möglich nach seiner Schlagkraft, vielmehr nach dem Fehlen derselben.

»Warum hast du eigentlich so einen beschissenen Schlag drauf?«

»Weiß ich nicht.«

»Vielleicht brauchst du einen leichteren Schläger.«
»Meinst du?«
»Yeah, vielleicht sollten wir dir einen neuen Schläger besorgen.«
»Ehrlich?«
»Yeah, wir schauen uns einfach nach einem neuen Schläger oder so um.«

Wir fahren noch immer. Wir fahren an den Strand. Wenn wir nicht gerade epochalen Rock'n'Roll im Radio hören, epochalen Rock'n'Roll, der von Meistern moderner Musikproduktion erfunden und ausgeführt wurde, beschäftigen wir uns mit Wortspielen. Wir brauchen Lärm, wir brauchen Musik und Spiele. Keine Stille. Bei dem Spiel, das wir spielen, muss man einen Baseballspieler nennen, dessen Vorname mit dem ersten Buchstaben des Nachnamens des zuvor genannten Spielers beginnt.
»Jackie Robinson«, sage ich.
»Randy Johnson«, sagt er.
»Johnny Bench«, erwidere ich.
»Wer?«
»Johnny Bench. Steht bei den Reds an der Fangstelle.«
»Bist du sicher?«
»Was willst du damit sagen?«
»Den kenn ich nicht.«
»Johnny Bench?«
»Yeah.«
»Und?«
»Na ja, vielleicht hast du ihn dir ausgedacht.«
Toph sammelt Baseballkarten. Er kennt den aktuellen Wert jeder einzelnen – es sind Tausende, wenn man die Sammlung dazuzählt, die er von Bill geerbt hat. Trotzdem, eigentlich hat er von nichts ne Ahnung. Ich bleibe cool, obwohl er es verdient hätte, dass man ihn mit der Birne gegen das Fenster knallt. Ihr solltet mal hören, was für ein Geräusch das macht. Selbst Toph findet es irre.
Johnny Bench? Johnny Scheiß Bench?

»Glaub mir«, sag ich. »Johnny Bench.«
Unterwegs halten wir an einem Strand. Ich halte an diesem Strand an, weil ich gehört habe, dass es Strände wie diese geben soll, und dann ist da auch, ein paar Kilometer vor Montara, am äußeren Rand einer weiten Kurve, ein gewisser Strand, dieser Strand nämlich, an dem ein Schild steht mit der Aufschrift: »Nacktbadestrand«. Mir wird plötzlich ganz schlecht vor Neugier. Ich fahre an den Rand und springe aus dem Auto …
»Sind wir da?«, fragt er.
»Vielleicht«, sage ich abwesend, taumelnd …,
und beinahe renne ich los, über den Highway zum Eingang, ohne darauf zu warten, dass Toph und meine Gedanken mich einholen. *Ob das okay ist?* Ich glaube, es ist okay. *Es ist nicht okay.* Ich weiß, was zu tun ist; ich weiß, was richtig ist. *Ist das richtig?* Das ist schon in Ordnung. *Das ist schon in Ordnung.* Ein Nacktbadestrand? *Kein Problem. Nacktbadestrand. Nacktbadestrand.* Wir gehen zum Eingang. Ein bärtiger Mann sitzt auf einem Hocker mit einer grauen Kasse aus Metall auf seinem Schoß und verlangt zehn Dollar Eintritt pro Person.
»Kostet's für ihn auch zehn Dollar?«, frage ich und deute auf den achtjährigen Jungen neben mir, der ein Kalifornien-Sweatshirt und eine umgedrehte Kalifornien-Baseballkappe trägt.
»Ja«, sagt der bärtige Mann.
Ich schaue an dem bärtigen Mann vorbei, die Klippe hinunter und versuche, einen Blick auf den Strand zu erhaschen, um zu sehen, ob es sich lohnt. *Zwanzig Dollar!* Bei zehn Dollar sollte es da unten aber schon ein paar irre beeindruckende nackte Frauen geben – und nicht nur das, was man als Aktmodell in einem Zeichenkurs zu sehen bekommt. *Das ist schon okay. Das gehört zur Erziehung. Es ist natürlich. Wir sind in Kalifornien! Alles ist neu! Keine Regeln! Die Zukunft!*
Ich bin beinahe überzeugt. Ich trete auf den bärtigen Mann zu und versuche, außerhalb Tophs Hörweite, zum Punkt zu kommen.
»Und, ah, dürfen Kinder auch dort hin?«
»Natürlich.«

»Aber, ist es nicht irgendwie … *komisch?*«

»*Komisch?* Was sollte daran komisch sein?«

»Ach, Sie wissen schon, für so'n Jungen? Ist es zu viel?«

»Zu viel wovon? Vom *menschlichen Körper*?« Er sagt das auf eine Art und Weise, die *mich* als Freak dastehen lässt, er Mr. Natürlich und ich eine Art Kleiderfascho.

»Is schon gut«, sage ich. Bescheuerter Strand – wahrscheinlich sowieso nur voller nackter bärtiger Typen, knöchern und weiß. Wir rennen wieder über den Highway, zurück zu unserem roten Civic und fahren weiter. An den Surfern vorbei, durch den Eukalyptuswald vor der Half Moon Bay, wo ein Schwarm Vögel auf- und über uns hinwegfliegt, umkehrt und über uns kreist – auch sie, unseretwegen! –, dann die Klippen vor Seaside – dann ein gerades Stück, bevor wieder einige Kurven kommen, und schaut euch diesen irren Wahnsinns-Himmel an! Ich mein, seid ihr überhaupt schon mal in Kalifornien *gewesen*?

Wir verließen Chicago überstürzt und verwirrt. Wir verkauften das meiste Zeug im Haus, das Zeug, das wir nicht mitschleppen wollten, ließen so eine kleine, geschäftige Frau zu uns kommen und alles auszeichnen, ließen sie ihre Interessenten informieren – anscheinend hat sie eine Adressenliste von gläubigen Käufern, Liebhaber von Besitztümern soeben Verstorbener – über den Verkauf des Besitzes an der Waveland Street 924, und dann verzogen wir uns. Als alles vorbei war, waren die Dinge beinahe alle verschwunden, und wir gingen die Reste durch: einige von Tophs alten He-Man-Puppen, Kaffeebecher, einige einzelne Silberteile. Wir packten die Dinge ein, die wir aufgehoben hatten – eigentlich eine ganze Menge, etwa sechzig Kisten – oder die nicht verkauft worden waren, luden alles auf einen LKW, und jetzt steht das ganze Zeug in der Garage unseres untergemieteten Hauses in der Spruce Street. Bill bekam Moms Wagen und verkaufte ihn; Beth verkaufte Dads Wagen und kaufte einen Jeep, und ich bezahlte die letzten Raten auf den Civic ab, den Dad und ich zuvor gemeinsam

gekauft hatten, damit ich an den Wochenenden nach Hause fahren konnte.
In Berkeley wohnen wir mit Beth, ihrer besten Freundin Katie – die auch Waise ist, als sie zwölf war, waren beide Eltern tot – und meiner Freundin Kirsten zusammen, die immer schon in Kalifornien leben wollte und deshalb einfach mitzog. Wir fünf haben zusammen nur noch ein Elternteil: Kirstens Mutter. Und so fühlten wir uns anfänglich anderen überlegen in unserer Unabhängigkeit; bestimmt würde es uns Waisen gelingen, häusliches Leben neu zu gestalten, einen völlig neuen Anfang zu schaffen, etwas noch nie Dagewesenes. Die Idee schien uns großartig – alle zusammen in einem Haus, wie im College! Oder in einer Kommune! Wir teilen uns das Babysitten, das Putzen, das Kochen! Große gemeinsame Essen, Partys, Spaß –, zumindest während der ersten drei oder vier Tage, doch dann wurde offensichtlich, dass das Ganze aus nahe liegenden Gründen ganz und gar keine gute Idee war. Wir stehen alle unter Strom wegen der diversen Umstellungen, neuen Schulen und Jobs. Wir fahren schnell hoch, keifen uns an, zanken uns darüber, wem welche Zeitung gehört, wer eigentlich wissen sollte, dass man kein Spülmaschinengranulat kaufen sollte, mein Gott, weiß das nicht jeder? Kirsten, die ein Studentendarlehen abbezahlen muss und nur wenig Erspartes hat, versucht verzweifelt, einen Job zu finden, hat aber kein Auto. Und lässt mich nicht ihren Anteil an der Miete bezahlen …
»Ich kann das doch zahlen, mach dir mal keine Sorgen.«
»Ich will nicht, dass du das bezahlst.«
»Bitte, wenn du wieder die Märtyrerin spielen willst.«
… obwohl ich das durchaus zahlen könnte, sie will es eben nicht leicht im Leben haben, nicht einmal für einen Sommer. So fahre ich sie morgens zur Bay-Area-Rapid-Transit-Bahn, wenn ich auch Toph zum Sommercamp bringe, und wir beide, Kirsten und ich, zucken und zappeln vor Anspannung, lauern auf Gründe, zum Angriff überzugehen, zu explodieren, es rauszulassen, und wissen dabei nicht, ob wir im Herbst noch zusammen wohnen werden, ob wir bis zum Herbst einen Job gefunden haben oder

auch nur, ob wir im Herbst noch ineinander verliebt sein werden. Das Haus vergrößert noch unsere Probleme, und die Allianzen im Haus – Toph und ich, Katie und Beth, Beth und Kirsten und Katie – und die sich daraus ergebenden Streitereien schaffen eine bedrückende Atmosphäre – trotz Aussicht und allem – und erreichen, dem Spaß, den Toph und ich verzweifelt zu haben versuchen, einen Dämpfer zu verpassen.

Wir finden beispielsweise schnell heraus, dass es in dem Haus mindestens zwei ideale Sockenrutschbahnen gibt, weil die Fußböden aus Holz und die Räume spärlich möbliert sind. Die beste ist die Hinterer-Balkon-zur-Treppe-Rutschbahn (s. Abb. 1), auf der sich mit nur geringem Anlauf bestimmt zehn Meter schliddern lässt, bis zur nach unten führenden Treppe, die man halb hinunterspringen kann, vorausgesetzt, man nimmt den Aufprall und das gekonnte Abrollen auf dem Treppenabsatz in Kauf. Hat man das geschafft, gilt es, dies mit einer typischen Olympiasiegerpose à la Mary Lou Retton – den Arm elegantschwungvoll hochnehmen und dabei ins Hohlkreuz gehen – zu betonen: *Yes! America!*

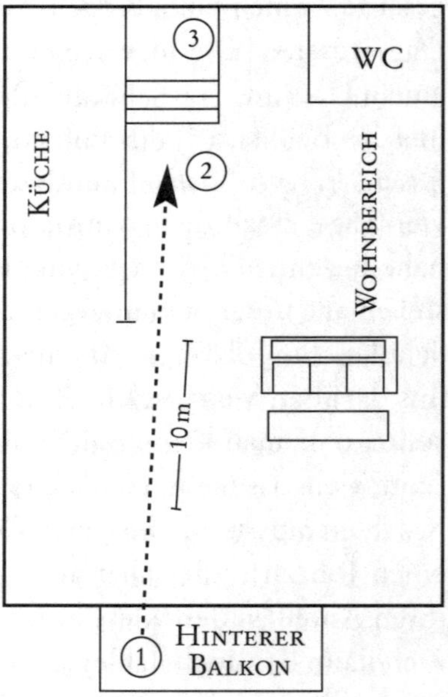

Unser mit Abstand bestes Kunststück besteht jedoch darin, zur Freude der Nachbarn und sonstiger Zeugen so zu tun, als würde ich Toph mit einem Gürtel verprügeln. Und das geht so: Wir lassen die Tür zur hinteren Veranda offen, stellen uns ins Wohnzimmer und dann reiße ich, der ich die Enden eines Gürtels aneinander halte, so dass er einen Kreis ergibt, die Arme auseinander und den Gürtel stramm, was ein Geräusch macht, das beinahe so

klingt, als schlüge der Gürtel mit voller Wucht auf Tophs nackte Beine. Bei jedem Klatschen quiekt Toph wie ein Schwein.
GÜRTEL: Klatsch!
TOPH: Quiek!
ICH: Wie fühlt sich das an, Kid, ey?
TOPH: Es tut mir Leid, es tut mir Leid! Ich tu's nie wieder!
ICH: Ach ja? Laufen tust du nie wieder!
GÜRTEL: Klatsch!
(Quiek!) etc.
Es macht unheimlich viel Spaß. Wir greifen Kalifornien an, Toph und ich, verschlingen, was wir können, bevor der Herbst kommt und uns in unsere Schranken weist, und deshalb fahren Toph und ich, während Beth und Katie tun, was auch immer sie tun, und Kirsten zu Vorstellungsgesprächen geht, hinunter nach Telegraph, um uns die ganzen Ausgeflippten anzuschauen. Wir laufen über den Campus der Uni und halten Ausschau nach Mr. Nacktfrosch, nach Batik-Leuten, Hare Krishnas, Juden für Jesus, nach den barbusigen Frauen, die herumlaufen und nur darauf warten, dass sich jemand beschwert, dass dadurch Fernsehkameras und Polizisten angelockt werden, die sich dann durch unfaire Äußerungen hervortun. Wir sehen keine Busen und stoßen nie auf Mr. Nacktfrosch, aber eines Abends begegnen wir tatsächlich Mr. Nackt dem Älteren, der graubärtig in einer Telefonzelle steht und ganz zwanglos mit jemandem plaudert, nackt bis auf Badelatschen. Zum Essen gehen wir ins Fat Slice, danach fahren wir gelegentlich hinunter zum Yachthafen von Berkeley und holen dort, im grünen, leicht gewellten Park am Ende der Mole, praktisch mitten in der Bucht, unsere Schläger und Handschuhe hervor, einen Fußball und eine Frisbeescheibe – alles immer im Wagen –, und dann verbringen wir die Zeit mit Werfen und Herumtollen. Wir machen Besorgungen, gehen einkaufen und zu einem miserablen Friseur, und dann sind da die dahinplätschernden, ruhigen Abende ohne Fernseher im Haus, gefolgt vom Zubettgehen, wenn wir auf seiner kleinen Matratze lesen und erzählen … »Es ist merkwürdig, ich kann mich gar nicht mehr richtig an sie erin-

nern«, sagt er eines Abends, brennende und nicht zu bremsende Worte, worauf er eine Stunde mit Fotos verbringen muss und *Weißt du noch? Weißt du noch? Siehst du, du erinnerst dich, natürlich erinnerst du dich* – und schließlich schlafen Kirsten und ich in einem Raum, von dem man alles überblickt, dieselbe Aussicht hat wie vom Wohnzimmer und dem Balkon darüber, mit Beth nebenan und Toph im Tiefschlaf – er schläft wunderbar; zwei, drei Minuten, und er ist weg – in einem provisorischen Schlafzimmer, das wir mit einem Vorhang und einer Futonmatratze in dem Raum zwischen unseren Schlafzimmern hergerichtet haben.

Wir erreichen Montara, den Strand, und parken oberhalb davon, neben einem Bus, hinter dem ein blonder Mann seinen Schwimmanzug auszieht. Wir schnappen unser Zeug und laufen hinunter, vom Rand der Klippe bis zu ihrem Fuß, über wackelige Treppenstufen, zum Pazifik hinunter, der uns fröhlich entgegenjubelt. Seht, wie wir dort nebeneinander liegen, er mit seinem Hemd an, weil es ihm peinlich ist, es auszuziehen. Und das ist, was wir reden:

»Langweilst du dich?«

»Yeah«, sagt er.

»Warum?«

»Weil du einfach nur herumliegst.«

»Na ja, ich bin eben müde.«

»Na ja, ich bin eben gelangweilt.«

»Warum gehst du nicht dort hin und baust eine Sandburg?«

»Wohin?«

»Dort unten hin, ans Wasser.«

»Wozu?«

»Weil's Spaß macht.«

»Wie viel krieg ich dafür?«

»Wie meinst du das: Wie viel krieg ich dafür?«

»Mom hat mir immer etwas gezahlt.«

»Damit du eine Sandburg baust?«
»Yeah.«
Ich halte inne, um nachzudenken. Ich bin langsam.
»Warum?«
»Darum.«
»Wie, darum?«
»Weiß ich nicht.«
»Wie viel hat sie dir denn gegeben?«
»Einen Dollar.«
»Das ist verrückt.«
»Warum?«
»Dich dafür zu bezahlen, dass du im Sand spielst? Vergiss es. Du willst also nicht im Sand spielen, es sei denn, ich bezahl dich?«
»Weiß nicht. Könnte sein.«

Das Meer ist zu kalt, das Gefälle zu steil und die Strömung zu stark, als dass man hier schwimmen könnte. Wir sitzen im Sand und beobachten, wie Wasser und Schaum wild wirbelnd durch unsere Kanäle und Tunnel strömen. Er ist nicht der beste Schwimmer, und die Wellen prallen hart gegen das Ufer, und ich habe eine Vision – ich sehe, wie ein anderer Toph ertrinkt, zehn Meter weit draußen. Er ist hinausgesogen worden, in den Schlund; eine Welle rollte heran, riss ihn mit sich und – diese Scheiß-Strömung. Ich renne und hechte und schwimme wie ein Weltmeister, um ihn zu erreichen – ich gehörte zur Schwimmmannschaft! Ich kann schwimmen und tauchen, schnell und kräftig! – aber ich komme zu spät – immer wieder tauche ich nach ihm, doch alles bleibt grau, wirbelnder, kreiselnder Sand, das Wasser aufgewühlt, und dann ist es zu spät – er ist mittlerweile beinahe hundert Meter hinausgetrieben worden … als ich zum Luftholen hochkomme, sehe ich seinen kleinen Arm, braun und dünn, ein letztes Winken und … *weg ist er!* Wir sollten hier nicht schwimmen gehen, niemals …
»Hey.«

Wir können ins Schwimmbad gehen ...
»*Hey.*«
»Was? Was ist?«
»Was ist nun die Geschichte mit deinen Brustwarzen?«, fragt er.
»Was meinst du?«
»Na ja, die stehen irgendwie hervor.«
Ich schaue ihm in die Augen.
»Toph, ich will dir mal was erzählen. Ich will dir mal etwas über meine Brustwarzen erzählen. Ich will dir mal etwas über meine Brustwarzen erzählen und überhaupt von den Brustwarzen der Männer in unserer Familie. Denn eines Tages, mein Sohn (ich mach das manchmal, und er macht das manchmal, dass ich ihn Sohn nenne und er mich Dad, wann immer wir so kuriose Vater-Sohn-typische Unterhaltungen führen, über die wir uns einerseits lustig machen, während sie uns andererseits im Geheimen und ganz im Innersten beunruhigen), werden meine Brustwarzen deine Brustwarzen sein. Eines Tages wirst auch du Brustwarzen haben, die unnatürlich weit hervorstehen und bei der kleinsten Reizung hart werden, so dass du nur die dicksten Baumwoll-T-Shirts tragen kannst.«
»No way.«
»Oh doch, Toph«, sage ich und schaue nachdenklich aufs Meer hinaus, die Zukunft klar vor Augen. »Du wirst diese Brustwarzen erben, und du wirst einen dürren Körper mit hervorstehenden Rippen erben, der sich nicht ausfüllen wird, bis du in deinen frühen Zwanzigern bist, und die Pubertät wird dich erst schrecklich spät treffen, und schon bald wird dein wunderschönes, glattes Haar, das dir so gut gefällt, das du lang trägst und das dich dem jungen River Phoenix ähnlich sehen lässt, dieses Haar wird dicker, fester und dunkler werden und zu einer solchen Krause verkommen, dass du morgens, wenn du aufwachst, aussehen wirst, als hättest du dir eine dreifache Dauerwelle machen lassen und wärst dann sechs Stunden in einem Coupé gefahren. Du wirst allmählich hässlich werden, deine Haut von so hartnäckiger Akne geplagt, dass dir neben der allgemeinen Pickligkeit, die deine

Wangen und dein Kinn in Mitleidenschaft ziehen wird, rote Hautkügelchen – dein Hautarzt wird sie ›Zysten‹ nennen – wachsen werden, die jede zweite Woche in der Falte deiner Nasenflügel Hof halten und die so groß und rot sein werden, dass Fremde auf zwanzig Meter Entfernung glotzen und kleine Kinder draufzeigen und weinen werden …«

»Nein.«

»Doch.«

»Ganz bestimmt nicht. Bei mir wird's anders, das wette ich.«

»Bete darum.«

Es ist windig, doch wenn man sich hinlegt und dem Sand lauscht, dann ist es warm, warm, warm. Toph sitzt bei mir und buddelt meine Füße ein.

Es gibt so viel zu tun. Ich versuche, nicht an all die Dinge zu denken, die bald auf uns zukommen, all die Dinge, die wir erledigen müssen, wenn die Schule anfängt und dies Wirklichkeit wird, doch ein Gedanke bricht sich Bahn – dass Toph für eine Routineuntersuchung zum Arzt muss – und schon wird mein Gehirn überschwemmt, fuck. Ich muss einen Lebenslauf zustande bringen, und wir müssen eine neue Wohnung finden, wenn die Untermiete ausläuft, und wie wird Toph zur Schule kommen, wenn ich einen Job habe, bei dem ich früh anfangen muss? Wird Beth mit anpacken, wird sie zu beschäftigt sein, werden wir uns gegenseitig umbringen? Wie oft wird Bill von L.A. heraufkommen? Inwieweit sollte ich / kann ich / werde ich Kirsten mit belasten? Wird sie überhaupt dabei sein? Wird sie ein wenig relaxter sein, wenn sie erst einmal einen Job und ein Auto gefunden hat? Sollte ich mir das Haar aufhellen lassen? Funktioniert diese weiß machende Zahnpasta wirklich? Toph braucht eine Krankenversicherung. Ich brauche eine Krankenversicherung. Vielleicht bin ich schon krank. Es wächst schon in mir. Irgendetwas, was immer. Ein Bandwurm. Aids. Ich muss etwas tun, ich muss bald etwas tun, weil ich sterben werde, noch ehe ich dreißig bin. Er wird willkürlich sein, mein Tod, noch willkürlicher als der ihre. Ich werde irgendwie fallen, so fallen, wie sie gefallen war, als ich sie fand. Ich war sechs, und es war Mitternacht, und ich fand sie, nachdem sie die Stufen hinuntergefallen war und sich den Kopf auf dem schwarzen Steinboden aufgeschlagen hatte. Ich hatte sie stöhnen gehört und war den Flur hinuntergelaufen, über den grünen Teppich, und vom Treppenabsatz erblickte ich am Fuß der Treppe zusammengebrochen eine Gestalt im Nachthemd. Ich stieg langsam die Treppe hinab, in meinem Schlafanzug, zu Fuß, die Hand auf dem Geländer, ohne eine Ahnung, wer das war, irgendwie wissend, ohne irgendetwas zu wissen, und als ich nah genug war, hörte ich sie, und die Stimme war die ihre: »Ich wollte die Blume sehen.« »Ich wollte die Blume sehen«, sagte sie drei- oder viermal. »Ich wollte die Blume sehen.« Dann sah ich das Blut, schwarz, auf dem schwarzen Steinboden, ihr Haar klebrig vom braunen Blut. Ich weckte meinen Vater auf, und dann war der Krankenwagen da. Als sie wieder nach Hause kam, trug sie einen Verband um den Kopf, und wochenlang war ich mir nicht sicher, ob sie es war. Ich wollte, dass sie es war, wollte daran glauben, dass sie es war, doch die Möglichkeit, dass sie gestorben und dies jemand anderes war, blieb bestehen. Ich hätte alles geglaubt.

Es ist zu kalt, um ohne Hemd herumzuliegen. Ich stehe auf, und Toph steht auf, und er rennt los, und ich werfe die Frisbeescheibe, die ihn überholt, gut zwanzig Meter Vorsprung hat, aber weil ich die Scheibe perfekt geworfen habe, schwebt sie hoch, schwebt ganz langsam, so dass Toph sie lässig einholt, überholt, stehen bleibt, sich umdreht und sie zwischen den Beinen auffängt.

Oh, wir sind gut. Er ist erst acht, aber zusammen sind wir sensationell. Wir spielen am Ufer, und wir rennen barfuß, unsere Füße wirbeln und kratzen über den nassen, kalten Sand. Für jeden Wurf nehmen wir vier Schritte Anlauf, und wenn wir unseren Wurf platzieren, dann hält die Welt inne und den Atem an. Wir werfen unglaublich weit und mit solcher Präzision und solch lächerlicher Schönheit. Wir sind Perfektion, Harmonie, jung und wendig, schnell wie Indianer. Wenn ich renne, fühle ich die Anspannung meiner Muskeln, die Beanspruchung meiner Knorpelmasse, das Auf und Ab meines Brustkorbs, das Pulsieren des Blutes, wie alles arbeitet, perfekt funktioniert, einen Körper in Bestform, wenn auch ein wenig zu dünn geraten, knapp am Normalgewicht vorbeigedrückt, mit einigen hervorstehenden Rippen, die, wenn man's recht bedenkt, in Tophs Augen vielleicht etwas abartig wirken, ein wenig anämisch aussehen könnten, ihm vielleicht Angst einflößen, ihn an den Gewichtsverlust unseres Vaters erinnern könnten, an seine Beine, wie er am Frühstückstisch saß in seinem Anzug, in jenem Herbst, nachdem er die Chemotherapie abgebrochen hatte, aber immer noch zur Arbeit ging, seine Beine waren wie Streichhölzer unter seiner Flanellhose, dünne Streichhölzer unter dieser grauen Flanellhose, die nun so weit wirkte. Ich sollte Bodybuilding machen. Ich könnte Mitglied in einem Fitnesscenter werden. Ich könnte mir einen Heimtrainer besorgen. Zumindest ein paar Gewichte, ein paar Hanteln. Das sollte ich tun. Ich muss es tun. Ich muss Toph einen vor Kraft strotzenden Körper präsentieren, makellos. Ich muss der Inbegriff von Gesundheit und Stärke sein, ihm Vertrauen einflößen, jeden Zweifel zerstreuen. Ich muss unbezwingbar sein, eine Maschine, eine perfekte Scheiß-Maschine. Ich werde in ein Fitnesscenter gehen. Ich werde zu joggen beginnen.

Wir werfen die Frisbeescheibe weiter, als je eine Frisbeescheibe geworfen wurde. Erst fliegt sie höher, als sie je von jemandem geworfen wurde, so dass inmitten der blassen Bläue nur der blanke Scheinwerfer der Sonne und die winzige, weiße Scheibe stehen, und dann fliegt sie weiter, als je ein Mensch von einer Frisbeescheibe gehört hat, so dass wir Meilen von Strand brauchen, von einer Klippe zur anderen, mit Tausenden von Menschen dazwischen, um sie zu fangen. Es ist die Flugbahn, auf die es ankommt, das wissen wir, dass die Strecke sowohl von der Geschwindigkeit als auch von der Flugbahn abhängt, dass man das Ding also mit aller Kraft, die man in sich hat, schleudern und sie gleichzeitig auf die richtige Flugbahn schicken muss, eine aufsteigende Bahn, sowohl geradlinig als auch stetig, nicht zu steil und nicht zu flach, denn wenn sie auf die korrekt aufsteigende Bahn gebracht wird, wird ihr Schwung sie beinahe doppelt so weit tragen, wobei die zweite Hälfte des Flugs geschenkt ist, das heißt, dass man nur für die erste Hälfte der Flugstrecke den Schub liefert, während der Schwung für die zweite verantwortlich ist, von dem Moment an, in dem die Aufwärtsbewegung schwächer und schwächer wird, zum Stillstand kommt und die Scheibe zu sinken beginnt, wie an einem Fallschirm, und dann setzen wir uns in Bewegung und rennen unter die Scheibe, unsere schnellen Schritte wirbeln knirschend Sand auf, und wenn sie fällt, fällt sie in unsere Hände, weil wir da sind.

Wir sehen aus wie Profis, als würden wir seit Jahren zusammen spielen. Vollbusige Frauen bleiben stehen und glotzen. Ältere Bürger setzen sich und schütteln den Kopf vor Verwunderung. Religiöse Menschen fallen auf die Knie. Niemand hat je etwas wirklich Vergleichbares gesehen.

III.

Die Liste unserer Feinde wächst unverdrossen weiter. All diese Menschen, die uns behindern, mit uns spielen, ohne zu wissen oder sich dafür zu interessieren, wer wir sind, was geschehen ist. Der wieselähnliche Typ, der Toph dieses billige Schloss für sein Fahrrad verkauft hat – sein neues Fahrrad, das wir ihm letztes Jahr zu seinem Geburtstag gekauft haben, kurz bevor wir Chicago verließen –, mit dem Mann wollte ich abrechnen – er hat gesagt, es sei das beste Schloss, das sie hätten, »unverwüstlich, keine Frage, Mann«, hatte er gesagt – und das Fahrrad war innerhalb einer Woche gestohlen. Und dieser Idiot in dem Transporter, der rückwärts über unseren kleinen Civic rollte, wir im Wagen, an einer roten Ampel, mitten in Berkeley, ich gezwungen, mir in dieser Sekunde vorzustellen, wie der Wagen weiterrollt, monsterlastwagenmäßig, über die Wagenhaube, über uns, Toph, der langsam zerquetscht wird, ich, der ich zusehe, hilflos ... Und irgendetwas sollte (mit) der hageren, strengen Frau auf der BART-Bahn geschehen, die ihr Haar so straff zurückgekämmt trägt, dass sie beinahe aussieht wie eine Zwiebel, die uns gegenüber saß und uns immer wieder über ihr Buch hinweg Blicke zuwarf, missbilligend, als sei ich ein Kinderschänder, nur weil ich meine Füße auf Tophs Schoß gelegt hatte ... Und die Sekretärin in der Schule, die mich vorwurfsvoll anschaut, wenn er zu spät kommt ... Und diese andere Frau, die Nachbarin von gegenüber, eine Vogelscheuche von einer Person mit einem molligen Sohn, die jedes Mal, wenn wir das Haus verlassen, in ihrer Gartenarbeit innehält und uns anstarrt. Und die Eigentümer der Wohnung in Berkeley, in der wir zur Untermiete wohnten, die unsere Kaution einbehielten, weil sie darauf verwiesen (oder behaupteten), dass nahezu alles im Haus beschädigt sei. Ganz besonders jedoch diese Maklertypen.

Grausam, bösartig, unmenschlich. Diese Arschlöcher waren echt unglaublich.

»Wo arbeiten Sie?«

»Ich habe noch keinen Job.«

»Sind Sie in der Ausbildung?«

»Nein.«

»Und das ist Ihr ... Sohn?«

»Mein Bruder.«

»Oh. Nun ja. Wir melden uns.«

Wir hatten keine Ahnung, wo wir anfangen sollten zu suchen. Tophs neue Schule hatte keinen Schulbus, so dass mir von vornherein klar war, dass ich ihn würde hinbringen und abholen müssen, egal, wo wir lebten. Deshalb legten wir uns nicht fest, als wir Ende Juli begannen, nach einer Wohnung für den Herbst zu suchen, sondern zogen – zumindest anfänglich – beinahe jedes Viertel in Berkeley, Albany und Süd-Oakland in Betracht. Nachdem wir herausgefunden hatten, dass wir mit meinem Einkommen – vorausgesetzt, diese Fiktion würde irgendwann einmal Wirklichkeit – und Tophs Geld von der Sozialversicherung – er hat Anspruch auf eine monatliche Zahlung, die vermutlich dem entspricht, was unsere Eltern für ihn erhalten hätten – zusammen ungefähr 1000 Dollar im Monat für die Miete aufbringen konnten, begannen wir mit der Suche.

Und wurden schon bald mit der relativ schäbigen Realität unseres neuen Lebens konfrontiert. Keine Hügel mehr, keine Aussicht – diese Untermiete war ein Glückstreffer gewesen. Für uns gab es keine Garage, keine Waschmaschine und keinen Trockner, keine Spülmaschine, keinen Müllschlucker, keine Schränke und keine Badewanne. In einigen Wohnungen, die wir uns anschauten, hatten die Schlafzimmer noch nicht einmal Türen. Ich fühlte mich schrecklich, fühlte mich persönlich verantwortlich; ich begann, mich ohne Toph umzuschauen, um ihm die Schauerlichkeiten zu ersparen. Mit uns ging es bergab. In Chicago hatten wir in einem Haus gelebt, einem großzügigen Haus, vier Schlafzimmer, Garten, hinter dem Haus ein Fluss, riesige, hundertjährige Bäume, ein kleiner Hügel, ein bisschen Wald. Dann hatten wir das Haus zur Untermiete, das goldene Haus in den Hügeln, sein Glas und sein Licht, den grenzenlosen Ausblick auf Berge, Meere, all diese Brücken. Und nun hatten wir alle, nicht zuletzt wegen der unvermeidlichen Auflösung unseres Haushalts – Katie will nicht mit uns allen zusammenleben; Kirsten und ich brauchen ein wenig Abstand voneinander, und, wie bei jedem Geschwisterpaar mit einer gemeinsamen Geschichte, war Beth und mir klar, dass einer von uns blutüberströmt und zerstückelt in einer Ecke aufgefunden werden würde, wenn wir weiterhin unter einem Dach zusammenlebten –, kleinere, bescheidenere Lebensumstände akzeptiert. Beth wollte alleine leben, Kirsten mit einer Mitbewohnerin, die sie über eine Anzeige gefunden hatte, und Toph und ich suchten eine Wohnung mit zwei Schlafzimmern, die in der Nähe von Beth' und/oder Kirstens Wohnung lag, ohne zu nahe zu sein.

Mir schwebte ein Loft vor. Seit Jahren hatte ich mir meine erste Wohnung nach dem College als einen riesigen, rustikalen Raum ausgemalt, mit hohen Decken und abblätternder Deckenfarbe, unverputzten Steinwänden, Wasser- und Heizrohren, ein gewaltiges offenes Areal, wo ich malen, große Leinwände zimmern und unterbringen, mein Zeugs herumfliegen lassen, vielleicht einen Basketballkorb aufhängen oder einen kleinen Hockeyring installieren könnte. Die Wohnung sollte in der Nähe der Bay, eines Parks, der BART-Bahn, von Geschäften, eben in jeder Hinsicht zentral liegen. Ich hatte bei einigen Vermietungen in Oakland angerufen.

»Wie ist denn das Viertel?«, fragte ich.

»Na ja, es ist irgendwie etwas schräg. Aber unser Gebäude hat ein Gatter.«

»Ein Gatter? Wie sieht's mit einem Park aus?«

»Einem Park?«

»Ja, ich hab einen Achtjährigen bei mir. Gibt es irgendwo in der Nähe einen Park?«

»Ich bitte Sie, seien Sie realistisch.«

Selbst als wir uns mit der Aussicht auf eine einstöckige Wohnung mit zwei Schlafzimmern in der Bungalowsiedlung abfanden, blieben die Menschen unfreundlich, wenig zuvorkommend. Ich hatte erwartet, überall mit offenen Armen empfangen zu werden, mit Dankbarkeit von allen Seiten, weil wir, Gottes tragische Gesandte, aus den Wolken herabgestiegen waren und mit dem Gedanken spielten, uns in einem ihrer dummen kleinen Gebäude aufzuhalten. Doch was wir bekamen, grenzte auf schaurige Weise an Gleichgültigkeit.

Ganz zu Anfang hatten wir eine Anzeige gelesen: zwei Schlafzimmer, Garten, Nord-Berkeley, und uns daraufhin gemeldet; der Mann klang begeistert, eindeutig nicht bösartig. Aber dann, an einem warmen, blauen Tag, fuhren wir zu seinem Haus. Als wir aus unserem kleinen roten Auto stiegen und auf ihn zugingen – er stand auf der Veranda –, schaute er betroffen drein.

»Ist das Ihr Bruder?«

»Yeah.«

»Oohh«, brachte er mit Mühe hervor, als sei das O ein Ei, das er durch seinen Mund zu pressen versuchte. »Oh jee, ich hatte euch beide für älter gehalten. Wie alt seid ihr Jungs eigentlich?«

»Ich bin einundzwanzig. Er ist neun.«

»Aber auf dem Antrag habt ihr geschrieben, dass er ein Einkommen hat. Wie kann das sein?«

Ich erklärte ihm die Sache mit der Sozialversicherung. Ich erklärte ihm die Sache mit der Gelderbschaft. Ich erzählte ganz munter, betonte dabei, wir seien uns durchaus darüber im Klaren, dass es ein wenig ungewöhnlich sei, aber nun gut, da wir dies ja nun geregelt hätten …

Er legte den Kopf schief und verschränkte die Arme. Wir standen noch immer in der Auffahrt. Wir wurden nicht ins Haus gebeten.

»Hört zu, Jungs, ich will nicht eure Zeit verschwenden. Ich suche eigentlich ein Pärchen, möglichst ein älteres Pärchen.«

Der Wind schickte uns den Duft dieser weißen Blüten herüber, die überall sind auf diesen Büschen. Rhododendron?

»Versteht ihr, was ich meine?«

Mitte August, mittlerweile der Verzweiflung nahe, betrat ich ein kleines Haus, aus Lehmziegeln gebaut, nur wenige Blocks von Beth entfernt. Die Eigentümerin, eine große schwarze Frau in den mittleren Jahren, war der bibellesenden Frau, die zuletzt bei unserer Mutter gewesen war, nicht unähnlich. Das Haus war perfekt. Oder vielmehr: Es war überhaupt nicht perfekt, aber wesentlich perfekter als alles, was wir bisher gesehen hatten. Der Sohn der Frau hatte gerade mit dem College angefangen – sie war ebenfalls eine allein erziehende Mutter –, und sie wollte zusammenpacken und nach New Mexico ziehen. Das Haus hatte ungefähr die richtige Größe für uns, lag behaglich an einer Straße, die durch einen durchbrochenen Baldachin von Laubbäumen ein scheckiges Bild bot. Es gab einen Garten, eine Veranda, eine Hütte, selbst einen Wintergarten, weder eine Spül- noch eine Waschmaschine, aber das machte uns kaum etwas, sollte doch die Schule in wenigen Wochen beginnen. Als sie nach unseren Finanzen fragte, zückte ich mein Ass und warf es auf den Tisch.
»Mir ist nicht ganz wohl bei dem Gedanken, dass Sie keine Arbeit haben«, sagte sie.
»Hören Sie«, sprudelte es aus mir hervor. »Wir können zahlen. Wir haben das Geld. Wir könnten eine ganze Jahresmiete im Voraus bezahlen, wenn Sie wollen.«
Ihre Augen weiteten sich.

Also stellten wir einen Scheck aus. Zu dem Zeitpunkt hatten wir bereits jedes Gefühl für Sparsamkeit verloren. Wir sind in einem knauserigen Haus aufgewachsen, wo es kein Taschengeld gab und die Bitte um fünf Dollar unserem Vater ein schweres Seufzen entrang und mit einem genauen Rückzahlungsplan verbunden sein musste. Unsere Mutter war noch viel schlimmer – weigerte sich sogar, in Lake Forest einzukaufen, weil alles überteuert war, fuhr lieber fünfzehn, dreißig, fünfundvierzig Kilometer zu Marshall's oder T. J. Maxx wegen irgendwelcher Schnäppchen oder Mengenrabatte. Einmal im Jahr quetschten wir uns alle in den Pinto und fuhren zu einem Laden im Westen Chicagos, zu Sinofsky's, wo wir für vier oder fünf Dollar pro Person Dutzende leicht schadhafter Rugby-Shirts kauften, die hier und da ein Loch hatten oder einen Knopf zu viel, einen in der Wäsche ruinierten Kragen, ein Rosa, das in dem Weiß zerrann. Wir wuchsen mit einer merkwürdigen Art der kognitiven Dissonanz auf; wir wussten, dass wir in einem hübschen Stadtteil lebten – unsere Cousins aus dem Osten wiesen uns häufig genug darauf hin –, doch wenn das stimmte, wieso beklagte sich meine Mutter immer lautstark darüber, dass sie kein Geld für Nahrungsmittel habe? »Und wovon soll ich denn morgen *Milch* kaufen?«, schrie sie ihm aus der Küche hinterher. Unser Vater, der immer mal wieder, hier ein Jahr, dort ein Jahr, arbeitslos war, schien unbeeindruckt von ihren Sorgen; er schien alles im Griff zu haben. Dennoch waren wir immer gefasst auf eine plötzlich hereinbrechende Armut, erwarteten sie sogar, den mitternächtlichen Zwangsrausschmiss aus unserem Haus, die Unterbringung in einer dieser Wohnungen am Highway, am Rand der Stadt. Eines *dieser* Kids dort zu werden.

Natürlich geschah es nie, und jetzt haben Beth und ich, obwohl wir nicht reich sind und tatsächlich nur sehr wenig Geld verdienen, das mit dem Geldausgeben verbundene Schuldgefühl über Bord geworfen. Wenn es um die Wahl zwischen Geldausgeben und Bequemlichkeit geht, ist die Wahl eigentlich keine Wahl. Während meine Mutter sechzig Kilometer für eine um die Hälfte heruntergesetzte Tomate gefahren wäre, würde ich zehn Dollar dafür zahlen, solange ich mich nicht ins Auto setzen muss. Es ist eine Frage der Erschöpfung, meistens. Müdigkeit macht mich spendabel und Beth sogar noch mehr, und auch das Scheckheft für Tophs Konto sitzt lockerer. Wir haben uns genug eingeschränkt, beschließen Beth und ich – jedenfalls solange es nicht nötig ist, solange es ums Geld geht, von dem wir, zumindest vorerst, genug haben. Selbst größere Ausgaben, die, die Bill genehmigen muss, werden ohne größeren Widerstand durchgesetzt.

Wir hielten etwa einen Monat ohne Waschmaschine/Trockner durch. Jedes Wochenende stopften Toph und ich unsere

Schmutzwäsche in vier große Müllsäcke, schnappten uns je zwei, er die beiden kleineren, warfen sie uns über die Schultern und liefen mit dem schweren, wankenden Gang der Bauern um die Ecke und die Straße hinunter zum Waschsalon. Da es absolut unmöglich ist, zwei große, vollgestopfte Müllsäcke auf einmal zu tragen, ließ Toph regelmäßig einen seiner Säcke nach einem halben Block fallen. Dann riss das billige Plastik des Müllsacks, seine Shorts und Bulls-T-Shirts flogen überall auf dem Bürgersteig herum, er rannte nach Hause, um eine neue Mülltüte zu holen. Sekunden später war er wieder da, mit seinem Fahrrad …

»Was machst du da?«

»Warte mal. Lass mich mal was probieren.«

… weil er glaubte, er könne die Wäschesäcke auf dem Fahrradsitz und der Fahrradstange balancieren, aber natürlich war das total für'n Arsch, und wir standen dann auf dem Bürgersteig, sammelten das Ganze wieder ein, vier Tüten Wäsche, die in seiner Kette verhakte Kleidung, zwanzig Minuten später und nur zwanzig Meter von unserer Haustür entfernt. Am nächsten Tag riefen wir Bill an, parierten seine schwachen Einwände mit lauten »Hmms« und kauften uns endlich eine Waschmaschine und einen Trockner.

Sie sind gebraucht, zusammen 400 Dollar, und sie sind laut und passen auch nicht zueinander – die eine ist beige, die andere weiß –, aber, bei Gott, es sind herrliche, herrliche Maschinen.

Das Haus ist etwa halb so groß wie unsere vorige Wohnung, aber es ist wunderbar hell, und es ist Platz in diesem Haus, ein gewisser Fluss. Die Fußböden sind aus Holz, und weil der erste Raum zur Küche wird, hat man genügend Platz, wenn einem danach ist, von einem Ende des Hauses zum anderen zu rennen, ohne auf eine Tür oder Wand zu stoßen. Tatsächlich könnte man, sollte man zufällig Socken tragen, zumindest theoretisch vom hinteren Teil des Hauses durch die Küche rennen und dann – beim Holzfußboden im Wohnzimmer angelangt – springen, rutschen und bis zur

Haustür gelangen, mitunter sogar noch in vollem Tempo (vgl. Abb. 2).

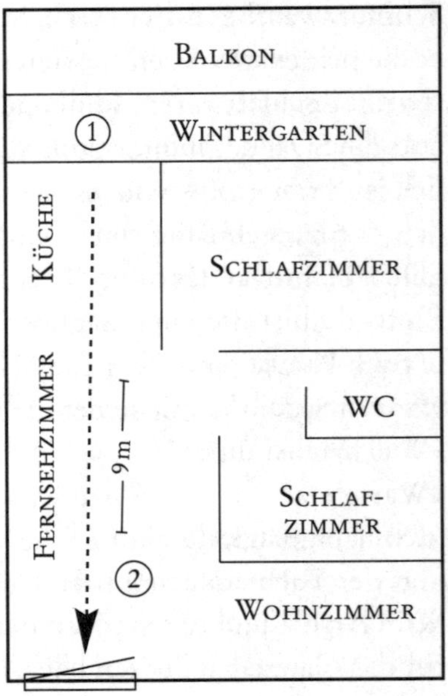

Wir fühlen uns hier wie auf Abruf, wie Haushüter, Urlaubsgäste, und deshalb geben wir uns keine große Mühe, uns unter die Leute zu mischen. Unsere unmittelbare Nachbarschaft besteht aus einem älteren lesbischen Paar, einem älteren chinesischen Ehepaar, einem Schwarzer Mann/weiße Frau-Paar um die vierzig und Daniel und Boona von nebenan, sandalen- und perlenversehen, unverheiratet – einfach nur gute Freunde, wie es scheint –, beide irgendwie im sozialen Bereich tätig. Ansonsten leben in diesem Block allein erziehende Mütter, Geschiedene, Witwen, Witwer, allein stehende Frauen, die mit allein stehenden Männern zusammenleben, allein stehende Frauen, die mit allein stehenden Frauen zusammenleben, und einige Blocks entfernt wohnt sogar Barry Gifford. Nur hier passen wir hin. Nur hier wirken wir vergleichsweise mittelmäßig.

Wir streichen das ganze Haus neu an. Toph und ich erledigen das Ganze in einer Woche mit Hilfe von Anstreichrollern, wir lassen die Ecken aus, die Zierleisten und geben den Räumen etwas Vages à la Mark Rothko. Wir malen das Fernsehzimmer in einer Art Hellblau und das Wohnzimmer in leuchtendem Burgunderrot. Mein Zimmer wird lachsfarben, die Küche hellgelb und Tophs Zimmer bleibt weiß – bis ich ihm eines Nachts, die Nacht vor seinem zehnten Geburtstag und inmitten einer alptraumgeplagten Zeit, zur Zierde und zu seinem Schutz, zwei riesige Superheroes,

Wolverine und Cable, auf seine Wände male, den einen, wie er von oben angeflogen kommt, den anderen, wie er über seinem Bett steht. Er schläft während der ganzen Aktion, während die Farbe auf seine Decke, auf sein unbedecktes linkes Bein tropft.

Die Wohnung gehört jetzt uns, aber sie ist ein Schweinestall.

Wir diskutieren das Problem.

»Du bist einfach unfähig«, sage ich.

»Nee, du bist unfähig«, sagt er.

»Nein, du bist unfähig.«

»Näääh, du bist unfähig.«

»Und du bist mega-, superunfähig.«

»Was?«

»Ich hab gesagt, du ...«

»Das ist doch einfach nur ätzend.«

Wir sitzen auf der Couch und checken die Lage. Wir streiten darüber, wer was zu putzen hat. Wichtiger noch: Wir streiten darüber, wer die Arbeit ursprünglich hätte erledigen sollen, bevor sie solche Ausmaße hat annehmen können. Ich erinnere Toph an eine Zeit, da er sein Taschengeld nur unter der Voraussetzung bekam, ein Minimum an Haushaltspflichten zu erledigen.

»Taschengeld?«, sagt er. »Du gibst mir nie mein Taschengeld.«

Ich überdenke meine Strategie.

Unser Couchtisch ist unser häusliches Fegefeuer, die Durchgangsstation für alles Angebrochene oder Getragene oder Zerbrochene. Er ist übersät mit Papieren und Büchern, zwei Plastiktellern, einem halben Dutzend benutzter Besteckteile, einem angebrochenen Rice-Krispie-Riegel und einem Styroporbehälter mit Pommes, die einer von uns gestern Abend für zu »dick und labberig« befunden hat, so dass sie nicht aufgegessen wurden. Eine Packung Bretzeln liegt dort, die von jener Person in diesem Haushalt geöffnet wurde, die Tüten nicht richtig öffnen kann und deshalb stets mit einem Messer ein Loch in die Packung bohrt. Mindestens vier Basketbälle sind im Raum verstreut, acht Lacrossebälle, ein Skateboard, zwei Rucksäcke und ein Koffer, immer noch halb voll, seit vier Monaten nicht vom Fleck bewegt. Neben der Couch auf dem Fußboden stehen drei Gläser, einst mit Milch gefüllt, nun voller angetrockneter Milchreste. Das Fernsehzimmer und sein anhaltend erschreckender Zustand ist das Problem, um dessen Lösung wir uns bemühen.

Ich habe gerade eine Ansprache zur Lage des Fernsehzimmers gehalten, tiefschürfend und perspektivenreich, zukunftsweisend in ihrer Strategie, inspirierend für alle und jeden. Jetzt gelangt das Thema zur Vorlage ins Komitee. Doch obwohl das Komitee das Problem aus den unterschiedlichsten Blickwinkeln beleuchtet und nicht nur die Frage nach der Herkunft der verschiedenen, die Unordnung befördernden Elemente erörtert hat, sondern auch die Frage nach der Person, die am besten dazu geeignet ist, die Empfehlungen des Komitees umzusetzen, stecken wir in einer Sackgasse, was einen geeigneten Lösungsweg betrifft.

»Aber das meiste Zeug ist doch von dir.«

Er hat Recht.

»Unwichtig!«, sage ich.

Zu Beginn der Verhandlungen hatte ich, als Senior des Komitees, einen Plan vorgeschlagen, der vorsah, dass der Junior im Komitee, Toph also, jung und bedürftig, was wertvolle Lebenslektionen angeht, und zweifellos begierig, sich seinem Umfeld zu empfehlen, das Wohnzimmer nicht nur dieses Mal, sondern von nun an regelmäßig putzen sollte, vielleicht zwei Mal die Woche, und dass er im Gegenzug nicht nur zwei Dollar steuerfreies Taschengeld pro Woche erhielte, sondern zudem die Garantie, dass er nicht im Schlaf durch den Senior im Komitee bewusstlos geschlagen würde, solange er sämtliche vorgeschriebenen Pflichten pünktlich und zur Zufriedenheit erledigte. Dem Junior im Komitee, frech und offensichtlich ohne einen Funken Verstand oder eine Ahnung von parteipolitisch klugem Verhalten, gefiel dieser Plan nicht. Er verwarf ihn ohne jedes Zögern mit den Worten:

»No way.«

Doch voller Milde und im Geiste der Kompromissbereitschaft brachte der Senior sogleich einen anderen Plan in Vorschlag, einen großzügigen Plan, nach dem Toph, der so wunderbar jung sei und

Ablenkung und Bewegung brauche, das Haus regelmäßig putzen sollte, nun allerdings nur noch ein Mal die Woche, und im Gegenzug nicht mehr nur zwei, sondern jetzt drei Dollar ($3!) steuerfreies Taschengeld pro Woche erhielte sowie die Garantie, dass der Junior unter der Voraussetzung, dass er sämtliche Putzpflichten pünktlich und zur Zufriedenheit erledigte, nicht bis zum Hals im Hinterhof eingegraben und dort hilflos zurückgelassen würde, unfähig, sich anders als mit Schreien gegen die gierigen Hunde zu wehren, die ihm das Fleisch vom Kopf rissen. Wieder verwirft Toph den Vorschlag und zeigt damit, wie dickschädlig und kurzsichtig er sein kann, dieses Mal übrigens ohne Kommentar – nur mit einem Augenrollen –, und seine Weigerung, jeden halbwegs sinnvollen Plan auch nur in Erwägung zu ziehen, hat das oben erwähnte hitzige Wortgefecht zur Folge, das nun wieder aufgenommen werden soll:

»Weißt du eigentlich, wie unfähig du bist?«, frage ich Toph.

»Nee, wie denn?«, antwortet er und heuchelt Langeweile.

»*Äußerst* unfähig,« sage ich.

»Ach, dann doch so sehr?«

Wir befinden uns in einer Sackgasse, zwei Parteien mit demselben Ziel, aber offenbar unfähig, unsere Vorstellungen, wie dieses Ziel zu erreichen ist, in Einklang zu bringen.

»Weißt du, was wir brauchen?«

»Was?«

»Einen Putzroboter.«

Seine Schuld ist es nicht. Obwohl er relativ ordentlich ist – erzogen durch die Montessori, all diese vorsichtigen Kinder und ihre baukastenähnliche Entwicklung –, bekehre ich ihn langsam und unwiederbringlich zu meiner Art, der unordentlichen Art, und die Konsequenzen sind bisweilen ein wenig abstoßend. Wir haben ein Ameisenproblem. Wir haben ein Ameisenproblem, weil wir noch nicht den Unterschied zwischen Papierabfällen und Essensabfällen begriffen haben. Wir lassen Essen herumstehen, wir lassen Essen auf den Tellern im Spülbecken, und wenn ich mich endlich an die Aufgabe mache, das Geschirr zu spülen, muss ich erst einmal die ganzen Ameisen, die winzigen Schwarzen, wegspülen, von den Tellern, dem Besteck und den Ausguss hinunter. Dann besprühen wir die Ameisenstraße, die sich vom Spülbecken über die Arbeitsfläche die Wand hinunter und unter die Fußbodenplanken zieht, mit Ameisengift, das wir natürlich verstecken, sowie Leute zu Besuch kommen – wir sind ja in Berkeley, versteht ihr?

Bestimmte Vorfälle motivieren uns. Eines Tages kam sein Freund Luke, nicht älter als elf, hereinspaziert und meinte: »Mann, wie könnt ihr's nur aushalten, so zu leben?« Daraufhin hielten wir ungefähr eine Woche lang alles in bester Ordnung, setzten uns Termine, kauften Vorräte. Doch schon bald verließ uns unsere Inspiration, und wir verfielen wieder in den alten Trott, ließen zu, dass die Dinge hinfielen und liegen blieben. Wenn wir etwas in hohem Bogen in den Mülleimer werfen wollen und es daneben landet, bleibt das Geworfene, meistens Überreste irgendeiner Frucht, einfach dort liegen, bis es Wochen später irgendjemand, Beth oder Kirsten, mit sehr viel Trara, wie entsetzt sie sind, aufhebt und wegschmeißt. Sie sorgen sich um uns. Ich sorge mich um uns. Ich mache mir Sorgen, dass jeden Augenblick jemand – die Polizei, das Jugendamt, ein Beamter von der Gesundheitsbehörde, irgendjemand – hereinplatzt und mich verhaftet oder vielleicht auch nur lächerlich macht, mich herumschubst, mir Schimpfnamen an den Kopf wirft und dann Toph mitnimmt, ihn irgendwohin bringt, wo die Wohnung sauber ist, wo die Wäsche richtig und oft gewaschen wird, wo die Person oder die Personen, die die Elternrolle übernehmen, kochen können und dies auch regelmäßig tun, wo es kein Herumrennen im Haus gibt, kein gegenseitiges Gepiekse mit Stöcken aus dem Hinterhof.

Dieses Herumrennen und Sich-gegenseitig-mit-irgendetwas-Schlagen ist so ziemlich das Einzige, was uns beide interessiert, und darunter leidet der Rest unseres Unternehmens. Wir tasten uns blind durch jeden neuen Tag, stehen immer wieder fassungslos vor etwas, was wir wissen sollten – wie man eine Toilette zum Spülen bringt, wie man Mais kocht, wie Tophs Sozialversicherungsnummer lautet und wann unser Vater geboren ist –, so dass jeder Tag, an dem er es zur Schule schafft und ich zur Arbeit und ich rechtzeitig zum Abendessen wieder zu Hause bin, jeder Tag, an dem wir kochen und vor neun Uhr essen und er vor elf ins Bett geht und nicht diese lilafarbenen, nach Unterernährung aussehenden Ringe unter den Augen hat, wie in all den Monaten letztes Jahr – wir haben nie herausgefunden, wieso –, sich anfühlt, als sei uns ein Wahnsinnsmeisterstück gelungen – dem Tod noch einmal von der Schippe gesprungen zu sein oder die Freiheitsstatue versteckt zu haben.

Gegen Mitte Herbst haben wir so etwas wie eine Routine entwickelt. Morgens, kurz nachdem ich ins Bett gegangen bin, wacht Toph auf, zwischen, sagen wir, drei oder vier bis halb fünf Uhr morgens. Das gibt ihm zehn Minuten zum Duschen, zehn Minuten zum Anziehen, eine halbe Stunde, um sich Frühstück zu machen, es zu essen und seine Hausaufgaben zu Ende zu machen, und mindestens dreieinhalb, vier Stunden für Zeichentrickserien. Um 8.45 weckt er mich auf. Um 8.50 weckt er mich ein zweites Mal auf. Um 8.55 weckt er mich ein letztes Mal auf, und während ich ihn anschreie, weil er zu spät ist, fahre ich ihn zur Schule. Ich parke unser kleines rotes Auto neben der Schule, an der Stelle, an der wir, wie mir in vier unterschiedlichen Merkzetteln und einem persönlichen Brief mitgeteilt wurde, die Kinder keineswegs ein- oder ausladen sollen. Dann schnappe ich mir ein Stück Papier aus seinem Rucksack und verfasse einen Brief.

> Sehr geehrte Ms. Richardson,
> bitte entschuldigen Sie Chris' Verspätung heute Morgen. Ich könnte mir ja irgendetwas ausdenken, von wegen Termin oder Krankheit, aber Tatsache ist, dass wir zu spät aufgestanden sind. Na so was.
> Mit freundlichen Grüßen
>
> Chris' Bruder

Wir sind immer zu spät, immer nur halb fertig. Jedes Schulformular muss mir zwei Mal geschickt werden, und ich reiche sie immer erst nach Ablauf der Frist ein. Rechnungen werden nach neunzig Tagen beglichen – frühestens. Toph wird immer erst nachträglich irgendwie noch in die Sportmannschaft aufgenommen, immer müssen Ausnahmen gemacht werden – ich frage mich, ob diese Unfähigkeit, Termine einzuhalten, auf unsere Lebenssituation zurückzuführen ist oder lediglich auf meinen Mangel an Organisationstalent, obwohl ich offiziell natürlich Ersterer die Schuld gebe. Unsere Beziehung ist, zumindest was seine Bedingungen und Regeln angeht, wunderbar flexibel. Er muss gewisse Dinge für mich erledigen, weil ich sein Elternteil bin, und ich muss gewisse Dinge für ihn erledigen. Wenn ich allerdings aufgefordert werde, etwas zu tun, was ich nicht will, muss ich es auch nicht tun, weil ich ja eigentlich gar kein Elternteil bin. Wenn irgendetwas unerledigt bleibt, zucken wir beide mit den Achseln, weil theoretisch keiner von uns verantwortlich ist, wir sind eben nur zwei Typen, vielleicht Brüder, aber wir sehen uns noch nicht einmal besonders ähnlich, was die Frage nach der Verpflichtung noch problematischer macht. Aber wenn nun einmal irgendjemandem die Schuld zugeschoben werden muss, erlaubt er mir, mit dem Finger auf ihn zu zeigen, und wenn er sich wehrt, brauche ich ihm nur einen gewissen Blick zuzuwerfen, einen Blick, der besagt: »Wir sind hier ein Team, du kleiner Idiot, und gestern, als ich todmüde war und an einer fürchterlichen Bindehautentzündung litt, wolltest du eine Packung dieser *Magic Cards* holen gehen, musstest sie unbedingt für den nächsten Tag haben, da alle während der Mittagspause ihre neuen Karten herumzeigen wollten, und weil ich Angst hatte, du könntest dich unbeliebt machen und als Beinahe-Waise, als jemand, der merkwürdige Ohren hat und zur Miete wohnt, ausgestoßen werden und dann eine Vorliebe für Waffen und Uniformen entwickeln oder, schlimmer noch, ich könnte dich dabei erwischen, wie du unter der Bettdecke *Chicken Soup for the Prepubescent Soul* liest und dein trauriges Schicksal beweinst, habe ich mich angezogen und bin zu diesem Comic-Shop gegangen,

der bis acht geöffnet hat, und wir haben zwei Packungen Karten gekauft, und in der einen war sogar ein Hologramm, und du wurdest von allen beneidet, und dein Leben konnte weiter so verlaufen wie seit neuestem, nämlich einfach, bequem, in maßvollem Ruhmesglanz und beschützter Seligkeit«, und schon gibt er nach.
Ich parke vor der Schule und versuche, ihn dazu zu bringen, mich zu umarmen. Ich lege ihm meinen Arm um die Schultern, ziehe ihn an mich und sage, was ich – wie ich merke – in letzter Zeit zu häufig sage:
»Dein Haar riecht nach Urin.«
»Tut es nicht«, sagt er.
Tut es doch.
»Riech doch mal selbst.«
»Ich werd doch nicht an meinem Haar riechen.«
»Du solltest es mal waschen.«
»Es riecht nicht.«
»Tut es doch.«
»Warum sollte es nach Urin riechen?«
»Vielleicht hast du draufgepinkelt.«
»Halt's Maul.«
»Sag so etwas nicht. Ich hab dir gesagt, du sollst das nicht sagen.«
»Tut mir Leid.«
»Vielleicht solltest du nicht so viel schwitzen.«
»Warum?«
»Es muss an deinem Schwitzen liegen, dass dein Haar nach Urin riecht.«
»Bye.«
»Was?«
»Bye. Ich bin spät dran.«
»Okay. Bye.«
Er steigt aus. Er muss am Schultor klopfen, um hereingelassen zu werden, und als das Tor geöffnet wird, versucht die Sekretärin, mir den gewohnt bösen Blick zuzuwerfen, aber auch dieses Mal schaue ich nicht hin, kann sie nicht sehen, nein. Toph verschwindet in der Schule.

Auf dem Weg zu der Zeitarbeitsstelle, bei der ich an diesem Tag oder in dieser Woche gerade arbeite, meistens irgendwo am anderen Ende der in Hitze verglühenden East Bay, mache ich mir müßige Gedanken zum Hausunterricht. Ich beklage, dass er die ganze Zeit dort verbringt, in der Schule, wo er Gott weiß was beigebracht bekommt, und nicht bei mir ist. Ich rechne mir aus, dass seine Lehrer ihn durchschnittlich genauso lange oder noch länger um sich haben als ich, und ich bin davon überzeugt, dass dies nicht richtig ist; Eifersucht nagt an mir, auf seine Schule, seine Lehrer, auf die Eltern, die in die Schule kommen und helfen …

Seit Wochen arbeite ich für ein geologisches Vermessungsunternehmen, in dem ich mit Hilfe von uralten Macintosh-Zeichenprogrammen topographische Karten, Linie für Linie, neu erstelle. Es ist monoton, gleichzeitig aber beruhigend und meditativ, erfordert das völlige Abschalten des Denkens, kein einziger sorgenvoller Gedanke ist möglich in der kokonartigen Sicherheit des Lebens dort, in diesem makellosen Oakland-Büro, mit seinen Wasserspendern und Getränkeautomaten und weichen, die Schritte dämpfenden Teppichen. Bei der Zeitarbeit gibt es Pausen und Mittagessen, und man kann, wenn man Lust hat, einen Walkman mitbringen und mal fünfzehn Minuten abschalten, herumlaufen, lesen … Es ist himmlisch. Ein Zeitarbeiter muss nicht so tun, als liege ihm die Firma am Herzen, und sie müssen nicht so tun, als seien sie ihm irgendetwas schuldig. Und schließlich, wenn der Job, wie beinahe jeder Job, gerade unerträglich langweilig zu werden beginnt, wenn der Zeitarbeiter alles gelernt hat, was er nur lernen konnte, und genug hat von den 18 Dollar pro Stunde und dem emotionalen Wert, den der Job sonst noch gehabt haben mag, wenn das Weiterarbeiten einer Art Tod gleichkäme und einen schrecklichen Mangel an Respekt vor seiner eigenen wertvollen Zeit bezeugte – normalerweise nach drei bis vier Tagen –, dann, gerade im richtigen Augenblick, ist der Job erledigt. *Perfekt.*

Mit Sonnenbrille und in ihrem neuen Jeep holt Beth Toph von der Schule ab und verbringt mit ihm die Nachmittage in ihrer kleinen Wohnung, wo sie sich ihr Futon teilen, beide Seite an Seite lernen, bis ich nach Hause komme. Sodann verwenden Beth und ich große Mühe darauf, uns über irgendetwas Lebenswichtiges und Tiefschürfendes zu streiten …

»Du hast gesagt, um sechs.«

»Ich hab halb sieben gesagt.«

»Du hast sechs gesagt.«

»Warum sollte ich sechs gesagt haben?«

… und nachdem wir das erledigt haben, überlässt sie uns unserem Abendessen.

Womit wir uns eigentlich nicht aufhielten, wenn wir es nicht müssten. Obwohl wir von unserer Mutter in einem Abstand von dreizehn Jahren aufgezogen wurden, haben weder Toph noch ich je besonderes Interesse fürs Essen, geschweige denn fürs Kochen, entwickelt – unsere Geschmacksbildung ist bei uns beiden im Alter von fünf, sechs Jahren verkümmert und bei Rosinenbrötchen und einfachen Hamburgern stehen geblieben. Doch obwohl wir laut von einer einfachen Pille träumen, einer Pille pro Tag, die unseren täglichen Bedarf an Nahrungsmitteln abdecken würde, sehe ich ein, dass es wichtig ist, regelmäßig zu kochen, obwohl ich keine Ahnung habe, warum regelmäßiges Kochen wichtig ist. Und so kochen wir ungefähr vier Mal die Woche – für uns eine wahrhaft heldenhafte Operation. Dies ist die Speisekarte, aus der wir uns bedienen, wobei sich beinahe alle Gerichte an dem orientieren, was unsere Mutter, die für unsere Geschwister und unseren Vater abwechslungsreicher und herzhafter kochte, speziell für uns, die wir zu unterschiedlichen Zeiten jeweils ihr Jüngster waren, zubereitete.

1. Rinderhäppchen in Sauce

(In Häppchen geschnittenes Lendensteak, in Kikkoman-Sojasauce gedünstet, bis die Häppchen ganz dunkel sind; dazu dünne Maisfladen; gegessen wird mit den Händen, wobei die dünnen Fladen in kleine Stücke gerissen werden und jedes kleine Stück dafür benutzt wird, ein, zwei, vielleicht auch drei, aber nie mehr als drei Rinderhäppchen auf einmal aufzunehmen. Dazu gibt es Kartoffeln auf französische Art sowie Orangen und Äpfel, die auf die einzig logische Art aufgeschnitten werden, nämlich erst am Äquator in die Hälften und dann längs in zehn Scheiben – in einem Schälchen als Beilage serviert.)

2. Hühnchenhäppchen in Sauce

(In Häppchen geschnittene Hühnerbrust, in Kikkoman-Sojasauce gedünstet, bis die Häppchen braun, nahezu knusprig sind; dazu dünne Maisfladen; gegessen wird mit den Händen wie oben beschrieben. Dazu gibt es Kartoffeln auf französische Art, und zwar, wie man vielleicht erwähnen sollte, ausschließlich die tiefgefrorenen Pommes der Marke Crispers!, weil sie die einzigen ihrer Art sind, die im Ofen tatsächlich knusprig werden. Außerdem dazu: in Scheiben geschnittene Orangen und Äpfel als Beilage.)

3. Knusperhühnchen

(Mit freundlicher Genehmigung des Church's Fried Chicken Drive-Through im San Pablo, Ecke Gilman. Auf weißes Fleisch wird bestanden, sowie auf Brötchen und Kartoffelbrei; dazu zu Hause ein kleiner grüner Salat, bestehend aus Eisbergsalat und einer Gurkenscheibe. Ohne Dressing.)

4. Die Bröselwand

(Hamburger, halb durch gebraten, mit Speck und Barbecuesauce. Mit freundlicher Genehmigung dieses Ladens in der Solano Street, wo sie, das muss einmal gesagt sein, zu viel Barbecuesauce verwenden, was, wie jeder wissen sollte, den unmittelbaren Effekt hat, dass das Brötchen durchweicht wird, es sich in eine Mehlpampe verwandelt, ungenießbar, der Hamburger ruiniert, all das in nur wenigen Sekunden – tatsächlich geht das so schnell, dass, selbst wenn der Hamburger abgeholt wird und die Käufer das Brötchen zu retten versuchen [Nimm sie auseinander! Schnell! Rette das Brötchen vor der Sauce! Und jetzt kratz sie ab! Kratz sie ab!], es immer zu spät ist, was das Vorhandensein einer Packung Ersatzbrötchen im Haus erforderlich macht, die dann getoastet werden, stark getoastet, um sie möglichst widerstandsfähig gegen die Verfallswirkung der Sauce zu machen. Wird mit Kartoffeln auf französische Art und Früchten wie oben serviert.)

5. Der mexikanisch-italienische Krieg

(Tacos: Hackfleisch in Prego Spaghettisauce [Klassik] gedünstet, mit Maisfladen serviert, aber ohne Bohnen, Salsa, Tomaten, Käse, Guacamole und diese weiße Substanz, wie auch immer sie heißen mag, die man gelegentlich bei weniger edlen und weniger authentischen Versionen dieses Gerichts findet. Als Beilage: Brötchen der Marke Pillsbury und Eisbergsalat. Ohne Dressing.)

6. [Wir haben keinem der folgenden Gerichte einen Namen gegeben]

(Pizza mit Pepperoni. Von Tombstone, Fat Slice, Pizza Hut oder auch Domino's, wenn der Preis unwiderstehlich ist. Mit einem vorgefertigten, kleinen grünen Salat.)

7. Der alte Mann und das Meer

(Mrs. Paul's tiefgefrorene Muscheln, für jeden eine Packung ($ 3,49 – nicht gerade billig); dazu Crispers! Brötchen und in Scheiben geschnittene Orangen und Äpfel. Manchmal auch eine Melone.)

8. Gavin MacLeod und Charo

(Für ihn: gegrillter Käse; zwei Scheiben jüdisches Roggenbrot mit einer Scheibe *American Cheese* von Kraft belegt, in der Pfanne geröstet und quer durchgeschnitten. Für den anderen ihn: Quesadillas – ein Maisfladen, gefüllt mit einer

Scheibe *American Cheese* von Kraft, in der Pfanne zubereitet. Dazu eine in Scheiben geschnittene Honigmelone.)

(Anmerkung: Gewürze sind nicht im Angebot, außer Oregano, von dem nur ein wenig auf zwei Gerichte gestreut wird: auf a) Pizza mit Pepperoni und b) Scheiben jüdischen Roggenbrots, das um den Oregano gefaltet wird à la Tufnel. Gemüse ist nicht im Angebot, außer Mohrrüben, Sellerie, Gurken, grünen Bohnen und Eisbergsalat, roh und nur roh. Nicht im Angebot ist Essen, das in seinem eigenen Saft schwimmt. Pasta ist nicht im Angebot, insbesondere nicht diese wiedergekäute Schweinerei, die sich Lasagne nennt. Außerdem werden sämtliche Gerichte, die mehr als zwei oder drei irgendwie miteinander vermengte Zutaten enthalten, einschließlich sämtlicher belegter Brötchen, außer Salamibrötchen, nicht gewürdigt, sondern vielmehr gemieden. Zu allen Gerichten gibt es ein hohes Glas mit einprozentiger Milch, wobei der 4-Liter-Kanister Milch auf dem Fußboden neben dem Tisch steht, um das Nachschenken zu erleichtern. Andere Getränke sind nicht im Angebot. Auf der Speisekarte nicht aufgeführte Gerichte sind nicht im Angebot. Auf Beschwerden wird umgehend und schonungslos reagiert.)

»Hey, ich brauche deine Hilfe«, sage ich, wenn ich seine Hilfe beim Kochen brauche.
»Okay«, sagt er und hilft mir dann beim Kochen.
Manchmal singen wir beim Kochen. Wir singen richtige Wörter, Wörter über das Eingießen von Milch oder das Herbeiholen der Spaghettisauce, allerdings singen wir sie im Opernstil. Wir können nämlich auch im Opernstil singen.
Manchmal, wenn wir kochen, tragen wir Schwertkämpfe aus mit Holzlöffeln oder Stöcken, die wir eigens dafür ins Haus bringen. Eine meiner unausgesprochenen Missionen, über deren Beweggrund ich mir manchmal im Klaren und manchmal im Unklaren bin, besteht darin, Unruhe zu verbreiten, den Jungen zu unterhal-

ten, ihn auf Trab zu halten. Eine Zeit lang rannten wir mit Wasser im Mund durch das ganze Haus hintereinander her und drohten, den anderen anzuspucken. Natürlich wäre nie einer von uns ernsthaft auf den Gedanken gekommen, den anderen im Haus mit Wasser zu bespucken, bis ich eines Abends, als ich ihn in der Küche zu fassen bekam, es einfach tat und ihn anspuckte. Seitdem sind die Dinge ziemlich außer Kontrolle geraten. Ich habe ihm eine halbe Melone ins Gesicht gedrückt. Ich habe seinen Brustkorb mit einer Hand voll Banane beschmiert, ihm ein Glas Apfelsaft ins Gesicht geschüttet. Es ist der Versuch, so meine Vermutung, ihn wissen zu lassen, wenn es denn nicht schon offensichtlich ist, dass er und ich, so sehr ich das Vermächtnis unserer Eltern fortführen möchte, auch ein wenig *herumexperimentieren* werden. Und für Nonstop-Unterhaltung sorgen werden, wie bei einem sagenhaften, endlosen Telemarathon. In mir ist eine Stimme, eine sehr aufgeregte und ausgelassene Stimme, die mich dazu drängt, unser Leben lustig, wenn nicht gar verrückt zu gestalten, die Stimmung überschäumend. Weil Beth immerzu irgendwelche alten Fotoalben hervorkramt, weint und Toph fragt, wie er sich fühlt, habe ich das Gefühl, für Ausgleich sorgen zu müssen, indem ich uns in Schwung halte. Ich gestalte unser Leben wie ein Musikvideo, eine im Rahmen des Kinderprogramms Nickelodeon gezeigte Gameshow – viele schnelle Schnitte, verrückte Kameraeinstellungen, Fun, Fun, *Fun!* Es ist eine Ablenkungs- und Geschichtsklitterungskampagne – Flugblätter, die hinter der Linie des Feindes abgeworfen werden, Feuerwerke, lustige Tänze, Zaubertricks. *Was war das? Schaut her! Ja, wo isses denn?*

Wenn mich, in der Küche, die Eingebung überkommt, hole ich das fünfunddreißig Zentimeter lange Tranchiermesser der Familie heraus, spreize meine Beine wie die eines A, gehe leicht in die Knie und halte das Messer über meinen Kopf im Samuraistil.

»Ha-Yaa!«, gellt mein Schrei.

»Nicht«, sagt er und schreckt ein paar Schritte zurück.

»Ha-Yaa!«, brülle ich und nähere mich ihm, weil es lustig ist, Kinder mit fünfunddreißig Zentimeter langen Messern zu bedrohen.

Die besten Spiele sind schon immer die gewesen, die irgendeine potenzielle Drohung, die Möglichkeit eines Unfalls in sich bergen, wie damals, als er noch ein Kleinkind war und ich mit ihm auf der Schulter herumlief und so tat, als sei mir schwindelig, mich drehte, stolperte …

»Nicht witzig«, sagt er und verdrückt sich ins Fernsehzimmer.

Ich lege das Messer weg; klappernd fällt es in die Besteckschublade.

»Dad hat das immer gemacht«, sage ich. »Einfach so, völlig überraschend. Er hatte dann einen gewissen Gesichtsausdruck, machte so ein glubschäugiges Gesicht, und tat so, als wolle er unsere Köpfe mit dem Messer spalten.«

»Klingt lustig«, sagt er.

»Ja, es war lustig«, sage ich. »Es war tatsächlich lustig.«

Manchmal erzählt er mir beim Kochen, was in der Schule vorgefallen ist.

»Und, was ist heute passiert?«

»Heute hat mir Matthew gesagt, er hofft, dass du und Beth in einem Flugzeug seid und dass das Flugzeug verunglückt und dass ihr beiden dabei sterbt genau wie Mom und Dad.«

»Die sind nicht bei einem Flugzeugunglück gestorben.«

»Das hab ich auch gesagt.«

Manchmal rufe ich die Eltern von Tophs Mitschülern an.

»Ja, genau das hat er gesagt«, sage ich.

»Es ist schon schwer genug, wissen Sie«, sage ich.

»Nein, ihm geht's gut«, fahre ich fort und reibe es diesem unfähigen Idioten, der einen verkorksten Jungen aufgezogen hat, unter die Nase. »Ich frage mich nur, warum Matthew so etwas sagen sollte. Ich meine, warum, glauben Sie, wünscht sich ihr Sohn, dass Beth und ich bei einem Flugzeugunglück umkommen?«

»Nein, Toph geht's prima. Um uns brauchen Sie sich keine Sorgen zu machen. Ich mache mir vielmehr Sorgen um Sie … Ich meine, Sie sollten sich um den kleinen Matthew Sorgen machen«, sage ich.

Oh, diese armen Menschen. Was lässt sich da nur machen?

In der Basketball-Saison schauen wir uns beim Abendessen die Bulls im Kabelfernsehen an. Ansonsten spielen wir – aus der Not heraus, ständig mit etwas beschäftigt sein zu müssen – ein Spiel aus einer sich endlos ablösenden Reihe von Spielen – Gin, Backgammon, Trivial Pursuit, Schach – unsere Teller neben dem Spielbrett. Wir haben versucht, in der Küche zu essen, aber seit wir das Tischtennisnetz bekamen, ist es schwieriger geworden.

»Mach das Netz los«, sage ich.

»Wieso?«, fragt er.

»Zum Abendessen«, sage ich.

»Nein, mach Du es doch los«, sagt er.

Also essen wir für gewöhnlich am Couchtisch. Wenn der Couchtisch so voll ist, dass wir ihn nicht leer räumen können, essen wir auf dem Fußboden im Fernsehzimmer. Wenn der Fußboden mit Tellern vom Vorabend übersät ist, essen wir auf meinem Bett.

Nach dem Abendessen spielen wir Spiele zu unserem eigenen Vergnügen und zur Erbauung der Nachbarn. Neben dem Gürtelknallspiel, von dem bereits die Rede war, gibt es das Spiel, bei dem Toph das Kind, ich den Vater spiele.

»Dad, darf ich mal den Wagen nehmen?«, fragt er mich, der ich irgendwo sitze und Zeitung lese.

»Nein, mein Sohn, das darfst du nicht«, sage ich, ohne von der Zeitung aufzusehen.

»Aber warum nicht?«

»Weil ich es sage.«

»Aber Daaad!«

»Ich sagte Nein!«

»Ich hasse dich! Ich hasse dich hasse dich hasse dich hasse dich!«

Dann stürzt er in sein Zimmer und schlägt die Tür hinter sich zu.

Einen Augenblick später öffnet er die Tür.

»War ich gut?«, fragt er.

»Yeah, yeah«, sage ich. »Das war ziemlich gut.«

Heute ist Freitag, und am Freitag kommt er um zwölf Uhr aus der Schule, so dass ich normalerweise auch früh nach Hause komme, wenn es sich einrichten lässt. Wir befinden uns in seinem Zimmer.
»Wo sind sie?«
»Da drin.«
»Wo?«
»Versteckt. In diesem Bergding, das wir gebaut haben.«
»In dem Pappmachéberg?«
»Yeah.«
»Wann hast du sie denn das letzte Mal gesehen?«
»Ich weiß es nicht. Vor einiger Zeit. Vielleicht vor ner Woche.«
»Bist du sicher, dass sie immer noch da drin sind?«
»Ja. Ziemlich.«
»Woher weißt du das?«
»Sie fressen immer noch ihr Futter.«
»Aber du bekommst sie nie zu Gesicht?«
»Nein, nicht wirklich.«
»Was für idiotische Haustiere.«
»Ja, ich weiß.«
»Sollen wir sie zurückgeben?«
»Geht das?«
»Ich glaub schon.«
»Dämliche Leguane.«
Wir gehen zwei Häuserblocks weit, durch den Hinterhof von so einem moosbedeckten Haus, zu dem Park mit dem halben Basketballfeld.
»Warum gehst du dafür so weit nach hinten?«
»So weit wohin?«
»Du hattest freie Bahn zum Korb, doch du bist für den Korbleger den ganzen Weg da rüber gelaufen. Ich bin du ….Siehst du?«
»Was soll ich sehen?«
»Ich war zu weit drüben – etwa drei Meter zu weit.«
»Ja und?«
»Genau das hast du gemacht!«

»Hab ich nicht.«
»Hast du wohl.«
»Nein.«
»Und ob!«
»Lass uns einfach spielen.«
»Du musst das lernen …«
»Gut, jetzt hab ich's gelernt.«
»Idiot.«
»Arschloch.«
Und unweigerlich endet das Spiel so:
»Wo ist das Problem?«
» — «
»Du nimmst immer alles persönlich, wenn wir spielen.«
» — «
»Komm schon. Red mit mir. Sag was.«
» — «
»Ich habe ein Recht, dir zu sagen, wie man etwas macht.«
» — «
»Sei nicht so ein verstocktes kleines Arsch.«
» — «
»Wo ist das Problem? Musst du drei Meter hinter mir herdackeln? Du siehst aus wie ein Idiot.«
» — «
»Hier, halt das. Ich geh in den Laden.«
» — «
» — «
»Ist die Tür auf? Ich hab keinen Schlüssel.«
»Hier.«

17.30 Uhr
»Ich geh ein Nickerchen machen.«
»Ja und?«
»Du musst mich in einer Stunde aufwecken.«
»Um wie viel Uhr?«

»Zwanzig nach sechs.«
»Okay.«
»Im Ernst. Du musst mich unbedingt aufwecken.«
»Okay.«
»Ich werde wahnsinnig wütend, wenn ich nicht rechtzeitig aufstehe.«
»Okay.«

19.40 Uhr
»Herrgott!«
»Was?«
»Warum hast mich nicht aufgeweckt?«
»Wie spät isses denn?«
»Zwanzig vor acht!«
»Oh!«, sagt er und schlägt sich tatsächlich mit der Hand auf den Mund.
»Wir sind zu spät!«
»Wofür?«
»Herrgott noch mal, für deinen Tag der offenen Tür, du Idiot!«
»Oh!«, sagt er und schlägt sich tatsächlich wieder mit der Hand auf den Mund.
Uns bleiben genau zwanzig Minuten, wenn wir pünktlich sein wollen. Wir sind Feuerwehrmänner, und irgendwo brennt's. Ich renne in diese Richtung, er in jene. Toph läuft hinauf in sein Zimmer, um sich umzuziehen. Kurz darauf klopfe ich an seine Tür.
»Nicht reinkommen!«
»Wir müssen los.«
»Komm ja schon.«
Ich warte an der Tür, und die Tür öffnet sich. Er ist angezogen.
»Was soll das? So kannst du nicht gehen.«
»Wieso?«
»Auf gar keinen Fall.«
»Wieso?«

»Leg dich nicht mit mir an. Zieh dich einfach um, Schwachkopf.«
Die Tür wird geschlossen. Schubladen werden geöffnet, und man hört stampfende Schritte. Die Tür öffnet sich abermals.
»Soll das ein Witz sein?«
»Was?«
»Das ist ja noch schlimmer als dein letzter Outfit.«
»Was ist damit?«
»Sieh dich doch an. Da sind überall Fettflecke drauf. Und dann ist es auch noch zu groß. Und außerdem ein Sweatshirt. Du kannst kein Sweatshirt anziehen. Und hast du keine anderen Schuhe?«
»Nein. Jemand hat mir keine besorgt.«
»Ich habe was nicht getan?«
»Nichts.«
»Nein, spuck's aus – was habe ich dir nicht besorgt?«
»Nichts.«
»Fick dich ins Knie.«
»Fick dich selbst ins Knie.«
»Zieh dich um!«
Die Tür schließt sich. Eine Minute, und sie öffnet sich wieder.
»Das ist schon bes... Was soll ... Kannst du das Hemd nicht in die Hose stecken? Ich meine, hat dir nie jemand beigebracht, wie man ein Hemd in die Hose steckt? Du siehst aus wie ein Schwachkopf.«
»Ich kann's ja machen.«
»Lass mich es machen. Uns bleiben fünf Minuten, um dorthin zu kommen. Herrgott, wir sind immer zu spät. Immer muss ich auf dich warten. Steh still. Und wo ist dein Gürtel? Himmelherrgott, du siehst furchtbar aus.«

19.40–19.50 Uhr
»So'n Mist. Wir sind immer zu spät. Warum zum Teufel kannst du dich nicht allein anziehen? Kurbel das Fenster runter. Es ist zu heiß hier drinnen. Warum weigerst du dich, das Fenster herunterzukurbeln, wenn es hier drin kochend heiß ist? Und Knöpfe hast

du auch keine. Sieh dir deine Knöpfe an. Sie sind weg. Schwachkopf.«
»*Schwach*kopf.«
»*Schwach*kopf.«
»*Schwach*kopf.«
Wir rasen den San Pablo hinunter, auf der linken, dann auf der rechten Spur, an Beetles und Volvos vorbei und deren mahnenden Aufklebern.
»Ich war schon richtig angezogen.«
»Richtig angezogen? Verdammt noch mal, du warst alles andere als das. Kurbel das Fenster noch ein Stück weiter runter. Du hast idiotisch ausgesehen. Noch weiter. So is gut. Für einen Tag der offenen Tür kannst du nicht so rumlaufen. *So* zieht man sich zu einer solchen Gelegenheit an. Da gilt die Kleiderordnung für besondere Anlässe, klar Mann? Das ist einfach … mir reicht's, weißt du. Das weiß man eben. Das ist einfach gesunder Menschenverstand. Ich meine, mir reicht's, verdammt noch mal, okay? Du musst mir ab und zu unter die Arme greifen, kleiner Mann. Ich bin erschöpft, überarbeitet, die halbe Zeit todmüde, und ich kann einfach niemanden anziehen, der neun Jahre alt ist und im Grunde selbst in der Lage sein sollte, sich anzuziehen. Ich meine, Herrgott noch mal, Toph, leg dich auch mal ein bisschen ins Zeug, ja? Kannst du dich nicht ab und zu ein wenig ins Zeug legen? Nur ein wenig? Ein bisschen Hilfe? Herrgott …«
»Du bist gerade an der Schule vorbeigefahren.«

19.52 Uhr
Der Tag der offenen Tür ist noch gut besucht – er geht bis neun, nicht bis acht, wie ich geglaubt hatte –, und wir sind beide zu fein angezogen. Wir gehen hinein. Toph zerrt sofort sein Hemd aus der Hose.
Die Wände sind mit korrigierten Arbeiten zum Thema Sklaverei bedeckt und den beunruhigenden Selbstporträts der Erstklässler.

Hälse verrenken sich nach uns. Dies ist unser erster Tag der offenen Tür, und die Leute wissen noch nicht, wie sie uns einschätzen sollen. Ich bin überrascht, da ich erwartet hatte, daß jeder über unser Kommen informiert worden wäre. Kinder sehen Toph und sagen Hallo.

»Hi Chris.«

Und dann sehen sie mich an und kneifen die Augen zusammen. Sie haben Angst. Sie sind eifersüchtig.

Wir sind Mitleid erregend. Wir sind Stars.

Wir sind entweder traurig und kränklich, oder wir sind bezaubernd und neu. Wir treten ein, und die beiden Möglichkeiten jagen durch meinen Kopf. Traurig und kränklich? Oder bezaubernd und neu? Traurig/kränklich oder bezaubernd/neu? Traurig/ kränklich? Bezaubernd/neu?

Wir sind außergewöhnlich und tragisch und lebendig.

Wir tauchen in die Menge der Eltern und Kinder.

Wir sind zwar benachteiligt, dafür aber jung und lebendig. Wir gehen durch die Hallen und über die Spielplätze, und wir sind größer, wir strahlen. Wir sind Waisen. Als solche sind wir Stars. Wir sind Menschen aus einem fremden Land, in dem es noch Waisen gibt. Russland? Rumänien? Aus irgendeinem rauen und exotischen Land. Wir sind neue, leuchtende Sterne, ausgestoßen aus einem schreienden schwarzen Loch, aufsteigende Sonnen, aufgelodert aus der Dunkelheit, der habgierigen Leere des Raums, die einen umfängt und verschluckt – einer Dunkelheit, die jeden verschlingen würde, der nicht so stark ist, wie wir es sind. Wir sind Kuriositäten, Sonderanfertigungen der Natur, Talkshow-Themen. Wir beflügeln jedermanns Vorstellungskraft. Darin liegt der Grund, warum Matthew Beth und mich am liebsten als Opfer eines Flugzeugabsturzes sähe. Seine Eltern sind alt, kahlköpfig, spießig, tragen eine Brille, sind hölzern und grau, sind Pappkartons, auseinandergefaltet, weggestellt, der Welt abhanden gekommen. Wir waren übrigens in ihrem Haus zum Essen, vor nicht allzu langer Zeit, auf eine nachbarschaftliche Einladung hin. Das war vor Matthews Bemerkung über den Flugzeugabsturz. Wir haben uns zu Tode gelangweilt in ihrem tot geborenen Haus, diese Holzfußböden und die kahlen Wände – die Tochter spielte sogar Klavier für uns, der Vater so hochnäsig stolz auf sie, der arme kahle Typ. Es gab keinen Fernseher, nirgends ein Spielzeug, es war ein luftleerer Raum, ein Sarg …

Wir dagegen! – wir sehen großartig aus! Wir haben Stil, einen unordentlichen, flotten Stil, dabei so faszinierend und einmalig. Wir sind neu, und alle anderen sind alt. Wir sind die Auserwählten, das ist klar, die Königinnen für die Drohnen – die übrigen Leute, die sich hier zu diesem Tag der offenen Tür eingefunden haben, altern bereits, haben die Blüte des Lebens überschritten, sind traurig und ohne Hoffnung. Sie sind zerknittert und haben keinen unverbindlichen Sex mehr, wie in diesem Kreis nur ich ihn noch haben kann. Sie haben mit solchen Dingen abgeschlossen; sogar die Vorstellung, sie könnten Sex haben, ist reizlos. Sie können nicht rennen, ohne dabei lächerlich zu wirken. Sie können die Fußballmannschaft nicht trainieren, ohne sich und den Sport zum Gespött zu machen. Oh, es ist aus mit ihnen. Sie sind wandelnde Leichen, vor allem dieser beschränkte Idiot, der da draußen im Hof raucht. Toph und mir gehört die Zukunft, eine Grauen erregende, glänzende Zukunft, eine Zukunft, die in Chicago ihren Ausgang nahm, zwei schreckliche Jungs von weit her, ausgestoßen und für tot gehalten, schiffbrüchig, vergessen, und doch, und doch hier, aufgetaucht, kraftvoller und furchtloser, mit blauen Flecken und unrasiert, klar, mit durchgescheuerten Hosenbeinen, Mägen voll von Salzwasser, doch nun nicht mehr zu bremsen, nicht zu überwinden, bereit, Berkeleys grauhaarigen, dick bebrillten, hängeschultrigen, finster dreinblickenden Connaisseurs in Sachen Elternschaft in den Hängearsch zu treten!

Könnt ihr es euch vorstellen?

Wir streifen durch die Klassenzimmer. In Tophs Klassenzimmer, an den Wänden, hängen Aufsätze zum Thema Afrika. Seiner ist nicht dabei.

»Wo ist dein Aufsatz?«

»Ich weiß nicht. Vielleicht mochte ihn Ms. Richardson nicht.«

»Hm.«

Wer ist diese Ms. Richardson? Sie muss ein Schwachkopf sein. Ich will, dass diese »Ms. Richardson« herausgebracht und mir vorgeführt wird!

Die Schule wimmelt von netten Kindern, aber exzentrischen Kindern, von zarter und etwas merkwürdiger Statur. Sie sind das, was meine Freunde und ich, die wir in eine staatliche Schule gingen, uns immer unter Schülern von Privatschulen vorgestellt haben – ein bisschen zu kostbar, ihre angeborenen Besonderheiten noch verstärkt statt verwandelt, sei es zum Guten oder zum Schlechten. Kinder, die sich für Piraten halten und ermuntert werden, in entsprechender Kleidung zur Schule zu gehen. Kinder, die Computer programmieren und militaristische Zeitschriften sammeln. Dicke Jungen mit großen Köpfen und sehr langem Haar. Dürre Mädchen, die Sandalen tragen und Blumen im Arm halten.

Nach etwa zehn Minuten langweilen wir uns. Mein Hauptgrund, hier zu erscheinen, ist hinfällig.

Ich hatte auf eine scharfe Nummer gehofft.

Ich hatte einen Flirt erwartet. Ich hatte attraktive allein erziehende Mütter und einen Flirt erwartet. Mein Ziel, ein ziemlich realistisches Ziel, wie ich tatsächlich geglaubt hatte, war gewesen, eine attraktive allein erziehende Mutter zu treffen und Toph und deren Sohn Freundschaft schließen zu lassen, so dass wir uns zum Spielen hätten verabreden können, wobei die Mutter und ich dann nach oben gegangen wären und herumgevögelt hätten, während die Kinder draußen gespielt hätten. Ich hatte bedeutungsvolle Blicke und sorgfältig formulierte Anträge erwartet. Ich dachte, dass die Welt der Schule und des Elterndaseins vor Intrigen und Ausschweifung nur so trieft, dass es hinter der besorgten und wohlmeinenden Fassade, den heilen Familien mit zwei Elternteilen, den Unterredungen mit Lehrern und rücksichtsvollen Fragen an den Geschichtslehrer über Harriet Tubman hoch hergeht, mit Partnertausch und allem.

Doch im Großen und Ganzen sind die Leute hässlich. Ich mustere die Menge, die sich im Hof hin und her schiebt. Die Eltern sind nur als prototypische Berkeleyaner von Interesse. Sie tragen sackartige, gebatikte, echt gebatikte Hosen und laufen stets ungekämmt umher. Die meisten sind über vierzig. Die Männer tragen allesamt Bärte und sind klein gewachsen. Viele Frauen sind alt genug, um meine Mutter sein zu können, und sehen entsprechend aus. Ich bin enttäuscht ob so schlechter Aussichten. Altersmäßig stehe ich den meisten Kindern näher. Oh, da ist eine Mutter, eine Frau mit kleinem Kopf und langem, langem, geradem schwarzem Haar, dick und wild wie ein Pferdeschweif. Sie sieht genauso aus wie ihre Tochter, dasselbe ovale Gesicht, dieselben traurigen, dunklen Augen. Sie ist mir schon häufiger aufgefallen, wenn ich Toph zur Schule brachte, und ich vermute, dass sie allein stehend ist; denn einen Vater sieht man nie.

»Ich werd sie einladen«, sage ich.

»Bitte nicht. Bitte«, sagt Toph. Er glaubt wirklich, dass ich es fertig brächte.

»Gefällt dir die Tochter überhaupt? Das könnte lustig werden – eine Doppelverabredung!«

»Bitte, bitte nicht.«

Natürlich tue ich es nicht. Ich habe nicht den Nerv dazu. Aber das weiß er noch nicht. Wir gehen durch die Flure, die mit Plänen und Schülerarbeiten dekoriert sind. Ich treffe Ms. Richardson, die Klassenlehrerin, die groß und schwarz und ernst ist – mit geweiteten, zornigen Augen. Ich begegne dem Lehrer für Naturwissenschaft, der aufs Haar Bill Clinton gleicht und stottert. Und dann ist da ein Mädchen in Tophs Klasse, die mit neun Jahren größer ist als ihre Eltern und mehr wiegt als ich. Ich möchte, dass Toph ihr Freund wird und sie glücklich macht.

In unserer Nähe steht eine Frau und beobachtet uns. Die Leute beobachten uns. Sie beäugen uns und rätseln herum. Sie fragen sich, ob ich ein Lehrer bin, da sie nicht wissen, wo sie mich hinstecken sollen, oder sie glauben, dass ich ihre Kinder nehmen und belästigen werde, nur weil ich Stoppeln im Gesicht habe und alte Schuhe trage. Wahrscheinlich sehe ich bedrohlich aus. Die Frau, die uns beobachtet, hat langes graues Haar und eine große Brille.

Sie trägt einen bodenlangen gemusterten Rock und Sandalen. Sie wendet sich uns zu, zeigt mit dem Finger auf mich, dann auf Toph und wieder auf mich und lächelt. Schließlich finden wir unsere Stellen und lesen unseren Drehbuchtext:

MUTTER
Hi. Ist das Ihr ... Sohn?

BRUDER
Äh ... nein.

MUTTER
Bruder?

BRUDER
Yeah.

MUTTER
(mit einem vergewissernden Seitenblick)
Oh, das sieht man aber sofort.

BRUDER
(obwohl er weiß, dass es nicht wahr ist, da er alt und streng aussieht, während sein Bruder leuchtet)
Ja, das sagen viele.

MUTTER
Amüsieren Sie sich?

BRUDER
Aber ja. Klar doch.

MUTTER
Sind Sie an der University of California?

BRUDER

Nein, nein. Ich habe das College bereits seit einigen Jahren hinter mir.

MUTTER

Und wohnen Sie in dieser Gegend?

BRUDER

Ja, wir wohnen ein paar Kilometer weiter nördlich. In der Nähe von Albany.

MUTTER

Also wohnen Sie bei Ihrer Familie?

BRUDER

Nein, nur wir beide.

MUTTER

Aber … wo sind Ihre Eltern?

BRUDER

(denkt, denkt: »Sie sind nicht hier.« »Sie konnten nicht kommen.« »Keine Ahnung, wenn Sie mich fragen.«)

Ach, die sind vor ein paar Jahren gestorben.

MUTTER

(packt den Unterarm des BRUDERS)

Oh, das tut mir Leid.

BRUDER

Nein, nein, schon okay.

(Will hinzufügen, wie er es manchmal tut: »Es ist ja nicht Ihre Schuld.« Er mag diesen Satz, vor allem wenn er hinzufügt: »Oder?«)

Mutter
Er wohnt also bei Ihnen?

Bruder
Ja.

Mutter
O je. Das ist ja interessant.

Bruder
(denkt an den Zustand der Wohnung. Es ist *interessant.)*
Nun, wir haben Spaß miteinander. In welcher Klasse ist Ihr …

Mutter
Tochter. Vierte. Amanda. Darf ich fragen, wie sie gestorben sind?

Bruder
(Er zieht wieder das Unterhaltungspotenzial für sich und seinen Bruder in Erwägung: Flugzeugabsturz. Zugunglück. Terroristen. Wölfe. Er hat schon früher Geschichten erfunden und sich dann amüsiert, auch wenn der Unterhaltungswert für den jüngeren Bruder nicht ganz klar war.)
Krebs.

Mutter
Aber … beide gleichzeitig?

Bruder
Im Abstand von ungefähr fünf Wochen.

Mutter
Du meine Güte.

BRUDER

(mit einem unerklärlichen kurzen Lachen)

Yeah, es war merkwürdig.

MUTTER

Wann ist das passiert?

BRUDER

Vor einigen Wintern.

(BRUDER denkt darüber nach, wie sehr er die Wendung »vor einigen Wintern« mag. Sie ist neu. Sie klingt dramatisch, leicht poetisch. Eine Zeit lang hieß es »letztes Jahr«. Dann hieß es »vor eineinhalb Jahren«. Nun lautet die Wendung, sehr zu BRUDERS Erleichterung, »vor einigen Jahren«. »Vor einigen Jahren« signalisiert einen beruhigenden Abstand. Kurz bevor sie Chicago verließen, gingen BRÜDER zum Frisör, um TOPH die Haare schneiden zu lassen, und BRUDER erinnert sich nicht mehr, wie die Sprache darauf kam, und er hatte wirklich gehofft, dass sie nicht darauf kommen würde, aber als sie darauf kam, antwortete BRUDER: »Vor einigen Wochen.« Worauf die Haare schneidende Frau innehielt, quer durch den altmodisch eingerichteten Frisiersalon ins Hinterzimmer ging und dort eine Weile blieb. Sie kam mit geröteten Augen wieder. BRUDER war schrecklich zumute. Ihm ist immer schrecklich zumute, wenn die unschuldigen, höflichen Fragen nichtsahnender Fremden die bizarre Antwort hervorbringen, die er zu geben genötigt ist. Wie bei jemandem, der sich nach dem Wetter erkundigt und zur Antwort erhält, es herrsche ein nuklearer Winter. Doch es hat auch seine Vorteile. In diesem Fall bekamen BRÜDER ihren Haarschnitt umsonst.)

MUTTER

(hält wieder BRUDERS Unterarm)

Also. Hut ab! Was sind Sie für ein guter Bruder!

Bruder

(Lächelt. Fragt sich: Was soll das heißen? *Man sagt es ihm oft. Bei Fußballspielen, bei schulischen Geldbeschaffungsaktionen, am Strand, bei Baseballkartentauschbörsen, in Zoohandlungen. Manchmal kennt die Person, die so etwas sagt, die ganze Lebensgeschichte der Brüder, manchmal aber auch nicht. BRUDER versteht diesen Satz nicht, weder was er bedeutet noch wann er zur stehenden Wendung wurde, dessen sich die verschiedensten Menschen bedienen.* Was sind Sie für ein guter Bruder! *BRUDER hatte eine solche Redensart nie zuvor gehört, doch nun sprudelt sie aus den Mündern aller möglichen Menschen, immer in demselben Satzbau, Wortlaut und Tonfall – eine ansteigende Sprachmelodie*:

Was sind Sie für ein gu-ter Bru-der!

Was *hat* das zu bedeuten? *Er lächelt, und wenn Toph wieder in der Nähe ist, wird er ihn auf den Arm boxen oder ihm ein Bein zu stellen versuchen* – Sehen Sie, wie wir herumalbern! Unbeschwert und federleicht! –, *dann wird BRUDER dasselbe sagen, was er immer sagt, wenn sie diesen ihren Text gesprochen haben, das, was die steigende Spannung, das unbehagliche Drama, das sich in die Unterhaltung schleicht, löst und zugleich die Bemerkung an den Absender zurückgibt, denn oftmals möchte er den Absender dazu bringen, darüber nachzudenken, was er oder sie sagt. Was er also mit einem netten kleinen Achselzucken oder Seufzer sagt, ist:)*

Nun, was will man machen?

(MUTTER lächelt und drückt und tätschelt BRUDER einmal mehr den Unterarm. BRÜDER schauen in den ZUSCHAUERRAUM, zwinkern mit den Augen und legen eine fabelhafte Foss'sche Tanznummer aufs Parkett, mit viel hohem Beinwurf, mit ein wenig Hochwerfen und Auffangen, einer großen Quer-über-die-Bühne-auf-den-Knien-Rutscheinlage, dann noch mehr gewagten Sprüngen, etwas Herumstolzieren und schließlich einem Überkreuz-Salto-Vorwärts mittels versteckter Trampoline, mit perfekter Landung genau vor dem Orchester auf einem Knie, die Hände dem Publikum entgegengestreckt, strahlend und zugleich schwer atmend. Die Menge hat sich erhoben und tobt. Der Vorhang fällt. Sie toben noch immer.)

ENDE

Während die Menge trampelnd eine Zugabe verlangt, stehlen wir uns zur Hintertür hinaus und machen uns davon wie Superheroes.

IV.

Ja, klar könnte ich heute ausgehen. Es ist Freitagabend und eigentlich sollte ich auf Achse sein, auf der anderen Seite der Bucht, ich sollte überhaupt jeden Abend auf Achse sein, zusammen mit all den anderen jungen Leuten, sollte mir Gel ins Haar tun, Bier verschütten, jemanden dazu bringen, meinen Penis anzufassen, und mit Leuten oder über andere Leute lachen. Kirsten und ich sind *auf Beziehungsurlaub*, wie wir ihn schon zwei Mal zuvor genommen haben und in Zukunft noch zehn oder zwölf Mal nehmen werden, was so viel heißt, dass wir uns (theoretisch) mit anderen einlassen können. Mit anderen Worten: Ich könnte sehr wohl heute ausgehen und die Freiheit der Jugend im Allgemeinen und meine persönliche im Besonderen genießen und mich dem Taumel der Möglichkeiten überlassen, die meine Zeit und mein Ort bietet.

Aber nein.

Ich bleibe hier, zu Hause. Toph und ich werden zusammen kochen, wie immer …

»Kannst du mal die Milch holen?«

»Da steht sie doch.«

»Oh. Danke.«

… und danach werden wir Tischtennis spielen und dann wahrscheinlich zu diesem Laden in der Solano fahren und ein Video ausleihen und auf dem Rückweg bei 7-Eleven ein paar Pop-ups besorgen. Oh, ich könnte natürlich auf Achse sein, mich in der Reife meines Fleisches und anderer Menschen Fleisches suhlen, könnte dies oder das essen und dies oder das trinken und meinen an ihrem reiben, über diese oder jene Person mutmaßen, winken, ein Hallo andeuten mit einem knappen Heben des Kinns, auf dem Autorücksitz von jemand anderem sitzen, die Hügel von San

Francisco hinauf- und hinunterschaukeln, südlich der Market Street, mir irgendeine Band ansehen, danach Bier kaufen, es in den typischen braunen Papiertüten verstauen und tragen, klirrende Flaschen, unsere Gesichter hell, leuchtend im Licht der Straßenlaternen, den Fußweg entlang zu dieser oder jener Hausparty, Hi, Hi, schön, dass ihr da seid, das Bier in den Kühlschrank stellen, eine Flasche herausnehmen, Hi, Hi, ja, ja und dann vor dem Badezimmer Schlange stehen, müßig auf eines dieser allgegenwärtigen Poster von Ansel Adams starren, wahrscheinlich vom Yosemite Park, mit einem kurzhaarigen Mädchen plaudern, während wir im Flur warten, über Zähne, aus keinem besonderen Grund, der Gedankengang eigentlich nicht ganz klar, sie fragen, ob ich ihre Füllungen sehen darf, nein, doch, wirklich, ich zeig dir auch meine zuerst, ha, ha, und dann endlich: nein, nein, geh du ruhig zuerst, ich geh nach dir, dann, nachdem ich auf dem Klo war, ist sie immer noch da, immer noch im Flur, hat nicht primär aufs Klo gewartet, sondern auf mich, so dass wir schließlich zusammen nach Hause gehen, zu ihr, sie lebt alleine in einer großen, makellosen, bahnhallenähnlichen Wohnung, frisch gestrichen, mit Hilfe ihrer Mutter dekoriert, dann in ihrem überdimensionierten, überweichen, weißen Bett schlafen, in ihrem sonnenhellen Eckchen frühstücken, dann vielleicht zum Strand gehen, für ein paar Stunden, mit der Sonntagszeitung, schließlich nach Hause schlendern, wann immer, nimmer …

Ach, Scheiße. Wir haben noch nicht einmal einen Babysitter.

Beth und ich finden immer noch, dass es zu früh ist, Toph mit irgendjemandem, der nicht zur Familie gehört, alleine zu lassen, dass er sich sonst womöglich unerwünscht und verlassen fühlen würde, was dazu führen könnte, dass seine zarte Seele Schaden nimmt und er später mit Schnüffeldrogen herumexperimentiert, irgendeiner *River's Edge*-ähnlichen Gang beitritt, mit zu viel Flanell und zu wenig Mitleid, sich selbst seine Tätowierung einritzt, Lammblut trinkt und den unvermeidlichen, initiationsritenbedingten Mord an Beth und mir begeht, während wir schlafen. Wenn ich also ausgehe, einmal die Woche, an einem Tag, auf den

Beth und ich uns geeinigt haben, sucht Toph seine Sachen zusammen, stopft sie in seinen Rucksack, geht, beide Trageriemen über der Schulter, zu ihrer Wohnung hinüber und verbringt die Nacht auf einer Hälfte ihrer Futonmatratze.

Die Kein-Babysitter-Regel ist eine von vielen, unendlich vielen Regeln, die allesamt notwendig sind, um diese Sache am Laufen zu halten, um sie nicht völlig außer Kontrolle geraten zu lassen. So darf Beth Toph zum Beispiel nicht mehr bei sich haben, wenn eine ihrer verweichlichten und widerwärtigen Freundinnen da ist – Katie als Waise weiß, was was ist, aber die anderen wissen nichts, gar nichts –, ob sie nun trinken oder nicht, weil sie darauf bestehen, über unangemessene Themen zu reden wie die Vorlieben ihrer Freunde, das Ausmaß ihres letzten Besäufnisses, und das auf eine beschränkte, typisch kalifornische Art und Weise, die Dummheit nach dem Gesetz der Osmose verbreitet. Zweitens: wenn Beth oder ich mit jemanden liiert sind, werden wir diesen Jemand nicht gleich Toph vorstellen, und Toph muss auch nicht an dieser Art von ›Betriebsausflügen‹ teilnehmen – Fußballspielen, Zoo- und Rodeobesuchen –, bei denen wir dann mit ihm vor dem neuen Freund angeben könnten. Nein, es gilt, eine Wartezeit einzuhalten, so dass dieser Jemand, wenn Toph ihn denn kennen lernt, tatsächlich ein Jemand ist, den Toph auch wiedersehen wird, und nicht einer von den Dutzenden, halben Hundertschaften, ganzen Hundertschaften von Leuten, die Toph als wie auch immer besonderen Menschen vorgestellt werden, bis er sie alle in einen Topf wirft, völlig verwirrt ist und aufwächst ohne jeden Sinn für Anstand und Identität, ohne unveränderlich festen Familienkern und also schwach und flatterhaft, anfällig für die dubiosen Verheißungen der Ashrams, der Kibbuze und Jesu Christi. Bei meinen eigenen Verabredungen ist es so, dass, wenn ich so etwas wie eine Verabredung habe und wir früh ausgehen und wir etwas unternehmen wollen, das Toph auch Spaß machen könnte, er natürlich mitkommt. Wenn der Star dieser So-etwas-wie-eine-Verabredung Vorbehalte gegen Tophs Anwesenheit äußert, ist sie offensichtlich ein sehr schlechter Mensch. Wenn sie glaubt, Tophs

Gegenwart beim Dinner bedeute, ich hätte sie weniger lieb und Toph fungiere als eine Art Puffer, ist sie auf dem Holzweg und selbstbezogen und ebenfalls ein schlechter Mensch. Wenn sie zu uns kommt und irgendwelche kritischen Bemerkungen über den Zustand der Wohnung – »Oh, mein Gott, da liegen ja Essensreste unter dem Sofa!« oder auch nur »Oje, was für ne Junggesellenbude!« – oder, schlimmer noch, Bemerkungen über irgendwelche elterlichen Entscheidungen fallen lässt, die entweder in ihrer Gegenwart oder sonstwie getroffen wurden, setzt sie sich in Tophs Gegenwart bösen Blicken aus, denen später, sowie Toph außer Hörweite ist, Vorhaltungen folgen, und so gibt sie noch monatelang guten Stoff ab für Lästereien mit Beth über Leute, die keine Ahnung von nix haben, aber sich erdreisten, den Mund aufzureißen, diese Leute, diese Lotus fressenden Einfaltspinsel, die es immer einfach gehabt haben, die nie im Leben andere Eltern kritisieren würden, sich aber herausnehmen, mich, uns zu kritisieren, einfach nur, weil wir neu in dem Job sind, weil wir jung, weil wir Geschwister sind. Wenn sie, die Rendezvous-Person, allerdings nicht nach den verstorbenen Eltern fragt, ist sie natürlich gedankenlos, unhöflich, oberflächlich, zu jung, selbstbezogen. Wenn sie doch danach fragt, aber annimmt, sie seien bei einem Autounfall umgekommen …

»Wer sagt, es sei ein Autounfall gewesen?«

»Ich hab das einfach angenommen.«

»Du hast das einfach … Was?«

… dann ist sie ein schlechter Mensch. Allerdings sind zu viele Fragen auch nicht erlaubt, weil …

»Möchtest du nicht darüber reden?«

»Wie, jetzt? Mit dir?«

»Ja. Bitte.«

»In der Kneipe?«

»Du musst diese Bürde nicht alleine tragen.«

»Oh Gott.«

… sie ihr nicht zustehen, und sie aus der ganzen Fragerei nicht mit heiler Haut davonkommt. Wenn sie will, dass ich mir *ein bisschen mehr Mühe* gebe, nach Stanford fahre, um *sie* zu besuchen, statt dass sie immer zu uns herunter fahren muss, wird sie höflich und mit aller gebotenen Zurückhaltung auf den tiefen, endlos tiefen Abgrund hingewiesen, der zwischen unserer jeweiligen Lebenssituation klafft, wobei ihr Leben mit flotter Frivolität, grenzenlosem Kabelfernsehen und »Lass uns ins Kino gehen« und »Lass uns aus essen gehen«, »Lass uns hierhin gehen«, »Lass uns dorthin gehen« und Cafés und Einen-trinken-Gehen, was immer, wann immer, und Lake Tahoe und Zelten und Einkaufsbummeln und Fallschirmspringen und Alles-jederzeit-unternehmen-Können angefüllt ist, während mein Leben, im scharfen, im (rasier)messerscharfen Gegensatz dazu steht – dass ich mich bloß nicht unklar ausdrücke (Lily, jetzt sollte es wirklich klar genug sein) –, geprägt ist von Überforderung, Zielstrebigkeit, Stress, Genügsamkeit, Mangel an Auszeiten, Einschränkung, Erschöpfung, von jungen Knien, die genäht werden müssen, und jungen Pausenbroten, die geschmiert werden wollen, und jungen Köpfen, die bei aufwendigen Projekten zu Ostafrika der Unterstützung bedürfen, ganz zu Schweigen von Ereignissen wie nervenaufreibenden Elternkonferenzen, bedrohlichen Schreiben vom Sozialamt – HAT CHRISTOPHE (SIC) EGGERS KÜRZLICH GEHEIRATET? KREUZEN SIE JA ODER NEIN AN UND SCHICKEN SIE DEN FRAGEBOGEN UMGEHEND ZURÜCK. BEI NICHTBEACHTUNG WIRD DIE SOZIALHILFE SOFORT EINGESTELLT. Meine ganze Existenz steht im Zeichen der Verantwortung, als Einziger zwischen ihm und der todsicheren Vernichtung zu stehen und zu versuchen, etwas zu vollbringen, was wahrscheinlich als die großartigste Leistung in die Annalen der Menschheit eingehen wird. Wenn sie das nicht versteht, ist sie ein schlechter Mensch. Wenn sie sagt, sie könne das verstehen, frage sich aber, ob ich nicht *dennoch* versuchen könnte, mir Mühe zu geben, ein bisschen Mühe, beweist das lediglich, wie wenig sie in Wirklichkeit versteht, dass sie nie verstehen wird, nie verstehen kann, es sei denn, eines Tages passiert etwas Unaussprechliches – sie sollte beten, dass nichts Schlimmes geschieht, aber es wird wahrscheinlich dennoch geschehen –, ihr

Lebensvlies wird plötzlich gestrafft, und unversehens bleibt kein Spielraum mehr für Fehler, für das Locker-Flockige, das Umhergestreife und Herumgetrödele und die Dekadenz eines Zeitplans – und wie schwierig es ist, diese Art von selbstgerechter Fassade aufrechtzuerhalten, wenn man doch nur zu gut weiß, dass man diese Mühe, sie in Stanford oder zumindest auf halbem Wege zu treffen, selbstverständlich auf sich nähme, wenn die Beziehung es wert zu sein schiene, und sie nicht beim zweiten Treffen darum gebeten hätte, geschlagen zu werden. Allerdings merke ich, wie ich auf der Suche nach ein wenig Verständnis Ausschau halte nach anderen, die durch eine bizarre Familienmühle gedreht wurden, deren Eltern tot sind oder im Sterben liegen oder zumindest geschieden sind – in der Hoffnung, dass diese Menschen wissen, was ich weiß, und mich daher nicht mit Details, mit Geben und Nehmen, mit dem *Beitrag,* den ich leisten soll, belästigen. Was Toph angeht: Wenn sie, während wir auf dem Sofa im burgunderfarbenen Wohnzimmer aneinander herumfummeln, auf die Idee kommt, bei mir übernachten zu wollen, und nicht versteht, warum das nicht geht, nicht versteht, warum Toph nicht aufwachen und irgendeine beliebige Person im Bett seines Bruders sehen darf, dann ist sie zu jung und gedankenlos und unfähig zu ermessen, wie wichtig es ist, Toph eine möglichst einfache Kindheit zu verschaffen, und wird abgeschrieben. Wenn sie nicht weiß, wie sie mit Toph reden soll, wenn sie ihn wie einen schwerhörigen Hund oder schlimmer noch, wie ein *Kind* behandelt, wird sie abgeschrieben und von Beth und mir lächerlich gemacht. Andererseits, wenn sie Toph wie einen Erwachsenen behandelt, ist das schön und gut, aber soll nicht heißen, dass man Unangemessenes in seiner Gegenwart sagen kann, Dinge, die nicht für junge Ohren bestimmt sind, wie: »Weißt du, wie viel die Kondome im Walgreen kosten?« Selbst wenn sie alle aufgeführten Regeln einhält, gilt für den Fall, dass er sie nicht mag, aus welchem Grund auch immer – sagen tut er das zwar nie, aber er macht es deutlich (er zieht sich in sein Zimmer zurück, wenn sie kommt) –, generell die Regel, dass sie abgewimmelt wird, es sei denn, natürlich, sie sieht umwerfend

aus, in welchem Fall es egal ist, was der kleine Hosenscheißer sagt. Wenn sie Toph etwas mitbringt, neue Pingpongbälle zum Beispiel, die – sie muss es irgendwie erahnt haben – immer gebraucht werden, dann ist sie ein guter Mensch, kein schlechter, und wird bedingungslos geliebt. Wenn sie zum Abendessen zu uns kommt und tatsächlich unsere Version von Tacos isst, ohne all den hirnverbrannten Mist, den die Leute normalerweise dazu essen, dann ist sie eine Heilige und jederzeit willkommen. Und wenn sie zu der Erkenntnis kommt, dass unsere Art, Orangen aufzuschneiden – waagerecht statt senkrecht –, die einzig logische Art ist, die einzig ästhetisch befriedigende Art, und auch noch die ganze Scheibe isst, statt nur den Saft auszusaugen und den Rest als Schweinerei übrig zu lassen, dann ist sie perfekt und man wird von ihr in den höchsten Tönen sprechen – erinnerst du dich an Susan? Wir mochten Susan – und zwar monatelang, auch wenn wir sie seither nie mehr wiedergesehen haben, weil sie ansonsten zu dürr ist und hypernervös zu sein scheint.
Nicht, dass wir anspruchsvoll wären. Nein, wir sind lustig! Unkompliziert, locker. Ha, ha. Ja. Lustig. Bei uns braucht niemand nervös zu sein; die Regeln sind nur für uns, werden niemals öffentlich gemacht, nie erläutert. Um ehrlich zu sein, geben wir uns außerordentlich viel Mühe, sind jovial, verbreiten eine entspannte Atmosphäre, auch wenn wir die meiste Zeit damit verbringen, in ihrer Gegenwart weniger sie, als vielmehr uns gegenseitig zu unterhalten, meistens auf ihre Kosten. *Aber auf nette Art!* Bei uns geht es ganz locker zu, im Grunde sollte man wissen, dass es bei uns sogar betont locker zugeht, dass wir alle akzeptieren, und das Beste ist, dass Toph beinahe jeden sofort ins Herz schließt. Klar hilft es, wenn man sich für Leguane interessiert und rülpsenderweise Worte herausbringen kann, doch selbst ohne diese Eigenschaften begreift er tatsächlich, in welch schwieriger Lage sich eine Rendezvous-Partnerin befindet, und macht es ihnen leicht, zeigt ihnen seine Magic Cards, wenn sie sie sehen wollen, holt ihnen etwas zu trinken, mit Eis, setzt sich neben sie, geradezu auf sie drauf, so glücklich ist er über die neue Gesellschaft, über diese

Person, die eventuell, wenn er es holt, und zwar vor seiner Zu-Bett-geh-Zeit und am besten, während sein Bruder im Badezimmer ist und nicht protestieren kann, mit ihm Trivial Pursuit spielt, solange es die Kurzversion ist: ein Tortenstückchen für jede richtige Antwort.

Momentan bin ich mit einer Frau liiert, die neunundzwanzig ist. Die Neunundzwanzigjährige, eine echte, erfahrene Frau, ist die geschäftsführende Redakteurin der Wochenzeitschrift, bei der ich das Design gestalte und auf freiberuflicher Basis einige Illustrationen anfertige. Doch obwohl sehr bald, als sie eines Tages ein Barett aus lilafarbenem Samt trägt, deutlich wird, dass wir nicht füreinander bestimmt sind, setze ich die Beziehung fort, stolz wie Oskar über meine Fähigkeit, mir so eine echte Frau zuzulegen und mit jemandem wie ihr, die sieben Jahre älter ist als ich, etwas anfangen zu können. Sie ist intelligent, hat langes blondes Haar und Lachfalten und stammt ebenfalls aus dem Mittleren Westen, aus Minnesota, glaube ich, und weiß, wie man richtige Getränke bestellt und trinkt. Und sie ist neunundzwanzig. Hatte ich das bereits erwähnt, dass sie neunundzwanzig ist? Ich halte es für angebracht, ganz und gar angebracht, dass ich, der ich die Last von Toph wie auch die der ganzen Welt auf meinen Schultern trage, ich, der ich bereits so viel durchgemacht habe und mich bereits so alt fühle, mit einer Frau liiert bin, die sieben Jahre älter ist als ich. Aber ja doch!

Ihre Beweggründe sind nicht ganz klar, aber ich habe da eine Theorie: Mit neunundzwanzig fühlt sie sich, wie die meisten Leute um die dreißig, fürchterlich alt, als habe sie ihre Chance verpasst – und die einzige Möglichkeit, auch nur einen Hauch ihrer vergeudeten Jugend zurückzuerobern, besteht darin, jemanden wie mich in sich aufzusaugen, der vor Potenz schier platzt …

Aber, oje, Gott, was hatte ich für einen Horror davor, ihren nackten Körper zu sehen. Bevor wir dieses Stadium erreichten, fragte ich mich oft, ob sie faltig, wie eine getrocknete Pflaume, erschlafft sei. Ich hatte noch nie jemanden über dreiundzwanzig nackt gesehen, und als wir eines Abends ausgingen, ohne Toph, ein bestimmtes Wodkagetränk tranken, von dem ich noch nie gehört hatte, bis wir an diesem Tisch in der hinteren Ecke Händchen hielten und so taten, als lauschten wir dem ehemaligen Leadsänger dieser zukunftsträchtigen Punkgruppe aus Los Angeles, diesem Mann, der weit unter uns undeutlich bla-bla sang, Hintergrundsmusik für 14$, und dann zu ihrer Wohnung gingen, war ich darauf gefasst, entsetzt zu sein, überlegte, wie ich reagieren sollte, wenn ich ihr pickliges, von Krampfadern durchzogenes Fleisch berühren müsste. Und als wir hinauf zu ihrer und dann in ihre Wohnung stolperten, war ich froh, dass es so dunkel und in ihrem Schlafzimmer noch dunkler war ... Aber dann war sie keineswegs krisselig und schlaff, ihr Fleisch war noch fest und voll, und ich war begeistert und erleichtert, und am nächsten Morgen, im weißen Licht, war sie blass und glatt, ihr Haar blonder und länger, als ich es in Erinnerung hatte, und es flutete über die weißen Laken, und für ein paar Minuten war es wirklich schön ... Aber ich musste gehen. Es war das erste Mal, seit wir nach Kalifornien gezogen waren, dass ich woanders übernachtet hatte, und obwohl Toph bei Beth schlief, wollte ich zu Hause sein, falls er früher zurückkäme – wenn er mich nicht vorfände, wüsste er, dass ich die Nacht anderswo verbracht hatte, und würde es nicht verstehen und dann später Crack verkaufen oder sich einer mehrstimmig singenden Popgruppe aus Florida anschließen. Ich zog mich an und ging, traf ihre Mitbewohnerin auf dem Weg nach draußen und fuhr zurück, über die Brücke, großartig, die Schiffe, die hin- und herpflügten, und schaffte es rechtzeitig nach Hause. Das Haus war leer, und ich sprang ins Bett, schlief wieder ein, und als er nach Hause kam, war sein Bruder da, war natürlich die ganze Zeit dort gewesen, war natürlich nie fort gewesen.

Aber heute wird nicht ausgegangen. Ich war am Mittwoch aus, und deshalb bleibe ich heute und für den Rest der Woche zu Hause und halte die Welt zusammen.

»Bettzeit.«

»Wie viel Uhr ist es denn?«

»Zeit, ins Bett zu gehen.«

»Ist es schon zehn?«

»Ja.« [demonstratives Ausatmen] »Es ist nach zehn. Ich komm gleich noch zu dir.«

Er schlüpft ins Bett und unter die Decke. Ich setze mich neben ihn, mit dem Rücken gegen das Kopfteil des Bettes. Bill hat dieses Kopfteil vor Monaten gekauft – jedes Mal, wenn er in der Stadt ist, müssen wir Möbel einkaufen gehen, wobei er versucht, die Wohnung mit nachgemachten Antiquitäten aus dem Warenhaus in der Nähe des Highways zu bestücken. Das Kopfteil passte jedoch nicht zu dem Rahmen von Tophs Bett, also haben wir das Ding, dieses Riesenstück Holz, einfach zwischen sein Bett und die Wand gesteckt, als Effekt – ein Kopfteil, das die Rolle eines Kopfteils spielt.

Ich angle mir unser Buch vom Fußboden. Wir lesen jeden Abend etwas, manchmal eine ganze Weile, meistens aber nur für fünfzehn Minuten oder so, mehr schaffe ich nicht, ohne selbst einzuschlafen, aber immerhin genug, um Toph ein Gefühl von Behaglichkeit, Stabilität, von Frieden und Wohligkeit zu vermitteln, bevor er ins Schlummerland hinübergleitet …

Wir lesen gerade *Hiroshima* von John Hersey. Ja richtig, es beschreibt den ganzen Horror, das unvorstellbare Leid und wie die Haut der Leute in Flocken abkrümelt wie Hüttenkäse, aber wisst ihr, ich habe beschlossen, dieses Haus, so sehr es auch von Spaß und Ausgelassenheit erfüllt sein soll, zu einem Ort des soliden und dauerhaften Lernens zu machen. Manchmal schlage ich beim Abendessen eine beliebige Seite des Lexikons auf, des dicken einbändigen Buchs, das wir dem dünnen Jungen abkauften, der damit hausieren ging, und lese daraus vor. Davor haben wir Art Spiegelmans *Maus* gelesen und davor *Catch 22*, wobei wir das nicht zu Ende gelesen haben … Wegen der (für ihn) unverständlichen Anspielungen und der vielen Personen brauchten wir für jede Seite ungefähr eine Stunde. Bei *Hiroshima* überspringe ich die besonders furchtbaren Passagen, und er lauscht mit größter Aufmerksamkeit, weil er perfekt ist … er ist ebenso begeistert von unserem Experiment wie ich, möchte ebenso gerne der ideale, das neue

Modell verkörpernde Junge sein, wie ich das ideale, das neue Modell verkörpernde Elternteil sein möchte. Und wenn ich vorgelesen habe und dabei umsichtig die Bedeutung von diesem oder jenem erklärt habe, den historischen Kontext (frei erfunden oder ungefähr gewusst), ist es immer wieder schön, eine Minute einfach nur dazuliegen, auf seinem schmalen Bett, er unter der Decke und ich darauf, so schön gemütlich und warm hier …

»Raus mit dir.«

»Hää?«

»Raus.«

»Ach, neeee.«

»Wach auf.«

»Nein, nein, nein.«

»Geh in dein eigenes Bett.«

»Ach, bitte nicht. Wir passen doch beide hier rein.«

»Raus. Mach schon. Bitte.«

»Okay, geh ja schon.«

Ich rolle mich über ihn, mache mich so schwer wie möglich und stehe dann auf. Ich gehe ins Bad und kehre zähneputzend, vor mich hin summend und steppend in sein Zimmer zurück. Er macht ein geheucheltes Alles-klar-Zeichen. Ich gehe zurück zum Waschbecken, spucke aus und komme dann wieder. Ich lehne mich an seine Tür.

»Also. Großer Tag, was!«, sage ich.

»Ja«, sagt er.

»Ich meine, es ist ne Menge passiert. Ganz schön voller Tag.«

»Yeah. Da war der halbe Tag in der Schule, dann Basketball und dann Abendessen, der Tag der offenen Tür und dann Eis und ein Film … echt, es ist beinahe so, als sei das zu viel für einen Tag, als seien mehrere Tage zusammengeflossen, um rasch ein Bild von einem ganzen Zeitabschnitt zu zeichnen, um eine allerdings nur scheinbar vollständige Vorstellung von unserer Lebensweise zu vermitteln, ohne dass wir uns dazu herablassen (oder aufraffen) müssten, die Geschichte in ihrer ganzen Breite auszurollen.«

»Was willst du damit sagen?«
»Nichts. Ich find's schon gut, es ist okay. Nicht unbedingt glaubwürdig, aber es funktioniert, jedenfalls meistens. Is okay.«
»Jetzt mach mal halblang, wir haben genügend solcher Tage erlebt und viele, die wesentlich komplizierter waren. Erinnere dich mal an deine große Im-Zelt-Übernachtungs-Geburtstagsparty! Und an den Ausflug zum Lake Tahoe mit deinem Freund mit dem großen Kopf. Also wirklich, wenn überhaupt, dann war dieser Tag im Vergleich zu den anderen ein Spaziergang. Das ist allenfalls eine Karikatur, ein Hauch von Erfahrung ... Ich mein, weißt du, das ist nur ein klitzekleines, hauchdünnes Scheibchen. Um auch nur fünf Minuten an interner Gedankenproduktion angemessen darzustellen, bräuchte man Ewigkeiten ... Es ist wirklich zum Verzweifeln: Man setzt sich hin, so wie ich es tun werde, sowie ich dich ins Bett gebracht habe, und versucht, so etwas wie dies hier zu beschreiben, eine bestimmte Zeit und einen bestimmten Ort, und das Ergebnis ist einfach schwach – spiegelt ein, zwei Dimensionen von zwanzig wider.«
»Und deshalb bleibt dir nichts anderes übrig, als zu meckern. Oder, schlimmer noch, aus lauter Frust irgendwelche Tricks auszuprobieren.«
»Soso.«
»Die Spielchen, die Glocken, das Pfeifen. Die Abbildungen. *Hier noch eine Zeichnung von einem Hefter*, und so was.«
»So.«
»Aber weißt du, um ehrlich zu sein, finde ich, ist das Ganze, dieser ganze Mist, weniger ein Problem der Form als vielmehr eine Gewissensfrage. Du bist förmlich gelähmt vor Schuldgefühl, die ganze Geschichte überhaupt zu erzählen, besonders das am Anfang. Du fühlst dich irgendwie verpflichtet, es zu tun, weißt aber genau, dass Mom und Dad es *hassen* würden, dich umbrächten ...«
»Ich weiß, ich weiß.«
»Andererseits würde ich sagen, und Bill und Beth würden das auch sagen – na ja, Bill nicht unbedingt, aber Beth ganz bestimmt –, dass dein Schuldgefühl und ihre Missbilligung 0815-mäßig ist und

typisch für die Mittelschicht und den Mittleren Westen. Es ist eigentlich purer Aberglaube – wie bei den Naturvölkern, die befürchten, die Kamera würde ihnen ihre Seele stehlen. Du ringst mit einem Schuldgefühl, das ebenso katholisch ist wie bezeichnend für das Elternhaus, in dem du aufgewachsen bist. Alles dort war geheim ... zum Beispiel durfte über die Tatsache, dass dein Vater bei den Anonymen Alkoholikern war, nicht gesprochen werden, niemals, weder als er hinging, noch nachdem er aufgehört hatte hinzugehen. Nicht einmal deinen engsten Freunden hast du irgendetwas von dem erzählt, was bei dir zu Hause vorfiel. Und jetzt schwankst du zwischen Auflehnung gegen diese Art der Unterdrückung und Hingabe an sie.«

»Wie meinst du das?«

»Na ja, du glaubst, du seist für alles aufgeschlossen, du glaubst, du und ich seien das Neue Modell, und du könntest, aufgrund unserer Umstände, alle alten Regeln über Bord werfen und nach Belieben neue erfinden. Gleichzeitig verhältst du dich bisher ziemlich pedantisch und versuchst, alles unter Kontrolle zu halten, und trotz deiner ganzen Reden behältst du schließlich doch die meisten ihrer Sitten bei, die von unseren Eltern auferlegten Regeln. Besonders die Geheimniskrämerei. Du erlaubst mir beispielsweise so gut wie nie, Freunde mitzubringen, weil du nicht willst, dass sie sehen, wie unordentlich die Wohnung ist, wie wir leben.«

»Na ja ...«

»Ich weiß. Ich versteh dich. Du hast Angst, das Jugendamt oder wer immer könne an deine Tür klopfen. Andererseits hast du so viel Angst nun auch wieder nicht, und das weißt du auch. Du hast dir bereits zurechtgelegt, was du sagen würdest, die Entschuldigungen, die du vorbrächtest, wie du mich aus dem Pflegeheim entführtest, wenn es so weit käme, wohin wir fliehen könnten, wie wir leben würden, neue Identitäten, ein kleiner schönheitschirurgischer Eingriff. Doch sollte irgendein Mensch vom Jugendamt oder sonst jemand versuchen, uns zu bedrängen, sich hier, was jetzt dein Gebiet ist, dein Projekt, einzumischen, würdest du erst einmal total ausflippen, du würdest völlig durchdrehen.«

»Würde ich nicht.«

»Lass mich dir einen Vorfall von letzter Woche in Erinnerung rufen, der sich zwischen dir und einer deiner besten Freundinnen abgespielt hat:

›Er war also die ganze Zeit bei Luke, aber er hat nicht angerufen. Ungefähr fünf Stunden lang. Ich hatte das Abendessen fertig, lungerte wartend herum, drehte beinahe durch. Und er hat's einfach verpennt. Das macht mich verrückt. Er muss lernen, meine Zeit zu achten, dass ich nicht den ganzen Tag herumhängen und auf seinen Anruf warten kann. Er bekommt Hausarrest.‹

›Ach, der Arme. Gib ihm doch keinen Hausarrest.‹

›Wie bitte?‹

›Ich bin sicher, es tut ihm Leid …‹

›Willst du mir vorschreiben, was ich tun soll …‹

›Nein, ich finde nur, dass …‹

›Siehst du, das ist einfach total beschissen, dass du glaubst, du könntest dich da einmischen, nur weil ich jung bin. Ich meine, du würdest doch nie eine vierzigjährige Mutter in Frage stellen, oder?‹

›Also …‹

›Also lass es einfach. Denn ich bin eine vierzigjährige Mutter. Für dich und alle anderen bin ich eine vierzigjährige Mutter. Schreib dir das ein für alle Mal hinter die Löffel.‹

»Arme Marny, eine deiner ältesten Freundinnen. Sie hatte sich nichts dabei gedacht, eine unschuldige Bemerkung. Sie wäre wohl die letzte Person auf Erden, die jemals taktlos wäre, aber siehst du, du bist einfach immer zum Streiten aufgelegt. Du spürst die typische Wut des Alleinerziehenden, das Syndrom der Benachteiligung der schwarzen, allein erziehenden Mutter, gepaart mit deinem eigenen, angeborenen Hang zur Aggressivität. Ich meine, heute Nacht, wenn du endlich ins Bett gehst, wirst du daliegen und darüber nachdenken, was du den Leuten alles antätest, die hier hereinkämen, um mir zu schaden. Du wirst dir zu meinem Schutz alle möglichen Mordszenarien ausmalen. Deine Phantasievorstellungen werden lebendig und schrecklich gewalttätig sein, hauptsächlich du und dein Baseballschläger, wobei du an jedem, der es wagen sollte, in unser Allerheiligstes einzudringen, deinen ganzen angestauten Frust über all das ausließest, über unsere gegenwärtige Situation, über die bereits abgesteckten Grenzen und Parameter, die nächsten zehn, dreizehn Jahre, die vorgegeben, mehr oder weniger verplant sind, und auch die ganze Wut, die du verspürst, und zwar nicht erst seit Moms und Dads Tod – das wäre praktisch, wenn dem so wäre –, sondern schon lange davor, wie du weißt, diese Wut, die jedem Kind im Blute schäumt, das in einem lauten, halb gewalttätigen Zuhause unter Alkoholikern aufwächst, in dem das Chaos immer … Was? Was ist so lustig?«

»Du hast Zahnpasta am Kinn.«

»Wo?«

»Tiefer.«

»Da?«

»Tiefer.«

»Jetzt weg?«

»Ja.«

»Worauf ich hinauswill, ist, dass du mit mir …«

»Es sah wie Vogelkacke aus.«

»Schön. Ha, ha. Jedenfalls hast du mit mir diese unglaubliche Gelegenheit, die Fehler deiner eigenen Kindheit wieder wettzumachen, du hast die Möglichkeit, es besser zu machen – die sinnvollen Bräuche weiterzuführen und die weniger sinnvollen über Bord zu werfen –, und natürlich haben alle Eltern diese Chance, die eigenen Eltern in den Schatten zu stellen, alles besser zu machen, sich weiterzuentwickeln … aber in diesem Fall ist die Situation pikanter, bedeutet es so viel mehr, weil du die Gelegenheit hast, dies mit mir zu erleben, *ihrem eigenen Nachkommen*. Es ist, als würdest du ein Projekt zu Ende bringen, das andere nicht mehr vollenden konnten, das sie aufgegeben und dir übertragen haben, als dem Einzigen, der es noch retten kann. Liege ich so weit richtig, Alter? Und das Beste ist, jedenfalls aus deiner Sicht, dass du endlich die moralische Autorität hast, nach der du gierst und die du schon häufig ausgespielt hast, schon als kleines Kind – so bist du immer über den Spielplatz gegangen und hast fluchende Kinder zurechtgewiesen. Du hast keinen Alkohol getrunken, bis du achtzehn warst, hast niemals Drogen genommen, weil du anständiger sein, den anderen etwas voraushaben musstest. Und jetzt hat sich deine moralische Autorität verdoppelt, verdreifacht. Und du benutzt sie, wie es dir Spaß macht. Diese Neunundzwanzigjährige beispielsweise, nach einem Monat wirst du mit ihr Schluss machen, weil sie raucht …«

»Und das Barett. Vergiss nicht das lilafarbene Barett.«

»Der Hut wird aber nicht der Grund sein, den du ihr nennen wirst.«

»Okay, aber es ist doch wahr. Ich bitte dich. Es liegt doch auf der Hand. Es ist eben unglaublich schwer, diese Geräusche zu hören, den Gestank zu ertragen, zu sehen, wie dieses Papier angeleckt, wie an diesen Sargnägeln gesaugt wird …«

»Ja, aber es ist die Art, wie du es ihr sagen, wie du sie irgendwie beschämen wirst, indem du erwähnst, nicht nur seien deine beiden Eltern an Krebs gestorben, dein Vater an Lungenkrebs, auch wolltest du den Rauch nicht um deinen kleinen Bruder haben, bla, bla, bla, und es ist die Art, wie du das sagen, wie du versuchen wirst, der armen Frau das Gefühl zu geben, sie sei aussätzig, vor allem, weil sie sich ihre Zigaretten dreht, was selbst ich für ziemlich traurig halte, aber weißt du, du willst, dass sie sich wie eine Ausgestoßene, wie ein niederes Lebewesen fühlt, weil es genau das ist, wofür du sie im Grunde deines Herzens hältst, wofür du jeden hältst, der einer Sucht verfallen ist. Und jetzt findest du, du hättest aufgrund deiner jüngsten Erfahrungen die nötige moralische Autorität, um über diese Leute zu richten, könntest alles im Detail erklären, das aggressive Opfer spielen, eine Rolle also, die dir eine auf Mitleid und Benachteiligung beruhende Macht verleiht – jetzt kannst du beide Rollen spielen: die des Privilegiertensöhnchens und die des ausgestoßenen Hiobs. Weil wir Sozialhilfe bekommen und in einem unordentlichen Haus wohnen, zählst du uns gern zur Unterschicht und gehst davon aus, jetzt wüsstest du um die Sorgen der Armen – wie anmaßend! –, aber dir gefällt diese Pose, diese Pose des Zukurzgekommenen, weil sie dir mehr Macht über andere Leute gibt. Du kannst getrost losfeuern, aus deiner Deckung hinter kugelsicheren Scheiben.«

»Was hast du heute viel Energie! Hast du vorm Zubettgehen wieder Cola getrunken?«

»Und der arme Dad. Warum lässt du ihn nicht einfach in Ruhe? Ich meine ...«

»Oh Gott. Bitte. Also darf ich nicht mal darüber sprechen ...«

»Ich weiß nicht. Vielleicht. Wenn du nicht anders kannst.«

»Ich kann nicht anders.«

»Okay.«

»Ich kann nicht darüber hinwegsehen.«

»Okay. Also wirst du heute wieder aufbleiben, fast die ganze Nacht, wie jede Nacht, und auf deinen Bildschirm starren – weißt du noch, wie du Examensstudent am College warst? Du hast an so einem Seminar für Creative Writing teilgenommen und über diese beiden Todesfälle geschrieben, keine zwei Monate danach; du hast sogar Moms letzte Atemzüge beschrieben, einen ganzen Absatz, in dem du die letzte Atemzüge deiner Mutter beschreibst, und keiner in der Klasse wusste, was er verdammt noch mal mit dir anfangen sollte, und alle so: ›Na ja, ähhh, also ...‹, wussten nicht, als sie alle nervös mit dem fotokopierten Text so dasaßen, ob sie über die Geschichte reden oder dich in Therapie schicken sollten. Aber das hat dich nicht davon abgehalten. Du bist fest entschlossen, damals ebenso wie heute, die Sache aufzuschreiben, diese Zeit wiederzugeben, diesen furchtbaren Winter zu nehmen und im Schreiben etwas daraus zu machen, von dem du hoffst, dass es herzzerreißend sein wird.«

»Hör mal, ich bin müde.«

»Jetzt bist du auf einmal müde. Du warst doch derjenige, der angefangen hat zu reden. Ich möchte schon seit einer halben Stunde schlafen.«

»Okay.«
»Okay.«
»Gute Nacht.«
Ich küsse ihn auf seine glatte, braun gebrannte Stirn. Der Geruch nach Urin. Er hat einen Bräunungsstreifen, ein blasses U auf brauner Haut, wo der Riemen seiner verkehrt herum getragenen Kappe der Stirn auflag.
»Rubbele mich«, sagt er.
Ich rubbele ihn, indem ich seinen Rücken fest durch die Decke hindurch reibe, damit es warm im Bett wird.
»Danke.«
»Gute Nacht.«
Ich lasse das Licht an, lehne die Tür halb an und gehe in unser Wohnzimmer zurück. Ich ziehe den Teppich gerade, einen abgetretenen Orientteppich, den wir geerbt haben. Dieser Teppich, abgewetzt und armselig, wie er ist, und der lange, schmale in der Küche sind im Begriff, sich aufzulösen, Faden für Faden. Toph und ich schliddern auf ihnen herum, und wenn wir das tun, werden die Fäden länger, winden sich hervor wie Ranken. Ich weiß nicht, wie ich sie bewahren könnte. Ich überlege, ob ich sie schützen, sie ausbessern lassen sollte und weiß doch, dass ich mir die Mühe nicht machen werde. Ich nehme einen wurmähnlichen blauen Faden, vierzehn, achtzehn Zentimeter lang, und stopfe ihn unter den Teppich.
Ich ziehe den Überwurf auf dem Sofa glatt. In unserem Wohnzimmer in Chicago war das Sofa vollkommen und weiß, aber hier ist es im Nu verdreckt, mit schwarzen Streifen an den Seiten, wo wir unsere Fahrräder anlehnen, die Kissen gelb und fleckig vor lauter Traubensaft, Schokolade. Wir haben eine Polsterreinigungsmaschine gemietet, aber die Wirkung war lachhaft. Das Sofa wird weiter verkommen so wie alles, was wir bekommen haben. Instandhaltung ist ein Ding der Unmöglichkeit. In der Nähe der Wohnungstür liegt ein Haufen Schuhe, den ich aufräumen sollte. Der Fußboden müsste gefegt werden, aber ich bin entmutigt, noch ehe ich angefangen habe – Dreck gehört zu diesem Haus,

nistet hinter Leisten und Putz, in Winkeln und Teppichen und allen möglichen Baumängeln. In den Holzdielen des Bodens sind Löcher, und die Fußleisten sind schief. Ich habe es mit einem Staubsauger versucht, habe mir einen von den Nachbarn ausgeliehen, und das hat gut geklappt, aber am nächsten Tag war die Wohnung wieder staubig, der Fußboden voller Zeugs. Mittlerweile fege ich nur noch.

Ich hole mir ein Eis-am-Stil, das Toph gehört, aus dem Eisfach. Von nebenan dringt Lärm herüber. Ich gehe auf die hintere Veranda. Daniel und Boona, unsere Nachbarn zur Linken, veranstalten irgendetwas, etwa zehn von ihnen sitzen draußen auf der Veranda.

»Hallo«, sagt Daniel. Er ist immer freundlich, immer fröhlich, aufmerksam, fürsorglich. Völlig nervig.

Er ist ein paar Jahre älter und lebt mit Boona zusammen, die ungefähr dreißig ist und ein Frauenhaus leitet. Ihre Freunde sehen aus wie Berkeleystudenten älteren Semesters.

»Hi«, sage ich.

»Komm doch rüber!«, sagt er.

»Ja, komm und trink ein Glas mit uns«, sagt Boona.

»Nein, ich kann nicht«, sage ich. Es ist warm, der Mond scheint. Ich rede von Arbeit, die ich erledigen will, nun da Toph im Bett ist etc. Ich lüge und erzähle etwas von einem Anruf, den ich erwarte, weil ich nicht zu ihnen hinübergehen will, nicht ihre Freunde treffen und nicht unsere Geschichte ausbreiten will, warum wir hier leben und all das.

»Ach, komm schon. Nur auf ein Glas«, sagt Daniel. Er lädt mich immerzu ein, zu ihnen herüberzukommen. So freundlich er und Boona mit ihrer Willkommensaura auch sind, fühle ich mich doch eher zu dem Schwarzer Mann/weiße Frau-Paar hingezogen, das rechts von uns wohnt, mit ihren unbewegten weißen Gardinen, ihrer gemütlich verschlossenen Tür, den zwei Dobermännern. Sie reden nur selten mit jemandem, sind selten zu sehen – es ist so viel einfacher.

Ich bedanke mich bei Daniel und gehe wieder ins Haus.

Ich ziehe mich ins Wohnzimmer zurück, das Zimmer, das ich burgunderfarben gestrichen habe. Die Wände sind über und über bedeckt mit uralten Fotos von unseren Eltern, Großeltern, deren Eltern und ihren verschiedenen Zeugnissen, Anzeigen, Porträts, Stickereien, Radierungen. Ich setze mich auf die Couch, die ich hinten in der Hütte entdeckt habe, ein samtiges Teil, kastanienbraun, mit zerbrochenen Sprungfedern und absplitterndem Holz. Die meisten Antiquitäten, die wir behalten haben, stehen hier: die Stühle, der Sofatisch, der wunderschöne Schreibtisch aus Kirschholz. Es ist dunkel. Ich muss unbedingt die Büsche vor dem Haus beschneiden, weil sie so gewachsen sind, dass kaum noch Licht durch das Vorderfenster dringt, selbst am Tag nicht, so dass es hier düster ist, immerzu, Färberröte, die Wände blutrot. Ich habe noch keine Lampe gefunden, die in den Raum passt.

So vieles hat durch die Umzüge von Chicago in die Hügel, von den Hügeln hierher Schaden genommen. Zerbrochene Bilderrahmen, Glas, das in all den Kisten klirrt. Wir haben auch Sachen verloren. Ich bin beinahe sicher, dass uns ein Teppich fehlt, ein ganzer Teppich. Und so viele Bücher, von unserer Großmutter. Ich hatte sie in die Hütte gestellt, in den Kisten, in die wir sie gepackt hatten, bis ich hineinging, ungefähr vier Monate später, und ein Leck im Dach entdeckte; die meisten Bücher waren durchnässt und schimmelig. Ich versuche, nicht an die Antiquitäten zu denken – an das Regal aus Mahagoni, zerkratzt, oder den runden Sofatisch mit den Kerben, an den Stuhl mit dem bestickten Bezug und dem angebrochenen Stuhlbein. Ich möchte all dies aufheben und erhalten, doch gleichzeitig wünschte ich, es wäre nicht da – kann mich nicht entscheiden, was ich romantischer finde: Bewahrung oder Verfall. Wäre es nicht echt krass, einfach alles zu verbrennen? Alles auf die Straße zu werfen? Es ärgert mich, dass ich derjenige bin – warum nicht Bill? Oder Beth? –, der das ganze Zeug von Ort zu Ort schleppen muss, all die Kisten, die Dutzende von Fotoalben, das Geschirr und die Wäsche und die Möbel; unsere schmalen Schränke und die lecke Hütte quellen über von all den Sachen. Ich weiß, ich habe selbst angeboten, sie aufzuheben, habe darauf bestanden, wollte unbedingt, dass Toph zwischen all den Dingen aufwächst, erinnert wird … Vielleicht könnten wir die Sachen lagern, bis wir ein richtiges Haus haben. Oder alles verkaufen und neu anfangen.

»Hey«, ruft er aus seinem Zimmer.

»Was ist?«

»Hast du die Wohnungstür abgeschlossen?«

Normalerweise schließt er die Wohnungstür ab.

»Ich mach's schon.«

Ich gehe zur Wohnungstür und schiebe den Riegel vor.

V.
(Wo ist dein Bruder?)

Draussen ist es blau-schwarz und wird immer dunkler. Ein Mann kommt die Treppen herauf. Er ist unrasiert und trägt Sandalen und einen Poncho, der – davon kann man eigentlich ausgehen – aus Hanf gemacht ist. Ich möchte nicht mit diesem Mann sprechen. Ich habe mit dem Mann von der California Public Interest Research Group (CalPIRG) gesprochen. Ich habe den beiden vom Frauenhaus etwas gespendet, dem kleinen Jungen von der Jugendorganisation, der Frau von den Grünen, den Kids vom Boy Club und den beiden ernst dreinschauenden Teenys von der Anti-Atomwaffen-Organisation SANE/FREEZE. Das Berkeley-Typische an Berkeley, anfänglich wunderbar charmant, ist auf Dauer ermüdend.

Es klingelt.

»Geh du«, sage ich. »Ich bin nicht da.«

»Du sitzt doch genau daneben.«

»Ja, und?«

»Ja, und?«

»*Topher.*«

Er erhebt sich, ist auf Socken. Er wirft mir einen Blick zu.

»Sag ihnen, du bist allein zu Hause«, sage ich. »Du bist Waise.«

Er öffnet die Tür und sagt etwas zu dem Mann, und plötzlich steht der Mann in unserem Wohnzimmer. *Was habe ich dir gerade gesagt …*

Oh. Der Babysitter. Stephen.

Stephen absolviert ein Postgraduiertenstudium in Berkeley und stammt aus England oder Schottland. Oder Irland. Er ist ruhig, langweilt Toph zu Tode und hat ein Fahrrad mit einem riesigen geflochtenen Korb vorn am Lenker. Beth hat ihn an der Uni entdeckt; er hatte einen Aushang gemacht.

»Hey«, sage ich.

»Hallo«, sagt er.

Er bringt sein Fahrrad ins Wohnzimmer.

Ich gehe in mein Zimmer, um mich umzuziehen. Ich komme wieder zurück, erkläre, dass ich gegen Mitternacht wieder da bin ...

»Sag mal, könntest du auch bis eins bleiben?«

»Ich wüsste nicht, was dagegen spricht.«

»Gut. Dann lass uns eins sagen.«

»In Ordnung.«

»Aber vielleicht bin ich auch früher wieder da.«

»Okay.«

»Kommt drauf an, was so läuft.«

... und sage ihm, dass Toph gegen elf ins Bett gehen soll.

Dies ist das dritte Mal, dass Stephen zu uns kommt. Er ersetzt Nicole, die wir außerordentlich gern mochten – Toph mochte sie beinahe so gern, wie ich es mir von mir selbst erhofft hatte –, die jedoch vor wenigen Monaten ihr Studium abgeschlossen und die Frechheit besessen hat fortzuziehen. Zwischendurch war da auch noch Janie, eine Berkeleystudentin, die darauf bestand, dass Toph in ihre Wohnung im düsteren Hippieteil von San Francisco an der Telegraph Avenue kam, und die ganz in Ordnung war, bis sie eines Abends, nachdem sie und Toph in ihrem Flur mit einem Ballon Fußball gespielt hatten – von Janie kam er meistens schweißüberströmt nach Hause –, gewitzelt hatte: »Weißt du was, Toph, mit dir zusammen zu sein, macht Spaß. Wir sollten irgendwann mal ausgehen, ein Bier trinken ... «

Daher Stephen.

Ich drücke Toph einen Kuss auf den Kopf, genauer gesagt, auf seine umgedreht getragene Baseballkappe. Die Kappe riecht nach Urin.

»Deine Kappe riecht nach Urin«, sage ich.

»Tut sie nicht«, sagt Toph.

Tut sie doch.

»Tut sie doch.«
»Wieso sollte sie nach Urin riechen?«
»Vielleicht hast du draufgepinkelt.«
Er seufzt und nimmt meine Hände von seinen Schultern.
»Ich habe nicht draufgepinkelt.«
»Vielleicht aus Versehen.«
»Ach, halt die Klappe.«
»Du sollst mir nicht den Mund verbieten. Das hab ich dir schon mal gesagt.«
»Tut mir Leid.«
»Stephen«, frage ich, »könntest du mal bitte an dieser Kappe riechen und mir sagen, ob sie nach Urin riecht?«
Stephen nimmt die Frage nicht ernst. Er grinst nervös, macht aber keine Anstalten, an der Kappe zu riechen.
»Na dann«, sage ich. »Wir sehen uns später. Toph, wir ... na ja, wir sehen uns dann wahrscheinlich morgen.«
Dann zur Tür hinaus, die Treppe hinunter und ins Auto, und als ich rückwärts aus der Ausfahrt fahre, ist sie da, die übliche Euphorie ...
Ich bin frei!
... die mich ziemlich überwältigt. Oft lache ich laut auf, kichere, trommle auf das Steuerrad, grinse mir einen, lege die richtige Kassette auf ...
Dieses Mal hält sie zehn bis zwölf Sekunden an.
Und dann, sowie ich um die Ecke fahre, packt mich die Gewissheit, in einem blitzartigen Anfall blanker Hellseherei – es passiert jedes Mal, wenn ich ihn irgendwo zurücklasse –, dass Toph umgebracht werden wird. Natürlich. Der Babysitter verhielt sich bereits so merkwürdig, war zu ruhig, zu bescheiden. In seinen Augen flackerten Pläne. Natürlich. Von Anfang an völlig klar. Und ich habe alle Anzeichen ignoriert. Dabei hat mir Toph erzählt, Stephen sei ein bisschen merkwürdig, hat mehrfach sein beängstigendes Lachen erwähnt, das vegetarische Essen, das er mitbrachte und kochte, und ich hatte das lediglich mit einem Achselzucken abgetan. Wenn etwas passiert, ist es meine Schuld. Er

wird Schlimmes mit Toph anstellen. Er wird Toph Gewalt antun. Während Toph schläft, wird er irgendetwas mit Wachs und einem Seil machen. Die Möglichkeiten tauchen vor meinem inneren Auge auf wie die Memory-Bilder für Pädophile – Handschellen, Holzdielen, Clownskostüme, Leder, Videokassetten, Paketband, Messer, Badewannen, Kühlschränke …

Toph wird nie wieder aufwachen.

Ich sollte wenden. Das ist doch blöd. So ein Risiko einzugehen, ist völlig überflüssig. Ich brauch das nicht, ich muss nicht ausgehen. Es ist dumm, kindisch, inkonsequent. Ich muss zurück.

Nein, ich muss es tun. Es besteht kein Risiko.

Nein, es besteht doch ein Risiko.

Aber das Risiko ist es wert.

Ich öffne das Fenster und drehe die Stereoanlage lauter. Ich überhole zwei Wagen auf einmal, biege auf den Highway und zische ab in Richtung Bay Bridge, fahre mit unerlaubten 120 auf der linken Spur, am Wasser entlang.

Durch die Gebührenstelle und die Ampel, die Auffahrt hinauf, auf die Brücke. Jetzt kann ich nicht mehr zurück. Zur Linken die Oakland-Werften, ein Plakat, das zum Wassersparen aufruft.

Wenn ich nach Hause komme, wird die Tür weit offen stehen. Der Babysitter ist fort, es herrscht Stille. Und sofort weiß ich Bescheid. Überall hängt der Geruch von vollstrecktem Unheil in der Luft. Auf der Treppe zu Tophs Zimmer finde ich Blut. Blut an den Wänden, blutige Handabdrücke. Eine Nachricht für mich, von Stephen, höhnisch; vielleicht eine Videokassette mit all… Es wird meine Schuld sein. Sein kleiner Körper, verdreht, blau … Der Babysitter stand da und hatte bereits alles geplant … Als sie vor mir standen, hatte ich gespürt, dass etwas nicht in Ordnung war, hatte gewusst, dass etwas nicht stimmte, ich hatte gewusst, dass es nicht ganz richtig war … und trotzdem war ich gegangen. Was sagt uns das? Was für ein Monster … Jeder wird Bescheid wissen. Ich werde Bescheid wissen, ich werde mich nicht wehren. Es wird zu einem Verhör, zu einem Gerichtsprozess, einem Schauprozess kommen …

Wie haben Sie diesen Mann, diesen Babysitter kennen gelernt?
Über einen Aushang am schwarzen Brett.
Und wie lange hat Ihr Einstellungsgespräch gedauert?
Zehn, zwanzig Minuten.
Und das genügte?
Ja. Dachte ich.
Sie wussten also eigentlich gar nichts über diesen Mann, oder?
Ich wusste, dass er Schotte ist. Oder Engländer.
Oder Ire.
Möglich.
Und wohin gingen Sie, nachdem Sie Ihren Bruder in der Obhut dieses Mannes zurückgelassen hatten?
Aus. In Kneipen.
In Kneipen. Und was gab es in diesen Kneipen?
Freunde, Leute, Bier.
Bier also.
Ich glaub, die hatten so'n Angebot.
Ein Angebot.
Für Bier. Auf bestimmte Sorten.
Ach, wissen Sie, ich wollte einfach mal raus. Mir war ziemlich gleichgültig, was wir taten. Sie müssen wissen, dass ich zu dem Zeitpunkt nur etwa einmal die Woche ausging, maximal, eher einmal alle zehn Tage, so dass ich, wenn ich einen Babysitter für einen Abend bekommen konnte, an dem irgendetwas lief, mich förmlich ins Gewühl warf, möglichst früh aus dem Haus ging, um länger weg sein zu können, den Babysitter bat, schon um sechs, sieben, wann immer, aufzukreuzen, und dann raste ich in die Stadt, um dort mit irgendjemandem, ganz gleich mit wem, etwas zu essen – und wenn sie auch nur einfach herumhockten, meistens bei Moodie, Kabelfernsehen sahen, sich fertig machten, ich war dabei, auf der Couch, mit einem Bier aus dem Kühlschrank und genoss jeden Augenblick, weil ich nicht wusste, wann sich die Gelegenheit wieder ergeben würde, und die anderen waren ganz zwanglos, hatten keine Ahnung, was es für mich bedeutete, obwohl ich mich ein wenig manisch verhielt, ein wenig zu eifrig, zu

viel lachte, zu schnell trank, hoffte, dass irgendetwas geschehen würde, hoffte, dass wir irgendwohin gehen würden, wo es mir gefiel und die Nacht zu einer besonderen würde, was den Ärger rechtfertigte, die ständige Sorge, die schrecklichen Visionen – ich kam mir manchmal so losgelöst vor, verbrachte Wochen, ohne wirklich mit Leuten meines Alters zusammen zu sein …

Über der Brücke fallen die Querwinde ein. Ich drehe die Stereoanlage lauter. In der Ferne zu meiner Linken, den Fluss hinunter und einen Kilometer südlich schwimmen Tanker in der schwarzen Bucht, warten darauf, Oakland zu erreichen.

Ist es Mut, wenn ich bleibe?

Oder Mut, wenn ich gehe?

Verrat. Die Krankenwagen werden schon dort sein. Blaulicht überall. Die Nachbarschaft blinkend und leuchtend wie ein Rummelplatz … Aber in aller Stille. Nur die Lichter, das Geflüster. Alle fragen sie nach mir. *Wo sind die Eltern des Jungen? Sie sind was? Nun, wo ist dann der Bruder des Jungen? Er ist was?*

Rechts liegt Treasure Island, dann Alcatraz, dann die Meerenge und der Ozean. Durch den Tunnel gleiten wir wie Raumschiffe, Wagen, die die Fahrspur wechseln, hungrig suchend durch die Röhre schießen, schnell und seitwärts wie Wasserflöhe – und dann jenseits des Tunnels liegt die Stadt, Tausende von bunten Stiften, die in dem schwarzen Steckbrett der Nacht stecken.

Es wird einen kleinen Sarg geben. Ich werde an der Beerdigung teilnehmen, aber alle werden Bescheid wissen. Sie werden mich anklagen und verurteilen, und ich werde auf dem elektrischen Stuhl sterben. Oder erhängt werden; ich werde erhängt werden, weil ich den Schmerz will, langsam, mit brennenden, platzenden Venen …

Oh, aber die peinliche Erektion zum Schluss …

Im braunen Licht der höhlenartigen Bar sucht Brent immer noch einen Namen für seine Band. Momentan nennen sie sich *The Gods Hate Kansas*, nach einem Sciencefictionroman aus den 60er

Jahren, aber so heißen sie schon seit beinahe sechs Monaten, und es wird Zeit für etwas Neues. Er zieht Hölzchen, um zwischen den Alternativen auszuwählen, die er auf ein langes, schmales Blatt Papier geschrieben hat, wie auf eine kleine Papierrolle.

Scott Beowolf
Van Gogh Dog Go
Jon & Pontius Pilatus
Jerry Louis Farrakhan
Pat Buchanitar
Kajagoogubernatorial Process
Spike Lee Major Tom Dick and Harry Connick, Jr. Mints

Die meisten Vorschläge ähneln sich; das Verschmelzen zweier oder mehrerer kultureller Elemente, idealerweise eines niveauvollen mit einem weniger niveauvollen, ist das selbstgefällig clevere, ganz und gar nichtssagende Ergebnis. Es gibt andere Bands, meistens aus der Gegend, die ihre Fahne bereits auf diesem Territorium gehisst haben: JFKFC, Thomas Jefferson Slave Apartments, Prince Charles Nelson Reilly.

Brent und ich und alle anderen stehen auf der oberen Galerie der Kneipe und schauen auf die Köpfe der etwa hundert Leute hinab, die unter uns stehen, während wir hausgebrautes Bier trinken. Dass das Bier hausgebraut ist, wissen wir, weil direkt vor uns, hinter der Bar, drei riesige Kupferkessel mit allerlei Schläuchen stehen. So wird Bier gemacht.

Sie sind alle da: Brent, Moodie, Jessica, K. C., Pete, Eric, Flagg, John – alles Leute aus der High School, aus der Zeit vor der High School, aus der Grundschule oder noch früher, alle aus Chicago, alle soeben den ersten Abschluss in der Tasche, und alle leben sie hier – sie sind der Beweis einer unerklärlichen Massenmigration, wobei fünfzehn von uns bereits hier sind und andere Monat für Monat in San Francisco landen, aus verschiedenen Gründen, aus keinem bestimmten Grund. Der Arbeitsmarkt kann es jedenfalls nicht sein, denn der ist alles andere als anziehend. Momentan halten wir uns alle gerade so über Wasser, mit Zeitarbeit, mit allem, was sich bietet. Jessica arbeitet als Kindermädchen in Santa Rosa.

K.C. unterrichtet die sechste Klasse einer katholischen Mädchenschule. Eric macht ein Postgraduiertenstudium an der Universität Stanford, und Pete, der irgendeinem dubiosen Freiwilligencorps (oder -kult?) der Jesuiten angehört, lebt mit einem halben Dutzend ebenfalls Rekrutierten in Sacramento, wo er für die Häftlingslobby Prisoner's Rights Union arbeitet und eine beliebte Zeitschrift namens *The California Prisoner* ediert.

Die Anwesenheit all dieser Leute ist sowohl irreal als auch ungemein tröstlich. Für Toph und mich sind sie die einzige Verbindung zu unserer Heimat, denn schon jetzt, kaum ein Jahr, nachdem wir aus Chicago fortgezogen sind, ist der Kontakt zu sämtlichen Freunden und Bekannten unserer Eltern eingeschlafen, selbst zu den Freunden unserer Mutter. Was merkwürdig ist, wie zumindest Beth und ich fanden – wir hatten erwartet, unsere Schritte würden intensiver beobachtet und überwacht werden. Aber vielleicht ist es besser so. Die anfänglichen Unterhaltungen und der briefliche Austausch, wenn er denn stattfand, waren immer unbeholfen, schwerfällig, die Sorgen der anderen greifbar und kaum verhohlen, voll des unausgesprochenen Misstrauens.

Diese Leute aber, diese Freunde, sie schaffen für uns und für Toph eine verdrehte Welt mit Pseudo-Cousinen, -Tanten und -Onkeln. Sie essen mit uns, machen Ausflüge zum Strand mit uns; die Frauen, K. C. und Jessica, kaufen uns Küchenutensilien, kommen vorbei, um diskret aufzuräumen, die Betten zu machen, das Geschirr aus dem Spülbecken und den Schlafzimmern zu räumen, sind jederzeit erreichbar, wenn es darum geht, wie man Mais kocht oder Rindfleisch auftaut. Und sie alle kennen Toph seit seiner Geburt, haben ihn schon im Arm gehalten, als er noch kahl war, und wundern sich nicht über seine Anwesenheit bei Kinobesuchen, Barbecues oder sonstigen gemeinschaftlichen Aktivitäten. Und auch er kennt sie, erkennt sie am Telefon an ihren Stimmen, an ihren Autos in der Auffahrt, erinnert sich an die meisten Worte unserer Talentvorführung an der High School, für die wir alle zusammen monatelang im Keller geprobt haben. Damals war Toph ungefähr vier oder fünf Jahre alt, aber er war bei jeder Probe dabei, bekniete unsere Mutter, jede Minute dabei sein zu dürfen, beobachtete uns von der Treppe aus und kicherte wie verrückt. Er konnte jedes Wort auswendig.

Und deshalb versuche ich, diese Leute so oft wie möglich nach Berkeley zu locken, möchte sie um mich haben, nicht nur als Unterhaltung für mich, sondern auch um der Kontinuität willen, als Großfamilienersatz, und jeden mit einer Rolle versehen: Da ist die Tante, die kocht, die Tante, die singt, der Onkel, der einen Trick vorführt, bei dem er einen Stapel von Viertel-Dollar-Münzen auf seinen angewinkelten Ellbogen legt, den Arm dann blitzschnell streckt und die Münzen mit der Hand auffängt. Und sie kommen tatsächlich zu uns, freiwillig wie auch unfreiwillig. Moodie beispielsweise ist pausenlos bei uns, hat in letzter Zeit mindestens drei Nächte die Woche auf unserem Sofa übernachtet. Wir sind seit der High School eng befreundet, haben uns das Pulver gegen Schweißfüße geteilt, Aknemittel verglichen – wir litten beide unter heftigem Befall – und in seiner Kellerwohnung Miller-Genuine-Draft-Bier getrunken. Anknüpfend an unser außerordentlich erfolgreiches Geschäft in der High School mit gefälschten Ausweisen – wir waren die ersten in der Stadt, die mit der damals neuen Macintosh-Technologie umzugehen wussten, was vernichtend für die Konkurrenz war, die immer noch mit Polaroids und Karton herumhantierte – haben wir von meinem Hinterzimmer aus eine winzige Firma für Graphikdesign gegründet, die wir Gigantic Design Association genannt haben, mit allem Drum und Dran, lasergedrucktem Briefpapier und Visitenkarten mit erhabenen, glänzenden Buchstaben ($ 39,99 für 500 Stück), eine Firma, die Kunden anspricht, die ähnlich wie die Abnehmer unserer gefälschten Ausweise ihre Sache schnell und billig erledigt wissen möchten und nur wenig dagegen einzuwenden haben, wenn das Ergebnis vor Fehlern nur so strotzt und …

»Danke.«

John hat mir ein Bier gebracht.

John kenne ich seit Ewigkeiten.

Er ist schön braun, wie immer. Er war schon immer gerne braun.

Er ist im selben Viertel wie wir aufgewachsen, und unsere Eltern waren befreundet. Ich kenne ihn, seit ich überhaupt jemanden kenne. Es gibt Fotos, da sitzen wir unter dem Küchentisch und essen Eis, da bin ich in ihrem Garten und trinke mit einem Strohhalm Wasser aus der Vogeltränke. Mit neun, zehn Jahren verfassten wir gemeinsam gewissenhafte Briefe an die Hersteller von Lego, in denen wir ihnen Verbesserungsvorschläge zu ihrer Gestaltung machten und Ideen für neue Produkte anboten. Ich war in seiner Familie ebenso zu Hause wie er in meiner, und selbst in der Junior High School und danach, als wir uns immer weniger zu sagen hatten, waren wir immer noch unentwirrbar miteinander verbunden, waren aneinander gefesselt. Unsere Schränke waren voll von Kleidungsstücken, die wir jeweils vom anderen geliehen hatten.
Seine Eltern sind auch tot. Seine Mutter, eine große, laute Blonde, wurde vom Krebs mundtot gemacht, als wir in der achten Klasse waren, ein Riesendurcheinander, das ihn unserer Familie noch näher brachte. Fünf Jahre später, nachdem er ein Jahr an der Pennsylvania University verbracht hatte, wechselte er nach Illinois, um näher bei seinem Vater zu wohnen, dem es nicht gut ging, der einen Schlaganfall gehabt hatte und wegen Depressionen in Behandlung war ... Und ein Jahr darauf trat auch er ab, eine Hirnblutung, ein einziges beschissenes Durcheinander, in dem wir saßen – es geschah nur wenige Monate nach meinem eigenen Vater, das ganze Jahr düster für uns beide; zu der Zeit trafen wir uns nicht oft – das machte es nur schlimmer, der Anblick des anderen war Anlass für verächtliches Schnauben und flapsige Bemerkungen.
Nach der Beerdigung seines Dads blieb John nur ein paar Tage fort, war am Mittwoch wieder im College.
»Du bist wieder da«, sagte ich.
»Yeah«, sagte er.
Für ihn gab es keinen anderen Ort, wo er hätte hingehen können.
»Was ist mit deinen Knöcheln?« Sie waren mit Schnitten und Krusten übersät.
»Ach, ich hab ein Fenster eingeschlagen. Du weißt schon.«

»Ja«, sagte ich.
Und jetzt ist er hier und lebt zur Zeit in Oakland. Nach seinem Abschluss hatte er es zunächst in Chicago versucht, war es aber bald satt, immer den Leuten aus Champaign in die Arme zu laufen. Sie waren alle dort, das ganze College – nur wenige haben es geschafft, den Bundesstaat zu verlassen. Für die meisten war Chicago das Land des Zauberers von Oz, alles, was darüber hinausging, war China oder der Mond.
»Und? Wie geht's Toph!«, fragt er.
»Gut«, sage ich.
Zangen, Handschellen …
»Wo ist er eigentlich!«, fragt er.
Farbverdünner, Vaseline …
»Zu Hause. Mit nem Babysitter.«
Anderes Zeugs … *Zeugs, das er von Schottland mitgebracht hat!* …
»Oh.«
Ich wechsle das Thema.
»Was macht die Jobsuche?«
»Ich weiß nicht. Vielleicht ganz gut. Ich war gerade beim Berufsberater.«
»Beim was?«
»Bei einem Berufsberater.«
»Was heißt das?«
»Das ist so'n Typ, der dir hilft, herauszufinden …«
»Ja, das weiß ich, aber wie geht das?«
»Na ja, du erzählst ihm, was dich interessiert, dann gibt er dir einen Fragebogen, und du füllst ihn aus.«
»So was wie ein Multiple-Choice-Test?«
»Ja. Er hat ungefähr drei Stunden gedauert.«
»Er macht mit dir einen Test, um herauszufinden, was für eine Art von Job du willst?«
»Genau.«
»Du machst Witze.«
»Warum sollte ich Witze machen?«

Wir beobachten die Menschenmenge unter uns. Sie tragen Kleider, die sie secondhand im Mission-Viertel gekauft haben oder für das Doppelte in Haight. Sie haben die ersten zwei Knöpfe ihrer engen Kunststoffhemden aufgeknöpft, unter denen sie T-Shirts mit den Logos fiktiver Firmen tragen. Sie haben sich das Haar abrasieren oder eine kunstvoll unordentliche Westerberg-Frisur legen lassen. Unter ihnen sind auch einige junge Männer von Stanford, mit hellblauen Oxford-Hemden und kurzem, gegeltem Haar, außerdem kleine Frauen in großen Schuhen und engen, gerippten Oberteilen.
Alle reden sie. Einige Leute sind mit Freunden gekommen und reden mit den Freunden, mit denen sie gekommen sind. Sie haben sich mit Leuten von der Arbeit getroffen. Sie schauen in die Gesichter, die sie jeden Tag sehen, und sagen Dinge, die sie schon hundert Mal gesagt haben. Wie wir halten auch sie in ihren Händen ein Glas hausgemachtes Bier.
»Sollen wir etwas zu essen bestellen?«, fragen wir/sie.
»Ich weiß nicht. Sollen wir?«, sagen wir/sie.
Von hier aus, von der Galerie der Kneipe, sieht man, wie sich ihre Münder bewegen, aber ihre Worte sind nur ein Stöhnen, ein anhaltendes, monotones Stöhnen, eine Art Muhen, gelegentlich unterbrochen von spitzen Ausrufen wie »Ohmeingott!«
Es gibt zu viele von ihnen, von uns. Zu viele, zu ähnlich. Was machen die alle hier? Dieses ganze Herumgestehe, -gesitze, -gerede. Hier gibt's noch nicht einmal einen Billardtisch, Darts oder sonst etwas. Nur diese Zeittotschlagerei, dieses Abhängen, diese Biersauferei aus dicken Gläsern …
Sollte ich etwa hierfür alles riskiert haben?
Irgendetwas muss geschehen. Etwas Monumentales. Das Erstürmen von irgendetwas, einem Gebäude, einer Stadt, einem Land. Wir sollten alle bewaffnet sein und kleine Länder erstürmen. Oder rebellieren. Oder nein: eine Orgie. Wir sollten eine Orgie feiern. All die Leute … wir sollten die Türen schließen und das Licht dämpfen und zusammen nackt sein. Wir könnten alle zusammen den Anfang machen, mit K.C. und Jessica, und dann sehen, wie

sich die Dinge entwickeln. Das wäre all das wert. Wir könnten die Tische beiseite schieben, ein paar Sofas hereinbringen, Matratzen, Kissen, Handtücher, Stofftiere …

Aber das hier … das ist obszön. Wie können wir uns nur erdreisten, einfach so herumzustehen und über nichts zu reden, statt als riesige Menschenmenge loszurennen, auf ein Ziel zu, auf etwas Enormes, es umzurennen? Warum gehen wir überhaupt aus, finden uns in solchen Mengen hier zusammen, ohne dass wir Dinge in Brand setzen, sie einreißen? Wie können wir uns erdreisten, nicht die Türen zu verschließen, die weißen Glühbirnen mit roten auszutauschen und eine große Orgie anzuzetteln, das fröhliche Verschmelzen Tausender von Armen, Beinen, Busen?

Wir verschwenden unsere Zeit.

Was gibt es eigentlich noch zu reden?

Pete schlängelt sich zu mir durch.

»Hi, du«, sagt er mit dem leichten britischen Akzent, den er sich in der High School zugelegt hat.

»Sag mal«, fragt er, »wie geht's dem jungen Toph?«

»Gut«, sage ich.

»Wo is er überhaupt?«

Ich liebe Pete, und er meint es nicht böse, aber was soll diese Frage? Was soll diese Frage zweimal an einem Abend? Ähnlich wie der »Was bist du für ein guter Bruder!«-Refrain ist »Wo ist dein Bruder?« irgendwie zu einer Standardfrage geworden, ohne innere Logik. Warum fragt man mich, wenn ich auf einer Party bin, wenn ich trinken und Orgien anregen will, wo mein Bruder ist? Was für eine Antwort könnte Pete, könnte John erwarten? Eine lächerliche Frage. *Wie* ist okay. *Wie geht's deinem Bruder?* macht Sinn und kann leicht beantwortet werden: Toph geht's gut. Aber was soll das *Wo*?

»Zu Hause«, sage ich.

»Oh. Mit wem?«

Rasierklingen, Kettensägen, Kühltruhen …

»Ich muss los.«

Ich bahne mir einen Weg zum Klo.

Diese Fragen. Diese Leute sollten es besser wissen. *Sind alle meine Freunde Idioten?*

Auf der Toilette pinkelt jemand ins Waschbecken. In dem Moment, in dem ich bemerke, dass da jemand ins Waschbecken pinkelt, bemerkt mich dieser Jemand seinerseits und denkt natürlich, ich hätte auf sein Glied gestarrt, was ich nicht getan habe, das dort auf dem Rande des Waschbeckens saß wie ein gerade geschlüpftes Küken, lila und verschrumpelt und nach Wasser verlangend.

Ich will mich sofort wieder entfernen, bis mir einfällt, dass ich dadurch noch verdächtiger würde, als sei ich *extra* zu den Toiletten gegangen, um den Penis dieses Mannes auf dem Rand des Porzellanbeckens zu sehen, und könne nun, da dies erledigt sei – *ja, sehr schön* – wieder gehen. Ich gehe in eine Kabine und mache die Tür hinter mir zu. Und dort, auf Augenhöhe, entdecke ich einen unserer Aufkleber.

SCHEISS AUF DIE ARSCHLÖCHER
MIGHT MAGAZINE

Moodie und ich haben die Aufkleber vor einem Monat entworfen, sie dann Freunden in die Hand gedrückt mit der Bitte, sie in Toiletten, an Wänden, Straßenlaternen, Autos anzubringen. Diese Aktion war der erste Schritt einer vorausgehenden dreimonatigen Werbekampagne, die das Wort »Might« verbreiten sollte, bis es in aller Munde war. *Was ist das: Might?,* sollen sie neugierig fragen. *Ich weiß es nicht, aber sowie es raus ist, werde ich Näheres wissen wollen.*

Wir hatten nicht lange darüber reden müssen, was auf dem Aufkleber stehen sollte. Es lag auf der Hand, und was uns betraf, war damit alles gesagt:

SCHEISS AUF DIE ARSCHLÖCHER

Aber jetzt, da ich mir diesen schief auf den grauen Hohlziegeln klebenden Aufkleber anschaue, erkenne ich ein Problem: Es wird nicht klar, auf wen geschissen werden soll. Wer sind die Arschlöcher, auf die geschissen werden soll? Oh, Scheiße. Klar, natürlich sollte der Satz ziemlich vage sein, damit mit den ›Arschlöchern‹ beinahe jeder gemeint sein konnte – andere Zeitschriften, Arbeitgeber, Eltern, Hippies, der Gemüseladen an der Ecke. Aber jetzt reckt ein schrecklicher Zweifel sein Haupt: Gibt der Aufkleber seinem Leser etwa zu verstehen, er soll auf *uns* scheißen?

Oh Gott, ja, das tut er, das tut er. Immerhin steht da, gleich nachdem der Leser ersucht wird, auf die Arschlöcher zu scheißen, »Might Magazine«. Wir sind die, auf die geschissen werden soll! Da gibt's gar keinen Zweifel!

Das ist eine Katastrophe. Wir haben die Stadt förmlich mit Aufklebern zugepflastert, die Leute auffordern, auf uns zu scheißen. Es gibt so viele Möglichkeiten, wie wir das anders hätten ausdrücken können. Zum Beispiel:

MIGHT MAGAZINE MEINT:
SCHEISS AUF DIE ARSCHLÖCHER

Oder

»SCHEISS AUF DIE ARSCHLÖCHER«,
MEINT DAS MIGHT MAGAZINE

Oder

SCHEISS AUF DIE ARSCHLÖCHER
(MIT »DIE ARSCHLÖCHER« SIND NICHT DIE LEUTE VOM MIGHT MAGAZINE GEMEINT, DIE HERSTELLER DIESER AUFKLEBER, DIE GUTE MENSCHEN SIND UND AUF DIE NICHT GESCHISSEN WERDEN SOLLTE.)

Das ist furchtbar, das ist ein Mega-GAU. Wir haben bereits 500 dieser Dinger gedruckt. Ich beuge mich über die Toilette und versuche, diesen Aufkleber abzuziehen – ich werde jeden einzelnen per Hand entfernen! –, aber ich bekomme nur lächerliche Fetzen ab. Ich knibble und knibble, ohne ersichtlichen Erfolg, meine Fingernägel schwarz vor Klebstoff. Und ich baumle immer noch durch den offenen Hosenstall heraus.

Als ich aus der Kabine herauskomme, ist der Lila-Küken-Penis-Mann verschwunden, und als ich zu unserer Ecke an der Balustrade zurückkehre, ist die Hälfte der Leute fort; Deirdre steht allein da. Wir plaudern zwei, drei Minuten unverbindlich, bevor sie sagt:

»Und, wie geht's deinem kleinen Bruder?«

»Danke, gut.«

Mich beschleicht eine leichte Sorge, aber es ist ausgeschlossen …

»Wie heißt er noch mal?«

»Toph.«

… dass sie jemals …

»Wo ist er eigentlich!«, fragt sie.

Himmel noch mal. Diese Leute. Ich schaue auf die Menschenmenge hinunter, auf all die dummen Leute dort unten.

»Toph? Oh, den habe ich seit Wochen nicht mehr gesehen.«

»Wie meinst du das?«

»Ich meine, dass der wahrscheinlich mittlerweile irgendwo in Dakota ist.«

»Was?«

»Ja, es ist echt furchtbar. Er ist einfach eines Tages abgehauen. Per Anhalter. Quer durch's Land, mit einigen Freunden.«

»Du machst Witze.«

»Schön wär's«

»Das tut mir aber Leid.«

»Ach, macht nichts. Es ist sicher auch meine Schuld, denke ich. Er war ein bisschen sauer auf mich, denke ich. Klarer Fall von Pubertätskrise.«

»Was meinst du damit?«

Während dieses Wortwechsels habe ich immerzu nach unten geschaut und einen Mann mittleren Alters mit Barett und schwarzer Lederjacke beobachtet, der zwei junge Studentinnen umgarnt, der arme Mann, der nicht weiß, dass für ihn längst alles vorbei ist, für immer, mit Barett und allem. Ich werfe Moodie einen Blick zu, um sicherzugehen, dass er uns nicht zuhört. Er würde mich umbringen. Er achtet nicht auf uns, und so schaue ich zu Deirdre auf, sowohl aus dramaturgischen Gründen als auch um zu sehen, ob sie noch zuhört.

Das tut sie, also fahre ich fort. Warum ich fortfahre, weiß ich nicht genau. Die Leute stellen Fragen, und noch ehe ich eine wahrheitsgemäße Antwort formulieren kann, lüge ich. Ich lüge, was den Tod meiner Eltern angeht – »Erinnerst du dich an dieses Bombenattentat auf die Botschaft in Tunesien?« –, was mein Alter angeht – ich sage grundsätzlich einundvierzig –, wie alt Toph ist, wie groß er ist; überhaupt bekommen sie, wenn sie nach ihm fragen, die ausgefallensten Lügen zu hören – er habe gerade einen Arm verloren, er habe den Verstand eines Kleinkindes, eines Halbidioten, eines Typen aus Wisconsin (die Wendung benutze ich nur in seiner Gegenwart); dass er bei der Marine sei, im Gefängnis, in der Jugendvollzugsanstalt, wieder draußen, dass er Crack verkaufe – »Ach, du brauchst ihm nur ein wenig Crack zu geben, und schon strahlt er!« –, dass er in der Mannschaft der Continental Basketball Association spielt.

»Na ja, er hatte Ärger in der Schule«, erzähle ich Deirdre.

»Was für Ärger?«

»Na ja, du weißt doch, dass Waffen in der Schule nicht erlaubt sind.«

»Klar.«

»Na ja, und ich hatte ihm auch gesagt, er solle seine Waffe nicht in die Schule mitnehmen. Ganz einfach. Ist allgemein bekannt. Man kann damit zu Hause herumspielen, in der Nachbarschaft, wo immer, habe ich ihm gesagt, aber nicht in der Schule, denn eine Vorschrift ist eine Vorschrift, nicht wahr?«

»Moment mal: Er hat eine Waffe?«

»Ja, sicher. Klar.«

»Wie alt ist er denn?«

»Neun. Beinahe zehn.«

»Oh. Und haben sie ihn mit der Waffe erwischt?«

»Ach, es war viel schlimmer. Toph ist nämlich ziemlich jähzornig, weißt du, und dieser Junge, Jason irgendwas, hatte ihn genervt, hatte irgendein nerviges Lied gesungen, den ganzen Tag lang, was Toph *überhaupt* nicht witzig fand, und schließlich ist er einfach durchgedreht – bäng, einfach so, schnappt er sich die Waffe aus seinem Schrank und verpasst dem Jungen eine Breitseite.«

»Oh, mein Gott.«

»Yeah, ich weiß.«

Nein, erzähle ich ihr, Klein-Jason sei nicht tot, ihm gehe es wieder gut, sei vor einer Woche aus dem Koma aufgewacht. Und dass ich Toph selbstverständlich das Privileg, eine Waffe haben zu dürfen, entzogen und ihn im Übrigen beinahe zu Tode geprügelt hätte, ich sei so eifrig bei der Sache gewesen, dass irgendetwas in seinem Bein gerissen sei, eine Sehne vielleicht, und er auf den Boden gefallen sei, gequiekt habe wie ein Schwein, nicht mehr habe aufstehen können und in die Notaufnahme habe gebracht werden müssen. Dass irgendein Arzt uns, während wir dort waren, verpfiffen haben müsse, weil so'ne Polizistin aufgetaucht sei und …

»Wie hast du der Polizistin denn das mit seinem Bein erklärt!«, will Deirdre wissen.

»Och, das war leicht. Ich habe ihr erzählt, Toph und ein Freund hätten sich gegenseitig mit nassen Handtüchern auf die Beine geschlagen.«

»Und das hat sie dir abgekauft?«

»Ja, klar. Ja, klar. Du kannst dir nicht vorstellen, was uns die Leute alles abkaufen, wenn sie erst einmal unsere Geschichte kennen. Im Grunde sind sie auf praktisch alles gefasst – glauben alles, weil sie verunsichert worden sind und sich immer noch fragen, ob das wohl alles so stimmen mag, unsere ganze Geschichte, sind sich aber nicht sicher und haben unheimliche Angst, uns vor den Kopf zu stoßen.«

»Yeah«, sagt sie, ohne zu begreifen. Ich beschließe, zum Ende zu kommen.

»Jedenfalls lief er dann drei Wochen mit Krücken herum, war echt sauer auf mich und so, hatte echt ne Riesenwut auf mich, und dann, zack, kaum ist er die Krücken los, haut er ab.«

»Per Anhalter.«

»Genau.«

»Das tut mir echt Leid. Hör mal, wenn ich irgendetwas tun kann …«

»Da ist etwas.«

»Ja?«

»Erzähl Moodie nichts davon.«

»Okay.«

»Er macht sich sonst nur Sorgen.«

Er wird mich umbringen. Ich gehe besser. Sie wird es ihm erzählen, und dann wird er mich umbringen. Er wird mir eine verpassen. Er wird mir so eine verpassen wie damals in der High School, nach dem Klassentreffen, als ich betrunken am See war und auf ihn fiel – aus einem Baum. Er wird mir eine verpassen, wie er mir damals eine verpasst hat – einen wohlplatzierten Fausthieb vors Brustbein, der eine kurze, simple Botschaft vermittelt – du bist ein Arschloch –, die ich noch Monate darauf spürte, bei jedem Atemzug.

Ich finde meinen Wagen und fahre durch die Stadt, geblendet, verhöhnt von all den entgegenkommenden Scheinwerfern – wahrscheinlich war das nicht nett, was ich da gerade mit Deirdre gemacht habe; ein Therapeut würde sagen, das sei nicht nett gewesen –, die 9th Street hoch, über die Market Street, die Franklin entlang und hinunter ins Cow-Hollow-Viertel, wo Maida lebt. Den Hügel hinunter und an ein paar Blocks vorbei und schon kommt ihre türmchenverzierte Wohnung im zweiten Stock in Sicht. Maida lebt im obersten Stock eines riesigen hellblauen Hauses auf der Gough Street, ein paar Blocks jenseits der Union Street, in einer Wohnung, die sie gemeinsam mit ihrer Mutter eingerichtet hat, komplett mit Topflappen und Vorhängen und ungefähr einhundert extradicken Kissen. Mein Plan ist, in ihrem Bett zu landen. Ihr Bett ist riesig und hat Bettpfosten.

Ich parke auf der gegenüberliegenden Seite der Straße, die einen Neigungswinkel von fünfundvierzig Grad hat, und halte nach Licht in ihren Fenstern Ausschau. Es ist dunkel. Ihre kleine Plastikeule steht noch auf der Feuerleiter. Sie schläft. Nein, nein, dort in der Küche scheint ein schwaches Licht. Ein Fernseher? Vielleicht ist sie noch auf. Vielleicht war sie aus und ist gerade nach Hause gekommen und noch auf. Es ist erst halb zwölf – *ach, endlich drinnen sein!* Nein, nein, nein. Das ist bescheuert. Ich fahre um den Block. Ich habe keinen Grund, hier zu sein.
Ich wende und fahre zurück. Ich werde mir etwas einfallen lassen. Ich parke in der Auffahrt hinter ihrem Wagen und springe die Holzstufen zum Eingang des Hauses hinauf und klingle. Ich werde sagen, dass ich bei ihr schlafen will. Ich werde sagen, dass ich bei ihr schlafen muss – dass ich mich zu Hause ausgeschlossen habe. Das ist mir echt peinlich, werde ich sagen, nervös kichernd. He, he. Eins dieser merkwürdigen Dinge, die einem so passieren, werde ich sagen. War in der Nähe, war in der Stadt, als es mir einfiel. Toph ist bei Beth, werde ich sagen. Tut mir Leid. *Wie geht es dir? Hast du schon geschlafen?*
Sie wird mich hereinlassen. Wir werden zum Strand gehen, wie das letzte Mal, das letzte Mal, als ich um Mitternacht aufkreuzte, in Not. Als ich sie bat, mit zum Strand zu kommen, war sie schon im Schlafanzug, fand die Idee aber ganz aufregend, hatte sich angezogen, und während sie sich anzog, hatte ich Bananen, Feigenplätzchen und eine Flasche Wein eingepackt. Sie nahm Decken mit, und als wir ins Auto stiegen, dunkel, die Sitze kalt, schalteten wir die Heizung an, hielten uns fest an den Händen und gaben Gas über die Golden Gate Bridge und durch die Headlands, die schwarze Straße wie eine Schlange, die sich durch lilafarbene Hügel wand, als fahre man die Umrisse gewaltiger schlafender Körper ab. An den heruntergekommenen Militärgebäuden aus Holz, den Schießtürmen hoch über dem Pazifik vorbei, und weiter bis zum Strand beim Fort Cronkite. Wir parkten neben den dunklen Kasernenbaracken, stiegen aus und zogen unsere Schuhe aus und überquerten diesen kleinen See über die graue Holzbrücke – so

laut – und der Ozean war schwarz, der Wind blies direkt vom Wasser her. Wir kuschelten uns unter die Decken, immer noch barfüßig, und wärmten unsere Hände unter den Achseln des anderen …

Sie reagiert nicht auf das Klingeln.

Sie wird den Kopf schütteln, wenn sie mich sieht, aber sie wird mich hereinlassen. Ich drücke noch zwei Mal auf die Klingel. Ich drehe mich auf dem Absatz um und blicke auf die Straße.

Ein Auto, schwarz und glänzend, kommt den Hügel hinaufgefahren und hält an der Ecke. Drinnen sitzt eine Frau, vielleicht fünfunddreißig, schick gemacht und alleine. Sie zieht die Handbremse und kramt in ihrer Handtasche. Ich stehe keine sieben Meter von ihr entfernt. Sie wird aufblicken und in meine Richtung schauen. Sie wird zum Hauseingang aufschauen und mich sehen. Sie wird die Beifahrertür öffnen und mich auffordern mitzukommen und ihr in ihrem Bett Gesellschaft zu leisten. *Ich hatte gehofft, du würdest fragen*, werde ich sagen, mit so einer samtigen Stimme. Was wir machen, wird mir egal sein, alles wäre mir recht, nichts ist auch okay. Es ist mir einerlei. Ein Bett mit Platz und Wärme und ihre Beine verschlungen mit den meinen. Ich werde sagen, wie kalt ihre Zehen sind, und sie wird sie gegen meine Beine reiben …

So etwas kommt vor.

Die Frau findet, was sie in der Handtasche gesucht hat, löst die Handbremse, fährt den Hügel hinauf und wendet. Maida ist nicht zu Hause. Ich verschwinde.

Auf der Union Street schließen die Kneipen gerade, und es wimmelt von Menschen. Julie kellnert in einer Bar namens Blue Light, die, mal davon abgesehen, dass sie in genau jenes Licht, von dem der Name spricht, getaucht ist, voller Spiegel und Leute in College-Schuhen und weißen Hosen ist. Julie habe ich auf Moodies letzter Fete kennen gelernt; ich werde bei ihr vorbeischauen. Ich werde so tun, als suchte ich dort jemanden, oder ich werde einfach ganz direkt sein und ihr erklären, ich sei gekommen, um sie zu sehen, weil ich plötzlich an sie denken musste und sie sehen wollte. Das wird ihr gefallen. Sie wird überrascht sein und sich geschmeichelt fühlen. Vielleicht wird sie es sogar sagen: *Ich bin überrascht und geschmeichelt!*

Ich parke fünf Blocks weiter. Auf der Union Street drängeln sich lauter Leute in weißen Hosen und College-Schuhen. Leute aus Marin County, New York, Europa. Der Türsteher am Eingang will mich nicht reinlassen. Ich habe meinen Führerschein im Auto vergessen.

»Ich brauch nen Ausweis.«

»Ich weiß, aber …«

»Tut mir leid. Verschwinde.«

»Ich will doch nur …«

»Mach ne Kehrtwendung. Und zisch ab.«

Natürlich male ich mir aus, wie ich ihn umbringe. Aus irgendeinem Grund mit einem überdimensionalen Schwert. Ich schlage ihm einfach seine kahle Melone vom Hals.

»Jetzt hör mal zu, es ist doch nur … Ist Julie da?«

»Nein.«

»Ist sie schon weg?«

»Hat heute nicht gearbeitet.«

Ich gehe zum Auto zurück, an mehreren Dutzend Leuten in weißen Hosen vorbei. Einige Einsame in khakifarbenen Hosen. Ach, wenn doch nur irgendetwas geschähe. Nie geschieht etwas. Als ob irgendeine furchtbare Maschine nur zulässt, was vorgesehen ist.

Ich gehe zur White Hen Pantry, um deren öffentliches Telefon zu benutzen. Ich werde Meredith anrufen. Meredith wird mit mir losziehen.

Sie hebt ab. Ich frage sie, was so läuft. Sie sagt, dass nichts läuft. Ich frage sie, was sie gerade macht. Sie sagt, dass sie nichts macht. Ich frage sie, ob sie Lust hat, etwas zu machen. Sie sagt okay.

Meredith und ich sind nie mehr als gute Freunde gewesen; und seit dem College, während sie in L.A. lebt und ich hier, telefonieren wir lediglich miteinander. Sie ist für eine Woche auf Besuch, wohnt in der Nähe des Haight-Viertels.

Ich hole sie ab. Wir laufen zu Nickie's. Es ist eng, voller Körper und siedend heiß …

»Wir sollten wohl tanzen, oder?«

»Ich muss noch etwas trinken«, sagt sie.

... und nachdem wir an der Bar etwas getrunken haben, das Zeug hinuntergekippt, wie unbeaufsichtigte Schüler vor dem Sommerball, tanzen wir. Unbeholfen, gegen andere Körper stoßend, sofort heftig schwitzend. Die Menge drängt sich auf einer kleinen Tanzfläche, so dass wir eng zusammen tanzen müssen. Auf der Suche nach etwas mehr Platz schieben wir uns in eine Ecke, unter einen Lautsprecher. Es ist ohrenbetäubend, was immer es ist (Earth, Wind and Fire?), mit schweren, durchdringenden Bässen; der Bass klopft laut an und dringt dann wie anbrandende Wassermassen in unser Gehirn ein und ist überall, spült alles Denken hinweg; er rollt mit zehn Koffern an und macht sich in der Kapitänskajüte breit; er stellt die Möbel um; der Bass vibriert durch unseren Kopf und liefert den Synapsen und allem, was dort gespeichert ist – Telefonnummern und Kindheitserinnerungen – den Soundtrack. Wir lassen unsere Körper aufeinander zutreiben, und natürlich kann man nur nach unten schauen, wo Meredith' Körper sich windet, wobei ihre Glieder größer werden, kleiner, größer, kleiner ...

Wir verlassen das Lokal; wir wollen zum Ozean.

Die Fahrt zum Ozean ist lang.

Mittlerweile hat der Babysitter getan, was immer er tun wollte, ist auf seinem bekorbten Fahrrad davongeradelt, wieder zurück in seinem Versteck, wo er seinen Freunden von seiner Tat erzählt. Sie amüsieren sich großartig. Er zeigt ihnen die Polaroids ...

Nein, Toph würde einen Ausweg finden. Er würde sich schlafend oder tot stellen und dann, wenn Stephen eingeschlafen ist – nachdem er sich mit allem vollgestopft hat, was er im Kühlschrank finden konnte –, würde er sich von hinten an ihn heranschleichen und ihm mit irgendetwas eins überziehen. Seinem Schläger. Dem, den wir gerade erst besorgt haben, dem aus Metall. Mit dem Schläger würde er Stephens Kopf einschlagen, und wenn ich nach

Hause komme, ist er ein Held, müde und angeschlagen zwar, aber ein Held und glücklich, und er wird mir keine Vorhaltungen machen, weil ich fortgegangen bin, er wird verstehen.
ICH: Puh! Das war knapp.
ER: Das kannst du laut sagen!
ICH: Hast du Hunger?
ER: Du kannst Gedanken lesen!
Meredith und ich parken am Strand und ziehen unsere Schuhe aus. Der Sand ist kalt. Als wir zum Meer laufen, sieht man links und rechts den ganzen Strand entlang Lagerfeuer lodern. In der Nähe der Wellen, die durch das Scheinwerferlicht hinter uns glühen, breiten wir ein kleines Handtuch aus und setzen uns aneinander gelehnt darauf. Aber mit unserem Schwung ist irgendetwas geschehen; wir waren kurz davor, uns der unschuldigen Lust hinzugeben, an der wir vorhin so hart gearbeitet haben, die noch vor zwanzig Minuten unausweichlich schien, aber jetzt sind wir hier, und plötzlich kommt sie uns gezwungen und lächerlich vor, in unserem Fall, unter Freunden, die es besser wissen sollten. Und so plaudern wir über unsere Arbeit. Momentan arbeitet sie an einer Nachbearbeitung von *Flipper*.
»Echt!«, sage ich. Das wusste ich nicht.
»Es ist besser, als es sich anhört«, sagt sie.
Aber eigentlich will sie Filme drehen, will ein ganzes Studio haben, will mehr und bessere Filme produzieren, abgefahrene Sachen, eine Art Kommune haben, so etwas wie Warhols Factory, mit all den Leuten um sich herum ...
»Aber weißt du«, sagt sie gerade, »das kann noch fünf, zehn Jahre dauern, bis es so weit ist. Und es wird tierisch viel Geld kosten ... Ich meine, selbst wenn ich jetzt anfinge ... das Warten ist die eigentliche Crux ... das Warten auf den Tag, an dem man dort ist, wo man sein will. Das Sichdurchhangeln von Tag zu Tag durch die Zeitarbeit oder Nachbearbeitungen von *Flipper* ...«
»Alles dauert ewig.«
»Genau. Zu wissen, was man will, zu wissen, was man täte, vorausgesetzt, man hätte die nötigen Mittel und ein wenig Zeit, all die

Projekte, die auf einen warten, das Arbeitspensum, all die fertigen Pläne – wer mitmacht, wie das Büro aussehen wird, wo die Schreibtische hinkommen, die Sofas, Badewanne …«

»Es sollte leichter gehen.«

»Es sollte automatisch gehen.«

»Eine Sache des Augenblicks sein.«

»Jeden Tag eine weltreinigende Art von Revolution, eine unblutige, eine, in der es mehr um den Neuanfang als um Zerstörung geht. Wir beginnen jeden Tag mit einer frischen Welt – oder, besser noch, wir beginnen jeden Tag mit dieser Welt, mit der, die wir kennen, und gegen neun, zehn Uhr morgens haben wir sie zerstört.«

»Gerade sagtest du …«

»Ich weiß. Ich habe mir gerade selbst widersprochen. Also okay, ein gewisses Maß an Zerstörung gäbe es schon, aber nicht auf Kosten oder gegen den Willen irgendeines Menschen.«

»Okay, okay, und …?«

»Angenommen, Millionen von Leuten nähmen jeden Tag, jeden Morgen, auf ein Zeichen hin das ganze blöde Ding auseinander, alle Großstädte und alle Kleinstädte, mit Hammer und Säge und Steinen und Bulldozern und Panzern … wie auch immer. Die Schiefertafel wird leergewischt. Wir fallen über die Gebäude her wie Ameisen, verkabeln die Sache und reißen sie ab, reißen alles ab, jeden Tag, so dass die Welt, gegen Mittag oder so, wieder flach ist, von sämtlichen Gebäuden und Brücken und Türmen befreit.«

»Auch ich habe solche Träume, dass wir etwas bewegen.«

»Yeah, yeah. Und wenn wir alles auseinander genommen haben, wenn die Leinwand leer ist … «

»Dann fangen wir von vorne an. Aber nicht auf diese Rom-wurde-nicht-an-einem-Tag-erbaut-Art. Noch nicht einmal auf diese Wiederaufbau-Deutschland-Art. Ich meine, wir wachen auf, zertrümmern die Welt bis auf ihre Grundfesten oder noch weiter, und dann gegen drei Uhr nachmittags haben wir eine neue Welt.«

»Gegen drei?«

»Ja, zwei oder drei, je nachdem ob Winter oder Sommer ist – wir müssen doch genügend Tageslicht haben, uns daran zu erfreuen. Ich meine, ich glaube, so etwas ließe sich machen. Stell dir vor, hundert Millionen Menschen, oder mehr, viel mehr noch ... ich meine, in der ganzen Welt muss es doch zwei Milliarden Leute wie uns geben, oder?«

»Zwei Milliar...«

»Ja, du hast also all diese Leute, und du erzählst überall herum, dass wir ab jetzt alles jeden Tag von Grund auf neu erschaffen.«

»Du meinst, so was wie eine gerechtere und gleichberechtigtere ...«

»Ja, klar, mehr Gerechtigkeit und alles, aber davon mal abgesehen, von all den politischen und wirtschaftlichen Gründen, die dafür sprechen, ich meine, darüber hinaus, ist da eigentlich das Gefühl von ... ich meine, stell dir vor, du gehst durch die Ruinen, verstehst du? Wäre das nicht phänomenal? Nicht Ruinen mit toten Menschen überall und so, sondern einfach Ruinen, demontierte Gebäude eben, weggeräumt, so dass man jeden Tag einfach nur vor der nackten, puren Landschaft steht ... man bräuchte jede Menge LKWs und Güterzüge, um das ganze Zeugs fortzutransportieren, rauf nach Kanada oder so ...«

»Und jeden Tag würde man von vorne beginnen, und alle würden zusammenkommen und sagen: Hey, lasst uns hier ein paar Gebäude aufbauen und, hmm, dort drüben, lasst uns ein ausgestopftes 150 Meter hohes Nilpferd hinsetzen und hier, vor diesen Berg, ein riesiges, wahnsinnsgeiles, ähh, irgendein Teil.«

»Klar, klar. Aber man müsste das alles irgendwie im Turbotempo machen können, ein wenig einfacher, als es momentan möglich ist, was den Baubetrieb und so angeht; man bräuchte irgendwie so was wie Riesenroboter oder so.«

»Klar, Roboter, natürlich.«

»Ich meine das alles todernst.«

»Ich auch. Ich steh da voll hinter dir.«

»Wir schaffen das.«

»Klar.«

»Wir müssen die Leute dafür begeistern.«

»Alle, die wir kennen.«
»Auch die Verrückten.«
»John.«
»Genau. Na dann viel Glück.«
»Ich weiß. Weißt du, was er heute Abend erzählt hat?«
»Du hast ihn gesehen?«
»Ja.«
»Ich schulde ihm noch einen Anruf.«
»Er hat erzählt, dass er gerade so einen Test gemacht hat, einen Eignungstest, um herauszufinden, was für eine Art von Beruf zu ihm passt, damit er sich sagen lassen kann, was er mit seinem Leben anfangen soll …«
»Oh, Gott.«
»Brutal.«
»Wir müssen ihn verändern.«
»Ihn inspirieren.«
»Ihn, alle.«
»Alle zusammentrommeln.«
»All diese Leute.«
»Kein Warten mehr.«
»In der Masse liegt die Macht.«
»Abzuschlaffen ist kriminell.«
»Herumzutrödeln auch.«
»Und zu jammern.«
»Wir müssen glücklich sein.«
»Nicht glücklich zu sein, wäre schwierig.«
»Wir müssten uns anstrengen, nicht glücklich zu sein.«
»Wir haben eine Verpflichtung.«
»Wir waren privilegiert.«
»Mit unserem Hintergrund kann man es riskieren.«
»Ein Netz, das uns auffangen kann.«
»Das nenn ich Überfluss.«
»Einen Luxus, was Ort und Zeit betrifft.«
»Etwas Seltenes und Wunderbares.«
»Historisch praktisch noch nie da gewesen.«

»Wir müssen Außerordentliches schaffen.«
»Das müssen wir.«
»Es wäre obszön, es nicht zu tun.«
»Wir nehmen das, was man uns gegeben hat, und vereinigen die Leute.«
»Und wir werden versuchen, nicht so provokativ zu klingen.«
»Richtig. Von jetzt an.«
Ich erzähle ihr, wie merkwürdig es ist, dass wir über all das reden, weil der Zufall es so will, dass ich bereits daran arbeite, das alles zu ändern, gerade dabei bin, etwas auf die Beine zu stellen, das sich mit all diesen Dingen beschäftigen, das Millionen zu Großtaten inspirieren wird, dass ich mit einigen High-School-Freunden – Moodie und zwei anderen, Flagg und Marny – etwas auf die Beine stellen möchte, das sämtliche falschen Vorstellungen über uns zerschlagen und uns helfen wird, die Ketten unserer vermeintlichen Verpflichtungen, unserer fruchtlosen Karrierewege zu sprengen, wie wir Millionen zwingen oder zumindest drängen werden, ein etwas ausgefalleneres Leben zu leben und Besonderes [stehend, um mehr Eindruck zu machen] zu tun, die Welt zu bereisen, Leuten zu helfen, Dinge anzufangen und Dinge zu beenden und Dinge zu bauen …
»Und wie willst du das machen?«, will sie wissen. »Parteipolitik? Straßenkampf? Revolution? Staatsstreich?«
»Eine Zeitschrift.«
»Oh … Okay.«
»Yeah«, sage ich, mein Blick dem Ozean zugewandt, in dessen Applaus ich mich aale. »Es wird ein riesiger Erfolg … wir werden irgendwo ein großes Haus haben, oder eine Atelierwohnung, und dann wird da noch eine Kunstgalerie sein und vielleicht ein Schlafsaal …«
»Wie in der Factory!«
»Ja, aber ohne die Drogen und das Transvestitentum.«
»Okay. Eine Kommune. «
»Eine Bewegung.«
»Eine Armee.«

»Für alle.«
»Ohne Rassenschranken.«
»Ohne Geschlechterschranken.«
»Jugend.«
»Kraft.«
»Potenzial.«
»Wiedergeburt.«
»Ozeane.«
»Feuer.«
»Sex.«

Unsere Münder sind überall. Dieses Gerede von Plänen und neuen Welten … Wir sitzen aufrecht, während wir uns küssen, und zunächst küssen wir uns wie Freunde, mit offenen Augen, beinahe lachend. Doch als unsere Hände in Bewegung geraten, setzt das Glauben ein, und unsere Augen schließen sich, und unsere Köpfe neigen sich zur einen und zur anderen Seite, wir küssen uns, aber es ist so viel mehr, wir küssen uns wie Krieger, die die Welt erretten, am Ende des Films, die beiden Letzten, die beiden Einzigen, die das Ganze noch retten können … und weil wir müde sind nach dem Trinken und unsere Köpfe mit geschlossenen Augen nicht hochhalten können, lassen wir uns niedersinken, und bald ist das Handtuch unter Meredith nur noch eine zerknitterte Schlangenhaut, und wir haben unsere Hosen ausgezogen und spüren die Kühle der Luft da, wo wir jetzt nackt sind. Und Sex wird uns, zwangsläufig, mächtiger machen. Ein Manifest, das unter diesem großartigen Himmel vollzogen wird, die Zustimmung des donnernden Meeres …

Von etwas weiter unten am Strand dringt Lärm herüber. Ich blinzle und kann eine Gruppe von Leuten ausmachen, die in unsere Richtung kommen, laut, Salven von Lärm und Gelächter ausstoßend. Auf den Ellbogen gestützt richte ich mich auf, um besser sehen zu können, die Augen zu schmalen Schlitzen zusammengekniffen. Eine Gruppe von vielleicht sechs oder sieben Leuten ist vollständig angezogen mit dunklen Hosen, Schuhen, Hüten. Wir ziehen das Handtuch unter Meredith' Kopf hervor, um unsere nackten unteren Hälften zu bedecken. Wir werden uns lässig geben. Wir sinken zurück in eine Umarmung, damit sie uns in Ruhe lassen – nicht dass wir glauben, sie hätten im mindesten vor, uns zu belästigen.

Die Stimmen werden lauter und kommen näher.

»Lass uns warten, bis sie vorbei sind«, flüstere ich an Meredith' Lippen.

»Wie weit …«

»Pschhhht.«

Dann wird's noch lauter, die knirschenden Schritte sind deutlich zu hören und dann, anstatt vorbeizugehen, sind sie plötzlich über uns. Beine überall. Ich schaue auf. Einer hat meine Hose in der Hand und durchsucht sie. Er wirft sie in Richtung Meer. Es sind Mexikaner, mexikanische Amerikaner, Teenys. Vier Jungen und drei Mädchen. Fünf Jungen und zwei Mädchen. Männer, Frauen. Ihr Alter unbestimmbar.

»Na, was macht ihr zwei denn da?«, fragt eine Stimme.

»Böse, böse!«, sagt eine andere.

»Was hast du denn mit deiner Hose gemacht, du Hengst?«

Bisher nur weibliche Stimmen, mit starkem Akzent. Nackt, wie wir vom Gürtel abwärts sind, können wir uns noch nicht einmal bewegen. Ich halte uns mit dem Handtuch bedeckt, ungläubig … Was soll das? Das ist der Anfang von etwas ganz Furchtbarem … Das Ende?

Ich schaue mich suchend nach meinen Boxershorts um. Sie stecken in der Hose, am Wasser. Ich nehme das andere Handtuch, das unter uns liegt, zerre es hervor, wickle es mir um die Hüfte und stehe auf.

»Verfluchte Scheiße, was soll d… Scheiße!« Jemand hat mir Sand ins Gesicht geworfen. Meine Augen sind voller Sand. Ich blinzle wie verrückt, wie in einem epileptischen Anfall. Ich taumle und setze mich wieder hin.

»Verfluchte Scheiße, was…« Der Sand ist unter meinen Augenlidern. Ich kann sie nicht öffnen. *Hilfe, ich werde blind!*

Die Mädchen machen sich jetzt über Meredith her.

»Ey, Süße!«

»Ey, Baby!«

»Fickt euch ins Knie«, sagt Meredith. Sie sitzt noch, hat den Kopf zwischen den Knien vergraben. Eines der Mädchen rempelt sie an.

Ich bin blind. Ich blinzle verzweifelt, reibe mir die Augen, während ich mich frage, ob ich blind bin und ob wir beide bald tot sein werden. Was für ein bescheuerter Abgang. *Ist das Sterben so? Können wir ihnen davonlaufen?* Ich weigere mich, von diesen Leuten umgebracht zu werden. *Haben sie Waffen?* Noch keine Waffen. Toph, Toph. Blinzelnd, mit wahnsinnig tränenden Augen, gelingt es mir, ein Auge frei zu bekommen. Ich stehe wieder auf, wickle mir das Handtuch wieder um, halte es mir um die Hüfte, als sei ich soeben aus der Dusche gestiegen.

Sie haben uns umzingelt, in beinahe perfektem Abstand, in beinahe perfekter bunter Reihe Junge-Mädchen-Junge. Merkwürdig …

Eines der Mädchen ist von hinten an mich herangetreten und versucht, mir das Handtuch zu entreißen. Es ist nicht klar, was sie wollen. Ich gehe mittlerweile davon aus, dass der Typ, der meine Hose durchsucht hat, meine Brieftasche genommen hat. Und jetzt?

»Verpiss dich!« Ich möchte dem Mädchen eine verpassen. Mein Blick gleitet über den Boden auf der Suche nach meinen Boxershorts. »Verdammte Scheiße, was wollt ihr eigentlich?«

»Gar nix wollen wir«, sagt eine männliche Stimme.

»Hey, ihr haben ein bisschen Geld, ja?«, fragt ein Mädchen.

»Von unserem Geld nehmt ihr verdammt noch mal keinen Pfennig«, sage ich.

Wer sind diese Leute? Einer lächelt mich an. Ein kleiner Typ mit einem Filzhut. Ich bekomme einen Stoß von hinten und falle in den Sand. Meredith umklammert ihre Knie. Auch mit ihrer Hose haben sie etwas angestellt.

Sie stehen über uns und grinsen. Hier und da ein Lachen. Sie sind zu sechst. Hat sich einer davongemacht? Weint Meredith? Drei Typen, drei Frauen. Das Licht der Scheinwerfer hinter ihnen verleiht jedem von ihnen drei, vier Schatten. Wo ist der andere? Da ist ein großer Typ, ein mittelgroßer Typ und ein kleiner Typ, der Filzhut-Typ, der älter aussieht. Die Mädchen tragen Röcke und Lederjacken.

»Verfluchter Mist, warum lasst ihr uns nicht einfach in Ruhe?«, fragt Meredith.

Die Frage hängt unschlüssig in der Luft, schwach. Dumme Frage. Sicher haben sie doch gerade erst angefangen …

»Okay, lasst uns abhaun«, sagt der Kleine.

Sie drehen sich um und – oh Gott – ziehen ab. Wir mussten sie nur darum bitten? Das ist unglaublich.

Der kleine Typ, der älteste der Gruppe, wendet sich noch einmal zu uns um.

»Ey, hör zu, Mann, war nur ein Joke, sorry.«

Dann joggt er am Wasser entlang den anderen hinterher.

Es ist vorbei.

Sie sind weg, und ich wachse. Motherfuckers! Mein Kopf ist klar und muskulös und voll durchblutet. Es ist etwas geschehen. Wir leben, wir haben gesiegt! Mächtig sind wir! Sie hatten Angst. Wir haben sie verjagt. Sie hatten Angst vor uns. Wir haben gesiegt. Wir haben ihnen gesagt, sie sollen gehen, und sie sind gegangen. Ich bin der Präsident. Ich bin ein Olympier.

Ich finde meine Boxershorts im Sand, kalt, und ziehe sie an. Dann meine Hose. Meredith zieht die ihre an. Ich taste meine Taschen ab.

»Scheiße.«

»Deine Brieftasche?«

»Ja.«

Sie entfernen sich in die Richtung, aus der sie gekommen sind, sind mittlerweile etwa hundert Meter weit weg. Ich bin barfuß, und das Rennen fühlt sich gut an – meine Beine fühlen sich stark an, leicht. Mein Kopf ist klar und konzentriert. Sind sie bewaffnet? Toph, Toph. Wird es jetzt schlimmer werden? Nein, nein. Ich bin gigantisch, ich bin Captain America. Auf halbem Weg schon rufe ich hinter ihnen her.

»Hey!«
Nichts. Sie sind ahnungslos, auch ungläubig.
»Hey! Wartet doch, verdammt noch mal!«
Einige bleiben stehen und drehen sich um.
»Halt!«, rufe ich.
Sie bleiben alle stehen. Sie warten und beobachten, wie ich auf sie zurenne.
Fünf Meter vor ihnen halte ich an, stemme die Hände in die Hüfte, schwer atmend.
»Okay, wer hat meine Brieftasche genommen?«
Ein Herzschlag. Sie schauen sich gegenseitig an.
»Keiner hat deine Brieftasche genommen«, sagt der Filzhut-Typ. Er sieht aus wie um die dreißig. Er wendet sich an seine Freunde. »Hat irgendjemand seine Brieftasche genommen?« Sie schütteln den Kopf. Diese Arschlöcher.
»Hört zu«, sage ich, »was habt ihr euch eigentlich verflucht noch mal dabei gedacht? Ihr sitzt echt in der Scheiße, wenn wir diesen Mist nicht in Ordnung bringen.«
Keiner sagt ein Wort. Ich nicke dem Kleineren, Älteren zu: »Sollte ich mit dir darüber reden? Bist du der Boss?«
Die Worte sind da, noch ehe ich sie kenne. *Bist du der Boss?* Das hab ich gerade gesagt. Das klang echt gut. So reden die Leute. Oder hätte ich vielleicht besser das *Bist* in der Frage auslassen sollen? *Du der Boss?* …
Er nickt. Er ist, ganz klar, der Boss.
Ich bedeute ihm, wir sollten doch ein paar Schritte zur Seite treten, um zu reden. Komm her. Er folgt. So macht man das. Aus der Nähe ist er noch kleiner. Ich schaue auf ihn herab, sein Gesicht starr und braun.
»Hör zu, Mann, ich weiß nicht, was der Stress sollte, aber jetzt ist meine verfluchte Brieftasche weg.«
»Wir haben die Brieftasche nicht genommen, Amigo«, sagt er.
Hat er gerade Amigo gesagt? Das ist so verrückt, so typisch Fernsehen, so typisch 21 Jump Street, *dass er tatsächlich Ami …*
»Hör zu«, fahre ich fort, »ich hab euch gesehen. Ich kann euch alle

identifizieren, jeden Einzelnen von euch, und dann steckt ihr richtig tief in der Scheiße, wenn ihr gefasst werdet.«
Er denkt einen Moment darüber nach. Meine Augen brennen. *Ich bin der Boss*. Ha!
»Also, was willst du?«
»Ich will, dass ihr mir die verfluchte Brieftasche wiedergebt, das ist, was ich will.«
»Aber wir *haben* die Brieftasche nicht.«
Der Große bekommt das mit. »Wir haben die verfluchte Brieftasche nicht genommen.«
»Also«, sage ich, jetzt an alle gerichtet, »bevor ihr daherkamt und Ärger gemacht habt, hatte ich eine verfluchte Brieftasche. Dann kommt ihr daher, macht Stress, und jetzt habe ich keine verfluchte Brieftasche mehr. Und mehr interessiert die verdammten Cops nicht.«
Die Cops. *Meine* Cops.
Der Kleine schaut mich an. »Oh, Mann, komm schon, wir haben die Brieftasche nich. Ich schwör's. Was willst du von uns?«
»Ich denke, ihr geht wohl am besten mit mir zurück und helft mir, das Teil zu finden, weil, wenn ihr es nicht tut, werde ich die Cops rufen, und die verfluchten Cops werden euch alle aufgreifen, und dann sollen die herausfinden, wo die verdammte Brieftasche geblieben ist.«
Der Kleine schaut mich unter seiner Hutkrempe an und wendet sich dann seinen Freunden zu.
»Kommt«, sagt er.
Und dann folgen sie mir.
Wir gehen zurück, wobei ich mich etwas abseits halte, um zu verhindern, dass sie irgendwelche Tricks, einen Hinterhalt, planen, bis zu der Stelle, wo wir gelegen haben. Meredith steht angezogen dort, mit einem Handtuch in der Hand. Sie weiß nicht, was sie davon halten soll. *Sie sind wieder da?*
»Okay, ihr fangt besser an zu suchen. Ich hoffe, ihr findet sie …« Ich halte inne, als mir eines der Mädchen einen angewiderten Blick zuwirft. »Denn sonst seid ihr echt am Arsch.«

Sie verteilen sich und fangen an zu suchen, schieben mit ihren Schuhen den Sand hierhin und dorthin. Ich stehe daneben, so dass ich sie alle im Blick habe, die Hände in die Seite gestützt, kontrollierend. Ich bin der Vorarbeiter, ich bin der Boss. Sie heben das Handtuch hoch, auf dem wir gelegen haben, und schütteln es. Jeder macht das mindestens zwei Mal, dieses Handtuchausschütteln. Sie latschen herum, heben Stöcke auf, werfen sie Richtung Wasser.

»Scheiß drauf!«, sagt eines der Mädchen. »Wir haben das Scheißding nich. Wir haben nix getan.«

»Ach, Scheiße, von wegen ihr habt nichts getan! Das war ein tätlicher Angriff, du Idiotin! Ich mein, wem, meinst du, werden die Cops glauben, he? Zwei normalen Leuten, die am Strand sitzen, oder euch Typen? Ich mein, tut mir Leid, aber so ist es nun mal. Ihr steckt echt in der *Scheiße*.«

Ich bin der Bulle, ein freundlicher, aber strenger Bulle. Ich helfe ihnen. Ich gehe davon aus, dass einer von ihnen das Ding noch hat, dass sie mich lediglich hinhalten. Ich muss mir etwas einfallen lassen, womit ich ihnen Angst einjagen kann, wie ich das Teil wiederbekomme. Ich könnte ... *soll ich? ... das sollte ich nicht sagen* ... okay, was soll's:

»Ich mein, ich weiß ja nicht, wie ihr mit Green Cards versorgt seid und so, aber das könnte echt scheißunangenehm für euch werden, Leute.«

Keine erkennbare Reaktion.

Sie suchen weiter. Meredith will sich ebenfalls umschauen, aber ich berühre ihren Arm. »Nicht. Lass die das machen.«

Eines der Mädchen setzt sich hin, trotzig.

»Ich kann wirklich nur hoffen, dass ihr das verdammte Teil findet«, sage ich, weil ich denke, dass es am besten ist, wenn ich ununterbrochen rede. Ich beschließe, mein letztes Ass auf den Tisch zu werfen. »Das war die Brieftasche meines Dads, die ihr da gestohlen habt.« Ich bin nicht sicher, wie viel ich ihnen erzählen soll, aber da ich die Brieftasche um jeden Preis wiederhaben will ...

»Und mein Dad ist gerade gestorben«, sage ich. »Das ist alles, was ich noch von ihm habe.«
Und das ist es auch. Er besaß so wenig persönliche Dinge, und wir haben die Kleidung, die Anzüge verkauft … die Brieftasche ist das Einzige, was ich behalten habe, außer einer kleinen Kiste Papiere, einigen Visitenkarten, Briefbeschwerern aus seinem Büro.
Sie suchen weiter. Ich schaue prüfend auf ihre Hosentaschen, suche nach Ausbuchtungen. Die Frage, ob sie wohl zulassen, dass ich sie filze, geht mir kurz durch den Kopf.
»Hör zu, Mann«, sagt der Kleine. »Wir haben sie verdammt noch mal nicht genommen. Was willst du?«
Ich kenne die Antwort: Ich will die Brieftasche, und dann will ich sie alle im Gefängnis haben, und ich will, dass es ihnen schlecht geht. Ich will, dass sie, alle sieben oder fünf, jedenfalls sie alle graue Uniformen tragen, die kratzen und wunde Stellen reiben, wenn sie unruhig schlafen auf ihren Pritschen, mit nichts als Reue in ihren blöden Köpfen, ihre Wangen nass vom Weinen um Verzeihung, Verzeihung nicht so sehr von ihrem simplen Gott oder Gefängniswärter, sondern von mir. Sie werden untröstlich sein. Ihre Spatzenhirne werden unter der Last der Schuld- und Reuegefühle förmlich erdrückt. Meines toten Vaters wunderschöne, abgegriffene, weiche Lederbrieftasche …
»Hier ist sie nicht«, sagt er.
»Dann kommt ihr wohl besser mit mir mit«, sage ich. »Wir müssen zu einem Telefon. Und dann könnt ihr den Cops eure Version erzählen, ich erzähl meine, und dann sehen wir, was passiert. Wenn ihr aber einfach ne Fliege macht, sitzt ihr in der Scheiße, weil sie annehmen werden, dass ihr sie geklaut habt.«
Wir schauen uns an. Er geht los in Richtung Parkplatz, seine Freunde folgen ihm.
Meredith schnappt sich das zweite Handtuch, schüttelt es aus. Wir bleiben den dreien auf den Fersen. Drei insgesamt … ich kann's mit zweien aufnehmen. Mit allen dreien sogar. Ich bin gigantisch! Ich bin Amerika!
Keiner sagt einen Ton. Unsere Schatten, von jedem zwei, kreuzen

sich und springen über den Sand. Das Knirschen unserer Schritte. In den Häusern oberhalb des Strandes brennen nur wenige Lichter. Diese verrückte Windmühle am Ende des Golden-Gate-Parks liegt direkt vor uns, schwarz.
Als wir den Parkplatz erreichen, ist das, von dem ich dachte, es sei ein Telefon – eine Kiste an einem Laternenpfahl –, kein Telefon. Einen Augenblick lang stehen wir im grellen Licht. Ich schaue mich um, hinauf zu den Häusern jenseits des Great Highway, ganz in Glas, mit Blick auf den Ozean, suche nach Unterstützung, vielleicht nach irgendjemandem auf einer Veranda oder nach einem Jogger, einem Fahrradfahrer; keiner ist wach.
»Okay, wir müssen da rüber«, sage ich. »Wir überqueren den Highway und laufen weiter, bis wir zu einem Telefon kommen.«
Ich habe noch immer die Kontrolle. Wir sind ein Team. Ich bin ihr Anführer, ihr Vormund. Sie scheinen sich zu fügen.
Ich gehe auf sie zu, erwarte, dass sie sich umdrehen und in Richtung Highway laufen. Als ich mich zu ihnen stelle, rühren sie sich nicht. Ich stehe plötzlich zwischen den dreien.
Alles ist anders.
»Fuck you«, sagt der Lange und holt aus. Ich habe keine Zeit auszuweichen, aber er trifft daneben. Noch ein Schlag, von hinten. Nichts. Dann taucht ein Bein auf, und der Fuß landet in meinem Sack. Ich falle auf die Knie. Ich starre auf den Asphalt. Kaugummi, Ölflecken …
Sie rennen weg, Arme und Beine, wie große Spinnen, lachend.
»Fuck you!«, rufen sie.
Der Tritt war nicht schlecht. Ich habe noch etwas Luft. Und dann bin ich auf den Beinen! Ich bin auf den Beinen und ihnen auf den Fersen. Ich bin in der Mitte der Parkplatzstraße, und ich sehe sie etwas weiter rechts, fünfzig Meter vor mir, wie sie in … da sind … was? Scheiße! Scheiße! … zwei Autos, in der Mitte der Straße, bereit, mit aufheulendem Motor.
Woher wussten sie? Woher wussten sie?
Als ich die Mitte der Straße erreiche, schlagen die Türen zu; die Autos fahren auf mich zu. Das vordere Auto ist ein alter Cabrio-

let, dunkelgrün mit einem schwarzen, monströsen Verdeck. Eines der Mädchen von vorhin sitzt am Steuer. Himmelarschundzwirnverflucht. *Ein Fluchtauto!* Ich stehe mitten auf der Straße, als sie auf mich zukommen. Ich will die verdammten Nummernschilder sehen.

Sie fahren auf mich zu, erst langsam, dann schneller. Ich hab sie. Die Nummernschilder, ihr Schweine! Die Nummernschilder, ihr Arschlöcher! Wie sie auf mich zukommen, schreie ich das Autokennzeichen laut heraus, mit beiden Zeigefingern zeige ich darauf, übertreibe die Geste, damit sie wissen, was ich tue, dass ich sie habe … *hab sie!*

»G!«

»F!«

»Sechs!«

»Sieben!«

»Neun!«

»Null!«

Herrlich! Herrlich, ihr Arschlöcher! Ihr bescheuerten, beschissenen Arschlöcher!

Sie schlingern um mich herum, johlend, lachend, wedeln mit ihren kleinen Mittelfingern herum.

Ich brülle, bebend, high!

»Ha, ha, ihr Arschlöcher! Ich hab euch! Ich hab euch Motherfuckers!«

Sie fahren vorbei, biegen dann auf den Highway, geben Gas und sind weg. Ich habe das Kennzeichen des ersten Wagens, aber nicht das des zweiten. Ich renne zu Meredith zurück. Einen Block weiter finden wir ein Telefon.

»Ruhig, ruhig, beruhigen Sie sich, wo sind Sie!«, sagt die Frau von der Vermittlung.

»Ich weiß nicht. Am Strand.«

»Was ist passiert?«

»Wir sind überfallen worden, bestohlen.«

»Von wem?«

»Ner Gruppe mexikanischer Kids.«

Ich beschreibe das Auto. Ich will ihr das Kennzeichen durchgeben, aber sie sagt, sie könne das nicht aufnehmen, ich solle das dem Beamten erzählen, wenn er da sei, sagt sie. Ich lege auf.

G-H … 6-0 …

Mist.

G-H-0-0 …

Scheiße!

Wir setzen uns hin.

Ich bin nicht verletzt. Ich überlege, ob ich verletzt bin oder nicht. Ich bin es nicht. Wir sitzen auf der Betonmauer am Wegesrand, und einen Moment lang habe ich Angst, sie könnten wiederkommen. Vielleicht mit Waffen, vielleicht, um die Zeugen zu beseitigen, im Vorbeifahren. Nein, nein. Sie sind weg, sie sind weg. Kommen nicht wieder. Ich springe von der Mauer herunter; ich kann nicht still sitzen, ich bin zu angespannt. Ich tigere vor ihr auf und ab. *Ich habe ihre Autokennzeichen!* Idiotische Arschlöcher.

Der Polizeiwagen fährt zwei Minuten später vor. Er sieht unglaublich groß aus. Sein Motor dröhnt. Er ist makellos, blitzend wie ein überdimensionales Spielzeug. Der Beamte steigt aus, und er ist massiv, schnauzbärtig und … wirklich? Es ist nach zwei Uhr morgens … trägt eine Sonnenbrille. Er stellt sich vor und bittet uns, hinten in den Wagen zu steigen, und das tun wir. Es ist ein wunderschöner Wagen, sauber, der schwarze Kunststoff glänzend, perfekt. Ich antworte:

»Ja, wir haben einfach am Strand abgehangen.«

»Sieben.«

»Mexikaner.«

»Ich bin mir sicher. Ihr Akzent, ihre Kleidung. Hundertpro. Sie sprachen Englisch, aber mit einem mexikanischen Akzent.« Ich versuche mich darauf zu konzentrieren, wie sie aussahen, wem der Ältere ähnlich sah. Die Serie *Baretta.* Er sah wie Robert Blake aus.

»Sie haben meine Brieftasche genommen.«

»Ich weiß nicht, wie viel. Vielleicht zwanzig Dollar.«

»Wir wollten die Polizei rufen, um die Sache zu klären.«
»Ja, sie sind mit mir mitgekommen.«
»Warum, weiß ich nicht. Vielleicht, weil sie gesagt haben, sie hätten sie nicht genommen.«
»Aber dann haben sie mir in die Eier getreten und sind in zwei Autos gestiegen und haben sich davongemacht.«
»Ein großer, dunkelgrüner Cabriolet mit einem schwarzen Verdeck.«
»Yeah, yeah, vorhin wusste ich sie noch. Scheiße. Es fing mit G-H an und hat eine Sechs und eine Null. Ich glaube, die letzte Zahl war eine Null. Reicht das? Können Sie damit etwas anfangen?«
Der Wagen ist so sauber. Ich liebe diesen Wagen. Vor uns auf Augenhöhe baumelt eine Pistole. Der Computer neben dem Steuerrad leuchtet blau, wunderschönes Teil. Das Funkgerät rauscht und piept. Der Beamte lauscht und beantwortet einige Fragen per Funk. Er dreht sich zu uns um.
»Okay, sieht so aus, als hätten wir ein paar Verdächtige. Wir haben einen Wagen kurz hinter dem Highway angehalten. Wir werden dorthin fahren müssen, damit Sie die Leute identifizieren können.«
Ich werfe Meredith einen Blick zu. Wir sind vielleicht seit drei oder vier Minuten im Wagen. Ist das möglich?
»Sie haben den Wagen schon gefunden? Ist es ein dunkelgrüner Cabriolet?«, frage ich ihn und lehne mich nach vorne.
»Weiß ich nicht genau. Aber wir fahren besser hin.« Wir fahren hin.
Meredith und ich schauen wachsam und mit großen Augen aus dem Fenster, wie Touristen, die am Samstag durch eine Stadt fahren. Wir fahren auf einen anderen Highway, und plötzlich sind überall Lichter. Es sieht aus wie bei einem Unfall. Mindestens vier Polizeiwagen. Fünf. Alle geparkt, mit rotierendem, aufblitzendem Blaulicht. Auf der Straße sind Bullen, die auf und ab laufen, vor ihren Wagen stehen, in ihr Funkgerät sprechen, das sie durch das Fenster zu sich nach draußen gezogen haben. Es ist ein Spektakel.

Unser Wagen hält vor einer Überführung. Ungefähr zwanzig Meter vor uns parkt ein alter Cabriolet, hellblau mit schwarzem Verdeck.

»Das ist er nicht«, sage ich. Der Polizist dreht sich um.

»Wie bitte?«

»Das ist hundertprozentig nicht der richtige Wagen«, sage ich. »Ihrer war grün. Dunkelgrün. Mit einem schwarzen Verdeck. Da bin ich mir ganz sicher.«

Er schaut mich an und wendet sich wieder nach vorne und spricht in sein Funkgerät. Minuten später wendet er sich wieder uns zu.

»Okay, wir möchten Sie jetzt bitten, einen Blick auf die Leute im Auto zu werfen, nur um sicherzugehen«, sagt er.

»Das ist hundertprozentig nicht der richtige Wagen«, sage ich.

»Wir müssen das tun«, sagt er.

Vier Cops stehen bei dem blauen Cabriolet. Einer von ihnen öffnet die Vordertür und langt in den Wagen, um einem Mann in Handschellen herauszuhelfen. Der Mann rutscht aus dem Wagen und richtet sich auf. Er wendet sich uns zu, kneift die Augen zusammen. Er hat langes blondes Haar, einen Ziegenbart, trägt ein Flanellhemd, Armeeshorts, schwarze Stiefel. Das rotierende Licht färbt ihn erst blau, dann rot und dann wieder hautfarben, dann blau und dann wieder rot. Er schaut durch unsere Windschutzscheibe in unseren Wagen hinein.

»Erkennen Sie ihn wieder?«

»Nein. Das ist er nicht. Ich bin sicher, dass sie Mexikaner waren. Das ist hundertprozentig der falsche Wagen.«

»Hey, immer mit der Ruhe. Wir werden uns alle Mitfahrer einmal anschauen müssen.«

Warum?

Der Bulle macht einem Polizisten draußen ein Zeichen mit der Hand. Sie bringen eine junge Frau mit gefärbtem rotem Haar heraus, in Minirock und langen Stiefeln. Sie stellt sich neben den ersten Mann.

»Mein Gott, die armen Leute«, flüstert Meredith.

»Nein, nein«, sage ich zu dem Blaumann. »Verstehen Sie doch, unsere Leute waren Mexikaner. Wissen Sie, kleiner, dunkelhaarig. Diese Leute sind weiß.«

Sie bringen drei weitere heraus, zwei Männer und eine Frau, bis sie alle dort stehen, Schulter an Schulter, erleuchtet, rot und blau gefärbt, und blinzelnd in unsere Scheinwerfer blicken. Vielleicht sind es Leute, die wir kennen. Meredith packt mich am Arm und rutscht tiefer in ihren Sitz. »Gott, ich hoffe, sie können uns nicht sehen.«

Ich lehne mich nach vorne und erkläre dem Bullen erneut:

»Das sind sie nicht.«

Er spricht eine Weile in sein Funkgerät und notiert etwas auf einem Klemmbrett. Als er wendet, um uns nach Hause zu fahren, werden den Kids am Straßenrand gerade die Handschellen abgenommen. Die anderen Bullen steigen wieder in ihre Wagen. Wir ducken uns.

Wir fahren zurück zum Parkplatz am Strand. Dort angelangt dreht sich der Polizist zu uns um und gibt uns seine Karte. Bullen haben Visitenkarten.

Wir steigen aus. Ich frage ihn nach den Chancen, die mexikanischen Kids zu finden oder die Brieftasche.

»Die Chancen stehen ziemlich schlecht«, sagt er. »Es ist eine Brieftasche, wissen Sie? Etwas Kleines. Hier ist die Anzeige. Das ist Ihre Vorgangsnummer, falls Sie irgendetwas zu melden haben. Oder, wenn wir Sie anrufen, müssen Sie sich darauf beziehen.«

Und dann ist er verschwunden.

Meredith will nach Hause ins Bett. Ein Teil von mir will zurück zu meinem Auto und dann herumfahren, auf der Suche nach dem grünen Cabriolet, sie aufspüren, erst mir irgendeine Art von Waffe besorgen und dann losfahren, jagen, Böses tun, jedem Einzelnen von ihnen.

Aber ich muss nach Hause, um zu sehen, was mit Toph geschehen ist, ob der Babysitter getan hat, was ich fürchte, dass er getan hat.

Wir reden nicht viel auf unserer Fahrt zurück zum Haight-

Viertel, die breiten, kahlen Avenues der Richmond entlang. Bei der Wohnung ihrer Freunde angelangt, steigt sie aus; wir vereinbaren, dass wir uns wiedersehen, bevor sie wieder nach L.A. fährt. Dann mache ich mich auf den Heimweg, an all den dummen Kids in Haight und Masonic vorbei, die rauchend und rastamäßig bemützt gegen Wände gelehnt sitzen und mit diesen Stäben spielen, einen bescheuerten Scheißstab mit den anderen beiden herumwirbeln, als sei das länger als zwanzig oder dreißig Sekunden auch nur im Entferntesten unterhaltsam, nur diesen Stab auf und ab, hin und her, mein Gott – und dann die Fell Street hinunter, auf den Highway 80 und in Richtung Bay Bridge.

Arschlöcher. Beschissene Arschlöcher, die mir die Scheißbrieftasche meines Vaters gestohlen haben, das einzige Scheißteil, das ich von ihm besitze, das und ein bisschen Briefpapier, die Briefbeschwerer, die Visitenkarten, ein Jahresbuch aus der High School, einige Unterlagen aus seiner Zeit in der Armee …

Diese verfluchten Kids. Diese Scheißer … Ich werde morgen den Strand auskundschaften. Ich werde nicht vergessen.

Die Wolken über mir sind fett, schweben schwerfällig über die graue Brücke wie die Geister von Seekühen.

Auf der Brücke macht sich bei mir allmählich der bleierne, niederdrückende Einfluss des Alkohols in meinem Körper bemerkbar. Ich nicke immer wieder ein. Ich ohrfeige mich, sowohl um des Geräusches als auch des Schocks willen … *aufwachen!* Drehe das Radio lauter. Auf der Brücke, der unteren Bahn, heißt es geradeaus und auf ins Getümmel. Sie ist eine Startbahn wie in *Battlestar Galactica*. Sie ist der Stromkreis in einem Computer, einem alten, klapprigen Computer, einem 2XL …

Ich nicke wieder ein. *Aufwachen!*

Die Brücke ist ein Tunnel. Auf Brücken denke ich unwillkürlich an den Unfall, den ich Hunderte von Malen erzählt gehört habe: Wie meine Mom in ihrem winzigen ultramarinblauen Käfer fuhr, irgendwo in Massachusetts, Bill und Beth damals Kleinkinder, über eine zweispurige Brücke – ihr Reifen platzt, sie gerät ins Schleudern, ins Schlingern, der Gegenverkehr, sie durchbricht die

Leitplanke der Gegenfahrbahn, das Auto hängt zur Hälfte über dem Abgrund, sie sieht schon das Ende, Bill und Beth schreiend, ich in ihrem Bauch ...

Es sind noch ein paar andere Wagen unterwegs. Eine Wagenladung Männer in einem schimmernden, schwarzen BMW. Die Lichter der Brücke lassen die Autos glänzender, windschnittiger, schneller wirken. Wir alle fahren nach Hause, zu unseren Ziegelhäusern, unseren Holzhäusern. Eine Familie in einem kleinen, blauen ... Himmel, legt dem Kind doch mal einen Sicherheitsgurt an!

Dass diese idiotischen Arschlöcher die verfluchte Brieftasche gestohlen haben.

Ich bin alleine, und ich werde nie wieder ausgehen. Wann werde ich je wieder dazu kommen auszugehen? Das kann noch Wochen dauern. Vielleicht auch nie. Ich bin verloren. Ich befinde mich im dunklen Korridor der Brücke, der unteren Fahrbahn, bewege mich unter den Autos, die in die andere Richtung fahren, nach San Francisco. Ich bin unterwegs nach Berkeley, ins Flachland, zu unserem Haus, wo niemand ist, wo nur mein Bett ist, Ruhe. Und Toph. Blut auf der Veranda. Der Babysitter hat ihn verschleppt. Oder der Babysitter hat ihn bluten lassen, als Warnung. Sein Gesicht gezeichnet, Nummern, astrologischer Humbug auf seiner Brust, Hinweise auf den Täter. Alles meine Schuld. Ich werde davonlaufen. Sie werden irgendwo im Tropischen nach mir suchen, aber nicht erraten, dass ich nach Russland geflohen bin. Ich werde nach Russland gehen und Russland durchwandern, bis ich sterbe. Wie konnte ich nur ausgehen? Unsere Eltern haben uns Kinder nie alleine gelassen. Sie sind nicht ausgegangen. Sie blieben zu Hause, in ihrem Versteck, zu Hause, im Fernsehzimmer, verlässlich, er auf dem Sofa, sie in ihrem Stuhl ...

Nach dem Unfall auf der Brücke war sie in einem furchtbaren Zustand, wenn sie über Wasser fuhr, an Klippen entlang, auf zweispurigen Highways. Auf unserer Reise nach Kalifornien, wir waren alle unter zehn, sind wir die Sequoias besuchen gegangen, den ganzen Weg den Berg hinauf, und sie hat es nach oben geschafft, eine Serpentine nach der anderen, immer zweispurig, aber nach unten konnte sie nicht fahren, auf der äußeren Fahrbahn, noch nicht einmal eine Leitplanke gab es, nur den tiefen Abgrund, und Bill versuchte, sie zu beruhigen …

»Mom, versuch doch einfach …«

»Ich kann nicht! Ich kann nicht!«

… und so parkte sie, wartete, bis eine Verkehrsstreife kam und der Polizist den Wagen für uns nach unten fuhr, sie auf dem Beifahrersitz, drehte sich zu uns um, lächelnd, verlegen …

Ich schaffe es über die Brücke, den Hügel hinunter, zur Gablung des Highways, Oakland oder Berkeley. Ich wache wieder auf, als mein Kopf nach vorne fällt, dieses Mal, nachdem ich den Wagen Richtung Mittelplanke habe ziehen lassen. Ich schlage mir ins Gesicht, wieder und wieder und wieder. Ich öffne das Fenster. Die Ausfahrt Ashby. Gut, gut. Beinahe da, beinahe da. Universität. Ich bin zu Hause frei. Stephen hat etwas angerichtet. Vielleicht sollte ich sofort verschwinden, zum Flughafen fahren, vom Schlimmsten ausgehen. Ich werde umdrehen, wenn ich das Blaulicht flackern sehe. Ich werde von der Solano Avenue kommen, den Hügel hinunter, so dass ich erkennen kann, ob dort Krankenwagen stehen, und wenn ja, dann werde ich wenden und zum Flughafen fahren, bevor sie mich sehen …

Die Brieftasche ist weg. Mein Vater ist noch ein Stück weiter den Schacht hinabgerutscht. Die Brieftasche war eine ständige Erinnerung, jedes Mal, wenn ich sie benutzte, sie war immer da, in meiner Tasche! Von idiotischen mexikanischen Spinnen geklaut, die Arschlöcher. Das Einzige, das ich von ihm hatte. Die Teppiche lösen sich auf, die Möbel brechen auseinander. Mir kann man nichts anvertrauen, alles ist instabil, verloren, zerstört, durchweicht …

So sollten die Dinge nicht sein, Toph und ich in unserem schäbigen kleinen Haus, Löcher im Fußboden, alles verfallend, ich, der ich Sachen verliere, zulasse, dass eine Gruppe von Kids die Brieftasche unseres Vaters nimmt. Und Toph bei diesem Babysitter, diesem bösen Mann …

Es wird kalt sein in Russland, aber vielleicht nicht jetzt. Ich kann mir am Flughafen eine Jacke besorgen.
Die Ausfahrt Gilman! Ich werde keinen Unfall bauen. Ich werde bei Freunden einziehen. Ich werde darüber hinwegkommen. Ich werde entweder nach Russland ziehen oder darüber hinwegkommen. Ich biege in unsere Straße ein, Peralta, und sehe keine Blaulichter, keine Cops, kein Freizeitparkgeflackere von Krankenwagen, Polizisten und Feuerwehr …
Die Tür ist zu. Auf der Treppe ist kein Blut. Ich gehe zur Veranda hinauf und sehe durch das Fenster, dass das Fahrrad des Babysitters nach wie vor am Kamin lehnt, und dann, als ich mich der Tür nähere, kann ich Toph auf dem Sofa ausgestreckt liegen sehen. Gut, gut. Wenigstens ist er da.
Obwohl er tot sein könnte. Er könnte immer noch tot sein. Die Tür ist nicht verschlossen … vielleicht hat jemand *anderes* Toph *und* den Babysitter umgebracht! Daran hatte ich noch gar nicht gedacht, aber natürlich! Ein Dieb ist hier eingestiegen, hat sich genommen, was er wollte, und dann … beide vergiftet! Oder er war Stephens Komplize. Es war alles ein abgekartetes Spiel …
Ich trete ins Haus, vorsichtig, die Hände zu Fäusten geballt. Ich gehe auf Toph zu. Ich schaue mich nach Blut um – keines. Vergiftet vielleicht. Oder geschlagen – innere Blutungen. Ich bringe mein Gesicht ganz nah an seins. Sein Atem schlägt mir heiß auf die Wangen.
Er lebt! Er lebt!
Er könnte aber im Sterben liegen, wie der Junge in diesem Film, Bruce Davisons und Andie MacDowells Sohn. Woher soll ich das wissen? Ich werde Vertrauen haben. Ins Krankenhaus fahren? Nein. Nein. Er ist in Ordnung. Er ist okay. Die Armlehne des Sofas ist voller Speichel.
Wo ist Stephen? Das ist es. Stephen ist verschwunden, weil er Toph vergiftet hat. Toph liegt im Sterben. Toph hat noch eine Stunde zu leben. Ihn ins Krankenhaus zu bringen, nützt nichts mehr. Die Frauenstimme von der Gifthotline wird brechen … »Sie können nichts … nichts mehr machen …«, und völlig zer-

stört, hysterisch, werde ich meinen Grips zusammennehmen, um ihn aufzuwecken, so dass wir unsere letzte gemeinsame Stunde miteinander erzählen können. Soll ich es ihm sagen? Nein, nein. Wir werden Spaß haben. Ich schaff das schon.

Hey, kleiner Mann.

Wie viel Uhr ist es?

Eins.

Er ist nicht tot. Er wird leben. Alles ist normal. Normal, normal, normal. Gut. Gut. Normal. Normal. Okay.

Ich gehe in die Küche, lasse meine Schlüssel in die Schüssel fallen, klirr, zu dem Wechselgeld. Ich werfe einen Blick ins Schlafzimmer. Kein Stephen. Zum hinteren Schlafzimmer, öffne die Tür. Da. Stephen schläft auf dem Bett, Unterlagen zum Lernen überall verstreut.

Ich wecke ihn auf. Er sammelt seinen Kram ein.

»Er hat im Schlaf geredet«, sagt er.

»Ah. Was hat er denn gesagt?«

»Nichts Richtiges. Nur Gemurmel.«

Ich stelle ihm einen Scheck aus. Ich öffne ihm die Haustür. Er steigt auf sein Fahrrad und, noch ganz verschlafen, fährt er davon, unbeholfen und taumelnd, wie ein Schmetterling. Ich schließe die Tür hinter ihm zu.

Ich gehe zurück ins Wohnzimmer, wo Toph ausgestreckt auf dem Sofa liegt, als sei er knochenlos. Er hat eine Decke aus seinem Zimmer geholt, die jetzt auf dem Fußboden liegt. Sein Mund ist geöffnet, und auf seinem grauen T-Shirt ist ein dunkler, runder Fleck von seinem Speichel.

»Hey.«

»Mmm.«

»Hey. Hilf mir mal.«

»Mmm.«

»Ich bring dich ins Bett. Leg mir den Arm um die Schulter.«

Er legt mir den Arm um den Hals und packt ihn mit der anderen Hand, zieht seinen Kopf zu meiner Schulter hoch, damit ich nicht damit gegen den Türrahmen knalle.

»Pass auf, dass ich mir nicht den Kopf stoße.«
»Ich pass auf.«
Der Holzrahmen kracht.
»Auahhh.«
»Tschuldige.«
»Idiot.«
Ich lege ihn aufs Bett, in seinen Jeans und Sweatshirt, und decke ihn zu. In der Küche höre ich den Anrufbeantworter ab. Ich schaue in den Kühlschrank. Ich frage mich kurz, wen ich anrufen könnte. Wer könnte noch wach sein? Irgendjemand wird schon vorbeikommen wollen. Wer könnte Lust haben?
Ich gehe in mein Schlafzimmer zurück, lasse mein Wechselgeld auf den Nachttisch fallen.
Die Brieftasche. Auf dem Nachttisch.
Sie war hier.

VI.

Als wir die Neuigkeit erfahren, können wir zunächst so gut wie gar nichts damit anfangen. Soeben wird bekannt, dass *The Real World*, MTVs zukunftsträchtige Sendung, bei der sieben junge Leute Anfang zwanzig unter einem Dach einquartiert werden und ihr Leben verfilmt wird, ihre nächste Staffel in San Francisco drehen will. MTV sucht Leute, die mitmachen wollen. Sie schauen sich nach einer neuen Besetzung um.

Im Büro amüsieren wir uns königlich darüber.

»Hat jemand diese Sendung schon mal gesehen?«

»Nein.«

»Nein.«

»Mal reingeschaut.«

Wir lügen natürlich alle. Jeder hat schon mal eine Folge gesehen. Wir alle finden die Serie abstoßend, sind jedoch fasziniert und krankhaft neugierig. Rührt das Interesse daher, dass die Serie so schlecht ist, dass die Stars, die darin auftreten, allesamt unsäglich langweilig sind? Oder liegt es daran, dass wir so viele Dinge entdecken, die uns in einem Maße bekannt vorkommen, dass man verrückt werden könnte? Vielleicht sind wir das ja wirklich. Die Sendung anzuschauen, ist so, als höre man die eigene Stimme auf Band: Sie ist echt, keine Frage, aber ganz gleich, wie wohltönend und artikuliert die eigene Stimme in unseren Ohren klingt, wenn sie erst einmal durch diese Maschine geschleust und einem dann wieder vorgesetzt wird, hört sie sich hoch, nasal, erschreckend an. Sieht so unser Leben aus? *Reden auch wir so, sehen auch wir so aus?* Ja. *Das kann nicht sein.* Es ist so. *Nein.* Die Banalität des Lebens der gehobenen Mittelschicht, eingekeilt zwischen den geistlosen alkoholisierten Autotrips während der High School – das war lediglich als Metapher gedacht – und dem Tod, der sich mit

Hauskauf und Familiengründung einstellt, besonders wenn er in einer Komfortzone hübsch verpackt daherkommt, mit bunten Sofas und Lava-Lampen und Billardtischen – würde das nicht nur für diejenigen ein interessantes Programm abgeben, deren Leben noch langweiliger ist als das der Besetzung von *The Real World*? Und doch ist es unmöglich, die Show zu ignorieren.

Nachdem die Hälfte der Leute, die wir kennen, sich heimlich oder ganz ungeniert daran machen, ihre Bewerbungen auf den Weg zu bringen, überlegen wir, wie wir das Ganze ins Lachhafte ziehen, auf welche Weise wir unseren dringend benötigten Senf dazugeben können.

Einer unserer Mitarbeiter, David Milton, schreibt MTV einen Brief, den wir für unser erstes Heft verwerten wollen. Der Brief lautet folgendermaßen:

> Sehr geehrte Produzenten,
> ganz tief in meinem Inneren strahlt etwas und schreit nach Mitteilung, da ich sonst daran ersticke und die Welt einen großen Verlust erleidet, ohne es zu merken. Epische Ausmaße hat meine Seele, doch keine Entfaltungsmöglichkeiten, wen interessiert es schon, wer ich bin? Deshalb muss ich, und zwar unbedingt, einer der Bewohner von MTVs »Real World« werden. Nur dort, wo es hell in Tausende von geblendeten Augen flimmert, wird mein bislang ungeformtes Selbst die wunderschöne Gestalt annehmen, die nicht nur ihm selbst, sondern auch einer ganzen Marktnische gerecht wird.
>
> Ich bin ein Kirk-Cameron-Kurt-Cobain-Typ, gefährlich anziehend, schurkig verschroben, gestylt, aber bodenständig, abgehoben, dabei nicht unverständlich; Bewohner in der wachsenden Grauzone zwischen alternativer und Mainstream-Kultur; ängstlicher Prophet einer längst vergangenen Apokalypse, zugleich jedoch modern, stilsicher und sexy!
>
> Oscar Wilde schrieb: »Gute Künstler existieren in ihrem

Werk und sind infolgedessen absolut uninteressant in dem, was sie sind. Ein großer Dichter, ein wirklich großer Dichter ist das unpoetischste Geschöpf, das es gibt. Doch mittelmäßige Dichter sind unglaublich faszinierend … [sie] leben die Dichtung, die [sie] nicht zu Papier zu bringen vermögen.« Wie bei Dorian Gray ist mein Leben meine Kunst! Oh MTV, nehmt mich, formt mich, erweckt mich aus meinem formlosen Dornröschenschlaf und führt mich ein in die träumerische Real World des zielgruppenorientierten Marketing.

Mit freundlichen Grüßen

David Milton

Und nachdem wir gelacht haben und ich meine kurz aufflammende Paranoia, Milton könne sich vor allem über mich lustig machen, überwunden habe, werden wir für einen Moment ernst. Wir versuchen, Inserenten zu finden, ein Vertriebsnetz aufzubauen, das ganze Strandgut für unser erstes Heft aufzubereiten, und momentan sind wir nirgends, weil wir nichts haben und niemand sind.

Was wir allerdings haben, ist ein schlagkräftiges Team. Da wäre Moodie, natürlich, und da wäre mittlerweile auch Marny, die hierher gezogen ist, kaum ein paar Monate nach ihrem Collegeabschluss. Ja, während der High School waren wir mal zusammen. Ja, sie war einmal Cheerleader, allerdings eine unglaubwürdige, von der Sorte, die nie lächelt. Und jetzt ist sie diejenige unter uns, die *Ms.* liest, die *The Nation* liest, die weiß, wer oder was Che Guevara war. Und da wäre Paul, der kürzlich erst zu uns gestoßen ist. Er ist übrigens zwanzig Meilen südlich von uns aufgewachsen, am Lake Michigan, auf den kalten, brutalen Straßen von Chicagos Luxuswohnviertel. Anfänglich war da noch jemand, Flagg, mein bester Freund aus der Grundschule, den ich genötigt hatte, seine Freundin und seine Stelle in Washington zu verlassen, um nach Berkeley zu ziehen und sich dem Gründungsteam anzuschließen. Er hatte die Reise gewagt, hatte mit uns angefangen, an einem

Schreibtisch am Fenster, hatte seine Tage mit unserer »Marktanalyse« zugebracht – die reinste Show, mit weichen Zahlen und nicht belegbaren Statistiken, die man Inserenten vor die Nase halten konnte –, aber er begriff bald, was der Rest von uns mehr oder weniger von Anfang an wusste: Dass mit der Sache kein Geld zu verdienen war, zumindest nicht in absehbarer Zeit, wenn überhaupt, dass das Arbeitspensum grotesk sein würde, dass man seine Zeit in der versifften Ecke einer wackligen Lagerhalle verbrächte, wo der Dreck von den Dachbalken rieselt, wenn die Mieter im Stockwerk darüber herumlaufen, wo die Schlösser reine Dekoration sind, wo die Miete uns jeden Monat um $ 250 zurückwirft.

Aber es ist nicht so, dass irgendjemand hier, in San Francisco, in diesem Gebäude, dir sagt, du würdest deine Zeit verschwenden.

Der Rest dieser Etage besteht, abgesehen von einigen Bäumchen-wechsle-dich-Spielen, aus dem Schreibtisch unseres Vermieters, Randy Stickrod (so heißt er wirklich), der Zeitschriftenberater ist und kürzlich mitgeholfen hat, *Wired* zum Laufen zu bringen, deren Gründer erst vor kurzem genau jenes Areal geräumt haben, das wir jetzt belegen, und zwei Stockwerke nach oben gezogen sind. Uns gegenüber stehen Schreibtisch, Schreibtischunterlage und der winzige Computer von Shalini Malhotra, die bei *just Go!*, einer winzigen Ökoreisezeitschrift, aushilft und an ihrem eigenen Heft arbeitet, das den provisorischen Namen *Hum* trägt – das indische Wort für »Wir« –, eine Zeitschrift, deren Ziel es ist, Zwanzig-aufwärts-Jährige südasiatisch-amerikanischer Abstammung zu vereinen und für sie, mit ihnen und über sie zu sprechen. Dann ist da *bOING bOING*, eine »Neuroschrift«, die von Carla Sinclair und Mark Fraunfelder herausgegeben wird, einem Ehepaar-Team, die Plastik/Gel/Leder-New-Wave-ca.-1984-mäßig aussehen und gerade von L.A. hierher gezogen sind. Hinten ist noch ein Typ, der ein Magazin namens *Star Wars Generation* herausbringt – das sagt wohl alles. Unsere Etage, unser Gebäude, alles in allem: es hat etwas, es birst förmlich, ist nicht nur ein Ort, an dem Menschen arbeiten, sondern ein Ort, an dem Menschen kreativ sind und daran arbeiten, *unseren Lebensstil* zu verändern.

Die Lagerhalle liegt, wie das Glück es so will, in San Franciscos South Park, einem Viertel von etwa sechs Blocks, das, wenn man den Zeitungen glauben darf, selbst kurz davor ist zu explodieren, weil hier *Wired* zu Hause ist sowie eine Hand voll anderer Zeitschriften, vorwiegend Computerhefte, aber auch *SF Weekly*, *The Nose* (Humor) und *FutureSex* (»Cyber-Erotik [Leute, die bis auf ihre *Virtual Reality*-Ausrüstung nackt sind]) – ganz zu schweigen von zahllosen jungen Softwareunternehmen, Web-Entwicklern, Internet-Providern – und wir reden hier von 1993, als das ganze Zeugs noch brandneu ist – Graphic-Designern, Architekten, alle am Rande oder in der Nähe einer ovalen Grüninsel namens South Park (nicht zu verwechseln) – von kleinen viktorianischen Häusern eingefasst und zweigeteilt durch einen viel besuchten Spielplatz –, in dessen Mitte, auf seinem vollkommen saftigen, grünen Gras, sich in schier unglaublicher Dichte die gebildete und umwerfend aussehende Jugend tummelt – ein grünes Oval, das vor Frühlingshaftem und Fortschrittlichem und Neuem und Schönem nur so strotzt. Sie haben Tätowierungen, bevor jedermann Tätowierungen hat. Sie fahren Motorrad, und ihre Lederklamotten sind unglaublich. Sie sind (oder geben vor, es zu sein) praktizierende Wicca-Hexen. Sie, das ist die brillante junge Tochter von Charles Bronson, die ein Praktikum bei *Wired* macht, wo das Verhältnis zwischen attraktiven, jungen Frauen und Praktikanten bzw. Assistenten bei 1 zu 1 liegt, weil sie ein und dieselben sind. Es sind Fahrradkuriere, die nebenher sozialistische Texte verfassen, und Fahrradkuriere, die 90 kg schwere Transvestiten sind, und Schriftsteller, die lieber surfen, und die Raves ziehen noch die Massen an, und die junge, kreative Elite von San Francisco ist hier und nur hier, will auch sonst nirgends sein, weil New York, was Technologie betrifft, zehn oder zwölf Jahre hinterherhinkt – man kann den Leuten dort noch nicht einmal eine Mail schicken –, und L.A., was den Stil betrifft, noch derartig 80er Jahre ist, und weil es hier, in scharfem Kontrast zu diesen Städten, kein Geld gibt,

keiner Geld verdienen oder ausgeben darf oder so aussehen darf, als habe er Geld ausgegeben, weil Geld suspekt ist, Geldverdienen und Interesse am Geld – zumindest sofern man mehr als, sagen wir, $ 17.000 im Jahr hat – out ist, High School ist, völlig nebensächlich ist. Hier gibt es kein Kleidungsstück, das nicht secondhand ist – wenn ein Hemd kein gebrauchtes Hemd ist, wenn ein Hemd mehr als acht Dollar gekostet hat, sagen wir:
»Hey, schickes Hemd.«
»Yeah, schickes ... Hemd.«
Und es gibt kein Auto, das kein altes Auto wäre, besser noch ein sehr altes Auto, ein lächerliches Auto, ein billiges Auto, so dass die begehrten Parkplätze um den South Park zugeparkt sind mit automobilen Mutanten, Absonderlichkeiten. Und in San Francisco, im Guten wie im Schlechten, gibt es keine Idee, die blöd genug wäre, um abgeschmettert zu werden, oder die Leute sind einfach nicht ehrlich genug, um sich gegenseitig die Wahrheit über ihre blöden Ideen zu sagen, und so kommt es, dass die Hälfte von uns sinnlose, zum Scheitern verurteilte Dinge tut ... Und es gibt nichts Prestigeträchtigeres, als für *Wired* zu arbeiten, eine dieser neuen, schwarzen Schultertaschen, die sie gerade hereinbekommen haben, zu tragen oder auf der Party gewesen zu sein, die von den Typen von Survival Research Laboratories, die Riesenroboter produzieren und sie gegeneinander kämpfen lassen, geschmissen wurde – und obwohl die materielle Entschädigung ein Witz ist und die Wohnungspreise verrückt spielen, sagen wir nichts und beschweren uns nur wenig, weil wir zwar, wenn der puttenhafte Nachrichtenmoderator sagt, dies sei »der beste Ort der Welt«, zusammenzucken, es dann aber irgendwie doch glauben, glauben, dass wir achtzehn Stunden am Tag arbeiten müssen, ob nun für uns oder für eines dieser jungen Technologieunternehmen oder wofür auch immer, weil wir an einem besonderen Ort und vom Glück begünstigt sind, uns tatsächlich glücklich schätzen, obwohl nur ein paar Jahre vergangen sind, seit die Hügel brannten, seit die Highways zusammenbrachen ... Aber so sind wir hier versammelt, an jedem einzelnen dieser perfekt warmen-aber-nicht-zu-

warmen Tage, jeden Tag in Sonne und Möglichkeiten, *Wahrscheinlich*keiten gebadet, und während alle ihre *Lattes* trinken und ihre *Burritos* essen und dabei so tun, als würden sie einander nicht unter die Lupe nehmen, haben wir das Gefühl, dass wir, zumindest in diesem Augenblick, unter Freunden sind, auf diesem saftigen Gras, direkt im roten, flüssig-heißen Erdmittelpunkt, dass hier etwas geschieht, dass wir, um ein anderes Bild zu bemühen, auf einer Welle reiten, einer großen Welle – natürlich nicht auf einer zu großen, nicht auf einer dieser gigantischen, für Hawaii typischen, durch die Menschen umkommen, auf den Korallenbänken …

Natürlich dürfen wir weder uns noch unserer Zeitschrift anmerken lassen, dass wir Teil dieser Szene oder sonst einer Szene sind. Wir sind dabei, unseren Drahtseilakt zwischen Nähe und Distanz zum Puls der Zeit und zu den Leuten, die ihn verkörpern, zu perfektionieren, eine Außenseitermentalität, selbst unter Außenseitern. Als Parodie auf andere Zeitschriften, an oberster Stelle *Wired*, stellen wir eine *What's Hot/What's Not*-Liste zusammen:

WHAT'S HOT	WHAT'S NOT
Die Sonne	Schnee
Flambée	Vichyssoise
Brandeisen	ein kaltes Getränk
Lava (flüssig)	Lava (hart)

Wir schalten eine Anzeige in den Medien vor Ort, in der wir erklären, dass wir nicht dieses und nicht jenes sind, dass dies, es sei denn, irgendetwas Groteskes, Furchtbares geschieht, die wahrhaft erste gehaltvolle Zeitschrift in der Zivilisationsgeschichte sein wird, dass sie gestaltet wird *von und für uns Zwanzig-aufwärts-Jährige(n)* (wir versuchen es vergeblich mit Alternativen: Leute in ihren Zwanzigern? Leute über zwanzig?), dass wir Autoren, Fotografen, Illustratoren, Cartoonisten, Praktikanten suchen … Jeder, der mitmachen will, wird mit Arbeit versorgt … wir benötigen Hundertschaften, könnten Tausendschaften gebrauchen. Wir schicken das Manifest ein und innerhalb von Tagen (Stunden?) hagelt es von Lebensläufen. Die meisten gerade aus dem College, einige mit Skizzen über ihren Namen, Zeichnungen am Rand, Abschriften aus ihrer Zeit in Bates, Reed, Wittenberg als Anlage. Wir rufen sie alle an, können sie nicht schnell genug anrufen, wir wollen jeden einzelnen von ihnen heiraten, sind außer uns vor Freude, sie gefunden, *dieses Band geknüpft zu haben*. Wir haben Arbeit für alle.

»Wozu brauchen Sie denn Hilfe?«, fragen sie.

»Was möchten Sie denn tun?«, sagen wir.

»Für wie viele Stunden brauchen Sie mich denn?«

»Wie viel Zeit haben Sie?«

Wir nehmen alles, jeden, den wir kriegen können, egal, was für Loser, es ist uns gleichgültig, und wenn sie von Stanford oder Yale kommen. Uns geht es um Zahlen, um das bloße Scheffeln von Menschen ... Die meisten, die bei uns erscheinen, haben andere Stellen, und viele haben, Gott sei Dank, gar keine Stelle, dafür aber von ihren Eltern ein Jahr oder so genehmigt bekommen, um etwas zuwege zu bringen. Jedes Mal, wenn jemand zur Tür hereinkommt, über unseren Müll steigt und unsere Kisten umschifft, um sich uns anzubieten, haben wir einen Bruder, eine Schwester gewonnen, die von der absoluten Dringlichkeit dessen, was wir tun, inbrünstig überzeugt sind ...

»Ich habe Ihre Anzeige gesehen, und ich hab mir gedacht, Scheiße, da musst du hin. Es wird echt Zeit, dass jemand mal so was aufzieht.«

»Super. Danke.«

»Also, ich hätte da ein paar Gedichte ...«

... und obwohl wir nicht jedermanns Talente, Vorlieben und Anliegen fördern können – ungefähr fünf verschiedene Leute wollen etwas über die vielen, unendlich vielen Möglichkeiten der Hanfverwertung schreiben –, wissen wir, dass wir da auf etwas gestoßen sind, dass wir einen Nerv getroffen haben. Wir wollen, dass jeder seine Träume lebt, seinem Herzen folgt (sind sie nicht auch am Bersten, wie die unseren?); wir wollen, dass sie Dinge tun, die

wir interessant finden. Hey, Sally, warum in diesem dämlichen Büro für Schadensabwicklung arbeiten – hast du nicht mal gesungen? Sing, Sally, *sing!* Wir sind überzeugt, dass wir für andere sprechen, dass wir für Millionen sprechen. Wenn wir nur die Botschaft in die Welt bringen, sie verbreiten können mit dieser, dieser Zeitschrift ... Die Zeitschrift soll die Bühne sein, von der wir abheben, das Sprungbrett, von dem aus wir reden werden ...
Wir schreiben den Einleitungsartikel des ersten Hefts:

> Könnte es sein, dass in einer Generation wirklich mehr steckt als phantasielose Analphabeten und flanelltragende »Langweiler«? Könnte es sein, dass eine Gruppe von Leuten unter fünfundzwanzig eine überregionale Zeitschrift auf die Beine stellt, ohne von irgendwelchen Unternehmen unterstützt zu werden und ohne einen blassen Schimmer von Marketing zu haben? Mit konkreten Meinungen über konkrete Themen? Mit Unternehmensgeist und einem Sinn für Humor? Mit Mut und Zielen und Hoffnungen? Wer würde so eine Zeitschrift schon lesen? Sie vielleicht.

Um einen zweiten Telefonanschluss für ein Fax zu finanzieren, organisieren wir einen Kuchenverkauf im Park. All unsere Mitarbeiter bringen etwas mit, und so bekommen wir etwa $ 100 zusammen. Wir beknien jeden, den wir kennen, seine Ferngespräche in Zukunft über *Working Assets* zu führen ...
»Aber das ist ganz *wichtig*. Die spenden Geld für einen guten Zweck, und sie sagen, dass sie vielleicht inserieren, wenn wir hundert Leute dazu bringen, zu ihnen zu wechseln, und ...«
Wir suchen Verbündete unter denen, die sich, wie wir, der formlosen und stummen Masse des menschlichen Potenzials annehmen und versuchen, sie zum Sprechen, Singen, Schreien zu bringen, sie zu einer politischen Kraft zu formen. Oder sie zumindest zu benutzen, um sich selbst in der *Time* oder *Newsweek* wiederzufinden.
Da gäbe es Lead or Leave, eine politische Gruppierung aus Wa-

shington D.C., die bereits 1993 behauptete, etwa 500 000 Mitglieder zu haben. Dann wäre da Third Millennium, eine ähnlich gestrickte Lobbygruppe, die sich einer Brainstorming-Wochenendsitzung im Familienrefugium eines der jungen Kennedys verdankt. Beide Organisationen wollen ihre Tausendschaften eingetragener Wähler zusammenbringen und sie zu einer Art American Association for Retired People für Jugendliche entwickeln, damit sie dann, wenn die Zahlen ermittelt und die Waffen verteilt sind, den Kampf ausfechten können, den wir alle werden ausfechten müssen, den Kampf, der unser Großer Kampf werden wird oder zumindest unser Vietnam:
Die Rentenversicherung.
Nach den Berechnungen zahlreicher Wirtschaftswissenschaftler sieht es so aus, als ob für uns, wenn wir alle erst einmal fünfundsechzig oder siebzig oder was auch immer sind, nicht mehr genügend Geld im Topf ... dass die Rentenversicherung bankrott sein wird. Lead or Leave und Third Millennium ernten überall Schlagzeilen, indem sie Wähler registrieren und Pressekonferenzen geben, um auf diese drohende Katastrophe aufmerksam zu machen, und wir setzen uns mit diesen Organisationen in Verbindung, geloben Solidarität, obwohl wir, um ehrlich zu sein, keine Ahnung haben, wovon sie reden. Zwar verbindet uns der Wunsch, unsere 47 Millionen Seelen zu motivieren und in Aktion zu versetzen (irgendeine Aktion, was genau, da sind wir uns auch noch nicht so sicher), aber was uns am meisten interessiert, ist ihre Adressenliste.
Es ist nicht so, als würden wir sie nicht unterstützen – denn das tun wir, wenn auch nicht materiell oder ideologisch, so doch zumindest konzeptuell –, es ist nur so, dass es uns, die wir mit wirtschaftlicher Not jedweder Art kaum oder gar keine Bekanntschaft gemacht haben, schwer fällt, den nötigen Feuereifer für solche Dinge aufzubringen. Wir wollen uns ihnen in ihrer Beschwerde über Studentendarlehen anschließen, doch dann fällt uns ein, dass von uns allen nur Moodie eines aufnehmen musste. Wir wollen die Stellensituation kritisieren, aber wir selbst wollen eigentlich gar keine Stelle – jedenfalls nicht solche, über die man sich be-

schweren könnte –, und so verstummen wir wieder. Und die Rentenversicherung? Na ja, ich persönlich, ich kann mir selbst in meinen kühnsten Träumen nicht vorstellen, älter als fünfzig oder fünfundfünfzig zu werden, und finde das Thema deshalb fragwürdig. Das Einzige, was *wir* wirklich wollen, ist, dass niemand ein langweiliges Leben hat, dass alle beeindruckend sind, damit wir beeindruckt sein können.

Wir versuchen, die Leute davon zu überzeugen, dass wir ein Lifestyle-Magazin sind.

»Wissen Sie, wir reden hier von einem *Stil* zu *leben.*«

»Aha.«

»Verstehen Sie? Nicht Lebensstil im Sinne von *Lifestyle.* Leben. Stil. Ein *Stil* zu *leben.*«

»Ach so.«

»Ein Stil. Zu Leben.«

Wir schöpfen Kraft aus Leuten, die Dinge tun, die wir für wertvoll oder heroisch halten, und die wegen dieser Dinge eine großartige Presse bekommen. Wir bestaunen und feiern Fidel Vargas, den jüngsten Bürgermeister des Landes, von dessen Politik wir zwar nicht die geringste Ahnung haben, von dessen Alter (dreiundzwanzig) aber schon. Wir verherrlichen Wendy Kopp, die mit fünfundzwanzig Teach for America ins Leben rief, eine Organisation, die junge Collegeabsolventen an Schulen mit chronischem Lehrer- und Geldmangel vermittelt, meistens in Ballungsräumen. Wir lieben Leute wie diese, solche, die gewaltige Organisationen auf die Beine stellen, mit neuen Ansätzen uralte Probleme angehen und ins Bewusstsein der Öffentlichkeit bringen, mit großartiger PR, unglaublich guten Werbefotos, die als Dia in Schwarz-Weiß oder in Farbe erhältlich sind.

Wir sind willig und bereit. Mit wem immer wir uns verbünden, was immer wir machen müssen, wir werden es tun – ob wir nun Events organisieren und Redner sponsern, ob wir laute Rockkonzerte besuchen, an Tischen sitzen und Informationsmaterial verteilen und in die weit ausgeschnittenen Tank-Tops älterer Teenagerinnen schauen ... selbst wenn wir im Fernsehen auftreten und in Zeitschriften besprochen und ausgiebig zitiert werden und wie Rockstars leben und die Macht von Messiassen ausüben sollen – *was immer es braucht*, wir sind bereit. Lassen Sie uns einfach wissen, wo wir uns einfinden sollen, mit wem wir's zu tun haben, wie hoch die Auflage Ihrer Zeitschrift ist oder wie in etwa Ihr Leserkreis aussieht, und geben Sie uns eine ungefähre Vorstellung von dem, was wir sagen sollen.

Es ist wie in den 60ern! Seht es euch an! Seht mal, sagen wir zueinander, die Ungerechtigkeit, die schreienden Missstände in der Welt, entsetzt, verblüfft. Seht mal, wie die Dinge stehen! Seht euch beispielsweise all die Obdachlosen an! Seht, wie sie gezwungen sind, ihren Darm überall auf den Straßen zu entleeren, wo wir entlanglaufen müssen! Seht euch an, wie hoch die Mieten sind! Seht euch an, wie die Banken uns versteckte Gebühren aufhalsen, wenn wir einen Geldautomaten benutzen! Und das Ticketbüro erst! Habt ihr von diesen Servicegebühren gehört? Wie sie einem, wenn man die Tickets übers Telefon auf Kreditkarte bestellt, mir nichts, dir nichts zwei Dollar für jedes verdammte Ticket berechnen? Habt ihr so was schon mal gehört? Es ist *total grotesk*.

Doch bald wird alles wieder gut sein. Wenn wir erst einmal erscheinen und die etwa sechs Monate bis zur Weltherrschaft überstanden haben, werden diese Dinge thematisiert, korrigiert.

Wir schauen uns Mappen an. Als ich mich mit einer eleganten Fotografin namens Debra zusammensetze, sehe ich nicht nur die Möglichkeit einer Verabredung vor mir, sondern auch ein Foto, das mir auf Anhieb die Erkennungsmelodie unserer Botschaft entgegenschreit. In ihrer Arbeitsmappe liegt ein Bild von einem splitterfasernackten Mann, der über einen Strand flitzt, unscharf in seiner Schnelligkeit.

»Das ist das Cover!«, sage ich.

»Okay!«, sagt sie, und ich frage mich, ob das wohl meine Chancen bei ihr erhöhen wird.

Der Blitzer auf dem Cover zieht eine weitere Idee nach sich: Auch wir werden nackt sein! Ja, auf dem Cover wird Debras flitzender Freund (der bei ihr wohnt, leider) zu sehen sein, und auf der In-

nenseite werden Hunderte von flitzenden jungen Leuten zu sehen sein! Wir werden das Licht und den Look des ersten nachahmen, aber aha! es werden Hunderte von uns sein, die alle zusammen über den Strand rennen, eine Herde nackter und hoffnungsvoller Leiber, die von links nach rechts sprinten, und natürlich all die Dinge symbolisieren, die so etwas nun mal symbolisiert. Wir rufen Debra an und machen einen Termin, und dann starten wir eine Telefonaktion, um nackte Modelle zu finden – wir rufen Freunde an, jeden, den wir kennen.
Prompt bekommt unsere Idee eine andere Größenordnung. Wir brauchen keine Hundertschaften. (Wie hätten wir Hunderte von Leuten überhaupt auf ein Dia bekommen sollen?) Wir brauchen nur ein paar Leute, zehn, acht, fünf. Natürlich werden wir mit von der Partie sein, als Grundstock. Also Moodie, Marny und ich. Und dann muss ein wenig Vielfalt her. Wir sind davon besessen, den Eindruck einer bunten Mischung zu erwecken. Nicht, dass tatsächlich eine unglaublich bunte Mannschaft bei uns arbeiten würde oder so – aber wenn es bei Fototerminen gilt, ein buntes Bild abzugeben, brechen wir regelmäßig in Panik aus. Wir *müssen* nach dem idealen Querschnitt des jungen Amerika aussehen! Für die Kameras brauchen wir drei Männer und drei Frauen; drei Weiße, eine(n) Schwarze(n), eine(n) Latino und eine asiatisch aussehende Person – doch stattdessen haben wir lediglich uns drei/vier Weiße (*und darunter noch nicht einmal ein Jude!*). Für die Aktaufnahme brauchen wir einen schwarzen Amerikaner, einen Latino. Eine Latino. Was auch immer. Wir brauchen einen Asiaten. Lily sagt nein. Ed Rigaud, ein Vertriebsmann, den wir von *Wired* kennen und der schwarz ist, sagt nein. Verzweifelt fragen wir uns: Würde Shalini, die Inderin, als Vertreterin einer recht geläufigen Minderheit durchgehen? Würde sie in einem verschwommenen Foto deutlich als eine *Farbige* herauskommen?
»Würdest du ...«
»Nein«, antwortet sie.
Wir rufen June an.
June Lomena ist unsere schwarze Freundin. Sie arbeitet gelegent-

lich in dem Gebäude für eine der anderen Zeitschriften, war eines Tages einfach stehen geblieben und hatte Hi gesagt und folglich für unser erstes Heft irgendetwas Schräges über die Beziehung zwischen Männern und Frauen geschrieben. Und hatten wir bereits erwähnt, dass sie schwarz ist? (Sie könnte auch eine Latino sein, glauben wir, wegen des Namens und überhaupt, aber fragen werden wir sie nicht.) Sie ist ausgebildete Schauspielerin (in Brown), so dass sie bereitwillig ja sagt, als wir sie bitten, nackt in der Gegend herumzurennen. Jetzt sind wir zu viert. Alle anderen, die wir kennen, lehnen ab. Schließlich finden wir über einen Freund noch einen Typen, der sich gut machen wird, wie wir glauben, weil er seinen Schädel kahl geschoren hat.

»Wir können dir nichts zahlen«, sagen wir.

»Das ist okay«, sagt er.

Wir wissen nicht, warum er mitmachen will, mit vier Fremden in ein Auto steigen und nackt einen Strand entlangrennen und dabei fotografiert werden will, und offen gestanden, wollen wir es auch gar nicht wissen.

Und dann sind wir am Strand, Black Sands Beach in den Marin Headlands, an einem für diese Jahreszeit ungewöhnlich kalten Oktobermorgen. Wir haben uns gerade nackt ausgezogen und bemerkt, dass bei dem fünften Typen genau da, wo ein normaler Penis sein sollte, ein Penis mit einem goldenen Teil drin ist. Wie eine Nadel oder ein Nagel oder so etwas – es ist schwer auszumachen, ohne hinzustarren. Als ich einen Blick draufwerfe, wird mir mulmig. Als gläubiger und ängstlicher Katholik habe ich meinen Penis bis zur Pubertät nicht gesehen und bis zum College nicht berührt, und daher ist der Anblick von etwas, von dem ich noch nicht einmal wusste, dass es das gibt ... Ich wende meine Aufmerksamkeit Marnys Brüsten zu, die enthüllt anders aussehen als angezogen und, wenn man's recht bedenkt, irgendwie ungleichmäßig sind. June sieht normal aus, geschmeidig und kraftvoll, sicher die Einzige von uns, bei der alles perfekt geformt ist. Dann versuche ich herauszufinden, ob Moodies Penis deutlich größer ist als meiner, und komme zu dem Ergebnis, dass es, zumindest in

schlaffem Zustand, auf ein Unentschieden hinausläuft. So gerade eben jedenfalls.
Wir sind jung und nackt und am Strand!
Debra sitzt auf einem Baumstamm mit Blick aufs Wasser und stellt alles auf. Wir haben zwanzig Meter, bevor wir an ihr vorbeirennen, am Wasser entlang, in vollem Tempo. Wir versuchen, uns ein wenig zu verteilen, so dass wir, wenn wir an ihr vorbeikommen, etwas aufgefächert laufen, jeder sichtbar, sämtliche Farben und Größen. Es wird wunderschön sein und poetisch, und es tut säuisch weh. Unsere Penisse hüpfen auf und ab, und als wir schneller werden, schlagen sie von links nach rechts, hin und her – wer hätte das gedacht, von links nach rechts? Dieser Schmerz! Man sollte so etwas sein lassen. Penisse sind nicht fürs Rennen geschaffen. Ich denke an einen großen Auspuff, der über die Straße schrappt; ich denke an einen Vogel, der einem Wurm die Seele aus dem Leib schüttelt … Die Qual ist unerhört. Wir rennen an ihr vorbei, und sie kriegt uns zwei Mal ins Bild, und dann machen wir es noch einmal. Mindestens ein Dutzend Male. Ich gehe dazu über, meinen Penis die meiste Zeit beim Rennen festzuhalten und ihn nur loszulassen, wenn wir direkt vor ihr sind. Ich habe keine Ahnung, was für ein Gefühl es für den Typen mit dem gepiercten Penis sein muss. Dass seiner durch das Metall irgendwie stabiler würde, kann man jedenfalls nicht behaupten. Wenn er wenigstens so eine Vorrichtung zum Anhaken hätte, vielleicht an seinem Bauchnabel …
Wir machen einen Shot, wie wir von Debra wegrennen, direkt ins Wasser, das eisig ist, wie immer. Dann ziehen wir uns an und gehen nach Hause. Als wir die Bilder zurückbekommen, sind wir darauf alle hoffnungslos unscharf, und unsere sachdienlichen demographischen Anstrengungen – zwei Frauen, eine Schwarze – sind kaum zu erkennen. Sämtliche Bilder, auf denen wir an Debra vorbeirennen, sind unbrauchbar, was auch bedeutet, dass die ganze Penisqual für die Katz war. Uns bleibt nur das letzte Foto, auf dem wir alle mit nackten Ärschen zu sehen sind, wie wir in den Pazifik rennen. Das nehmen wir …

Es ist das letzte Bild des sechsseitigen Auftakts unseres ersten Hefts, eine Fotomontage, die dem weiter oben bereits abgedruckten Manifest vorangestellt ist. Auf jeder Seite ist eine Art Gitter, in das ein Foto neben dem anderen eingelassen ist. Über jedem Foto steht in Satzschrift ein Wort, und zwar:
Über einem Bild mit einer verwöhnt aussehenden Frau: Nein.[1]
Über einer Auslage von Waffen, die zum Verkauf stehen: Nein.[2]
Über zwei pausbäckigen Keramikpüppchen im Hochzeitsornat: Nein.[3]
Über einem Televangelisten, einem typischen Fernsehprediger, der seine Herde preist: Nein.[4]
Über einem Ausschnitt aus dem Bild »Der Raub der Sabinerinnen«: Nein.[5]
Über einer Nahaufnahme von einem jungen, höhnisch lachenden Mann: Nein.[6]
Über einer Sammlung von hochhackigen Frauenschuhen für die Arbeit: Nein.[7]
Über einer Nahaufnahme von Hemdkragen und Krawatte: Nein.[8]
Über einem Bild von Adam und Eva, wie sie aus dem Paradies vertrieben werden: Nein.[9]

Wir sind ziemlich überzeugt davon, dass das, was wir hier vor uns haben, ein Werk von solch gewaltigem Genie und visionärer Kraft ist, dass es durchaus Aufruhr stiften kann. Sollte nicht klar sein, was die Überschriften bedeuten, hier die Auflösung:
[1] Wir sind *nicht* verwöhnt oder faul!
[2] Wir finden *nicht*, dass Waffen über den Tresen verkauft werden sollten wie hier.
[3] Wir sind *nicht* für die Ehe.
[4] Oder für die Religion.
[5] Wir sind *ganz entschieden* gegen Vergewaltigung.
[6] Und Hohn.
[7] *Und* hochhackige Schuhe.
[8] Gleiches gilt für Krawatten.
[9] Und auch dagegen, von Gott aus den Gärten vertrieben zu wer-

den. Wegen unserer Nacktheit beschämt zu sein. Oder Äpfel zu essen. (Letzteres war nicht ganz klar.)

Und dann, nach so viel Negativität, nach all den Dingen, die wir schlichtweg ablehnen, kommen wir zum Clou, zum Finale unseres Auftakts: einem ganzseitigen Foto von fünf Leuten, die nackt, den Rücken zur Kamera, ins Meer rennen. Über diesem Bild prangt in schwarzer Schrift vor dem Himmelshintergrund (das Ganze ist in Schwarz-Weiß) ein einziges Wort: Might.

Bäng!

Alles in allem sind wir davon überzeugt, dass wir auf dem Weg zu etwas Epochalem sind, und unsere Arbeitszeiten spiegeln diese Überzeugung wider. Sie sind Willensprüfungen und stehen für die schädliche Auswirkung von Gruppenzwang und Schuldgefühlen, weil wir, untraditionell, wie wir eindeutig sind, anfangen, allgemeine Öffnungszeiten einzuhalten, neun bis fünf, und darüber hinaus noch zwei oder drei Bonusrunden dranhängen, je nachdem, was bis zum nächsten Tag uns und der Menschheit zuliebe erledigt werden muss.

Es muss gemacht werden! Warten ist obszön!

Tagsüber erledigen Moodie und ich unsere Graphic-Design-Jobs, meistens für die interne Werbeabteilung des *San Francisco Chronicle*. Moodie hat noch andere Marketingaufträge, und ich arbeite noch als Zeitarbeiter, häufig im Hauptsitz von Pac Bell in San Ramon, wo ich meine Achtstundentage damit verbracht habe, Urkunden zu entwerfen, die für vorbildliche Leistungen verliehen werden (Abb. 3).

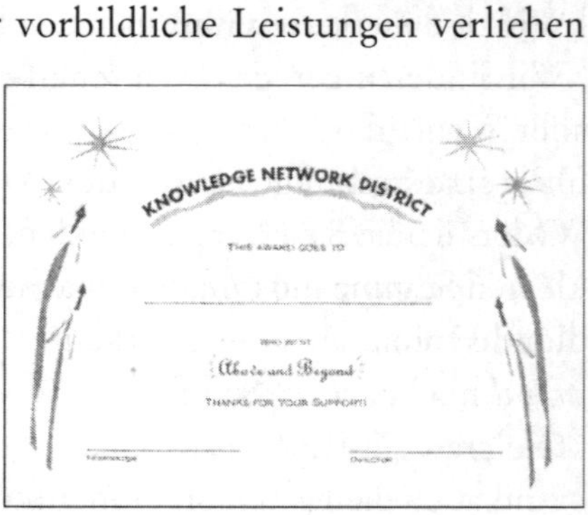

Marny kellnert vier Abende die Woche, doch unsere Fixkosten werden zunehmend vom *Chronicle* finanziert, dessen Chefs schon sehr früh Mitleid mit mir gehabt haben – die Augen von Dianne Levy, allein erziehende Mutter eines weiblichen Teenys, füllten sich mit Tränen, als ich ihr erzählte, auch ich hätte einen Kleinen zu Hause – und jetzt auf uns zählen, wenn es um Anzeigen, Poster und Werbekampagnen geht, die den verschiedenen Teilen und Kolumnisten der Zeitung gelten. Wir erledigen die Arbeit mit dem brillanten Scharfsinn, für den wir berüchtigt sind.

»Wir brauchen eine Anzeige für den Geschäftsteil«, sagen sie. Kein Problem, sagen wir. Das Ergebnis:

DER CHRONICLE. DAS UNTERNEHMEN FÜR SIE.

»Und jetzt eine für den Sportteil.«

CHRONICLE SPORT. WIR KENNEN DEN NEUESTEN STAND.

Wir sind dieses Missbrauchs unserer kreativen Talente überdrüssig und haben beschlossen, dass wir nicht länger warten wollen, bis wir auf diese Weise genügend Geld beisammen haben, um *Might* finanzieren zu können. Zwar erzählen wir jedem, der es wissen will, dass sich *Might* der Ausschöpfung sämtlicher Kreditkartenkredite verdankt, dem Profit unseres Graphic-Design-Unternehmens, aber die furchtbare, unaussprechliche Wahrheit ist, dass ich einfach einen Scheck ausgestellt habe. Es waren ungefähr zehntausend Dollar für die erste Druckerrechnung, was einen Großteil des Versicherungs- und Hausgeldes darstellte, das mir letztlich zugeflossen war, nachdem die Verteilung des Nachlasses meiner Eltern geregelt war. Zuerst hatte ich gemeint, wir sollten aller Welt die Wahrheit sagen. Gab es eine bessere Metapher für unsere Bestrebungen? Aus der Asche – im wahrsten Sinne des Wortes – unserer Eltern erstanden, konnten wir mit dieser relativ kleinen Summe die Dinge so machen, wie wir es wollten, mussten die Idee nicht an andere verkaufen, um Mittel aufzubringen, und das Ganze abbrechen, wenn klar würde – was unweigerlich geschehen wäre –, dass es niemanden gäbe, der eine solche Summe in so ein lächerliches Unternehmen stecken würde. Doch so mussten wir nicht auf Billigung warten. So gab es keine Bedingungen zu erfüllen. Moodie und Marny wissen, dass die Zeitschrift auf diese Art finanziert wurde, aber sonst haben wir es niemandem erzählt, noch nie. Vielleicht würden sie es nicht verstehen; vielleicht würden sie es nur zu gut verstehen. Doch nach dieser ersten Investition werden sich künftige Zuschüsse auf ein Minimum beschränken, weil das Unternehmen beinahe umgehend beginnt, sich selbst zu finanzieren, auch wenn wir uns nur geringe und in weiter Ferne liegende Hoffnungen machen, dass es auch *uns* trägt. Andererseits könnten sich die Dinge sehr schnell ändern. Das Blatt könnte sich wenden, wenn wir, sagen wir, nicht nur eine Gruppe von anonymen Hirnverbrannten wären, die eine unterfinanzierte, alternative Zeitschrift herausbringen ... sondern zugegebenermaßen dieselben Hirnverbrannten, wobei aber einer von ihnen der Star eines vielgesehenen, unglaublich einflussreichen und das wahre Leben enthüllenden MTV-Fernsehspektakels wäre.

Wir besorgen uns die Bewerbungsunterlagen.

Marny und ich beschließen beide, uns zu bewerben. Wir füllen den kurzen Fragebogen aus. Wie gewünscht, machen wir beide Videos von uns, auf denen wir reden und irgendetwas tun, das sie hoffentlich unterhaltsam finden. Einige Leute fahren Skateboard. Einige steppen, stellen ihre Familie vor, spielen mit ihrem Hund. Für meinen Film setze ich mich an meinen Schreibtisch in der Lagerhalle und Moodie nimmt auf, wie ich über nichts rede und dann, irgendwie etwas abrupt, zu trommeln anfange, wie epileptisch. Ich führe eine Sequenz vor, in der ich so tue, als sei ich der Schlagzeuger von Loverboy, der aus irgendeinem Grund nur unter einem Blinzeln und Zucken Schlagzeug spielen konnte, dass man meinte, er säße auf Hochspannungsleitungen. Das Video ist irgendwie witzig, finden wir. Es ist vielleicht eher Angst einflößend als witzig, aber Moodie lacht. Wir schicken es ein.

Zwei Tage darauf ruft eine Frau, Laura Folger, an. Sie ist eine der Produzentinnen oder Casterinnen oder was auch immer der Sendung, und sie hat in mir offensichtlich jemanden erkannt, der ins Fernsehen gehört, der die stumpfe Jugend einer Nation inspirieren kann. Ich soll zum neuen Hauptsitz von *Real World* zum Vorstellungsgespräch kommen, das ungefähr eine halbe Stunde dauern und auch aufgenommen werden soll.

Das Gespräch findet an einem Sonntag statt. Während Toph noch schläft, fahre ich aus Berkeley über die Brücke in die Stadt hinein, Kilometer über dem Wasser, zu den provisorischen MTV-Büros in North Beach, die neben dem Embarcadero und passenderweise inmitten eines Großteils der Werbeagenturen der Stadt liegen. Stolz erfüllt mich und Angst. Natürlich wollte ich eingeladen werden, wollte, dass sie sähen, was es bei mir zu sehen gibt, aber ich hatte eigentlich nicht die Absicht, das Ding durchzuziehen. Und jetzt, da ich das Ding wirklich durchziehe, habe ich Angst, dass es jemand rausfindet – Beth, Toph, David Milton. Ich rede mir ein, dass ich es nur aus soziologischen oder journalistischen Gründen mache. Was für eine witzige Geschichte das abgeben wird! Aber im Ernst: Bin ich einfach nur neugierig? Oder will ich das wirklich? Und wenn ich das gewollt habe, was für ein Mensch bin ich eigentlich?
Als ich ankomme, ist das Viertel wie ausgestorben und ich bin 20 Minuten zu früh. Da Leute, die im MTV mitmachen, nicht zu früh kommen, nicht aufgeregt oder verantwortungsbewusst genug sind, um zu früh zu kommen, laufe ich herum, bis es so weit ist. Erst zwei Minuten später als verabredet gehe ich hinein. Obwohl das Büro erst ein paar Wochen alt ist, hängt hier über dem Schreibtisch der Rezeptionistin schon ein riesiges perfektes MTV-Logo aus Eisenwellblech. Während ich warte, plaudern die jungen Assistenten mit mir, damit ich mich wohl fühle. Beim Warten und Reden wird mir plötzlich klar, dass das schon dazugehört. Ich fange an, mir meine Worte genauer zu überlegen, sie sollen sich ihnen einprägen, ich will witzig, messerscharf und gefühlvoll sein und zugleich wie aus dem Mittleren Westen klingen. Meine Beine fallen mir auf, sie sind übereinander geschlagen. Aber wie soll ich meine Beine übereinander schlagen? In der Mann-Mann-Art oder

in der Frauen-und-ältere-Männer-Art? Wenn ich das Letztere tue, denken sie dann, dass ich schwul bin? Hilft mir das?

Dann kommt eine Frau herein – *schwebt* herein. Sie sieht auf mich herab. Sie ist meine Mutter, meine Freundin, meine Ehefrau. Es ist Laura Folger, die Produzentin/Casterin, die mich angerufen hat. Sie hat so was von Ali MacGraw an sich – die Haut leicht gebräunt, die Augen dunkel, mit glattem Haar, das die Farbe von Vollmilchschokolade hat. Es fällt weich auf ihre Schultern, ein samtener Vorhang, der auf eine samtene Bühne fällt.

Sie bittet mich in einen anderen Raum, wo das Vorstellungsgespräch stattfinden soll. Ich folge ihr. Ich bin bereit, mich ihr hinzugeben. Sie wird zuhören, und wenn sie zuhört, dann wird sie Bescheid wissen. Aber wahrscheinlich sieht mein Haar doof aus. Ich wollte es eigentlich vorher auf der Toilette überprüfen, aber ich hatte keine Gelegenheit dazu. Lächerlich. Ausgerechnet an diesem Tag, der vielleicht der wichtigste Tag überhaupt sein könnte, für mich, für mein Haar, überlasse ich es dem Zufall – und wenn ich sie jetzt bitten würde, nachschauen zu dürfen, wie mein Haar sitzt, würde sie mich für eitel und unsicher halten – und wir können doch nicht zulassen, dass sie einen falschen Eindruck bekommt. Sie könnte natürlich auch jemanden wollen, der eitel ist. Ich könnte der Eitle sein. Immer gibt es einen Eitlen. Natürlich sind das meistens Models. Ich käme nie in Frage, nie – außer, ich wäre eins dieser Benetton-Models, befremdlich und vertraut. Ich könnte das. Komisch aussehen, aber auf eine herausfordernde Art – wie Herointypen oder Leute mit Sommersprossen und hoch aufgetürmtem Haar. Das könnte ich sein …

Oh, sieh sie dir an. Mehr noch als in Laura Folgers Show mitzumachen, möchte ich mich auf 50 000 Quadratmetern oder so an der nordkalifornischen Küste mit ihr niederlassen, mit ihr eine Familie gründen. Unser Hund heißt Skipper. Wir kochen zusammen für ihre Eltern, für die Nachbarn. Haben eine Horde Kids, die so wie sie und nicht wie ich aussehen, mit zarten, aber ausgeprägten Gesichtszügen, dieser wunderbaren Nase …

»Okay«, sagt sie und setzt sich hinter die Videokamera.
Das Band läuft, das rote Licht, alles.
»Wo bist du aufgewachsen?«, fragt sie mich.
»Oh. Das kenne ich. In einem kleinen Vorort von Chicago, Lake Forest. Es liegt knapp 50 Kilometer nördlich von …«
»Ich kenne Lake Forest.«
»Wirklich?«, sage ich und spüre, wie wir eine andere Gesprächsebene erreichen, auf der Anführungsstriche wegfallen und ein einfaches Vorstellungsgespräch zu etwas ganz anderem, zu *so unglaublich viel mehr* wird. »Es ist nur ein kleiner Vorort, ungefähr 17 000 Einwohner. Ich bin überrascht, dass …«

Bitte. Lake Forest ist so ein Ort wie Greenwich oder Scarsdale. Ich meine, gehört er nicht zu den wohlhabendsten Städten in Amerika?
Wirklich? Na, kann schon sein. Kann sein. Ich weiß es nicht. Ich kannte jedenfalls keine reichen Leute. Wir waren nicht reich. Die Freunde meiner Eltern waren Lehrer, verkauften medizinische Bedarfsartikel, hatten Rahmenhandlungen … Meine Eltern fuhren gebrauchte Autos, meine Mutter kaufte alle unsere Kleider bei Marshall's. So in der Art. Gesellschaftlich und finanziell gesehen gehörten wir wohl zum unterprivilegierten Teil der Stadtbevölkerung.

Was haben deine Eltern gemacht?
Meine Mutter hat nicht gearbeitet, bis ich zwölf war. Dann war sie Lehrerin. Montessori. Mein Vater war Anwalt in Chicago, Schwerpunkt Handelsrecht. Termingeschäfte.

Und deine Geschwister?
Meine Schwester studiert Jura an der University of California. Mein Bruder Bill arbeitet für einen konservativen Verein, so ne Art Kaderschmiede.

Was soll das heißen?
Na ja, er hat in der Heritage Foundation angefangen und ist durch Osteuropa gereist. Da hat er die ehemaligen sowjetischen Republiken, wie auch immer sie heißen mögen, auf ihrem Weg in die freie Marktwirtschaft et cetera et cetera beraten. Danach hat er ein Buch über die Verschlankung der Regierung hier, auf regionaler Ebene, geschrieben. Es heißt »Revolution at the Roots: Making Government Smaller, Better, and Closer to Home«. Das solltest du mal sehen! Auf dem Cover ist sogar ein Zitat von Newt Gingrich; irgendwas darüber, dass alle Amerikaner dieses Buch lesen sollten, wenn sie gute Amerikaner sind.

Ich nehme an, ihr beide unterhaltet euch nicht oft über Politik.
Nein, nicht so oft.

Und hattet ihr später mehr Geld?
Ich weiß nicht. Manchmal. Manchmal auch nicht. Uns fehlte eigentlich nie irgendwas, aber Mom hatte so eine Art, uns fühlen zu lassen, dass wir gerade über die Runden kamen. »Du bringst uns noch ins Armenhaus!«, schrie sie. Meistens brüllte sie unseren Dad an oder alle oder niemanden im Besonderen. Wir wussten eigentlich nie, was los war, aber es wäre albern gewesen, sich zu beklagen. Wir lebten in einem Haus in diesem netten Ort, hatten unsere eigenen Zimmer, Klamotten, Essen, Spielzeug, machten Urlaub in Florida – wenn wir auch immer mit dem Auto fuhren. Als wir ungefähr dreizehn waren, haben wir den ganzen Sommer lang gearbeitet, Bill und ich haben Rasen gemäht, Beth war im Baskin-Robbins, in braunen Kordhosen, und selbstverständlich mussten wir uns unsere eigenen traurigen kurzlebigen Gebrauchtwagen selbst kaufen, Käfer und rostige Camaros. Wir gingen auf öffentliche Schulen und auf die staatlichen Colleges. Also nee, ich würde uns nicht als Leute bezeichnen, die viel Geld hatten – in jedem Fall wurde nie was gespart, was wir herausbekamen, als sie starben…

Hm.
Also, bin ich drin?

Wie meinst du das?
Hab ich's in die Show geschafft? Bin ich drin?

Warte noch ne Sekunde. Wir haben gerade erst angefangen.
Oh.

Also, hast du dich anders gefühlt – gab es soziale Unterschiede aufgrund von Reichtum?
Kaum. Aber wenn es welche gab, dann war es umgekehrt. Die Kids, die sich so benahmen und so anzogen, als hätten sie Geld, waren Außenseiter, wurden bemitleidet, wir ließen einfach nicht zu, dass sie beliebt wurden. Es war genauso wie überall – Kinder in öffentlichen Schulen sind darin geübt, sie bekommen es von ihren Klassenkameraden eingetrichtert, dass aufzufallen bedeuten kann, vielleicht unliebsame Aufmerksamkeit auf sich zu lenken. Also, offensichtlich reich zu sein, war dasselbe, wie zu groß zu sein oder zu dick oder einen Furunkel am Hals zu haben. Uns zog es alle in die Mitte. Das blieb die ganze Schulzeit so – die reichsten Kids wurden eigentlich als die Möchtegerns angesehen, sie waren ziemlich verzweifelt und schmissen dauernd Partys, um die Kids auf sich aufmerksam zu machen, die echt alle beneideten, so wie den Typ im Football-Team, der in dem alten Holzhaus hinter der High School wohnte. Die beliebten Kids fuhren Trucks, kauften die letzten Schrottgurken, hatten Eltern, die geschieden waren oder tranken oder beides, und lebten nicht in den allgemein bevorzugten Stadtvierteln. Die reichen Kids waren hoffnungslose Fälle, voller Probleme und exzentrisch, genau wie die, deren Hemden immer in die Hosen gesteckt waren, deren Haar immer tadellos saß, und na ja, vor allem die, die in die Privatschulen in der Stadt gingen. Ich meine, kannst du dir vorstellen, in einer Stadt wie Lake Forest zu wohnen mit seinen hervorragenden öffentlichen Schulen – und trotzdem jedes Jahr zehn Riesen zu verpul-

vern, um dein Kind auf eine Schule zu schicken, die »Country Day« heißt? Das waren Spinner. Weißt du, wie wir die Schule genannt haben?

Nein.
Das war ziemlich witzig.

Wie habt ihr sie genannt?
Country Gay statt Country Day.

[–]
Country Gay. Verstehst du? Country *Gay*.

Das war eine ziemlich intolerante Stadt.
Homogen, ja; intolerant, nein. Sie war natürlich fast ausschließlich weiß, aber Rassismus jeglicher Art – zumindest öffentlich geäußert – ist irgendwie plump, deswegen wuchsen wir im Wesentlichen ohne Vorurteile auf, wir kannten sie weder aus erster Hand noch vermittelt. Bei dieser Art Wohlstand und Abschottung von gesellschaftlichen Problemen – Verbrechen, abgesehen von dem Vandalismus, der durch meine Freunde und mich am Leben erhalten wurde, waren unbekannt – stand es der Stadt frei, solche Fragen als eine Art von Unterhaltung zu betrachten – Ringkämpfe wurden von anderen Leuten, an anderen Orten ausgetragen. Das einzige Beispiel, das ich für irgendwelche Borniertheiten anführen kann, ist, als ich in der Grundschule war und dieser dünne, bescheuert aussehende Junge mit Brille bei uns in der Straße einzog, an der Ecke, und der in seinem Zimmer eine dieser Fahnen aufhängte, die Südstaatenflagge …

Die Flagge der Konföderierten.
Richtig. Also, dieser Junge, der so alt wie mein Bruder war, drei Jahre älter als ich, zog ein, als ich ungefähr neun war, und stellte im Nu alles auf den Kopf. Zuerst sah ihn mein Bruder Bill im Bus ein Hakenkreuz auf eine Sitzlehne malen. Von uns hatte noch nie-

mand so was mit eigenen Augen gesehen, und deswegen war es eine Zeit lang ne große Sache. *Ein richtiger Rassist!* Dann gründete der Typ einen informellen Club und bekehrte – sorry, blödes Wort – eine kleine Gruppe Kids aus der Gegend, und dann fingen sie alle an, Hakenkreuze auf ihre Hefte zu zeichnen und das Wort zu benutzen, das Leute für solche Zwecke benutzen.

Welches Wort?
Judensau. Plötzlich war das ein Wort, das die Kids benutzten. Wir waren diese Enklave der Zivilisation, plötzlich verdorben durch – es war jetzt irgendwie hinterwäldlerisch bei uns nach der Ankunft dieses Missionars der Bigotterie ... Na, jedenfalls dieser Typ, Todd Golub, eins der Kids aus der Gegend, war bis dahin mit dem Rest der Kids aus der Gegend befreundet, aber dann war er plötzlich *jüdisch*! Und sofort tabu. Allerdings habe ich selbst nie so viel davon mitgekriegt. Die Jungs waren älter, so alt wie mein Bruder Bill, ich erfuhr davon also ab und zu was von Bill, aber er durfte mir eigentlich nichts davon erzählen. Meine Eltern wollten nämlich nicht, dass wir überhaupt irgendwas darüber erfuhren. »Böse Kinder«, sagten sie, und das war's. Als Kinder wussten wir überhaupt nichts. Ich kannte keinen einzigen Fluch, wusste nichts über Sex, überhaupt nichts. Ich war zwölf, als mir klar wurde, dass »Eier« sich auf Hoden bezieht, und nicht auf die Pobacken. Lach nicht. Ich habe deswegen unheimliche Ängste ausgestanden. Zu dem Zeitpunkt wusste ich noch nicht mal irgendwas über meine eigene Anatomie, als Katholik und so ...
Ich schweife ab. Bill hat also versucht, mit diesen Kids irgendwie weiter befreundet zu sein, er hoffte, dass dieser Kram mit den Hakenkreuzen nur so eine vorübergehende Geschichte war. Aber nur von dem, was ich wusste, fing ich an, mir in allen Einzelheiten auszumalen, was bei dem Jungen zu Hause los war. Immer wenn wir vorbeifuhren, verrenkte ich mir fast den Hals, um nach dieser großen Konföderiertenfahne Ausschau zu halten. Dabei konnte man sie eigentlich gut sehen, sie verdeckte das ganze Fenster seines Zimmers und war so aufgehängt, dass sie in der Mitte

durchhing. Ich hatte keine Ahnung, was ich davon halten sollte, wie weit sie ins Haus hineinreichte, und wenn wir vorbeifuhren, erwartete ich fast, dass ich ihn sehen würde, wie er mit seinem Vater vorm Haus stand, Kreuze abfackelte, und wie Kapuzenmänner Schlingen über Baumstämme warfen. Ja, wirklich. Weißt du, wir hatten keinerlei Vergleichsmöglichkeiten. Dieser Junge war für uns so exotisch wie Kids, die in Wohnungen lebten. Ich hatte keine Möglichkeit, solche Informationen zu verarbeiten. Unsere Stadt war in vielem erstarrt, was die Gleichmacherei anging, die Hautfarben, die Automarken, die Üppigkeit der Rasen, aber vor allem war sie eine Art leere Leinwand, deswegen – und dies ist bestimmt bei allen Kindern so, glaube ich – war ich sofort bereit, die plötzliche und völlige Zurücknahme all dessen, was ich für wahr gehalten hatte, anzuerkennen.

Was war mit schwarzen Kids?
Es gab ein paar. Vielleicht vier oder fünf zu ein und derselben Zeit. In unserer Grundschule war auch Jonathan Hutchinson. Er wohnte auf der Old Elm Road, einer Ost-West-Durchgangsstraße, die als Grenze zwischen Lake Forest und Highland Park fungierte, nicht weit von uns entfernt. Er war in Ordnung. Er war irgendwie ziemlich ungeschickt, aber nett. Dann zog er fort, und eine Weile gab es keine schwarzen Kids mehr. Dann kam Mr. T.

Mr. T.?
Ja, das war, Gott, ich glaube, wir waren schon in der Junior High School oder gerade in der High School, und es war nachdem *Das A-Team* ein, zwei Jahre nicht mehr gesendet worden war, als wir davon erfuhren – Gott, damals konnte keiner von was anderem reden. Die Stadt war noch ganz elektrisiert, dass *Ordinary People* bei uns gedreht worden war – da gibt es diese Sequenz von Robert Redford bei McDonalds, aber wir hatten noch nie jemand vom Niveau eines Mr. T. Ich meine, damals war er noch ein richtiger Star. Ich weiß nicht mehr, was er zu der Zeit genau gemacht hat, vielleicht war er zwischen zwei Serien oder so,

du weißt, wie schwer das sein kann, aber trotzdem dieser richtig große Star. Er zog auf dieses enorm große Grundstück an der Green Bay Road, lässig 50 000 Quadratmeter, mit einem Tor und einer großen Ziegelsteinmauer zur Straße. Es lag nah an der Stadt, ein paar Häuser von unserer Kirche entfernt, von St. Mary's.

Und wie wurde seine Ankunft aufgenommen?
Wir waren völlig kopflos, so aufgeregt waren wir. Die Kids, meine ich. *Das A-Team* war mit Abstand unsere Lieblingssendung – wir feierten *A-Team*-Partys, rannten in der Cafeteria herum und sangen den Titelsong – Duh duh duh DUH! Duh duh duh...du-dudududuh! Aber unsere Eltern, würde ich sagen, wenn ich jetzt so zurückdenke, waren etwas zurückhaltender in ihrer Begeisterung. Erstens wollten sich diejenigen, die Geld hatten, nicht von Prominenz beeindrucken lassen, vor allem nicht von so einen anrüchigen Ruhm – ich nehme mal an, dass sie sich das so dachten. Schließlich war dieser Typ Rausschmeißer, als er entdeckt wurde. Und bestimmt hat es das Ganze nicht besser gemacht, als er alle Bäume abgesägt hat.

Ich glaube, ich erinnere mich daran.
Ja, es war überall in den Nachrichten. Es war ein Skandal. In diese allem Anschein nach stockkonservative weiße Stadt kommt dieser riesige schwarze Typ mit seinen Goldkettchen, seiner Irokesenfrisur und seiner Kettensäge und nietet tatsächlich alle Bäume auf seinem Grundstück um, zwei lässt er stehen – so um die 200 Bäume wahrscheinlich, am helllichten Tag, er ganz allein mit seiner Kettensäge. Es war unglaublich! Was für eine Unverfrorenheit! Er meinte, er sei allergisch. Aber das zog nicht. Weißt du, in einer Stadt, die wirklich stolz auf ihre Bäume war. Und aus gutem Grund, wir hatten wunderschöne Bäume. Überall standen diese Schilder: »Baumstadt, U.S.A.« Wir liebten diese Schilder. So, und dann sägt er die Bäume ab, und keiner weiß, was er sagen soll, denn sie wollen ihn dafür belangen – und einige haben's auch getan –, aber die überwiegende Mehrheit der Leute hatte irgendwie

Angst, rassistisch zu wirken, oder wie Spielverderber oder so – dies war ein Ort, wo der schwarze Hausmeister *stehenden Applaus* bekam, als er »Deep River« in der Talentshow gesungen hat –, und zum Schluss haben sie sich alle zurückgelehnt und gewartet, was passiert. Mein Dad fand die ganze Sache brüllend komisch, er las alles über die Auseinandersetzung und lachte sich dabei halb tot. »Oh, wunderbar«, sagte er immer, wenn die Stadt durch Chicagoer Zeitungen bloßgestellt wurde. Er hat sich nie mit Lake Forest identifiziert, hatte keine Freunde in der Stadt, fuhr nicht die richtige Sorte Auto … Wir sahen ihn tatsächlich einmal, Mr. T., als wir auf dem Weg in die Kirche waren, wir sahen ihn vor seinem Tor, mit der Kettensäge. Erstaunlich. Er machte die Sträucher fertig.

Wie sind wir hierauf zu sprechen gekommen?
Schwarze Kids. Er hatte jedenfalls zwei Töchter, und die gingen zur High School. Als sie aufkreuzten, verdoppelte sich die schwarze Schülerschaft sofort, jetzt waren es vier. Ich glaube, es waren vier.

Wie viele Kids waren in deiner High School?
Ungefähr 1300.

Und das ist gerade mal vierzig Kilometer von Chicago entfernt?
Genau, und es gab im Norden eine Stadt, vielleicht acht Kilometer entfernt, die heißt North Chicago und ist mehrheitlich schwarz. Jedenfalls nehme ich das an.

Was meinst du damit, du nimmst es an?
Na ja, ich bin nie da gewesen oder so. Ich war in Highland Park, das ist die jüdische Stadt, und Bier habe ich immer in Highwood gekauft, wo alle italienischen Restaurants sind und wo die mexikanischen Typen, die die Rasen mähten, alle wohnten. Und es gab ein kleines Einkaufszentrum in Waukegan, glaube ich – immer voller Matrosen – und in Libertyville wohnten die Kids mit den Hockeyfrisuren.

Und wie wurden Mr. T.s Mädchen behandelt?
Alle schienen sie zu mögen, soweit ich weiß. Sie waren angeblich sehr nett und irgendwie witzig, aber ich kannte sie gar nicht, ich wusste (und weiß) noch nicht einmal ihre Namen – sie waren ein Jahr jünger. Sie fuhren immer in diesem weißen Mercedes herum – eine Spezialanfertigung mit dem Nummernschild: Mr. T 3. Aber alle fanden sie ganz in Ordnung. Sie waren schließlich Mr. T.s Kids, und deswegen waren wir alle von der Schule unheimlich stolz auf sie, jedenfalls was uns Kids anging. Es war das Erste, wovon wir anderen erzählten. Das und das mit *Ordinary People*.

Waren die beiden die einzigen schwarzen Kids?
Der einzige andere schwarze Junge, an den ich mich erinnere, war ein Typ in der Klasse meiner Schwester, dieser Steve, dessen Nachnamen ich nicht weiß, nie wusste. Nicht, dass ich wirklich viel über irgendwen in der Klasse meiner Schwester wusste, aber die Sache mit Steve war die, weil er der einzige schwarze Typ in ihrer Klasse war, war er einfach Steve, der schwarze Typ.

Wie bitte?
Yeah, von dem, was meine Schwester erzählt hat, wurde er im Grunde überall so genannt. Er war ein ganz durchschnittlicher Typ, nicht unglaublich beliebt, aber durchaus nett. Und deswegen mochten ihn die Leute, und die Leute fanden es wohl irgendwie seltsam und neu, dass er anders war, seltsam in derselben Art, wie es seltsam war, dass ein Kid einen Bürstenschnitt hatte; oder wie das eine Mädchen – ich habe ihren Namen vergessen, sie lungerte mit den Basketball-Spielern herum –, das eine Zwergin war. Und er war eben Steve, der schwarze Typ.

Das war wohl belastend.
Wie meinst du das? Nein.

Hat es dir dort gefallen?
Ja. Vielen hat es nicht gefallen. Viele haben sich darüber be-

schwert. Viele schämen sich zu sagen, dass sie dort aufgewachsen sind – Leute aus Chicago oder Champaign werden manchmal reichlich grob, wenn man es ihnen erzählt, sie verbeugen sich, küssen einem die Hand –, aber ich entschuldige mich nicht dafür, dass ich in einem ziemlich einfachen Vorort groß geworden bin – zumindest was mein Viertel anging – Bäume und ein Bach, schöne Parks. Es ist auch nicht so, dass wir die Wahl gehabt hätten, dass wir mit acht oder neun, oder wann auch immer, von zu Hause weggekonnt hätten, um irgendwohin zu ziehen, wo dieser entsetzlich abstoßende Reichtum nicht alles durchdrang. Ich möchte aber was anderes sagen: Wie in jeder anderen scheinbar beständigen und zufriedenen Umgebung, einer, in der es eine gewisse Stabilität gibt und in der Einzelheiten zählen und Respekt vor der Familie – bequem, aber sehr stark durch den Mittleren Westen geprägt –, war es manchmal sehr still, befremdend still, und unter dieser Stille war ein unglaublich leises schwaches Geräusch, wie Luft, die aus einem engen Loch entweicht, ein Geräusch wie Schreien, Welten entfernt, und Leute starben auf finstere und bestürzende Art.

Wie meinst du das?
Oh, Selbstmorde, unheimliche Unfälle. Ein Kid, das ich lange kannte, war offensichtlich im Keller am Rumkramen, als ein Holzstapel auf es drauffiel. Es erstickte. Das war unser erster Tod. Der Junge war vielleicht zehn. Dann, ungefähr zwei Jahre später, Mr. Wolfgram.

Mr. Wolfgram?
Ricky Wolfgram war einer meiner besten Freunde, er lebte direkt auf der anderen Seite des Bachs, der hinter unseren beiden Häusern entlangfloss, und er und Jeff Farlander und ich, wir unternahmen viel zusammen, wir waren im selben Schwimmteam und alles. Es war merkwürdig auf der anderen Seite vom Bach. Die meisten Sachen, die wir zusammen machten, hatten irgendwas mit Vandalismus zu tun, wenn ich's recht bedenke, wir bewar-

fen Autos mit Sachen – Eis, Steine, Holzäpfel, Eicheln, Schneebälle –

Was hat das mit Mr. Wolfgram zu tun?
Oh. Es war ein klarer Tag im Frühsommer. Ich war zu Hause und baute eine Marsstadt aus Lego. Sie sollte so aussehen wie auf den komplizierten, architektonischen Plänen, die ich in mein Skizzenbuch gezeichnet hatte, neben die Zeichnungen von fliegenden Dinosauriern und freundlichen Außerirdischen mit großen Füßen. Ich hatte sämtliche Fundamente auf den grau genoppten Platten ausgelegt, die ich zum Geburtstag bekommen hatte. Dann rief mich Jeff an und sagte, wir müssten zu Ricky gehen, weil etwas Schlimmes passiert sei.
»Was ist passiert?«
»Rickys Dad hat sich mit Benzin übergossen und ein Streichholz angesteckt und ist brennend im Garten rumgerannt, dann hat er aufgehört zu rennen und ist da gestorben, direkt vor dem Haus.«
Ich sagte es meiner Mom, ging die Straße runter zum Ende der Sackgasse, sprang über den Bach, da, wo er flach war, holte Jeff ab, und dann gingen wir zu Ricky. Er war im Fernsehzimmer und sah fern. Sein Fernsehzimmer war wie unseres, holzgetäfelt und dunkel. Er sagte Hi. Wir sagten Hi. Eine dieser frühen Musikvideo-Sendungen lief – das war vor MTV –, und sie zeigten ein Video zu einem Song von Bob Dylan, der »Jokerman« heißt. Uns gefiel das Video. Sachen kamen auf den Bildschirm zugerast wie in 3 D. Ich hatte gerade angefangen, *Rolling Stone* zu lesen, und von diesem Bob Dylan gehört und wusste ganz genau, dass ich vor allem diesen Bob Dylan zu kennen und gut zu finden hatte, und deswegen wollte ich den Song gut finden, aber Ricky kam mir zuvor.
»Ich finde diesen Song gut«, sagte Ricky.
Ich war irgendwie sauer. Aber ich beließ es dabei.
Rickys zwei kleine Schwestern, viel jünger, kamen immer wieder rein. Wir sahen weiter fern, wir saßen dicht davor.

»Wie hat es ausgesehen?«, fragte Jeff. Ich konnte nicht glauben, dass er danach fragte.

»Wisst ihr, wie es ausgesehen hat?«, sagte Ricky. »Es war wie am Ende von *Jäger des verlorenen Schatzes.*«

Wir kannten die Stelle, wo die Nazis die Bundeslade öffnen und die Geister rauskommen, die Geister, die zuerst freundlich und schön sind, aber dann wütend werden, und Flammen kommen aus der Lade und töten alle Nazis, Feuerstränge spießen sie auf, wo sie stehen, und dann schmelzen die Obernazis, einer nach dem anderen, wie Wachsfiguren, erst trieft die Haut von ihren Schädeln, dann die Knorpel, dann das Blut, in dieser Reihenfolge, wie unterschiedlich gefärbtes Wasser. Es erschreckte und faszinierte uns zugleich.

Wow, dachten wir, *Jäger des verlorenen Schatzes.*

Wir saßen neben Ricky, saßen eine Weile da und sahen fern, und dann langweilten wir uns und gingen raus in den Vorgarten, um nachzusehen, ob es irgendwelche Spuren auf dem Rasen gab, Blut oder so. Aber es war nichts da. Der Rasen sah sehr gepflegt aus, üppig und grün.

Und warum erzählst du mir das?

Ich weiß nicht. Das sind die Geschichten, die ich erzähle. Ist es nicht das, wonach ihr sucht? Diese schrecklichen Todesfälle, die diese heile Gemeinschaft zerrütten …

Jetzt sag mal : Das ist gar keine richtige Abschrift des Interviews, stimmt's?

Nein.

Es hat überhaupt nicht viel Ähnlichkeit mit dem richtigen Interview, stimmt's?

Nicht sehr viel, nein.

Er ist ein Kunstgriff, dieser Interviewstil. Erfunden und gefälscht.

Genau.

Es ist allerdings ein guter Kunstgriff. So ne Art Auffangbecken für eine Reihe von Anekdoten, die man sonst nur sehr mühsam unter einen Hut bringen kann.
Ja.

Und der Sinn der Anekdoten lag noch mal worin?
Na ja, der Sinn von der Sache mit Lake Forest liegt doch auf der Hand. Sie verankert uns in einer bestimmten Welt, in einer Welt, die vielen Menschen bekannt vorkommt, vor allem denen, die das Vergnügen hatten, *Ordinary People* zu sehen mit Timothy Hutton in einer Rolle, die ihm zum Durchbruch verhalf. Bester Film 1980. Die Stellen, an denen Selbstmorde beschrieben werden, sind natürlich prägende Erfahrungen, die meiner Annahme vorauseilen, dass ich und diejenigen, die ich kenne, sich darauf einstellen sollten, auf absurde und dramatische Weise zu sterben. Gleichzeitig kündigen sich in ihnen Dinge an, die in der zweiten Hälfte des Buchs passieren. Die Sache mit den Rassen und Ethnien soll das Milieu deutlich machen, in dem wir aufgewachsen sind, wo es eine unglaubliche Homogenität gab, in die wir eingebettet waren, im Gegensatz zu Toph und mir in Berkeley, wo es diese unerhörte Vielfalt gibt, in der wir uns allerdings, so ironisch es ist, immer noch vollkommen fremd fühlen, außerhalb des Mainstreams – also das handelt von Zugehörigkeit und Ausgeschlossensein. Die Anekdote über Sarah …

Sarah? Wer ist Sarah?
Oh. Das wollte ich eigentlich schon früher unterbringen. Lass mich das schnell nachholen:
Wir erfuhren das mit Mom zur Hälfte meiner Collegezeit, als wir von Dad ins Fernsehzimmer gerufen wurden. In dem Sommer ging alles drunter und drüber. Ich machte ein paar merkwürdige Sachen in jenem Sommer und Herbst. Viele kleine Saufepisoden, ein paarmal was kaputtgemacht, das Übliche, das Zerkratzen von Wänden im Schlaf, und ich fing an, von Partys in fremden Autos nach Hause zu kommen, mit seltsamen Freunden zu trinken. In

einer schwülen Sommernacht ging ich zu dieser Party bei diesem Andrew Wagner. Er lebte in einem alten Holzhaus hinter dem Highway, irgendwie abgelegen, und er gab diese irren Partys unter freiem Himmel, die in Lake Forest sonst nur schwer zustande kamen, bei den vielen wachsamen und hellhörigen Polizisten, die da herumliefen. Ich ging mit Marny und einer Gruppe von ihren Freunden dorthin – sie kommen nachher dran, wenn ich nach Hause zurückgehe, um mich um meine Eltern zu kümmern – und trank unheimlich viel Bier vom Fass aus schimmernden roten Tassen, Tassen, die dickwandig und innen weiß sind. Bald – mir kam es schnell vor, war es aber wahrscheinlich gar nicht – gingen die Leute, mit denen ich gekommen war. Marny fragte mich, ob ich mitfahren wollte, aber ich sagte nein, dass ich mich mit Farlander unterhielt, dass ich bleiben würde. Ich unterhielt mich das erste Mal seit Jahren mit Farlander. Wir waren zusammen groß geworden, ich hatte manchmal tagelang bei ihm übernachtet. Wenn es zu Hause schlimm war, gingen wir als Erstes zu ihm, seine Mutter war so was Ähnliches wie eine Tante …
Du weißt, was ich meine. Jeff und ich, wir waren in der High School auseinander gedriftet, aber bei dieser Party, Andrew Wagners Party, unter dem zermürbenden Verandalicht und wir beide voll von dem gezapften Schaefer, holten wir das wieder auf, boxten uns auf die Arme, und all das. Als sich die Party von Wagner zu dieser Bar namens McCormick's verlagerte, beschlossen Jeff und ich, dass ich mit zu ihm gehen würde.
»Du kommst mit zu mir«, sagte er.
»Ja, ja«, sagte ich. Ich wollte wieder elf sein, und mit ihm Eier gegen Autos werfen. Aber dann, als wir auf sein Auto zugingen, machte ich alles kaputt und sagte: »Jeff, meine Mom stirbt.« Hab's einfach ausgespuckt, bevor ich wusste, was ich tat …
Nein, das stimmt gar nicht, ich wusste, was ich tat, hatte daran gedacht, hatte den ganzen Abend daran gedacht, es ihm zu sagen, als wir uns unter dem Verandalicht unterhalten hatten, weil er sie kannte, weil er von Anfang an dabei gewesen war — aber irgendwie habe ich ihn damit überfallen, als wir so zum Auto gingen, er

verlangsamte seinen Schritt, und mit seiner kratzigen Stimme, kratzig selbst, als wir noch jung waren, sagte er: »Ich weiß.«
Und dann weinten wir beide auf dem Weg zum Auto, aber nur eine Sekunde lang, und dann stiegen wir in sein Auto und fuhren auf dem Highway durch die Stadt, an Lake Forest und Lake Buff vorbei zu McCormick's, so ne Art Fernfahrerbar auf dem Weg nach Libertyville und Waukegan. Der Parkplatz war voll. Alle, die Footballspieler, ihr Anhang und so, wirklich alle, kamen seit Jahren hierher. Ich war noch nie hier gewesen.
Drinnen war es voll, und ich hatte plötzlich Angst, wenn Jeff es wusste, dann wüssten es alle. Schweigen und Atemholen. Fieses Gekicher. Aber niemand sagte was. Wir gingen hinein und da war dieser gedrungene, apfelbäckige Typ als Bartender, Jimmy Walker. Und dieser Hartenstine-Typ, riesig, älter, der früher mal für die Bears gespielt hatte.
Und Sarah Mulhern. Oh, oh.
Wir waren praktisch zusammen aufgewachsen, Sarah und ich, waren in derselben Schwimmmannschaft gewesen, als ich neun und sie elf war, und waren auch danach noch ein paar Jahre in der Schwimmmannschaft. Aber wir hatten uns nicht ein einziges Mal unterhalten. Sie war älter und eine bessere Schwimmerin. Und eine viel bessere Kunstspringerin. Ich war eine Belastung für das Schwimmteam, für die Springmannschaft. Ich war ein langsamer Schwimmer und ein glückloser Springer, weigerte mich bei Kopfsprüngen, konnte keinen anderthalbfachen Salto hinlegen. Sie konnte das alles – Kopfsprünge, anderthalbfache Saltos, Doppelsaltos vorwärts, anderthalbfache Saltos rückwärts und so weiter – immer mit geschlossenen Beinen und gestreckten Füßen und einem kleinen Spritzer am Ende. Sie war in der Lagenstaffel, gewann jeden Wettkampf, war der Name, den jeder kannte, der Name, den die Lautsprecher verkündeten. Aber ich habe nie mit ihr gesprochen. Weder am Anfang der High School noch später, die zwei Jahre, die uns trennten, waren zu viel, und ihr Haar war zu glatt und zu blond.
Aber dann war Sarah da in dieser Bar, und ich habe keine Ahnung,

wie ich anfing, mich mit ihr zu unterhalten, und weiß auch nicht mehr viel von dem, was gesagt wurde, aber dann war Jeff weg, und ich setzte mich auf den Rücksitz eines Autos mit Sarah, das von Sarahs Freund gefahren wurde. Das Auto roch nach Rauch und altem Vinyl. Sarah rauchte.

Dann waren wir in ihrem Bett, im großen Haus ihrer Eltern, und da war was von diesem und was von jenem, aber ich verlor die Besinnung, bevor …

Ich wachte in einem Himmelbett auf, und sie war schon wach und sah mich an. Die Möbel und Wände waren gelb-weiß getränkt, als seien nicht nur die Wände, sondern die Luft selbst angemalt worden. Wir setzten uns auf den Boden und unterhielten uns über die Grundschule, über die geistig behinderten Kids, die wir freundlich behandeln sollten, die jung sterben würden. Wir hörten Platten, redeten über den Herbst – sie wollte Lehrerin werden, hatte ihren Abschluss schon und gab Nachhilfestunden.

Dann schlichen wir raus durch die Garage – ihre Eltern waren zu Hause –, und sie fuhr mich nach Hause. Als wir in unserer Einfahrt ankamen, wollte ich noch so viel sagen – dass ich eigentlich mit einer anderen zusammen war, mit Kirsten, und dass ich einen Fehler gemacht hatte, es war ein grauenhaftes Verbrechen, und dieser Ausrutscher daher kam, dass ich verwirrt war …

Aber dann sah ich eine Gestalt durchs Fenster, jemand saß im Fernsehzimmer und sah uns an, und ich wollte Sarah das mit meiner Mutter nicht erklären, und ich wollte meiner Mutter Sarah nicht erklären, also …

Wir küssten uns rasch, und ich sprang aus dem Auto.

Das ist Sarah.

Ja. Weißt du, das Tolle ist, dass so eine Form in gewisser Weise Sinn macht, weil ein Interview, in dem ich dies alles einem Fremden mit einer Videokamera offen gelegt habe, wirklich stattgefunden hat – MTV hat die Kassette möglicherweise sogar noch (auf der Bewerbung stand: »Wir können Ihnen die Kassette nicht zurückschicken. Ein Teil davon könnte im Zusammenhang mit der

Serie ausgestrahlt werden. Ihre Unterschrift auf der Bewerbung gibt uns das Recht dazu.«) –, und überhaupt, all dies in Fragen und Antworten zu quetschen, rundet den Übergang des Buches von der ersten Hälfte, die etwas weniger selbsthinterfragend ist, zur zweiten Hälfte ab, die zunehmend selbstzerfleischender wird. Denn weißt du, ich glaube, was meine Stadt und deine Show so wunderbar widerspiegeln, ist, dass das wesentliche Nebenprodukt der Bequemlichkeit und des Wohlstandes, die ich beschreibe, eine Art reiner, insinuierender Solipsismus ist, wenn es keinen Kampf gegen irgendeinen gemeinsamen Feind gibt – Armut, Kommunismus, was auch immer –, dann ist alles, was wir tun können, oder jedenfalls alle unter uns, die ein kleines bisschen Selbstbesessenheit …

Moment mal, wie viele von uns hältst du denn für so selbstbesessen?
Alle Guten. Genau gesagt, gibt es zwei Möglichkeiten, wie sich Selbstbesessenheit manifestiert: diejenigen, die sie nach innen wenden, und diejenigen, die sie nach außen wenden. Ich habe zum Beispiel diesen Freund John, der einfach alles nach innen lenkt – er spricht über seine Probleme, über seine Freundin, seine kümmerlichen Aussichten, wie seine Eltern gestorben sind, und so weiter und so weiter, bis zur Lähmung –, er ist buchstäblich an nichts anderem interessiert. Das ist seine ganze Welt, die endlose Erforschung seines dunklen Gemüts, eines Spukhauses von einem Gehirn.

Und die andere Art?
Die Leute, die finden, dass ihre Persönlichkeit so stark ist, ihre Geschichte so interessant, dass andere sie einfach kennen müssen, um etwas daraus zu lernen.

Lass mich mal raten, du …
Na ja, ich tue so, als gehörte ich zu der zweiten Sorte, dabei gehöre ich in Wirklichkeit zur ersten, und zwar voller Verzweiflung.

Aber trotzdem habe ich das Gefühl, wer nicht von sich selbst besessen ist, ist wahrscheinlich langweilig. Nicht dass man die Selbstbesessenen immer erkennen kann. Der beste Schlag dieser von sich selbst besessenen Leute trägt das gar nicht nach außen. Aber sie machen mehr Wind als andere, und sie sorgen dafür, dass die Leute erfahren, dass sie es tun, oder dass diese es jedenfalls früher oder später rausfinden. Ich garantiere dir, dass die Bewerber für *The Real World* – ich garantiere dir, wenn du all diese Kassetten in eine Zeitkapsel legst und sie erst in zwanzig Jahren öffnest, dass du merken würdest, dass dies die Leute sind, die mehr oder weniger das Sagen haben in der Welt – zumindest werden sie zu dem sichtbarsten Teil der Bevölkerung gehören. Weil wir so groß geworden sind, dass wir uns in Beziehung setzen zu den Politik-Medien-Unterhaltungs-Eintagsfliegen, in unseren sicheren und komfortablen Häusern; wir haben einfach genug Zeit, um darüber nachzudenken, wie wir in diese Band oder TV-Show oder in jenen Film passen würden, und was für eine Figur wir dabei abgeben würden. Dies sind Menschen, für die die Vorstellung von Anonymität in sich völlig irrational ist, unhaltbar. Und deswegen wird unheimlich viel darüber geredet – sicherlich wird die kulturelle Produktion dieser Zeit das widerspiegeln – es wird unheimlich viel geredet, ganze Filme voll mit Reden, mit Reden über Reden, mit Grübeln über das Reden über Gedanken, über unseren Platz, unsere Wünsche und Verpflichtungen – das Gewäsch der Belle Époque, weißt du. Umweltbedingter Solipsismus.

Solipsismus.
Sicher. Er ist unausweichlich, er ist allgegenwärtig. Du siehst das doch auch, oder? Ich meine, bin ich der Einzige, der das mit dem Solipsismus sieht?

Das war ein Witz.
Ja, ja. Na und.

Na und. Was meinst du, was kannst du der Show bieten?
Ja, siehst du, ich hab viel darüber nachgedacht, und ich hab mir überlegt, dass das zweigleisig abgeht: Erstens kann ich der tragische Typ sein. Zweitens haben wir diese Zeitschrift.

Ach ja. Wie heißt die noch mal?
Might.

M-i-t-e?
Nein, M-i-g-h-t. Alle buchstabieren sie M-i-t-e. Das ist doch albern. Warum sollte sie »Milbe« heißen? Das ist doch abwegig, im Gegensatz zu *Might*.

Also, wonach ist sie denn dann benannt?
Tja, es ist doppelsinnig, siehst du – das wird dir gefallen, es kann zwei Sachen zugleich bedeuten, es hockt da oben auf dem Zaun zwischen zwei Bedeutungen – in diesem Fall also heißt »Might« beides: *Macht* und *Möglichkeit*.

Oooh.
Ja, ich weiß. Das ist gut.

Und worum geht's?
Ja also, das ist ja das Tolle – es passt so super zusammen. Es ist genau auf die Zielgruppe ausgerichtet, die ihr auch erreicht. Wir versuchen deutlich zu machen, dass wir nicht nur ein Haufen Leute sind, die ins Sofa furzen und MTV gucken. Ich meine, nicht dass irgendwas falsch wäre an MTV, aber – du weißt schon, was ich meine. Also ja, ich komme in die Show, die Show filmt uns dabei, wie wir diese Zeitschrift zusammenhauen und Millionen erreichen, den Zeitgeist definieren, die Jugend der Welt zu Größe inspirieren.

Arbeitest du viel?
Ja.

Wie viel?
Ich weiß es nicht, vielleicht 70 Stunden die Woche oder 100. Das machen wir alle. Wir bestrafen uns für unsere bequeme Kindheit. Marny wahrscheinlich noch mehr als der Rest von uns – sie kellnert in einem Restaurant in Oakland, und in einem in San Francisco, aber sie hält trotzdem Schritt mit uns … Aber das ist gut, oder? Junge Leute, die hart arbeiten, die, weißt du, die ihre Träume umsetzen, nach Größe streben. Gutes Fernsehen, ja?

Na ja …
Dann nicht. Wir sind flexibel. Ich könnte weniger arbeiten. Ich könnte einen Halbtagsjob draus machen. Ich könnte die anderen den Großteil der Arbeit machen lassen. Was auch immer. Sag's mir.

Na ja, es wäre etwas, worüber wir sprechen müssten.
Genau. Heißt das, ich hab die Rolle? Ich hab sie, stimmt's? Strahle ich nicht durch den Nebel dieser anderen Loser, die sich beworben haben? All diese Langweiler? Ich meine, ist das inzwischen nicht sonnenklar? Willst du die Tragische Figur nicht?

Die Tragische Figur.
Genau. Es sind sieben Rollen, stimmt's?

Ja.
Also, das haben wir gleich. Als Erstes nehmt ihr ein oder zwei Schwarze – Hip-hop-Sänger oder Rapper oder so –, und dann nehmt ihr zwei, die richtig gut aussehen, die man gerne anschaut, aber die ungebildet sind und einen Hang haben zu ganz üblen *faux pas,* was Geschmack und Bildung angeht, und die aus zwei Gründen mit dabei sind: a) Sie sehen wundervoll auf dem Bildschirm aus, und b) sie bieten sich dem oder den Schwarzen als Folie an, vor der diese viel scharfsinniger und ausgebuffter wirken. Die Schwarzen können allerdings auch leicht in ihren Gefühlen verletzt werden, und sie haben ihre Freude daran, den beiden

Dummen Woche für Woche die Leviten zu lesen. Also das macht drei oder vier Leute. Wahrscheinlich gebt ihr noch einen Schwulen oder eine Lesbe dazu, um zu sehen, wie oft *die* verletzt werden können, und vielleicht einen Asiaten oder Latino oder auch beides. Oder, Moment mal. Einen Indianer. Ihr solltet einen Indianer nehmen! Das wär so krass. Niemand kennt irgendwelche Indianer. Ich meine, ich hab nie einen Indianer kennen gelernt. Obwohl, da war dieser Typ auf dem College, Cletus, der sagte, er wäre ein Sechzehntel ... Also, ihr braucht noch wen, der leicht in seinen Gefühlen zu verletzen ist, keinen Passiven. Ihr braucht wen, dem wirklich etwas liegt an diesem als diskriminierend empfundenen »Tomahawk-Hieb«-Gruß der Braves-Fans, an der Debatte um die Footballmannschaft Redskins und so. Das wär krass. So, lass mal sehen, das macht jetzt sechs oder sieben. Dann braucht ihr noch den straighten Akademiker, einen Arzt oder Anwalt vielleicht, einen, der fast fertig studiert hat. Und dann mich.

Die Tragische Figur.
Genau. Mir ist klar, dass ich am Anfang viel zu durchschnittlich wirke. Ich bin weiß, noch nicht mal jüdisch, meine Haare sind grauenhaft, ich bin schlecht angezogen und alles – ich weiß, wie Blabla das rüberkommt, aus ner Vorstadt, gehobene Mittelklasse, zwei Elternteile (warum scheinen wir alle so langweilig zu sein? Sind wir so unendlich langweilig, wie es scheint?) – es hat mir jedenfalls absolut nicht bei meinen College-Bewerbungen geholfen, das kann ich sagen. Aber ihr braucht wen wie mich. Ich verkörpere Millionen und Abermillionen Leute, ich verkörpere alle, die weiß sind und aus einer Vorstadt kommen, aber außerdem sprechen diese anderen Sachen noch für mich. Ich bin irischer Katholik, und das kann ich nun bestimmt rauskehren, wenn ihr wollt.

Und dann die Midwest-Sache, von der ich dir nicht erst sagen muss, dass sie ziemlich wertvoll ist. Und wenn ihr's wirklich hardcore ländlich haben wollt, dann spielt doch auf der Klaviatur, ich bin auf eine Schule mitten in einem Maisfeld gegangen, habe Kühe gesehen, habe jeden Tag, wenn Südwind war, ihren Dung gerochen. Oh, und es war eine öffentliche Schule. Also, ich kann dieser durchschnittliche weiße Vororttyp sein, aus dem Mittleren Westen, der aus einer wohlhabenden Welt stammt, geprägt von Zentral-Illinois, dessen Aussehen niemand einschüchtert, der zurückhaltend ist, aber Prinzipien hat, und – das ist das Große daran – einer, dessen tragische unmittelbare Vergangenheit jedem zu Herzen geht, dessen Anstrengungen also allgemein gültig und inspirierend werden.

Es muss schwer sein.
Was?

Deinen Bruder großzuziehen.
Woher weißt du das?

Es stand auf deiner Bewerbung.
Ah, stimmt ja. Also eigentlich ist es nicht schwer. Es ist wie … hast du eine Mitbewohnerin?

Nein.
Irgendwann mal eine gehabt?

Ja.
So ist es. Wir wohnen zusammen. Es ist leicht, es ist sogar oft leichter, als es mit einem normalen Mitbewohner wäre, weil man einem normalen Mitbewohner nicht sagen kann, dass er den Flur fegen oder Margarine kaufen soll. Es ist das Beste aus beiden Welten. Wir unterhalten uns gegenseitig. Also nein, es ist nicht … Oh, aber wenn's aufs Ganze geht, kann es hart sein. Eigentlich schon, ja, es ist hart. Sehr hart.

Und, wie willst du das mit der Show machen?
Wie meinst du das?

Mit deinem Bruder und so.
Ach so, ja genau. Na ja, ich hab mit meiner Schwester darüber gesprochen, und sie würde einspringen, solange die Show dauert. Sie wohnt nur eine Straße weiter … Warte mal. Wie lange dauert das Filmen?

Ungefähr vier Monate.
Und ich müsste in dem *Real World*-Haus wohnen?

Ja, das ist die Idee.
Na ja, ich meine, ich könnte das. Wir haben drüber gesprochen. Beth und Toph und ich hatten von Anfang an eine Abmachung. Wir haben vereinbart, alles zu tun, um alles normal weiterlaufen zu lassen, dass wir eigentlich mehr Normalität wollten, als wir aus unserer Kindheit kannten, aber dass wir uns gleichzeitig nicht verpflichtet fühlen würden, diese allumfassenden Opfer zu bringen, die unsere Mutter gebracht hat, weil wir spürten, dass sie das im Grunde umgebracht hat.

In deiner Bewerbung hast du Krebs geschrieben.
Na sicher, technisch gesehen. Aber es war Magenkrebs, der außerordentlich selten und dessen Entstehung unbekannt ist, und Beth und ich — wir sind diejenigen, die sich über solche Sachen den Kopf zerbrechen, während Bill weitergegangen und geistig viel gesünder ist, allem Anschein nach sogar völlig normal –, Beth und ich sind darauf gekommen, dass seine Entstehung, die Entwicklung dieses Krebses daher kam, dass sie all diesen Stress verinnerlicht hat, ihre vielen Belastungen, all die Kämpfe in unserer Familie über zwanzig und ein paar zerquetschte Jahre haben sie einfach kleingekriegt – es war, in gewisser Weise, war es wie ein Soldat, der auf eine Mine springt, um seine … vielleicht ist das ein schlechter Vergleich. Was ich meine ist, dass sie das Chaos runtergeschluckt und verkapselt hat, da konnte es vor sich hinschwären und wachsen und dunkel werden, und dann war es Krebs.

Glaubst du das wirklich?
Sicher. Irgendwie schon.

Du wolltest noch was zu eurer Abmachung sagen?
Die Abmachung war, während Beth und ich zusammenhielten und neu begannen und eine Welt der relativen Ordnung schufen und Toph ein so normales Leben wie unter den gegebenen Umständen vorstellbar ermöglichten, dass wir, falls sich eine Gelegenheit bieten würde, alles in unserer Macht Stehende täten, um … Der Punkt ist der, dass wir uns nicht wechselseitig dazu benutzen wollten, um eine Verpflichtung als Entschuldigung zu benutzen, um nein zu irgendwas zu sagen. Jedenfalls nicht, wenn es anders zu machen wäre. Ich meine, du hast ja keine Vorstellung davon, wie total wir ihn von absolut allem abschirmen – ehrlich, es ist so, dass er in seinem ganzen Leben kaum mehr als ein paar Schimpfworte gehört hat –, aber wir haben uns darauf geeinigt, dass wir alles tun werden, um alles zu vereinfachen, was wir machen wollen, wir nichts zurückhalten und bitter werden und es uns Jahre später vorwerfen, verstehst du? Oh, warte mal, das ist eine witzige Geschichte. Es gab ein Wort, mit dem uns meine Mom manchmal gerufen hat, das ich erst in der High School verstanden habe. Ich versuch's mal bei dir. Okay, das Wort war Mehrtürer.

Was ist ein Mehrtürer?
Oh, ha ha. Du bist gut. Du bist gut. Das hätte ich voraussehen müssen. Aber ernsthaft, das habe ich mich immer gefragt. Wenn wir wegen irgendwas eingeschnappt waren oder eine Erkältung hatten und uns beschwerten, dass wir zur Schule mussten – es war uns übrigens verboten, zu Hause zu bleiben, ich habe keinen einzigen Tag versäumt, bis ich fast fertig war mit der Schule –, dann sagte meine Mom immer, Oh, sei doch nicht so ein *Mehrtürer*! Wir hatten immer angenommen, dass es irgendwas damit zu tun hatte, dass wir wegen irgendwas mürrisch waren, was wir nicht bekommen hatten. Dann in der High School habe ich es rausgefunden. Das Wort war durch ihren Bostoner Akzent so entstellt.

Märtyrer.
Genau, das Wort hieß Märtyrer. Natürlich war meine Mom eine der größten Märtyrerinnen aller Zeiten.

Noch mal zu der Show …
Genau, in Bezug auf *The Real World* habe ich mir gedacht, dass ich Toph doch die ganze Zeit über sehen könnte, er aber im Wesentlichen in dieser Zeit bei Beth wohnen würde. Sie würde dann wahrscheinlich zu uns ziehen, und da auch schlafen und so weiter, ich wäre so oft da, wie ich könnte – wahrscheinlich auch nicht viel weniger als jetzt. Ich meine, ich stelle mir das alles ganz bildlich vor, das Hin- und Herfahren zwischen der Show und meiner Welt in Berkeley, vielleicht ist die Kameracrew mit mir im Auto, sie folgt mir, wie ich jeden Abend, oder wann auch immer, nach Hause fahre, die Musik im Hintergrund, und ich fahre nach Hause, um bei ihm zu sein, wie ein geschiedener Dad – du siehst die Möglichkeiten, oder nicht? Es wäre irgendwie ziemlich ergreifend. Und dann käme er bei Gelegenheit mal mit ins *Real World*-Haus. Das wäre klasse. Er wäre gut im Fernsehen.

Wie würde es ihm dabei gehen?
Ich bin sicher, er würde es ganz toll finden.

Fühlt er sich wohl vor der Kamera?
Eigentlich nicht. Er ist eher schüchtern.

Hm.
Mein Herz ist rein.

Wie bitte?
Nichts.

Warum willst du in The Real World *mitmachen?*
Weil ich will, dass alle Zeugen meiner Jugend werden.

Warum?
Ist sie etwa nicht umwerfend?

Wer ist umwerfend?
Nein, so nicht. Nein, ich meine doch nur, dass sie in der Blüte steht. Darum geht es doch die ganze Zeit, stimmt's? Das Vorzeigen unreifer Früchte, korrekt? Ob das auf Videos geschieht oder wilden Partys oder wo auch immer, das Verstärken der Jugend, sie rauszubringen und die Lautstärke hochzudrehen, was es heißt, sich genau an dem Punkt zu befinden, an dem Punkt, wo alles erlaubt ist und dein Körper alles will, wenn er hungrig und gespannt, wenn er aufgewühlt und ein einziger, alles ansaugender Energiestrudel ist. Ich meine, wir sind im selben Geschäft, wirklich, auch wenn wir total verschiedene Ansätze haben, natürlich ist euer *Real World* eher von der brutal offenen Sorte, das soll keine Beleidigung sein, während die Videos zumindest nichts rüberzubringen versuchen als das, was sie sind – aber ihr Typen, eure Show hat ja schon den Anspruch, mehr zu tun, aber dann dieses komische Geschick, alle Tiefen und Schattierungen dieser Leute zu verwischen.

Warum bist du denn dann hier?
Ich will mein Leid mit euch teilen.

Du siehst gar nicht so aus, als würdest du leiden.
Nicht?

Du siehst glücklich aus.
Na ja, sicher. Aber nicht immer. Manchmal ist es schwer. Ja. Manchmal ist es so schwer. Ich meine, du kannst ja nicht immer leiden. Es ist zu schwer, immer zu leiden. Aber ich leide genug. Ich leide manchmal.

Warum willst du dein Leid teilen?
Indem ich es teile, verwässere ich es.

Aber es kommt mir so vor, als sei das Gegenteil richtig – indem du es teilst, könntest du es auch verstärken.
Wie meinst du das?

Na ja, wenn du allen davon erzählst, dann hast du dich zwar davon befreit, aber andererseits, wenn alle das von dir wissen, alle deine Geschichte kennen, wirst du dann nicht dauernd an sie erinnert und kannst ihr nicht mehr entkommen?
Vielleicht. Aber sieh's doch mal so: Magenkrebs ist erblich und wird in unserer Familie eher über die weibliche Linie weitergegeben, aber weil meine Mutter Beth' und meiner Meinung nach an Verdauungsschwierigkeiten krepiert ist, wobei die Verdauungsschwierigkeiten entstanden, weil sie zu viel von unserem Aufruhr und unserer Grausamkeit runtergeschluckt hat, sind wir wild entschlossen, nichts runterzuschlucken, nichts dort unten zu halten, was vor sich hin fault, durchtränkt von den eigenen Säften, Galle, die Galle frisst … wir sind Befreite, Beth und ich. Ich halte an nichts mehr fest. Schmerz überfällt mich, und ich nehme ihn an, kaue ein paar Minuten drauf rum und spucke ihn wieder aus. Das ist einfach nicht mehr mein Ding.

Aber wenn das Wissen in den Augen all derer zu lesen ist, die du triffst …
Dann wird uns umso mehr Sympathie entgegenschlagen.

Aber das nutzt sich doch ab.
Dann ziehe ich nach Namibia.

Hm.
Ich bin ein Waisenkind Amerikas.

Was?
Nichts.

Also noch mal zum Verdünnen …
Hier kommt das Geflecht ins Spiel.

Das Geflecht.
Das Geflecht, von dem wir entweder ein Teil sind oder nicht. Das Geflecht ist das Stützgewebe. Das Geflecht sind alle anderen, das Geflecht sind meine Leute, das ist die Jugend im Allgemeinen, Leute wie ich, die Herzen gereift, die Gehirne Funken sprühend. Das Geflecht sind alle, die ich je kennen gelernt habe, die meisten in meinem Alter plus minus – ich kenne nur wenig andere Leute, kenne nur sechs oder sieben über vierzig, mir fällt nichts ein, über was ich mit ihnen reden könnte – aber meine Leute, wir sind immer noch hier, immer noch fähig, wenn wir sofort anfangen … Ich sehe uns als eins, als eine riesige Matrix, eine Armee, ein Ganzes, jeder von uns verantwortlich für den anderen, weil es sonst niemand ist. Ich meine, jeder Einzelne, der bei uns reinkommt, um bei *Might* zu helfen, wird Teil unseres Geflechts: Mart Ness, Nancy Miller, Larry Smith, Shelley Smith (nicht zu verwechseln), Jason Adams, Trevor Macarewich, John Nunes und so weiter und so weiter, all diese Leute, die Leute, die zu uns kommen oder wir zu ihnen, die Abonnenten, unsere Freunde, deren Freunde, deren Freunde, wer weiß schon, wer wen kennt, ein menschlicher Ozean, der sich wie eins bewegt, wogend, wellenschlagend …

So?
Oder wie ein Schneeschuh.

Ein Schneeschuh.
Man trägt Schneeschuhe, wenn der Schnee tief und locker ist. Das Geflecht im Oval des Schneeschuhs verteilt das Gewicht des Trägers auf eine größere Fläche, damit er oder sie nicht durch den Schnee fällt. So werden Leute, die Beziehungen zwischen Leuten, die Leute, die man kennt, zu einer Art Geflecht, je mehr Leute du kennst und je mehr Leute dich kennen und deine Situation kennen und deine Geschichte und deine Probleme und was nicht alles,

desto breiter und stärker das Geflecht und desto weniger wahrscheinlich ist es, dass du …

Durch den Schnee fällst.
Genau.

Das ist eine mittelmäßige Metapher.
Ja, ich arbeite dran.

Du hast kein Problem damit, in einem Fischglas zu sein?
Ich fühle mich schon jetzt wie in einem Fischglas.

Warum?
Ich fühle mich, als würde ich immer beobachtet.

Von wem?
Ich hab keine Ahnung. Ich habe mich schon immer so gefühlt, als ob mich Leute beobachten würden und wüssten, was ich tue. Wahrscheinlich hat es mit meiner Mom angefangen und ihrer Art … sie hatte erstaunliche Augen, solche kleinen stechenden Augen, die sich immer zu einem Blinzeln verengten und sich in dich hineinbohrten. Ihr ist nie etwas entgangen, ob sie nun da war und es gesehen hat, oder ob sie auf der anderen Seite des Globus war. Ihr ist nie etwas entgangen. Deswegen mag ich Badezimmer zum Beispiel. Badezimmer mag ich, weil ich normalerweise sicher sein kann, solange ich drin bin, sicherer jedenfalls als sonst, dass mich niemand beobachtet. Ich fühle mich unheimlich wohl an Orten, an denen mich niemand beobachten kann – fensterlose Zimmer, Keller, kleine Räume. Ich bin mir eben einfach ziemlich sicher, dass Leute mich immerzu beobachten oder dass sie zumindest erwägen, mich zu beobachten. Nicht immer, wahrscheinlich beobachten sie mich in Wirklichkeit nur sehr selten, aber der Punkt ist, das Wichtige daran ist, dass es jederzeit so sein könnte. Das ist der springende Punkt, dass mich jederzeit jemand beobachten könnte. Ich weiß das.

Woher weißt du das?
Weil ich immer Leute beobachte. Wenn ich Leute beobachte, dann durchschaue ich sie auch. Das habe ich von meiner Mutter gelernt. Ein flüchtiger Blick ist nicht genug; Augen und Gehirn zusammen wie ein Schwarm ausgehungerter Vögel, flatternd, reißend, bohrend … Ich weiß alles über Leute, nachdem ich sie nur einen Moment angesehen habe. Ich kann es an ihren Klamotten ablesen, an ihrem Gang, ihrem Haar und ihren Händen, ich weiß alles Schlimme, was sie getan haben. Ich weiß, wie sie gescheitert sind und wie sie scheitern werden und wie elend sie sich fühlen.

Und die Leute machen das auch mit dir?
Vielleicht.

Und was tust du dagegen?
Ich bleibe drinnen. Manchmal sind Schlafzimmer sicher, wenn die Tür geschlossen ist und die Jalousien runtergelassen sind, aber wenn die Beobachter auf Bäumen sitzen, können sie immer noch gewisse Dinge sehen. Fenster sind schön zum Rausgucken, aber quälend, wenn man draußen steht. Selbst wenn man nachsieht und sich vergewissert, dass einen niemand beobachtet, könnten einen Leute von einer Stelle aus beobachten, wo man sie mit bloßem Auge nicht sehen kann. Leute benutzen Teleskope, Fernrohre. Ich habe Teleskope, Fernrohre benutzt. Leute können in Schränken sein. Schränke sollten überprüft werden. Begehbare Schränke sollten überprüft werden – es dauert nur eine Sekunde. Und Schrankkoffer. Offene Türen müssen vermieden werden. Badezimmer sind gut. Das einzige Problem bei Badezimmern besteht in der Möglichkeit von venezianischen Spiegeln. Vor Jahren habe ich alle Spiegel in unserem Haus überprüft, um sicherzugehen, dass es keine verspiegelten Glasscheiben waren, durch die einen die Leute beobachten konnten. Es gab keine.

Du übertreibst.
Okay, möchtest du eine traurige Geschichte hören? Gestern

Nacht war ich zu Hause und hörte mir eine Platte an. Einer meiner Lieblingssongs kam, und ich habe laut gesungen, ziemlich laut sogar, aber nicht so laut, dass ich Toph aufgeweckt hätte, der im Zimmer nebenan schlief, und während ich gesungen habe, bin ich mir mit meinen Händen auf so eine merkwürdige besessene Art durchs Haar gefahren, wie ein Einshampoonieren in Zeitlupe – das ist etwas, was ich mit meinen Haaren mache, wenn ich alleine Musik höre, die mir gefällt –, und während ich gesungen hab und dies Zeitlupen-Einshampoonieren abzog, hab ich die Worte vom Song durcheinander gebracht, und obwohl es zwei Uhr einundfünfzig in der Früh war, war mir mein Gesang-Fauxpas plötzlich entsetzlich peinlich, weil ich davon überzeugt war, dass es sehr wohl sein könnte, dass mir jemand zusieht – durchs Fenster und die Dunkelheit hindurch, von der anderen Seite der Straße. Ich war mir sicher, sah es lebhaft vor mir, wie sich jemand – oder eher noch jemand und seine Freunde – da drüben auf meine Kosten halb totlachten.

Das muss dich doch langsam ver…
Oh, ich bitte dich. Was sollte ein Gehirn außer solchen Übungen schon tun? Ich weiß wirklich nicht, wie Leute ohne ein nahezu permanentes inneres Chaos funktionieren können.

Ha. Ha. Ha. Bist du sicher, dass du mir das alles erzählen willst?
Was alles?

Über deine Eltern, die Paranoia …
Was geb ich dir schon? Ich geb dir nichts. Ich verrate dir Dinge, die Gott weiß, die alle wissen. Jetzt, da sie tot sind, sind sie berühmt. Dies ist mein Denkmal für sie. Ich erzähle dir all diese Einzelheiten, von seinen Beinen und ihren Perücken – ich komme später in diesem Abschnitt noch drauf –, und schildere dir, wie ich überlegt habe, ob ich mit meiner Freundin vor dem Schrank meiner Eltern in der Nacht des Trauergottesdienstes für meinen Vater Sex haben sollte, aber was habe ich dir schließlich letzten Endes

schon verraten? Es hat den Anschein, als wüsstest du etwas, dabei weißt du nichts. Ich erzähle es, und es löst sich in Luft auf. Mir doch egal – warum sollte es mir was ausmachen? Ich sage dir, mit wie vielen Leuten ich geschlafen habe (32), oder wie meine Eltern diese Welt verlassen haben, und was habe ich dir damit gegeben? Nichts. Ich kann dir die Namen meiner Freunde sagen, ihre Telefonnummern:

Marny Requa: 415-431-2435
K. C. Fuller: 415-922-7893
Kirsten Steward: 415-614-1976

aber was hast du damit gewonnen? Nichts. Sie haben mir übrigens alle die Erlaubnis dazu gegeben. Und warum? Weil du dadurch nichts gewonnen hast, du hast nur ein paar Telefonnummern. Die kommen einem ein, zwei Sekunden wertvoll vor. Du hast das bekommen, was ich mir zu geben leisten kann. Du bist eine Schnorrerin, die bettelt, worum auch immer sie betteln kann, und ich bin der Mann, der eilig vorbeigeht und dir ne Münze oder so in deinen Pappbecher wirft. Ich kann es mir leisten, dir das zu geben. Das macht mir nichts aus. Ich gebe dir so gut wie alles, was ich habe. Ich gebe dir vom Besten, was ich habe, und wenn diese Dinge auch Dinge sind, die ich mag, Erinnerungen, an denen ich hänge, gute oder schlechte, wie die Familienfotos an meinen Wänden, kann ich sie dir doch zeigen, ohne dass sie dadurch abgewertet werden. Ich kann es mir leisten, dir alles zu geben. Uns bleibt die Luft weg, wenn wir die Elendsgestalten in den Nachmittagsshows sehen, die ihre scheußlichen Geheimnisse vor Millionen genauso elender Zuschauer offenbaren, und doch … was haben wir ihnen genommen, was haben sie uns gegeben? Nichts. Wir wissen, dass Janine mit dem Freund ihrer Tochter Sex hatte, ja … und? Wir werden sterben und … was eigentlich verschwiegen haben? Vor der ganzen Welt verschwiegen haben, dass, was schon?, dass wir dies oder das tun, dass unsere Arme diese Bewegungen gemacht haben und unsere Münder jene Geräusche? Ich bitte dich. Wir finden, wenn wir peinliche oder intime Dinge offenbaren, wie zum Beispiel Masturbationsgewohnheiten (ich mach's ungefähr einmal am Tag, meist unter der Dusche), dass wir jemandem etwas gegeben haben – wie ein primitiver Mensch sich davor fürchtet, der Fotograf stehle ihm die Seele –, dass wir unsere Geheimnisse, unsere Vergangenheit und ihre Flecken mit unserer Identität gleichsetzen, dass die Offenbarung unserer Gewohnheiten oder Verluste oder Taten einen irgendwie weniger man selbst werden lässt. Aber genau das Gegenteil ist der Fall, mehr bedeutet mehr, ist mehr – mehr Bluten, mehr Geben. Diese Dinge, Einzelheiten, Geschichten, was auch immer, sind wie die abgeworfene Haut von Schlangen, die sie für jedermanns Blicke zurücklassen. Es ist der Schlange doch ganz egal, wo die Haut ist, wer sie sieht, die Schlange und ihre Haut. Sie lässt sie da zurück, wo sie sich gehäutet hat. Stunden, Tage oder Monate später stoßen wir auf die längst abgeworfene Haut einer Schlange, und dann wissen wir etwas von der Schlange, wir können diesen annähernden Umfang und jene annähernde Länge bestimmen, aber wir wissen sonst nur sehr wenig. Wissen wir, wo die Schlange jetzt ist? Was die Schlange jetzt denkt? Nein. Inzwischen könnte die Schlange einen Pelz tragen; die Schlange könnte Bleistifte in Hanoi verkaufen. Die Haut gehört ihr nicht mehr, die Schlange hat sie getragen, weil sie ihr gewachsen ist, aber dann ist sie trocken geworden, die Schlange hat sie abgestreift, und alle konnten die Haut ansehen.

Und du bist die Schlange?
Klar. Ich bin die Schlange. Also, sollte die Schlange die Haut mitbringen, sollte sie sie unter ihren Arm klemmen? Sollte sie?

Nein?
Nein, natürlich nicht! Sie hat keine verfickten Arme! Was für ein Bullshit, wie sollte die Schlange eine Haut tragen? Ich bitte dich. Aber wie die Schlange habe auch ich keine Arme – metaphorisch gesprochen – , um so was zu tragen. Außerdem gehören diese Dinge noch nicht mal mir. Nichts gehört mir. Mein Vater gehört mir nicht – nicht auf diese Art. Sein Tod und was er getan hat, gehören nicht mir. Und auch nicht meine Erziehung, meine Stadt

oder ihre Tragödien. Wie können diese Dinge mir gehören? Mich dafür verantwortlich zu machen, solche Informationen zurückzuhalten, ist lächerlich. Ich wurde in eine Stadt und eine Familie geboren, und die Stadt und die Familie sind mir zugestoßen. Mir gehört nichts davon. Es gehört allen. Es ist Shareware. Es gefällt mir, mir gefällt es, ein Teil davon gewesen zu sein, ich würde dafür töten oder sterben, um diejenigen zu beschützen, die Teil davon sind, aber ich nehme keine Exklusivität in Anspruch. Nimm es. Nimm es mir weg. Mach damit, was du willst. Nutz es zu irgendwas. Das ist wie Elektrizität aus Dreck zu machen. Fast zu gut, um wahr zu sein, dass wir aus diesem Zeug Schönheit hervorbringen können.

Aber die Privatsphäre?
Billig, im Überangebot, leicht zu bekommen, verloren, wieder gefunden, gekauft, verkauft.

Aber was ist mit Ausbeutung? Exhibitionismus?
Bist du katholisch?

Nein.
Warum sprichst du dann von Exhibitionismus? Es ist ein alberner Begriff. Wenn jemand seine Existenz zelebrieren will, dann nennt ihr das Exhibitionismus. Wie armselig. Wenn du nicht willst, dass irgendwer was von deiner Existenz erfährt, dann kannst du dich gleich umbringen. Du beanspruchst nur Raum, Luft.

Was ist mit Würde?
Du wirst sterben, und wenn du stirbst, dann wirst du einen absoluten Mangel an Würde erfahren. Es ist nie würdevoll, immer brutal. Was ist würdevoll am Sterben? Es ist nie würdevoll. Und noch dazu im Verborgenen? Anstößig. Würde ist etwas Aufgesetztes, hübsch, aber exzentrisch, wie Französisch zu lernen oder Schals zu sammeln. Und sie ist vergänglich und unglaublich sprunghaft. Und subjektiv. Also scheiß der Hund drauf.

Also nur Kanonenfutter?
Als meine Mutter im Fernsehzimmer starb, ging ich ab und an ins Wohnzimmer, das merkwürdigerweise am meisten Licht vom ganzen Haus abbekam, und setzte mich auf diese weiße Couch dort, zwischen all ihre Puppen, und schrieb auf, was ich bei ihrem Trauergottesdienst sagen wollte. Ich hatte den Zettel unter der Couch versteckt, einen gefalteten Zettel aus einem Notizheft. Ich ging da hin, fischte ihn unter der Couch hervor und überlegte mir, was ich schreiben sollte.

Und deine Mutter war im Fernsehzimmer?
Ja. Sie war da, zu diesem Zeitpunkt schon halb weggetreten vom Morphium. Meine Schwester und ich erwarteten, dass sie jeden Moment sterben würde, wirklich, und so rannten wir jeden Morgen – oder wann immer wir sie länger als eine halbe Stunde allein gelassen hatten – ins Zimmer und fragten uns, ob sie vielleicht schon tot wäre. Na ja, genau gesagt sind wir nicht ins Zimmer gerast, denn wir wollten sie nicht aufschrecken, sie nicht verärgern, denn sie hätte sofort gewusst, was wir da machten, also rasten wir bis zum Fernsehzimmer und dann standen wir dort, guckten in den Raum und beobachteten ihre Brust, konzentrierten uns auf ihr Brustbein, bis es sich bewegte und wir wussten, dass sie atmete. Manchmal war es ein unerträglich langes Warten, und manchmal, wenn sie eine Decke oder irgendwas über sich gezogen hatte, mussten wir näher an sie herantreten, mussten uns weit zu ihr herabbeugen und überprüfen, ob sich in ihrem Gesicht noch ein Lebenszeichen regte. Das ging wochenlang so. Aber nach einer Weile, vor allem, als sie das Bewusstsein ganz verloren hatte und nur noch atmete, begannen wir uns über das Timing Gedanken zu machen.

Wie meinst du das?
Na ja, du fängst unweigerlich an, die Ereignisse so gut wie möglich timen zu wollen. Zum Beispiel waren alle für die Weihnachtsferien aus dem College zu Hause, und wir wollten wirklich, dass

es zu Ende ging, bevor alle wieder abfuhren. Ich wollte sie alle dabei haben, hatte es mir hundertmal ausgemalt, alle meine Freunde in ihren Anzügen und Kleidern, wie sie sich anstellten, die Köpfe gesenkt, und als geschlossene Gruppe in der Mitte saßen. Und Tatsache ist, in diesen Winterferien dachten sie genau so. Sie hofften, sie würde sterben, solange sie zu Hause waren.

Aber …
Aber sie machte einfach immer weiter. Beth fing an, sie den Terminator zu nennen, was ich irgendwie geschmacklos fand, aber … Weißt du, während wir uns unterhalten, kann ich mein Spiegelbild in der Kameralinse sehen. Und ich kann dir sagen, dass ich nicht so aussehe, wie ich sollte. Dieses gezwungene fiese Grinsen. Meine Lippen kräuseln sich, meine Stirn ist gefurcht. Gott, ich bin einfach nicht telegen. Das wird ein Problem, stimmt's?

Also, um zur Rede zurückzukommen …
Ja, also ich saß da und schrieb auf der Couch an der Rede, während meine Mutter im anderen Zimmer war. Weil die Couch weiß war und ich immer meine Stifte fallen lasse, schrieb ich mit einem Bleistift, den ich beim Durchlesen in den Mund steckte, um dann wieder von vorne anzufangen. Ich wusste nicht, welchen Blickwinkel ich wählen sollte. Ich wusste nicht, wo ich beginnen sollte. Mit ihrer Kindheit? Sollte es eine Biografie von ihr werden? Sollte ich ein paar Anekdoten erzählen? Immer wieder setzte ich neu an. Aber worauf ich mich schließlich einließ, hatte mehr damit zu tun, wie *ich* mich zu ihrem Tod verhielt, und wie es *mir* damit erging.

Interessant.
Yeah, zu der Zeit fand ich, es wäre so am besten. Ich ließ Bill ein wenig über ihr Leben sprechen, darüber, was für eine gute Mutter sie gewesen war, über einige Besonderheiten ihrer Persönlichkeit. Er schweifte mal wieder vom Thema ab und sprach darüber, wie sie immer unsere Sammelleidenschaft unterstützt hatte, wie er

Eisenbahnen gesammelt hatte, ich Bären und Beth Puppen. Natürlich war das absolut ungenügend – ich meine, wie soll das hinkommen, ein ganzes Leben auf den Punkt gebracht in … also saß ich da, und während Bill sprach, starrte ich Father Mike an, unseren Priester, dem ich ein Zeichen geben sollte, ein Zeichen, das bedeutete, dass ich wirklich aufstehen und etwas sagen wollte, denn in den Tagen vor dem Trauergottesdienst konnte ich mich nicht dazu entschließen. Aber ich hatte eine Rede vorbereitet, hatte meinen Teil in der Nacht davor beendet, spät, im Dunkeln, im Wohnzimmer. Und während Bill sprach, sah ich Father Mike an, und er wurde auf mich aufmerksam, und selbst als ich ihm zunickte, um ihm zu bedeuten, dass ich wirklich etwas zu sagen hätte und es mit den Anwesenden teilen wollte, wollte ich sofort wieder einen Rückzieher machen und das Ganze vorübergehen lassen, um ins Auto zu springen, in den Nissan meines Vaters, der fertig gepackt auf dem Parkplatz stand, und einfach nach Florida fahren, bis Mitternacht konnten wir mindestens die Hälfte der Strecke schaffen. Aber dann führte mich Father Mike ein, und ich stand auf und …

Was ist? Du bist gerade zusammengezuckt.
Nichts. Mir ist gerade was eingefallen. Jedenfalls habe ich alle in meiner Rede wissen lassen, wie betrogen wir uns gefühlt haben, wie betrogen *ich* mich gefühlt habe. Aber ich war gnädig. Ich sagte etwas in der Richtung, weißt du, dass ich da stehen und darüber jammern *könnte*, dass sie nie meine Kinder sehen würde, darüber, wie unfair alles war, dass sie uns einen Monat nach meinem Vater genommen wurde, darüber, wie schwer das für uns alle war. Aber dann sagte ich – und dabei wurde meine Stimme zittriger –, dass wir uns nicht an solche traurigen Gedanken verlieren dürften, sondern uns einen hellen Stern im schwarzen Himmel aussuchen und dabei an sie denken sollten, um uns dann einen anderen zu suchen, ganz in der Nähe, und an meinen Dad denken sollten.

Ähm …

Ja, ich weiß, ich weiß. Es ist schrecklich, es ist billig und klein. Und schlimmer noch, ich habe eine Zeichnung von ihr auf ihrem Totenbett gemacht.

Aber was hat das mit …

Zu der Zeit war sie schon lange hinüber, was ihr Bewusstsein angeht. Sie murmelte ab und an etwas, setzte sich manchmal ruckartig auf, um etwas zu sagen, aber ansonsten war da nur ihr Atmen, Gurgeln, die Kerzen, ihre heiße Haut. Und eigentlich nur Abwarten. Wir saßen da, Tag und Nacht, und tauschten Plätze, Beth und ich, Toph war meistens unten, also Beth und ich saßen, wachten, hielten ihre heiße Hand, schliefen dort, manchmal halb über sie geworfen, und warteten auf das Fast-Ende, so dass wir alle zusammenkommen und auf das Ende-Ende warten konnten. Und während des Ganzen, eines Nachts im Dunkeln, ich saß auf einem Stuhl zu ihrer Linken, fühlte ich mich dazu gedrängt, ein Bild von ihr zu zeichnen, mit einem roten Wachsmalstift auf einem großen Bogen Zeichenpapier. Ich habe es erst skizziert, die groben Umrisse leicht hingeworfen, um sicherzugehen, dass alles auf die Seite passen würde und es danach korrigiert. Es sah so aus, als fehlte mir links etwas Platz. Ich verlagerte ihren Kopf etwas nach rechts, damit ich das ganze Kissen mit draufbekam. Ich skizzierte den Umriss des Betts, den Metallrahmen. Und dann begann ich mit ihrem Gesicht, eigentlich – also, normalerweise fange ich nicht mit dem Gesicht an, denn wenn man keine Ähnlichkeit feststellen kann, dann verdirbt es den Rest der Zeichnung, finde ich – aber diesmal war ihr Gesicht leicht, es hatte eine Art einfacher Geometrie im Profil, eingefallen, wie es war, hob es sich kaum vom Kissen ab, abgeflacht durch welchen Prozess auch immer, der ihr Gesicht einsinken und flach werden ließ, schimmernd von der Gelbsucht und den Ausscheidungen, die durch ihre Haut traten, den Ausscheidungen, die ihren Körper auf anderen Wegen verlassen hätten, wenn die notwendigen Systeme noch funktioniert hätten. Dann habe ich die Schläuche gezeichnet, den intravenösen Zugang, den Aluminiumrahmen des Betts, die Decken. Als es fertig war, war alles ziemlich wirklichkeitsgetreu, ein schönes Bild, mit vielen Details in der Mitte, die zum Rand hin weniger wurden. Ich habe es immer noch, wenn es auch an den Seiten ziemlich abgestoßen ist … Ich war noch nie gut im Aufbewahren von Zeichnungen; ich behalte sie, aber ich malträtiere sie. Diese Zeichnung zum Beispiel, von vielleicht 10 000, die ich in Kursen oder sonst wo gemacht habe, könnte leicht die wichtigste sein, die ich je gezeichnet habe oder zeichnen werde, aber ich habe kürzlich danach gesucht, sie halb aus einer Zeichenmappe heraushängend gefunden, in einer Ecke eingerissen. Wie kann ich so nachlässig mit dieser Erinnerung an meine Mutter umgehen? Und warum habe ich das Bild überhaupt gemalt? Ich meine, was hat das zu bedeuten?

Es könnte eine rein sentimentale …
Das frage ich mich. Aber ich erinnere mich auch daran, dass ich mir überlegt hatte, Fotos zu machen. Zu der Zeit habe ich viel von Fotos abgemalt, und ich habe gedacht, dass sie später praktisch wären, die Fotos, dass ich eine Reihe machen könnte, aus unterschiedlichen Perspektiven, und sie später als Vorlagen benutzen könnte.

Aber du hast es nicht getan.
Nein. Um ehrlich zu sein, ich habe es nicht wirklich vorgehabt, aber der Punkt ist, dass ich daran gedacht habe, es zu tun.

Und dann seid ihr nach Florida gefahren.
Nach dem Trauergottesdienst haben wir zwanzig Minuten oder so bei nem Tee- und Kekstreffen im Pfarrhaus rumgestanden, und dann auf Wiedersehen gesagt. Meine damalige Freundin, Kirsten, war da und Bill und mein Onkel Dan, und nach einer Weile haben wir irgendwie gesagt: Bis später, haben euch lieb, und dann sind wir losgefahren, total aufgeputscht mit Adrenalin, sind bis Mitternacht durchgefahren, haben in Atlanta Station gemacht. Am nächsten Tag sind wir so lange gefahren, bis Sand den Highway

säumte und wir in Florida waren, und wir haben neues Badezeug gekauft und Sand ins Auto bekommen – das Auto, das unser Dad uns unter keinen Umständen fahren ließ und in dem nichts gegessen werden durfte – und haben nachts im Hotelzimmer HBO gesehen, und Toph und ich haben tagsüber Frisbee gespielt, an einem schneeweißen Strand, und der Wind war warm und feucht, und am Abend haben wir Bill angerufen, und uns überlegt, Verwandte zu besuchen, die wir da unten hatten – Tom und Dot, ich hab sie schon mal erwähnt –, aber dann haben wir's nicht gemacht, weil sie alt waren, und fürs Erste hatten wir genug von solchen Leuten.

Und dann seid ihr …
Ich habe ihnen nie eine richtige Beerdigung verschafft.

Wie bitte? Was soll das …
Ich weiß nicht, wo sie sind.

Wie meinst du das?
Sie wurden eingeäschert. Sie haben beschlossen, wahrscheinlich gemeinsam, Gott weiß, warum und woher sie die Idee hatten, dass sie ihre Körper der Forschung zur Verfügung stellen wollten. Wir hatten nicht die geringste Ahnung, warum – es passte irgendwie nicht zu ihren seit jeher und immer wieder geäußerten Überzeugungen. Sie hatten auch nie etwas davon gesagt. Mein Dad war Atheist, das wussten wir – meine Mutter behauptete, er verehre »Den Baum des Lebens« –, also machte der Organspendeplan bei ihm noch leidlich Sinn, aber meine Mutter war sehr katholisch, viel romantischer, emotionaler, ja vielleicht sogar abergläubischer, wenn es um solche Dinge ging. Aber plötzlich waren die Verfügungen da – ich kann mich nicht daran erinnern, ob wir es davor oder danach wussten … Wenn ich's recht bedenke, muss es ja nach seinem und vor ihrem Tod gewesen sein – und so passierte es dann auch. Nachdem sie zum Leichenbeschauer oder wohin auch immer gebracht worden waren, wurden sie irgendwann von einem

Körperspendeunternehmen abgeholt und zu dieser oder jener Uniklinik gebracht, wo sie für Gott weiß was gebraucht wurden.

Das stört dich?
Natürlich. Zu der Zeit fanden wir es irgendwie nobel. Es überraschte uns, dieses Spenden, und weil sowieso alles außer Kontrolle geriet, rotierten wir einfach mit, ich nehme mal an, zum Teil auch, weil uns das die Vorkehrungen erleichterte.

Wie meinst du das?
Na ja, die Urne und alles. Vielmehr das Fehlen einer solchen.

Ihr hattet keine Urne?
Nein. Nichts. Wir hatten natürlich Trauerfeiern für sie beide, aber wir haben uns nicht mit Urnen und so abgegeben, wir haben uns gedacht, sie wären ja sowieso leer und überhaupt.

Also gab es keine normale Begräbnisfeier auf dem Friedhof …
Nein.

Sie haben keine Grabsteine.
Sie haben keine Grabsteine. Ehrlich gesagt haben wir keinen blassen Schimmer davon, wo sie sind. Ich meine, die Leute von diesem Körperspendeunternehmen haben uns versprochen, die Leichen einzuäschern, wenn sie mit ihnen fertig wären, und sie uns dann zurückzuschicken, aber sie haben's nicht getan. Jedenfalls noch nicht. Es war eigentlich innerhalb von drei Monaten vorgesehen. Aber es geht jetzt schon seit etwa zwei Jahren so.

Also, ihr habt ihre sterblichen Überreste nicht?
Richtig. Übrigens ist es irgendwie witzig – sie nennen sie nicht Überreste, sondern Einäscherungsreste. Aber wir glauben, dass ihre Asche noch kommen kann. Beth denkt, sie sind nicht zurückgebracht worden, weil wir ein paarmal umgezogen sind. Sie glaubt, dass sie wahrscheinlich versucht haben, Kontakt mit uns

aufzunehmen, und uns nicht ausfindig machen konnten, weil wir in Berkeley zur Untermiete wohnten, und dann noch mal woanders, und dass sie sie deswegen entsorgt haben, oder wie auch immer. Ich glaube, dass sie immer noch da sein könnten, irgendwo.

Hast du versucht, dich mit dem Körperspendeunternehmen in Verbindung zu setzen?
Nein. Ich glaube, Beth hat es getan. Es ist etwas, worüber wir tatsächlich alle paar Monate mal reden, aber immer seltener. Es ist schwer, denn je länger es her ist und je weiter wir uns von dieser Zeit entfernen, desto unmöglicher wird es, das Thema überhaupt zur Sprache zu bringen. Es ist irgendwie peinlich, wirklich. Jedenfalls für mich. Das und das Fehlen von Grabsteinen, der Ausfall der Begräbnisse, das Verkaufen oder Weggeben der meisten Sachen aus dem Haus. Es war alles so verworren, und wir sind so weit weggezogen, und es gab so viel zu tun. Ich habe versucht, das College abzuschließen, und bin hin und her gependelt, drei Tage in Chicago, vier in Champaign, den ganzen Frühling über, und Beth musste den ganzen Rest erledigen – musste versuchen, das Haus zu verkaufen, den Wert des Grundstücks ermitteln zu lassen, eine Schule für Toph in Berkeley zu finden, alle Rechnungen zu bezahlen, Moms Auto zu verkaufen … Wir waren überzeugt, dass man uns alles vergeben würde, ehrlich, alle Fehleinschätzungen, alle Fehler, all die entsetzlichen Fehler. Manches vom dem Zeug, was wir verkauft haben …

Du bereust das alles.
Manchmal. Manchmal einigen Beth und ich uns darauf, dass es so das Beste war, die Art, wie wir ausgeräumt haben, der saubere Schnitt, mit dem wir uns von zu Hause getrennt haben, von dem meisten, was dazugehörte … Weißt du, es war komisch, aber ein paar Leute haben die Stirn gerunzelt, weil wir Toph mit nach Kalifornien genommen haben, weil sie fanden, dass wir das beste Netzwerk in Lake Forest hätten, was Unterstützung angeht, bla bla. Aber Gott im Himmel, wir konnten nicht weit genug weg-

kommen, wir waren sicher, dass es unser Ende wäre, wir als traurige Ortslegende, diese Bemitleidenswerten, die alle kannten, und Toph, dies Mündel der Stadt ... nie und nimmer. Also machten wir keine Beerdigung auf dem Friedhof oder so was, machten uns nicht die Mühe mit den Särgen. Beth sagte immer, dass unsere Eltern kein Begräbnis wollten, dass das Ganze mit der Beerdigung und dem Grabstein einfach nur ein Schwindel war, diese alberne Tradition, die ihre Wurzel im Profit hatte, so ne Kitschkartengeschichte, und außerdem sei es viel zu teuer. Also können wir unser Gewissen damit beruhigen. Und mit der Annahme, dass wir ihre Wünsche erfüllt haben.

Glaubst du, sie wollten es wirklich so?
Nein, nicht eine Sekunde. Beth glaubt es. Beth ist sich sicher, Beth war da. Aber ich, ich glaube ehrlich gesagt, dass sie es einfach nicht fassen können, dass wir sie noch nicht beerdigt haben, dass wir noch nicht mal wissen, wo sie sind. Es ist wirklich furchtbar.

Vielleicht.
Aber ich finde wirklich, dass tote Leute einzubalsamieren, sie schön anzuziehen und zu schminken ... das ist brutal, das ist mittelalterlich. Dem größeren Teil in mir gefällt die Vorstellung, dass sie irgendwie verschwunden sind – einfach weg – und wir sie nie mehr richtig gesehen haben, seit sie die Augen geschlossen haben, dass sie einfach davongeschwebt sind oder so was, dass, weil sie nicht beerdigt wurden, dass es sein kann ...

Träumst du von ihnen?
Meine Schwester träumt andauernd von ihnen. Die ganze Zeit, und in ihren Träumen sind unsere Eltern oft fröhlich, sprechen und laufen herum und sagen interessante Sachen. Ich habe meine Eltern nicht sprechen, herumlaufen und interessante Sachen sagen hören, seit sie gestorben sind. Wenn wir darüber reden, wenn wir uns nicht über Verantwortung und das alles streiten, sitzen meine Schwester und ich auf der Couch, und sie neigt den Kopf

zur Seite, wickelt ihre Haare um einen Finger und versucht, ihre lebhaftesten Träume nachzuerzählen. In den meisten macht meine Mutter irgendwas Normales wie Autofahren oder Kochen, und wenn sie von meinem Vater träumt, schleicht er irgendwo rum oder er hat gerade jemanden getötet oder er jagt hinter ihr her. Aber ab und an ist ein Traum mit ihm auch ein netter Traum. Und deswegen bin ich eifersüchtig, weil ich sie so liebend gerne herumlaufen und reden sehen würde, selbst wenn es nur ein Traumgespinst wäre. Aber ich träume nicht von ihnen. Ich habe keinen Schimmer, wie das kommt und wie man das Problem beheben könnte.

Warum denkst du nicht einfach vorm Einschlafen an deine Eltern? Das scheint doch eine Möglichkeit zu sein, die sich anbietet.
Ich habe es versucht. Ich meine, ich habe versucht, das zu versuchen. Zum Beispiel denke ich jetzt gerade, ja, genau, das mache ich heute Nacht, danke, dass du mich daran erinnert hast. Aber bis es so weit ist, habe ich es wieder vergessen. Es ist schon hundertmal passiert. Warum kann ich mir nicht merken, an meine Eltern zu denken, bevor ich einschlafe? Warum kann ich nicht einfach einen Zettel auf mein Kissen legen: AN DIE ELTERN DENKEN? Warum kann ich das nicht? Ich meine, die Belohnung wäre so groß – wenn ich zum Beispiel an meine Mutter dächte, bevor ich einschliefe, ständen die Chancen ziemlich gut, dass mein Traum sie zum Leben erwecken würde – wie wir alle wissen, ist die Entstehung von Träumen oft so simpel vorherzusehen – und doch kann ich mich nicht dazu bringen, es zu tun, an sie zu denken, die notwendige Vorarbeit zu leisten. Es haut mich um. Einmal hatte ich allerdings eine Art Traum von meinem Vater. In dem Traum fahre ich auf der Old Elm, einer Straße in der Nähe unseres Hauses, es ist Winter, kein Schnee, nur grau. Ich fahre den Hügel runter, vom 7-Eleven-Laden nach Hause, und plötzlich sehe ich, vielleicht zweihundert Meter entfernt auf einer Parallelstraße durch eine Million kahler Zweige hindurch ein Auto, genau wie das von meinem Dad. Es ist ein grauer Nissan sowieso sowieso, und drin sitzt ein

grauhaariger Mann, der einen braunen Wildledermantel trägt und fast genau wie mein Vater aussieht, außer dass ich sogar im Traum irgendwie dran zweifle, dass er's ist – im Traum weiß ich, dass er gestorben ist, und dass das, was ich sehe, ein Zufall oder ein Wunder ist, aber dann fällt mir plötzlich ein – und hier, selbst im Traum, hat die Geschichte einerseits ihre Logik und andererseits überhaupt nicht – mir fällt plötzlich ein, dass er sehr wohl immer noch am Leben sein könnte, dass sein Tod von Anfang an so unsinnig war, so plötzlich, wie er kam, und zu einer unmöglichen Zeit, dass … und dann verschwören sich die anderen Fakten – dass niemand von uns da war, als er schließlich starb, dass wir seine Überreste noch nicht bekommen haben, ich meine Einäscherungsreste, sorry, und in dem Traum fällt mir ein, dass das bloß eine weitere Täuschung sein könnte, dass er nach alldem vielleicht doch noch am Leben ist …

Wie meinst du das, eine weitere Täuschung?
Na ja, wie alle Leute, die trinken und dabei erfolgreich eine Familie ernähren und ihrem Job nachgehen, war er ein hervorragender Zauberer. Die Tricks waren natürlich irgendwie dürftig, wenn man ihm erst mal auf die Schliche gekommen war, aber zu der Zeit, und das ging lange so, hat er damit ein ganzes Haus voller Leute, die von Natur aus Geheimniskrämer und misstrauisch sind, zum Narren gehalten. Der berühmteste Trick war der AA-Trick, der darin bestand, dass er an AA-Treffen teilnahm, sogar zu Hause, nachdem er schon ein paar gekippt hatte. Das war großartig. Er war ungefähr einen Monat in einem Behandlungszentrum irgendwo weg gewesen, während wir im Osten Verwandte besuchten, und als wir nach Hause kamen, war er da, nüchtern, trocken, triumphierend. Wir waren begeistert. Wir hatten das Gefühl, dass wir das endlich hinter uns gelassen hätten, dass unsere Familie mit einem Mal dieses saubere neue Ding wäre, und natürlich, weil er nüchtern war und stark und alles, würde er die Welt erobern und uns mit sich nehmen. Wir setzten uns auf seinen Schoß, wir beteten ihn an. Vielleicht ist das etwas zu viel gesagt.

Wahrscheinlich hassten und fürchteten wir ihn immer noch in vielerlei Hinsicht, nach all den Jahren voll Geschrei und Verfolgungsjagden und allem, aber wir waren nicht so leicht unterzukriegen und wollten, dass alles normal wäre – wir wussten zwar nicht genau, was normal war und ob wir jemals daran teilgenommen hatten, wenn ich's recht bedenke – aber wir waren dennoch hoffnungsvoll. Und dann die Treffen, inklusive jenem, das in unserem Wohnzimmer stattfand. Wir sollten eigentlich im Bett bleiben, aber irgendwann schlich ich mich nach unten und spähte durch das Treppengeländer und sah all diese Erwachsenen, verschwommen durch den Rauch hindurch, und unseren Dad dort, auf dem Platz auf der Couch, wo er zu Weihnachten saß. Es war komisch, all die Erwachsenen in unserem Haus zu sehen – unsere Eltern hatten keine Gäste –, aber der Punkt ist, dass er selbst damals trank, wahrscheinlich sogar an diesem Abend – wir wussten es nicht, sie wussten es nicht –, und das ist ein raffinierter Trick, wenn du es dir überlegst. Es ist ein Trick, den ich respektieren muss, da ich doch selbst diabolisch bin und alles.

Wie konnte er unentdeckt trinken, wenn er immer zu Hause war?
Ah. Ja. Im ganzen Haus gab es nicht eine Flasche. Wir haben alles abgesucht. Meine Mom war wachsam, wir waren's auch. Aber weißt du, wo er's aufhob? Dir bleibt die Spucke weg, so einfach war das. Ab und an ging er früh am Morgen raus – es war die einzige Zeit, wo er wirklich allein war und niemand misstrauisch wurde – und besorgte eine Flasche Wodka und vier oder fünf Liter Chinin, die brachte er mit nach Hause.

Dann …
Ja, dann schüttete er die Hälfte der Chininflaschen aus, füllte sie mit Wodka und vernichtete alle Wodkaspuren. Abends, wenn wir alle im Fernsehzimmer zusammenkamen und *Three's Company* oder was auch immer sahen, ging er in die Küche und – oh, das war eine clevere Vorsichtsmaßnahme – goss das Chinin (den Wodka) in ein *Saftglas* statt in ein kleines, wie er sie früher benutzt hatte,

ein kleines Glas, das einem unbefangenen Beobachter sofort *Alkohol* signalisiert hätte. Ein Saftglas und schon hatte er uns an der Nase herumgeführt! Zur Wiederholung: Was trinkt man aus kleinen Gläsern? *Alkohol.* Was trinkt man aus großen Gläsern? *Etwas Alkoholfreies natürlich!* Ja, das große Glas ist das Gefäß der Wahl für ein nettes, kühles, nichtalkoholisches Getränk. Kannst du dir das vorstellen? Er muss sich wie der cleverste Typ der Welt gefühlt haben, cleverer jedenfalls als seine beschränkte Brut. Das ging etwa ein Jahr lang so – und währenddessen taumelten wir vor Stolz und Hoffnung, weil wir glaubten, dass er damit aufgehört hatte und dass wir nicht mehr auf Tage oder sogar Wochen zu Freunden oder Verwandten ziehen mussten, keine Rede mehr davon, ihn zu verlassen, all das, und während wir langsam wieder zu uns kamen – es war unglaublich. Was allerdings noch hinzukam, war, dass er mit dem großen Glas (du erinnerst dich: großes Glas = alkoholfreies Getränk) noch mehr trank, und wir wurden zunehmend verwirrter, denn während er doch allem Anschein nach nüchtern war, redete er nach zehn immer noch komisches Zeug, fiel immer noch in plötzliche und erbarmungslose Raserei und schlief immer noch jede Nacht um elf aufrecht auf der Couch sitzend ein.

Und nachdem es aufgeflogen ist, hat er aufgehört?
Oh Gott, nein. Meine Mutter ging raus auf die Veranda, schloss die Schiebetür und schrie und weinte, die Arme um ihre Schultern gelegt, und wahrscheinlich gab es ein paar Drohungen, ihn zu verlassen, all das. Aber dann gaben wir uns irgendwie geschlagen. Meine Mutter war erschöpft, durch ihn und durch uns, aus uns dreien waren vor kurzem vier geworden, und ich nehme an, sie gestand ihm jetzt zu, dass er trank, dass er als Trinker geboren war – und darin, nebenbei gesagt, ziemlich gut war, ein ziemlich gut funktionierender Trinker, nicht von der Sorte, die sich total zulaufen lässt, harmlos, solange er nicht provoziert wurde. Mit einem Baby wurde es viel schwieriger, plötzlich umzuziehen oder ihn zu verlassen (oder auch nur damit zu drohen), und ich stelle

mir vor, dass sich unsere erschöpfte Mutter irgendwann mit ihm abgefunden hat – soundso viele Drinks am Abend und nicht mehr, bla bla. Und wenn man sich überlegt, was er alles auf sich genommen hat, um uns zu täuschen, und zwar nur, damit wir ihn nicht verließen – er war bereit, seinen Tagesablauf auf jede mögliche Art umzustellen und diese armseligen traurigen kleinen Lügen, zum Beispiel die mit dem Chinin und den Saftgläsern, zu inszenieren – alles nur, damit wir ihn nicht verließen – wenn man das bedenkt, na ja, er war nicht vollkommen, aber er war ein anständiger Mann. Danach reduzierte er also seinen abendlichen Konsum, nahm den Waffenstillstand bereitwillig an, trank zu Hause nur Bier oder Wein, und als Toph zu krabbeln und dann zu laufen begann, trank er auf Pegel. Und um die Wahrheit zu sagen, war uns das so fast lieber. Diese ganzen AA-Vibrations waren beunruhigend, all diese Erwachsenen im Haus, das Murmeln und der Rauch, es schien irgendwie nicht zu ihm zu passen, er war einfach kein Gruppentyp, der denen das abnahm. Irgendwie wollten wir einfach nicht, dass unser Vater bei den AA war. Er wollte es alleine schaffen oder aufgeben, und so war es uns wirklich lieber. Die AA waren für ihn sowieso wahrscheinlich die reinste Folter, mit all diesen Anspielungen auf höhere Mächte und so was, der ganze Kern der Sache war für ihn hohl. Jedenfalls, nachdem das Gespenst Behandlung ausgedient hatte, ging es besser, denn jetzt war es wenigstens draußen, wir kannten seine Spielregeln, und er kannte unsere, und so konnten wir uns auf alle Eventualitäten einstellen. Worin ich denkbar schlecht war, weil ich nie wusste, was ich erwarten sollte. Weißt du, schon als kleines Kind hatte ich eine wilde Phantasie, die sich lauter Bilder des Grauens ausmalte – ich habe zum Beispiel jahrelang fest daran geglaubt, dass sich das Erdgeschoss in ein Labor für Menschenexperimente verwandelte, sowie wir ins Bett gingen, eine Mischung aus Bruchstücken, die ich aus *Coma* und *Willy Wonka* aufgeschnappt hatte, lauter Oompa-Loompa-Männer und erstarrte Körper –, und die, wenn auch nur ein wenig seiner Unausgeglichenheit hinzukam, damit verschmelzen und für Chaos und Terror sorgen konnte, welche es objektiv gar nicht unbedingt gab … Ich meine, bei mir war's vorbei, das dünne, brüchige Vertrauensband zwischen Vater und Sohn riss, als ich ungefähr acht war, bei der Sache mit der Tür.

Das war …
Das war zu einer Zeit, als alles ziemlich drunter und drüber ging, als er die Sache nicht so unter Kontrolle hatte. Ich weiß nicht mehr, was los war, aber ich hatte offensichtlich etwas falsch gemacht und war aufgefordert worden, mich der Strafe zu stellen – weißt du, was witzig war? Wir sollten, wenn Strafe angesagt war, »die Stellung einnehmen«, was bedeutete, wir sollten rüberkommen und uns über seine Knie beugen – richtig niedlich, nicht wahr? –, und natürlich wollte ich mit dem Scheiß nichts zu tun haben. Nicht, dass er uns jemals besonders hart geschlagen hätte – unsere Mom war diejenige, die sich dabei richtig ins Zeug legte –, aber da war irgendwas Entsetzliches an seinem Gefummel, an seinem unbeholfenen Grapschen … es war so unvorhersehbar, denn wir wussten genug, um zu erkennen, wann er schon benebelt war, also wollten wir einfach nicht in der Reichweite seines – kennst du das Spiel Krake? Wo man herumrennt und versucht, von einer Seite auf die andere zu kommen, an all deinen Mitschülern vorbei, und dann die rote Linie, wo sie dich nicht berühren können, aber du darfst nicht in die Nähe der Gliedmaßen kommen, ihre perfekten kleinen Arme plötzlich so gefährlich, so grauenhaft? – So war es in gewisser Weise ein geschärfter Sinn für Gewalt, der auf dem Zweifel beruhte, einem Mangel an Vorhersehbarkeit seines Verhaltens – wir wollten abends einfach nicht so nah an ihn herankommen, dass irgendwas Unheimliches passieren konnte. Wenn der Urteilsspruch verkündet war und die Tracht Prügel unmittelbar bevorstand, rannten wir also los. Jedes Mal, wenn wir davonrannten, versuchten wir, ihm weit genug und lange genug zu entkommen, damit – und dies war meistens eher Wunschdenken, als dass es Wirklichkeit wurde – sein Ärger sich legen oder unsere Mutter einschreiten konnte oder beides: jedenfalls ein Aufschub gewährt wurde. Wenn sich der Vorfall tagsüber ereignet hatte,

rannten wir einfach die Straße runter, zum Park oder zum Bach oder zu einem Freund, und da saßen wir es aus. Aber abends – wenn so etwas meistens passierte, weil wir unseren Vater, einen passionierten Golfspieler, nur ein paar Stunden pro Woche bei Tageslicht zu Gesicht bekamen – konnten wir natürlich nicht rauslaufen (ich jedenfalls nicht), wusste ich doch, dass es da draußen noch viel schlimmer war, denn da waren die Vampire aus *Brennen muss Salem* und die William-Shatner-Maske aus *Halloween*. Am Abend waren die Optionen also aufs Haus beschränkt, und es gab eigentlich auch eine ganze Reihe, jede von ihnen mit besonderen Vor- und Nachteilen. Unten im Keller konnte man sich hinter der Heizung verstecken oder im Leitungsschacht, aber damit es wirkte, musste man das Licht auslassen, und man wusste nie, zu welcher Zeit die Mörder oder die Leichen unten waren, hinter der Heizung oder im Leitungsschacht – alles beides sehr wahrscheinlich. Dann gab es die Schränke, die ihren Zweck oft sehr gut erfüllten, aber im Schrank wurde man so plötzlich gefunden, man konnte sich noch so warm und geborgen fühlen – die Schiebetür wurde mit einem Ruck geöffnet, Hände waren plötzlich *da*, packten einen – und deswegen waren die besten Plätze entweder das obere Badezimmer oder das eigene Zimmer, beide hatten einfache Schlösser und hielten oft lange genug stand, bis sich alles auf der anderen Seite wieder beruhigt hatte. In jener Nacht, von der ich erzähle, raste ich also in mein Zimmer, schloss die Tür ab und, während ich auf sein Gebrüll vom Fuß der Treppe hörte – das war übrigens immer das Erste, was er tat: Aus irgendeinem Grund forderte er uns immer auf runterzukommen, die Treppe runterzukommen, damit er uns packen und zur Couch zerren konnte, wo er uns schüttelte, uns Stellung einnehmen ließ und dann begann, uns zu schlagen … lächerlich. Den Gefallen mussten wir ihm nicht tun, den Gefallen musste ich ihm nicht tun, natürlich nicht, wir hatten nie Prügel verdient, weil wir vollkommen waren, vollkommen, vollkommen, unangreifbar, oder wenn nicht vollkommen, zumindest provoziert wurden, das zu tun, was auch immer wir getan haben mochten, und während ich also in meinem Zimmer war, während ich die Tür anstarrte, hyperventilierend, sah ich mich nach Ideen um. Ich sah die Tapete an – eigentlich ein riesiges Foto, eine orange-herbstliche Waldszene, meine Mom und ich hatten es ausgesucht, wir fanden es so schön, dass wir uns auf den Fußboden setzten und es anstarrten, nachdem wir es angebracht hatten –, und in dieser Nacht in meinem Zimmer wollte ich durch das Foto hindurchrennen, durch den orangefarbenen Wald, weil es so aussah, als sei der Wald tief, und außerdem war dort Tag. Aber natürlich dachte ich nicht wirklich daran, es zu tun, ich war weder doof noch hatte ich Wahnvorstellungen, aber dann habe ich zur anderen Wand geschaut, zu der ohne Tapete, wo ich über meinem Bett mit Markern zwanzig kleine Monster gezeichnet hatte und glückliche, aber höchstwahrscheinlich grimmige Wikinger, alle geschaffen, um mich in meinem Schlaf zu beschützen und in Situationen wie dieser lebendig zu werden – aber sie wurden nicht lebendig, und warum wurden sie nicht lebendig? Das Gebrüll ging weiter, und da ich genau wusste, dass er noch unten war, huschte ich aus meinem Zimmer und schnappte mir das Telefon, schoss in mein Zimmer zurück, schob das Kabel unter der Tür durch und schloss wieder ab. Ich nahm das Telefon ans Bett und rief die Vermittlung an und fragte nach der Vorwahl für Boston. Dann fiel mir ein, dass es gar nicht in Boston war, sondern in Milton, außerhalb von Boston. Ich rief die Auskunft in Milton an, ich suchte nach meiner Tante Ruth. Oder Onkel Ron. Sie war bei den AA gewesen, er war mit ihr dorthin gegangen, sie wussten, was was war – was sollte ich tun? Ich würde fragen, sie wüssten Bescheid, sie würden einschreiten … Dann kamen Schritte die Stufen hoch, was sie nur in Ausnahmefällen taten, wenn er außerordentlich wütend war und unsere Mutter ihn nicht beruhigen konnte, und während sie die Stufen hochtrampelten – warum ging er so langsam, so zum Verrücktwerden langsam? –, hängte ich ein – ich hatte keine Zeit mehr – und entwarf einen Plan. Ich öffnete das Fenster über meinem Kopfkissen, dann riss ich das Laken von meinem Bett. Die Schritte trampelten nicht mehr, was hieß, er war jetzt im ersten Stock, war gerade sechs oder sieben Schritte von meiner Tür entfernt … Ich wickelte das Laken um sich selbst, damit es wie ein Seil aussah oder so, wie es im Fernsehen aussah, und während ich es um den Bettpfosten knotete, wurde der Tür zugesetzt, dann plötzlich mein Name so laut gebrüllt, dass ich zusammenzuckte, dann Bollern, und Forderungen wurden herausgeschrien, und wenn ich doch einfach nur dieses Ding hier rechtzeitig festbekäme … das Bollern wurde lauter und lauter, und dann war das Laken festgebunden, doppelt, ich zerrte dran, um seine Belastbarkeit zu testen und es schien okay – es musste ja nur ein paar Sekunden halten, bis ich weit genug unten war, um zu springen – und ich wandte meinen Körper dem Bett zu und machte mich bereit, die Kurve zu kratzen, ein Bein aus dem Fenster, spürte meinen bloßen Fuß gegen das rauhe Holz der Hauswand … und dann hörte das Pochen plötzlich auf. Ich war noch dabei, mich rauszuwinden, jetzt war ich fast zur Hälfte aus dem Fenster, die Nacht war feucht, ich konnte den Boden sehen, den Garten der Nachbarn, und hielt das Laken mit beiden Händen fest … Ich machte eine Pause, atmete schnell, wie ein Tier, überlegte, fragte mich, ob er weggerufen worden sei … so leise. Und dann gab die Tür nach, eine Explosion aus Holz, und er war über mir.

Er hat die Tür eingetreten.
Na ja, er hat sie aufgebrochen, hat das Schloss rausgebrochen und den Türknauf und alles.

Wow.
Dramatisch, stimmt's?

Na ja, schon. Und hat er dich dann noch härter bestraft?
Eigentlich nicht. Als meine Mom das Geräusch der berstenden Tür hörte, kam sie angerannt, und deswegen hatte er mich nur für ein paar Sekunden, bevor sie im Zimmer war und er mit ihr Ärger bekam. Letzten Endes war es eine Art Bestätigung, denn diesmal, beziehungsweise jedes Mal, wenn wir seine Unbeständigkeit be-

weisen konnten – die Extreme seiner Unberechenbarkeit, sollte ich sagen, denn wenn er nüchtern war, war er ein ziemlich normaler Typ, witzig sogar –, fühlten wir uns, als hätten wir einen Treffer gelandet, als könnten wir wieder einen Punkt für uns verbuchen, in dem Abrechnungsbuch, das wir alle gegen ihn führten. Ich wollte früher immer in der Schule mit blauen Flecken und Schnittwunden auftauchen – ich wusste von besonderen Vorträgen nach der Schule, dass es sich so abspielte, der Lehrer würde es sehen, und dann würde es schließlich rauskommen, halb öffentlich gemacht, er würde seine Warnung bekommen, was auch immer, und dann wäre alles wieder im Lot.

Das war also Kindesmisshandlung?
Ach Gott, nein. Er hat uns nicht sehr stark geschlagen, wenn er uns einmal zu packen bekam. Ich erinnere mich noch nicht einmal dran, dass es wehgetan hätte.

Oh.
Es war meine Mom, die wirklich heftig zuschlug. Sie hat uns viel öfter gehauen als er, aber bei ihr wusste man irgendwie immer, dass sie es einigermaßen unter Kontrolle hatte, obwohl sie wirklich gesagt hat: »Ich bring dich um!« – etwas zu oft, so dass es geradezu tröstlich wirkte. Wenn wir irgendwas Neunmalkluges beim Abendessen sagten, dann stampfte sie rüber und schlug eine Minute lang auf unsere Köpfe ein, mit so ner Art Karateschlagtechnik, ihren muskulösen braunen Arm locker schwingend – wir schützten unsere Köpfe, propellerten mit den Armen, um die Schläge abzufangen, ihre langen Finger knotig mit diesen riesigen Ringen von ihrer Mutter. Nach einer Weile war es meistens witzig. Erst war es überhaupt nicht witzig, wir hatten so viel Schiss und rannten nach oben oder rannten für ein paar Stunden weg, schrien: »Ich hasse dich! Ich hasse dich!«, wollten, dass sie tot wäre, wollten eine neue Familie, wollten bei Freunden einziehen, egal welchen, solange wir deren Familien für intakter und normaler als unsere hielten. Natürlich saßen wir eine Stunde später

wieder auf ihrem Schoß, geborgen wie Perlen in der Auster. Und als wir älter wurden, wurde es einfach irgendwie komisch. Bill hat damit begonnen, glaube ich, indem er die Augen verdreht und gelacht hat, wenn sie die Karatehiebe auf seinem Kopf landen ließ und »Ihr verdammten Kinder!« brüllte oder was auch immer. Er saß einfach da und nahm's gelassen hin, ließ sie müde werden. Dann folgten wir seinem Vorbild irgendwie. Wir waren da schon Teenys, und nahmen es nicht so ernst, wir ließen sie sich austoben. Und kurz darauf hatte auch sie vergessen, worüber sie so sauer gewesen war, und lachte irgendwie, während sie uns haute. Das ist ein komischer Anblick, kann ich dir sagen, wenn man sie sieht, wie sie Beth oder Bill auf den Kopf haut, lachend, sagt, dass sie sie umbringt, während sie lacht.

Aber es verleiht einem doch eine Wachsamkeit – eine gewisse Bereitschaft. Wenn du siehst, wie die Hand sich hebt, die Steifheit im Handgelenk, alle Finger zusammen im Kung-Fu-Stil und …

Natürlich haben wir uns auch viel gehauen, wir Kids haben viel Zeit damit verbracht, Pläne zu schmieden, wie wir uns gegenseitig umbringen könnten – uns durch ein Fenster oder die Treppen runterzustoßen – und deswegen wussten wir ehrlich nicht, was wir zu erwarten hatten, weil die einzelnen Schwellen der Gewalt, wie du weißt, ganz plötzlich übertreten werden können und auch wurden, und wenn sie erst einmal überschritten sind, geht man selten zurück. Der Einsatz wurde erhöht, der Boden fing an zu schwanken. Wir wurden schreckhaft, waren immer in der Defensive, Beth und ich jedenfalls, Bill war älter, bis zu einem Punkt, wo wir uns buchstäblich in eine Art epileptischen Anfall mit Armen wie Windmühlenflügel und wild kickenden Beinen steigerten, wenn unser Dad sich uns mit Züchtigungsabsichten näherte. Wir hatten ausufernde und dunkle Vorstellungen, nehme ich an, gepaart mit Informationen von öffentlichen Stellen, ein paar Statistiken aus dem Gesundheitsunterricht und so was … In meinem Fall, nehme ich an, war es meine Vorstellungskraft mehr als alles andere, weil ich ihn zu den Mördern und Monstern zählte, von denen ich jede Nacht Alpträume hatte, und zwar ging es so weit, dass ich schließlich überzeugt war, dass es keineswegs abwegig war, sondern sehr wahrscheinlich, dass er eines Tages, durch einen Zufall zwar, aber dass er eines Tages einen von uns umbringen würde. Diese Tür zum Beispiel wurde nie repariert, dieser gezackte Biss wurde etwa zwölf Jahre drin gelassen. Wir kamen nie dazu, so was zu reparieren.

Wovon hat er noch mal gelebt?
Er war Anwalt, Termingeschäfte.

Und deine Mutter?
Lehrerin. Belohn mich für mein Leiden.

Wie bitte?
Habe ich dir genug gegeben? Belohne mich. Lass mich ins Fernsehen. Lass mich dies mit Millionen teilen. Ich werde es langsam, subtil, geschmackvoll angehen. Jeder muss es wissen. Ich hab das verdient. Mir steht es zu. Bin ich drin? Habe ich dein Herz gebrochen? War meine Geschichte traurig genug?

Sie war traurig.
Ich weiß, wie das funktioniert. Ich erzähle dir diese Sachen, und du gibst mir eine Bühne. Also gib mir meine Bühne. Das ist man mir schuldig.

Hör mal, ich …
Ich kann dir noch mehr erzählen. Ich habe so viele Geschichten. Ich kann dir von den Perücken erzählen, die sie getragen haben, das eine Mal im Fernsehzimmer, in jenem Herbst, als sie beide gleichzeitig ihre Perücken abnahmen, bei jenem Mal im Fernsehzimmer, und sie genau wussten, dass mir das Angst einjagte, ihre Kopfhaut gefleckt, Haare wie zerrissene Baumwolle, sie lachten und lachten, ihre Augen glänzten – und die Male, wo er hingefallen ist. Ich kann letzte Atemzüge darstellen, letzte Worte sprechen. Ich habe so vieles. Es ist so viel Symbolismus dabei. Du

solltest die Unterhaltungen zwischen Toph und mir hören, was er sagt. Es ist wunderbar, unglaublich, du könntest es nicht besser texten. Wir sprechen über Gott und den Tod, und ich habe keine Antworten für ihn, nichts, was ihm helfen würde, einzuschlafen, keine Märchen. Lass mich das teilen. Ich kann es auf jede Art tun, die du haben möchtest – ich kann es lustig machen oder gefühlsselig, oder einfach geradeheraus, ungebeugt – alles. Sag du es mir. Ich kann es traurig machen oder inspirierend oder wütend. Es ist alles da, all diese Dinge auf einmal, also ist es deine Entscheidung – du wählst es aus, du nimmst, was dir gefällt. Gib mir was. Quid pro quo. Ich verspreche, dass ich gut sein werde. Ich werde traurig und voller Hoffnung sein. Ich bin der Weg. Ich bin das klopfende Herz. Bitte, sieh das doch ein! Ich bin der gemeinsame Nenner von siebenundvierzig Millionen! Ich bin das vollkommene Amalgam! Ich bin aus Stabilität und Chaos gleichermaßen entstanden. Ich habe alles und nichts gesehen. Ich bin vierundzwanzig, aber ich fühle mich 10 000 Jahre alt. Die Jugend ermutigt mich, ich bin ohne Fesseln und hoffnungsvoll, wenn auch durch meinen schönen Bruder unlösbar an die Vergangenheit und die Zukunft gebunden, der Teil von beidem ist. Kannst du nicht sehen, dass wir außergewöhnlich sind? Dass wir für etwas anderes, etwas Größeres bestimmt sind? All dies ist uns nicht umsonst zugestoßen, das kann ich dir versichern – es gibt keine Logik darin, logisch ist nur die Vermutung, dass wir aus einem Grund gelitten haben. Gib uns einfach, was uns zusteht. Ich berste vor Hoffnungen einer Generation, ihre Hoffnungen durchbranden mich, drohen, mein verhärtetes Herz zum Bersten zu bringen! Kannst du das nicht sehen? Ich bin zugleich zu bemitleiden und monströs, ich weiß, und es ist alles mein Machwerk – nicht der Fehler meiner Eltern, sondern meine eigene Schöpfung, ja, aber ich bin das Produkt meiner Umgebung, und deswegen repräsentativ, muss ausgestellt werden, als inspirierende und zur Vorsicht gemahnende Geschichte. Kannst du nicht sehen, was ich repräsentiere? Ich bin zugleich a) ein gemarterter Moralist und b) ein amoralischer Allesfresser, geboren aus dem Vakuum der Vorstädte + Untätigkeit + Fernsehen + Katholizismus + Alkoholismus + Gewalt. Ich bin ein Freak in Secondhand-Samt, ein Aussätziger, der L'Oréal Anti-Haft-Mega-Gel benutzt. Ich habe keine Wurzeln, wurde aus jedem Grund gerissen, bin ein Waise, der einen Waisen erzieht und der alles, was besteht, wegnehmen und durch das, was er gemacht hat, ersetzen will. Ich habe nichts als meine Freunde und das, was von meiner kleinen Familie geblieben ist. Ich brauche Gemeinschaft, ich brauche Feed-back, ich brauche Liebe, Connections, Geben und Nehmen – ich werde bluten, wenn sie lieben werden. Lass es mich versuchen. Lass es mich beweisen. Ich reiße mir die Haare aus, ziehe mir die Haut ab, ich werde schwach und zitternd vor dir stehen. Ich werde eine Vene, eine Arterie öffnen. Übergeh mich ruhig, aber auf eigene Gefahr! Ich könnte bald sterben. Ich habe wahrscheinlich schon Aids. Oder Krebs. Irgendwas Schlimmes wird mir zustoßen, ich weiß, ich weiß es, weil ich es so oft gesehen habe. Ich werde in einem Fahrstuhl erschossen, ich werde in eine Senkgrube fallen, werde ertrinken, deswegen muss ich diese Botschaft jetzt rüberbringen; ich habe nur soundso viel Zeit, ich weiß, dass das lächerlich klingt, ich sehe jung aus, gesund, stark, aber solche Dinge passieren, ich weiß, du wirst es nicht glauben, aber solche Dinge passieren mir, passieren denen, die mich umgeben, das stimmt wirklich, du wirst es sehen, deswegen muss ich dies an mich reißen, solange ich kann, denn ich könnte jede Minute sterben, Laura, Mutter, Vater, Gott – Oh bitte, lass mich dies Millionen zeigen. Lass mich das Geflecht sein, die Mitte des Geflechts. Lass mich der Weg sein. Da sind all diese Herzen, und meins ist stark, und wenn es Kapillaren gibt – und es gibt sie! –, die das Blut zu den Millionen leiten, auf dass wir alle aus einem Körper sind, und dass ich – Oh, ich möchte das Herz sein, das Blut zu allen pumpt, Blut ist etwas, das ich kenne, ich fühle mich so warm in Blut, kann in Blut schwimmen, oh lass mich das stark klopfende Herz sein, das das Blut zu allen pumpt! Ich will …

Und das wird dich heilen?
Ja! Ja! Ja! Ja!

VII.

Scheisse. Blöde Sendung.

Ich erfahre es übers Telefon, von Laura Folger. Mich haben sie nicht auserwählt. Sie erklärt mir, dass ich es um ein Haar geschafft hätte, wie sehr ich ihnen gefallen hätte, wie traurig meine Geschichte gewesen sei (und das war sie, *sie war's wirklich*), dass jedoch meine Geschichte eine von Hunderten und ich selbst nur einer unter vielen gewesen sei, die meisten davon, die dieses Kreuz oder jene Last mit sich herumschleppten, jünger als ich, Leute mit umwerfend herzzerreißenden Hintergründen, doch letztlich hätten sie nur einen weißen, männlichen Kandidaten aus der Vorstadt gebrauchen können, hätten sich auf einen verständigen müssen, und der sei nun einmal nicht ich gewesen. Mein Platz, mein Sprungbrett ist von jemandem mit Namen Judd eingenommen worden.

»Judd?«, sage ich.

»Ja«, sagt sie.

»Judd?«

»Yeah, er macht Cartoons.«

Scheiße. Aber sei's drum. Es ist eine Erleichterung. Es wäre falsch gewesen. Es wäre falsch gewesen, oder? Doch, es wäre falsch gewesen. Es ist eine blöde Sendung, eine Sendung, die man sich kaum ansehen kann, in der jeder Teilnehmer in etwas Furchtbares, Dummes und Flaches, Zweidimensionales verwandelt wird. Scheiße. Soll sich der Cartoonist doch in einen Cartoon verwandeln. Ich hab das nicht nötig, wir haben das nicht nötig. Wir haben *The Real World* nicht nötig, wir brauchen keine Krücken, wir brauchen keine Endlosrolle in einer Fernsehsendung, die ein riesiges Publikum weltweit und einen nicht messbaren Einfluss auf Herz und Verstand der Jungen und Formbaren dieser Welt besitzt. Nein. Wir machen weiter, allen Widrigkeiten zum Trotz, mit nichts als unseren einfachen Mitteln, unseren kleinen Händen. Wir werden dieses Ding mit nichts zum Laufen bringen. Mit heißer Luft, wenn's nötig ist. Unserer eigenen heißen Luft. Mit was auch immer.

Einige Wochen darauf erhalten wir von diesem Judd, Judd Winick, einen dicken Umschlag. Auf seinem Geschäftspapier sind lauter Zeichnungen, Dutzende von kleinen Figuren mit witzigen Gesichtern, in unterschiedlichen, spaßigen Posen. Aus irgendeinem Grund bewirbt er sich bei uns um Arbeit und hat uns deshalb bestimmt fünfhundert Comics geschickt, anscheinend jede einzelne Ausgabe einer täglich erscheinenden Comicserie, die er sein ganzes Studium hindurch gemacht hat.

Die Cartoons – über eine Gruppe von jungen Leuten (die Protagonistin ist lesbisch – eine Alltäglichkeit in den 90ern, ihr versteht), die irgendwo in einem Backsteinhaus wohnen – sind anständig, sehr konventionell und handwerklich solide gemacht. Aber nichts für uns. Innerhalb des letzten Monats oder so, seit jener ersten Ausgabe, hat sich *Might* verändert. Wir sind wesentlich weniger inspiriert als damals, und eine neue Ausgabe zusammenzustellen, scheint irgendwie eher eine Sache von Pflicht als von Leidenschaft zu sein. Immerhin ist das Letzte, was wir uns hiervon erhoffen, oder zumindest was ich mir erhoffe, eine Art von *Job*. Wir müssen diese Art grausamer Ironie des Schicksals unbedingt vermeiden – dass wir, die Großmäuler, die sich so vehement dafür einsetzen, konventionelle Vorstellungen, was die Arbeit und das Leben angeht, zu sprengen, selbst zu Sklaven von irgendetwas werden könnten, zu Sklaven eines Zeitplans, Inserenten und Investoren verpflichtet, mit festen Arbeitszeiten ... Ja, natürlich ist es uns immer noch ein großes Anliegen, das Leben unserer Zeitgenossen zu verändern, wie im Übrigen auch die ganze Welt, und wir erwarten immer noch, eines Tages ins All geschickt zu werden, aber andererseits ... wir haben unseren Wirkungskreis eingeschränkt und unsere Messer geschärft. Wir haben jetzt Ziele, wir haben entschieden, wer die Guten und wer die Bösen sind, wer Freund und wer Feind (Hindernis) ist.

Wir haben uns angewöhnt, fast sofort unsere Meinung zu widerrufen und uns selbst zu verreißen. Was immer die vorherrschende Meinung ist, vor allem bei uns, wir widersprechen ihr, beinahe automatisch. Wir ändern unsere Meinung über Wendy Kopp, die junge Weltenstürmerin, deren Kommen unsere erste Ausgabe verkündet hat, und über ihr viel gepriesenes Teach for America. Haben wir anfänglich ihren Unternehmungsgeist und die Ziele ihrer Organisation gelobt – dafür zu sorgen, dass junge, enthusiastische und bestens ausgebildete Lehrer zwei Jahre in unterprivilegierten Schulen unterrichten –, wird die zweite Ausgabe von einem zwanzigseitigen Artikel beherrscht, in dem wir dem gemeinnützigen Verein vorwerfen, innerstädtische und weitgehend Schwarze betreffende Probleme mit Lösungsstrategien bekämpfen zu wollen, die typisch sind für weiße Angehörige der gehobenen Mittelschicht mit Collegeabschluss. »Gönnerhaften Paternalismus« nennen wir es. »Aufgeklärtes Eigeninteresse«, seufzen wir. »*Noblesse oblige*«, hetzen wir. Wir zitieren einen Professor, der zusammenfassend meint: »Eine Untersuchung von Teach for America verrät uns mehr über die ideologischen und auch psychologischen Bedürfnisse weißer Jugendlicher, die der Mittelschicht und einer Minderheit angehören, als über die Unterschicht, auf die das Projekt ausgerichtet ist.«

Bäng!

Und weil das allgemeine Publikum nicht glaubt, dass wir auserwählt worden sind, die Hoffnungen und Ängste eines Volkes zu artikulieren, um in ihrem und in aller Namen zu sprechen und Geschichte zu schreiben, machen wir uns daran herauszufinden, was sie denn zu glauben *bereit* sind. Das Cover des zweiten Heftes feiert »Die ersten fünfzig Jahre« der Zeitschrift mit einem Foto von vielleicht zwanzig alten Covers – Oktober 1964: »Die Beatles sind Rote!«; November 1948: »Tod: Der versteckte Killer« – als Beweis. Der Eingangsartikel, der etwa einen Monat nach dem Tod des Nirwana-Sängers Kurt Cobain geschrieben ist, befasst sich mit einem Tod, der uns allen nahe gegangen ist.

Es ist schwer zu begreifen, dass du nicht mehr da bist. Auch jetzt noch wache ich ungläubig auf. Du bist fort. Jeden Morgen stehe ich widerwillig auf und frage mich, ob ich diesen Tag mit Leben füllen oder verrinnen lassen soll. Ich irre taub und teilnahmslos umher wie ein Geist. Mein Körper ist mir fremd. Ich bin ein halber Mensch. Du bist fort.
Jeder, der dich traf, wusste sofort, dass du anders warst. Dass da mehr war. Ein geheimnisvoller Glanz, eine fremde, ungewohnte Schönheit. Dennoch hatte ich irgendwie das Gefühl, dich schon immer gekannt zu haben. Vielleicht ist es so. Ist es möglich?
Ich habe immer an dich geglaubt. Und ich glaube, du hast immer an mich geglaubt. Du hast zu mir, über mich, für mich gesprochen. In einigen meiner schwersten Zeiten hast du mir wie ein Leuchtfeuer den Weg gewiesen und Kraft geschenkt. Ein Felsen. Jemand Echtes! Ich habe dich vergöttert. Ich wollte sein wie du.
Manch einer meinte, du seist verkorkst, gestört – ein schlechtes Vorbild. Manch einer meinte, die Macht habe dich verändert, du könnest damit nicht umgehen. Sie meinten, dein Stil sei skandalös, dein Betragen unmoralisch. Und das stimmt. Du warst widerborstig, mutig und hart. Du warst verwegen. Ein einsamer Wolf. Und manchmal hast du mich nur noch wütend gemacht. Aber das war, weil ich dich liebte und weil ich dir, trotz allem, immer vertraut habe. Und dann geschah es. Aber es war nicht deine Schuld. Es war unsere Schuld. Meine Schuld.
Mir tut es Leid um alles, was du um unseretwillen, um des Lebens willen und um deinetwillen durchmachen musstest. Deine Konflikte mit Ruhm, mit Erfolg, mit der Presse – ich weiß, dass du nie die Absicht hattest, jemandem wehzutun. Wie könnte ein Schmetterling auch Schmerz zufügen? Und so sage ich voller Hoffnung und mit übervollem Herzen: Richard Milhous Nixon, mein schöner Schmetterling, flie-

ge in Freiheit, fliege in kraftvoller Schönheit, lebe ewig. Ich liebe dich.

Wir halten Ausschau nach denen, die – wie wir – Ideen hatten, aber gestrandet sind. Wir veröffentlichen ein Interview mit Philip Paley, in seiner Kindheit ein Schauspieler, der in *Land of the Lost* den Chakka von Pakuni spielte und nun in einer bescheidenen Wohnung in Hollywood wohnt und seine Eltern verteufelt, deren Scheidung er für seinen mehr oder weniger bedürftigen Zustand verantwortlich macht.

Ärger im Paradies?

Yeah … Meine Eltern haben sich scheiden lassen, als ich sechzehn war, und so ist all mein Geld zwischen die Fronten dieser Scheidung geraten. Ich habe alles verloren. Ich bin IMMER NOCH SCHEISSWÜTEND DARÜBER. Schreiben Sie das in Ihrer Zeitschrift. Mein Vater ist ein Beverly-Hills-Chirurg und stinkt vor GELD. Und meine Mutter hat eine wirklich große Scheidungsabfindung bekommen. Ich spreche nicht mit ihnen.

Und was machen Sie momentan?

Ich habe jeden verdammten Scheißjob gemacht, den Sie sich vorstellen können. Meinen ersten Job hatte ich bei Swenson als Eisverkäufer. Ich war Bäcker, Tankwart und Konditor; ich habe bei EF Hutton als Hilfsmakler gearbeitet, ich habe in einem Scheibwarenladen [sic] gearbeitet, ich war Maler. Mit den BLOSSEN HÄNDEN habe ich Gebäude abgerissen. Und ich hatte lange Phasen der Arbeitslosigkeit.

Und damit ist der Mythos, Kinderstars hätten eine rosige Zukunft, dahin.

Yeah, für mich war der Traum schnell ausgeträumt.

Die letzte Seite dieser Ausgabe besteht aus einer gezinkten Annonce, in der fünf unserer Freunde zu sehen sind, die für etwas werben, das wir *Street Harmony Jeans* genannt haben. Die Anzeige präsentiert die fünf Freunde-die-Model-spielen an einer Ecke des South Park, einer auf einem Mülleimer hockend, zwei andere gegen die Wände von Lagerhallen gelehnt und in der Mitte Meredith, die in Richtung Kamera eine Schnute zieht, während sie eine Viertel-Dollar-Münze in die Tasse eines zerzausten Bettlers fallen lässt. Der Obdachlose, der von unserem Motorradmechaniker-Freund Jamie Carrick gespielt wird, grinst auf dem Bild, gibt ein Alles-klar-Zeichen und hält ein Pappschild hoch, auf dem zu lesen ist:

ARBEITE AUCH FÜR DIE MODEBRANCHE

Und aus irgendeinem Grund glauben wir, dass uns so etwas die Gunst potenzieller Inserenten sichern wird. Nicht, dass wir Anzeigen der Modebranche bräuchten. Oder der Tabakindustrie. Oder Anzeigen großer Firmen. Oder von sonst jemandem, nein, vergiss es.

Doch kurzsichtig und pessimistisch, wie wir geworden sind, klammern wir uns an den Gedanken, mit dem richtigen Schachzug ließe sich das Blatt zu unseren Gunsten wenden. Deshalb sitzen Moodie und ich herum, schauen uns Judds Cartoons an und fragen uns, ob wir ihn bitten sollten, vorbeizuschauen, uns noch ein paar Arbeiten zu zeigen und sich mit uns über eine mögliche Zusammenarbeit zu unterhalten. Wir sind uns einig, dass er überhaupt nicht zu *Might* passt, weder thematisch noch ästhetisch. Er hat eigentlich nicht das Geringste mit uns und unseren Zielen zu schaffen, außer dass er …

Wir stürzen zum Telefon. Ich rufe an.

»Ja, warum kommst du nicht vorbei und bringst auch gleich die Kameras … äh, die Arbeitsmappe mit.«

Zwei Tage später ist er da. Er kommt hereinspaziert, ein normal aussehender Typ mit dichtem schwarzem Haar, und wir erheben uns, um ihn zu begrüßen, und stehen unversehens einem zappelnden, achtbeinigen Insekt gegenüber, das ihm auf dem Fuße folgt und aus einer schwarzen Videoausrüstung, Leuchtkörpern,

Mikrofonen und Klemmbrettern besteht. Shalini an ihrem Macintosh am anderen Ende des Raumes, eine MTV-Jüngerin, ist sprachlos – wir haben vergessen, ihr Bescheid zu sagen. Es ist chaotisch. Leute, die draußen auf dem Bürgersteig vorbeigehen, bleiben stehen und pressen ihr Gesicht gegen die Fensterscheibe. Wir führen Judd zu unserem Konferenztisch, direkt unter dem Punchingball, und beginnen mit der Show.

Judd mit seiner Arbeitsmappe tut so, als sei er wirklich daran interessiert, seine Arbeiten in unserer winzigen Zeitschrift, mit seinen zehntausend Lesern, erscheinen zu lassen, obwohl in zwei Monaten Millionen von Menschen seiner kleinsten Zuckung folgen werden. Moodie und ich sitzen bei ihm und tun so, als seien wir Redakteure einer richtigen Zeitschrift, eines Magazins, bei dem man sich hinsetzt und über solche Dinge redet, und als gefiele uns seine Arbeit und als glaubten wir, sie gehöre in unsere (richtige) Zeitschrift. Wir tragen die Klamotten, die wir immer tragen: Shorts und T-Shirts, nachdem wir – als wir darüber nachdachten, was wir anziehen sollten, und uns einfiel, dass wir nicht darüber nachdenken wollten, was wir anziehen sollten – beschlossen hatten, das zu tragen, was wir getragen hätten, wenn wir nicht darüber nachgedacht hätten, was wir anziehen sollten. Wir fühlen uns wohl in unseren Shorts und T-Shirts, Letztere ein wenig in die Shorts gestopft, nur ein paar Zentimeter auf der rechten Seite, so dass man ein wenig vom Gürtel sehen kann, den Rest aber über den Shorts – das ist unser Stil, den wir uns in der High School nach sorgfältigen Überlegungen und unter Umgehung zahlreicher Fallen schließlich zugelegt haben. Wir tragen keine Tatoos, weil wir glauben, eine Tätowierung sei ein Anzeichen dafür, dass man dem eigenen Aussehen zu viel Aufmerksamkeit schenkt, und weil wir außerdem der Meinung sind, dass dieser Trend, auch wenn er 1994 noch im Kommen ist, spätestens in einem Jahr, vielleicht auch schon in wenigen Monaten Schnee von gestern sein wird. (Und überhaupt, wie lange wird sich so etwas halten können?) Gleiches gilt für gefärbtes Haar, Piercing, ausgefallenen Kopfschmuck, Halsschmuck, T-Shirt-Schmuck und alle anderen Accessoires.

Wir haben uns von alldem verabschiedet, haben zu Aussehen und Aufzug die ultimativ gleichgültige Einstellung gewonnen, haben den Sieh-mich-an-Look längst hinter uns gelassen, wie auch die Ablehnung des Sieh-mich-an-Looks zu Gunsten eines grimmig-rebellischen Looks – haben beides abgelehnt und uns für eine Art Eleganz durch Verweigerung entschieden – für den Sieh-mich-an-wenn-du-es-nicht-lassen-kannst-aber-mich-lässt-das-total-kalt-Look – für das Erscheinungsbild eines *absoluten Null-Looks.* Was nicht heißen soll, wir hätten etwas dagegen, *gut* auszusehen, Moodie und ich. Weil es schön wäre – jetzt wo wir uns einmal die Mühe machen, hinabzusteigen in die Niederungen des MTV und all das –, wenn wir zumindest attraktiv wirkten und dadurch unsere Chance erhöhten, mit der Tochter von Charles Bronson zu schlafen oder wenigstens mit dem Mädchen vom Caffe Centro, mit der, die ihr Haar bis dahin trägt und Beine bis dorthinauf hat.
In ernstem, gemessenem Ton, nicht ohne wohldosierte Lässigkeit, besprechen wir mit Judd, wie und wie oft wir zusammenarbeiten sollen, und dabei wählen wir unsere Worte sorgfältig, weil wir ebenso wortgewandt wie lässig klingen müssen, zielgruppenadäquat, locker, aber intelligent, energisch, aber nicht eifrig, weil wir natürlich auch junge Leute sind, die sich als junge Leute geben, die ein Bild von sich rüberbringen als Repräsentanten – im Jetzt und Einst – dafür, wie die Jugend zu diesem Zeitpunkt war, ein Bild, das zeigen soll, wie wir uns produzieren und vor allem, wie wir uns produzieren, während wir so tun, als würden wir uns nicht produzieren, so tun und vorgeben, ganz wir selbst zu sein. Gleichzeitig wäre es auch ganz nett, wenn wir klarstellen könnten, was für einen Fehler Laura Folger begangen hat, durch unseren Gastauftritt zu offenbaren, wer die eigentlichen Stars sind, Stars, die diesen uncoolen Judd-Menschen lichterloh überstrahlen – wir, die großartigen, beringten Planeten, er, ein winziger, kalter Mond. Und während wir uns, *mano a mano*, auf Judd einlassen müssen, weil Judd auf den ersten Blick und auch noch darüber hinaus ein sehr, sehr netter Mensch ist, müssen Moodie und ich zugleich versuchen, cooler zu wirken als Judd, um klarzumachen, dass wir

nicht zu der Sorte Mensch gehören, die in *The Real World* zu sehen ist – oder sich auch nur um so eine Rolle bemühen würde! Wir müssen dem unbedarften Zuschauer klarmachen, dass wir uns zwar gerne in Hobbyräume und Partykeller auf der ganzen Welt stecken lassen, wo wir von zweifellos schmachtenden Teenys und ihren weniger gläubigen älteren Brüdern angestarrt werden, von College-Studenten, die zwischen ihren Vorlesungen Falafel auf den Sofas essen, die zur Wohnung gehören – dass wir, und das müssen wir diesen Leuten klarmachen, dass wir an dieser Serie nur zu unserem eigenen perversen Amüsement beteiligt sind – dass wir, wenn man genauer hinsieht, zwinkern und ein ganz klein wenig grinsen, dass all das, unser Treffen mit ihm, die Kameras und das alles wahrscheinlich schon allzu bald als Stoff für irgendeinen schrägen und scharfen Artikel oder einen Ha-ha-Witz in *Might* herhalten muss. Wir können ein doppeltes, ach was, ein unbegrenztes Spiel spielen. Wir können diesem Judd-Menschen, dessen Augen wie die unsrigen aussehen, in die Augen schauen und können ihn mit Freundlichkeit und Verständnis überschütten, mit ihm Witze reißen und Pläne schmieden, während wir gleichzeitig ausrechnen, was uns diese Verbindung wohl bringen mag, inwieweit wir über ihn Zutritt bekommen können, ohne die Reinheit unserer eigenen Unternehmung ernsthaft zu gefährden, indem wir sie mit seiner Präsenz verderben, er, der seinerseits wahrscheinlich nur aus dem einfachen Grund mit uns spricht, weil Laura Folger kein gutes Gefühl hat, mich vom Team ausgeschlossen zu haben, und ihn deshalb unseren Weg kreuzen lässt, als Trostpflaster sozusagen.

Und während wir noch davon überzeugt sind, dass der Coup gelingt, dass wir uns ganz unbekümmert als die produzieren, die wir sind, dass wir gut aussehen und Themen von größter Tragweite für Judds Karriere besprechen, die immense Bedeutung dieser Cartoons für uns und für ihn, geschieht etwas Merkwürdiges: Der Kameratyp und der Tontyp, beide etwas älter, Typen, die ihre Kappe verkehrt herum tragen, zeigen sich eindeutig unbeeindruckt, können sich ein Augenrollen kaum verkneifen, weil sie die ganze Sache offensichtlich durchschauen und sehen, dass wir dies ausnutzen, um auf Sendung zu kommen, um der Welt und uns zu beweisen, dass es uns gibt, dass wir wie alle anderen lediglich unser Leben auf Kassette haben wollen, einen Beleg also, und das Gefühl haben, dass das, was wir tun, nur wirklich ist, wenn es dokumentiert wird.

Nach dem ersten Besuch kommt Judd noch drei- oder viermal vorbei, und einige Monate darauf, als die San-Francisco-Staffel von *The Real World* in den Äther katapultiert wird, sind Moodie und ich mit von der Partie, in der zweiten Fortsetzung. Ungefähr acht Sekunden lang, na schön, aber von diesen acht Sekunden erhoffen wir uns, dass sie die Augenbrauen der beschränkten und starverliebten, Anzeigen schaltenden Proleten hochziehen, und natürlich sollen sie die Leute vom College und von der High School beeindrucken. Einer unserer Wünsche geht in Erfüllung, der andere nicht. Unser Auftritt trägt so gut wie nichts dazu bei, unsere finanzielle Misere zu lindern, andererseits werden wir von jedem, den wir kennen oder jemals gekannt haben, angerufen oder angeschrieben, um uns mitzuteilen, man habe uns gesehen. Wie sie es schaffen, uns in diesen paar Sekunden, die unser Auftritt dauert, zu erkennen, ist unbegreiflich. Bei uns melden sich Freunde aus der Schulzeit, von denen wir seit acht Jahren nichts mehr gehört haben, es melden sich ehemalige Lehrer, und das tun sie zweifellos alle, weil die Worte, an Judd gerichtet und von mir in angenehm monoton-tiefem Tonfall vorgebracht, symbolisch und unvergesslich sind. Folgende Worte:

»Weißt du, wenn du nicht so zeichnest, wie du zeichnen möchtest, kommt dabei nur Scheiße raus.«

Durch den Auftritt werden wir in der Nachbarschaft zu Miniberühmtheiten, insbesondere in Shalinis Augen, die gerade an *Hum* arbeitet, der »neuen Stimme der Gemeinschaft progressiver südasiatischer Amerikaner in ihren frühen Zwanzigern«. Die Zeitschrift enthält Artikel über das anhaltende Übel von arrangierten Ehen, die Aktivitäten von Straßengangs innerhalb der südasiatisch-amerikanischen Gemeinschaft und eine Kolumne mit

Gesundheitstipps, die von ihrem Vater, einem Arzt, geschrieben wird. Moodie und ich kümmern uns um das Design des Heftes, und als Gegenleistung dürfen wir ihren Laserdrucker benutzen und bekommen ihre aufregend häufigen, unglaublichen, halberotischen Rückenmassagen während der Arbeit. Unsere Freunde und die Leute von oben fangen an, unser Büro zu meiden, weil jedes Mal, wenn sie hereinkommen, Shalini gerade unsere Schultern knetet und wir dazu stöhnen, seufzen, hecheln und uns häufig dabei auch noch amüsieren über ihre schonungslose Nachahmung indischer *FOB's*, *Fresh Off the Boat*, lauter an die Küste der USA gespülter Wunsch-Immigranten aus Indien.

»Oh, oh, isch glaub, du seien viiieeel zu fest! Da, da, fühlma diese Spannung in dein Schulter, ohoh! Du musst rausgehen, mehr entspannen, zu dem Tanzen gehen, zu dem Party, mit die andern junge Leute.«

Auch schimpft sie pausenlos über unsere Arbeitszeiten. Und dass wir uns nicht fit halten.

»Ihr seht eben viieel bessa aus, wenn ihr was für euch tut.«

Wir zeigen uns bereit, ihr den offensichtlichen Wunsch, uns nackt zu sehen, zu erfüllen, indem wir ihr anbieten, bei unserer nächsten Fotoaktion mitzumachen.

»Ich muss mich dafür doch nicht etwa ausziehen, oder?«

»Eigentlich doch.«

»Nein.«

»Nein, du machst nicht mit, oder nein, du glaubst uns nicht?«

»Beides. Nein.«

Aber Judd sagt zu. Es ist unser zweites großes Aktshooting. Dieses Mal haben wir uns vorgenommen zu zeigen, wie die Körper der Menschen wirklich aussehen, wobei diese Übung natürlich die Antwort auf eine allgegenwärtige Klage sein soll: Die Verzerrung unserer eigenen Körperwahrnehmung durch die Medien und die Werbung, wie der Normalbürger die schwindelnd hohen Erwartungen nicht erfüllt und nicht erfüllen kann, die uns eingehämmert bla, bla, bla. Was wir vorhaben – schon allein, um zu sehen, ob es funktioniert –, ist, dreißig bis vierzig Freunde und Bekannte mit hoffentlich dreißig bis vierzig unterschiedlichen Größen und Figuren zusammenzutrommeln und sie nackt Modell stehen zu lassen. Wir wollen dann die Bilder auf einer Seite abdrucken, ungeschönt, in einem einfachen Gitter, ein gottgegebener Körper nach dem anderen, und damit deutlich machen, wie selten normale Menschen so aussehen wie die Leute im Fernsehen, wie alle Körper, wenn auch nicht unbedingt schön, so doch auf jeden Fall gesund sind, real und ...

Okay. Gut. Wir besorgen einen Fotografen, einen nüchternen, ruhigen Holländer namens Ron Van Dongen, der die Aufnahmen machen wird, diese bahnbrechenden Aufnahmen, beinahe gratis. Er möchte lediglich den Film ersetzt bekommen und die Negative behalten dürfen. Ja. Gut.

Weil wir möglichst alle einbeziehen und Vielfalt signalisieren wollen, weil wir klarmachen wollen, wie obszön und barbarisch es ist, zwischen diesem und jenem zu unterscheiden, wegen seiner Größe, Figur oder Farbe, wegen solch oberflächlicher Merkmale, Unterschiede zu machen, weil wir all dies richtig stellen wollen, hängen wir uns ans Telefon und suchen Freiwillige.

Hast du Freunde, die schwarz sind?

Ach, ja? Wie hell?

Echt? Ich dachte, er sei Inder.

Und wie sieht's aus mit jemand Kräftigerem?

Yeah, genau, fett.

Nein, wir brauchen Typen. Wir haben schon genügend Frauen.

Wie stämmig ist er?

Glaubst du, er würde das machen?

Ach, und kennst du vielleicht auch eine Flachbrüstige?

Na ja, wie ein Brett. Knöchern, eben.

Wo ist die Narbe? Kann man sie sehen?

Wo hat sie Haare?

Im Gegensatz zu der ersten Fotoaktion ist es dieses Mal unendlich viel leichter, Leute zu finden, weil wir mittlerweile eine richtige Zeitschrift haben, die wir den Leuten zeigen können, und weil es dieses Mal keine Rennerei mit schlagendem Penis geben wird und wir ziemlich bald zwei Kompromisse eingehen: a) Wir sichern Anonymität zu, indem wir die Körper nur bis zum Hals ablichten, und b) wir erlauben den Leuten, Unterwäsche zu tragen, wenn auch nicht oben, so zumindest unten. Wir tun dies ebenso sehr ihnen zuliebe als auch aus pragmatischen Gründen, da wir mit einem tiefen Seufzer des Bedauerns einsehen müssen, dass wir unserer um gute Absatzzahlen ringenden Zeitschrift keinen Gefallen tun, wenn wir ihre Seiten mit splitterfasernackten Leuten füllen, noch dazu mit solchen, deren Körper eindeutig Mängel aufweisen. Ja, es ist Verrat, sicher, ein weiterer herzzerreißender Kompromiss – und ihr sollt wissen, dass jeder eine Schneise von der Breite eines fünfspurigen Highways in unsere Seele schlägt –, aber diese unsere Botschaft muss Amerika erreichen, egal in welchem Zustand sie ist, wenn sie ankommt.

Judd sagt, er werde einen Freund mitbringen, ein weiteres Mitglied der *Real World*-Crew. Wir sind begeistert. Wenn zwei Besetzungsmitglieder mit von der Partie sind, wird diese Aktion bestimmt in die Medien kommen, wird dies die Aktion sein, die uns groß rausbringt, und als wir den Wagen die Straße herunterkommen sehen, einen alten grün-blauen Dodge oder so, den Prototyp des San-Francisco-Wagens, ein kistenförmiges, sonnenverblasstes altes Teil, spüren wir, wie sich alles fügt, unser Engagement für etwas soziologisch Großartiges, verbunden mit der angemessenen Medienpräsenz, ein starkes Anliegen, mit der gehörigen Verstärkung an Millionen von Zuschauern verbrei…

Keine Kameras in Sicht. Sie fahren auf uns zu und …

Kein Bus in Sicht. Ich treffe sie am Wagen, als sie in der Straße hinter dem Fotostudio parken, und schaue mich dabei so beiläufig wie möglich Straß auf, Straß ab nach dem Bus um. Aber da ist kein Bus. Weit und breit keine Kameras. Wir hatten mit Kameras gerechnet.

»Hi«, sage ich.

»Hi«, sagt Judd.

»Also, heute keine Kameramannschaft, he?«

»Nee, die sind heute bei Rachel.«

»Ah. Gut, sehr gut. Wir hätten diese *Kameras* heute auch echt nicht gebrauchen können, bringen immer alles durcheinander.«
»Klar.«
»Kameras können einen so ablenken ...«
»Yeah.«
»... wenn sie direkt aufs Gesicht gerichtet sind, alles aufnehmen, alles, was man so sagt und tut.«
»Richtig. Ah, und das ist Puck.«
»Hi.«
»Hi.«
Ich schüttle Pucks Hand. Er trägt lange Shorts und ein weißes ärmelloses T-Shirt. Er ist schlank, blass, seine Augen scheinen auf beklemmende Weise hellwach. Als ich seine Hand fasse, fängt er an zu reden. Schnell, ohne Luft zu holen, ohne zu zwinkern. Wie ich Puck reden höre, frage ich mich sofort, ob Puck gerade auf irgendeiner aufputschenden Droge ist, auf irgendeinem Halluzinogen. Im Fernsehen habe ich schon Leute gesehen, die solche Drogen nehmen. Der Film mit Doug McKeon und Helen Hunt, wo sie LSD nimmt und aus dem Fenster ihrer Schule springt, zwei Stockwerke hinunterstürzt, aufsteht, herumrennt und dann stirbt. Vielleicht ist Puck auf Speed. Wirkt sich Speed so aus? Er hört einfach nicht auf zu reden.
Er redet über *The Real World* und wie er auf dieser Welle ganz nach oben reiten wird, dass er nicht aufzuhalten ist, dass er außerdem ein *Fahrradkurier ist, weißt du, dass Autostraße besser ist als Motocrossrennen, fuck, yeah, shit, cool, ganz nach oben.*
Er ist mit Abstand die beunruhigendste Person, die ich je getroffen habe. Er hat Kratzspuren am ganzen Körper, selbst im Gesicht. Vielleicht hat er Katzen? Es ist schwer zu sagen. Er hört einfach nicht auf zu reden. *Bin früher Motocross gefahren, und in der Besetzung sind ein paar klasse Frauen, scheinen aber frigide zu sein, und yeah, hab nen Agenten und Party cool shit yeah Alter Alter Alter okay muss los alles klar Alter. Alter.*
Er ist großartig und grauenhaft. Er ist anziehend und abstoßend. Seine Augen sind hungrig. *Scheiße yeah, hättste mal sehen solln,*

Frauen Bier krass geil. Er hebt sein T-Shirt hoch, um uns seine Tattoos zu zeigen.

Wir hängen alle in der Gasse herum und warten darauf, dass wir bei Van Dongen an die Reihe kommen. Kirsten, bereit zum Pferdestehlen wie immer, taucht auf und Carla auch, sowie eine Hand voll Praktikanten und Freunde und deren Freunde. Wir haben jeden angerufen, den wir kennen.

Einer nach dem anderen gehen wir hinein, schließen die Tür hinter uns, und dann sind wir allein mit Van Dongen in seinem Studio. Er dirigiert uns zwischen ein U von weißen Leinwänden und bedeutet uns, unsere Kleider auszuziehen, was immer wir auszuziehen geplant haben. Wir kommen seiner Aufforderung nach, und während wir das tun und dabei linkisch über unsere Arme und Hände stolpern, fragen wir uns, was er von unseren Körpern hält. Wir wissen nicht, wohin mit unseren Händen. Wir lassen sie seitlich baumeln, halten sie vor unseren Intimbereich oder nehmen sie auf den Rücken. Was soll man schon mit Händen anfangen, wenn die Kamera an etwas ganz anderem interessiert ist? Sowie er den Auslöser betätigt, explodieren die Blitzlichter vor und hinter uns gleichzeitig, und wir gefrieren in Weiß. Dann ist es wieder dunkel. Er macht ungefähr fünf Aufnahmen von jedem, ein paar von vorne, ein paar von hinten – wir können uns nicht noch einen Film leisten –, und dann sind wir fertig, öffnen die schwere Tür des Studios in das überwältigende Licht, tausend Mal so hell wie das des Blitzlichtgewitters – San Francisco um die Mittagszeit.

Wir aber schätzen diese Leute, jene, die einwilligen, nackt Modell zu stehen. Wir halten weniger von denjenigen, die sich weigern, das zu tun, von unseren vielen Freunden, die Nein sagten; wir halten sie nicht nur für übertrieben keusch, sondern auch für geizig, kleinlich, für Leute, denen es an Mut fehlt, an einer Art elementarer Courage. Wir ziehen die vor, die Modell stehen, mehr noch diejenigen, die – wie Moodie, Marny und ich (und Puck) – anbieten, sich völlig nackt vor die Kamera zu stellen, auch wenn diese Aufnahmen wahrscheinlich nicht verwendet werden. Nackt! Nackt zu sein bedeutet etwas, beschließen wir. Jene, die Modell stehen, sind Leute, die zu uns gehören, Leute, die sich nichts im Leben entgehen lassen, was auch unserer bevorzugten Lebenseinstellung entspricht, Leute, die nicht Nein sagen können – überhaupt, wie könnten wir auch, wie könnte irgendjemand dazu Nein sagen?

Auf der Straße wird Puck allmählich ungeduldig. *Party Scheiße Weiber abschleppen Fuck yeah Motocross X9-45GV saufen muss los*. Während wir so reden (vielmehr er redet), kommt ein kleiner Hund auf uns zu, schnüffelt im wahrsten Sinne des Wortes herum. Wir spielen mit dem Hund und entdecken bald, dass der Hund, auch wenn er gut gepflegt aussieht, keine Marke trägt. Kurz nachdem Puck auf den Hund gestoßen ist, beschließt er, ihn zu behalten. Nach den Aufnahmen machen Puck und Judd sich davon, und trotz unserer und Judds lautstarker Proteste packt sich Puck den Hund, der zweifellos irgendeinem Anwohner gehört, und nimmt ihn mit zum *The Real World*-Gelände, wo er fortan zur Besetzung gehört.

Kurze Zeit darauf, als ich auf deren Gelände bin, das einzige Mal, das ich sie besuche, und mit Judd Billard spiele, sehe ich den Hund und sehe die anderen Mitwirkenden, wie sie herumlungern und augenscheinlich nicht das Mindeste zu tun haben – denn die Sendung stellt sie vor ein merkwürdiges Problem: Da sie angehalten werden, nicht zu arbeiten (lang-weil-ig!) und nicht zu reisen (nicht drin), können sie weder etwas produzieren noch sich wegbewegen, so dass ihnen nichts bleibt, als vom Sofa zur Küche und zum Bett zu stromern, miteinander zu plaudern und auf eine Gelegenheit zu warten, jemanden zu ärgern oder von jemandem geärgert zu werden.

Als wir die Abzüge der Fotos erhalten, stecken Moodie und ich stundenlang die Köpfe darüber zusammen. Wir studieren sie regelrecht, versuchen herauszufinden, wer wer ist. Aber weil die Köpfe der Modelle abgeschnitten sind, können wir sie nicht sofort identifizieren, nicht einmal uns selbst. Wir können nicht zwischen einem unserer Praktikanten und einem großen, stark behaarten Mann unterscheiden, der unangemeldet aufgetaucht ist. Wir kön-

nen, sehr zu meiner Verlegenheit, nicht zwischen Kirsten und Carla unterscheiden, die beide dünn und makellos sind. Besonders irritierend ist es, dass wir ein paar Sekunden brauchen, bis ich mich nicht mehr mit Puck verwechsle – wir tragen die gleichen Shorts, haben die gleiche Statur, die gleiche Körperhaltung. Der einzige Unterschied liegt in den Tatoos – ich habe keine, während er ein Kaninchen, eine Biene und einen Vogel hat. Ansonsten sind wir von der Verschiedenheit der Leute überwältigt, von den vielen Eigenheiten unter unseresgleichen, sieh mal, wie hoch jene großbusige Frau ihren BH geschnürt hat, was dieser Typ für einen Pelz auf dem Rücken hat, was das für eine merkwürdig geformte Schulter ist, wie flach jener Hintern ist – es ist alles wesentlich abartiger, als wir es uns gedacht haben. Die Vielfalt der Deformitäten, die unerwarteten Defekte, das verfrühte Schlaffwerden, all diese Tätowierungen, Blumen und Schlangen, wie behaart wir alle um die Scham sind, Haar, das sich aus Höschen und Boxershorts drängt, und diese Frau da, die trotz ihrer nicht zu übersehenden, ausladenden Brüste irgendwie auch wie ein Mann wirkt …
Diese Leute.
Diese Leute sind *Freaks*.

Schlimmer noch, Toph hält sich für einen von uns. Zwar hatte er immer schon viel Zeit mit meinen Freunden verbracht – er kennt Flagg, Moodie, Marny u.a. von klein auf, hält sie für seine eigenen Freunde –, doch in letzter Zeit hatte seine Verwirrung neue, beunruhigende Ausmaße angenommen. Sozial gesehen ging es ihm zwar gut in seiner Schule, aber er war nicht gerade eifrig bei der Sache, wenn es darum ging, Freundschaften mit Kids seines Alters zu pflegen. Er konnte nicht fassen, wie blöd sie daherredeten. Die Mädchen waren hoffnungslos, die Jungen nur ein klein wenig besser. Und so zögerte er niemals, zu irgendwelchen gesellschaftlichen Zusammenkünften meiner Altersgenossen mitzukommen, schreckte vor niemandem zurück, besonders wenn die Anwesenden, überwiegend Fremde, in der Stimmung für irgendein mitrei-

ßendes Gesellschaftsspiel waren. Es geschah nicht selten, dass man Toph auf einer von Marnys Barbecue-Feten inmitten von fünfzehn, zwanzig Leuten finden konnte, die auf zwei im V aufgestellten Sofas saßen, während er die Spielregeln und Feinheiten des Scharadespiels erklärte, ein Spiel, das ich ihm nicht beigebracht habe, das er aber gut kannte und problemlos organisieren konnte. Seine Anwesenheit bei solchen Treffen und im Büro …
Paul: »Hi, Toph.«
Moodie: »Hi, Toph, Alter«
… war so selbstverständlich, dass, wenn jemand ihn als ihn selbst wahrnahm, wir alle einen Schritt zurücktreten, eine Sekunde lang blinzeln mussten, um ihn als das zu sehen, was er war, zumindest auf den ersten Blick: ein Siebtklässler. Natürlich hatte auch er Schwierigkeiten zu unterscheiden. Das hatte er neulich im Auto deutlich gemacht, als er, Marny und ich vom Strand nach Hause fuhren. Marny und ich unterhielten uns gerade über einen der neuen Praktikanten, der mit zweiundzwanzig viel jünger war, als wir angenommen hatten …
»Echt?«, sagte Toph. »Ich dachte, er sei in unserem Alter.«
Er saß auf dem Rücksitz, nach vorne gelehnt, den Kopf zwischen die unseren gesteckt.
»Oh nein«, sagte Marny und fing an zu gackern.
Toph brauchte noch ein paar Augenblicke, bis er begriff, was er da gesagt hatte.
Ich drehte mich zu ihm um.
»Du bist elf, Toph.«
Er errötete und ließ sich auf den Sitz zurückfallen. Marny lachte schallend weiter.
Doch so sehr ich ihn dazu ermutigen möchte, sich mit seiner eigenen Altersgruppe abzugeben, so sehr fürchte ich auch, dass er, wenn er sich auf etwas anderes erst einmal richtig einlässt, nicht mehr jederzeit für meine eigenen Bedürfnisse zur Verfügung stehen wird. Was würde man nur tun, wenn man keinen Toph hätte, der in seinem Zimmer sitzt und innerhalb von Sekunden zu allem bereit ist, immer gewillt, meine Besorgungen zu erledigen, sich

gegen die Wand stoßen und auf die Nieren boxen zu lassen, mitgenommen zu werden, wie gerade in diesem Moment, zur Berkeley Marina, um dort irgendeinen Gegenstand hin und her zu werfen? Keinen Toph zu haben, hieße, kein Leben zu haben. Wir gehen zur Marina, wenn wir am Wasser etwas herumwerfen wollen, aber die lange Fahrt zum Meer nicht unternehmen können. Die Marina ist irgend so ein Landgewinnungsprojekt, das wie ein Finger von der University Avenue direkt in die Bucht hineinragt. Jenseits der angedockten Boote, des Restaurants und des Clubs liegt ein Park, der parallel verläuft, ein riesiger, leicht hügeliger Park, überwiegend baumlos und grün. Er ist ein Paradies für Drachensteiger, besonders an seiner äußersten Spitze, dem Punkt, der am weitesten in die Bucht hineinragt. Dort sind immer viele Leute, die ihre Drachen steigen lassen, einige Kids, deren Eltern, aber die Drachensteiger sind überwiegend von der halbprofessionellen Sorte, mit ihren Kastendrachen und den F16-Tomcat-Drachen mit ihren Doppelgriffen und halbautomatischen Lenkmechanismen, den Kunstdrachen mit ihren formvollendeten Flügeln und zehn Meter langen Schwänzen, die rauf und runter zirren, eine schnelle Diagonale ziehen, bis sie beinahe den Rasen berühren, dann wieder nach oben schnellen, unter den strengen, zielbewussten Blicken ihrer Herren, der Kapitäne am Steuer.

Sie parken ihre Campingwagen und Busse direkt dort, in der Sackgasse, die beinahe in die Bucht mündet und sitzen auf Klappstühlen, plaudern über bessere Seilhersteller oder internationale Drachensteigertreffen oder wie sie uns besser in die Quere kommen können, *uns total in die Quere kommen, wenn sie es darauf anlegen, uns zu ärgern*, während wir zu werfen versuchen. Wenn wir zur Marina fahren, beten wir, sie mögen nicht da sein, doch dieses Mal sind sie es, wie meistens. Wir parken und lassen unsere Schuhe im Wagen, holen das Zeug raus, Toph mit seiner …

»Hey, diese Kappe kannst du nicht aufsetzen.«

»Wie meinst du das?«, sagt er.

»Wir tragen die gleiche Kappe. Du musst deine absetzen.«

»Nein, du.«

»Nein, du. Mein Haar sieht dann abartig aus.«
»Nein, tut es nicht.«
»Tut es wohl. Dein Haar ist noch glatt. Du weißt, wie ich mit einem Kappen-Kopf aussehe.«
»Pech.«
»Wie bitte?«
»Nein.«
»Ach, komm schon. Bitte?«
»Nein.«
»Toph.«
»Okay.«
»Danke.«
»Freak.«
Wir kommen gut vorbereitet, mit einer Vielzahl von Dingen, die sich hin und her werfen lassen. Da ist zunächst der amerikanische Football, doch die Freude daran hält nie lange an, weil Tophs Hand noch zu klein ist, um ihn richtig zu fassen. Dann haben wir den Baseball, was wir wirklich üben müssen, weil die Mannschaft, in der er jetzt spielt, besser ist als die letzte, er ist jetzt mit älteren Kindern zusammen, groß und kräftig, und er wird allmählich geschlagen, beschimpft, plötzlich zurückgelassen – ins Outfield verbannt, manchmal ins Rightfield – eine Demütigung für uns beide, nach all den Jahren harter Arbeit. Und so üben wir Fly Balls, während wir uns Mühe geben, freilich nicht allzu viel, die Drachen um uns herum nicht zu treffen, sie nicht aus dem Himmel zu pflücken, während sie über uns auf und ab hüpfen und gleiten und ihre Seile zwischen uns surren.
Er trifft meine Bälle nicht. Er trifft meine Bälle nicht, weil er herumexperimentiert, Kunststückchen ausprobiert.
»Hey, lass die Faxen sein, Hampelmann.«
»Hey, lass die Faxen sein, Hampelmann.«
»Du kannst mich mal.«
»Du kannst mich mal.«
Heute ahmen wir mich nach.
Wir lassen die Handschuhe fallen und spielen Frisbee und warten

darauf, dass sich die erstaunte Menge formiert. Hier haben wir nicht so viel Platz wie am Strand oder im Park in den Hügeln; das kleinere Spielfeld erfordert ein gewisses Fingerspitzengefühl, macht die schiere Kraft, die wir normalerweise in unsere Würfe stecken, überflüssig und die langen, hohen Würfe von epischer Weite, für die wir bekannt und berühmt sind, unmöglich. Aber wir begnügen uns mit den Gegebenheiten, lassen die Frisbeescheibe durch die diagonal gezogenen Drachenschnüre fliegen, im Bogen um Spaziergänger herumsegeln und fangen sie natürlich auf allerlei wahnsinnig beeindruckende Weise auf – zwischen den Beinen (aber nicht wie einige Frisbee-Kümmerlinge), hinterm Rücken (mitten im Sprung, halb gedreht, von links nach rechts) und nachdem wir sie zwei-, drei-, viermal angetippt, gezähmt, ihren Drehimpuls sanft abgebremst haben, um sie für den Ein-Finger-Fang zur Ruhe zu bringen. Wir sind einfach sagenhaft. Alle finden das.

Vor uns läuft ein Paar, der Mann schwarz, die Frau weiß, mit einem etwa vierjährigen Mädchen, dessen Haut die Farbe frischer Walnüsse hat. Die Haut des Mädchens ist um einen Schimmer schöner als die seiner Eltern, und es ist bemerkenswert, wie deutlich sie das Ergebnis der elterlichen Pigmentmischung ist. Braun und Weiß ergibt Hellbraun – die Farben der Haut vermischt wie echte Farbe.

»Wirf schon, du Loser.«

»Da.«

Tophs Wurf driftet ab in Richtung dieser Familie und schlägt dem winzigen Mädchen beinahe den Kopf ab. Die Frisbeescheibe wird vom Vater aufgehoben, der sie mir zurückzuwerfen versucht und sie dabei wie ein Hufeisen handhabt. Armer Typ.

Der Park ist ein Eldorado für innovative Menschenkombinationen. Mehr noch als Berkeley insgesamt ist das hier eine Art Labor, das Gras vielleicht der Nährboden in einem Labor für experimentelle Menschenerschaffung – die größte Welthauptstadt der rassisch/ethnischen Mischbeziehungen. Bestimmt die Hälfte der hier versammelten Paare, ob nun verheiratet, befreundet, frisch verliebt oder einfach nur ein Jogginggespann, sind irgendwie gemischt – meistens schwarz/weiß, häufig aber auch asiatisch/weiß (selbst die eher selten vorkommende Variante asiatischer Mann/weiße Frau gibt es hier), Latino/weiß, asiatisch/Latino, schwarz/asiatisch, ein paar vereinzelte lesbische Paare. Es ist, als hätten die Produzenten von Werbespots für Banken ihre gesamte Besetzung auf den Plan gerufen – einer von dieser Sorte, zwei von jener, bloß nicht traditionell ... »Holt mir die 90er vor die Kamera. Ich will die Zukunft sehen!«

Zufälligerweise befinden Toph und ich uns, was unseren routinemäßigen Umgang und unsere Insiderwitze betrifft, gerade in einer Phase der Witze-über-die-zweifelhafte-Relevanz-von-Rasse. Wir wissen selbst nicht genau, wie es dazu kam – bestimmt nicht durch den Älteren und Verantwortlicheren von uns beiden –, aber sie gehen etwa so:

Ich sage: *Deine Kappe riecht nach Urin.*

Er sagt: *Das sagst du nur, weil ich schwarz bin.*

Allgemeines Gelächter.

Das Schema kann man eigentlich auf jede Situation anwenden; zum Beispiel auf Sexualität – »Machst du mich wieder an, weil ich schwul bin?« – und auf Religion – »Ist es, weil ich Jude bin? Ist es das?« Ach, wir haben viel Spaß, zumindest ich habe viel Spaß, weil er kaum weiß, was er sagt. Und natürlich achte ich darauf, dass solche Scherze unter uns bleiben, nur zu Hause genossen werden, vor allem angesichts der Tatsache, dass sie erheblich, wenn nicht gar gänzlich an Witz verlieren, wenn er sie bei seinen Mitschülern der 5. Klasse, deren Eltern oder, sagen wir, bei Ms. Richardson ausprobiert.

Nach einer halben Stunde unseres herausragenden Frisbeespiels legen wir inmitten der Drachenzone eine Pause ein, auf dem Gras, und beobachten, wie die Schwänze hin- und hertanzen und um uns wogen. Die Golden Gate Bridge liegt unmittelbar vor uns und wirkt klein, leicht, wie aus Kunststoff und Klavierdraht gemacht. Die Stadt, DIE STADT vielmehr, San Francisco, liegt dicht gedrängt, weiß und grau zu unserer Linken, die Bucht glatt, blau,

mit unverbindlichem Gekräusel, gesprenkelt mit Segelbootsfedern und Motorbooten, die einen Kometenschweif hinter sich herziehen.
Und dann kommt mir ein Gedanke: schwimm nach Alcatraz. Das wäre doch was, wenn man nicht von, sondern *nach* Alcatraz schwämme. Es sieht gar nicht so weit aus. Vielleicht ein knapper Kilometer? Aber auf dem Wasser lässt sich das immer schwer abschätzen. Doch bei ruhiger See könnte ich es schaffen. Bruststil. Ich meine, was kann daran schwer sein? Solange man nicht in Panik gerät oder sich zu schnell verausgabt, es ist lediglich eine Frage des richtigen Tempos.
Und Toph würde mitmachen. Das wäre doch was, wenn wir beide ein *Nach*-Alcatraz-Schwimmen veranstalteten, zusammen. Das wäre etwas noch nie Dagewesenes, zwei Typen, die irgendwie ganz gemächlich gemeinsam nach Alcatraz schwimmen. Wir würden es ganz allein miteinander planen, ein Geheimnis, würden eines Tages mit Badehosen auftauchen und einfach vom Felsen springen und losschwimmen. Das wäre wahnsinnig, immer besonders eindrucksvoll, wenn Toph dabei ist …
»Aua. Mann.«
Toph ist die Pause langweilig geworden, und so hat er angefangen, die konischen Erdklümpchen, die vom Vertikutierer aufgeworfen werden, aufzusammeln und mich damit aus etwa einem Meter Entfernung zu bewerfen. Er wirft sie genau auf meinen Bauch und sieht zu, wie sie abspringen, kichert bei jedem Treffer.
Weil ich ihn auch nach ungefähr zwanzig geworfenen Erdklümpchen immer noch nicht beachtet habe, geht er dazu über, mich mit kleinen Pinienzapfen zu bewerfen. Er hat jedoch nur fünf Zapfen, so dass er jedes Mal, wenn er die fünf geworfen hat, auf seinen Knien um mich herumkriechen muss, auf leisen Sohlen, immer noch kichernd, um sie wieder aufzusammeln. Dann bewegt er sich auf den Knien wieder zurück zu seiner Ausgangsposition und fängt von vorne an.
Ich mache das drei weitere Runden mit, bevor ich beschließe, ihm die Strafe zuzumessen, nach der er sich sehnt. Als er beim vierten

Mal vorbeiläuft, stelle ich ihm ein Bein. Dann setze ich mich auf ihn. Dann weint er. Als ich von ihm ablasse, lacht er »Wichsa!«, weil er nur so getan hat, als weinte er, was ich mir hätte denken können, weil er nicht weint, noch nie geweint hat, aber weil ich von ihm abgelassen habe, hat er nun Raum und Gelegenheit für – mein Gott. Das Täuschungsmanöver. Ich fürchte seine Täuschungsmanöver. Er zieht sich ein Stück zurück, nimmt Anlauf (wenn auch noch auf den Knien) und kommt auf mich zu, wobei er das Täuschungsmanöver wählt, bei dem er sich auf seinen Ellbogen schlägt und mich attackiert. Es ist eines von drei Täuschungsmanövern, die da wären:

a) Das Täuschungsmanöver mit dem fliegenden Objekt: Für dieses Täuschungsmanöver, das am häufigsten zum Einsatz kommt, nimmt er ein Objekt, etwa einen Ball oder ein Handtuch oder ein Kissen, und wirft es nach mir mit einer einen Bogen beschreibenden Bewegung des Arms. Und während ich durch das Objekt, das im hohen Bogen auf mich zugeflogen kommt, abgelenkt werden soll, rast er auf mich zu, dem Objekt unmittelbar hinterher, Schulter voran. Das Ziel dieser Übung, so muss man wohl annehmen, besteht darin, zuerst Verwirrung zu stiften, um dann den entscheidenden Hieb zu landen.

b) Das Täuschungsmanöver mit dem Ellbogenschlagen: Dieses Täuschungsmanöver, das er soeben ausführt, ist noch nicht so alt wie das Täuschungsmanöver mit dem fliegenden Objekt und ergibt nicht ganz so viel Sinn wie der Trick mit dem fliegenden Objekt. Was er bei dem Manöver mit dem Ellbogenschlagen macht, ist, auf mich zuzustürmen, den rechten Ellbogen voran, in meine Richtung gestreckt, die Art von Haltung, die man einnähme, wenn man jemanden mit einem Messer attackierte oder zu jemandem hinrennen würde, um ihm ein Wehwehchen zu zeigen. Und dann, während er, den rechten Ellbogen voran, auf mich zugestürmt kommt, schlägt er sich mit der linken Hand auf den rechten Ellbogen. Es ist nicht ganz klar, warum er sich auf den Ellbogen schlägt, vielleicht geschieht es zwecks Ablenkung, wie bei dem Täuschungsmanöver mit dem fliegenden Objekt. Natürlich schlägt das Täuschungsmanöver mit dem Ellbogenschlagen da, wo das Täuschungsmanöver mit dem fliegenden Objekt in gewisser Weise erfolgreich ist, jedes Mal fehl, weil es lediglich dazu führt, die *Aufmerksamkeit* auf die Waffe seiner Wahl zu lenken, d. h. *auf seinen Ellbogen*.

c) Das Täuschungsmanöver mit dem Knöchelschlagen: Dieses Manöver, das liegt, glaube ich, auf der Hand, ist jenem mit dem Ellbogenschlagen sehr ähnlich, mit dem einzigen, eigentlich offensichtlichen Unterschied, dass er bei diesem Täuschungsmanöver nicht seinen Ellbogen schlägt, sondern mich auf einem Fuß hüpfend angreift und dabei den anderen Fuß hält und auf dessen Knöchel eindrischt. Dieser Trick bedarf keines weiteren Kommentars.

Auf diese Weise also – kniend, Ellbogen voran, mit der linken Handfläche auf den Arm schlagend – kommt er in diesem Moment auf mich zugerutscht, und dabei sieht er aus wie ein wütender, masochistischer, beidseitig amputierter Mensch. Ich habe nicht die Kraft, um ihm rechtzeitig auszuweichen, so dass er auf meinem Rücken landet. Bald rollen wir im Gras herum, und in Sekundenschnelle habe ich ihn auf den Bauch genagelt, kreuze ihm das eine Bein über das andere, bis sein Knöchel die Kniekehle berührt, drücke dann seinen Unterschenkel wie bei einem Nussknacker gegen den Knöchel und erzeuge Schmerz, großen Schmerz.
»Und?«, presst er hervor, da seine Lungen wahrscheinlich unter meinem Gewicht zerquetscht werden. »Hast du … nun … genug … Prüge…«
»Wovon soll ich genug haben?« Ich hüpfe jetzt auf ihm auf und ab.

»Prü...«
»Wie bitte? Du bist ganz schwer zu verstehen. Du musst deutlicher sprechen.«
»Prühü...«
»*Deut*-licher.«
Wir werden beobachtet.
Ich lasse von ihm ab, wie ich es immer tue, wenn Leute uns in der Öffentlichkeit miteinander rangeln sehen, weil jetzt, da er älter und größer ist und ich einen ausgefallenen Bartwuchs habe, wir nicht wollen, dass die Leute denken, was ich wahrscheinlich dächte, wenn ich mitten im Park einen ziemlich erwachsenen Mann auf einem ziemlich kleinen Jungen sitzen sähe, der grunzende Geräusche von sich gibt.

Als es anfängt, dunkel zu werden, als die Drachenleute verschwunden sind und die Jogger auftauchen, gehen wir nach Hause.
Als wir dort ankommen, finden wir eine Nachricht von Meredith vor.
»Ruf mich an, sobald du meine Nachricht hörst«, sagt sie.
Ich rufe zurück.
»Es ist John«, sagt sie. Sie hat gerade das Gespräch mit John beendet, der ziemlich verwaschen klang, wie sie findet, und davon sprach, die Tabletten einzunehmen, die neben ihm liegen, auf dem Tisch neben seiner Couch, in seiner Wohnung in Oakland.
»Oh Gott«, sage ich und mache die Schlafzimmertür hinter mir zu.
»Das kann man wohl sagen.«
»Warum hat er dich angerufen?«
»Er sagte, du seist nicht zu Hause.«
»Glaubst du, er meinte es ernst?«
»Ja. Vielleicht. Du solltest hinfahren.«
»Soll ich ihn anrufen?«
»Nein, fahr einfach hin.«
Ich sage Toph, er soll in der Wohnung bleiben.

»Schließ die Tür ab.«
Ich bin im Auto.
Ich bin ein Held.
John würde es nie wirklich tun.
Er will nur Aufmerksamkeit erregen.
Vielleicht aber doch. Er ist durchaus fähig, so 'ne Scheiße zu bringen.
Der Verkehr wird jetzt grauenhaft sein. Es ist fünf. Scheiße, der Verkehr wird nur ätzend sein, Scheiße, Scheiße. Soll ich den Highway nehmen? Nein, nein, noch schlimmer. Ich fahre auf die San Pablo, gen Süden, direktester Weg, aber – warum muss es ausgerechnet fünf Uhr sein? Da ist das Radio, das muss laut gestellt werden, weil das Radio laut gestellt wird, wenn man schnell fährt und dauernd die Spur wechselt. Das Radio ist aufgedreht. Das nenn ich Zielstrebigkeit, es geschieht etwas. Das Fenster muss geöffnet werden. Das Radio muss lauter gestellt werden, da das Fenster nun heruntergekurbelt ist. Es geschieht etwas.
Er würde es nie tun. Er hätte Mer doch nicht von den Tabletten erzählt, wenn er vorhätte, es wirklich zu tun, oder? *Aha!*
John hat einen neuen Therapeuten, nimmt Tagonis und benimmt sich immer unberechenbarer. Meredith und ich haben uns in letzter Zeit abwechselnd um ihn gekümmert …
»Ich muss schon den ganzen Tag kotzen«, sagt er.
Er muss immerzu kotzen, trockenes Würgen, bei dem er Galle, Blut, Teile seiner Leber erbricht. Keiner weiß, warum. Er ruft an, hört sich anders an, seine Stimme langsam, schleppend.
»Wo bist du?«
»Zu Hause.«
»Wer ist bei dir?«
»Niemand.«
»Und warum klingst du dann so betrunken?«
»Das sind die Medikamente.«
Die San Pablo hinunter. Ab und an ist es hier wirklich ganz nett, direkt hinter der Uni, mit all den Boutiquen …
Beweg deine Scheißkarre, Arschloch. Ja, du, beweg dich!

Auf der San Pablo nach Oakland hinein, wo die Gebäude schief und geschlossen und verlassen sind, wie Kulissen aussehen, zweidimensional – das Radio steht auf volle Lautstärke, Pat Benatar, oh Pat Benatar …

Nun fahr, du fetter LKW-Saftsack, fahr zu! Los, los! Mach schon, du Käfer-fahrender Scheißer! Du *Arsch*loch!

Das dauert alles einfach viel zu lange, viel, viel zu lange. Er könnte schon tot sein, könnte schon tot sein. Er ist nicht tot. Das ist nur ein Spiel. Er will meine Aufmerksamkeit, er will Mitgefühl. Das kleine rückgratlose …

Vielleicht tut er es doch. Vielleicht war's das schon. Ich kann's nicht *fassen*, dass es schon wieder mich trifft. Ich werde einen toten Freund haben. Will ich einen toten Freund? Vielleicht möchte ich ja einen toten Freund haben. Es könnte ungemein nützlich sein … Nein, ich will keinen toten Freund. Vielleicht will ich ja einen toten Freund, *ohne einen Freund zu haben, der stirbt.*

Bei seinem Wohnblock angelangt, frage ich mich besorgt, wie ich hineinkomme … Kann ich klingeln? Ich kann nicht klingeln. Er wird mir nicht aufmachen, auf keinen Fall … Ich habe mir nicht überlegt, wie ich reinkomme … Scheiße, dann steige ich eben über die Feuerleiter, zerschlage vielleicht ein Fenster, vielleicht … Dähh, wie blöd, ich kann doch einfach bei jemand anderem schellen, tzzz … Aber die fragen dann, wer ich bin, und was soll ich darauf antworten? Ich sage ihnen nicht, was los ist … Warum sollte ich ihnen nicht sagen, was los ist? *Erzähl* ihnen von dem Idioten mit seinen Tabletten! Es ist doch nicht an mir, seine Geheimnisse zu bewahren … Scheiße, Scheiße, aber dann aha! da! eine Frau kommt zur Tür heraus! gerade richtig! perfekt! … Ich gehe einfach rein, erwische auch noch die zweite Tür rechtzeitig, sieht ganz gut aus die Frau, aber irgendwie etwas elfenhaft, riecht nach … was ist das für ein Duft? Oh! Jessica Strachan, sechste Klasse! oh Jessica, ich schulde dir einen Anruf, das darf ich nicht vergessen … Die Elfenfrau ist eigentlich echt ganz süß, vielleicht ein wenig alt, aber …

Scheiße. Ich renne die vier Stockwerke hinauf, drei Stufen auf ein-

mal, ich bin so schnell wie ein Indianer, und selbst seine Tür ist offen, verdammt noch mal, und als ich hereinplatze und die Tür gegen die Wand knalle um des Effekts willen, bin ich auf ein Drama gefasst, auf Blut oder auf seinen schäumenden Mund oder seinen toten, kalten, blau-grünen Körper, vielleicht sogar nackt, warum nackt?, also nicht nackt ... doch er sitzt einfach da, auf seiner Futoncouch und trinkt Wein.
Dieser Scheißkerl.
»Was zum Teufel machst du?«
Er lächelt nur. *Was mach ich eigentlich hier?* Ich hasse diesen Typen.
Oder er hat es bereits getan.
»Hast du's schon getan?« Ich bin aufgeputscht von der Fahrt, vom Hinaufstürmen der Treppen. »Hast du's schon getan? Fick dich ins Knie, wenn du's schon getan hast, du Wichser.«
Auf dem Tisch liegen Tabletten, lose verstreut auf dem gebatikten Tischtuch. Ich deute auf den Haufen, den Haufen dort, wie eine kleine Tablettenpräsentation, hübsch ausgelegt wie Bonbons in einer Schale.
»Was ist das?«, frage ich und zeige darauf. »Was ist das, verdammt noch mal?«
Er zuckt mit den Achseln.
Ich durchsuche die Wohnung. Ich bin wie ein Cop. Ein Polizeihund. Ein Roboter. Ich suche nach dem Bösen – nach Hinweisen! Ich werde sein Leben retten. Ich bin seine einzige Chance.
Ich gehe ins Bad, öffne das Badezimmerschränkchen, durchwühle alles, gröber als nötig, werfe alles um. Ich stoße selbst die Sachen in der Dusche um. Es macht irgendwie Spaß. Ich entdecke zwei Flaschen, die rezeptpflichtig aussehen. Beweismaterial! Ich stapfe zurück und baue mich vor ihm auf.
»Was ist das?«
Er grinst. Dieses verdammte Lächeln.
»Was, verdammte Scheiße, ist das? Sind das die da?« Ich deute auf den Tisch und zurück auf die Flasche. Ich lese die Etiketten. Tagonis. Tavor. Noch irgendetwas. Ich weiß, was Tagonis ist, aber

habe keine Ahnung, was Tavor ist; es könnte etwas gegen Hämorrhoiden sein …

»Okay, okay. Hör zu. Du kleiner Hornochse erzählst mir jetzt sofort, was du verdammt noch mal genommen hast, sonst rufe ich die Polizei.«

Hornochse? Wo habe ich denn den *Horn*ochsen her? Das Wort habe ich ja seit Jahren nicht mehr benutzt. Ich brauch etwas Stärkeres …

»Ich habe nichts genommen«, sagt er glucksend und amüsiert sich offenbar über mich. »Reg dich ab. Keine Panik«, sagt er mit einer, wie mir scheint, übertriebenen Trunkenheit. Arschloch. »Alles cool. Alles easy.« Er redet wirklich so. Ich will ihm eins in die Fresse hauen.

»Und wo sind dann die anderen davon?« Ich deute auf den Tablettenhaufen.

Sein Schulterzucken ist geradezu aufreizend, mit erhobenen Handflächen und allem Drum und Dran.

»Du kannst mich mal, ich rufe die Polizei. Die werden das schon klären.« Ich schaue mich nach dem Telefon um. »Wo ist dein Telefon?«

Das Telefon ist an der Wand. Er ist schon immer ordentlich gewesen. Selbst die leeren Weinflaschen in seiner Vorratskammer stehen ordentlich aufgereiht da. Ich wähle die Nummer.

»Nicht, *nicht*«, sagt er, plötzlich ganz aufgeregt, und zieht das zweite Nicht in die Länge. »Ich hab nichts genommen. Re-lääx.«

»Re-lääx?«

»Ja doch, reee-läähx.«

»Wieso redest du wie so'n Arsch?«

Er macht eine Geste, die Trinken andeutet, das Zurückkippen eines Glases, die Art von Geste, die man macht, wenn man kein Getränk in der Hand hat. Aber weil er ein Glas in der Hand hält, kippt er den Wein, das ganze Glas, auf sein Hemd.

»Idiot.«

Ich schaue mir die Flasche an, sie ist beinahe leer. Er ist allein und trinkt nachmittags Merlot. Ich habe keine Ahnung, wer dieser

Mensch ist. Seine Schienbeine sind mit blauen Flecken übersät, sein Haar sieht nach Bett aus. Was für ein Mensch trinkt schon nachmittags alleine Wein? Und dieser Kalender mit den Badeanzügen! Ich rufe trotzdem an.

»Ach, du kannst mich mal, ich rufe trotzdem an. Ich will dein Blut nicht an meinen Händen.« (Auch noch.) Ich wähle 911 und spüre die Aufregung – es ist mein erstes Mal. Ein paar Mal klingelt es, und dann, bamm, ist die Vermittlung da. Ich hab alles im Griff! Ich habe Neuigkeiten! Ich habe einen Vorfall! Ich erzähle der Vermittlung von diesem Arschloch – ich recke John den Mittelfinger entgegen, während ich das sage –, der vielleicht, vielleicht aber auch nicht, Tabletten geschluckt hat. Wahrscheinlich habe er etwas genommen, füge ich noch hinzu, um sicherzugehen, dass sie jemanden schickt. Ich lege auf und werfe das Telefon nach ihm.

»Sie kommen, Blödmann.«

Ich laufe herum, suche nach weiteren Hinweisen. Die Küche. Ich reiße die Schränke auf, dass es knallt, ein Haufen Besteck fliegt ins Spülbecken. Es scheppert, wie hundert Orchesterbecken.

»Hey! Was zum Teufel soll das?«, sagt er.

»Was zum Teufel das soll?«, brülle ich aus der Küche. »Was zum Teufel das soll? Zum Teufel, du kannst mich mal, soll das.«

Ich gehe zurück ins Badezimmer, schaue unter das Waschbecken. Nichts. Ich werfe die Schränkchentüren zu. Ich mache so viel Lärm, wie ich kann. Ich habe ein Recht darauf. Ich werde die Bude auseinander nehmen. Mittlerweile erwarte ich beinahe, alles Mögliche zu finden: Waffen, Drogen, Goldbarren. Ich kann's nicht glauben, ich kann's verflucht noch mal einfach nicht scheißglauben.

Ich setze mich vor ihn auf den Boden, auf die andere Seite seines Couchtischs aus Chrom und Glas. Ein Bild seiner Eltern, ein schlechter Schnappschuss, der zu sehr vergrößert worden ist.

»Sie werden dir den Magen auspumpen, Dummkopf.«

Wieder sein aufreizendes Achselzucken, das kleine Grinsen. Ich möchte ihm den Schädel zusammenquetschen wie eine Weintraube.

»Wo ist das Problem? Haste mit jemandem Schluss gemacht?«, sage ich und benutze Georgias Namen absichtlich nicht, um nicht abzulenken. »Ist es, weil du mit jemandem Schluss gemacht hast? Sag mir nicht, es ist, weil du nicht mehr mit ihr zusammen bist.«

»Vielleicht.«

»Oh Gott, nein.«

»Ach, du Arsch, du weißt doch gar nicht, wie es is.«

»Wie was ist?« Plötzlich fällt mir ein, dass dies vielleicht unsere letzte Unterhaltung ist. Er könnte im Sterben liegen, die Tabletten könnten ihn bereits überwältigen, ihn davontragen. Ich sollte nett sein. Wir sollten über nette Dinge reden. Die Fahrten mitten durch Illinois, diese Meilen, unglaublich gerade, wo du auch mal aufdrehen kannst auf hundertzwanzig oder hundertvierzig, mit herabgekurbelten Fenstern, das Korn abgemäht, nur nackte, graue Felder und das Gefühl, als durchpflügtest du die Zeit selbst, als wärest du ein riesiges, lautes Geschoss, das die Erde in zwei Hälften reißt, und würdest gnädige Ruinen hinterlassen – wenn dir auch klar ist, und uns war es klar, uns war immer völlig klar, dass dem eigentlich, zumindest aus Sicht der anderen, nicht so ist. Für die entgegenkommenden Autos waren wir ein schnelles, lautes Geräusch, ein Blitz; aber von oben gesehen – selbst ein Düngeflugzeug hätte einem die nötige Perspektive verschafft – waren wir nichts von alledem – nicht laut, nicht mächtig, ohne große Auswirkung, ohne irgendwelche Ruinen zu hinterlassen, ohne großen Lärm zu schlagen – wir waren nur so ein kleines schwarzes Ding, das auf einer geraden Strecke geradeaus tuckerte und dabei nichts als ein leises summendes Geräusch von sich gab, während wir im Schneckentempo durch dieses flache, schreckliche quadratische Straßennetz krochen.

»Schön, dann sag mir, wie es ist. Ich mein, ich hatte auch schon Beziehungsprobleme«, gehe ich auf ihn ein.

»Das is es nich. Es ist das.« Er zeigt auf seinen Kopf.

»Was?«

Er lässt den Kopf nach vorne rollen, als wöge er tausend Kilo. Er wird mit jeder Sekunde betrunkener.

Draußen bellt ein Hund. Der Hund dreht völlig durch.
»Sie sind tot«, sagt John.
»Wer?«
Er fährt sich mit den Händen durchs Haar. Oh Gott, wie dramatisch.
»Das ist doch einfach nur idiotisch.«
»Also darf ich noch nicht mal …«
»Nein, darfst du nicht.«
»Du könntest auf einem Hügel in Guatemala vergewaltigt werden, du könntest …«
»Ich könnte was?«
»Hör zu, all dies hier, ich meine: Das einsame Trinken? Der Wein, die Tabletten und all das? Du bist doch ein einziges Cliché!«
An der offenen Tür klopft es.
»Wir sind hier.«
Die Bullen sind riesig. Sie lassen das Zimmer winzig wirken, füllen es mit Schwarz. Sie sind zu zweit; sie wollen wissen, was los ist. *Ja, wissen die das denn nicht? Hat die Vermittlung ihnen nicht …*
Als ich zu dem Moment komme, dass wir nicht wissen, was er wann genommen hat, deute ich mit dem Daumen auf John und dann: *Arschloch, gibt das aufreizende Achselzucken für die Cops zum Besten!*
Doch seine Augen verraten Nervosität. Vielleicht hat er doch etwas genommen. Jetzt tut er mir beinahe Leid. Dann sehe ich ihn tot. Auf der Intensivstation, die Ärzte, die die Sache mit den elektrischen Dingern machen, das Achtung, Stromstoß! (tuff) Ding, sein Körper schwer und fischig. Dann schaue ich ihn an. Das Haar steht ihm so am besten, lang. Der Bürstenhaarschnitt war nichts für ihn. Er sieht jetzt geradezu hübsch aus, mit seiner gebräunt…
Dann wieder tot. Es ist wie bei diesen Hologrammkarten; man dreht sie in die eine Richtung und sieht das eine Motiv, dreht zurück und sieht das andere …
Er erklärt ihnen, dass kein Anlass zur Sorge besteht, dass er nur ein wenig Wein getrunken hat.

»Haben die beiden Herren nichts Besseres zu tun?«, fragt John. Aber mittlerweile will ich, dass etwas geschieht, ich will Erleichterung. Erst diese dramatische Steigerung, und nun muss also etwas geschehen.

John greift nach der Weinflasche, als wolle er sich noch ein Glas einschütten, gleich hier und jetzt, noch ein Glas Wein trinken. Einer der Polizisten, Stift im Mund, starrt ihn an und sieht so verblüfft aus, dass er beinahe schielt. John hält inne, stellt die Weinflasche wieder ab und legt seine Hände in den Schoß.

Der andere Cop schreibt etwas auf seinen Notizblock. Sein Notizblock ist sehr klein. Sein Stift ist auch ziemlich klein. Sie scheinen zu klein zu sein, Stift und Block. Ich persönlich hätte lieber einen größeren Block. Andererseits, wo würde ich einen größeren Block hintun? Man bräuchte dann ein Blockhalfter, was sicher cool aussähe, das Rennen aber erschweren könnte, besonders, wenn man dieses Taschenlampenhalfter hat … Wahrscheinlich muss der Block so klein sein, damit er in den Allzweckgürtel passt … Ah, es wäre wirklich großartig, wenn sie es wirklich als Allzweckgürtel bezeichneten. Vielleicht sollte ich sie fragen. Nicht jetzt, natürlich nicht, aber später.

John sitzt einfach da, die Hände verschränkt zwischen seinen knochigen Knien, als warte er auf ein Valentinsgeschenk. Die Walkie-Talkies der Beamten beginnen zu knistern, zu reden, man hört, das Rettungsteam sei bereits auf dem Weg. Uns wird mitgeteilt, dass John auf jeden Fall eingeliefert wird, um sicherzugehen, und danach wird alles ziemlich profan. Die Cops sind gelassen. Sie kennen so etwas schon. Auch ich bin gelassen. Beinahe möchte ich ihnen etwas zu essen anbieten. Ich werfe einen Blick in Johns Küche. Ein Teller mit Weintrauben steht dort. *Darf ich euch Jungs ein paar Weintrauben anbieten?*

Plötzlich ein Satz, und John grabscht sich die Tabletten auf dem Tisch und schluckt sie alle runter.

»Was war denn das gerade eben?«, fragt einer der Polizisten.

Es waren ungefähr fünfundzwanzig. Unglaublich.

»Er hat gerade die Tabletten genommen.«

»Welche Tabletten?«
»Die auf dem Tisch.« Seid ihr Typen blind, oder was?
»Was verdammt noch mal sollte das?«, frage ich John. Ich möchte ihm den Mund gewaltsam öffnen und die Tabletten herausfischen, wie bei einer Katze, die ein Backenhörnchen erwischt hat, oder bei einem Baby mit einem Spielzeug …
»Das war die bescheuertste Aktion, die ich je gesehen habe. Jetzt werden sie dir den Magen auf jeden Fall auspumpen!«
Er hat jetzt die Augen geschlossen.
»Du bescheuerter Idiot! Bescheuerter Idiot!«
Der Krankenwagen kommt und ein weiterer Einsatzwagen. Als wir die Wohnung verlassen, liegt John auf einer Trage, es ist dunkel, und die Nachbarschaft explodiert in Weiß und Rot, die Lichter, die über die umstehenden Gebäude huschen – flackerndes Licht, das Fangen spielt.
Ich folge in meinem Wagen. Ich frage mich, in welches Krankenhaus sie ihn bringen. Wie entscheiden sie das? Wir fahren nicht zum nächstgelegenen Krankenhaus. Ich war noch nie in der Gegend, durch die dieser Krankenwagen fährt. Der Krankenwagen fährt langsamer, als ein Krankenwagen fahren sollte. Das heißt entweder, dass sein Zustand nicht beunruhigend ist oder dass er schon tot ist.
Ich halte an einer Ampel, neben einer Gruppe junger, schwarzer Kids. Vielleicht erschießen sie mich. Ich befinde mich in einer Zone, in der alles möglich ist. Ich kann nicht überrascht werden. Erdbeben, Heuschrecken, Giftregen, nichts könnte mich aus der Ruhe bringen. Besuche von Gott, Einhörnern, Fledermausmenschen mit Fackeln und Zeptern – alles im Bereich des Möglichen. Wenn diese Kids zufällig böse Kids sein sollten, Waffen besitzen und jemanden erschießen wollen als Initiationsübung oder aus welchem Grund böse Kids Leute wie mich auch immer erschießen mögen, werde ich ihr Ziel sein, das Glas wird zersplittern, und die Kugel wird hereinfliegen, und ich werde nicht überrascht sein. Mit der Kugel im Kopf werde ich den Wagen gegen einen Baum fahren, und während ich darauf warte, aus dem Wrack befreit zu

werden, beinahe tot, werde ich nicht in Panik ausbrechen oder schreien. Ich werde lediglich denken: *Merkwürdig, das ist genau das, was ich erwartet hatte.*

Als wir uns Ashby nähern, versuche ich mich an das Wortspiel zu erinnern, das mit dem Jungen, der krank ist und vom Arzt nicht operiert werden kann, weil er mit dem Jungen verwandt ist oder es der Sohn des Arztes ist, aber wie kann das sein? ... Ich weiß nicht mehr, wie das Scheißspiel geht.

Ich verliere den Krankenwagen an einer Ampel.

Als ich im Krankenhaus ankomme, werde ich von einer Ärztin, einer müden Mittdreißigerin mit Pferdeschwanz, ohne großes Mitgefühl aufgeklärt. »Sie sind also mit dem großen Schauspieler befreundet?«

Ich rufe Beth vom Wartezimmer aus an. Sie fährt zu Toph hinüber und passt auf ihn auf. Ich muss im Krankenhaus bleiben, bis Johns Magen leer ist.

»Wie lange wird das dauern?«, fragt sie.

»Weiß ich nicht. Eine Stunde? Zwei?«

Ich sitze im Wartezimmer.

Und ach, dieser Conan O'Brian. Dieser Conan bringt mich noch um. Ich schaue auf den Fernseher am anderen Ende des Wartezimmers, das billig bestuhlt und laut ist, mit zwei Kindern und deren Mutter, einer kräftigen Frau. Sie machen so viel Lärm, dass ich Conan nicht verstehen kann. Conan führt diesen *Live Aid*-Sketch auf, wo er irgend so einen Benefiz-Song organisiert, und er und Andi streiten sich, weil Conan sich wie eine echte Primadonna benimmt, obwohl er ums Verrecken nicht singen kann. Bei dem Kindergekreische verstehe ich kaum ein Wort. Ich setze mich auf einen anderen Stuhl, der näher am Fernseher steht. So. Jetzt taucht Sting auf – ah, das ist wirklich ein klasse Zug, Sting als Gast auftreten zu lassen –, und er macht eine Platte zusammen mit Andy und Conan. Dieser Springsteen-Schlagzeuger ist auch mit dabei, der, der wie ein Postbote aussieht und dessen Lächeln wie

eingefroren wirkt. Ich lache laut auf. Das ist wirklich das verdammt Witzigste …
Allmählich wünschte ich, ich hätte Papier und Stift dabei. Ein paar Einzelheiten wären nicht schlecht. Das hier könnte gut irgendeine Kurzgeschichte ergeben oder so. Aber nein. Über Selbstmord gibt es schon was. Aber ich könnte das Ganze irgendwie anders gestalten, nebensächliche Dinge reinbringen, was ich auf dem Weg zum Krankenhaus gedacht habe, den Indian Summer, das Arztwortspiel, Conan O'Brians Late Night Show.
Das ist wirklich ein gutes Detail, das mit dem Lachen, während der Freund gerade den Magen ausgepumpt bekommt. Auch das gibt es schon. Wahrscheinlich sogar im Fernsehen, vielleicht bei *Picket Fences*. Aber ich könnte die Sache einen Schritt weiter treiben. Ich sollte sie auch einen Schritt weiter treiben. Ich könnte mir beispielsweise bewusst sein, in dem Text, dass es so etwas schon gibt, ich jedoch keine andere Wahl habe, als es nachzuahmen, weil *es tatsächlich so passiert ist*. Doch das klingt dann wieder nach einer dieser Geschichten, wo der Erzähler, mediengesättigt wie er nun einmal aufgewachsen ist, nichts durchleben kann, ohne seine Erfahrung als Echo im Fernsehen, in Filmen, Büchern, bla, bla, bla, widergespiegelt zu sehen. Verdammte Gören! Das Problem ist das Kreischen. Es wäre ja okay, wenn da nicht das *verdammte Kreischen* wäre. Also muss ich die Sache einen Schritt weiter treiben. Ich werde den Lesern vermitteln, dass ich, auch wenn ich Dinge erlebe, die ich so oder so ähnlich bereits habe geschehen sehen, dennoch den Wert erkennen werde, der darin liegt, diese Dinge *selbst* zu durchleben, so schrecklich sie auch sein mögen, weil sie später großartiges Material abgeben, insbesondere, wenn ich mir Notizen mache, entweder jetzt auf die Hand mit dem Stift, den ich von der Rezeptionistin in der Notaufnahme geliehen habe, oder wenn ich nach Hause komme.
Vielleicht ist ja auch einer im Wagen.
Aber ihn jetzt zu holen, wäre zu krass.
Statt also das Ende authentischer Erfahrungen zu bejammern, werde ich es *feiern*, mich aalen in der Möglichkeit, die eigene Er-

fahrung und ihren dutzendfachen Widerhall in den Medien und in der Kunst gleichzeitig zu leben, weil dieser Widerhall die eigene Erfahrung nicht entwertet, sondern *bereichert*, aha!, sie umso vielschichtiger werden lässt, die Tiefe luxuriös, nicht seelenverschleißend und lähmend, sondern erbauend, festigend. Da wäre also zunächst die Erfahrung, der Freund und sein angedrohter Selbstmord, dann der Widerhall solcher Geschichten, weil sie nicht zum ersten Mal geschehen, dann das Bewusstsein des Widerhalls, der Ärger über die Gegenwart des Widerhalls, dann das Akzeptieren, das Annehmen der Gegenwart des Widerhalls – als Bereicherung – und vor allem die Erkenntnis, dass die Selbstmorddrohung des Freundes und das Auspumpen seines Magens wertvoll sind, sowohl als Lebenserfahrung als auch als Material für eine experimentelle Kurzgeschichte oder eine Passage in einem Roman, ganz zu schweigen von ihrem Wert als weiterer Grund, sich in puncto Erfahrung gegenüber Altersgenossen überlegen zu fühlen, insbesondere denen gegenüber, die nicht gesehen haben, was ich gesehen habe, all die Dinge, die ich gesehen habe. Wieder eine Erfahrung, die man als erledigt abhaken kann, wie Fallschirmspringen, eine Rucksackreise durch Europa oder eine ménage à trois.

Oh, diese fetten Kinder. Guckt euch diese Kids an, diese kleinen Wuselschweinchen. Ist das etwas Erbliches? Ekelhaft, dass es fette Kinder gibt.

Ich könnte mir also über die Gefahren des Selbsthinterfragens bewusst sein, aber gleichzeitig den Nebel all dieser Widerklänge durchforschen, all die Vermischung von Metaphern, den Lärm durchforsten und versuchen, zum Kern vorzudringen, der nach wie vor existiert, als ein Kern, und Gültigkeit hat trotz des Nebels. Der Kern ist der Kern ist der Kern. Es gibt immer einen Kern, der sich nicht in Worte fassen lässt.

Nur karikieren lässt er sich.

Ich gehe hinein, um ihn zu sehen.

Er hat einen Schlauch im Mund und einen in der Nase stecken. Der in seinem Mund sieht zu dick aus, gibt ein beinahe anzügliches Bild ab. Sein Gesicht ist kalkig, spitz, als sei über den Schlauch mehr abgeflossen als nur sein Mageninhalt, als ob der Schlauch alles abgesaugt habe, als eine Art Strafe. Er schläft, betäubt, vielleicht mit Morphium, sein Kopf deutet nach oben, leicht nach links, in Richtung des Beatmungsgeräts. Es sieht so aus, als seien seine Hände ans Bett gefesselt.

Seine Hände sind ans Bett gefesselt. Die Fesseln sind breit, schwarz, mit Klettverschluss. Er muss sich gewehrt oder versucht haben, jemandem eine zu verpassen.

Seine Beine sind gespreizt, die Arme nach außen gedreht, seine linke Hand wirkt angespannt, als greife sie nach etwas, was nicht da ist. Diese kleinen Streichholzbeinchen, die er hat, von oben bis unten mit blauen Flecken übersät, weil er gegen Möbel rennt, betrunken. Und er ist barfuß …

Es ist zu kalt, um barfuß zu sein …

Und der Boden ist nicht so sauber, wie man meinen sollte …

Sollte er nicht sauberer sein? Sie sollten ihn sauber …

Ich könnte ihn sauber …

Irgendwie kommt es mir bekannt vor, dieses Zimmer, ich war schon mal hier; dieses Zimmer ist das Zimmer, in das meine Mutter wegen ihres Nasenblutens gebracht wurde, sie haben sie erst in die Notaufnahme gebracht, sie angeschlossen, Transfusionen, Blut in sie einlaufen lassen …

Aber dieses Zimmer ist viel zu groß, zu groß und zu weiß. Dieses riesige Zimmer, das etwas abseits von der übrigen Station liegt, muss für mehr als ein Bett gebaut worden sein. So jedoch ist es zu dramatisch, sein Bett in der Mitte, der ganze Platz um ihn herum.

Ich stehe in einer Ecke des Zimmers, unsicher, ob ich ihn berühren, ihm näher kommen will. Es macht ohnehin keinen Unterschied. Er wird es nie wissen. Er schläft.

Man könnte in so einem Zimmer gut Bilder aufhängen. Es wäre schön, ein paar Bilder an der Wand zu haben, wie in einer Zahnarztpraxis, etwas, das man anschauen kann, während an einem gearbeitet wird.

Aber womöglich liegt man im Sterben, und dann wäre das Letzte, was man sähe, irgendein LeRoy-Neiman-Poster vom Masters-Turnier von 1983, und das wäre einfach nur schrecklich, nicht, dass es jemals etwas Angemessenes zu sehen gäbe, wenn man stirbt ...

Aber was ist mit einem echten Golfliebhaber ...

Sie sollten die Wände nackt lassen.

Ich lehne mich mit der Schulter gegen die Wand, dann neige ich meinen Kopf zur Seite, bis auch er an der Wand ruht, und schaue ihn eine Weile an, die Handfläche auf dem weißen Kalk. Er war so ein dünner Junge, als er klein war, wirkte dadurch immer kleiner, um ein paar Jahre jünger – aber er war ein unglaublich guter Schwimmer, einfach unglaublich, im Schwimmbad, im Meer, mit wunderschönen Schwimmbewegungen. Einen Moment lang versuche ich, nur um etwas zu tun, meinen Atem dem seinen anzupassen, beobachte, wie sich sein Brustkasten hebt und senkt, der Rest seines Körpers bewegungslos, die Hände zu Fäusten geballt, die Hände festgeschnallt, während er immer mehr an Farbe verliert, betrachte ich den hirnverbrannten, verfluchten Idioten von einem Arschloch, wie er schläft.

Dann steht er auf. Er ist wach und er ist auf den Beinen und entfernt die Schläuche von seinem Mund, seinen Armen, die Verbände und Elektroden, barfuß. Ich schrecke auf.

»Himmelarsch. Was machst du da?«

»Scheiß drauf.«

»Wie meinst du das, Scheiß drauf?«

»Ich meine, Scheiß drauf, Arschloch. Ich hau ab.«

»Wie bitte?«

»Vergiss es, ich werde nicht zu einer verfluchten Anekdote in deinem idiotischen Roman.« Er durchsucht die Schubladen.

»Was suchst du?«

»Klamotten, du Wichser. Ich hau ab.«

»Du kannst nicht einfach abhauen. Du bist voller Beruhigungsmittel und so.«

»Ach, komm. Ich kann tun und lassen, was ich will. Ich geh nach Hause.«

»Ich ruf die Krankenschwester. Du solltest … Du solltest über Nacht bleiben. Und ich bin hier bis um drei Uhr morgens oder so, bis sie mir sagen, dass du außer Gefahr bist und schläfst, und dann gehe ich endlich schweren Herzens nach Hause, zu Toph, zu weiteren Verpflichtungen. Dann komme ich morgen wieder und besuche dich in der psychiatrischen Abteilung, und dann …«
»Hör zu, du kleiner Scheißer, vergiss es. Das ist so eine gequirlte Kacke. Ich soll hier einfach so rumliegen mit meinen Schienbeinen voller blauer Flecken und all dem, während du den pflichtbewussten Freund spielen kannst, immer für mich da, ooh, ooh, so verantwortungsbewusst, während ich doch eigentlich verloren und nutzlos bin … Hör zu, vergiss es. Ich mach da nicht mit. Such dir jemand anderen, den du als Symbol für, du weißt schon, verschwendete Jugend oder was auch immer verwenden kannst.«
»John, hör mal zu …«
»Wer ist John?«
»Du bist John.«
»Ich bin John?«
»Ja. Ich habe deinen Namen geändert.«
»Oh. Okay. Und warum ausgerechnet John?«
»So hieß mein Vater.«
»Oh Gott, nein! Jetzt soll ich auch noch dein Vater sein? Scheiße, Mann, das ist einfach zu viel. Du bist ja krank!«
»Ich krank? *Ich krank?* Du kannst mich mal, von wegen ich bin krank.«
»Okay, *ich* bin krank, *ich* bin krank. Wie du willst. Aber ich habe dich nicht darum gebeten, das groß zu verkünden …«
»Wovon, verdammt noch mal, redest du eigentlich? Du bist doch derjenige, der dich erst in diese Lage gebracht hat! Du willst mir sagen, du hättest vor mir und zwei Bullen eine Hand voll Tabletten genommen und wolltest keine Aufmerksamkeit? Du kannst mich mal.«
»Aber das heißt nicht …«
»Doch, das tut es.«
»Tut es nicht.«

»Hör zu, ich gebe dir die Aufmerksamkeit, die du willst, und zwar schon seit Jahren, höre mir dein Geschwafel an über jedes verdammte Hoch und Tief, das du erlebst, wie sie dir nicht erlaubt haben, dich bei diesem einen Fitnessstudio anzumelden, und über diese Trennung und jene, Streitereien mit Meredith und wem nicht sonst noch alles … Ich meine, es sind nicht gerade weltbewegende Dinge, aber ich hab dir zugehört, von Anfang an. Ich weiß, dass du deine Therapeutin davon überzeugt hast, dass du das schlimmste Leben aller Zeiten gehabt hast – und ich kann's nicht fassen, dass du ihr wirklich erzählt hast, du wärst als Kind missbraucht worden, du verdammter Lügner! –, aber weißt du, deine momentanen Probleme und diese neue Sache mit dem Trinken – das ist alles nur Langeweile. Mit Betonung auf *Lange*. Es ist *lang*weilig. Du bist gelangweilt. Du bist faul. Ich mein, jede Sache für sich ist unglaublich langweilig – Alkohol, Tabletten, Selbstmord. Keiner wird das überhaupt glauben, so scheißlangweilig ist es.«
»Dann lass es doch aus.«
»So langweilig ist es nun auch wieder nicht.«
»Du bist krank.«
»Wie du willst. Aber das gehört mir. Du hast es mir gegeben. Es ist ein Tausch. Ich habe dir die Aufmerksamkeit gegeben, die du wolltest, ich hol dich raus, wenn du drei Tage in der psychiatrischen Abteilung verbringst und sagst, du dächtest immer noch daran, es zu tun, ich bin derjenige, der dich besucht, an deinem Bett sitzt und dir eine aufmunternde Rede hält – jedenfalls ist es so, dass aus all diesen Gründen, all dem Mist, den ich deinetwegen mitmache – ich jetzt das hier bekomme, es gehört auch mir, und du, weil du es selbst getan hast, dich zum Tragödienhelden gemacht hast, du musst den Vertrag erfüllen, das Theater spielen, den Weg zu Ende gehen. Jetzt bist du die Metapher.«
Er ist still. Er hält ein paar Chirurgenkittel in der Hand, die er in einem Schrank gefunden hat. Er wirft sie auf den Tisch.
»Okay. Nimm mich in das verfluchte Buch.«
»Echt?«
»Yeah.«

»Und du tust das nicht nur mir zuliebe?«
»Ist das nicht egal?«
»Eigentlich schon.«
»Wie auch immer. Ich werde zurück ins Bett steigen, mich hinlegen und so. Du musst mich wieder festbinden.«
»Mach ich.«
»Und gib mir noch etwas von dem Morphium, wenn du so nett bist.«
»Klar, klar. Hör zu, ich weiß das wirklich zu schätzen.«
»Ich weiß. Gib mir den Schlauch.«
»Hier.«
»Danke. Und jetzt zieh die Decke zurecht.«
»So.«
»Okay.«
»Das wird ganz großartig. Du wirst schon sehen.«

John muss drei Tage in der Psychiatrie bleiben. Er ruft mich an, und ich rufe zurück. Das Telefon klingelt zwölf oder dreizehn Mal. Ein älterer Mann hebt ab.
»Hallo?«
Er flüstert es.
»Hi. Ist John da?«
»Wer?«
»Ein Typ namens John. Ziemlich groß, blondes Haar.«
»Oh nein, nein. Momentan ist niemand zu sprechen.«
»Warum nicht?«
»Na ja, alle sind gerade in der Gruppe. Sie werden noch mindestens eine Stunde in der Gruppe sein. Ich musste die Gruppe verlassen, um ans Telefon zu gehen. Sie haben mich gebeten, ans Telefon zu gehen.«
Allmählich schwant mir, dass ich mit einem Patienten rede.
»Na schön, könnten Sie ihm etwas ausrichten?«
Langes Schweigen. »Ich weiß nicht, ob ich das darf. Augenblick.« Der Hörer wird polternd fallen gelassen; ich höre, wie er an der

Telefonschnur ausbaumelt. Nach einer halben Ewigkeit nimmt er den Hörer wieder auf, schwer atmend.
»Okay, ich glaub, ich kann's riskieren.«
Ich bitte ihn, John zu sagen, ich hätte angerufen.
»Okay, John hat angerufen.«
»Nein, *ich* rufe *John* an.«
»Oh. Oh.« Er windet sich. »Sie rufen John an. Kennt er Sie? Sind Sie verwandt?«
»Nein.«
»Sind Sie sein Vater?«
»Nein.«
»Also, Sie dürfen nicht anrufen, wenn …«
»Okay, ich bin sein Vater.«
»Nein, sind Sie nicht. Sie haben gerade gesagt …«
»Hören Sie, ich rufe später noch mal an. Is schon gut.«
»Oh, vielen Dank!«
Ich komme etwas später am Nachmittag vorbei.
Ich werde zur Tür geführt und trage mich ins Besucherbuch ein. Am Ende des Flurs ist ein Gemeinschaftsraum, mit blauem Teppich, ein paar Sofas und einem großen Tisch. Es sieht ein wenig wie das Klassenzimmer von Siebtklässlern aus. Zu John geht es durch die erste Tür auf der linken Seite, und da liegt er, auf der Seite, die Hände zwischen den Knien, auf einem Bett in einem dunklen Zimmer. Eine Decke ist über seine Füße gebreitet.
Ich setze mich auf das Bett gegenüber.
»Und?«
»Riechst du es?«, fragt er.
»Was soll ich riechen?«
»Riechst du es nicht?«
»Nein. Was denn?«
»Der andere Typ konnte gestern Nacht die Toilette nicht finden.«
»Welcher andere Typ?«
»Mein Zimmergenosse, der alte schwarze Typ dort draußen.«
»Oh.«
»Die ganze Nacht, in einer Tour. Er stöhnte pausenlos, klopfte

ans Fenster, weinte. Er sagte immerzu: ›Ich sterbe, bitte, hilft mir denn niemand, ich sterbe.‹ Es war unglaublich.«

»Lag er im Sterben?«

»Nein, er lag nicht im *Sterben*. Er musste mal scheißen!«

»Ich dachte, du hättest gesagt, er sei am Fenster gewesen.«

»War er auch. Er konnte das Badezimmer nicht finden, und deshalb hat er sich eben einfach dort entleert, während er am Fenster stand.«

»Oh.«

»Dann wurde er ganz still, und am Morgen, da war alles voll Scheiße. Sie war ihm das Bein runtergelaufen bis auf seinen Schuh, und in der Nacht war er herumspaziert …«

»Okay, is gut.«

»Das Zimmer war voller Scheißspuren, auch der Flur.«

»Okay. Jedenfalls …«

»Sie haben mich für eine Weile in ein anderes Zimmer gebracht. Dann haben sie den Boden geputzt und mich zurückverlegt.«

»Ich rieche nichts.«

»Yeah, sie haben irgendein Spray benutzt oder so.«

»Eigentlich riecht es sogar ganz gut.«

»Sie haben mich ans Bett gebunden.«

»Wann?«

»Beinahe den ganzen Tag nach meiner Einlieferung.«

»Wow.« Er will, dass ich empört bin oder beeindruckt. Ich weiß nicht genau, was von beidem. »Machen die das immer so?«

»Es hat mich total *verrückt* gemacht. Guck dir meine Arme an.« Er zeigt mir seine Handgelenke, aufgescheuert und blau.

»Und hier, guck.«

Er zeigt mir seine Knöchel, rot und fleckig.

»Ich meine, warst du jemals festgebunden?«

»Lass mich nachdenken.« Mir kommen ein paar schlagfertige Bemerkungen in den Sinn, die ich machen könnte. »Nein, ich bin noch nie festgebunden worden.« Dann:

»Aber ich habe auch noch nie so getan, als wollte ich Selbstmord begehen.«

»Was hast du gesagt?«
»Nichts.«
»Fick dich ins Knie.«
»Fick dich selber.«
»Du glaubst, das war nur Show? Du und diese verdammte Krankenschwester. Das war so eine richtig beschissene Kuh. Sie hat mich ›Martin Sheen‹ genannt.«
»Du siehst Martin Sheen gar nicht ähnlich.«
»Sie meinte das von wegen Schauspielerei. Als ob ich nur schauspielern würde. *Apocalypse Now.*«
»Das habe ich nie gesehen.«
»Nicht?«
»Nicht ganz. Nicht den Teil, den sie meint.«
Ich betrachte ihn einen Augenblick.
»Du siehst eher wie Emilio aus.«
Er stützt sich auf die Ellbogen und schaut mich an.
»Das ist nicht witzig.«
»Ich weiß.«
»Sie haben mich festgebunden, weil sie dachten, ich könnte es noch mal versuchen.«
»Wie kamen sie denn darauf?«
»Weil ich gesagt habe, ich würde es tun.«
»Aber du wirst es nicht tun.«
»Warum nicht?«
Der Fäkalienmann kommt herein. Seine Haut ist lila und grau. Er winkt. Er sitzt eine Minute auf seinem Bett und streicht das Laken mit der Handfläche glatt. Dann steht er auf und schlurft nach draußen.
John lehnt sich zu mir hinüber und flüstert.
»Siehst du, wie der läuft? Das machen die alle so. Der Propaphenin-Schlurfgang.«
»Yeah.«
»Du weißt, dass ich eingeschlossen bin.«
»Das habe ich gemerkt.«
»Das heißt, ich kann nicht weg, selbst wenn ich wollte.«

»Ja, na ja …«
»Ich meine, es ist doch merkwürdig, oder, dass diese Leute, die ich noch nicht einmal kenne, mich am Weggehen hindern können? Das ist doch merkwürdig, rein philosophisch gesehen, oder?«
Ich pflichte ihm bei, dass es merkwürdig ist.
»Ich bin so müde«, sagt er.
»Ich auch«, sage ich, vielleicht ein wenig zu schnell. »Wir sind alle müde.«
Er zieht die Knie bis zur Brust an.
»Nein, ich bin richtig müde«, sagt er.
Er rollt sich auf die Seite, mit dem Rücken zu mir.
Er will ermutigt werden.
Ich lege ihm meine Hand auf die Schulter. Ich kann's nicht fassen, dass er mich nötigt, ihm die Rede zu halten. Ich bin außer mir, dass er mich nötigt, ihm die Rede zu halten. Ich mache es, stückle sie zusammen aus Reden für derartige Anlässe, die ich im Fernsehen und Kino gesehen habe. Ich erzähle ihm, dass es viele Menschen gibt, die ihn lieben und die untröstlich wären, wenn er sich umbrächte, während ich mich insgeheim frage, ob das wohl stimmt. Ich erzähle ihm, dass so viel in ihm steckt, dass ihm noch so viel zu tun bleibt, obwohl ein Gutteil von mir glaubt, dass er seinen Kopf und Körper niemals für etwas Besonderes einsetzen wird. Ich erzähle ihm, dass wir alle einmal dunkle Phasen in unserem Leben durchmachen, und werde doch mit jedem Moment wütender auf ihn, auf das Theater, das Selbstmitleid, all das, wo er doch alles hat. Er hat die absolute Freiheit, keine Eltern, keinen, für den er sorgen muss, er hat Geld und ist nicht unmittelbar durch Schmerz oder Katastrophen bedroht. Er ist ein Glückspilz, so wie ich auch. Er hat keine echten Verpflichtungen, kann jederzeit hingehen, wohin auch immer er will, schlafen, wo er will, kann sich nach Belieben bewegen, und dennoch verschwendet er jedermanns Zeit mit so etwas. Aber das verkneife ich mir – ich hebe es mir für später auf – und gebe stattdessen nur aufmunternde und positive Bemerkungen von mir. Und obwohl ich selbst nur wenig davon glaube, so glaubt er es doch umso mehr. Mir wird ganz schlecht von dem,

was ich da sage, alles so vordergründig, die Gründe, die für das Leben sprechen, nicht erklärbar in ein paar Minuten auf einer Bettkante in einer psychiatrischen Abteilung sitzend, aber er ist dennoch ermutigt, was mich noch mehr befremdet, und ich frage mich, wie es sein kann, dass eine honigtriefende Erbauungsrede ihn wieder für das Leben einnehmen kann, wieso er darauf besteht, uns derart nach unten zu ziehen, auf dieses Fußgängerniveau herab, wieso er nicht merkt, wie lächerlich wir beide aussehen, und wann genau sein Kopf so weich wurde, wann ich ihn aus dem Blick verloren habe, wie es kommt, dass ich eine derartig weiche und formbare Person kenne und ihr verbunden bin, und wo ich eigentlich meinen Wagen geparkt habe.

VIII.

Gegen die Exkremente auf dem Boden können wir nichts tun. In den Büroräumen von *Might* haben wir ein Problem mit Exkrementen auf dem Fußboden. Die fäkale Substanz ist über die Porzellanschnute der Toilettenschüssel getreten, auf die Fliesen geflossen, dann unter der Tür hindurch, und jetzt haben wir in unserem Büro eine Halbinsel von bräunlichem Abwasser, über die wir uns beschweren und gegen die wir Maßnahmen einklagen würden, wenn wir denn noch Miete zahlten. Aber wir können niemanden zwecks Reparatur anrufen, weil der Eigentümer das Gebäude vor vier Monaten zum Abriss freigegeben hat, als nämlich festgestellt wurde, dass es erdbebensicherer gemacht werden müsse, und weil niemand, erst recht nicht er oder sie, weiß, dass wir noch hier sind. Alle anderen Mieter sind ausgezogen, aber da *uns* niemand über die Sache *informiert* hat und wir kein *offizielles Schreiben* erhalten haben und da Randy Stickrod nicht in der Stadt ist – wir haben Randy Stickrod schon seit geraumer Zeit nicht mehr gesehen –, bleiben wir als Hausbesetzer.

Wir bezahlen nach wie vor weder unsere freien Mitarbeiter noch die Teilzeitangestellten, geschweige denn uns selbst. Und obwohl wir die Zeitschrift als Instrument zur Beantwortung einiger lang gehegter Fragen nutzen können – *Kann ich meinen eigenen Urin trinken? Welche Schmetterlinge kann man unbedenklich essen?* –, so steht der Nutzen in keinem Verhältnis zur Arbeit, und es ist alles irgendwie deprimierend. Wir sind ausgepowert. Wir sind schwach. Marnys Nase läuft seit nunmehr zwei Jahren ununterbrochen. Moodie, der ein chronischer Fall von Pfeiffer'schem Drüsenfieber zu sein scheint, hat einen beunruhigend großen Krug mit Vitamin C auf seinem Schreibtisch stehen. Wir werden nur noch durch den beständigen Zustrom von Freiwilligen und

Praktikanten, einem halben Dutzend auf einmal, am Leben erhalten. Da ist Elliot, der für den Sommer aus Ohio hierher gezogen ist und aussieht, als sei er nicht älter als zwölf Jahre. Da ist Gabe aus Kolumbien, der seine Westen auf nackter Haut trägt. Wir treffen und werben jemanden an, der Lance Crapo (mit langem *a*) heißt und anscheinend Erbe eines der größten Kartoffelanbauunternehmen in Idaho ist. Weil er sein Hemd ganz in die Hose steckt und bereit ist, sich um den geschäftlichen Aspekt der Zeitschrift zu kümmern, von der Werbung bis hin zu den immer wieder in Frage gestellten Geschäftsplänen, ist er nach einem Monat unser stellvertretender Vorsitzender und verantwortlicher Redakteur. Und bald darauf stößt etwas namens Zev Borow zu uns, der gerade die Syracuse University abgeschlossen hat und von New York nach San Francisco gezogen ist, um für uns zu arbeiten, umsonst.

Wie die meisten der jungen Aushilfen hat Zev mehr Energie, als wir gebrauchen können. Wir schicken ihn Besorgungen machen, wir überlassen ihm die Ablage. Wir haben nichts mehr, was er einsortieren könnte, bis Paul mit uns wettet, dass er Zev dazu bringen könnte, eine riesige Kiste mit Publicity-Fotos verschiedener Plattenhersteller zu sortieren – Hunderte solcher Fotos, von denen wir kein einziges je werden gebrauchen können, geschweige denn in alphabetischer Reihenfolge.

Es kostet ihn beinahe eine Woche, aber er schafft es, sehr zu unserer Belustigung, und lenkt uns so eine Zeit lang von der Tatsache ab, dass wir einander auf mancherlei Weise zu hassen beginnen – unsere Frustration über das Auf-der-Stelle-Treten äußert sich in der Art, wie wir miteinander reden – »Nicht doch, Kumpel, ich möchte wetten, dass du das echt prompt erledigen wirst« –, wir richten unseren Selbsthass aufeinander.

Nicht von ungefähr ist es daher Zev, ziemlich blind und nach wie vor optimistisch, von dem die Idee der Titelgeschichte für das nächste Heft stammt: Die Zukunft.

Der Eingangsartikel:

Die Zukunft: Ist sie im Kommen?

Sich zu fragen, was wohl die Zukunft bringen mag, bringt's voll. Wer wird was tun? Was wird geschehen? Das sind Fragen von großer Tragweite, über die nachzudenken wirklich schwer fällt. Aber versuchen Sie's mal mit etwas Konkreterem, wie etwa Essen in Der Zukunft: Was werden wir essen? Wird das Essen noch genauso oder anders schmecken? Werden wir es noch kauen müssen? Was ist mit der Kleidung? Wird sie enger oder weiter sein?

Wir haben eine Reihe von Experten zu ihren Prognosen für 1995 und darüber hinaus befragt:

Die Zukunft des Fensterputzens

von Richard Fabry, Herausgeber der *American Window Cleaners*:

»Professionelle Fensterputzutensilien werden bei den Menschen zunehmend mehr Beachtung finden ... schließlich sind sie schön. Viele Geräte sind aus Messing und haben ein schönes dreidimensionales skulpturähnliches Design – als hätten sie es verdient, in einem Museum ausgestellt zu werden.«

Die Zukunft der Getränke

Susan Sherwood, Redakteurin des *Arizona Beverage Analyst*:

»Insgesamt werden die Menschen 1995 weniger, dafür aber besser trinken.«

Zev schreibt dem Schriftsteller William T. Vollmann und ersucht ihn um seine Prognosen für das Jahr. Vollmann schreibt zurück, in Bleistift, auf die Rückseite des erhaltenen Briefes, er sei gerne bereit etwas beizutragen, wolle aber entlohnt werden. Da wir noch nie irgendjemanden für irgendetwas bezahlt haben und momentan noch weniger Geld haben als je zuvor, fragen wir ihn, ob er sich eine nichtpekuniäre Art der Entlohnung vorstellen könne.

Er sagt okay, er wolle Folgendes: a) eine Schachtel mit .45-Kaliber-Gold-Saber-Kugeln; b) zwei Stunden in einem warmen, gut beleuchteten Raum, mit zwei nackten Frauen, die er malen will, in Wasserfarben.
Zev übernimmt es, den Waffenladen auf der Second Street anzuhauen, und eine unserer Teilzeitassistentinnen, eine Kellnerin namens Michelle, sagt, sie werde Modell stehen und eine Freundin mitbringen. Vollmann kommt mit einem Freund aus Sacramento heruntergefahren, der mit Moodie in dessen Küche sitzt, während Vollmann Michelle und Freundin in Moodies Wohnzimmer malt. Wir warten bis nach der Sitzung, um ihm die Kugeln zu überreichen.
Der Aufmacher dieses Hefts trägt den Titel »Zwanzig in ihren Zwanzigern«, eine Verarschung unserer selbst wie auch eines kürzlich im *New York Times Magazine* erschienenen mehrseitigen Artikels, in dem »Dreißig unter dreißig« angekündigt wurden, eine Liste mit Namen, die wir noch nie gehört hatten und wahrscheinlich auch nie wieder hören würden, abgesehen von dem der einflussreichen Lyrikerin Lisa Loeb. Und was das Wichtigste war: Von uns stand kein Einziger auf der Liste, und das war beunruhigend. Hier unsere Einführung:

> Von wegen Abhängen: *Might* stellt zwanzig junge Macher, Senkrechtstarter und Geldscheffler vor, die »abhängen« noch nicht einmal buchstabieren können. Zwanzig der heißesten, hippsten und hardrockensten Twentysomething-Leute, die sich je in Secondhand-Jeans und DocMartens geworfen haben. Zwanzig, die sich ihr Erbe verdient haben. Zwanzig, die wissen, dass jung zu sein, Spaß zu haben und Pepsi zu trinken, mehr ist als nur ein Werbespruch. Zwanzig, die am liebsten der ganzen Welt eine Cola ausgeben würden und sich bereits an der Kasse angestellt haben. Meine Zwanziger, deine Zwanziger, unsere Zwanziger … *Mights* Zwanziger.

In unserem Artikel sind die Vorgestellten allesamt berühmt, reich, gut aussehend, gut angezogen und häufig genug die Sprösslinge derer, die bereits berühmt, reich, gut aussehend und gut angezogen sind. Brent, Moodies Mitbewohner, zieht sich an wie Lt. Sanders, der zum Jetset gehörende Sohn des Generals. Unsere zuletzt eingestellte Praktikantin, Nancy Miller, gibt sich als Juliette Tork aus, die Tochter von Peter von den Monkees und hoffnungsvolles Rockstar-Sternchen. Natürlich haben wir auch einen Kennedy (wir nennen ihn Tad; er hat ein paar Mal kandidiert), ein nachnamenloses Fotomodell, einen schwarzen Regisseur (»Ich möchte Märchen für Schwarze machen«), einen Chassidim Rave-Organisator (Schlomo »Cinnamon« Meyer) und einen Rapper von der Upper East Side (Hit Single: »Double-Parking Bitch«). Ohne besonderen Grund schießen wir einen weiteren giftigen Pfeil auf die arme Wendy Kopp ab:

Cindy Kahn, 25, Begründerin von
Streets for America

Streets for America, eine Idee, die aus Kahns in Harvard geschriebener Diplomarbeit hervorging, hat sich mittlerweile zu einem milliardenschweren gemeinnützigen Unternehmen entwickelt. Indem es junge Collegeabsolventen auf die Straßen von Amerikas gefährlichsten Städten schickt, möchte das Unternehmen dazu beitragen, das Polizeicorps der USA durch wache Gesichter, offene Geister und gute Manieren neu zu beleben. »Sämtliche regulären Cops schienen unglaublich dumm und hässlich zu sein«, sagt Kahn. »Es wurde Zeit, unserem Polizeiwesen ein wenig Klasse zu verleihen. Ich bin davon überzeugt, dass sich jeder unbelehrbare Kriminelle etwas aufrechter hinsetzen und aufmerken wird, wenn die Person, die ihm die Handschellen anlegt, gut gekleidet ist und einen Abschluss von, sagen wir, Yale hat.«

Und natürlich verteilen wir einen Seitenhieb auf die politisch engagierte Organisation *Lead or Leave*:

FRANK MORRIS, 29, UND FRANK SMOLINOV, 29,
GRÜNDER VON *Organize or Emigrate!*

Diese beiden sind die Köpfe hinter der politisch neutralen, aber einflussreichen *Organize or Emigrate!* Mit angeblich »irgendwo um die 130 Millionen Mitgliedern« ist es der Organisation in gerade einmal zwei Jahren gelungen, drei Broschüren und einen Button zu produzieren. Aber die beiden ruhen sich keineswegs auf ihren Lorbeeren aus. »Wir werden uns zu keinem eineinhalbstündigen Essen niederlassen oder auch nur unsere Verbindungszeitschrift lesen, bis nicht jeder Mann und jede Frau der Generation X unser Foto in einer größeren Zeitschrift gesehen hat«, sagt Smolinov. Und was kommt als Nächstes? »Was uns vorschwebt, ist ein Posten in der Regierung«, sagt Morris. »Doch anscheinend wird Ross Perot 1996 nicht als Präsident kandidieren.«

Mit einer Geste, als wolle er sagen: »Wer, ich?«, gibt sich Zev als Kevin Hillman aus, dessen Beschreibung der Wahrheit auf geradezu unheimliche Weise nahe kommt:

KEVIN HILLMAN, 26, SCHRIFTSTELLER

»Ein Abhängertyp? Ich doch nicht«, lacht Hillman. Und er hat allen Grund zu lachen. Sein Buch »Ein Abhängertyp? Ich doch nicht!« steht seit Anfang Januar ganz oben auf den Bestsellerlisten der *Times* und scheint keine Anstalten zu machen, die Position zu verlieren. Das Buch besteht ganz einfach aus der Abschrift von Unterhaltungen, die Hillman mit seinen Freunden über einen Zeitraum von einer Woche geführt und ungewollt mit einem Kassettenrekorder aufgenommen hat. »Ich hatte total vergessen, dass das Ding an war, und als ich es mir anhörte, war es einfach so, so, so verdammt echt!« Nächste Woche ist Hillman zusammen mit Kennedy bei MTVs *Alternative Alternative Nation Weekend Rock and Jock Tribute Water Polo Weekend* zu Gast.

Shalini lässt sich in indischen Gewändern und gelassener Haltung als elektronische Lautenspielerin Nadia Sadique abbilden – »eine Meisterin auf der klassischen Laute wie auch auf der Country-Laute und der Bottleneck-Slide-Laute.« Zwei Wochen später ruft uns der Produzent von *Wo steckt Carmen Sandiego* an, einer Lernspielshow auf PBS.

Sie wollen Nadia unbedingt in ihrer Show haben.

Wir versprechen ihnen, die Nachricht an Nadias Manager weiterzuleiten. Nach kurzer Debatte beschließen wir, dass Paul Nadias Manager sein soll. Wir schließen das Telefon an ein Aufnahmegerät, und Paul ruft den Produzenten zurück.

PAUL: Guten Tag, Mr. Meath, hier spricht Nadia Sadiques Agent, Paul Wood-Prince.

PRODUZENT: Ja, hallo! Ja, ich hab gerade Ihre Nummer bekommen. Wie sind wir noch mal auf Sie gekommen?

PAUL: *Might*-Magazin.

PRODUZENT: Yeah, wir haben diese Sache in *Might* entdeckt. Kennen Sie unsere Show?

PAUL: Ja.

PRODUZENT: Ah, gut. Nadia ist, glaube ich, genau die Person, die wir für einen Auftritt in der Sendung gebrauchen könnten, oder um irgendwelche musikalischen Hinweise deutlich zu machen. Und natürlich sind wir begeistert darüber, dass sie die Laute spielt.

PAUL: [Schweigen]

PRODUZENT: Das ist bei uns so ein Insiderwitz. Jeden Tag geben wir den Mitspielern durch verschiedene Tierlaute einen Hinweis, wo sie zu suchen haben; das nennen wir dann »Laute der Natur«.

PAUL: Ah so. Okay. »Laute der Natur«.

PRODUZENT: Und wenn sie für uns die Laute spielen könnte, wäre das großartig. Genau der richtige Witz für uns.
PAUL: Sie stammt außerdem aus Bangladesh.
PRODUZENT: Ah ja, diese ganze Multikulti-Sache finden wir toll.
Zäh verhandelt Paul mit Meath wegen der Termine und des Honorars und stimmt schließlich einem Auftritt Nadias in der Sendung im darauf folgenden Monat zu. (Wir beknien sie, aber Shalini weigert sich, hinzugehen. Nadia ist eine Ente.)
Auf dem Titelbild der Ausgabe sind fünf der Twentysomethings-Leute zu sehen. Sie blicken alle aus dem Bild hinaus in eine bessere Zukunft. Darüber die Worte:

DIE ZUKUNFT: SIE IST SCHON DA!

Kurz bevor die Ausgabe in den Druck geht, merkt der Besitzer des Gebäudes endlich, dass wir noch da sind. Er gibt uns eine Woche, dann müssen wir raus.
Wir ziehen mit Sack und Pack aus der zum Abriss bestimmten Lagerhalle in den fünften Stock eines gläsernen Büroklotzes inmitten der City. Die Werbeabteilung des *Chronicle*, die uns in ihrer Nähe haben möchte, damit Moodie und ich blitzschnellen Service bieten können, haben uns zu sich ins gleiche Gebäude geholt – zusammen mit Shalini und ihrer Zeitschrift *Hum* und Carla mit *bOING bOING* –, so dass wir jetzt für $1000 im Monat 250 m^2 haben, mit durchgehenden Fenstern vom Boden bis zur Decke – was Moodie und ich spielend bezahlen können, indem wir ihnen für unsere Designerarbeit überhöhte Preise berechnen.
Doch die Plackerei hat begonnen. Die Fenster lassen sich nicht öffnen, und selbst die allgegenwärtigen Juden- und Mormonenwitze können die steigende Flut von Frustration und Verfall nicht eindämmen.

Toph ist besser darin als ich. Die meinen landen meistens hinter mir, was an sich komisch, aber nicht das ist, was wir wollen. Wir spielen ein Spiel, bei dem wir so tun, als wollten wir einen Baseball so hart wie möglich von uns schleudern, machen viel Wirbel darum, mit Bein hoch und allem, um ihn dann, im letzten Augenblick, statt ihn tatsächlich abzufeuern, über unsere Finger gleiten zu lassen, in plötzlichem Zeitlupentempo, der Ball beschreibt einen hohen Bogen, seine Flugbahn ist langsam und erbärmlich, ein Pelikan mit nur einem Flügel. Dann fangen wir ihn und werfen ihn auf dieselbe Weise zurück. Wir machen das seit einer halben Stunde.

Die Leute, die in ihren Wagen vorüberfahren, hassen es. Sie werden langsamer, halten beinahe an, voller Zorn darüber, dass wir auf der Straße spielen. Und das auf eine Art, die vermuten lässt, dass sie noch nie Leute auf der Straße einen Baseball haben hin- und herwerfen sehen, dass sie vielleicht von so etwas *gehört* haben, aber es nie für möglich gehalten hätten, dass es hier und heute noch Eltern gibt, die so etwas nicht nur gutheißen, sondern auch noch fördern, sogar bei so einer Unsitte *mitmachen* würden.

Diese Leute, diese feinen Berkeley-Leute. Der Mann in seinem Volvo, der uns angafft, als würden wir Babys die Haut abziehen. Dabei sind wir eigentlich nur dabei, Wichtigeres aufzuschieben. Wir haben einen Termin.

Wir gehen ins Haus.

»Hast du die Inserate?«

»Ja.«

»Hast du die Zeitung?«

»Ja.«

»Okay, dann lass uns gehen.«

Wir setzen uns ins Auto und fahren los.

Nach eineinhalb Jahren des Wieder-Zusammen und Wieder-Auseinander haben Kirsten und ich endgültig Schluss gemacht, in gegenseitigem Einvernehmen, annehmbar für alle Beteiligten, doch mit einer Kettenreaktion, so grauenhaft, dass es sich kaum beschrei…

Also, erst haben wir Schluss gemacht, dann beschloss Kirsten, nach San Francisco zu ziehen, was ich großartig fand, da wir Abstand brauchten und ich so weniger versucht wäre, ihr hinterher zu spionieren, wenn mich samstags morgens um ein Uhr ein Eifersuchtsanfall überkam und ich davon überzeugt war, sie sei zu Hause, auf ihrem Sofa mit jemandem, der viel männlicher ist als ich. Und so war alles in schönster Ordnung, bis Beth, die gerade das zweite Jahr ihres Jurastudiums abgeschlossen hat, beschloss, na ja, was sie gerne machen wollte, war, nun, eben einfach Berkeley zu verlassen, ihre Wohnung nur wenige Blocks von uns entfernt, wo sie immer bei der Hand ist, in Reichweite, in der Lage, uns bei allem zu helfen, wann immer wir Hilfe brauchen, und in die Stadt zu ziehen, auf die andere Seite der Bucht, all das Wasser, die Brücke, diese vielen, vielen Meilen der Entfernung, nach San Francisco, wo sie sich eine Wohnung teilen wird mit … Kirsten!

Kirsten rief sogar an.

»Ist das nicht toll?«, fragte sie.

Dann rief Beth an.

»Ist das nicht toll?«, fragte sie.

Es war nicht toll. Toph und ich waren allein. Alles war verloren. Wenn ich alles allein machen müsste, würde ich das letzte bisschen Kontrolle, das ich noch besaß, auch noch verlieren und an Toph auslassen, der meinen Stress schweigend in sich hineinfressen würde und dann darauf bestünde, auf die Militärakademie zu gehen, wo er sich durch herausragende Ergebnisse hervortäte und schließlich zu einem Menschen heranwüchse, der Tierschädel sammelt und mit Gefangenen korrespondiert. Letztlich war es so schlimm nicht – Beth kam beinahe jeden Tag zurück nach Berkeley gefahren –, aber dennoch blieb uns, wenn wir nicht noch mehr unter Druck geraten wollten, nun, da unser Mietvertrag nur noch über wenige Monate ging, da die Middle School hinter und die Junior High School vor uns lag, kaum etwas anderes übrig, als ihnen zu folgen. Wir suchten nach einer Wohnung in San Francisco. Wir suchen immer noch.

Wir hatten keine Ahnung, wo wir beginnen sollten. Wieder spielte ich mit dem Gedanken an eine Loftwohnung, eine riesige Loftwohnung im Süden von Market, mit Zugang zum Dach, unendlich viel Stauraum, einem Dachfenster und Wänden, die wir bemalen könnten, die wir schmücken würden mit aufwändigen Wandgemälden, die am Ende Millionen wert wären, die erhalten, vorsichtig abmontiert und in das Museum of Modern Art transportiert würden, als Dauerexponate. Doch als wir uns die Gegend anschauen, von der Bay Bridge bis zur Mission, stimmt alles von vorne bis hinten nicht. Keine Bäume, zu viel Beton, Leder.

Nachdem wir den Süden der Market Street ausgeschlossen haben, weiß keiner mehr so recht, welches das geeignetste Viertel für uns wäre.

Das Haight-Viertel? Nein, nein, sagt Marny. Drogen, Obdachlose, all diese fürchterlichen Hippieteenager aus dem reichen Marin County, die einen anbetteln.

Das Mission-Viertel? Nein, das würde ich nicht machen, nicht mit Toph, sagt Moodie. Drogen, Prostituierte, Gangs.

Und alles andere ist zu weit entfernt von seiner neuen Schule. Wir melden uns auf ein Inserat für eine Zweizimmerwohnung in der Nähe von Dolores Park, auch wenn Paul meint, ein Großteil der Drogenhändler der Stadt würde das sanft hüglige Grün sein Zuhause nennen, und obwohl dort nur wenige Wochen zuvor ein junges Paar erschossen wurde, beide ohne Motiv getötet, mitten am Tag, während sie in der Sonne lagen.

Die Wohnung gehört einem älteren schwulen Paar, das in der anderen Hälfte des Gebäudes wohnt. Sie ist groß, mit hohen Decken, bezahlbar, malvenfarben und immergrün angestrichen, aber ansonsten perfekt. Ich fülle ein Formular aus, gebe alle nötigen Informationen über mich ab, lüge, was unser Einkommen angeht – zumindest so viel habe ich gelernt – und schreibe ihnen noch am selben Abend einen langen Brief, in dem ich sie anflehe, die Wohnung an uns zu vermieten, mehrfach darauf verweise, dass wir die Ersten gewesen seien, dass wir ruhig und nett, tragisch und verzweifelt seien, zum Leben, Leiden und Erziehen auserwählt. Mich drängt es, und beinahe tue ich es, ihnen von meinem Traum in der

vorigen Nacht zu erzählen, einem Traum zwischen Wachen und Schlafen, in dem ich in Tophs Blutkreislauf eintauchte – ich war so eine Art mikroskopisch kleines Teilchen, wie etwa in *Fantastic Voyage*, und ich drang in Tophs Blutkreislauf ein und sah die verschiedenen Muskelschichten und das Rote und Malvenfarbene und Lilafarbene, das Schlammbraune und Schwarze, und ich wurde in irrsinnigem Tempo herumgewirbelt, Dinge sausten links und rechts vorbei, in die Kapillaren hinein und aus ihnen heraus, doch dann flog ich plötzlich durch den Himmel – ich bin mir nicht ganz sicher, ob ich mich zu diesem Zeitpunkt noch in Toph befand oder nicht; können Tophs Grenzen doch auch einen Himmel enthalten –, und da waren die üblichen Blautöne, dann das Atmosphärenweiß und dann geräuschlos in den ebenholzschwarzen Weltraum, und ich sah die Welt, gerundet unter mir. Irgendwie glaube ich, dass sie uns durch diese Geschichte, durch so etwas, besonders zugetan sein werden, doch dann befürchte ich, es könnte ein Fall von, na ja, sagen wir, Distanzlosigkeit sein.
Ich fahre zu Kinko's, der rund um die Uhr geöffnet ist, um ihnen meinen Brief zu faxen, damit sie ihn am nächsten Morgen vorfinden, ihn beim Eintreffen der Sonne lesen und uns lieben und andere Interessenten gar nicht mehr in Betracht ziehen werden. Am nächsten Morgen ruft er an.
»David?«
»Ja«, sage ich.
»Das war ein netter Brief, den du uns da gefaxt hast.«
»Danke.« Erleichterung. Es ist vollbracht. Der Adler hat ...
»Aber eigentlich suchen wir eher ein schwules Paar.«
Ich überlege ernsthaft, in dem langen Schweigen, das darauf folgt, ob ich ihm erzählen soll, ich sei eigentlich schwul. *Woher will er wissen, dass ich es nicht bin? Wirke ich so schlampig?*
Ich seufze und lege auf.
Es ist einfach unglaublich. Jetzt, da es auf dem Wohnungsmarkt von San Francisco zum schlimmsten Engpass aller Zeiten gekommen ist – ausgelöst zum größten Teil durch die ständige Flut von *Real World* anbetenden CollegeabsolventInnen –, werden wir wie

Abschaum behandelt. Wir kommen nach schwulen Paaren. Wir kommen nach verheirateten Paaren, unverheirateten Paaren, weiblichen Mitbewohnern, männlichen Mitbewohnern. Vermieter rufen uns nicht zurück. Wir schauen uns eine Sache an, eine lichthelle Zweizimmerwohnung in genau der richtigen Gegend, und wir wissen, wir sind die Ersten – wir sind immer die Ersten –, doch obwohl der gedrungene Vermieter selbst alleiner ziehend ist und obwohl wir ihm unsere Bankunterlagen aushändigen, die unseren Nettowert sowie unsere Fähigkeit, die Miete zu zahlen, belegen, gibt er die Wohnung an ...

»An wen?«

»Einen Arzt.«

»Aber wir waren zuerst.«

»Na ja, um genau zu sein ...«

»Hören Sie, als wir aufgetaucht sind, haben Sie gesagt, wir seien die Ersten.«

»Ich erinnere mich nicht mehr genau ...«

»*Genau so* war's aber nun mal.«

»Hörn Sie, verstehn Sie doch ...«

Wir sind entsetzt. Wir sind erschüttert, *erschüttert*, dass man hier und heute zwei wie uns diskriminiert, nur weil einer von uns fünfundzwanzig ist, fraglich selbstständig, nur $ 22.000 im Jahr verdient und mit seinem zwölfjährigen Bruder lebt, der – so steht es auf dem Papier – beinahe die Hälfte der Miete bezahlt.

Wir sind drauf und dran, Beth, die ihren Juraabschluss in der Tasche hat und in der zweitgrößten Kanzlei von San Francisco untergekommen ist, zu beauftragen, dem gedrungenen Vermieter ein heiliges juristisches Höllenfeuer von oben zu schicken, als wir ein wenig Glück haben. Eine Immobilienfirma, deren Büro witzigerweise nur ein paar Häuser von Beth' und Kirstens neuer Wohnung entfernt ist, auf der hässlichen Union Street, vermittelt auch Mietwohnungen, und nachdem wir sämtliche Informationen eingereicht haben, hat die Maklerin, ein freundlicher Betty-White-Typ von Frau, eine Wohnung, die sie uns zeigen will, und wir gehen sie uns anschauen. Sie liegt in der Nähe von Tophs neuer

Schule – wieder eine Privatschule, wieder ein Stipendium –, und auch wenn kein Platz im Freien dazugehört und nur ein Fenster der Rede wert ist, sind die Decken hoch und die Miete zwar nicht niedrig oder auch nur erschwinglich, aber zumindest im Rahmen dessen, was sonst so auf dem babylonischen Wohnungsmarkt der Stadt (oder vielmehr: DER STADT) verlangt wird. Wir füllen die Formulare aus, und weil die Augenbrauen der Maklerin in die Höhe schießen, als sie die Worte »selbstständig«, »Gespartes«, »Sozialversicherung«, »Betreuer« und »zwölfjähriger Bruder« sieht, überreiche ich ihr für sich und den Vermieter je ein Heft von *Might* und die Kopie eines Artikels über uns in ... in ... der *Newsweek*!

Als der 1. September naht, scheint alles geregelt. Ich habe eine Kaution hinterlegt, einen Umzugswagen gemietet, Toph ist bereit für die Schule. Weil unser Zeitplan extrem eng ist, müssen wir den Umzug mit Hilfe von Freunden innerhalb eines Tages über die Bühne bringen. Es darf nichts schief gehen, und doch sind wir einfach nur selig, wie immer, wenn wir eine Wohnung gefunden haben, dass alles geregelt ist, dass wir in einer sicheren Gegend sind, dass wir zwei Zimmer haben, eine Geschirrspülmaschine, Böden, Wände.

Am 28. August ruft die Maklerin an. Sie klingt bekümmert. Es gebe da ein Problem ... Oh Gott, es tue ihr so Leid, aber ...

»Was ist?«

»Der Vermieter möchte vom Mietvertrag zurücktreten. Er und seine Frau haben etwas gesehen, das sie beunruhigt hat.«

»Was denn?«

»Etwas in diesem Artikel, den Sie ihnen gegeben haben. Es geht um zwei Dinge, erstens, dass Sie so unordentlich sein sollen und zweitens die Sache mit Jesus ...«

Der Vermieter, ein Mann namens Roger Simonian, und seine Frau, wie auch immer sie heißen mag, haben den Artikel aus der *Newsweek* gelesen und sich über folgende Passagen »sehr entsetzt«.

> Eggers and Moodie haben eine Firma für Graphic Design gegründet, ein 1-Zimmer-Laden, der bekannt ist, so Moodie, für seinen außerordentlich verwahrlosten Zustand.
> So führten die ersten Hefte [von *Might*] die Anzeigen mit im Inhaltsverzeichnis auf und enthielten lapidare Richtigstellungen wie »In unserem Teil Religion & Gesellschaft behaupteten wir auf Seite 111, Jesus Christus sei ein geistesgestörter, schmutziger Protohippie gewesen. In Wirklichkeit war Jesus Christus der Sohn Gottes. Wir bedauern das Versehen.«

Worüber mochten sie sich so aufgeregt haben? Verblüfft, verängstigt und verärgert bestehe ich auf einem Treffen mit »Herrn« Simonian. Er stimmt zu, und am nächsten Tag befinde ich mich in einem Raum mit ihm, einem Mann in den Fünfzigern, beinahe kahl, aber mit einem dieser furchtbaren Haartuffs mitten auf seiner großen, runden Stirn, im Anzug, mit kleinen Augen und Wurstfingern. Wir sind in einem Büroraum der Immobilienfirma, sitzen uns in Ledersesseln gegenüber. Er beäugt mich von oben bis unten, rümpft die Nase.
Er erklärt mir, es sei seine Frau gewesen, die die oben abgedruckten Passagen beunruhigend gefunden habe. Während ich mir nichts als Zurückhaltung vornehme, erkläre ich den absurden Hintergrund der beiden Aussagen und erkläre, für die Akten, dass nicht ich das gesagt oder geschrieben habe, dass auch nicht ich es war, der Lake Forest einen »Alptraum von einer WASP-Utopie« genannt hat. (Das war Moodie.) Außerdem, sage ich, das sind alles harmlose Scherze, sage ich, Scherze und Übertreibungen. Von Leuten, die es nicht besser wissen, von verwirrten jungen Köpfen, die Geld brauchen.
Dann trage ich richtig dick auf, was unsere verzweifelte Situation angeht, Tophs und meine, die Aussicht, obdachlos zu werden – und unterlasse jede Bemerkung – zumindest vorerst – über die baldige Unausweichlichkeit, mit der, wenn er uns in diesem späten Stadium des Spiels die Wohnung verweigert, eine gerichtliche

Aktion von Beth auf ihn zugerollt kommt, die ihm seine Knochen zu Brei mahlen und seine angeschwollenen, verseuchten Organe zum Platzen bringen wird. Er lehnt sich in seinem Ledersessel zurück und hört zu.

»Nun ja«, sagt er, »wissen Sie, momentan stimmt zwischen den Bewohnern in dem Haus die Chemie, es ist eine Gruppe netter junger Leute, und sie verstehen sich alle gut. Und ich mach mir einfach Sorgen, wie Sie da rein passen. Wissen Sie, ich möchte einfach kein Anti-Establishment-Element aufnehmen, das die Verhältnisse in Unordnung bringt.«

Ich überlege, ob ich diese Redewendung im wirklichen Leben je gehört habe. »Anti-Establishment«. Ich weiß gar nicht genau, was ich mit diesem Wort anfangen soll. *Hat er das wirklich eben gesagt?* Soll ich aufstehen und ihn laut lachend sitzen lassen? *Sieht er nicht, dass ich der gemeinsame Nenner bin?* Will ich wirklich unter einem Mann wohnen, der es in Kauf nimmt, zwei Waisen nur wenige Tage vor dem Einzug auf die Straße zu setzen? Soll ich mir überhaupt die Mühe machen, diesen fetten, kleinen Gnom davon zu überzeugen, dass ich nicht der bin, für den er mich hält?

(Kleiner Hinweis: Ich trage beigefarbene Hosen, ein weißes Hemd mit Button-down-Kragen und ein Jackett, alles aus Kisten hervorgekramt und gebügelt, eigens für diese Gelegenheit.)

Und so verbringe ich die nächsten zehn Minuten damit, ihm in quälender Ausführlichkeit darzustellen, wie *pro-Establishment Toph und ich in Wahrheit sind.* Lake Forest, sage ich. Unser Großvater war Arzt, sage ich. Haben Sie noch nie von ihm gehört? Von den McSweeneys aus Milton, Massachusetts? Die Hawkinses aus Hollister – sie sind übrigens die Gründer dieser Stadt – *nur eine Stunde südlich von hier.* Die Tucks aus Hillsborough? Mein Gott, was haben *die* Geld! Hillsborough! Ich fahre fort, nenne Namen, Orte – er schreibt sie sich sogar auf, die feiste Echse, auf einen kleinen schwarzen Notizblock –, erzähle ihm, dass mein Vater in Greenwich aufgewachsen ist, nenne all die Orte, an denen die Menschen, die mit uns verwandt sind, gewohnt haben, und von denen wir uns mittlerweile so meilenweit entfernt haben, dass sich selbst das Heraufbeschwören ihrer Namen verzweifelt und falsch anfühlt. Aber ich tue es, ich erwähne Fonds und Anlagen und alle Rechtsanwälte in der Familie und verspreche hier eine Kaution und da eine Garantie, Bürgen, alles, weil ich weiß, dass wir, wenn ich es nicht tue, bei Beth und Kirsten wohnen müssen, auf dem Boden und dem Sofa, einen Monat, und wir werden uns streiten, Toph wird sich wie ein Zigeuner vorkommen, wird in der Schule gemieden werden und, einmal erwachsen, junge Kätzchen töten, indem er sie in Mülltüten steckt und gegen eine Mauer schlägt.

Wir bekommen die Wohnung.

Und wir laben uns an San Francisco. Wir sind plötzlich nur noch fünf Fahrradminuten vom Strand, vom Baker Beach, entfernt, mit seinen wogenden Dünen, den Pazifik zur Linken, die Golden Gate Bridge zur Rechten, und es sind nur ein paar Blocks bis zum Presidio, Pinien- und Eukalyptusbäume dicht an dicht, kürzlich umfunktioniert und so gut wie verlassen. Wir radeln hindurch, eine Geisterstadt aus weißem Stuck und Holz vor dem Hintergrund papageiengrüner Wiesen, alles großzügig, wahllos verteilt auf Grundstücken, die zu den teuersten der Welt gehören, so teuer, dass es schon absurd ist. Der Presidio ergibt wenig Sinn, dichte Waldflächen, vernachlässigte Kleinode von Baseballfeldern gleich neben millionenschweren Villen, andererseits ergibt San Francisco insgesamt wenig Sinn, eine Stadt aus Kitt und Pfeifenreinigern, Gummikleber und buntem Papier. Sie ist das Werk von Feen, Elfen, glücklichen Kindern mit neuen Buntstiften. Warum nicht rosa, lila, regenbogenfarben, golden? Welche Farbe nehmen wir für die Motorradkneipe an der 16th Street in der Nähe des Highways? Pflaumenfarben. Pflaumenfarben. Das Licht, das so stark und wahrhaftig ist, dass alle Ecken deutlich, klar umrissen sind, dass alles Glas blendet – Pfähle und Strebepfeiler und Türmchen – die Reste verschiedener Highways – regenbogenfarbene Luftsäcke – die Blätter von einer sexuell anmutenden Saftigkeit. Nur ab und an gewinnt man den Eindruck, die Stadt sei ein echter Ort, in dem sich wohnen und Geschäfte machen lässt, mit zweckmäßigen Straßen und vernünftigen Gebäuden. Die ganze übrige Zeit behält das Gefühl von Launenhaftigkeit und Glaube die Oberhand. Schon allein die Fahrt von und zu Marnys Wohnung im Castro-Viertel kommt einem Epos gleich, dieser Hügel und jener Hügel – ach, die Armseligkeit des flachen, geraden Illinois! –, diese Aussicht und jene, überall die Hügel, die Kurven, das Vielleicht-versagen-mir-meine-Bremsen, das Vielleicht-versagen-wem-anders-die-Bremsen – das Ganze ein einziges Abenteuer in verblassendem Technicolor, gespielt von einer enormen Besetzung von bunt gekleideten Losern. Immerzu geschieht etwas typisch San-Francisco-Mäßiges, das bestätigt, was alle seit jeher von der Stadt, vielmehr DER STADT, wie man hier sagt, gedacht haben – die Obdachlosen tragen Badekleidung und machen Handstand auf dem Bürgersteig und entleeren schamlos ihren Darm, unbelästigt, an geschäftigen Straßenecken. Aktivisten werfen mit Bagels nach Polizisten in voller Kampfmontur, Radfahrer dürfen den Verkehr auf der Market Street zum Erliegen bringen, werden jedoch verhaftet, wenn sie versuchen, über die Bay Bridge zu fahren. Als wir zum ersten Mal die Haight Street aufsuchen, torkelt ein Mann an uns vorbei, der heftig aus einer Kopfwunde blutet und dem zehn Sekunden später ein zweiter Mann folgt, der ebenfalls am Kopf blutet und lauthals brüllt, wahrscheinlich dem ersten blutenden Mann hinterher. Er hält einen Tennisschläger in der Hand. Überall sieht man Unmutszeichen engagierter Stadtbewohner, Hinweise auf Dinge, die als unzumutbar empfunden werden, wie etwa Zuckergranulat und Weintrauben, Autos in der Stadt, Skateboards im Zentrum oder einen Tunnel durch Marin County. Selbst Straßenschilder werden entsprechend ergänzt:

STOP
DAS AUTOFAHREN

STOP
MUMIAS HINRICHTUNG

Die Busse hängen an Seilen oder Drähten oder was auch immer, und hinter ihnen herzufahren, bedeutet, dass man häufig warten muss und Lesestoff zur Hand haben sollte, weil diese Busse nicht sehr lange an ihren Seilen oder Drähten befestigt bleiben – plötzlich gibt es einen Funkenregen, und der Bus hält an, und der Fahrer steigt aus, geht zum Ende des Busses, ruckt einmal fest an dem Seil oder dem Draht, während er fröhlich lächelt, oh ha, ha, weil es hier eigentlich gar keinen Grund zur Eile gibt, für niemanden, niemals, am wenigsten für diejenigen, die den Bus benutzen. Der Union Square wird von achtzigjährigen Zwillingen heimgesucht, die Gassen dampfen nach Urin, und Teenager betteln in der Mission, im Haight-Viertel – »Ey, Bruder! Wie wär's mit nem Stück von deiner Pizza?« –, und der Wind fällt vom Pazifik her ein, pfeift die Geary Street hinunter, die Richmond Street entlang, rüttelt an Tophs zur Westseite gelegenem Schlafzimmerfenster.

Und in der neuen Wohnung lässt es sich wunderbar schliddern. Sie ist lang und schmal geschnitten, alle Zimmer gehen von einem Flur ab, und da der Flur einen Holzfußboden hat und ungefähr zwölf Meter lang ist, können wir, wenn die Tür zum Treppenhaus des Hauses offen steht, diesen extra Meter nutzen, um Anlauf zu nehmen, so dass uns, mit diesem Meter und dann noch einmal fünf bis fünfeinhalb Meter, auf denen man schon richtig beschleunigen kann, immer noch ungefähr sieben Meter für ein erstklassiges Schliddervergnügen bleiben, mehr noch, wenn Tophs Tür offen steht und der Stuhl vor seinem Schreibtisch zur Seite gerückt wird.

Doch davon mal abgesehen ist die Wohnung ein Reinfall.

Mein Schlafzimmerfenster geht auf ein Altenheim hinaus – dessen Bewohner sitzen auf ihren Balkons, gießen ihre Pflanzen, starren in die Luft, starren mir ins Fenster –, und in zwei der vier Wohneinheiten des Hauses leben ekelhafte, lärmende, rücksichtslose, verformte Motherfuckers, die früher mal in Studenten- oder Studentinnenverbindungen gelebt haben müssen. Die Wände in dem Haus, hauchdünn, wie sie sind, scheinen die Geräusche der anderen Wohnungen nicht zu dämmen, sondern zu verstärken, so dass wir nicht nur jedes Türeschlagen hören, sondern auch jede Nachricht auf jedem Anrufbeantworter und jedes Lied *(Hootie)*, jede Fernsehserie (*Friends*), die unsere Mitmieter anzuschauen belieben. Jeden Tag wird in mindestens einer der Wohnungen eine Party gegeben oder ein Abendessen oder eine Dusche oder … Großer Gott, wir haben keine Ahnung, was für Menschen diese Leute sind. Ich komme mir vor, als sei ich plötzlich wieder im College, als sei ich der Vertrauensdozent in den Studentenunterkünften. Ich stelle Gesuche. Ich klopfe an die Tür unseres Nachbarn. Der fleischige, rothaarige Typ, dessen Namen ich nicht weiß, öffnet mir, merkt, dass ich mich beschweren will, und schaut mich aus augenbrauenlosen Augen blinzelnd an, hört mir zu, schließt die Tür und tut, wie sollte es anders sein, gar nichts. Es ist unglaublich, wie wenig sie sich um uns, Himmelsgeschenk, scheren, um unsere spezifischen Bedürfnisse. Wir erwarten, dass besondere Rücksicht genommen wird, dass sich das Meer vor uns teilt, aber diese Leute sind dermaßen aggressiv unbeeindruckt von uns, dass ich so weit sinke, ihnen traurige kleine Zettelchen unter der Tür hindurch zu schieben.

> Liebe Leute,
> nur damit ihr es wisst: Die Wände in diesem Haus sind hauchdünn. Ich bekomme alles von jeder Wohnung mit, einschließlich wann ihr euren Fernseher anstellt. Ich hab ja nichts dagegen, dass ihr fernseht, aber muss es so laut sein? Und wenn ihr Gäste habt, vergesst nicht, dass auch wir Gäste haben, wenn ihr wisst, was ich meine. So laut ist es nämlich, und dabei kann ich unmöglich arbeiten (was ich abends und zu Hause tue), und mein Bruder kann unmöglich seine Hausaufgaben machen. Leute, es ist auch so schon schwer genug …

Nichts ändert sich. Sie machen noch mehr Lärm, wahrscheinlich um uns, wie wir vermuten, rauszuekeln. Erschöpft stellen wir uns darauf ein und schlagen zurück. Wir haben die Stereoanlage immer an, um den Lärm, der von unten oder nebenan herüberdringt, zu übertönen. Wir spielen Basketball in der Wohnung. Wir gehen für mehrere Stunden weg und stellen zuvor alles in der Wohnung an, drehen die Lautsprecher zur Wand.

Toph ist der Einzige in seiner neuen Schule, der in einer Wohnung wohnt. Viele Mitschüler leben in der Nähe, aber alle in ihrem eigenen Haus, in riesigen perfekten Häusern im Nobelviertel Presidio Heights, mit Räumen für die Bediensteten, Auffahrten, Garagen. Wenn ich die Namensliste der Schule und darauf dieses »Wohnung Nr. 4« hinter unserer Adresse sehe, bekomme ich die Krise. Ich will dann die Schule anrufen und sie auffordern, den Zusatz zu entfernen. Er geht jetzt in die siebte Klasse, und abgesehen von jenem einen Lehrer, einem lieben Mann, der es für nötig hält, ihn mindestens ein Mal am Tag zu fragen, wie er sich *fühlt*, läuft alles gut und normal, und er ist auf Anhieb unerträglich beliebt. Innerhalb eines Monats war er auf drei Bar Mizwas und Bat Mizwas, zwei Geburtstagspartys, verschiedenen anderen Veranstaltungen, und ich bin dankbar, unendlich dankbar trotz der ewigen Fahrerei, die das mit sich bringt, für diese Aktivitäten, für seine Beliebtheit, die den Schock des Umzugs mildern.

Ich bringe ihn zu einem der Mädchen aus seiner Klasse nach Hause. Als ich ihn drei Stunden später von der Party abhole, ist er durcheinander, verwirrt.

Sie haben Flaschendrehen gespielt.

»Echt?«, sage ich. »Flaschendrehen? Ich wusste gar nicht, dass es das noch gibt. Ich mein, ich glaube, noch nicht einmal *ich* habe das je gespielt ...«

Er sei umzingelt worden. Bis auf einen anderen Jungen sei er allein mit sechs Mädchen gewesen. Er sei in die Falle geraten, hineingelockt worden. Er war der neue Junge, und sie fetzten sich um die Beute.

»Und, hast du jemanden geküsst?«

»Nein.«

»Nein? Warum nicht?«

»Weil ich sie kaum kenne.«

»Na ja, klar, aber …«
»Ich hatte keine Lust.«
Ich weiß nicht, was ich sagen soll. Eigentlich will ich, vielmehr der allergrößte Teil von mir, in den nächsten Wochen nichts anderes tun, als darüber zu reden, mich nicht nur damit begnügen, jede Einzelheit aus ihm herauszuquetschen, hechelnd, wie ich vor Notstandsneugier bin, sondern ich will auch meinem drängenden Bedürfnis nachgeben, ihn zu beknien, kein solches *Weichei* zu sein. Sorgfältig wäge ich meine Chancen ab und beschließe, da ich ein Meister der Strategie bin, dass ich umso mehr erfahre, je weniger ich so etwas wie, sagen wir, Spott in die Unterhaltung einfließen lasse. Auch achte ich darauf, mein eigenes Bedauern nicht auf ihn zu projizieren, all die verpassten Gelegenheiten, die Mädchen, die ich niemals geküsst habe, die Junior-High-School-Bälle, an denen ich nicht teilgenommen habe – und die Tatsache, dass ich nicht will, dass er solche Gefühle des Bedauerns, *überhaupt* Gefühle des Bedauerns, verspürt. Wir besprechen die Einzelheiten des Abends auf der ganzen Fahrt nach Hause, zu Hause auf dem Sofa, lange nach seiner Zu-Bett-geh-Zeit, während wir uns *Saturday Night Live* anschauen, und darüber hinaus.
»Waren sie süß?«
»Wahrscheinlich. Einige. Ich weiß nicht. Ein paar waren nicht von SF Day.«
Ich bin begeistert, hoffe, es nicht zu vermasseln, seine Offenheit, was Mädchen angeht, weil es eines der ersten Male ist, dass er mit mir darüber spricht, da ich normalerweise kichere und mich lustig mache und er sich folglich mit solchen Themen lieber an Beth wendet.
Aber Beth, mittlerweile Sozius im ersten Jahr, ist in letzter Zeit zu beschäftigt. Wir sehen sie immer weniger, was ein Problem ist, aber kein so großes Problem, wie es das noch vor einem Jahr gewesen wäre. Toph ist in einem Alter, in dem man ihn, wie ich finde, für einige Stunden allein lassen kann, und weil es nur zwölf Blocks bis zu seiner Schule sind, kann er dorthin laufen. Natürlich fahre ich ihn die ersten Male hin oder wenn er zu spät dran ist, aber

ansonsten verschlafe ich seinen Morgen, weil ich bis um drei Uhr morgens am Computer gesessen und nichts Geringeres getan habe, als das Antlitz der Welt zu verändern. Er wacht auf und macht sich sein Mittagessen, sein Frühstück, nimmt es mit den Cartoons zu sich, und dann, wenn er losgeht, hebe ich häufig, bestimmt einmal die Woche, lang genug den Kopf vom Kissen für ein:

»Hi.«

»Hi.«

»Wie geht's?«

»Gut.«

»Du machst dich wohl besser auf den Weg, du bist schon beinahe zu spät.«

»Ich weiß.«

»Was hast du gegessen?«

»Waffeln.«

»Irgendwas Obstiges?«

»Einen Apfel.«

»Wirklich?«

»Yeah.«

»Wie kommst du zur Schule?«

»Fahrrad.«

»Ist die Kette noch kaputt?«

»Yeah.«

»Zieh den Helm an.«

»Tschüss.«

»Zieh ihn an!«

Weil seine Kette schon seit Wochen klemmt beziehungsweise defekt ist – wir haben sie schon zwei Mal reparieren lassen, aber sie kehrt immer wieder zu ihrer nutzlosen erstarrten Form zurück –, behilft er sich, indem er einfach zur Schule rollt, wobei er den einen Fuß auf das innere Pedal stellt und sich mit dem anderen abstößt, das Fahrrad somit wie ein Skateboard oder einen Roller benutzt. Er hatte mir diese Technik beschrieben, aber ich hatte ihn noch nie in Aktion gesehen, bis ich eines Tages, nachdem er bereits die Wohnung verlassen hatte, zum Pinkeln ins Badezimmer ging, um danach wieder ins Bett zu wanken, und sein Mittagessen auf dem Küchentisch entdeckte. Ich stürzte ihm nach, aber er war schon weg, und so fuhr ich zur Schule, dachte nicht, dass ich ihn unterwegs sehen würde, aber plötzlich war er da, rollte in Richtung der ersten Ampel an California Street, Ecke Masonic Street. Es war unglaublich. Er vollführte die Sache mit dem Pedal und dem Abstoßen, als wolle er das Fahrrad im Damensitz benutzen – es sah aus, als mache er Witze. Kein normales Kind würde sein Fahrrad jemals so benutzen. Und natürlich trug er seinen Helm nicht. Ich hupte und hielt ihn an der Ecke an.

»Dein Mittagessen.«

»Oh.«

Ich war zu müde, um wegen des Helms etwas zu sagen.

Die meiste Zeit über fühle ich mich furchtbar und schuldbewusst, in meinem Herzen weiß ich, dass, wenn ich ihm kein Frühstück mache und ihn nicht zur Schule fahre, er später einer dieser Typen wird, die Kaninchen das Fell abziehen, sich mit Bogenschießen amüsieren und Waffen malen ... Andererseits bin ich, im Vergleich zu manch anderen Eltern, ein Dr. Spock. Da wäre zum Beispiel diese geschiedene Mutter eines Mitschülers von Toph. Ungefähr fünfzehn von uns Eltern befinden sich eines Nachmittags in Marin Headlands, stehen neben unseren Wagen auf dem Parkplatz, um die Kids abzuholen, die auf einer zweitägigen Campingtour waren. Die Mutter, braun und gegerbt, mit langem blondem Haar und rosafarbenem Lippenstift, trägt ein weites Rugbyhemd über weißen Leggings und redet aufgekratzt und begleitet von ausladenden Gesten darüber, wie sie zu Hause mit Gras umgeht, vor den Augen ihres anderen Sohnes, eines Schülers im zweiten Jahr der Senior High School:

»Ich denke, wenn er rauchen will, dann wird er rauchen.« Exaltiertes Achselzucken. »Also erlaube ich ihm, sich zu Hause eine anzustecken. Wenigstens weiß ich so, wo er ist, was er tut, dass er nicht herumfährt oder so etwas.«

Obwohl sie mit jemand anderem redet, schaut sie zu mir herüber. Ich habe den Eindruck, als erwarte sie Zustimmung von mir, weil

ich ihrem Sohn altersmäßig näher stehe als sie und weil ich einen ausgefallenen Bartwuchs habe.
Aber ich bin zu schockiert, um etwas sagen zu können. Die Frau gehört eingesperrt. Und ich sollte ihre Kinder aufziehen. Vielleicht bin ich der Einzige mit genügend Sachverstand, um all diese Kinder großzuziehen – viele dieser Eltern sind zu alt, zu staubig. Schlimmer noch sind solche wie sie, die sich wie ihre Kinder anziehen und deren Redewendungen gebrauchen. Aber »anstecken«? Wer sagt schon »anstecken«?
Ich erzähle Beth davon, und sie ist, wie immer, belustigt über die Unzulänglichkeiten der anderen Eltern. Sie und ich arbeiten friedlich zusammen, wechseln uns ab, gehen zu den Elternabenden zusammen. Wir sind eine Zirkusfamilie, eine Familie von Trapezkünstlern, mit perfektem Timing, großartiger Bühnenpräsenz, engen grünen Trikots.
Was die Feiertage angeht, so handhaben wir sie flexibel. Kirche ist völlig out, Gleiches gilt für Kirchenfeiertage. Thanksgiving wird halbherzig eingehalten, da weder Toph noch ich sich besonders viel aus Truthahn machen und die Füllung und diese Geschichte mit dem Preiselbeergelee aus der Dose gar nicht mögen. Aber Weihnachten feiern wir. Bill, Beth und ich bekommen je eine Kopie von Tophs Wunschliste und teilen sie uns. Beth kümmert sich um Socken und Klamotten. Bill übernimmt auch ein paar Posten von der Liste, nutzt die Gelegenheit aber ansonsten, um Toph die Bücher zu kaufen, die er zur Entwicklung jedes angehenden Verfechters individueller Freiheit für entscheidend hält – an einem Fest bringt er William Bennetts *Book of Virtues* und das *Dictionary of Cultural Literacy* auf einmal mit.
Ein paar Tage vor dem Fest kommt Bill aus L.A., und dann versuchen wir, die Geschenke so gut wie möglich so aufzubauen, wie es unsere Mutter getan hat. Weihnachten, wie alle Feiertage, mit denen wir uns noch abgeben, feiern wir auf eine Weise, die eine Art Huldigung unserer Eltern und deren Gebräuche darstellt, nicht selten aber auch in eine boshafte Parodie ausartet.
Unsere Mutter war eine Weihnachtsextremistin. Wochen, in de-

nen acht Stunden am Tag eingekauft wurde, Listen, die geschrieben, umgeschrieben und nochmals umgeschrieben wurden, Geschenke, die unter dem Baum hervorquollen, beinahe bis in den Flur – im gnadenlosen Bestreben, die vorigen Jahre zu überbieten, es nicht nur fröhlich und extravagant wirken zu lassen, sondern obszön. Mein Vater, der ein stillerer, wenngleich nicht minder enthusiastischer Fan war, hatte ein Ritual, wonach er, weil er der Vater war verdammtnochmal und weil er die halbe Nacht aufgeblieben war, um die verdammten Geschenke aufzustellen, erst spät aufstand und am Fünfundzwanzigsten so gegen, oh, zehn Uhr herunterkam, nicht um uns beim Öffnen der Geschenke zuzuschauen, nein, sondern, um sich ein riesiges Frühstück zuzubereiten und es zu vertilgen: Kaffee, Rosinenschnecken, Speck, Orangensaft, Pampelmuse, Zeitung, alles – und das in aller Ruhe. Während wir auf ihn warteten und vor Spannung schon förmlich schielten, tobten die Kinder aus der Nachbarschaft, von denen die meisten seit vier oder fünf Uhr morgens auf waren, vor unseren Fenstern mit neuen Schlitten, hänselten uns, fuhren vorbei auf ihren Renndreirädern, traten mit ihren neuen Moonboots in die Pedale, glänzten in der Wintersonne, absolut phantastisch.

Dieses Weihnachten sterben wir, weil Beth und ich die Routine abspulen. Bill sitzt missbilligend, aber dennoch lachend dabei, Arme verschränkt, lautlos bebend. Die Routine, die beginnt, wenn wir aufgestanden sind und bevor Toph die Geschenke auspackt, geht so:

BETH: Okay, jetzt kannst du sie öffnen.

ICH: Moment, einen Augenblick. Wartet. *(Zupfe mir ein paar Flusen vom Hemd, mache mir die Schnürsenkel ganz, ganz langsam auf und binde sie wieder zu)* Okay … jetzt.

BETH: Ach, Moment noch. Ich muss noch mal zum Klo. *(Das Geräusch von fließendem Wasser. Dann Stille. Dann Klospülung. Mehr Wasser. Dann Zähneputzen.)*

BETH: *(Erscheint frisch aus dem Bad, streicht Pullover zurecht)* Okay, jetzt bin ich so weit. Du kannst.

Ich: Augenblick mal, Augenblick mal. Wisst ihr, was jetzt absolut köstlich wäre? Eine Pampelmuse.
Beth: Mmm. Pampelmuse.
Ich: Lasst uns doch eine Pampelmuse essen und dann, wisst ihr was? Wir könnten so schön zusammen spazieren gehen.
Beth: Das wäre wunderschön.
Ich: Frische Luft, ein wenig Bewegung …
Beth: Und Nähe zu Gott …
Ich: Und Nähe zu Gott.
Beth: Wir können Weihnachten doch auch morgen feiern!
Beth: *(Denkt nach, schnalzt dabei mit der Zunge)* Oh, oh, Morgen geht's nicht. Wie wär's mit Donnerstag?
Ich: Donnerstag ist schlecht. Und das Wochenende ist schon dicht. Montag?
An diesem Punkt können Beth und ich nicht mehr, wir keuchen, weinen, halten uns den Bauch, suchen bei den Möbeln Halt. Es haut uns um.
Toph wartet unbeeindruckt. Er erlebt die Routine nicht zum ersten Mal.
Tophs Geschenke zu adressieren, ist meine Aufgabe, und in der Nacht auf den Fünfundzwanzigsten gebe ich mein Möglichstes, um die Aufgabe aufzupeppen, ihr eine neue Dimension zu verleihen. Einige adressiere ich an erfundene Empfänger, andere an Kids in der Nachbarschaft. Viele von Tophs Geschenken adressiere ich an mich. Dort, wo tatsächlich sein Name steht, ist er falsch geschrieben. Oder ich halte mich an das, was ich bei Unterlagen für die Schule tue: Ich irre mich im Namen, schreibe »Terry« oder »Penelope«, streiche das dann aus und setze seinen richtigen Namen in kleiner Schrift darunter. Als Absender nenne ich in einigen Fällen »Wir«, in anderen »Santa Claus«, am liebsten jedoch:
Von: Gott.
Er weiß nicht, wem er danken soll. Er will nicht zu abgebrüht wirken, wenn er die Beute einsackt, und wir nutzen sein Bemühen aus, gefallen zu wollen. Eine Packung farbiger Ton kommt zum Vorschein.

»Danke«, sagt er.
»Wem willst du danken?«
»Ich weiß nicht. Dir?«
»Gott, mir doch nicht.«
»Danke, Gott?«
»Ja, Toph, der liebe Gott hat seinen Sohn für deinen Weihnachtsspaß geopfert.«
»Hat er das?«
Ich wende mich an Bill. Bill hält sich da raus.
»Das hat er«, sage ich. »Nicht wahr, Beth?«
»Das hat er allerdings, allerdings.«

Die Arbeit wird noch deprimierender, Routine, die nur durch gelegentliche Todeserfahrungen gewinnt. Zum Beispiel: Es ist ein Tag wie jeder andere, an dem ich an meinem Schreibtisch sitze und an einem Artikel arbeite, in dem wir mit dem Rave-Mythos aufräumen, an einem Text in einer Serie von kritischen Artikeln, mit denen wir den falschen Schein der meisten Dinge entlarven, an die die Welt glaubt oder die ihr am Herzen liegen. Wir haben mit einer Version der Bibel aufgeräumt, die für schwarze Kinder geschrieben wurde. Wir haben mit dem Projekt für Studentendarlehen aufgeräumt. Wir haben mit der Idee des College im allgemeinen aufgeräumt und mit der der Arbeit im Allgemeinen und der Ehe und Schminke und den *Grateful Dead* ... Es ist unsere Aufgabe, diese ganze Künstlichkeit aufzudecken, überall, und die Arbeit ist befriedigend, zerrt die Wahrheit vor eine arglose ...
Ich werde im Innern getreten. Mit Schuhen, die eine Stahlkappe haben. Ich sitze an meinem Schreibtisch. Es fühlt sich an wie ein Krampf oder vielmehr wie ein Löffel, der in meinem Innern bohrt, der drinnen festsitzt, ein Löffel, der versucht herauszukommen, so ne Scheiße. Ich bin gelegentliche Schmerzen gewöhnt, meistens verursacht durch zu viel Koffein und nicht genug Gehaltvolles, aber normalerweise geschieht das nicht während des Tages – diese

Krämpfe tauchen morgens auf oder ganz spät nachts, wenn ich auf den Bildschirm starre und an jenen Winter denke …
Ich arbeite weiter. Doch als der Schmerz eigentlich abklingen sollte, wie es Schmerzen gemeinhin tun, geschieht dieses Mal nichts; er wächst, der Schmerz, und weil ich denke, es könnte etwas mit meiner Darmbewegung oder vielmehr mit dem seit kurzem offensichtlichen Mangel daran zu tun haben, stehe ich auf, um zur Toilette zu gehen, und gerade, als meine Augen den Flur zur Toilette erkennen, gerät das Bild aus den Fugen, und dann neigt sich die Landschaft, und dann sehe ich das Büro aus dem Blickwinkel einer Batman-Kamera – *endlich* mal etwas Neues! –, und dann ist alles blau … Der Teppich. Ich bin auf dem Boden. Und jetzt sind da fünf Löffel, kleinere Löffel an derselben Stelle, die sich irgendwie winden und bohren, ungelenke Leutchen da drinnen, tanzen mit spitzen Schuhen, trampeln sogar, meine rechte Seite die Tanzfläche. Mir geht auf, dass ich … ich winde mich auf dem Teppich. Ich schaue auf zum Sofa, das vielleicht einen Meter weit weg ist, und muss es zum Sofa schaffen. Das Sofa ist mein Zuhause, das Sofa ist die Antwort. Ich muss … nur … das Sofa … erreichen …
Keiner merkt etwas. Bin ich angeschossen worden? Ich bin nicht angeschossen worden. Ich habe keinen Schuss gehört. Aber was, wenn sie einen dieser Schalldämpfer benutzt haben? Es könnte so ein Schalldä… Ich bin nicht angeschossen worden. Aber ich sterbe. Bestimmt, bestimmt. Ich sterbe. Endlich.
Ich kann nicht sprechen. Ich versuche, Wörter herauszupressen – Helft. Mir. –, aber alles, was dabei herauskommt, ist ein leichtes Keuchen, Hundehecheln, meine Wörter durch irgendeinen Geist entführt, in dem Moment, in dem sie meinem Mund …
Ich sterbe – endlich. Scheiße, ich wusste es. Ich habe es verdient. Das wisst ihr, das weiß jeder. Es ist Aids, und es war abzusehen, mit diesem Einen-Mal-als-das-Kondom-gerissen-ist bei der Frau-die-schon-viel-*herumgekommen*-war. Ich habe sofort ein Bild vor Augen, das Wo – eine kleine Wohnung im zweiten Stock mit schiefen Wänden und Blick auf Süd-San-Francisco, das Morgengrauen im Anmarsch, während ich an ihrem Bett stand, sie auf

Händen und Knien – und das Wer, ja klar, jetzt weiß ich es wieder, die Erinnerung kommt in Schüben, *verdammt*, ich hätte das Gummi prüfen sollen, während wir zu Gange waren, aber, ach, wir waren völlig besoffen, wir wussten kaum, was wir taten, waren von einem gemeinsamen Freund mitgenommen worden, der, als er uns aus dem Wagen ließ, bereits wusste, was gleich geschehen würde – wir waren losgerannt, *rannten* den ganzen Block hinunter bis zu ihrer Wohnung …

Scheiße, Toph, es tut mir so Leid. Bleibt mir wenigstens Zeit, dich anzurufen? Wer wird dich zu sich nehmen? Beth? Allein? Nein … Scheiße, Bill muss eben hierher ziehen … Mist, wo soll er denn arbeiten? Da ist diese eine Organisation, bei der Flagg arbeitet, aber … Was ist, wenn er Toph mit nach L.A. nehmen will? Oh, ich muss dafür sorgen, dass das nicht … Aber Toph gefällt es ja in L.A, also … Oh, sieh nur, wie sich die Wolken bewegen, durch das Fenster, dort oben, ganz weiß, mit ein wenig Grau, als hätten sie leichte blaue Flecken und …

Scheiße! Der Schmerz! Ich krieg ein Kind!

Warum merken diese Leute nichts? Warum scheint es nichts Ungewöhnliches zu sein, dass ich mich auf dem Boden winde? Habe ich mich schon jemals auf diesem Teppich gewunden? Ich versuche zu überlegen, wann das vorgekommen sein mag …

Jemand von nebenan, vom *Chronicle*, bemerkt es zuerst, durch das Glas hindurch, und kommt herüber; dann sind überall Menschen. Man hilft mir zum Sofa, dann kommen die Fragen nach dem Wo und Wie schlimm und Warum. Vielleicht mache ich ja nur Spaß.

»Soll das ein Scherz sein?«, fragt Paul.

»Leck mich.«

Ich sage nicht, dass ich sterbe. Ich bin nur zu 95 Prozent sicher, dass ich sterbe, und möchte niemanden unnötig alarmieren. Aber bald schon werde ich es wissen. Ich sage *Krankenhaus, Krankenhaus*.

»Ich bring dich hin«, sagt Shalini.

»Ja bitte. Danke«, sage ich.

Ich stolpere zum Aufzug, schramme mich an der Wand entlang, stütze mich auf Shalini. Shalini riecht so gut, oh, du riechst so gut, Shalini. Ich sterbe, Shal, sterbe. Oh Gott, ich krümme mich, ich kann kaum laufen. Ich muss getragen werden. Shal kann mich nicht tragen. Ver*dammt*nochmal! *Ich muss Bescheid sagen … Er sollte Bescheid wissen* … Am Aufzug angelangt bin ich kurz davor, mich umzudrehen und jemanden zu bitten, Tophs Schule anzurufen, damit er mich am Krankenhaus trifft, aber ich schaffe es nicht zurückzugehen, vielleicht kann ich es ja dem Portier unten am Eingang sagen, und der ruft dann im Büro an, und dann kann jemand Tophs Schule anrufen … Ach, die verfluchte Nachricht wird dann verstümmelt, Scheiße, Scheiße … Nein, Toph sollte nichts davon erfahren, ich will nicht, dass er mich sterben sieht … Ich werde mich wie Dad einfach davonstehlen, mitten am Tag, klammheimlich, das wird das Beste sein, wir haben unsere Zeit gehabt, wir brauchen keinen Abschied Scheiße dieser Aufzug ist so verflucht langsam Shalini du riechst so gut.

Im Auto weine ich beinahe, weil der Schmerz zehn Mal stärker ist als vorhin, als er mich zu Boden warf. Aber ich bin hart, ich bin stahlhart. Doch das hier wird mich noch mal entzweibrechen, das hier ist Säure, überall, Säure, die mir mit Stahlkappenschuhen in die Seite getreten wird, von hundert kleinen Nazi-Arschlöchern, alle in mir drin – Scheiße! Stirbt man so, wenn man Aids hat? Ja, ja. Nein, nein, nein. Vielleicht. Oh, ich wusste es, als es passierte, das Gummi riss, ich wusste gleich, dass es falsch war, der Sex und mit ihr und mein Leben und schuldig, schuldig. Und Toph! Alles verschwendet!

Oh, das ist schlimmer als damals beim Wildwasserraften, als der American River zu viel Wasser führte, als wir mitmachten, wir alle, und dann kamen wir an diese Stromschnellen, stürzten sie hinunter, alle fielen aus dem Boot, und ich war in dem tobenden Schaum, schluckte das Wasser literweise, konnte mich nicht aufrichten, konnte nicht über Wasser bleiben, versuchte zu sehen, wo Toph war, ob er gefallen war, konnte aber nichts sehen, war meistens unter Wasser und dachte daran, wie absurd es wäre, wie idiotisch, auf irgendeiner kleinen Rafttour zu ertrinken, welch ein erbärmlicher Abgang, und völlig unfähig, Toph zu retten, wo immer er war. Doch als der Fluss sich wandelte und gemächlicher wurde, fand ich mein Gleichgewicht, suchte spähend den Fluss ab, mittlerweile ganz ruhig dahinfließend, und da war er, Toph, allein in diesem riesigen Schlauchboot, der Einzige, der nicht hineingefallen war. Er grinste wie ein Idiot.

Es ist zu plötzlich für Aids. Irgendetwas ist geplatzt. Es ist mein Blinddarm. Ist das tödlich? Natürlich! Immer! Nein, nein. Was dann? Was ist es? Bestimmt sterbe ich. Innere Blutungen. Ein Tumor! Ein blutender Tumor!

»Ich sterbe, Shal.«

»Du stirbst nicht, Süßer.«

»Und was verdammt ist das hier dann? Was, wenn ich sterbe?«

»Du stirbst nicht.«

Shalini fährt zu rumpelig. Sie fährt über all diese holprigen Straßen. Unachtsam. Sie hält zu oft an und bremst zu plötzlich, weil sie so unachtsam ist. Verdammtnochmal, Shal.

»Shal, könntest du ein wenig … entspannter fahren?«

»Ich versuch's schon, Süßer.«

»Halt meine Hand«, bettle ich. Ich möchte meinen Kopf auf ihren rechten Oberschenkel legen. Ich will schlafen. Plötzlich, für einen Augenblick, durchschießt mich wilde Freude. Ich brauche nicht bei der Arbeit zu sein. Moodie wird die Sachen fertig machen müssen, die morgen erledigt sein sollen. Ich tue etwas Wichtiges, etwas, das wesentlicher ist als alles andere, was ich je tun könnte – oh, was für eine Erleichterung, keine Entscheidungen treffen zu müssen, kein Schuldgefühl haben zu müssen wegen Zeitverschwendung, wegen Trödeleien, weil ich dies tue, obwohl ich eigentlich jenes tun sollte – hier gibt's keine Entscheidungen, nur das Überleben …

So einfach ist das, so leicht!

Wie kann der Schmerz schlimmer werden? Mittlerweile schießt er – Planeten, die in mir explodieren. *Sie haben mich getroffen, sie haben mich getroffen!* Der Himmel ist blau, wie immer, dieser

perfekte San-Francisco-Himmel vielleicht sterbe ich noch, bevor ich ankomme … Oh Shal, warum trägst du heute dieses enge, gerippte T-Shirt, an dem Tag, an dem ich sterbe? Warum sind wir nie miteinander ausgegangen, Shal? Bevor es Sicherheitsgurte gab – nicht bevor es Sicherheitsgurte *gab*, sondern bevor jeder sie anlegte –, ließ meine Mutter ihren Arm schützend zur Seite schnellen, vor unsere Oberkörper, wenn sie plötzlich bremste, als könne ihr Arm irgendetwas ausrichten, werde irgendetwas ausrichten, wenn wir einen Unfall hätten, ihr Arm so zerbrechlich, und ich bin so zerbrechlich, da für ein paar Jahre, Schutz für ein paar Jahre, tut mir Leid, Toph, tut mir Leid, tut mir Leid, ich bin schwach, und ich werde dahingerafft, so, wie ich erwartet habe, dahingerafft zu werden … Ich werde nicht begraben werden: Ich will, dass meine Asche oder mein ganzer Körper von einer Klippe geworfen wird, von einem Hubschrauber, einem Vulkan ins Meer … Ach, aber in welches Meer?
Welches Meer?
Welches Meer?
Im Wartezimmer fragen sie mich zuerst nach meiner Versicherung, die ich nicht habe. Vor ein paar Jahren hatte ich für ein paar Monate eine Versicherung, aber dann haben sie keine Rechnung mehr geschickt, glaube ich … Aber ich kann zahlen, ich werde zahlen, ich schwör's, dass ich zahlen kann, hier sind Kreditkarten, bitte entfernen Sie mir dieses Ding. Bitte, ich kann nicht stehen, ich will mich hier hinsetzen, gleich dort und die Fragen beantworten, ach nein, vielleicht lege ich mich doch lieber hin, quer über die Stühle, mein Kopf auf Shalinis Beine, oder vielleicht gehe ich besser in das nächste Zimmer, da, wo ich mich hinlegen kann auf den Boden und MOTHERFUCKER! MOTHERFUCKER! Ich kann schreien. MOTHERFUCKERMOTHERFUCK!

Es ist ein Nierenstein. Ich wache auf und bin benebelt. Kirsten ist da. Ich habe Kirsten seit Wochen nicht mehr gesehen. Beth konnte

nicht von der Arbeit weg und hat daher Kirsten angerufen. Sie bringt mich nach Hause.
»Ich dachte, ich würde sterben«, sage ich.
»Natürlich dachtest du das«, sagt sie.
Ich lege mich aufs Sofa. Kirsten fährt wieder weg.
Toph steht über mir.
»Hi«, sage ich.
»Hi«, sagt er.
»Hi.«
»Hi.«
»Alles so weit klar.«
»Alles klar?«
»Yeah.«
»Gut. Was ist mit Abendessen?«
»Was möchtest du haben?«
»Tacos.«
»Kommst du zurecht? Ich glaub nicht, dass ich mich bewegen kann.«
»Haben wir die Sachen dafür?«
»Ich glaub nicht.«
»Haben wir Geld?«
»Nein. Nimm die Karte für den Automaten.«
Er läuft zum Automaten und holt Geld ab und dann zum Laden, um Rinderhack, Spaghettisauce, Tortillas und Milch zu kaufen. Während er fort ist, nicke ich kurz ein, träume von Verfolgung. Ich wache mit einem Ruck auf und weiß, dass dies nicht gut ist, dieses Liegen auf der Couch, zu nichts zu gebrauchen. Ich werde mich gerade hinsetzen, lässig. Keiner stirbt hier. Glaubt er, dass ich sterbe? Vielleicht denkt er, ich sterbe. Er denkt, ich liege vielleicht im Sterben, sage es ihm aber nicht. Nein, nein. Das denkt er nicht. Er ist nicht wie ich.
Er kommt mit den Einkäufen herein, geht an mir vorbei, in die Küche. »Soll ich kochen?«
»Yeah, geht das?«
»Willst du auch etwas Obst?«

»Was haben wir denn?«
»Orangen, eine halbe Melone.«
»Yeah, yeah. Danke.«
Ich nicke über dem Geräusch von brutzelndem Rinderhack ein, und als ich aufwache, räumt er gerade den Sofatisch leer, legt die Stapel Papier und Zeitschriften und seine Matheaufgaben unter den Tisch, in Haufen, die genau denen entsprechen, die zuvor auf dem Tisch lagen. Dann geht er wieder in die Küche. Er kehrt zurück mit zwei Tellern, auf denen alles arrangiert ist, mit den Hackfleischhaufen, die gerade braun genug angebraten sind, den gefalteten Tortillas am Tellerrand, einer Schüssel mit Obst, das in mundgerechte Stücke geschnitten ist, Orangen und Melone, alles nass und orange. Er geht wieder in die Küche und kommt mit der Milch zurück.
»Servietten.«
Er geht noch einmal in die Küche und holt die Rolle Haushaltspapier.
Wir essen. Ich döse wieder ein. Irgendwann wache ich zu dem Geräusch von Fingern auf, die auf der PlayStation spielen. Als ich das nächste Mal die Augen öffne, ist es dunkel; er ist fort.
Ich gehe in sein Zimmer. Er schläft, liegt da, als habe er eine Art Bruchlandung gehabt, Arme von sich geworfen, Mund weit geöffnet. Seine Stirn fühlt sich heiß an, als würde es in ihm brennen.

IX.

ROBERT URICH SAGT nein. Wir waren so nahe dran. Es wäre perfekt gewesen. Seiner PR-Frau schien die Vorstellung zu gefallen, sie kam mit uns und der Sache klar, lachte ein wenig über die Idee – fand sie zumindest unterhaltsam. Urich war genau der Typ, den wir brauchten: ein Star (damals fast ein Ex-Star), ein bekannter Name, der aus unerfindlichen Gründen vom nationalen Radarschirm verschwunden war, jemand, den jeder kannte und irgendwann vielleicht einmal gemocht hatte, den man jedoch länger nicht gesehen hatte. Wir brauchten eine Berühmtheit, an deren Tod die Öffentlichkeit, die Presse, vor allem aber die skeptische Internet-Gemeinde tatsächlich glauben, deren Dahinscheiden aber nicht bis in die nationalen Nachrichten gelangen würde. Die Berühmtheit durfte also nicht so berühmt sein, dass es unwahrscheinlich erschiene, wenn eine kleine, mittelmäßige, zweimonatlich erscheinende Zeitschrift aus San Francisco als Erste über ihren Tod berichtete.

Aber wer? Urich war unsere erste Wahl, weil wir a) wie alle Leute Riesenfans von *Vega$* gewesen waren; b) weil wir wussten, dass er irgendwie Sinn für Humor hatte, was sich aus einigen selbstkritischen Kommentaren schließen ließ, die er in dieser oder jener Talkshow über seine Rolle in dem unausgegorenen Film *Turk 182* abgelassen hatte, in dem Timothy Hutton sein Co-Star war; und c) weil er als Star der neuen Serie *Lazarus Man* im Gespräch war.

Lazarus Man. Schon zu perfekt.

»Das ist einfach nicht das Richtige für uns«, sagte sein Agent.

Dann eben Belinda Carlisle. Wir beschließen, dass Belinda Carlisle ebenfalls perfekt wäre.

»Sie lebt in Frankreich«, sagt ihre PR-Frau.

Wir gehen andere Möglichkeiten durch – Judge Reinhold, Juliana

Hatfield, Bob Geldof, Laura Branigan, Lori Singer, C. Thomas Howell, Ed Begley Jr. Wir erwägen Franklin Cover, den Schauspieler, der Tom Willis in *The Jeffersons* gespielt hat, rufen ihn dann aber doch nicht an, weil uns einfällt, dass wir ihn in einem Interview, das wir vor einem Jahr gemacht haben, in einem möglicherweise negativen, zumindest jedoch Mitleid erregenden Licht gezeigt haben. Hier ein Auszug:

> MÖCHTEN SIE UNSEREN LESERN SONST NOCH ETWAS SAGEN?
> Eigentlich nicht. Ich habe nichts zu sagen, bloß helft mir, irgendwo einen Job als Lehrer zu kriegen! Wer von einer Stelle an einem College weiß, das einen Schauspiellehrer sucht, soll mir Bescheid sagen.

Dann die Erleuchtung. Es gibt einen Mann in der Welt der Unterhaltung, der selbst auf die Idee hätte kommen können, einen Mann mit einem brandneuen mittleren Namen, Hellion, einen Mann, der mit einer Multimedia-Show auf Tour ist, bei der er Dias von Zwergen und Zurückgebliebenen zeigt.
Crispin Glover.
Er ist perfekt. Absolut perfekt.
Marty McFly.
Wir rufen den Agenten an. Der Agent hat keine Ahnung, wovon wir sprechen. Wir faxen den Brief, nachdem wir einige schmeichelhafte Kommentare zu Glovers Arbeit eingefügt haben, auch zu seinem erfundenen Spitznamen. Dann warten wir ab.
Einen Tag später geht das Telefon.
Ich nehme den Hörer ab und halte ihn ans Ohr, wie es Leute eben tun, die ans Telefon gehen.
»Hallo«, sage ich.
»Hier spricht Crispin Glover.«
Er ruft aus Tennessee an, wo er mit Milos Forman einen Film dreht. *Crispin Glover ist am Telefon!*
Er hat den Vorschlag gelesen und findet die Idee toll. In der Tat

wollte er so etwas schon immer einmal machen. Er will es machen, und zwar mit allem Drum und Dran – will die Sache wirklich fälschen, will Fotos, Beweise und dann untertauchen, ein System aufbauen, in dem niemand aus seinem Umkreis etwas verrät, will es monatelang durchziehen, die Beerdigung mitnehmen, die Elogen, die Kommentare anderer Schauspieler, alles, das ganze Programm, und dann lebend zurückkehren, im Triumph! Das wird toll. Das wird die Sache, die uns ganz nach oben bringt. Ich bin am Telefon und schaue auf das Zentrum von San Francisco, den Park, das gigantische, an einen Luftbefeuchter erinnernde SFMOMA, einen Streifen Brücke und Hügel und fühle mich schwach vor lauter Aufregung.

»Das wird toll!«, sage ich.

»Klar doch«, stimmt er zu. »Wie sieht denn euer Zeitplan aus?«

Er kann nicht. Er begreift nicht, weshalb wir die Sache nicht einfach ein bisschen verschieben oder in der nächsten Ausgabe bringen können … aber er sieht nicht ein, sieht absolut nicht ein, dass wir unsere ganzen sechs Anzeigenkunden nicht warten lassen können und Hunderte von Abonnenten nicht warten lassen können. Wir werden voneinander hören, falls sich bei einem von uns der Zeitplan ändert.

»Du weißt, wer«, sage ich.

»Nein«, sagt Moodie.

»Er ist unsere einzige Hoffnung.«

»Keine Chance.«

»Uns bleibt keine Wahl.«

»Oh Mann.«

»Er ist super.«

»Scheiße. Okay.«

Adam Rich.

Nicholas aus *Eight is Enough*.

Irgendwie kennen wir ihn schon. Tanya Pampalone, die für uns schreibt, war mit ihm in der Grundschule, sie sind in Kontakt geblieben. Durch ihre Vermittlung haben wir schon zweimal mit ihm gearbeitet. Einmal ein kurzes Interview, in dem er mit Tanya über seine Schuhe sprach und den Regenschirm, den er gekauft hatte. Hier ein Auszug:

> TANYA: Wie viele Paar Schuhe besitzt du?
> ADAM RICH: Zehn, ich würde sagen zehn. Aber nur einen Regenschirm. Ich habe gerade diesen Regenschirm gekauft. Als ich diesen Regenschirm kaufte, hatte es aufgehört zu regnen und ich dachte, ich kaufe besser einen Regenschirm, dann regnet es nicht mehr und ich behalte ihn fürs nächste Mal. Aber es hat weitergeregnet und es hat nicht aufgehört zu regnen, seit ich diesen Regenschirm gekauft habe.
> TANYA: Meinst du, es liegt daran, dass du die Zukunft voraussagen kannst?
> ADAM RICH: Nein, vermutlich liegt es daran, dass ich den Regenschirm gekauft habe.

Wir rufen Adam in seiner Eigentumswohnung in L.A. an und erklären ihm das Konzept. Er hört zu. Wir erklären, dass es ein aufwändiger Scherz sein wird, dass er einem höheren Zweck dienen wird, dass wir das Medieninteresse an toten Berühmtheiten karikieren, ihre Nachrufe parodieren wollen, dass es in die internationalen Nachrichten gelangen und dass er sich nicht nur gut fühlen wird, weil er eine Rolle in diesem pädagogischen Dienst übernommen hat, den wir einem bedürftigen Amerika erweisen, sondern dass alle Welt es wahnsinnig scharf finden wird, dass er sich überhaupt mit uns eingelassen hat.

Sie sind bei jedem Schritt dabei, sagen wir. Sie haben bei allem volles Mitspracherecht. »Es wird toll«, sage ich und glaube, dass es toll wird. In meinem Herzen glaube ich fest daran, dass nicht nur unser letztendlicher Durchbruch, sondern, was vielleicht noch wichtiger ist, das hundertprozentige Comeback von Adam Rich gesichert ist, wenn er das hier richtig macht.

Ich stelle ihn mir in einer kleinen, schäbigen Eigentumswohnung in Hollywood vor, umgeben von Junior Emmys oder so was, in den Händen ein Nintendo, einen Kühlschrank voller Jogurt und

Eiskrem-Sandwiches, wie er die Tage mit Gartenarbeit und Satellitenfernsehen verbringt.

Er sagt ja.

»Das wird toll«, sage ich zu Toph.

»Er hat ja dazu gesagt?«

»Klar doch, total. Kinn hoch.« Wir sind im Bad. Er sitzt auf der Toilette; ich schneide ihm die Haare.

»Und wozu soll das alles noch mal gut sein?«

»Du musst das Kinn hochheben.«

»Okay, also ...«

»Es geht darum, dass wir uns über die Nachrufe auf Berühmtheiten lustig machen, die man in den Zeitschriften liest ...«

»Was ist ein Nachruf?«

»So was wie eine Ehrung. Diese Nachrufe, wo sich plötzlich jeder betroffen fühlt, wenn jemand Berühmtes stirbt, dann findet so ne Riesenbeerdigung statt, die Leute heulen, weinen, obwohl sie den Typen nur aus dem Fernsehen kannten, eine Figur, die er gespielt hat, Text, den er abgelesen hat ...«

»Hm. Und die Leute werden das glauben?«

»Klar. Die Leute sind blöd.«

Ich drehe seinen Kopf zum Spiegel, kämme das Haar gerade runter, vergleiche rechts und links. Wieder einmal eine Meisterleistung. Er sieht noch immer aus wie ein vorpubertärer Mädchenschwarm – die Nase nach oben gebogen, das Haar vorne lang – obwohl es anfängt, dicker, dunkler, krauser und filziger zu werden, ganz wie meins. Ich sehe mich nicht gerne neben ihm. An seiner Seite bin ich ein Monster. Die Barttracht, die ich kultiviere, ist lächerlich, grotesk. Meine Koteletten reichen nicht bis zum Haaransatz und wachsen so spärlich, dass sie weniger wie Gesichts-, sondern eher wie Beinbehaarung wirken. Am schlimmsten ist der Reinfall mit dem Ziegenbärtchen, an dem ich arbeite, nicht mal neben dem Mund wachsen mir Haare, so dass ich ständig wie ein halb entwickelter Vierzehnjähriger aussehe. Ich bin verrunzelt, aufgedunsen, habe tiefe, geschwungene Lachfalten, und meine Augen stehen zu eng beieinander und sind zu klein, verkniffen, gemein. Und meine Nase ist unförmig, zu groß. Neben seinem Gesicht, seinem zwölfjährigen Gesicht, glatt, wohl proportioniert, weich, harmonisch, wirke ich verzerrt, gleichsam digital bearbeitet, meine Haut ist in die falsche Richtung gezogen, alles überdehnt oder zusammengepresst, grotesk.

»Die Leute werden sauer sein, wenn es rauskommt«, sagt er.

»Das hoffen wir ja. Das sind genau die Leute, die wir wütend machen wollen. Jeder, der überhaupt auf ihn steht, den der Tod einer Person, die er nur aus dem Fernsehen kennt, in irgendeiner Weise berührt, verdient es, verarscht zu werden. Ich meine, wieso sollte sich jemand dafür interessieren? Wieso sollte ein bescheuerter Loser, der mal Star in einer Dramedy war, im Gegensatz zu anderen Menschen von Millionen betrauert werden? Wenn der Durchschnittsmensch, der ein glückliches, vielleicht sogar heroisches Leben lebt, bei seiner Beerdigung nur zwanzig bis dreißig Leute anlockt, wenn – ich meine, es ist unfair, es ist abscheulich, oder etwa nicht?«

»Hm. Na ja, ehrlich gesagt, ich finde es irgendwie krank.«

»Das meinen wir auch.«

»Nein, ich meine, was ihr macht, ist krank. Ihr benutzt Adam Rich, um etwas zu beweisen …«

»Klar.«

»Ihr wollt beweisen, dass ihr ebenso gut seid wie solche Berühmtheiten. Ihr findet ihn fade, geistesschwach, seine Dummheit erwächst für euch vor allem aus der Tatsache, dass er berühmt ist und ihr es nicht seid. Aus der Tatsache, dass er als Neunjähriger mit Brooke Shields rumgehangen hat, dass hundert Millionen Leute seinen Namen kennen und weitere hundert Millionen sein Gesicht. Und euch kennt niemand.«

»Du brichst schon wieder aus deiner Rolle aus.«

»Ich meine, ihr Jungs könnt es nicht ertragen, dass dieser Blödmann, dieser Adam Rich, der eurer Meinung nach bei weitem nicht so smart ist wie ihr, der nicht auf dem College war und keine Bildunterschriften fürs Jahrbuch verfasst oder die Kunstgalerie der Schule geleitet hat, der nicht die Bücher gelesen hat, die ihr gelesen habt, den *Nerv* besitzt, in der ganzen Welt ein Begriff zu sein (oder einmal gewesen zu sein) – wegen etwas, das ihr wenig eindrucksvoll findet, wie die Schauspielerei in einer Dramedy. Also macht ihr euch über ihn lustig, zuerst mit dem Regenschirm-Interview und jetzt mit diesem so genannten gut gemeinten Scherz – ich meine, kann es etwas Grausigeres geben, eine gröbere Holzhammersymbolik, als wenn ihr Leute wie diesen Zeitgenossen umbringt, der ein Kind im Fernsehen war, als ihr Kinder vor dem Fernseher wart, dieses Opfer eurer Raubtiermentalität, das angeblich über alles informiert ist, aber in Wahrheit keinen blassen Schimmer davon hat, welchen Umfang, welche Konsequenzen diese Sache haben kann – und natürlich eure Motive nicht kennt, die Bitterkeit, die knapp unter der Oberfläche brodelt, die Sehnsucht, ihn zu beschmutzen, ihn zu demütigen, ihn klein zu machen, damit er unter euch steht – ich meine, hat er eine Ahnung, welche Witze ihr im Büro auf seine Kosten reißt? Kann er sich überhaupt vorstellen, welche Bosheit dahinter steckt? Es ist widerlich. Ich meine, was *soll* das? Was hat es zu bedeuten? Woher dieser Zorn?«

»Es ist kein Zorn.«

»Natürlich ist es das. Diese Leute haben in jungen Jahren einen Grad von Berühmtheit erreicht, den ihr Arschlöcher nie erreichen werdet, und ganz tief in euch spürt ihr, dass es kein Leben davor oder danach gibt und Ruhm deshalb, im Grunde genommen, Gott ist – ihr alle wisst das, glaub es mir, selbst wenn ihr es nicht zugebt. Als Kinder habt ihr ihn gesehen, im Keller sitzend, im Schneidersitz vor dem Fernseher, und ihr habt gedacht, ihr solltet an seiner Stelle sein, sein Text sollte eurer sein, sein Platz in *Battle of the Network Stars* sollte eurer sein, dass ihr beim Hindernisrennen so gut wärt – ihr würdet sicher gewinnen! Indem ihr all das jetzt tut, da er nicht mehr die welterobernde Berühmtheit ist, gewinnt ihr Macht über ihn, die Fähigkeit, ihn in Verlegenheit zu bringen, das schreckliche Ungleichgewicht auszubügeln, das ihr denen gegenüber empfindet, die ihr Charisma unmittelbar ausstrahlen, statt es durch abgefahrene Magazinchen zu sublimieren. Ihr und alle, die genauso sind wie ihr, mit euren Ratgeberseiten oder Kolumnen oder Websites – ihr wollt alle berühmt sein, ihr wollt Rockstars sein, aber ihr steckt in dieser furchtbaren Zwickmühle, da ihr gleichzeitig als smart, korrekt, dauerhaft gelten wollt. Also zieht ihr eure kleine Sache durch, werdet von eurem exklusiven Kreis gelesen, während ihr euch insgeheim nach den Winona Ryders und Ethan Hawkes oder sogar den Sari Lockers verzehrt … Erinnerst du dich an die ausverkaufte Ausgabe? Als alle nach L.A. und New York fuhren und die künftigen Berühmtheiten interviewten, damit ihr euch über sie lustig machen konntet? Da war das Mädchen aus *Vater der Braut* und der Typ aus *Baywatch*, dieser Australier, und natürlich die Doublemint-Zwillinge. Ihr musstet sie unbedingt als Idioten hinstellen, während ihr vorher gelächelt, mit ihnen gescherzt hattet, nett und verständnisvoll gewesen wart. Genau wie bei Elle Macpherson. Und Natalie aus *Facts of Life*. Und dann die arme Sari Locker, die Sexualforscherin.«

»Das war was anderes.«

»Stimmt. Du kriegst einen Anruf von ihrem PR-Mann, ein blinder Versuch, weil du auf irgendeiner allgemeinen Liste von Generation-X-Magazinen stehst, und obwohl du dich nie sonderlich für die vierundzwanzigjährige Autorin von *Sagenhafter Sex in den 90ern* interessiert hast …«

»*Sagenhafter Sex in* The Real World.«

»Auch gut. Du sagt also, kein Problem, machen wir ein Interview, gluckst schadenfroh vor dich hin – du kannst es gar nicht abwarten, den Hörer aufzulegen und es allen zu erzählen, willst sie bloß in der Luft zerreißen. Während du in New York bist, gehst du mit ihr essen. Das Essen läuft gut und ihr trinkt was. Beim Essen und Trinken – so drei, vier Stunden lang – wirkt sie ein bisschen aufdringlich, stellt sich in den Vordergrund, ist aber auch extrem großzügig – damit hattest du nicht gerechnet – sie will alles über mich hören – der Teil hat dich schockiert – und über unsere Eltern, und sie sagt so viel Nettes, und während sie die ganze Zeit freundlich ist und zuhört und alles, wägst du deine beiden wichtigsten Interessen gegeneinander ab: das, was sie sagt, aufzuzeichnen, um es später gegen sie zu verwenden – denn auch sie besaß die Frechheit, ziemlich berühmt und attraktiv zu sein (mit einem Magister von der Penn) –, während du zugleich, was noch dringlicher war, in ihre Wohnung eingeladen werden wolltest.«

»Ich hätte es beinahe geschafft.«

»Klar, du bist mit ihr im Taxi gefahren, hast ihr beim Aussteigen zugesehen, wusstest nicht, ob du einen Versuch starten solltest oder nicht, und hast sie ziehen lassen mit dem Gedanken, da geht meine große Chance dahin, bei der Sexualforscherin zu landen.«

»Ich hätte es beinahe geschafft.«

»Und *dennoch* bist du hingegangen und hast einen gemeinen kleinen Text über sie geschrieben.«

»Sie war nicht sauer deswegen.«

»Vielleicht hat sie ein dickes Fell. Vielleicht hat sie es nicht gelesen. Aber begreifst du nicht, dass es eine Art Kannibalismus ist? Dass du dir Menschen wie Spielzeug aus einer Kiste greifst, sie anziehst, auseinander nimmst, ihnen den Kopf abreißt, sie wegwirfst, wenn …«

»Komisch, dass du Sari erwähnst. Sie kommt tatsächlich her.«

»Oh, Jesus. Du willst dich doch wohl nicht mit ihr treffen?«

»Und ob, junger Toph. Und ob.«

»Ich fasse es nicht.«

»Das sollst du auch nicht. Ist viel zu komplex für deinen zarten Verstand. Kopf runter. Ich muss dir den Nacken abwischen.«

Mit einem Handtuch wische ich die Haare ab.

»Toph, es gibt noch so viele Dinge, die du lernen musst.«

»Ja, ja.«

»Halt dich nur immer an mich, und du wirst schon sehen. Keine Sorge.«

»Ich mach mir aber Sorgen.«

»Du siehst perfekt aus.«

»Es ist zu kurz. Es ist brutal.«

»Nein, nein. Es ist perfekt.«

Vielleicht rief gerade in diesem Augenblick Marny an. Vielleicht war es auch am Tag davor oder danach oder in der folgenden Woche. Ich bin zu Hause und Toph sitzt auf der Couch und stöhnt sich durch seine Mathehausaufgaben. Die Hi-Fi-Anlage läuft und ich habe einen Lautsprecher gegen die Wand gerichtet, um gegen das Donnerstagabendprogramm anzustinken, auf das die Nachbarn nicht verzichten können. Das Telefon klingelt.

»Shalini hatte einen Unfall.«

»Was? Mit dem Auto?«

»Nein, nein. Hast du von dem Dachterrasseneinsturz in Pacific Heights gehört?«

»Oh, nein.«

»Sie liegt im Koma. Sie ist vier Stockwerke tief gestürzt und auf dem Kopf aufgeschlagen. Sie wissen nicht, ob sie durchkommt.«

Wir fahren hin. Sofort, glaube ich. Vielleicht warten wir bis zum Morgen. Nein, es muss sofort gewesen sein, wir müssen sofort gefahren sein. Vielleicht hat Marny nicht abends angerufen. Vielleicht ist es Tag, und ich lasse Toph allein. Oder vielleicht schließe ich …

Es war so:

Es ist Mitternacht. Toph ist im Bett. Carla ruft mich aus L.A. an – sie und Mark sind nach L.A. gezogen. Shalinis Mutter hat sie angerufen und Carla mich. Ich fahre los. Shalini könnte schon tot sein.

Als ich die Treppe hinuntergehe, weiß ich, dass jemand diese Gelegenheit nutzen und Toph etwas antun wird. Ich weiß es jedes Mal, wenn ich Toph allein zu Hause lasse, was jetzt oft vorkommt, mit dreizehn braucht er keinen Babysitter mehr und kann allein bleiben, solange die Wohnungstür abgeschlossen ist und die Haustür abgeschlossen ist und die Tür, die in die Waschküche führt, abgeschlossen ist, dann ist alles in Ordnung, obwohl das Schloss schwach und nutzlos ist, und auf diesem Weg wird der böse Mann natürlich hereinkommen. Er wird von hinten hereinkommen, weil er alles beobachtet hat, gewartet hat, bis ich gehe, weil er weiß, dass ich eine Weile wegbleiben werde, weil er mein

Telefongespräch mitgehört und mich durch ein Fernglas oder Teleskop beobachtet hat. Und wenn ich gehe, wird er hereinkommen, mit seinem Seil und dem Wachs – er ist mit Stephen, dem Schotten, befreundet, *was sonst!* –, und er wird Toph packen und ihm Dinge antun, weil er weiß, dass ich zu Shalini gefahren bin, die im Koma liegt, die von einem Gebäude heruntergefallen ist.

Ich hole Marny ab. Moodie erwartet uns im Krankenhaus.

Shalinis Familie ist da, die Eltern, ihre Schwester, ein Dutzend Cousinen und Cousins, Onkel, Tanten, manche im Sari, andere nicht, weitere Freunde. Die schäbig glänzenden Flure sind mit kleinen Menschentrauben gefüllt, sie sitzen auf dem Boden, ein Kommen und Gehen im Wartezimmer, das sie völlig mit Beschlag belegt haben. Ein Mädchen ist auch auf der Party gewesen. Wir erfahren Einzelheiten. Es ist in Pacific Heights passiert. Shalini ist mit einer Freundin dort gewesen. Sie waren herumgelaufen und auf der rückwärtigen Dachterrasse gelandet, draußen. Es waren vielleicht zwanzig Leute drauf, als sie eingebrochen ist, die Stützen nachgegeben haben und all die jungen Leute hinuntergestürzt sind. Die Freundin, mit der Shalini dort gewesen ist, war sofort tot. Andere liegen jetzt im Krankenhaus oder sind mittlerweile entlassen worden. Shal hat es am schlimmsten erwischt. So wie es aussieht, hat sie Glück, noch am Leben zu sein. Ihr Kopf hat den Sturz aufgefangen.

Wir warten im Flur, sitzen auf dem Boden. Stehen auf, gehen herum, flüstern. Sie operieren. Oder haben vielleicht schon operiert. Haben vielleicht schon viele Operationen durchgeführt – zwanzig, dreißig, hundert. Irgendwann – vielleicht am nächsten Tag – heißt es, wir könnten auf die geschlossene Station, auf der Shalini liegt. Am Eingang zur Station nehmen wir einen Hörer ab, eine Schwester meldet sich und eine andere macht uns die Tür auf. Wir gehen an anderen Zimmern vorbei, und da ist sie …

Ihr Gesicht ist verletzt, die Augen sind geschlossen, entzündet, riesengroß, rot und purpurn, blau und rot und purpurn und gelb und grün und braun, die Augenhöhlen schwarz. Sie wird künstlich beatmet. Von der Strickmütze hatte man uns erzählt, da ist sie,

sie bedeckt ihren Kopf, weil man ihn rasiert und einen Teil ihrer Schädeldecke entfernt hat, um das Anschwellen des Gehirns zu mildern. Ihre Beine sind gerade ausgestreckt, wie geschient, und mit flüssigkeitsgefüllten Leggings umwickelt, blau und weich, wie die Masken, die man beim Schlafen trägt …

Himmel, sie haben nicht mal das Blut abgewischt, jedenfalls nicht den Mist am Auge, ich meine, das ist doch …

Doch ihre Arme sind perfekt. Ihre Arme sind glatt und braun, ohne Makel oder Flecken oder Wunden.

Niemand sonst ist im Zimmer. Marny und Moodie und ich wissen nicht, was wir tun sollen – ob wir sie anfassen dürfen, ob wir sie anfassen oder mit ihr reden oder einfach neben ihr stehen sollen oder Hallo sagen oder beten oder vorbei- und hinausgehen. Soll man nicht mit Leuten reden, die im Koma liegen? Sie können doch hören, oder? Sie hören wie ein ungeborenes Kind.

Wir stehen auf der anderen Seite des Zimmers, die Hände vor dem Mund, flüstern seitwärts, unerschrocken, bis eine Inderin, eine Cousine oder Freundin, hereinkommt und, ohne uns zu beachten, geradewegs zum Waschbecken geht, sich die Hände wäscht, sie abtrocknet, zu Shalini tritt und ihre Hand nimmt, sie in beiden Händen hält und mit ihr spricht.

»Hallo, Shalini. Hallo, Liebes …«

Blumen hat sie schon.

Shals Mutter kommt herein. Sie sagt, wir müssten uns die Hände waschen. Das tun wir und treten dann ans Bett und berühren Shalinis perfekte Arme. Sie sind warm.

Nach ein paar Minuten werden wir hinausgeschoben. Zev ist auf dem Flur. Wir sagen ihm, was wir wissen. Er hüpft von einem Fuß auf den anderen, erstaunt, nickt andauernd.

Wir warten.

Tage vergehen. Ihre Chancen stehen schlecht, dann wieder gut, dann ungewiss, dann besser, und bald sind die Ärzte zuversichtlich, dass ihr Zustand zumindest stabil sein wird, wenn auch noch komatös. Niemand ist sicher, ob sie wieder zu sich kommt. Der Sturz war so schlimm. Sie stand auf der Plattform und sie … Wir kennen das Mädchen nicht, das gestorben ist, scheinen uns aber alle zu fühlen, als wären wir in dem Haus gewesen, auf dem Dach. – Mehr Leute werden eingeflogen. Carla und Mark kommen aus L.A., Shalinis Verwandte tauchen im Dutzend auf. Das Wartezimmer quillt ständig über. Wir lernen Shalinis Freunde kennen, ihre Tanten, Onkel, Männer in Anzügen und grauhaarige Frauen im Sari. Wir essen in der Cafeteria. Wir kommen aus dem Krankenhaus und draußen ist es hell, es ist immer meerblau und sonnig und wir gehen wieder zur Arbeit und kommen zurück und essen und schlafen und Shalini schläft. Manchmal bringen wir Bagels mit, und manchmal fühlen wir uns bei den Verwandten willkommen, und bei anderen Gelegenheiten fühlen wir uns weniger willkommen. Die Augen von Shalinis Mutter sind meist nass; dann wieder läuft sie auf und ab, die Arme verschränkt, steif, stellt Forderungen an die Ärzte. Sie ist selber Ärztin und hat ein Eliteteam zusammengestellt, das für Shalini sorgt. Wir lernen Shalinis Freunde vom College kennen, von der High School, Cousins und Cousinen. *Wir gehen zum Laden, braucht ihr was?* Ihr könnt heute nicht rein. Die Ärzte sind drinnen. Kommt morgen wieder. *Nein, wir bleiben hier.* Warum wollt ihr hier bleiben? Wir müssen. Ich habe gewartet und gewacht und mit Ärzten verhandelt und Hände gehalten und Besuchszeiten erlebt. Ich kenne die Regeln: wir bleiben hier. Und wir dürfen den Eltern keine Fragen stellen. Wenn wir etwas wissen wollen, müssen wir eine Cousine oder Freundin fragen. Wir dürfen nicht lächeln, nicht lachen, über gar nichts, außer die Familie lächelt oder lacht zuerst. Wir müssen uns ordentlich anziehen. Wir müssen pünktlich sein, wenn man uns erwartet. Wir dürfen die Besuchszeiten nicht verpassen und nicht zu viel Zeit bei ihr verbringen, damit die Zimmergenossin vom College oder der Onkel aus Indien nicht warten muss. Am wichtigsten ist, dass wir auch leiden. Jeder in der Umgebung der Kranken muss in Sachen Opfer und Kampf, Unterernährung oder Schlafmangel sein Äußerstes geben, um ebenfalls zu leiden, und in der Nähe bleiben, während er leidet; wer das Krankenbett, das Krankenhaus verlässt, schwächt die Heilkräfte, die Bemühungen um die Genesung. Während die Kranke krank ist, sollte man möglichst da sein. Ich kenne das. Bizarre Gesten der Selbstaufopferung sind wichtig. An Tagen, an denen man unmöglich kommen kann, muss man kommen. Kommt man abends nach Hause und Toph sagt: »Ach, heute Abend willst du wohl mal Vater spielen, was?« – was er als Scherz meint, weil man seit Wochen Fastfood gegessen hat und man jeden Abend nach dem Essen auf der Couch eingeschlafen ist –, sollte man tief Luft holen und kapieren, dass es in Ordnung ist, dass diese Sache, dieses Kämpfen und Sich-Opfern, wesentlich ist, dass er es nicht versteht, eines Tages aber verstehen wird. Und selbst nachdem man zu Shalini gegangen ist und gesehen hat, wie ihre Wunden verheilen, und ihre perfekte, kleine, heiße Hand gehalten hat, muss man auf dem Flur bleiben, mit jedem reden, der reden will – es ist unklar, ob Shalinis Mutter mit uns reden will oder sich verpflichtet fühlt, mit uns zu reden, doch wir nehmen an, dass Ersteres der Fall ist, und bleiben daher stundenlang da. Einmal bringe ich Shalini einen Teddybären mit. Ich bringe ihr den winzigen Mohair-Bären mit, den ich seit Jahren im Türfach meines Wagens habe, seit meine Mutter gestorben ist, weil ich glaube, dass etwas von ihr in diesem Bären ist – ich schaue in die beiden schwarzen Stecknadelkopfaugen dieses winzigen, uralten orangefarbenen Bären mit den winzigen beweglichen Armen und Beinen, dem verschlissenen, kratzigen Pelz, und da ist etwas von meiner Mutter, es ist der einzige Gegenstand, der die Erinnerung an sie derartig wachruft, so unerklärlich stark, dass ich nicht in die schwarzen Stecknadelkopfaugen dieses Bären schauen kann, denn wenn ich es tue, denke ich an das komische Stimmchen, mit dem meine Mutter diesen kleinen Bären zum Reden brachte, als ich vier, fünf, sechs war, wenn wir mit den Bären in dem kleinen Haus spielten, das sie gebaut und mit winzigen Möbeln eingerichtet hatte, wenn sie einen dieser kleinen Bären herausnahm, an den Mund hielt und mit hoher, krächzender Stimme »Hallo« und dann »Ich verrate dir ein Geheimnis« sagte, den Bären dicht an mein Ohr hielt, so dass ich mir seine Geheimnisse vorstellen konnte – ich spürte, wie der raue Pelz mein Ohr kitzel-

te, und kicherte wie verrückt – ich wurde ganz wild vor Erstaunen, vor Verzückung. Ich verlor total den Verstand. Und so nehme ich den Bären eines Tages aus dem Auto, bewege ihn nach drei Jahren zum ersten Mal und ich werde ihn ins Krankenhaus bringen, sein kratziger Pelz ist wie eine Klette in meiner Hand, und ich werde hineingehen, um Shalini zu besuchen, die schläft, die Wollmütze auf dem Kopf, an den Wänden Fotos, auf denen sie glücklich neben ihrer Mutter, ihrer Schwester steht, die Augen weniger geschwollen, ohne Verbände, die Haut zieht sich um die Wunden zusammen, regeneriert sich, und ich werde dort drinnen allein sein und ihr den Bären zwischen Arm und Oberkörper stecken und mich aufrichten und den Bären dort sitzen sehen, nicht größer als zehn Zentimeter, seine winzigen schwarzen Stecknadelkopfaugen schauen mich an, und ich werde mich fromm und stolz fühlen und mich in dem Glauben lassen, dass das, was ich getan habe, etwas bedeutet. Dass der Bär Wunder wirkt und ich den Kampf siegreich bestehen und Shalini zurückholen werde.
An einem anderen Tag ruft John, der Shalini nicht kennt, an, um sein Mitgefühl auszusprechen.
»Ich habe es in der Zeitung gelesen«, sagt er.
»Klar.«
»Sie werden den Vermieter fertig machen. Hat über hundert weitere Verstöße im Register.«
»Klar.«
»Kann ich irgendetwas tun?«, fragt er.
»Nein, ich glaube nicht.«
Pause.
»Also, heute habe ich wieder Blut gespuckt …«

Adam Rich will nicht durch Selbstmord sterben. Passt nicht zu seiner Persönlichkeit. Er will ermordet werden.
Wir einigen uns darauf, dass er von einem arbeitslosen Bühnenhelfer aus einem Dinnertheater auf dem Parkplatz des Asp Club, eines berühmten Nachtlokals in Los Angeles, umgebracht wird.

Das gefällt ihm, ein gewaltsamer Tod, und besser noch, an einem Ort, der deutlich macht, dass der Typ wenige Stunden vor seinem plötzlichen, blutigen Tod noch zu feiern verstand. Wenn wir sein Leben erzählen, werden wir die längst vergangenen Suchtprobleme umschiffen, sie nur beiläufig streifen. Wir beschließen, dass er statt von Drogen von Vitamin C abhängig war, weil er bei den Dreharbeiten zu *Code Red* mit Lorne Greene total auf Brandschutz fixiert war und glaubte, die Zusatzstoffe würden seine Haut unentflammbar machen. Wir werden über sein Interesse an Motocross und Malerei sprechen und der Welt enthüllen, dass Nicholas aus *Eight is Enough* mehr als ein Schauspieler war, dass er in der Tat einer der kommenden Literaten Hollywoods war – dass er zum Zeitpunkt seines Todes an einem »genresprengenden Megahit arbeitete, der Multimedia und interaktive Elemente in sich vereinigte« – ein geheimnisvolles, mit Spannung erwartetes Projekt, in Hollywood allgemein als »Squatter-Projekt« bekannt. Ihm gefällt das Ganze, die Idee vom vorzeitigen Tod eines Genies. Die Story fängt folgendermaßen an:

> Es heißt, dass jene, die der Sonne zu nahe kommen, stürzen werden. Adam Rich – Schauspieler, Idol, Bilderstürmer – flog schnell, und er flog weit, doch am 22. März kam er der Sonne zu nahe. Seine Kollegen, seine Liebsten und eine ganze Nation trauern um ihn …

Toph hockt, über sein Geschichtsbuch gebeugt, auf der Couch. Ich laufe im Flur auf und ab und schnippe mit den Fingern.

»Hör bitte auf«, sagt er.

»Nein.«

Ich bin völlig aufgedreht. Der große Abend. Sari ist in der Stadt. Toph geht zu einer Bar Mizwa, danach Sari. Okay. Okay. Okay-okay …

Wir machen rasch Abendessen, dann muss er sich umziehen …

»Warum muss ich mich umziehen?«

»Weil es ein religiöses Ereignis ist, kapiert? Wo findet es doch gleich statt?«
»Keine Ahnung.«
»Du hast doch eine Einladung oder so was bekommen.«
»Schon, aber ...«
»Und wo ist die wohl?«
»Hast du sie nicht?«
»Ich? Wieso sollte ich das Ding haben?«
»Ich hab es nie gesehen.«
»Komm schon, Himmel noch mal.«
Er ruft einen Mitschüler an und fragt nach den Einzelheiten und wir kommen natürlich zu spät und er kommt aus seinem Zimmer und trägt die Hose, von der ich gefürchtet hatte, dass er sie tragen würde, die mit den Tintenflecken auf den Taschen.
»Hast du keine saubere Hose?«
»Ich hätte eine, wenn hier ab und zu mal gewaschen würde.«
»Was? Was? Die war nie in der Wäsche, du Klugscheißer. Du musst die Klamotten zuerst in die Wäsche tun, du kleiner ...«
»Wieso sollte ich sie in die Wäsche tun, wenn ich sie nie trage?«
»Himmelarsch, für Anlässe wie diesen hier!«
Ich fahre ihn zum Union Square in das Hotel, in dem Fatty Arbuckle getan hat, was immer er auch getan haben mag, und ich bin froh, ihn aussteigen zu sehen, den kleinen Dickschädel. Ich fahre zurück ins Büro, wo Moodie, Paul und Zev an Adam Richs letztem Interview arbeiten, das er uns angeblich exklusiv gegeben hat:

FRAGE: Wen bewunderst du am meisten?
ADAM RICH: Spencer Tracy, James Cagney, Babe Ruth – vor allem Babe. Das ist ein Typ, den alle – Spieler, Frauen, der Alkohol – fertig machen wollten, aber er hat vor jedem Home Run auf den Zaun gezeigt. So will ich auch leben. Ich stehe jeden Morgen auf und zeige auf den Zaun.
FRAGE: Du spielst also jeden Morgen Baseball?
ADAM RICH: Nein.
FRAGE: Hm, nun ja, das ist eine ziemlich gute Einstellung.

Du scheinst die Höhen und Tiefen der typischen Hollywood-Karriere zu akzeptieren.
ADAM RICH: Weil ich eine Vision habe. Die Schauspielerei war in letzter Zeit frustrierend für mich. Das Wichtigste, das ich gelernt habe, ist die Tatsache, dass die Vergangenheit die Zukunft blockieren kann.
FRAGE: Es gibt doch sicher Möglichkeiten?
ADAM RICH: Ja, aber ich werde meine Vergangenheit nicht in den Vordergrund stellen, um Geld zu machen.

Uns bleibt nur noch eine Woche, um die Ausgabe fertig zu stellen, ganz zu schweigen von der *Chronicle*-Arbeit, einer kompletten Kampagne für die Kolumnisten der Zeitung, die am nächsten Tag fällig ist.

HERB CAEN: DAS MÜSSEN SIE SEHN
JON CARROLL: DAS WIRD TOLL

Wir lassen es, wie immer, mühelos erscheinen. Ich fahre zurück ins Hotel, um Toph zu holen, dann werde ich ihn nach Hause fahren, dann wieder zum Union Square, zu Saris Hotel. Vor dem Fatty-Arbuckle-Hotel fahre ich langsam, hoffe, dass ich Toph auf der Treppe erwische, dass er draußen auf mich wartet. Er ist nicht da.

Ich fahre um den Block, und als ich wieder die Polk runterkomme und vor dem Hotel anhalte, ist er wieder nicht da und hinter mir steht eine gottverdammte Straßenbahn voller Idioten, die sich von außen festklammern, also fahre ich noch eine Runde, und als ich zum Union Square komme, gottverdammter Touristentumult, ist er …

Scheiße, dann parke ich eben in der Tiefgarage und genau das tue ich auch, renne ins Hotel, in die Halle, in Shorts. Mit Sari bin ich schon etwas spät dran. Sie wird schon warten. Sie muss heute Abend zurückfliegen, hatte eine Tagung und fliegt heute Abend zurück, doch bis ich Toph geholt und abgesetzt habe, wird sie weg sein …

Scheiße. Ein paar Kinder kommen mit ihren Eltern heraus, aber er ist nirgendwo zu sehen. Er ist nicht in der Halle wie andere Kinder, die auf ihre Eltern warten, und er ist nicht auf der Treppe, wie man es von einem normalen Kind erwarten könnte, und nicht am Eingang und nicht vor den Aufzügen oder der Rezeption. Als ich mich nach ihm erkundige, antwortet ein gertenschlankes Mädchen aus seiner Klasse nein, sie habe ihn seit einer Weile nicht gesehen, aber es seien noch Kinder oben, vielleicht ist er dabei …

Ich fahre mit dem Aufzug aus Chrom und Spiegelglas nach oben, der grauenhafte rote Teppich ist ein Attentat auf meine Augen, dann der Ausblick, es ist ein Außenaufzug, Ausblick auf die ganze Stadt, wie schön, und der Raum oben ist ganz verglast, traurige Ballons liegen auf dem Boden, ein DJ packt seine Ausrüstung ein. Zwei Kinder sind noch da, herausgeputzt, eines mit Hosenträgern. Toph ist nicht dabei. Ich fahre mit einem von ihnen im Aufzug runter, frage ihn, aber er weiß nicht, wo Toph ist.

Zur Tür raus, die Treppe runter, auf den Union Square, noch eine lächerliche Straßenbahn, überall Touristen, kein Toph.

Sari wird inzwischen weg sein. Meine einzige Chance bei der Sexualforscherin, vernichtet von diesem rücksichtslosen kleinen …

Ich gehe zu einem Telefon und höre den Anrufbeantworter ab. Nichts. Wieder ins Hotel, Blick durch die Halle, wieder im Aufzug rauf, sieh dir die Aussicht an, wie schön, ich inspiziere wieder den Partyraum, der jetzt beinahe leer ist, nur noch ein paar Eltern, die mich fragend anschauen, während ich ihnen verzweifelte Blicke zuwerfe – aber nicht mit ihnen reden kann, weil ich nicht sie bin und nicht weiß, was ich sagen soll – wenn ich es erkläre, wird es lediglich ihre geringen Erwartungen in mich bestätigen, ihre Ängste und das Mitleid für Klein-Toph vergrößern. Ich fahre wieder runter, sehe im verspiegelten Aufzug wie ein Irrer aus, vielleicht ist er tot. Man hat ihn entführt, natürlich, wie Polly Klaas entführt wurde, und er wird in eben diesem Moment misshandelt und zerstückelt. Oder zuerst in einen anderen Staat gebracht. Unmöglich. Natürlich ist es möglich. Es ist sogar wahrscheinlich, *allzu wahrscheinlich!*

Sari wird nicht auf mich warten. Oh verdammt, wenn ich doch nur etwas tun könnte, etwas Einfaches und Normales, wie die Autorin von Sexratgebern zu bumsen, nur diese kleine Sache – verdammt, könnte ich bitte diese *eine Sache* …

Moment, das ist es. Ein Freund hat ihn mitgenommen, klar, mitgenommen – der kleine Arsch hat mir nichts gesagt, jemand anders hat ihn mitgenommen. Wenn ich ihn zu Hause finde …

Nein, nein, er ist noch hier. Da bin ich mir sicher. Ich schaue im Telefonraum des Hotels nach, im Restaurant, in der Bar – Wieso in der Bar? Wieso in der Bar, Blödmann? Denken, denken! Dann wieder rauf mit dem Aufzug, oh, ha, ha, was für eine schöne Aussicht, raus und in den Partyraum, keiner mehr da. Wieder runter, nach draußen. Dann in den Park gegenüber. Um den Block, er ist definitiv weg, so gut wie tot, entführt, was sonst, genauso alt wie Polly Klaas, oder? Oh, Gott. Ich werde wie Marc Klaas. Ich werde ein Gesetz erwirken – Tophs Gesetz – eine Stiftung gründen …

Dann wieder in die Hotelhalle, er steht neben der Tür, Hemd aus der Hose, das Haar verfilzt, sieht nach draußen, durch die dicken, goldenen Glastüren des Hotels, steht auf den Zehenspitzen.

Ich packe ihn und sage nichts, bis wir am Auto und im Auto sind, die Fenster hochgekurbelt haben – nachdem er seine Entschuldigung abgeliefert hat, laut der er geglaubt hat, ich würde ihn an der *anderen* Tür abholen, *also nicht an der Tür, an der ich ihn rausgelassen habe*, nachdem ich geduldig zugehört habe, interessant … interessant … ohne zu fluchen, bemüht, nicht zu brüllen – so etwas will ich nicht, so läuft das bei uns nicht, kein Brüllen, kein Fluchen, das ist »verboten«, kein Zorn, keine Ausbrüche, keine wie auch immer gearteten Drohungen, keine Schläge – stattdessen mache ich ihm auf ruhige, langsame, sanfte Art, als läse ich älteren Herrschaften Chaucer vor, meinen Standpunkt klar …

»Himmelarsch noch mal, Toph! Das ergibt doch keinen Sinn! Die *andere Tür*? Warum die andere Tür? Willst du mich *verarschen*? Himmel*arsch!* Himmel*arsch!* Himmel*arsch!* Diese Scheiße *kann* doch einfach nicht *wahr* sein. Tut mir Leid, Kumpel. Das *kann* doch nicht *wahr* sein. Toph, also bitte, ich meine, das ist doch einfach lächerlich [zu seiner und meiner Überraschung erhebe ich die Stimme], *scheißlächerlich!* Ich meine, diese Scheiße *kann* doch nicht *wahr* sein, so was darf doch einfach nicht passieren. [Ich hämmere mit der Faust aufs Lenkrad.] Himmel*arsch!* Himmel*arsch!* Himmel*arsch!* Ich kann doch *unmöglich* ohne Ende durch die Stadt gurken und nach dir suchen, überlegen, wann ich die Polizei rufen muss, auf welcher Müllkippe sie dich finden wird, vergewaltigt und zerstückelt und – Himmel*arsch!* Herrgott im Himmel, Toph, ich hatte dich schon abgeschrieben, bin zehnmal so gut wie einmal durch das Scheißhotel gelaufen, habe dich in einer Million Fetzen vor mir gesehen, der Killer von Polly Klaas zeigt mir bei der Verhandlung den Finger, die ganze Chose. Scheiße, Mann! Bei so was [ich hämmere mit der Faust aufs Lenkrad] darf einfach nichts schief gehen, Kumpel. Da darf nichts schief gehen! [Ich hämmere bei jeder Silbe mit der Faust aufs Lenkrad.] Darf! Ein-fach! Nichts! Schief-ge-hen! Hör zu, du weißt, wir wissen, wir haben immer gewusst, dass wir das hier nur mit einem gewissen Maß an Effizienz durchziehen können. Wir müssen mitdenken, immer auf der Hut sein! Wir müssen an einem Strang ziehen, mitdenken, überlegen, wir müssen geistesgegenwärtig sein! Es kommt hart auf hart, Toph, hart auf hart! Es gibt kein Pardon! Kein Pardon! Die Sache ist hart, Bruder, so, siehst du [ich balle die Fäuste], kapiert? Hart, angespannt [ich reiße die Fäuste auseinander, tue, als würde ich einen Knoten in einem Seil testen]. Alles ist angespannt!«

»Du bist gerade an unserer Straße vorbeigefahren.«

Ich setze ihn bei Beth ab, sehe ihn in ihre rote Diele treten, winke Beth zu, als sie mir zuwinkt, sehe die Tür sich schließen, sehe sie die Treppe hinaufgehen, weiß, dass er ihr alles erzählen wird.

Darüber kann ich mir jetzt keine Sorgen machen.

Nicht, wenn Sari da ist.

Ich weiß nicht genau, was Sari will. Vielleicht Rache. Es könnte ihre Rache sein, weil ich mich über ihr Buch lustig gemacht habe, sie bestellt mich in ein leeres Hotelzimmer. Oder beim Reinkommen bespritzt mich jemand mit irgendwas. Schlagsahne. Teer. Die ganze Sache ist eine einzige große Show. Eine Falle. Natürlich hätte ich es verdient. Ich hätte alles verdient, alles – kein Angriff könnte mich überraschen. Aber das Risiko lohnt sich. Mit einer Sexualforscherin zusammen sein! Sie wird alles wissen, jeden Trick kennen, Tipps geben, alles sprengende Sachen, Dinge aus mir herausholen, von denen ich gar nicht wusste, dass es sie gibt …

Ich rufe von der Halle aus an.

»Ich wollte gerade los. In zwei Stunden geht mein Flug.«

»Ich bin hier.«

»Ich komme runter.«

Ich warte auf die Sexualforscherin. Sari. Sexualforscherin. Sari. Sexualforscherin. Aber wie schlimm ist das alles? Freundin im Koma. Toph bei Beth, vielleicht in Tränen, zumindest erschüttert – zum ersten Mal bin ich richtig explodiert – *bin ich explodiert?* Ich bin explodiert, habe mich genau wie sie angehört …

Und ich warte hier auf diese Frau, die ich gerade mal drei Stunden kenne – der Aufzug teilt sich und da ist sie, mit Koffer, marschiert auf mich zu und von nahem riecht sie so gut …

Wir beschließen, aufs Abendessen zu verzichten und gleich zu mir zu fahren. Uns bleibt eine Stunde, bevor ihr Flug geht. Wir steigen in mein Auto und es regnet und der Tenderloin-Bezirk wirkt gazeartig und hell und auf dem Heimweg haben wir grüne Welle und dann sind wir allein in meinem Zimmer …

Ich und die Sexualforscherin! Alles lässt sich prima an. Es geht voran, wir sind noch angezogen, aber es geht voran – auf einem Bett mit der Sexualforscherin, auf einem Bett mit der Sexualforscherin, auf einem Bett mit der Sexualforscherin – was bedeutet es, mit der Sexualforscherin hier zu sein? Es gibt doch nichts Besseres, oder? Das ist es doch, oder? Ich bin nicht verheiratet und werde bald sterben, drei Jahre noch, vielleicht fünf, und Shalini würde wollen, dass wir uns amüsieren, sogar mit – *vor allem mit* einer Sexualforscherin aus New York, die Chancen stehen eins zu einer Million, ich weiß es, Shal weiß es – und so werde ich mehr Freude in die Welt bringen, statt sie ihr zu nehmen. Etwas wegzunehmen, nützt niemandem. Ich werde der Welt etwas geben, diese Erfahrung und noch mehr, Sari und ich werden uns tiefer in den Stoff der Welt weben, indem wir Dinge tun, alles, einfach alles, man webt sich selbst in den Stoff …

Für mich ist es okay, Sex mit der Sexualforscherin zu haben, während Shalini im Koma liegt. *Wie können wir da nein sagen?* Unser Zusammensein bedeutet, dass etwas geschieht, und wenn Dinge geschehen, ist das ein moralisches Gut, das einem nicht zurückführbaren Gut entspricht, das = existieren = Widerstand = ziehen = schieben = Beweis = Glaube = Verbindung + Handhalten = Bekräftigung = zum Felsen und zurück schwimmen + dabei die ganze Strecke unter Wasser die Luft anhalten = Kämpfe austragen, winzige Kämpfe, große Kämpfe, alle Kämpfe = Standpunkte beweisen, ständig = die Gezeiten leugnen = den Verfall verspotten = Stärke – Zurückhaltung – Beschränkung – Mäßigung – Nägelkauen – Nein-Sagen + gegen die Wand hämmern + Lautstärke immer höher drehen + schnellen Spurwechsel + Auto überholen + Licht einschalten + brüllen + fordern, beharren, bleiben, kriegen = Widerstand = Handabdrücke, Fußabdrücke, Spuren, Beweise = Bäume schütteln, Zäune durchbrechen + nehmen + packen + stehlen + laufen = verschlingen = keine Reue = Schlaflosigkeit = Blut = blutgetränkt und was Shalini braucht, ist die Verbindung, das Pumpen von Blut, den Gebrauch des Geflechts! Sie braucht ihre Freunde nicht nur an ihrer Seite, wir müssen ihr auch so nahe wie möglich sein, nicht nur ihr, sondern auch einander, Reibung erzeugen, Lärm, und wenn möglich, braucht sie unseren Sex, den Sex miteinander, dessen Energie wir auf sie projizieren, die Explosion und Liebe – alles ist miteinander verbunden, aha! *Shalini würde wollen, dass wir Sex haben!* Und dann mit Sari, bisher nur sanftes Tasten, mit geschlossenen Augen, dann das Plumpsen von Schuhen auf den Holzboden, die Gedanken, die man mit geschlossenen Augen denkt, während man fühlt und in Stellung geht und reibt, beispielsweise der Gedanke an eine Weltraumreise. Den Spaziergang auf dem Mars in einem Raumanzug nach Art von *2001: Odyssee im Weltraum*, alles staubig, rot. Dann Bilder aus einem üppig bebilderten Buch, das man als Jugendlicher besaß, das zeigt, wie Raumfahrt in dreitausend Jahren aussehen kann, die mondgroßen Raumschiffe, die kilometerhohen Türme auf Planeten, die bislang auf keiner Karte verzeichnet sind; dann Shalinis Augen, geschlossen und purpurn; dann hat man kein Kondom und steckt Sari mit Aids an und muss es Sari sagen, in einem Jahr, wenn man die Diagnose hat und warten muss. – Nein, man macht es per Post, man kann ihr nicht in die Augen sehen, man ist mittlerweile nach Grönland oder Franz-Josef-Land gezogen oder man ist noch da und sagt es ihr persönlich und wird sie bitten, einen zu heiraten, und gemeinsam kämpft man gegen Aids, weil – nein, sie will nichts mit dir zu tun haben, du Arschloch …

Die Haustür geht auf und zu. Dann geht die Wohnungstür auf und zu. Dann geht die Schlafzimmertür auf. Toph.

»Huch«, sagt er.

Ich gehe raus. Zum ersten Mal hat er mich erwischt.

Er schaut in seinen Kleiderschrank. Steht nur da, schaut rein.

»Was machst du da?«, frage ich.

»Was soll das heißen?«

»Du solltest bei Beth sein.«

»Sie hatte nichts zu essen da. Hat mich nach Hause geschickt.«

»Hör zu, geh wieder hin und iss was. Sag ihr, sie muss dir was geben. Was bestellen. Ich hole dich in einer Stunde ab.«

Er geht.

Ich gehe zurück zu Sari. Sie ist aufgestanden, muss los.

Dann zum Flughafen.

Schweigen. Smalltalk.

Wir umarmen uns neben dem Auto.

Sie geht durch die Glastür und ich sehe ihr nach und blinzle dämlich.

Es ist nicht klar, was wir getan haben, ob etwas geschehen ist, ob wir den Durchbruch geschafft haben, ob Beweise vorgelegt wurden.

Adam Richs letztes Interview wird durch ein ganzseitiges Foto von Adam ergänzt, er lacht gerade. Darunter steht: »Hatte keine Angst vor dem Sensenmann«. Die Doppelseite ist klasse. Perfekt bis ins letzte Detail – Kinderfotos, das Bild mit Brooke Shields, die ihn weit überragt, sogar ein bizarres Foto, da ist er ungefähr neun und mit Moodies neuer Freundin Michelle zu sehen (die dieselbe Kunstschule wie Adam besucht hat). Alles hundertprozentig, *total echt, glaubhaft.* Wir denken, das wird eine ganz große Sache.

»Das wird eine ganz große Sache«, sagen wir.

»Ja, das wird eine ganz große Sache«, sagen wir.

Endlich scheinen die Dinge auf die Reihe zu kommen, die Mietsituation ist stabil, die Anzeigen laufen besser, mehr Personal denn je, sechs oder zehn oder zwanzig Praktikanten und dazu noch unsere Helferin an der Ostküste, eine zwanzigjährige Schauspielerin/Kellnerin namens Skye Bassett, die Lance irgendwie dazu gekriegt hat, für uns durch New York zu laufen, Treffen zu organisieren, eine bevorstehende Party zu planen, Botengänge zu erledigen.

»Eine Schauspielerin?«, fragen wir.

»Klar, hast du *Dangerous Minds* gesehen? Sie war eine der Teenys in der Klasse. War eine große Rolle. Sie ist im Fernsehen und überall.«

»Was … will sie dann bei uns?«

Das ist eine Standardfrage. Wir misstrauen jedem, der uns seine Hilfe anbietet, sorgen uns wegen jedem, der uns tatsächlich hilft. Leute wie Zev, die durchs Land fahren, um so was zu tun, umsonst, na ja …

Kurz danach leihe ich mir das Video aus, und tatsächlich, zwischen den schwarzen und Latino-Kids – der gefährdeten Jugend –

sitzt ein hübsches weißes Mädchen mit aschblondem Haar. Sie ist hart und trägt zu viel Make-up. Sie hat eine Sprechrolle und so weiter und jetzt rennt sie für uns durch New York. Sie kellnert dreißig Stunden pro Woche im Fashion Cafe, dazu zwanzig Stunden Auftritte oder Vorsprechen, quetscht unseren Müll irgendwie dazwischen. Am Telefon ist sie wild und witzig, mit Whiskystimme. Sie ist eine von uns, und mit ihr und dieser Adam-Rich-Sache können wir wirklich weiterkommen, sogar eine Art Geschäftsplan aufstellen und mehrere Millionen Dollar verdienen und schließlich den Markt beherrschen und erleben, dass Brücken und Grundschulen nach uns benannt werden, die Reise im Spaceshuttle buchen, und vielleicht bekommt Shalini auch Geld, vielleicht kommt sie da drinnen wieder zu sich und zieht ihre Sache durch, denn Shalini hat zwei Wochen im Koma gelegen, als Marny und ich eines Tages reinkommen, um die Mittagszeit an einem strahlenden Wochentag, und ins Zimmer geführt werden, wo Shalini mit offenen Augen liegt.

Himmelarsch.

Wir erstarren. Man hatte uns nicht gesagt, dass sie die Augen aufhat. Wir wollen losrennen und es ihrer Familie sagen.

Ihre Augen sind offen, blicken aber nicht leer, sondern offen – absolut offen. Sie schaut uns an! Ich rutsche ein bisschen zur Seite, um zu sehen, ob ihre Augen mir folgen, und das tun sie, langsam, langsam, aber … sie muss …

»He, Shal«, sagt Marny.

Wach sein!

Wir waschen uns die Hände und treten an ihr Bett – vielleicht vergessen wir auch, uns die Hände zu waschen – und beugen uns wie üblich vor, halten ihren Arm fest, während ihre Augen uns die ganze Zeit über folgen, zumindest ein Auge folgt uns. Das andere Auge bewegt sich nicht, aber sie sieht uns wirklich an, mit diesen riesigen Augen oder dem riesigen Auge, wirkt völlig erstaunt angesichts unserer Gegenwart – der verblüffte, stumme Blick eines Neugeborenen. Gott, sind ihre Augen riesig, das Weiß ist so gigantisch, größer als vorher, vielleicht doppelt so groß wie vorher.

Die Welt steht in Blüte. Sie ist zurück, wir haben sie nicht verloren, sie ist offenkundig zurück und hört uns und wird bald sprechen und danach wieder arbeiten, plaudern, entwerfen, zusammenstellen und schließlich auch die Rückenmassagen wieder aufnehmen.

Einer ihrer Freunde kommt herein. Wir werfen ihm einen eindringlichen Blick zu, beiläufig, aber eindringlich, wollen niemanden beunruhigen, aber *Herrgott!*

Wir sagen, sie soll mit den Zehen wackeln, und sie winkt mit dem ganzen Fuß.

Das ist sensationell!

Das ist Jesus und Lazarus und Weihnachten auf einmal.

Doch danach sagen uns die Ärzte im Wartezimmer, dass sie, wenngleich ihre Augen offen sind und sie Dinge zu erkennen scheint, technisch gesehen noch im Koma liege. Es sei nicht ungewöhnlich für einen Koma-Patienten, die Augen zu öffnen oder auf einfache Anweisungen zu reagieren. Wir kapieren ums Verrecken nicht, was das heißen soll. Für uns ist offenkundig, dass sie wach ist, zurück ist und dass vielleicht wir, Marny und ich, das bewirkt haben.

Als wir gehen, fühlen wir uns schwindlig, heben beinahe ab. Die Autos auf dem Parkplatz glänzen, der Himmel ist voller Tauben und großer, tanzender Hundewelpen, die alle klar und deutlich Songs von den Beach Boys singen. Ich lege den Arm um Marny, als wir zum Auto gehen, und bis wir da sind, ist mir eine phantastische Idee gekommen. Die Idee ist die: Marny und ich sollten miteinander Sex haben.

Mein Kopf schwebt auf einem neuen Planeten, einem soeben entdeckten Planeten, der voller Flora und Fauna und geflügelter Hirsche und Schlangen ist, die miteinander harmonieren, und ich bin so benommen, dass ich im Auto einfach nur dasitze und grinse. Marny angrinse. Wir beide sind am Leben und kennen uns so viele Jahre und machen das hier schon so lange, wir sind so alt und müde und sind nicht getötet worden und nicht von einer Brücke oder einem Balkon oder einem maroden Dach gestürzt. Ich

glaube wirklich, dass man das am besten feiern kann, indem Marny und ich zusammen nackt sind und schwitzen – in ihrer Wohnung, meiner, im Auto, egal. Am Strand, im Park.
Ich muss mich ausziehen. Kann nicht fahren. Wir sitzen im Auto, auf dem Krankenhausparkplatz. Ich bin zu nichts anderem fähig. Ich kann nicht zurück an die Arbeit gehen. Sex ist genau das Richtige.
»Sie hat uns angesehen«, sage ich und denke an Sex.
»Es ist unglaublich«, sagt Marny und denkt nicht an Sex.
»Sie sah wunderbar aus, ganz sie selbst – ich meine, sie ist uns mit den Augen gefolgt!«, sage ich, denke an Shalinis Augen, dann an Sex und daran, welche Wohnung, meine oder Marnys, wohl näher ist.
»Klar, das war eindeutig sie, so aufgeweckt«, sagt Marny.
Ich schweige und sehe Marny an und hoffe, dass meine Gedanken, ich meine die, die sich auf Sex beziehen, in ihr Gehirn sickern oder bereits drin sind. Sie schaut nach vorn, durch die Windschutzscheibe, in der Erwartung, dass ich jeden Moment den Wagen starten werde. Als sie sich zu mir dreht, schaue ich sie noch immer an, grinse – ich weiß nicht, wie ich das Thema anschneiden soll – mittlerweile ist ein scheues Grinsen draus geworden. Vielleicht klappts ja mit einem scheuen Grinsen.
»Ich weiß, es hört sich wirklich komisch an«, platze ich heraus, »aber ich bin im Moment echt geil.«
Eine kurze Pause, in der sie die Tiefe meiner Verwirrung analysiert. Dass ich keine Witze mache. Ich bin platt, denn eine Minute lang habe ich gedacht, wir könnten auf demselben, wenn auch rutschigen Planeten sein, doch wie sich herausstellt, ist das nicht der Fall, sie ist ganz und gar nicht auf meinem Planeten.
»Ich glaube, wir sollten wieder ins Büro fahren«, sagt sie. Sie hat Recht. Sie ist klasse. Sie regt sich nie auf, wenn ich so was tue. War eine blöde Idee, eine abstoßende Idee. Völlig daneben. Scheiße!
Ich bitte sie um eine Umarmung. Sie sagt ja. Beim Umarmen kommt mir eine weitere sehr, sehr gute Idee: dass Marny und ich miteinander Sex haben sollten. Ich dehne die Umarmung auf eine

Minute aus, quer über die Notsitze, denke wieder, dass sie sich vielleicht für die Idee erwärmen wird, dass sie vielleicht ihre Meinung ändert und wir den Kreis schließen können.
Sie macht sich los, klopft mir dreimal kurz auf die Schulter wie einem Reptil, das man sich als Haustier hält. Okay. Ich lasse den Motor an und setze zurück und fahre vom Parkplatz und zurück zum Büro, die Stadt ragt vor uns auf, gezackt und weiß, alle Gebäude stehen da, lächeln, glucksen, ein Haufen riesengroßer, glücklicher Leute. Sie verstehen mich.

Adam Rich besteht darauf, dass man ihn vom Flughafen abholt. Ich habe seinen Flug bezahlt, damit er zu der Party, die wir anlässlich der Veröffentlichung des Heftes feiern, kommen und außerdem ein paar Radiointerviews geben kann. Ich hatte sanft angedeutet, dass die Pendelbusse zwischen Stadtzentrum und Flughafen ganz toll und auch preiswert seien, für mich selbst komme nichts anderes in Frage – doch dann folgte eine lange Pause, und er hatte mich, wie zuvor schon, wissen lassen, dass ich es nicht mit irgendeinem Kumpel von der High School zu tun habe, der in die Stadt kommt. Ich hätte es mit einer echten Hollywood-Größe zu tun, jemandem, der seit langem in dieser Stadt zu Hause sei – *einem gemachten Mann.* Er war Adam Rich! Keine Pendelbusse für Adam Rich! Keine schäbigen Motelzimmer für Adam Rich! Jetzt mal im Ernst!
Konnte es denn wahr sein, dass Adam anfing, die Literatenchose zu glauben, die Geschichte vom Genie, das am »Squatter-Projekt« arbeitet?
Ich hole ihn mit meinem Civic ab. Ich bin spät dran. Ich renne durch die mit Teppich ausgelegten Gänge. Die Rolltreppe hinauf, zum Flugsteig, dann runter, zur Gepäckausgabe. Ich muss Adam Rich ausrufen lassen. Das wird ihm nicht gefallen.
»Sind Sie das?«
Ich drehe mich um.
»Adam.«

»Sie kommen zu spät.«
Und da ist er. Adam Rich.
Ich glaube, ich wusste, dass er ziemlich klein ist. Ich wusste es. Ich werde nicht überrascht tun. Er ist perfekt gebräunt, beinahe ledrig, mit gegeltem Haar und Ziegenbärtchen. Er trägt exakt das gleiche Outfit wie beim Foto-Shooting – Trägertop, Surfershorts, Sonnenbrille. Er sieht ziemlich klasse aus.
Wir gehen zum Auto.
Als wir nach San Francisco reinfahren, will er als Erstes eine Zigarre. Er braucht ein paar gute Zigarren. Er besteht drauf, er habe Zigarren schon genossen, bevor sie in Mode kamen, und ich soll an einem Geschäft in der Market Street anhalten, damit er ein paar von seiner Marke kaufen kann, die Sorte, die man nicht im 7-Eleven bekommt.
Ich habe ihm ein Zimmer nahe der Van Ness gebucht. Ich habe das Hotel nie zuvor gesehen, hatte den Namen aus dem Telefonbuch.
»Es wird Ihnen gefallen«, sage ich. »Es liegt nahe bei ... allem Möglichen.«
Es liegt nahe bei gar nichts. War aber billiger als das andere, bei dem ich angerufen hatte, und sah auf dem Foto weit hübscher aus.
Wir fahren auf den Parkplatz. Es ist eine Art Red Roof Inn, in einer Nebenstraße der viel befahrenen Van Ness, in der Nähe eines Autohandels und ungefähr drei Blocks von Tenderloin entfernt. Es hat weder Klimaanlage noch Pool.
Er ist nicht glücklich damit. Er ist außer sich. Er will nahe am Wasser sein, das hatte er am Telefon klar und deutlich gesagt. Wir fahren zur Wharf. Ich halte an einem Münzfernsprecher und werfe einen Blick in die Gelben Seiten. Er wartet im Wagen, Sonnenbrille auf der Nase. Zehn Minuten später habe ich ein Hotel, ein Best Western mit Klimaanlage und Pool, nur fünf Minuten von den Seelöwen entfernt. Ich setze ihn ab und bezahle das Zimmer.
In den nächsten zwei Tagen werde ich alles tun, was er verlangt, wir haben nämlich das Gefühl, dass wir ihm etwas schulden, weil das Heft, auf deren Cover die Zeilen:

Lebwohl, sanfter Freund
Adam Rich, 1968-1996
Seine letzten Tage
Sein letztes Interview
Sein Vermächtnis

prangen, ein Volltreffer geworden ist – relativ gesehen, natürlich. Als die Ausgabe auf dem Weg zu den Zeitungsständen war, verschickten wir mit unserem Brother 600 Fax eine Presseerklärung an genau ein Boulevardblatt, *National Enquirer*, und zwar mit der vollen Absicht, sie über den Wahrheitsgehalt des Artikels zu belügen. Um von Fragen an uns abzulenken und den Scherz so lange wie möglich durchzuziehen, wollten wir die Story und die Recherche dahinter dem schwer fassbaren britischen Autor Christopher Pelham-Fence anhängen. Alle Anfragen sollten an ihn gerichtet werden, obwohl er, seltsam genug, eine Woche unerreichbar sein würde, da er einen Auftrag in, sagen wir, Rumänien, zu erledigen hätte.

Acht Minuten später erfolgte ein atemloser Anruf von einem Produzenten von *Hard Copy. Hard Copy* hatten wir nicht angefaxt.

»Warum haben wir nichts davon gehört?«, wollte er wissen.

»Mann, das ist eine gute Frage«, antworteten wir.

»Habt ihr mit anderen Fernsehsendern gesprochen?«

»Nein, ihr seid die Ersten.«

»Schön, schön. Könnt ihr uns seine Familie besorgen? Freunde?«

»Hm, klar doch. Ja. Vielleicht. Ja.«

Die Logistik wurde zu schnell zu kompliziert. Wer soll seine Mom spielen? Seinen Dad? Den Lebensmittelhändler von nebenan?

»Na ja, zuerst«, sagten wir, »müssen wir wohl Mr. Pelham-Fence ausfindig machen. Er hat alle Details.«

Man hatte uns eiskalt erwischt. Wir hatten angenommen, dass sie sich auf unser Wort verlassen würden. *(Wenn es ein obskures, von Fehlern wimmelndes Magazin aus San Francisco bringt, muss es*

wohl stimmen ...) Wir hatten nicht geglaubt, dass die Macher von *Hard Copy* derart auf Fakten erpicht sein würden. Ein paar Minuten später rief der Produzent wieder an.
»Die Polizei von L.A. hat noch keine Akte über den Mord.«
»Oh. Na ja ...«
»Nicht, dass das unbedingt der Fall sein muss, aber ...«
Sie wollten ebenso sehr dran glauben, wie wir uns wünschten, dass sie dran glauben würden.
»Hm«, sagten wir, »hm ...«
Zwanzig Minuten später rief er wieder an.
»Es gibt in ganz Südkalifornien keine Akte zu dem Fall. Ist es irgendwo da unten passiert?«
»Na ja. Hm. Klar. Sieht so aus.«
»Habt ihr weitere Informationen? An welchem Tag war es doch gleich?«
»Hm ... [wir blättern wild im Magazin, um den Artikel zu finden]. Wenn ich mich ... recht entsinne ... war es ... wissen Sie, Sie sollten wirklich mit Mr. Pelham-Fence reden. Natürlich ist er momentan in Bukarest ... und da ist es, Moment, drei Uhr morgens und ...«
Wir hängten ein und starteten eine Lagebesprechung. Wir versuchten, Paul oder Zev als Pelham-Fence zu bekommen. Beide weigerten sich.
»Unter gar keinen Umständen.«
»Ich kann keinen britischen Akzent.«
Der Produzent rief wieder an.
»Niemand hat davon gehört. Wir haben seinen Manager angerufen und er sagt, es sei ihm neu.«
Eine Stunde nach dem Fax war die Sache aufgeflogen.
»Hört mal zu, Jungs, was läuft hier eigentlich?«, wollte der Produzent wissen.
Wir sagten es ihm. Ein Scherz. Witzig.
Er fand es nicht lustig. Er war wütend. Er hängte ein.
Es war vorbei.
Oder auch nicht. Nicht für Adam, denn die Maschinerie war in

Gang gesetzt worden, und es sollte einige Wochen dauern, bevor sie langsamer lief. Ein Reporter von *Associated Press*, der anscheinend ein wenig schwer von Begriff war, spürte Dick Van Patten, den Vater aus *Eight Is Enough,* auf seiner Farm in Missouri auf und bat um eine Stellungnahme zum vorzeitigen Tod seines Fernsehsohnes. Er war außer sich. Schluchzte angeblich. Alles stand im Internet. Die Leute diskutierten in den Chatrooms darüber; wer von der Fälschung wusste, war meist außer sich vor Wut. Die meisten Leute waren sich nicht sicher. Adams Freunde und Ex-Freundinnen standen tagelang unter Schock, da sie glaubten, er sei gestorben. Eine Freundin rief in der Annahme, er sei tot, nur deshalb bei ihm zu Hause an, weil sie seine Stimme ein letztes Mal auf dem Anrufbeantworter hören wollte. Adam hob ab. Sie fiel ihn Ohnmacht. Voller Panik rief er uns an.

»Hört mal zu, Leute, das gerät total außer Kontrolle. Meine Verwandten flippen aus.«

Wir verschickten eine weitere Pressemitteilung und erklärten den großen Witz, bestätigten, dass die Fälschung für alle deutlich erkennbar hätte sein müssen (obwohl wir genau wussten, dass dem nicht so war), dass der Humor dahinter offensichtlich sei (aber sicher doch). Dieser Mitteilung lag eine kurze Nachricht von Adam bei, der auf unser Drängen hin alle aufrief, »den Kopf verdammt noch mal nicht hängen zu lassen«.

Doch dann traf uns der Bumerang. Sie rissen Adam in Stücke. Es gab einen Artikel im *Enquirer*, Berichte im *American Journal, E!*, Erwähnungen in einem Dutzend *Associated Press*-Blättern, eine Doppelseite in der *New York Post*. Die meisten Storys nutzten Anlass und Motiv, um seine Vergangenheit, eine trübe Mischung aus Drogenmissbrauch und Kleinkriminalität, mit wenig schmeichelhaften Ergebnissen ans Licht zu zerren. Und fast alle warfen ihm vor, diese Sache, diesen gefälschten Tod – *diese ungeheuerliche Manipulation der öffentlichen Emotionen* – als billigen Trick benutzt zu haben, um in die Zeitung zu kommen.

Am nächsten Morgen hole ich ihn zum ersten von zwei Radiointerviews im Best Western ab.

»Woran arbeiten Sie denn zurzeit?«, fragt Peter Finch, der mitfühlende Discjockey bei *KFOG Radio*.
»Nun ja, ich bereite einen Historienfilm vor. Mit historischen Kostümen.«
»Toll. Wow. Und Sie werden …«
»Produzieren und Regie führen.«
Adam ist erstaunlich. Ich hatte eine Katastrophe erwartet, damit gerechnet, dass ihn die Anrufer in der Luft zerreißen, dass die DJs sich über ihn lustig machen würden, doch alles bleibt im grünen Bereich und Adam ist gefasst, selbstsicher, eloquent – immer noch ein Schauspieler, immer noch kontrolliert.
Danach kommt er mit ins Büro, signiert Exemplare unseres Magazins, seine Unterschrift selbstsicher, voll starker Linien, großer Schleifen. Kurz darauf bringen Zev und ich Shalini ein Exemplar davon.
Man hat sie in ein anderes Krankenhaus verlegt, bei Toph und mir in der Nähe, in ein helles Zimmer mit Blick auf Nob Hill. Sie ist bei Bewusstsein, hat zehn oder zwölf oder dreißig Kopfoperationen hinter sich, hundertfünfzigtausend stehen noch aus. Wir vertreiben ihr und ihrer Mom die Zeit, lesen ihr Briefe vor und bringen sie, was das Büro angeht, auf den neuesten Stand. Ihr Kurzzeitgedächtnis ist hinüber, daher kann sie sich nicht so gut an Zev erinnern, und wir müssen ihr oft erklären, von wem wir gerade sprechen.
»Weißt du, wer in der Stadt ist?«, sagen wir. »Das wird dir gefallen.«
»Wer denn?«
»Adam Rich.«
»Oh. Mein Gott! Wieso?«
»Na ja, wir haben dieses Heft gemacht, die Story, in der wir getan haben, als sei er tot, und …«
Ich halte es für eine tolle Story, doch mittendrin werfe ich einen Blick auf ihre Mom, die sie gar nicht so toll zu finden scheint. Vermutlich ist die Story der Situation nicht angemessen. Natürlich ist sie das nicht. Ihre Mom, ihre kleine Mom, hat

monatelang bei Shalini gesessen, und ich komme rein und erzähle so etwas …

Ich bin ein Idiot. Ich schaue Zev Hilfe suchend an, doch er hat den Blick von Shalinis Mom nicht mitbekommen. Ich wechsle das Thema.

Wir bleiben eine Weile. Sie haben das meiste Zeug aus dem alten Zimmer in dieses hier gebracht. Die Fotos von Familie, Freunden, die großen Schwarz-Weiß-Aufnahmen von ihr, die Stofftiere, Blumen, ihren tragbaren CD-Spieler, Bücher. Ich hatte nicht vor, danach zu suchen, doch dann kommt er mir in den Sinn und ich muss mich einfach umschauen. Sie hat ihn nicht länger zwischen Arm und Oberkörper geklemmt. Er liegt nicht auf dem Nachttisch oder der Fensterbank. Ich gehe lässig durchs Zimmer, denke, vielleicht hat er einen Ehrenplatz. Steht in irgendeinem Glaskasten.

Es gibt keinen Glaskasten.

Der Bär ist weg.

Mir kann man nichts anvertrauen.

Die Party für Adam läuft nicht gut. Wir haben die Zeitschrift im ganzen Club ausgelegt, und alle Besucher laufen damit herum, blättern sie durch, Adams Gesicht starrt ihnen entgegen, mit glasigem Blick, bereits ein Phantom. Und als ich mit Adam herumgehe, ihn vorstelle, sind alle verwirrt. Sie schauen von ihrem Heft zu Adam und zurück. Sie wissen nicht, was sie von ihm halten sollen. Er ist eine Ikone aus den Siebzigern, ein Fragment ihrer Kindheit, und zur gleichen Zeit angeblich tot, doch beide Fakten hindern ihn nicht daran, zwischen ihnen herumzulaufen und den Versuch zu unternehmen, ein paar kleiner gewachsene Frauen ins Best Western zum Schwimmen im Pool einzuladen. »Ich glaube, Adam Rich hat mich gerade angemacht«, sagt eine unserer Freundinnen. »Ist das wirklich er?«, fragen sie. »Was macht er denn hier?« Selbst als er auf die kleine Bühne tritt, um zu ihnen zu sprechen, verstehen die Leute nicht, worum es geht. *Aber hier, genau hier, in diesem Satiremagazin, steht doch, dass er tot ist. Wie konntet ihr …* Wer es kapiert, bleibt dennoch gleichgültig. Die Tatsache, dass er auf dieser Party ist, die ein obskures Magazin in einem mittelmäßigen Club veranstaltet, bedeutet, dass er durch sein Hiersein, durch seine Verbindung zu uns, uninteressant geworden ist. Dass er in diesem kleinen Nachtclub mit den Samtpolstern und den geschwungenen Tresen herumläuft, bedeutet nämlich, dass er ganz schön verzweifelt sein muss, wenn er von L.A. herfliegt, um diesen Haufen zu unterhalten, wenn er sich unters gemeine Volk von San Francisco mischt, um alle daran zu erinnern, wer er einmal gewesen ist, wer er vielleicht wieder sein könnte. – Es war grotesk. Oder traurig. War es denn möglich, dass er mit alldem nur Aufmerksamkeit erregen wollte? Dass er seine eigene Vergangenheit ausnutzte, um die Sympathie eines Publikums zu erheischen, dem er längst gleichgültig geworden war?

Nein, nein. So berechnend, so zynisch ist er nicht. Dazu müsste er ein Monster sein, armselig und missgestaltet. Mal ehrlich, welcher Mensch würde denn so etwas tun?

X.

Natürlich ist es kalt. Ich wusste, es würde kalt sein. Ich hätte wissen müssen, dass es kalt werden würde – warum sollte es auch nicht kalt sein Ende Dezember, mein Gott, natürlich ist es Ende Dezember in Chicago kalt. Ich hatte hundert Jahre hier gelebt, kannte die Kälte. Ich hatte die Kälte geliebt, sie voll und ganz akzeptiert und bezwungen, war mit Pete um die Wette zum See gerast, wenn dieser zugefroren war, hatte die enorm großen Eiszapfen untersucht, die Eiswände, die Wellen, die mitten im Brechen erstarrt waren. Ich hatte protestiert, wenn ungeschickte oder gemeine Kinder die Formationen zerstörten, wenn ich hörte, wie sie zusammenbrachen, wenn ich sah, wie sie in sich zusammenfielen. Ich hatte meinen Walkman zum Strand mitgenommen, Kopfhörer unter meiner Mütze, und hatte andächtig den Liedern und Lektionen von *Echo and the Bunnymen* gelauscht, während ich Steine über das Eis des Sees warf, ihnen hinterherschaute und dem Blebberdieblebberdieblebberdiebleb der Steine lauschte, die über das trübe Rauchglas schlidderten, ganz weit, das Eis, nicht die Steine, endlos weit, ununterscheidbar vom Himmel, der Horizont nicht klar auszumachen, eine unscharfe Linie, wie ausradiert oder verwischt. Ich war mit Schnee vertraut, kannte den Unterschied zwischen Pappschnee und Pulverschnee, wie aus Pulverschnee, wenn man ein wenig Wasser hinzufügt, Pappschnee wird, wusste, dass ein Schneeball, wenn er mit Wasser besprengt und eine Minute lang liegen gelassen wird, kein Schneeball mehr ist, sondern ein Eisball, der, gezielt geworfen – allzu gezielt – eine riesige Wunde in die Backe meines Bruders Bill reißen konnte. Ich kannte das Gefühl, wenn mich meine Nasenwände an die harten, gefrorenen Wände einer Berghöhle irgendwo in der Arktis erinnerten, Zehen, zu Kieselsteinen erstarrt, nur entfernt mir zugehörig dort unten in

meinen Schuhen, der beißende Wind an meinen Beinen, durch meine papierdünnen Jeans. Ich kannte all das.
Warum, warum, warum verdammt noch mal habe ich dann keinen Scheißmantel mitgebracht? Trauriger noch, ich habe noch nicht einmal daran gedacht, einen Mantel mitzubringen. Ich habe ihn nicht etwa vergessen, nein, nein. Der Gedanke ist mir einfach nicht gekommen, kein einziges Mal.
Ich spüre die Kälte, als ich aus dem Flugzeug steige, und stärker dann, als ich durch den kleinen Korridor zwischen Flugzeug und Terminal marschiere. Nichts kann die Kälte abhalten. Mir ist jetzt schon kalt. Ich habe für die Kälte kaum mehr Verwendung, habe diese Reise nicht zum Schlittenfahren unternommen, und es hat noch nicht einmal geschneit. Ihr einziger Nutzen besteht darin, als ziemlich aufdringliche und plumpe Metapher zu dienen, als ahnungsvolles Omen. Doch halb wünschte ich, es würde einfach nur regnen. Es ist eisig kalt und grau und Nacht in Chicago, und ich trage einen Pullover aus Cellophan.
Toph ist in L.A. bei Bill, und ich bin in Chicago. Ich werde am Flughafen einen Wagen mieten und werde zurück in meine Heimatstadt fahren und Sarah Mulhern aufsuchen, in deren Bett ich eines Nachts landete, wenige Wochen, nachdem ich erfahren hatte, dass meine Mutter sterben würde, und werde die Freunde meines Vaters besuchen und die Kneipe, in die mein Vater immer (heimlich) ging, und vielleicht werde ich auch in sein Büro gehen, und ich werde zu dem Bestattungsunternehmen gehen, und ich werde zu meinem alten Zuhause gehen, Geister im Gepäck, und werde den Onkologen meiner Eltern sehen und werde besorgte Freunde sehen und werde zum Strand gehen, um mir in Erinnerung zu rufen, wie der Winter dort aussieht, und ich werde schauen, ob ich nicht ihre Körper finden kann.
Ja, ja, ich weiß, ich werde ihre Körper nicht finden – sie sind natürlich verbrannt worden, letztendlich –, aber ich träume schon lange davon, weil ich verkorkst bin und glaube, meine Spurensuche nach ihnen könnte eine interessante Geschichte abgeben, zumindest mein Besuch des Gebäudes, in das sie gebracht wurden, in der

medizinischen Hochschule – und wisst ihr, was ich wirklich gern sehen würde? Ich würde gern das Gesicht des Arztes oder Medizinstudenten oder Krankenpflegers sehen oder wer auch immer meine Eltern als Leichen verwendet hat. Ich habe Bilder von ihnen, keine richtigen Bilder, sondern Phantasiebilder, wie sie in einem riesigen Raum, groß wie ein Waffenlager, liegen, mit glänzenden Fußböden, gesprenkelt mit Tischen aus rostfreiem Stahl, überall Werkzeuge, kleine Maschinen zum Anpicken und Bohren und Herausnehmen, mit langen, dünnen Kabeln, und Medizinstudenten sind auch dabei, fünf an jedem Tisch, die Tische auf eine Art und Weise verteilt, dass sie zu sehr verteilt wirken, nicht gemütlich, sondern mit übertrieben viel Platz dazwischen, wie nach einem strikten Raster, schaurig in seiner Starre. Weiß der Kuckuck, was sie mit zwei so krebsverseuchten Körpern anfangen – ob sie als Fallstudien benutzt werden oder ihre Einzelteile untersucht werden, wie bei einem rostigen Auto auf der Hebebühne, ausgeschlachtet, ihre befallenen Teile außer Acht gelassen und zu Gunsten der vergleichsweise gutartigen Beine, Arme, Hände … oh mein Gott, mein Dad hatte zu Halloween immer einen Trick auf Lager, mit einer Hand. Wir hatten eine sehr echt wirkende Hand aus Gummi, hatten sie schon seit zehn Jahren, sie flog immer herum, und zu Halloween zog er seinen eigenen Arm in seinem Hemdsärmel hoch und befestigte die Gummihand an der Stelle, wo seine eigene Hand hätte sein müssen. Wenn dann Kinder klingelten und ihr »Trick or Treat« hören ließen, öffnete er den Beutel des Kindes und ließ ein paar Bonbons hineinfallen und dann die Hand, in die Tasche hinein. Es war großartig.
Herrgott!, brüllte er dann und fuchtelte mit seinem handlosen Arm herum. *Herrgott!* Das Kind war entsetzt, stumm. Schließlich fasste mein Dad sich wieder und griff ruhig in den Beutel. *Ich nehm das wohl besser wieder an mich …*
Ich habe also vor herauszufinden, welche medizinische Hochschule sie erhalten hat, und dann werde ich zu der medizinischen Hochschule fahren und werde den Dozenten ausfindig machen, der damals für die Verwertung der Leichen zuständig war, und ich

werde an seine Tür klopfen. Das werde ich tun. Ich habe eigentlich keinerlei Courage für derlei Dinge, aber in diesem Fall werde ich es tun, ich werde mich überwinden ... Und Folgendes werde ich ihm sagen, ganz munter, wenn er mir die Tür öffnet, der Arzt, wenn er seine Tür einen Spalt weit öffnet, um zu sehen, wer da geklopft hat:

Ich weiß nicht, was ich sagen werde. Irgendetwas Angsteinflößendes. Aber ich werde nicht wütend sein deswegen. Ich will mir den Mann nur einmal anschauen. Grüße ausrichten. Ich will, dass er kleiner ist als ich, in seinen späten Dreißigern, Vierzigern, Fünfzigern, gebrechlich, kahl, mit Brille. Wenn ich mich vorstelle, wird es ihm die Sprache verschlagen, er wird um sein Leben fürchten, mein Schatten wird auf ihn fallen, und dann werde ich ihm erst richtig zusetzen, voll lässigen Selbstvertrauens, und ihn etwas fragen, etwas wie:

»Dann erzählen Sie doch mal, wie hat er denn ausgesehen?«

»Wie bitte?«, wird er darauf sagen.

»Sah er aus wie Kaviar? War er wie eine kleine Stadt, mit einem großen, schimmernden Auge? Tausend kleinen Augen? Oder war er leer, wie ein ausgehöhlter Kürbis? Wissen Sie, ich habe nämlich das Gefühl, er könnte wie ein ausgehöhlter Kürbis gewesen sein, leer und leicht, weil sie so leicht war, als ich sie getragen habe, viel leichter, als ich erwartet hätte. Wenn man einen Menschen trägt, das fällt mir gerade eben ein, wenn man also einen Menschen trägt, warum ist es eigentlich leichter, eine Person zu tragen, wenn sie einem den Arm fest um den Hals legen? Ich mein, man trägt ja sowieso ihr gesamtes Gewicht, stimmt's? Doch dann fassen sie einen um den Hals und plötzlich ist es einfacher, als würden auch sie einen hochheben, dabei trägt man sie doch so oder so, stimmt's? Warum sollte es etwas ausmachen, dass auch sie einen halten? – Die Sache ist die, dass ich damals, bevor ich sie getragen habe, als sie noch auf dem Sofa lag und Fernsehen schaute, davon ausging, dass das Ding in ihrem Magen fürchterlich schwer sein müsste. Doch dann hob ich sie hoch, und das Verrückte war, dass sie ganz leicht war! Was so viel heißen müsste, wie dass er irgendwie hohl war, vielleicht, nicht wie ein wogendes Nest von Würmern, wimmelnder Kaviar, sondern etwas Trockenes, Leeres. War er wie ein ausgehöhlter Kürbis oder eine zersetzende Verschwörung winziger, glänzender Kapseln?«

»Also …«

»Das frage ich mich schon seit vielen Jahren.«

Er wird es mir sagen. Und ich werde Bescheid wissen.

Und dann werde ich mit mir im Reinen sein.

Ach, ich mache Spaß. Ich mache doch nur Spaß. Von wegen Mit-mir-im-Reinen-sein. Diese Reise hängt damit zusammen, dass die Dinge in San Francisco viel zu glatt laufen – ich verdiene genug Geld, Toph ist gut in der Schule – und somit nicht zum Aushalten sind. Ich werde nach Hause zurückkehren und nach Hässlichem suchen und nach Chaos. Ich will, dass man auf mich schießt, ich will in ein Loch fallen, will aus meinem Auto gezerrt und zusammengeschlagen werden.

Außerdem muss ich auf eine Hochzeit.

Ich übernachte in Lincoln Park bei zwei Freunden aus der Grundschule, Eric und Grant.

An dem Abend meiner Ankunft gehen wir in das Lokal an der Ecke.

Grant arbeitet nach wie vor in der Halogenlampenfabrik seines Vaters, im Versand. Wir reden darüber, wann er von seinem Dad, der ihn, wie wir finden, unnötig deckelt, befördert wird. Er weiß es nicht genau. Eric, der auf unserer High School die Abschiedsrede gehalten hat, ist Unternehmensberater. Für sein letztes Projekt musste er einen Monat auf einer Schweinefarm in Kentucky verbringen.

»Was verstehst du denn von Schweinezucht?«, frage ich.

»Nichts«, sagt er.

Er verdient Unmengen von Geld. Der Bungalow, in dem sie wohnen, gehört ihm; Grant zahlt Miete für ein Zimmer in dem

potthässlichen Teil aus rotem Backstein, anmaßend und quadratisch, mit drei Etagen.
Ich bemerke, wie hässlich ihr Haus ist.
»Yeah«, sagt Eric, »aber sieh's doch mal so: Wenn du in dem hässlichsten Haus der Straße wohnst, musst du es dir nie anschauen.«
Eric ist um solche Sprüche nie verlegen. Wo er sie her hat, weiß ich nicht, aber Grant und er reden jetzt so, voller gesalzener Weisheit, die Lebenslehren des Mittleren Westens. Grant, der lange Zeit unser einziger Freund war, dessen Eltern geschieden sind, ist schon seit langem so etwas wie ein Weiser, das abgeklärte Gemüt in unserer Mitte. Sein Gang war bedächtig; er seufzte, bevor er etwas sagte. Er wuchs in dem Appartementkomplex in der Nähe der High School auf, und wenn wir ihn dort absetzten, sagte er immer: »Kurbelt die Fenster hoch, verriegelt die Türen – wir kommen gleich ins Ghetto.«
Wir spielen Billard. Nachdem wir ausgetauscht haben, was es Neues über Moodie und die anderen gibt, kommen wir auf die üblichen Themen zu sprechen:
1) Vince Vaughn, den wir alle seit der fünften Klasse kennen und den jeder hier genau beobachtet, indirekt, ihm die Daumen haltend:
»Hast du ihn in *The Lost World* gesehen?«
»Ja, er war okay.«
»Sie haben ihm nicht viel zu tun gegeben.«
»Nein.«
»Was er braucht, ist noch mal so ein Film wie *Swingers*.«
»Genau. Etwas Ha-Ha-Mäßiges.«
2) Ihr Haar: Sie beide haben interessante Neuigkeiten von der Haarfront. Grant verliert seins weiterhin, unbeeindruckt, und Eric hat sich nun endlich von dem Haarspray getrennt, das er seit der High School benutzt hat und das ihn, selbst wenn er perfekt frisiert war, immer aussehen ließ, als trüge er ein Haarteil.
»Es sieht gut aus«, sage ich und schaue es mir an.
»Danke«, sagt er.

»Nein, ehrlich, so mit diesem Federhaarschnitt, ganz natürlich, irgendwie luftig. Es sieht gut aus.«
»Ja. Danke.«
Sie gehen ebenfalls zu der Hochzeit am darauf folgenden Tag, der Hochzeit von Marnys Schwester Polly, die jemanden heiratet, den wir nicht kennen. Wir sind alle eingeladen, ungefähr fünfzehn von uns, Freunde von Pollys Schwester, und so nutzen wir die Hochzeit für eine Art Wiedersehen. Alle werden da sein; die meisten treffen erst morgen oder übermorgen ein. Grant und Eric wollen wissen, warum ich für fünf Tage hier bin, und ich erzähle ihnen genug, damit sie begreifen, aber nicht so viel, um sich Sorgen zu machen.
Als wir nach Hause kommen, machen wir kein Licht. Sie haben die Bank mit den Gewichten weggerückt, um Platz für einen Futon für mich zu schaffen.
»Danke«, sage ich, als ich unter die Decke krieche.
Ich befürchte, Grant könnte mich lieb zudecken wollen.
»Schön, dass du da bist«, sagt er und streicht mir über den Kopf.
Im Dunkeln höre ich Grant nebenan in seinem Zimmer, die knarrende Schublade seiner Kommode, und Eric oben, im Badezimmer, das rauschende Wasser.
Ich schlafe, wie ich seit Jahren nicht mehr geschlafen habe.

Am nächsten Morgen lege ich los. Ich habe mir von Grant einen Mantel geborgt. Mitgebracht habe ich einen Kassettenrekorder, einen Notizblock und eine Liste von Dingen, die ich hier erledigen möchte. Auf der Liste stehen ungefähr fünfzig Posten. Sie wurde ordentlich getippt und per Laserdrucker ausgedruckt und im Flugzeug ergänzt. Die Liste fängt mit den Punkten an, die oben bereits erwähnt wurden:
Wenban [das Bestattungsinstitut]
924 [die Hausnummer meines alten Zuhause]
Les [der Freund meines Vaters]
Haid [Dr. Haid, ihr Onkologe]

Sarah [in deren Bett ich vor all den Jahren aufgewacht bin]
Bar [die Kneipe im nächsten Ort, ich weiß, wo sie ist, aber nicht, wie sie heißt, in die mein Dad immer ging]
Strand [ein sandiges Stück Küste am Lake Michigan, wo man sich trifft, in der Sonne liegt, im Wasser spielt]
Die Liste geht noch weiter. Ich denke, das Ganze soll die emotionale Entsprechung eines Drogenexzesses sein, ein Zusammenwerfen von möglichst vielen unterschiedlichen und auf den ersten Blick unvereinbaren Sinneseindrücken, innerhalb kürzester Zeit, in fünf Tagen, und zusammen ergibt das eine Art von soziofamiliärem archäologischem Kneipenbummel, um zu sehen, was daraus wird, wie viel heraufgezerrt, zurückgebracht, erinnert, ausgeschlachtet, entschuldigt, bemitleidet, veröffentlicht und der Nachwelt erhalten wird. Zwecks Überlastung habe ich die Liste im Flugzeug und im Bett immer weiter durch nebensächliche oder beliebige Punkte ergänzt – Anrufe und unerwartete Besuche bei Menschen, die ich seit fünf, zehn Jahren nicht mehr gesehen habe, Menschen, mit denen ich nie geredet habe –, weil ich in dieses Chaos alles hineinwerfen wollte, was auch nur im Entferntesten provokativ oder brutal sein könnte. So findet sich unter den handschriftlichen Randnotizen zum Beispiel Folgendes:
Hussa [ein Freund aus der Grundschule, der aus Gründen, die ich nie erfahren habe, auf die Militärakademie geschickt wurde, der mir jedoch in jenem unserem Winter eine sehr nette Beileidskarte geschickt hat, obwohl wir seit bestimmt sieben Jahren nicht mehr miteinander geredet hatten; ich überlege, ob ich nicht einfach bei ihm zu Hause vorbeischaue, weil ich ihm nie geantwortet habe und neugierig bin, wie er aussieht, wie er redet, vielleicht seiner Mutter Hallo sagen möchte, die eines Nachts, als ich bei ihnen übernachtete und nicht einschlafen konnte, weil wir *Grizzly* gesehen hatten – so was Ähnliches wie *Der weiße Hai,* nur mit Fell –, mir in einem Topf eine Milch warm gemacht und in der Küche lauter Nettigkeiten zugeflüstert hat]; Tante Jane [die in Cape Cod lebt; anrufen?]; Fox [Jim Fox von Abramson & Fox, der nadelgestreifte Chef meines Vaters, ein gebeugter und säuerlicher Mann,

der ins Büro kam, als Beth und ich Dads Schreibtisch aufräumten, wenige Wochen danach, und in unfreundlichem Ton, in einem Ton, in dem man über ein Kind spricht, das immer wieder beim Masturbieren erwischt wird, sagte: »Na ja, wir *wussten* schließlich, dass er stirbt«]; das Ganzkörperspende-Unternehmen [die Organisation, die die Leichen abholt und dann an die medizinischen Hochschulen verteilt]; medizinische Hochschule [die, die am ehesten die Leichen verwendet hat].

Die Liste setzt sich endlos fort. Andere Freunde, Freunde meiner Eltern, die paar Freunde vom College, die es zu einer der beiden Beerdigungen geschafft haben; Lehrer aus der Grundschul- und High-School-Zeit; der Park am Ende unserer Straße mit dem winzigen, zugefrorenen See; Mrs. Iwert, deren Rasen ich immer gemäht und der ich den Garten in Ordnung gehalten habe (um zu sehen, ob sie noch lebt); die Freunde meiner Mutter, ihre Kollegen und so weiter und so fort.

Außerdem: Am Rand der Seite, der Seite mit der Liste, steht dieses eine Wort, in großen Buchstaben geschrieben, wenn auch etwas krakelig, weil mit links hingekritzelt. Es ragt heraus, in Großbuchstaben, neben dem computergeschriebenen Textblock und all den handschriftlichen Zusätzen. Ich habe es in einer Telefonzelle in O'Hare hinzugefügt, während ich mit Toph in L.A. sprach, direkt nach der Landung. Das Wort lautet:

BETRUNKEN?

Was eine an mich selbst gerichtete Frage nach dem Zustand ist, in dem ich am besten diese Dinge in und um Chicago erledigen kann. Als ich mit Toph darüber sprach, was er und Bill in L.A. so treiben – an diesem Tag waren sie zu einem eingezäunten Baseballfeld und dann ins Kino gegangen (Bill darf die netten Sachen machen) –, kam mir plötzlich der Gedanke, in bestechender Klarheit, dass ich die ganze Zeit über betrunken sein sollte. Der Rausch, so hoffte ich, würde dem ganzen Unternehmen den Hauch des Mysteriösen verleihen, ganz zu schweigen von einer romantischen Verwaschenheit, mit der ich ansonsten nicht rechnen könnte. Ich sollte verzweifelt, zerlumpt, nur halb zurechnungsfähig sein und von Ort zu Ort torkeln. Das schien jedenfalls wesentlich angemessener, als berechnend und nüchtern zu sein, es würde den Kern der Dinge freilegen, würde den einen oder anderen Frequenzbereich des selbsthinterfragenden weißen Rauschens ausschalten, würde mir erlauben, idiotischere Dinge anzustellen.

Andererseits wäre es jedoch eine Katastrophe für die Dokumentation. Kann ich mir wirklich anständige Notizen machen und verständliche Bandaufnahmen herstellen, wenn ... ich besoffen bin?

Ich steige in meinen Mietwagen, und auf dem Weg nach Lake Forest habe ich die Idee des Dauerrausches noch nicht verworfen. Obwohl ich noch nie länger als drei Stunden hintereinander angesäuselt war, ohne einzuschlafen, und überhaupt nur selten häufiger als einmal die Woche betrunken war, lasse ich mir diese Möglichkeit offen und beschließe, mich auf der Hochzeit zu entscheiden, wo ich bestimmt angeheitert sein werde – dann kann ich immer noch sehen, ob ich, wenn die Stimmung stimmt, mit dem Exzess weitermachen, mir einen Vorrat anlegen, immer etwas bei mir haben soll, in einer Thermosflasche vielleicht ...

Aber das Fahren. Das mit dem Autofahren wäre schwierig.

Ich fahre gen Norden nach Lake Forest. Der Highway 41 und die gesamte Chicagoer Gegend machen genau den vermotteten und tristen Eindruck, den man Ende Dezember erwartet.

Kein Schnee, nur silbrige Kälte und Abgase, schwarzer Schneematsch.

Zwanzig Minuten später stehe ich vor meinem alten Zuhause, und ich fühle nichts. Ich bin in Lake Forest, in meinem Viertel, auf der dem Haus gegenüberliegenden Straßenseite. Ich sitze im Wagen, höre den Rocksender des College, und was mich am meisten beschäftigt, ist der Zustand des Nachbargartens. Irgendetwas ist anders. Haben sie Bäume gefällt? Es sieht so aus, als hätten sie Bäume gefällt.

Der Wagen beschlägt von innen, und ich weine nicht. Als ich unsere Straße hinaufkurvte, erwartete ich, beim Anblick des Hauses emotional zu reagieren – ein Teil von mir hoffte vorübergehend, es wäre nicht da, wäre entfernt worden, von einem Tornado davongewirbelt. Oder dass die neuen Besitzer es abgerissen und ein völlig neues gebaut hätten. Doch dann, in der letzten Kurve, wurde klar, dass es noch da war, noch dort ist. Sie haben das Holz, das bei uns grau geworden war, blau angemalt, aber ansonsten sieht es noch genauso aus. Die Büsche, die ich zur Straße hin gepflanzt hatte, um den kleinen Toph daran zu hindern, auf die Straße zu rennen, stehen noch, sind nicht gewachsen.
Ich reiße ein Stück Papier aus meinem Notizblock heraus und schreibe eine Nachricht ...

> Liebe Bewohner von Waveland 924,
> ich habe früher einmal hier gewohnt, eigentlich den größten Teil meines Lebens. Ich würde mir wahnsinnig gerne das Haus von innen anschauen, wollte aber nicht unangemeldet vorbeikommen. Wenn Sie sich für diesen Vorschlag erwärmen können, rufen Sie mich doch bitte unter 312... an. Ich bin bis Samstag in der Gegend.

... und lege sie ihnen in den Briefkasten. Ich verspreche mir nicht viel davon, weil ich an ihrer Stelle nicht sicher wäre, ob ich mich hereinbitten würde. Vielleicht würde ich so tun, als sei ich in den Ferien, würde den Brief verlieren.
Ich gehe zum Bahnhof, um ein öffentliches Telefon zu benutzen. Es ist eisig kalt. Ich suche nach Sarah, deren Nummer ich nicht habe. Ich weiß nicht, wo sie wohnt – das letzte Mal, als ich sie sah, lebte sie noch zu Hause, bei ihren Eltern – oder ob sie überhaupt noch in der Gegend oder in dem Bundesstaat wohnt. Ich versuche es bei einer Sarah Mulhern in Chicago.
»Hallo, spreche ich mit Sarah?«
»Ja?«
»Sarah Mulhern?«

»Ja.«
»Sarah Mulhern aus Lake Forest?«
»Oh, nein.«
»Tut mir Leid.«
Ich lege auf, hauche warme Luft in meine Hände. Ich bin ein Trottel. Jemand wird mich hier entdecken, zum ersten Mal zurück am Ort, seit ich fortgegangen bin, wie ich das Telefon vor dem Bahnhof benutze. Niemand benutzt dieses Telefon. Andererseits wird es auch niemanden sonderlich verwundern. Sie werden so etwas schon erwartet haben, von mir – sie wissen, was geschehen ist, werden annehmen, dass ich schließlich doch auf den Hund gekommen bin, dass ich obdachlos und cracksüchtig bin. Noch eine falsche Nummer, und dann:
»Hallo, spreche ich mit Sarah?«
»Ja?«
»Sarah Mulhern?«
»Ja?«
»Sarah Mulhern aus Lake Forest?«
Kurzes Schweigen und dann ein langsames: »Yeah ...«
Es ist vier Jahre her. Aber sie ist warmherzig, vom ersten Augenblick an ist sie warmherzig. Wir reden über das letzte Mal, als wir uns gesehen haben, als wir uns aus ihrem Haus schleichen mussten, frühmorgens, damit sie mich nach Hause fahren konnte, darüber, dass ihr Vater mich umgebracht hätte.
»Wusstest du, dass er letztes Jahr gestorben ist.«
»Nein, das wusste ich nicht. Das tut mir Leid.«
Gott, nein. Ich weiß nicht mehr genau, was ich dann sage, aber schon bald frage ich sie, ob sie zu Pollys Hochzeit kommt; die beiden waren in derselben Klasse. Sie kommt nicht. Ich frage sie, ob sie in den nächsten paar Tagen Zeit für ein gemeinsames Mittagessen, einen Kaffee hätte.
Sie meint, ihr sei jeder Abend recht.

Die Hochzeit ist wunderbar normal. Ich hatte mir verzweifelt eine Hochzeit ohne Überraschungen gewünscht, so steif und traditionell wie möglich. Die Vorstellung von Hochzeiten finde ich an sich schon beklemmend genug, aber wenn sie von der Routine abweichen, werden sie irgendwie noch absurder. Ich konnte die Erinnerung an Beth' Hochzeit vor sechs Monaten nicht loswerden. Der Bräutigam war ein netter junger Mann namens James, mit einem Babygesicht und blondem Haar, und die ganze Angelegenheit fand statt auf einer Terrasse in einem Ort, der aus einer Ansammlung von Cottages besteht und in der Nähe von Santa Cruz liegt, hoch über dem Pazifik.

Beth hatte lange davon geträumt, ihre Hochzeit am Strand zu feiern, barfuß, sie ganz in Weiß, auf dem Sand, windzerzaust, und wir vor den brausenden Wellen bei Sonnenuntergang. Aber die Genehmigung war nicht zu bekommen, und so gab sie sich mit dieser Ansammlung von kleinen Häuschen zufrieden, die – Strand hin oder her – eine wunderbare Kulisse abgaben, alles weich, grün und ganz weiß – allerdings hätten Toph und ich das Ganze beinahe verpasst.

Wir waren schon spät dran, waren losgegangen, um Toph eine Hose zu besorgen, und fuhren mit unserem kleinen roten Auto durch San Francisco, auf und ab, über Franklins Durchgangsstraße, zu unserer Wohnung, wo wir uns umziehen wollten.

An einer Ampel oben auf einem Hügel hielten wir an. Dann ein Knallen, ein Vorwärtsruck, schepperndes Glas. Uns war eine Art Lastwagen hinten reingefahren, ein monströses Teil.

Schuld war eine Frau, Mitte vierzig, in einem Jeep Grand irgendwas. Ein Riesenwagen. In ihrem Wagen saß eine Familie, zwei Teeny-Töchter, der Mann, alle groß gewachsen, gut gekleidet, normal. Sie schauten von ihrem Lastwagen herab, nicht sonderlich besorgt. Die Sonne stand direkt über uns, und ich stand eine Minute darunter, auf der Straße, die Glassplitter blinkten auf dem Asphalt. Toph und ich gingen zum Bürgersteig hinüber, und ich setzte mich hin, benebelt. Er stand über mir.

»Alles okay?«, fragte er.

»Geh ein Stück zur Seite. Ich kann dich gegen die Sonne nicht sehen. So ist's besser. Doch, mir geht's okay.«
»Was sollen wir machen?«
»Wir müssen los. Wir sind sowieso zu spät dran.«
Uns blieb eine Stunde. Unser Auto war nur noch halb so groß. Es gab keine hintere Stoßstange mehr, kein Heckfenster, die Klappe zum Kofferraum war zerbeult, nicht mehr zu öffnen. Wir tauschten Namen und sonstige Angaben aus, die Frau erbot sich, einen Abschleppwagen zu rufen, aber wir hatten keine Zeit, und als ich es versuchte, sprang der Wagen an, und so fuhren wir davon. Zurück nach Hause, umziehen, und dann wieder ins Auto, den Hügel wieder hinunter, auf den Highway, der Wind heult durch den nackten Rahmen des Wagens, südlich nach San Jose, wo wir Bill vom Flughafen abholten – der, wie er schließlich hinten sitzt, in heftigen Winden, den Zustand des Autos sehr lustig fand – auch noch, als ich mir ernsthaft Sorgen machte, der Benzintank könnte beschädigt sein, wir könnten Benzin verlieren, die Dämpfe könnten Funken schlagen, und wir würden alle auf dem Weg explodieren, und wie typisch das wäre ...
Wir rollten heran, klappernd und Mitleid erregend. Die Gegend war weiß vor Bodennebel, das Grün war grau, das Meer unsichtbar. Toph und ich hatten nichts, was festlicher Kleidung auch nur annähernd entsprochen hätte, trugen zerknitterte weiße Hemden und die abgenutzten Krawatten meines Vaters. Alle wussten, wer wir waren, dass wir *sie* waren.
Wir lernten die Geistliche kennen, die die Trauung vollziehen würde, eine lesbische Agnostikerin namens Reverend Jennifer Lovejoy, mit fließender Robe und wildem, drahtigem Haar. Wir sagten den Vertretern unserer Familie Hallo. Erst unserer Cousine Susie, die aus dem ländlichen Massachusetts angereist war, vorher noch in dem kleinen Strandort eingekauft hatte und einen Hut trug, den sie dabei in einem Trödelladen erstanden hatte, aus Stroh, sechzehn Zentimeter hoch, mit vier gewebten Vögeln, die obenauf thronten. Und dann Tante Connie, die Schwester meines Vaters, die New-Age-Musik komponierte (ihre Richtung nennt

sich sakrale Spacemusik) und von Marin County angereist war, im letzten Augenblick, als Überraschung, wenn auch ohne den sprechenden Papageien oder Kakadu, der normalerweise auf ihrer Schulter sitzt. Es dauerte nicht lang, bis sie John – der kurz zuvor aufgetaucht war und auf dem Weg Cocktails getrunken hatte – und mich in Beschlag genommen hatte und mit uns eine geschlagene Viertelstunde die Frage debattierte, wie wahrscheinlich es war, dass die Regierung Besuche von Außerirdischen vor der Öffentlichkeit geheim halte. Sie selbst wusste natürlich aus erster Hand von dieser Vertuschungsaktion, da sie seit einiger Zeit schon über ihren Computer Nachrichten aus dem Weltall erhielt. Ich fragte sie, woher sie denn wisse, dass diese Nachrichten aus dem Weltall stammten und nicht etwa von, sagen wir, AOL. Sie schaute mich mitleidig an, mit einem Blick, der besagte: »Wenn du so etwas noch fragen musst …«

Ursprünglich sollten Bill und ich Beth zum Altar geleiten, um sie dem Bräutigam zu übergeben. Sie hatte uns gefragt, und wir hatten ja gesagt, selbstverständlich, es wäre uns eine Freude, eine Ehre – doch dann, als Bill und ich draußen im sich lichtenden Nebel warteten, meinte sie, wenn sie es sich recht überlege, wolle sie nicht »dem Bräutigam übergeben« werden, war sie gegen die patriarchalische Note, die diesem Brauch anhaftete, sie wolle allein zum Altar schreiten, in souveräner Eigenverantwortung. Und so saßen Bill und ich in der ersten Reihe und warteten, während Connie sich über die Qualität der Einstimmungsmusik beschwerte (Mark Isham, vermutete sie mit geblähten Nasenflügeln).

Aber die Musik sollte sich schon bald ändern. Als Beth und James den Mittelgang zum Altar entlangschritten, unter einem Himmel, der sich aufgeklärt hatte und nun makellos war, wehten die ersten Klänge zu uns herüber, ausgesandt von zwei auf der Terrasse aufgestellten Lautsprechern – es war nicht der Hochzeitsmarsch. Auch nicht Pachelbel. Es war – entsetzt blickte ich mich in der Menge um, suchte nach Reaktionen, weil ich mir beinahe sicher war, dass dieses Lied – oh, nein, jetzt war es unverwechselbar, dieses Lied …

Es war das Lied »Beth« von KISS.
Die Originalaufnahme.
Und sie war barfuß.
Fand sie das lustig? Sie konnte doch nicht …
Keine dreißig Meter entfernt war die Klippe, und ich fragte mich, ob man es bemerken würde, ob ich mich nicht leise davonstehlen könnte, während alle anderen Braut und Bräutigam beobachteten, um mich von der Klippe zu stürzen.
Was Pollys Hochzeit angeht, meine erste seit der von Beth, klammere ich mich an die Hoffnung auf einen schnörkellosen, traditionellen, bodenständigen Protestantismus. Die Hochzeit findet in einer Kirche statt, der First Presbyterian in Lake Forest, was sich gut anhört, und sie haben uns gebeten, im Smoking zu erscheinen, was mir ganz recht ist. Der Empfang findet im Shore Acres statt, dem Country Club im nächsten Ort, in dem Bill einen Sommer lang gekellnert hat. Ein schöner Rahmen. Ganz und gar seriös.
Beim Empfang will jeder nur über eines reden, nämlich Ken Koprivas operative Geschlechtsumwandlung. Als einer der Englischlehrer an der High School und (beherzter, temperamentvoller) Fußballtrainer unserer Ersatzmannschaft am College hat Mr. Kopriva angekündigt, nach einer Hormonkur im Frühling und ein paar operativen Eingriffen im Sommer im Herbst als Karen zurückzukehren. Wir können es nicht fassen. Es ist das Beste, was uns seit Mr. T. widerfahren ist.
Als das Thema erschöpft ist, geschieht das Unvermeidliche:
»Wie geht's Toph?«, von Megann.
»Er humpelt immer noch.«
»Wie alt ist er jetzt?«, von Kathy.
»Weiß ich nicht mehr.«
»Wo ist er?«, von Amy.
»Witzig, dass du das fragst. Er war per Anhalter unterwegs …«
Die Unterhaltung verebbt, und wir starren einander an. Ich weiß, dass ich nicht bin wie sie. Ich bin etwas anderes. Ich bin verkrüppelt, bin hundert Jahre alt. Ich werde den folgenden Tag damit

verbringen, nach den sterblichen Überresten meiner Eltern zu suchen.

»Wie läuft's mit dieser Zeitschrift?«, fragt Barb.

»Wahrscheinlich läuft es bald gar nicht mehr.«

»Warum?«

Ich erkläre es. Wir sind alle erschöpft, kaputt von der Mehrgleisigkeit durch andere Jobs, so dass wir entweder bald finanzielle Unterstützung brauchen und das Ganze nach New York verlegen oder eingehen werden. Es ist das Letzte, worüber ich sprechen, an das ich denken möchte. Ich will nicht über meine Fehlschläge reden oder über die ihren. Vielleicht sind wir alle verkümmert. Läuft es eigentlich für irgendjemanden von uns gut? Das Glanzlicht des Abends ist der Begleiter einer Frau, die in Marnys Klasse war. Er ist der Moderator einer Kindersendung in Chicago und hat gerade einen Ein-Zeilen-Auftritt in *Space Jam* gehabt, nicht zu vergessen einen noch größeren Auftritt in einem Werbespot für *Jack in the Box*. Er tritt für uns auf – macht Witze, imitiert andere Gäste. Wir vergöttern ihn.

Bei uns redet die Hälfte von Umzug. Flagg ist bereits nach New York gezogen, um dort sein Studium zu beenden, und auch ich denke vage ans Umziehen. Doch was ich wirklich will, ist, einfach nur in dem warmen Babybecken dieser Freundschaften herumzuplanschen, im Laubhaufen dieser Freundschaften zu tollen – mich mit ihnen von oben bis unten einzureiben, ohne Worte oder Kleider.

Aber wir sitzen alle hier und müssen reden, Neuigkeiten austauschen. Es gibt eine Band. Sie spielen Hits der 50er Jahre. Es sind drei Sängerinnen in Petticoats. Sie geben ihr Bestes, diese Leute. Ältere Paare fangen an zu tanzen. Ich mag diese älteren Paare nicht, die auf einer Hochzeit zweier junger Menschen den Ton angeben, überall diese älteren Paare, die auf nervöse Art tanzen, alle entweder zu langsam oder bei weitem zu schnell, wie diese eine Frau in Goldlamé, die, während die Band die Beach Boys spielt, irgendwelche südamerikanischen Bewegungen macht, als wolle sie mit ihren hochhackigen Schuhen Ameisen zertreten. Und dabei macht sie ein Gesicht, wie alle anderen auch, als wolle sie sagen *Oh yeah!* oder *All right!* oder …

Ich möchte durch die spiegelverglasten Fenster springen und in den Hinterhof des Clubs und dann zur Klippe rennen und hinunterspringen, in den Lake Michigan. Oder zumindest nach draußen gehen und herumlaufen. Aber es ist zu kalt. Und ich habe nicht die richtigen Schuhe an. Ich kann nach oben gehen. Ich kann alle zusammentrommeln, und wir können abhauen. Ich will, dass wir alle in einem großen Bett liegen, nackt. Oder vielleicht nicht nackt …

Die Braut und der Bräutigam verlassen uns, und die alten Leute verlassen uns, und der Typ, der mir auf der Toilette die Hand geschüttelt hat, absolut darauf bestand, während wir an benachbarten Pinkelbecken standen, wird rausgeworfen, weil er in irgend so eine Handgreiflichkeit mit seiner Freundin geraten ist, und dann sind alle weg, und wir sind die Letzten, sitzen herum, während unser Schweiß trocknet, und diskutieren, wo wir jetzt hingehen sollen, zu jemandem nach Hause, in eine Bar, es ist erst Mitternacht, und schließlich landen wir bei Megann zu Hause, essen Kekse in ihrer Küche, schauen uns die Bilder an ihrem Kühlschrank an, wie wir es schon früher Hunderte von Malen getan haben, verhalten uns ganz ruhig, weil ihre Eltern oben schlafen.

Jeder von uns sucht sich ein Plätzchen in diversen leeren Betten, und so wache ich in dem Zimmer von Meganns Bruder auf. Er ist im College, und sein Zimmer ist dunkel, mit einem dicken Teppich ausgelegt, voller Mahagonimöbel und Hockeypokale, Mannschaftsfotos. Ein Schläger signiert von Denis Savard.

Ich fahre Marny nach Hause.

Dann zurück zur Arbeit.

Etwa eine Stunde später gehe ich durch den Garten meines alten Zuhause. Da ist ein neuer Briefkasten. Sie haben den zerbrochenen Pfahl repariert und die Haustür neu gestrichen.

Die Leute tun mir jetzt schon Leid. Diese armen Menschen. Mich hereinzulassen war ein Fehler. Was wird geschehen, wenn es dazu kommt? Sie hätten mich nicht einladen sollen. Ich hätte es verstanden, wenn sie mich nicht eingeladen hätten. Aber der Vater rief an und sagte, ich könne kommen, und hier bin ich. Das wird schlimm. Es werden unschöne Dinge geschehen. Ich werde aus der Rolle fallen und ihnen Dinge erzählen, die sie nicht werden hören wollen.

Nein, nein. Ich werde brav sein. Das wird schon.

Die Tür öffnet sich, und sie sind alle da. *Öffnen sie immer alle gemeinsam die Tür, wenn es klingelt?* Da stehen drei kleine Kinder, keines älter als sieben Jahre, zwei Jungen und ein Mädchen, der Vater im Pullover und mit Schnauzer, die Mutter mit einem Bubikopf, die Kinder hinter ihnen versteckt, zwischen ihren Beinen hervorlugend. Ich gebe dem Mann die Hand. Sie bitten mich herein.

Dass sie mich in ihr Haus bitten, ergibt keinen Sinn. Das Einzige, was sie von mir wissen, ist, dass ich hier einmal gewohnt habe. Ich frage mich, ob sie wissen, was geschehen ist. Ich vermute, dass sie es tun. Zumindest die Eltern. Nicht diese perfekten kleinen Kinder. Ich werde nichts erzählen.

Wir gehen direkt in die Küche und ins Licht! Der Raum ist lichtdurchflutet. Ich blicke mich rasch um, versuche die Quelle für all dieses Licht auszumachen. Die Wände sind neu gestrichen. Die Holztäfelung ist entfernt worden. An anderer Stelle sind ganze Wände weg. Sie haben Wände eingerissen! Schränke sind entfernt oder umgestellt und ersetzt worden. Sie haben ein neues Fenster, oder das Fenster ist größer. Ich kann es nicht mehr sagen. Ich könnte nicht mehr sagen, was anders ist. Es sieht alles ganz anders aus. Und klein. Es sieht aus wie ein Haus für kleine Menschen. Dabei sind diese Leute von normaler Größe.

Wir drehen eine Besichtigungsrunde. Sie haben das Wohnzimmer zum Fernsehzimmer erklärt und umgekehrt. Sie haben den weißen Auslegeteppich herausgenommen, und darunter einen perfekten Holzdielenboden zum Vorschein gebracht, und überall wurde frisch gestrichen, die Decken sind in Ordnung gebracht,

und Dachfenster! Wir unterhalten uns, und ich frage, wie sie dieses oder jenes gemacht haben. Ich stelle handwerkliche Fragen:
»Sind das neue Zierleisten?«
»Sind das Trockenwände?«
Und sehr schnell verwandle ich mich von dem ehemaligen Bewohner dieses Hauses, von irgendeinem masochistischen Wunderling in einen freundlichen Nachbarn, der sich für Innenausbau interessiert.
Die Schlafzimmer oben sind fröhlich, Rosa- und helle Blautöne für die Kinderzimmer. Mein Zimmer ist nicht wiederzuerkennen. Die Tapete mit dem orangefarbenen Wald ist verschwunden, meine Zeichnungen sind verschwunden. Der Teppich ist verschwunden, die Spiegel an den Schränken verschwunden. Die zerborstene Tür ist ersetzt worden.
Es ist alles unglaublich gepflegt, ordentlich, die Spielsachen bunt und rund. Das Kinderbadezimmer ist mit lauter Kindervorrichtungen ausgestattet, kleinen Zahnbürsten in Blau und Rot und Gelb. Das Elternschlafzimmer – dort ist dieses Dachfenster. Auf ein Dachfenster sind wir nie gekommen. Großer Gott, ein Dachfenster. Es ist so hell, dieses Zimmer, und dort, wo früher ein begehbarer Kleiderschrank für die Anzüge meines Vaters war, wo es so intensiv nach ihm roch, nach Ledergürteln und verqualmten Anzügen und Schuhcreme, da ist jetzt – da ist jetzt ein Whirlpool.
Ich frage sie, wie … wie sie all das …
»Wir haben ziemlich viel Arbeit in dieses Haus gesteckt«, sagt der Vater. Er gibt dabei einen leisen Schh-Laut von sich, um zu unterstreichen, wie viel Arbeit es war.
»Yeah«, sage ich. »Wir haben die Dinge eine Zeit lang ziemlich schleifen lassen.«
Wir gehen wieder nach unten, die Kinder im Schlepptau. Der Wäscheraum ist neu gestrichen, der Teppich ebenfalls neu. Im Badezimmer an der Garage ist die Tapete mit den starken Sprüchen nicht mehr da. Vor dem kleinen, hohen Badezimmerfenster liegt der Garten noch ziemlich genauso da wie damals, weiß von

Schnee, der Hügel besprenkelt mit Plastikspielzeug und roten Schlitten.

Der Himmel ist weiß. Ich bin am Strand. Ich bin am Strand, weil ich ein Telefon brauche und mich weigere, dieses Geschäft am Bahnhof zu erledigen, mitten in der Stadt. Ich rufe Eric und Grants Anrufbeantworter an, um zu erfahren, ob der Onkologe zurückgerufen hat. Hat er nicht. Der Strand ist menschenleer. Die Kälte ist mörderisch. Mindestens minus 10 Grad.
Ich gehe vom Parkplatz die Fußgängerpromenade entlang, schaue mir die Bänke an, die allesamt gestiftet und jemandem gewidmet sind. Ich beschließe, dass ich eine dieser Bänke kaufen werde, dass ich dem Andenken meiner Mutter eine Parkbank widmen werde, vielleicht auch seinem Andenken, vielleicht dem Andenken beider – hängt davon ab, was sie kosten. Auf den meisten Widmungsplaketten steht nur ein Name, doch auf einer Bank in der Nähe der Telefonzelle ist zu lesen:

Rosen sind rot
Ginster ist ein Strauch
Wir lieben den Strand
Und hoffen, du auch.

Meine Güte. Das kann ich besser.
Ich werde eine Parkbank kaufen. Ich werde Beth und Bill dazu bringen, etwas beizusteuern. Endlich werden wir etwas unternehmen. Wir können es uns leisten. Wir sind es ihnen schuldig …
Dabei fällt mir ein – mit einem hörbaren Aufstöhnen, allein am Strand –, dass der Antrag auf Fördermittel für Tophs High School morgen fällig ist. Wir haben Bewerbungen an fünf oder sechs private High Schools geschickt und müssen nun einen Antrag auf Übernahme der Kosten bei einer staatlichen Einrichtung stellen. Ich habe es vor meiner Abreise nicht mehr geschafft, hatte es im Flugzeug erledigen wollen, und nun bin ich hier am See und habe

nur noch drei Stunden, bis der Federal-Express-Kasten geleert wird.
Ich gehe zum Wagen und hole meinen Rucksack, komme zurück und breite die Antragsformulare auf einem der Picknicktische in der Nähe der Strandwache aus. Wie üblich bin ich auch dieses Mal von Anfang an völlig überfragt. Ich weiß nichts oder vergesse alles auf diesem Gebiet – Sozialversicherungsnummern, Kontonummern, die Höhe unserer Sparrücklage. Beth wird es wissen.
Ich gehe zum öffentlichen Telefon unter der Markise der Imbissbude, die ganz nass ist von dem Schmelzwasser, das von den Eiszapfen darüber tropft. Ich wische die Pfützen weg, das Wasser ist wärmer als erwartet, und rufe Beth in San Francisco an. Beth weiß, warum ich in Chicago bin, versteht jedoch nicht, warum ich mitten im Dezember am See bin.
»Ich weiß es nicht. Ich bin es nun mal. Hier gibt's ein Telefon. Es ist kalt.«
»Ich muss dich zurückrufen.«
»Beth. Es ist eisig kalt.«
»Ich hab jemanden in der Leitung. Gib mir deine Nummer dort.«
»Es sind minus zwanzig Grad hier.«
»Wie bitte?«
»Minus zwanzig Grad.«
»Ich ruf dich in zehn Minuten zurück.«
Ich gebe ihr die Nummer und lege mich auf einen der Picknicktische. Ich stelle allerlei Experimente an, um warm zu bleiben. Ist es wärmer, wenn man still sitzt oder wenn man sich bewegt? Eigentlich weiß ich, dass es wärmer ist, wenn man sich bewegt, doch eine Zeit lang stelle ich mir vor, ich könnte still liegen und durch pure Willenskraft das Blut in meinen Adern dazu bringen, stärker zu zirkulieren. Mit geschlossenen Augen und unter hörbaren Atemgeräuschen befehle ich meinem Blut, schneller zu fließen, schaue ihm in Gedanken bei der Ausführung dieses Befehls zu, stelle mir Fließbänder und Laufräder für Hamster vor … Ich döse fünf oder zehn Minuten vor mich hin und denke an Leben auf anderen Planeten.

Das Telefon klingelt. Beth ist verärgert.
»Hör zu, müssen wir das jetzt machen?«
»Ja.«
»Wieso?«
»Weil ich es heute per Express abschicken muss.«
»Wieso?«
»Weil die Formulare morgen da sein müssen.«
»Warum hast du es dann nicht eher erledigt?«
»Das ist jetzt völlig gleichgültig.«
» … «
»Hör zu, ich bin immer noch in einer öffentlichen Telefonzelle. Am Strand. Am See. Es ist Winter. Der Winter ist kalt. Können wir es nicht einfach hinter uns bringen?«
»Okay.«
Wir gehen die Zahlen durch.
»Danke. Das wär's. Tschüss.«
Aus Gewohnheit – ich neige dazu, Bill immer kurz nach Beth anzurufen – rufe ich Bill und Toph in L.A. an und erreiche nur seinen Anrufbeantworter. Sie sind bestimmt am Strand, an einem echten Strand, warm, und schauen Frauen beim Volleyball zu. Ich schwafle eine Weile auf den Anrufbeantworter und hänge ein. Zwei Männer joggen an mir vorbei, in Sportanzügen der Footballmannschaft Chicago Bears. Als sie vorbei zockeln, schauen sie mich an, weil ich auf einem Picknicktisch sitze, einen Stift im Mund, umgeben von Papieren. Ich fülle die Formulare zu Ende aus und verstaue sie in meinem Rucksack.
Auf dem Weg zum Parkplatz, an dem Imbiss vorbei, drücke ich mein Gesicht gegen die Scheibe der Strandwache. Drinnen, gleich hinter dem Schreibtisch – wer sitzt am Strand schon hinter einem Schreibtisch –, hängt ein Foto, das vielleicht fünfzehn Rettungsschwimmer in Badeklamotten zeigt. Alle in Orange, alle strahlend, alle mit extrem weißen Zähnen, blondem Haar, silbrig ausgeblichenem Haar. Einige von ihnen erkenne ich wieder. Die Aufnahme muss fünf, sechs Jahre alt sein. Und dort, in der letzten Reihe, ist Sarah Mulhern. Sie sieht genauso aus, wie ich sie in Erin-

nerung habe – braun gebrannt, blauäugig, mit traurigem Blick, blond, kurvenreich. Ich wusste, dass sie Rettungsschwimmerin war, hatte sie aber hier nie in Aktion gesehen, war tausend Male am Strand gewesen, hatte jedoch weder sie noch dieses Foto hier je gesehen. Und jetzt … Es ist schon seltsam. Ich mache mir eine Notiz, darüber zu schreiben.

Am Auto angekommen werfe ich meinen Rucksack hinein und gehe zurück, um Beth noch einmal anzurufen.

»Hör zu. Ich muss dich etwas fragen.«

»Was denn?«

»Weißt du von dieser Asche?«

»Was soll ich wissen?«

»Du hast mich doch verstanden.«

»Oh Gott, nein. Wessen?«

»Von einem von beiden.«

»Was ist damit?«

»Du hast sie doch nie zurückbekommen, oder?«

»Stimmt.«

»Und sie haben dich deswegen auch nie angerufen oder so?«

»Doch, das haben sie.«

»Wie meinst du das?«

»Vor ungefähr einem Jahr haben sie angerufen.«

»Echt? Wer hat angerufen?«

»Das hab ich dir doch erzählt.«

»Hast du nicht.«

»Hab ich wohl. Sie haben angerufen, und sie hatten die Asche. Jedenfalls Moms Asche. Sie hatten versucht, uns ausfindig zu machen.«

»Wo?«

»In Chicago, Berkeley, San Francisco, überall.«

»Was hast du ihnen denn gesagt? Haben sie sie geschickt?«

»Nein.«

»Nein? Wo ist die Asche denn dann?«

»Ich habe gesagt, wir seien nicht interessiert.«

»Is nicht wahr.«

»Doch. Was sollen wir schon mit der blöden Asche?«
»Ohne mir oder Bill ein Wort zu sagen? Du hast einfach …«
Ich muss aufhören, Fragen zu stellen. Jedes Mal, wenn ich eine Frage stelle, ob Beth, ob jemand anderem, und etwas Positives oder auch leicht Verstörendes erwarte, bekomme ich eine Antwort, die unheimlicher und schrecklicher ist, als ich es mir hätte träumen lassen …
»Was hab ich einfach?«
Jetzt ist sie verärgert.
Ich bin zu schwach, um das durchzuziehen.
»Nichts.«
Sie legt auf.
Das ist einfach unglaublich. – Ich fand es wunderbar, dass bislang alles so im Ungewissen geblieben war. *Wo sind sie?* Nun, das ist eine gute Frage. *Wo sind sie beerdigt worden?* Ebenfalls eine interessante Frage. Das war das Schöne an der Art meines Vaters. Wir wussten, dass ihm die Diagnose gestellt worden war, aber nicht, wie krank er war. Wir wussten, dass er im Krankenhaus war, wussten aber nicht, wie nahe er seinem Ende war. Irgendwie schien es immer merkwürdig stimmig, und sein Abschied wurde, wie auch der unserer Mutter, durch die Tatsache zementiert, dass ihre Asche nie bei uns in Kalifornien ankam, dass wir umgezogen waren, wieder und wieder umgezogen waren, ihnen entwischt und entglitten waren. Ich nahm an, die sterblichen Überreste seien verschlampt worden, dass die medizinische Hochschule oder wer auch immer nicht ihrer Pflicht nachgekommen war dass sich jemand geirrt oder es schlicht vergessen hatte. Aber nun, da ich wusste, dass Beth informiert war und dass sie unwiederbringlich fort sind, ausrangiert, dass wir eine Chance hatten …
Ich hatte tatsächlich, wie vage auch immer, irgendwie die leise Hoffnung, ich könnte sie finden, dass sie sie in der medizinischen Hochschule gelagert haben, in einem … Aschelagerraum, in einer Art Lagerhaus für nicht abgeholte sterbliche Überreste …
Doch nun zu wissen …
Oh, wir sind Monster.

Ich halte an einer Telefonzelle an einem 7-Eleven an, einer Filiale an der Grenze zwischen unserer und der benachbarten Stadt, die mittlerweile geschlossen ist. Ich rufe Les Blau an. Seine Frau antwortet.
»Oh, hi!«
»Hi.«
»Wo bist du? In San Francisco?«
»Nein, ich bin in Chicago. Genauer gesagt in Highwood.«
»Oh, wie schön. Dann bist du ja ganz in seiner Nähe. Er ist nämlich im Krankenhaus.«
»Oh, mein Gott.«
»Nein, nein, es ist bloß eine Entzündung. Es geht ihm gut. Es ist sein Bein. Eine verrückte Sache. Alles geschwollen. Er ist nur für ein paar Tage dort.«
»Ich hatte gehofft, ihn sprechen zu können, oder euch beide, nur auf ein paar Minuten, aber ich ruf wieder an, wenn ...«
»Nicht doch, geh ihn doch besuchen. Er liegt im Highland Park Hospital. Er würde sich freuen.«
Ich sage nein, das könne ich nicht, das wäre merkwürdig ...
»Sei nicht albern. Geh hin.«
Zehn Minuten darauf bin ich dort, auf dem Parkplatz, im Auto. Von hier aus sieht man Moms altes Zimmer, den Neujahrsgeburtstagsraum. Ich steige aus und gehe um das Gebäude herum zur Notaufnahme. Die Türen öffnen sich mit einem Schwung. Ich möchte in der Notaufnahme sein, möchte, dass etwas passiert. Ich möchte in jene Nacht des Nasenblutens zurückversetzt werden. Hier haben sie sie aufgenommen, haben die Anzahl ihrer weißen Blutkörperchen auf Vordermann gebracht, die Blutung gestillt.
Das Wartezimmer sieht winzig aus, ganz pfirsichfarben und rosafarben und malvenfarben wie eine Eigentumswohnung in Florida.
Ich setze mich auf einen der weichen, einladenden Stühle.
Nichts geschieht. Nichts kehrt zurück.
Im Fernsehen spielen die 49er.
Die Dame von der Aufnahme beobachtet mich.

Ist doch mir egal.
Ich mache mich davon, gehe um das Gebäude herum. Am Empfang erfahre ich Les' Zimmernummer und rufe ihn an.
Er fragt mich, ob ich in der Stadt sei, und ich sage Ja. Er sagt, ich solle ihn bei Gelegenheit mal besuchen, momentan sei er für ein paar Tage im Krankenhaus, aber nach seiner Entlassung, wahrscheinlich würde er morgen entlassen …
Ich verrate ihm, dass ich schon da bin.
»In Highland Park?«
»Genau genommen im Gebäude. In der Eingangshalle.«
»Oh. Aber wieso denn?«
Ich lüge. »Nun, ich habe um halb sechs einen Termin bei diesem Arzt hier, dem Onkologen, und ich …«
»Es ist ja schon fast halb sechs.«
»Ja, na ja, ganz so fest ist das nicht. Ich kann ihn auch noch nachher sehen.«
»Also möchtest du raufkommen?«
»Ja.«
»Es ist Stock D, Zimmer 34.«
»Ich weiß.«
Er liegt in der dritten Etage. Es ist dasselbe Gebäude, das meine Mutter bei ihren unvermeidlichen Aufenthalten beherbergte, dasselbe Gebäude, in dem mein Vater starb. Dieselbe Etage. Wahrscheinlich dieselbe Etage.
Das letzte Mal, das ich meinen Vater sah, war ich mit meiner Mom, Beth und Toph bei ihm. Wir liefen diesen Korridor hinunter, öffneten die Tür zu seinem Zimmer und wurden förmlich erschlagen vom Gestank. Qualm. Man ließ ihn im Krankenhaus rauchen. Sein Zimmer war grau und verqualmt, und er saß da, auf seinem Bett, die Füße über Kreuz, die Hände hinter seinem Kopf verschränkt. Breites Lächeln. Ihm ging es ausgesprochen gut.
Ich öffne die lautlose, schwere Tür, und da ist Les Blau, der einzige Freund, den mein Vater meines Wissens hatte.
Kaum bin ich eingetreten, möchte ich auch schon wieder gehen. Das Zimmer ist düster, er sitzt da mit bloßem Oberkörper. Die

einzige Lichtquelle befindet sich über seinem Kopf, ein milchig runder Heiligenschein von gelbem Licht direkt über seinem Kopf. Oh, was ist das für ein merkwürdiges Gefühl. Er scheint viel kränker zu sein, als behauptet. Warum ist sein Oberkörper nackt? Oh, was ist das für ein merkwürdiges Gefühl. Vielleicht liegt er auch im Sterben. Graues Haar, am ganzen Körper.
Wir geben uns die Hand. Er hat sich einen Bart wachsen lassen, grau und gepflegt.
Ich setze mich, im Dunkeln, ans Ende des Bettes, zu seinen Füßen.
Ich murmele ein wenig vor mich hin.
Ich frage ihn nach seiner Entzündung. Sein Bein ist verfärbt, riesig wie die Beine von Popeye.
Mir ist nicht mehr danach, Les die Fragen zu stellen, die ich ihm stellen wollte, die Fragen, die ich eine halbe Stunde zuvor aufgeschrieben habe, im Auto, auf dem Parkplatz, während ich im Radio Rockmusik der 80er Jahre hörte. Ich zwinge mich, einen Anfang zu machen, und stottere mir etwas zurecht bei dem Versuch zu erklären, warum ich Les aufsuchen wollte, ihn ein paar Dinge fragen …
Das Erste, was Les sagt, ist:
»Nun, ich bin nicht sicher, inwieweit ich dir über das Seelenleben deines Vaters Aufschluss geben kann.«
Seine Stimme klingt ruhig, gleichmütig. Seine Arme ruhen auf seinem Oberkörper, der in das Ockerlicht des Raumes getaucht ist, während der Rest des Zimmers braun ist.
Das wäre eine Art abzutreten. Das ist eine Tragödie, wie es sich gehört, nachts, bei genau so einer Beleuchtung. Der Abgang meines Vaters war völlig daneben, allein, mitten am Tag.
Er war wieder einmal gestürzt, dieses Mal in der Dusche.
Er rief nach Beth. Beth rannte zu ihm, zerrte ihn in sein Bett. Dann der Krankenwagen. Er sollte etwa eine Woche im Krankenhaus bleiben, Kraft schöpfen, nichts Ungewöhnliches. Er hatte seine Diagnose erst ein paar Monate zuvor bekommen. Eine Woche nach seiner Einweisung hatte der Arzt angerufen und gemeint, es sehe nicht gut aus, es könne jederzeit zu Ende gehen.

Meine Mutter machte eine spöttische Bemerkung. Sie und Beth fuhren hin.

Sie saßen eine Zeit lang in seinem Zimmer, in dem Rauch.

»Kommt später wieder«, sagte er. »Ich möchte schlafen.«

Sie fuhren nach Hause.

»Dad wird heute bestimmt nicht abtreten«, sagte meine Mutter, die sich von der allgemeinen Besorgtheit amüsiert zeigte. »Der wird weder heute von uns gehen noch morgen oder nächste Woche. Er ist gerade erst reingekommen.«

Eine Stunde später war er tot.

»Er war der beste Autofahrer, dem ich je begegnet bin«, sagt Les gerade. »Die Art, wie er sich einschmeichelte – das war der Ausdruck, den er gebrauchte, *einschmeicheln* –: ›Sieh her, wie ich mich in diese Spur einschmeichle …‹, pflegte er zu sagen. Es war unglaublich. Er wechselte die Spur, fuhr auf dem Seitenstreifen …«

Ich erzähle Les die Geschichte, wie er den Wagen, den Nissan 280, bekam, das einzige Auto, das er jemals besaß, und ihn als Erstes mit allerlei Sondervorrichtungen versah. Er montierte einen Aschenbecher an die Fahrertür und schnitt die Schulterriemen von den Sicherheitsgurten ab. Wir wussten alle, dass er nicht gerade ein Fan der gesetzlichen Anschnallpflicht war, sie für eine Verletzung seiner bürgerlichen Rechte hielt, ganz offensichtlich verfassungswidrig. Aber das Seltsame war, dass er die Schulterriemen nicht nur am Gurt auf der Fahrerseite entfernte, sondern auch an dem auf der Beifahrerseite …

Die Tür geht auf. Es ist Mrs. Blau.

»Oh, du bist tatsächlich gekommen.«

Ich blicke auf und zucke mit den Achseln.

»Ich lass euch ein paar Minuten allein.«

Sie geht.

Das Telefon klingelt. Les nimmt den Hörer ab.

»Oh. Hi. Kann ich dich zurückrufen?«

Seine Mahlzeit wird gebracht. Er bietet mir seinen Käsekuchen an.

»Nein danke.«

»Suppe?«

»Nein danke.«

Ich frage Les, ob er glaubt, dass mein Vater sich einsam fühlte, als er starb.

Das Telefon klingelt. Dieses Mal bleibt er länger dran. Als er fertig ist, kommt er nicht auf meine Frage zurück, und ich stelle sie auch nicht noch einmal.

Mrs. Blau kehrt zurück, und wir plaudern ein paar Minuten miteinander. Dann verabschiede ich mich. Auf dem Parkplatz spreche ich ein wenig auf meinen Kassettenrekorder, obwohl ich schon das meiste von dem vergessen habe, was Les gesagt hat.

Morgens frühstücken Grant, Eric und ich in einem Diner, schauen uns die Passanten an, Jeans und Lederjacken.

»Und was hast du gestern gemacht?«, fragt Grant.

»Nicht viel«, antworte ich. »Bin nach Lake Forest zurück, ein bisschen in der Gegend rumgefahren.«

Ich erinnere mich, seine Mom gesehen zu haben. Grants Mom geht jeden Tag einige Meilen spazieren, auf der Western Avenue. Ich war an ihr vorbeigefahren.

»Hast du Hallo gesagt?«, fragt er.

»Nein, ich habe zu spät bemerkt, dass sie es war.«

»Oh, wie schade.«

»Yeah.«

»Und was hast du heute vor?«

»Vielleicht fahre ich wieder hin.«

»Wozu?«

»Ich weiß es nicht. Kein besonderer Grund. Vielleicht fahre ich zur High School.«

Grant schaut mich eine Sekunde lang an. Vielleicht weiß er Bescheid.

»Na dann grüß mal die olle Lake Forest High School.«

Mr. Icabino, der Eigentümer des Bestattungsinstituts, ist nicht im Geschäft. Der Mann, der da ist, ist jünger als ich und trägt eine Brille, dahinter helle, erschrockene Augen. Chad. Ich trete näher, wobei ich den Schnee von meinen Schuhen stampfe. Ich sage ihm, ich hoffte, einige Papiere zu finden, dass ich Dinge sammle, dass meine Eltern hier durchgeschleust worden seien, dass ich nach entsprechenden Unterlagen Ausschau hielte.

»Lassen Sie mich einen Anruf tätigen«, sagt er.

Er verschwindet, um Mr. Icabino zu Hause anzurufen, und lässt mich in dem Ausstellungsraum für Särge zurück. Elf Särge stehen darin, jeder nach einer Stilrichtung und seiner angepriesenen Qualität benannt. Wie die Stadt nun einmal bisweilen so ist, sind die Särge extravagant, einer glänzender und kunstvoller als der andere. Einer heißt »Der Botschafter«. Ein anderer scheint aus Stahl zu sein. Ich schreibe mir ein paar der Namen in ein Notizbuch, das ich später verlieren werde. Ich werde garantiert nicht bestattet, verspreche ich mir. Ich werde verschwinden. Oder vielleicht wird es bis zu meinem Tod Maschinen geben, die unter Ausnutzung fortgeschrittener Lasertechnik und Fiberglasoptik Menschen kurz nach ihrem Ableben in Luft auflösen können, ohne sie tatsächlich zu verbrennen. Experten für die Bedienung einer solchen Maschine werden kurz nach einem Sterbefall vorbeikommen, die Maschine zusammensetzen – sie wird natürlich tragbar sein – und mit ein paar Hebelgriffen wird die Person verschwinden, und zwar sofort. Dann wird es ein Ende haben mit Beerdigungen, es werden keine Leichen mehr transportiert, obduziert, einbalsamiert, feierlich bekleidet, und es werden keine Erdgruben mehr gekauft und keine kunstvollen extra dicken Kästen gezimmert werden …

Oder ich werde in den Weltraum katapultiert. Oder Menschen, tote Menschen, werden, wenn's so weit ist, auf Kilometer hohe weiße Türme gebracht. Warum keine Kilometer hohen weißen Türme statt zwei Meter tiefer Löcher? Natürlich gäbe es allerlei Hindernisse für Ingenieure und Architekten, und das Raumproblem. Aber die Frage des Platzes könnte man beiseite lassen. Es gibt schließlich Grönland, weit und weiß wie der Himmel …

»Schon was gefunden, das Ihnen gefällt?«, fragt Chad. Er steht hinter mir.

Ich kichere. Das war gut.

Er hat einen Aktenordner. Wir setzen uns an einen Tisch, schwarz und spiegelnd, an dem normalerweise Trauergottesdienste geplant werden.

»Das ist alles, was wir haben«, sagt er.

In dem Ordner befinden sich Dokumente, in denen festgehalten ist, dass das Wenban Bestattungsinstitut beide Leichname erhalten, die Trauerfeier für meinen Vater gehalten und die Spendenaktion koordiniert hat.

Die Formulare und Unterlagen zu der Trauerfeier für meinen Vater tragen die Unterschrift meiner Mutter; die für meine Mutter sind von meiner Schwester unterzeichnet. Ich mag diese Papiere. Sie sind Beweismaterial, der einzige Beleg, den wir haben.

»Das ist also alles?«, frage ich.

»Das wär alles«, sagt Chad.

Ich frage, ob er mir die Papiere kopieren könnte. Er sagt, er wüsste nicht, warum nicht. Er werde hinuntergehen; es werde nur eine Sekunde dauern.

Die Stufen sind in die Mitte des Foyers geschlagen. Ich beobachte ihn, wie er sie hinuntergeht.

An der Wand hinter mir entdecke ich ein Sortiment von Grabsteinen. Größen, Materialien, Auswahl, was Schrifttypen und die Anordnung der Worte angeht. Die Möglichkeiten sind vielfältig – man kann den Namen oder die Lebensdaten an die erste Stelle setzen oder überhaupt auf Lebensdaten verzichten. Oder wie wär's mit einem Motto, das dem Namen vorangestellt wird – ›Geliebte‹ ›Auf ewig‹. Ich sollte vielleicht einen Stein besorgen. Ein Stein wäre gut. Ein Stein würde mich retten, würde all den Schaden wieder gutmachen, den wir bereits angerichtet haben, all die Dinge, die wir aufgegeben oder verloren haben.

Chad kommt die Treppe herauf. Er hat eine kleine braune Schach-

tel. Er stellt eine kleine braune Schachtel auf den Tisch vor mich hin.
»Das ist merkwürdig«, sagt er. »Aber ich war gerade da unten am Kopierer. Da dachte ich, ich schau mal in den Regalen nach, und entdeckte dies.«
Das Etikett auf dem Pappkarton, handschriftlich:

Heidi Eggers

»Sie meinen, das ist …«
»Yeah, das müssen die Einäscherungsreste sein. Sie müssen uns irgendwann zugeschickt worden sein. Ich bin mir nicht sicher, warum sie Ihnen nicht überstellt worden sind ….«
Ich berühre die Schachtel.
Großer Gott im Himmel.
Chad steht immer noch da. »Ich geh jetzt und mache diese Kopien.«
Er zieht wieder ab.
Das Päckchen ist ungefähr 30 cm breit und ebenso lang und hoch und mit durchsichtigem Paketband zugeklebt. Es ist schlicht, braun, quadratisch – wie es ausgesehen haben muss, als es verschickt wurde. Das Etikett verrät, dass es von der Gesellschaft für Ganzkörperspenden in Chicago stammt. *Wie lange es wohl hier war?* Ich kann den Poststempel nicht lesen.
Ich muss Beth anrufen. Ich werde Bill nicht anrufen. Bill wird das nicht hören wollen. Aber Beth …
Ich werde auch Beth nicht anrufen. Beth wird sich aufregen.
Chad kehrt mit den Kopien zurück.
Ich bedanke mich, nehme die Papiere, lege sie in eine Mappe in meinem Rucksack und stehe auf. Ich nehme die Schachtel und …
Ich habe keine Ahnung, was ich geglaubt habe, dass sie wiegen würde, aber sie ist schwer. Zehn Pfund oder mehr.
Ich gehe nach draußen.
Die Kälte ist gewaltig. Ich kehre dem Wind den Rücken zu und schütze das Päckchen. Ich gehe seitlich zum Wagen, öffne die Bei-

fahrertür und setze das Päckchen auf den Sitz. Dann gehe ich um das Auto herum, balanciere vorsichtig über das Eis, öffne die Tür und steige ein.

Ich wende mich dem Päckchen zu.

Das Päckchen ist meine Mutter, nur kleiner.

Das Päckchen ist nicht meine Mutter.

Ist das Päckchen meine Mutter?

Nein.

Aber dann sehe ich ihr Gesicht auf dem Päckchen. Mein krankes Hirn lässt mich ihr Gesicht auf der Schachtel erkennen. Mein krankes Hirn will es noch schlimmer machen. Mein Hirn will, dass dies hier unheimlich und unerträglich ist. Ich versuche gegenzuhalten, mich zu vergewissern, dass dies völlig normal ist, all das ist normal, aber ich weiß, dass ich ein Monster bin, dass ich nicht hierher hätte kommen sollen, dass mir furchtbare Dinge widerfahren, nur weil ich danach suche und es von vornherein nicht darauf hätte anlegen sollen, dass es schlimmer und brutaler werden wird, weil ich es darauf und auf manch anderes abgesehen habe. Ich sehe verschwommen. Ich zittere. Ich möchte das Päckchen woanders hinlegen – in den Kofferraum vielleicht –, aber ich weiß, dass ich das Päckchen nicht in den Kofferraum legen kann. Das Päckchen, das nicht meine Mutter ist, kann nicht im Kofferraum landen, weil sie lebendig würde, wenn ich sie in den Kofferraum legte. Sie würde mich verdammt noch mal umbringen.

Am späten Abend kehre ich zu Grant und Eric zurück, die einen Film sehen, in dem Al Pacino blind ist. Al Pacino ist wütend und spricht mit einem undefinierbaren Akzent. Er ist vielleicht Kanadier. Wir sitzen in unterschiedlichen Ecken des Raums – Eric in einem bequemen Stuhl, Grant in einem bequemen Stuhl und ich auf der Couch zwischen den beiden.

Wir sehen fern, trinken Bier aus Flaschen. Wir sind völlig normal. Mit Grant und Eric, in deren Bungalow in Lincoln Park in Chica-

go, wir sind in Ordnung, ich bin in Ordnung. Wir relaxen. Ich kann relaxen, ich *relaxe*.
Ich versuche, nicht an das Päckchen zu denken. Daran, dass zwölf Meter entfernt, in meinem Leihwagen, auf dem Boden vor dem Beifahrersitz, das Päckchen liegt. Ich konnte das Päckchen nicht mit reinbringen, und ich habe Eric und Grant auch nichts von dem Päckchen erzählt und werde es auch nicht tun, und aus Angst, jemand, vielleicht sogar einer der beiden, könne an dem Wagen vorbeikommen, das Päckchen sehen, wissen, was darin ist, entsetzt sein und mich für ein Monster halten, habe ich ein Handtuch darüber gelegt.
Al Pacino trägt eine prächtige Militäruniform und schreit einen jungen Mann an, der eine Schuluniform trägt. Ich bin erst spät in den Film eingestiegen, daher weiß ich nicht, warum er den Typen in der Uniform anbrüllt. Sie befinden sich in einem Zimmer von so einem Nobelhotel.
»Warum schreit er so?«, frage ich.
»Pscht!!«, sagt Grant.
»Ist er blind?«
»Klappe. Er ist gleich zu Ende.«
Das Telefon klingelt. Eric hebt ab, wirft mir den Hörer in den Schoß.
»Für dich.«
»Wer?«
»Meredith.«
Es ist Meredith, voller Panik.
»Geht's um John?«
»Ja«, sagt sie.
»Ist er…«
»Nein, nein. Ihm geht's gut, aber er droht schon wieder. Er klingt betrunken.«
Ich nehme das Telefon und gehe damit nach oben ins Badezimmer.
»Hat er Tabletten? Was für welche?«
»Ich weiß es nicht. Ich hab ihn nicht gefragt. Vielleicht will er sich die Pulsadern aufschneiden.«

»Hat er etwas in der Richtung angedeutet?«
»Nein. Ich meine nur vielleicht. Keine Ahnung. Ich weiß es nicht mehr. Jedenfalls musst du ihn anrufen. Ich habe eine Stunde lang mit ihm telefoniert, und er macht mich noch verrückt. Er sagt, er hat versucht, dich anzurufen, dass du aber nicht zu Hause warst.«
»Ich bin in Chicago.«
»Ich weiß. Schließlich habe ich dich angerufen, du Dummkopf.«
Ich rufe John an.
»Was gibt's?«
»Nichts.«
»Wie meinst du das, nichts? Warum rufe ich dich dann an?«
»Weiß ich nicht. Warum rufst du mich denn an?«
»Meredith meinte, du wolltest mich sprechen.«
»Ich habe versucht, dich anzurufen.«
»Ich weiß. Ich bin in Chicago.«
»Wozu?«
»Eine Hochzeit.«
»Verschwinde!«
»Wie bitte?«
»Nichts. Ich meinte die Katze.«
»Du sprichst mit der verdammten Katze? Hör zu, ich habe keine Zeit für ...«
»Schon gut. Tut mir Leid, dass ich dich so nerve.«
»Okay. Also. Was ist das Problem? Was ist es? Drohst du wieder?«
»Ich habe gerade ein paar ziemlich üble Tage hinter mir.«
»Jetzt klingst du betrunken. Gerade hast du noch nicht so geklungen. Bist du nun betrunken oder nicht? Gib mir ein paar Anhaltspunkte.«
»Nein, es ist nur dieses Medikament.«
»Moment mal. Was für ein Medikament? Was meinst du damit? Hast du schon was genommen? Was soll das? Ist es das jetzt?«
»Ist es was?«
»Hast du schon ...«

»Nein. Himmel noch mal. Ich bin nur müde. Hab ein Bier getrunken.«
»Du sollst doch nicht trinken. Du darfst nicht trinken, solange du die Antidepressiva nimmst, du Blödmann. Du warst doch nüchtern, als wir das letzte Mal miteinander gesprochen haben, oder? Du musst nüchtern bleiben. Wie lange geht das schon?«
»Ein Bier. Reg dich ab, Mann.«
Ich höre Eric und Grant die Treppe heraufkommen. Sie gehen zu Bett. Durch den Türschlitz sehe ich, wie das Licht in der Wohnung ausgeht.
Ein Teil von mir stellt sich auf den tödlichen Schuss ein. John hat es seit langem geplant, lullt mich ein, um mich glauben zu machen, alles sei in Ordnung, dabei wird er es jeden Augenblick tun, um sicherzugehen, dass ich es höre, um sicherzugehen, dass ich weiß, dass es mein Fehler war. Ich werde einen toten Freund haben.
Andererseits wäre es auch eine Art Glücksfall. Das Timing, dass John ausgerechnet an dem Tag mit Selbstmord droht, an dem ich das Päckchen erhalten habe, ausgerechnet in der Woche, in der ich nach schaurigen Dingen Ausschau gehalten habe … Wie stehen die Chancen? Fantastisch.
Es klopft an der Badezimmertür.
»Yeah?«
»Bist du okay?«
»Yeah. Telefoniere.«
»In Ordnung, mein Sohn. Bis morgen dann.«
»Nacht.«
»Wer war das?«
»Grant. Wo waren …«
»Ich bin wieder durch das Crackhaus gerannt«, sagt er.
»Was für ein Crackhaus?«
»Das in der Nähe der San Pablo, bei Emeryville. Dieses Mal bin ich barfuß durchgerannt.«
Er hat so etwas schon mal gemacht, hat mir schon mal erzählt, er sei durch das Crackhaus gerannt. Er möchte, dass ich beeindruckt

bin. Falls es stimmt, was ich bezweifle, wäre ich beeindruckt. Das darf ich ihm jedoch nicht zeigen.

»Und warum hast du das gemacht?«, frage ich. Ich weiß, warum.

»Ich fühlte mich irgendwie mies. Ich wollte sehen, was passiert.«

»Und?«

»Nichts. Die Leute haben mich einfach angesehen. Jemand sagte ›Verpiss dich, Alter‹. Das war alles.«

»So. Also worum geht es dieses Mal?« Ich möchte wissen, warum wir das schon wieder durchmachen müssen. Ich möchte wissen, ob er mich wieder dazu bringen will, ihm die Rede zu halten. Ich werde es ablehnen.

»Ich weiß nicht. Ich bin ausgegangen, und ich – ich weiß nicht, aber als ich nach Hause gekommen bin, war mir so düster ums Herz, tiefschwarz. Ich weiß nicht. Ich denk, es macht keinen Sinn, mir war einfach so, als sei ich unter diesem Netz oder etwas Ähnlichem, ich meine, manchmal falle ich eben in so ein Loch – Scheiße, ich weiß nicht, ich bin es einfach so satt, es ist so – Scheiße, du würdest es ja doch nicht verstehen …«

»Ich würde was nicht?«

»Ich weiß auch …«

»Ich kann es nicht fassen, dass du so was sagst. Du kennst mich doch. Ich und nicht verstehen? Weißt du, was ich heute gemacht habe? Wo ich heute Abend gewesen bin? Weißt du, was in meinem Auto auf dem Boden steht?«

Ich erzähle ihm von dem Bestattungsinstitut, von dem Päckchen.

»Mein Gott«, sagt er.

Das gefällt ihm. Plötzlich klingt er nüchtern, angeregt.

Ich wette, das ist es, was er will. Er klingt schon wieder viel munterer. Er will Geschichten austauschen, will das Gefühl bekommen, dass, ganz gleich, wie elend ihm zumute ist, wie verängstigt und beschämt er wegen seiner Kopfgeburten sein mag, ich im Grunde bei weitem schlechter dran bin. Wie immer tue ich ihm den Gefallen. Ich erzähle ihm, wie ich nach dem Besuch im Bestattungsinstitut durch die Nacht gefahren bin, durch die eisige, heruntergekommene South Side von Chicago und darauf gewartet habe, dass etwas geschieht. Ich besprach meinen Kassettenrekorder, starrte Kids an, die in ihren weiten Jacken in Grüppchen herumstanden, wollte immer wieder aussteigen und mich auf sie stürzen – ›Hey, Leute! Was läuft denn so?‹ –, nur um eins aufs Maul oder über die Rübe zu kriegen oder gejagt zu werden – das ist es, was ich vielleicht am allermeisten wollte, gejagt werden – aber es war so kalt. Ich erzähle ihm, dass ich jedes Mal, wenn ich an einer Ampel anhielt, damit rechnete, dass neben mir ein Wagen anhalten würde und ich, ohne den Kopf zu drehen, Bescheid wüsste. Es gäbe einen klirrenden Knall von berstendem Glas und einen hämmernden Einschlag in meine grausige Kindheit, und ich würde mein eigenes Blut über die ganze Windschutzscheibe spritzen sehen. Oder ich stände an der Ampel und jemand würde die Beifahrertür aufreißen – nein, nicht irgendjemand – ein Schwarzer in einer Armeejacke, jener Mann, der mir immer vorschwebt, wenn ich mir ausmale, auf solche Art getötet zu werden, immer mit einer Armeejacke – und er würde ins Auto auf den Sitz neben mir springen – ich müsste die Schachtel zur Seite stellen – wo würde ich sie hinstellen? Auf den Rücksitz. Und dann würde er mich zwingen, den Wagen zum See zu lenken, draußen beim Aquarium. Er würde mich aussteigen lassen, mich zum Rand des Parkplatzes gehen lassen, der zum Wasser zeigt. Er würde mir befehlen, mich hinzuknien, und ich würde es tun, und dann würde er mir ohne ein Wort zweimal in den Hinterkopf schießen …

»Das ist abartig«, sagt er. »Ich stelle es mir immer in meinen eigenen vier Wänden vor. Ich bin an einen Stuhl gefesselt, und mein Mund ist zugeklebt, und ich sehe, wie er die Waffe auf mich richtet und kann mich nicht rühren, nicht schreien, kann nur versuchen, die Kugel zu stoppen, und zwar mit meinen Augen. Ich habe immer so ein seltsames Gefühl, dass ich die Kugel vielleicht mit meinen Augen abwehren kann.«

»Weißt du, was komisch ist«, sage ich, »wovor ich am allermeisten Angst hatte, als ich da unten war, in der South Side, und durch die Gegend fuhr und auf den Kassettenrekorder quatschte? Ich hatte

Angst, dass der Mörder, nachdem er mich am See erschossen hätte, obwohl er es eigentlich nur auf den Wagen abgesehen hätte, aus irgendwelchen Gründen die Kassette finden und abspielen würde, die Kassette, auf der ich erzähle, wie ich mir vorstelle, von jemandem wie ihm getötet zu werden, und die ganze Geschichte über das Auftauchen des Päckchens, und dass dieser Mörder dann glauben könnte, ich sei so'n Rassistentyp.«

»Mein Gott.«

»Darüber habe ich mir Sorgen gemacht! Ich habe mir Sorgen darüber gemacht, was der Typ, der mich umbringt, wohl von mir denken wird. Dann hatte ich Angst, die Polizisten, die den Wagen schließlich in Gary oder Muncie oder wo auch immer finden würden, könnten meinen Kassettenrekorder mit der Kassette entdecken, das Band abspielen, um nach Hinweisen oder so zu suchen, und dass auch sie entsetzt wären, entsetzt wären und auch lachen würden, mehrere Kopien von der Kassette ziehen und sie an Freunde verteilen würden ...«

»Nein.« Mittlerweile mache ich mir über Johns vage Drohungen keine Sorgen mehr. Ich warte nicht mehr auf den Schuss. Es hat auch früher schon funktioniert, funktioniert immer – mittlerweile macht er sich größere Sorgen um mich als um sich selbst.

»Was hast du morgen vor?«

»Morgen treffe ich mich mit Sarah.«

»Oh Mann. Du musst mir dann erzählen, wie es gelaufen ist.«

»Das werde ich.«

Ich dachte, sie würde mich auf den Eingangsstufen zu ihrem Haus erwarten, bereits im Mantel oder vielleicht auch erst dabei, ihn sich überzuziehen, ein vorsichtiges Hi, wie geht's. Aber sie kam ohne Mantel an die Tür und bat mich herein.

Sarah Mulhern. Ich bin gekommen, um sie abzuholen. Wir gehen aus zum Abendessen. Ich bin in ihrem Zuhause, und sie strahlt.

Wir sitzen auf ihrer Couch. Ich lege ein Kissen zur Seite.

»Willst du etwas trinken?«, fragt sie und steht auf.
»Klar.«
»Ein Bier?«
»Gern, danke.«
Sie geht in die Küche. Ihre Wohnung ist tadellos. Sie hat das Licht gedämpft.
Sie kommt zurück, legt ein Album von einem Typen auf, mit dem wir auf die High School gegangen sind. Der Typ, so alt wie mein älterer Bruder, spielt Klavier im Deerpath Inn, dem einzigen Hotel in der Stadt, und hat sein Album Deerpath genannt. Wir unterhalten uns darüber, dass er vielleicht mal für eine Zeit woanders leben sollte, um mal einen anderen Blickwinkel zu bekommen. Wir sprechen über ihre Stelle als Lehrerin (siebte Klasse, in einem westlichen Vorort von Chicago), über die Karriere von Vince Vaughn.
Wir gehen zu Abend essen, trinken zum Essen, gehen meine Essgewohnheiten durch, ha, ha und bleiben bis spätabends. Wir reden über die Schwimmmannschaft, der wir beide angehörten, wie lahm ich war und wie unglaublich gut sie schwamm, wie ihr Name, wenn er über die kratzenden Lautsprecher ausgerufen wurde, für den Rest von uns gleichbedeutend war mit Eleganz und Kraft, wie sie niemals einen Wettkampf verlor, wie dies meine seit langem bestehende Schwärmerei ins Uferlose steigerte, und darüber, dass mich ihr kleiner Bruder einmal in der Umkleidekabine des Clubs erwischte, als ich gerade in Scheiße getreten war.
»Das hat er mir nie erzählt.«
»Er dachte, es war meine eigene.«
»Die Exkremente.«
»Yeah, und von da an war ich für ihn der Typ, der sich im Club vollgeschissen hatte. Und ich konnte es ihm nicht erklären. Ihm erzählen, dass ich in die Kabine gegangen war, ohne die ganzen Exkremente auf dem Boden zu bemerken…«
»Das wäre wahrscheinlich schwieriger gewesen.«
»Genau.«

Ich überlege kurz, ob ich ihr von dem Foto von ihr erzählen soll, auf das ich am Strand gestoßen bin. Ich entscheide mich dagegen. Es ist auch so schon merkwürdig genug.
Wir gehen zu einer Bar und treffen Leute, die wir kennen und die offensichtlich verwirrt sind, uns zusammen zu sehen. Man hat uns noch nie zusammen gesehen, zwischen uns liegen zwei Jahre, und ich bin seit ewigen Zeiten nicht mehr in Chicago gewesen. Ich sehe Steve Fox, den ich seit dem Kindergarten kenne, diesen erwachsenen Mann, der mir als Achtjähriger aus meinen Fotoalben entgegenlächelt, auf den Fotos von unseren Pfadfinder-Geburtstagspartys. Wir unterhalten uns einen Augenblick – wo soll man beginnen? Hätten wir uns umarmen sollen? Hat er zugenommen? –, aber Sarah fühlt sich unbehaglich. In Lincoln Park gibt es zu viele Leute, die wir kennen; es ist zu viel. Wir verschwinden, finden eine kleine, hässliche Bar, trinken so lange, bis wir beide das Gefühl haben, das tun zu können, was wir voneinander erwarten, und gehen zurück zu ihrer Wohnung.
Als wir auf ihrer Couch sind, stößt sie mich auf einmal von sich weg und zurück, ihre Hände auf meiner Brust, ihre Arme ausgestreckt, und sie schaut mich mit so wilden Augen an – Augen, die in der Dunkelheit hier wahnsinnig rund zu sein scheinen, das Weiße darin unglaublich weiß! –, dass ich glaube, meine hervorragende Küsstechnik habe sie überwältigt. Sie sieht mich einen Augenblick an.
»Du siehst älter aus«, sagt sie.
Sofort schießt es mir durch den Kopf: Symbolismus. *Ich sehe älter aus*. Es ist ebenfalls symbolisch, dass Sarahs Gesichtszüge, wie wir so auf der Couch im Dunkeln sitzen, in dem Licht, das durch die großen Fenster einfällt, in dem schwachen, gelben Licht von der Straßenlaterne, plötzlich den Zügen ihres Vaters ähneln. Ich bin ihm nur ein paar Mal begegnet und hatte nie die ausgeprägte Ähnlichkeit bemerkt, aber jetzt – jetzt sind ihre Augen dunkler. Mir fällt ein, dass ihr Rauchen in der letzten Bar, in der wir waren, ebenfalls symbolisch ist. Es muss etwas bedeuten, wenn sie sagt, ich sähe älter aus, wenn sie wie ihr toter Vater aussieht, wenn sie

raucht wie mein toter Vater, wenn wir unsere Münder füreinander öffnen, auch wenn wir uns abgesehen von der Tatsache, dass wir ähnliche Leben gelebt haben, denselben Pfad vom Parkplatz zum Pool am Lake Forest Club genommen haben und dieselben Bahnen in der Dämmerung geschwommen sind, kaum kennen. All das hat etwas zu bedeuten. Was hat es zu bedeuten? …

Einen Augenblick später spielen unsere Zungen wieder im Mund des anderen herum, drehen wir unsere Gesichter nach links und rechts. Aber warum dieser merkwürdige Blick, den sie mir zugeworfen hat? Jedes Mal, wenn ich die Augen öffne, stehen ihre Augen offen. Es macht einen nervös. Vielleicht ist *sie* nervös. Sie ist es. Ich weiß auch, warum.

Sie weiß, dass das Päckchen meiner Mutter im Leihwagen draußen liegt.

Das ist es. Sie weiß es. Sie weiß, dass ich damit herumgefahren bin, während es genau da auf dem Beifahrersitz lag, zeitweise auch auf dem Boden, neben Burger-King-Tüten und Apfelsaftflaschen, als ob wir beide auf einer Art Autoreise wären – und sie weiß auch, dass ich gestern Abend mit einem selbstmordgefährdeten Freund gesprochen habe und dass ich mich dabei gefragt habe, ob ich wünschte, dass er es täte, und sie weiß, dass ich gestern angehalten habe, als ich am Haus der Wolfgrams vorbeikam, und sie weiß, dass ich keine Stunde darauf, als ich in der Bibliothek in der Stadt war, Mrs. Wolfgram über den Weg gelaufen bin, die, was mir völlig entfallen war, dort arbeitet, und Mrs. Wolfgram hatte mich umarmt, und wir redeten über Rick, mit wem er ausging, all das, und ich sagte nichts über irgendwas, denn wenn ich zu viel redete, würde sie ebenfalls Bescheid wissen, würde wissen, dass ich aller Welt von ihrem Mann erzählen wollte, und sie würde wissen, wie Sarah zweifellos weiß, dass ich, als ich über den Friedhof von Lake Forest, den am Strand, wo alle Grabsteine in kleinen, gefrorenen Pfützen stehen, fuhr, die *Danny Bonaduce*-Sendung im Radio hörte, den Typ von *The Partridge Family*, was schon schlimm genug war für eine Fahrt über den Friedhof, aber dann hörte ich eine vertraute Stimme im Radio, jemanden, der über Sex redete, wer was das? – Und es war Sari Locker, Sari Locker war in der *Danny Bonaduce*-Sendung, im Radio, auf dem Friedhof, und sprach darüber, dass man Kondome mit dem Mund überstreifen kann. Ich war so schockiert, dass ich den Wagen anhielt, um meinem Schock Ausdruck zu verleihen, ihn vor mir selbst und vor jedermann, der zuschauen mochte, herauszustreichen, auch wenn ich in Wirklichkeit nicht so schockiert war, dass ich den Wagen hätte anhalten müssen. Und Sari sagte etwas Gemeines zu ihm, etwas über seine kürzlich aus dem Programm genommene Fernsehshow, und nachdem sie nicht mehr am Mikrofon war, ist er über sie hergefallen, hat sie beschimpft, mittlerweile war ich schon auf dem Weg zu dieser Kneipe in Highwood, die mein Vater jeden Abend auf seinem Nachhauseweg von der Arbeit aufsuchte – weswegen er auch immer um zwanzig nach sieben nach Hause kam, pünktlich, ganz gleich, wie der Verkehr war, Sarah weiß, dass ich, als ich nachmittags in dieser Bar war und ausgeschlossen und mottengrau an der Theke saß und eine Sprite bestellte und keine Ahnung hatte, was ich dort eigentlich wollte, wonach ich in dieser Bar, die mein Vater aufzusuchen pflegte, eigentlich zu suchen hatte. Vielleicht hatte ich damit gerechnet, einige Fotos von ihm irgendwo an der Wand zu sehen, seinen Namen auf der Kreidetafel neben dem Billardtisch. Ich weiß es nicht. Er hatte eine so wundervolle Handschrift – ich schaue mir die Fotos der Bowlingmannschaften an und erwarte irgendwie, ihn mitten unter den – klar, ich weiß, er hat nur selten Bowling gespielt …

Noch immer schieben wir unsere Münder übereinander, und womöglich sind ihre Augen immer noch geöffnet …

und als ich dort saß, wünschte ich für einen Moment, ich hätte ein Foto von meinem Dad, um es wie ein Detektiv der Barkeeperin zeigen zu können, damit sie hätte sagen können: »Klar doch, sicher kenne ich den. Ist jeden Abend reingeschneit …« Doch stattdessen saß ich einfach nur da. Überall stand Tinnef herum. Ein riesiger Billardtisch. »What a Feeling« spielte der Musikautomat. Wie wahr: »What a feeling«! …

Ich öffne meine Augen, und wieder sind Sarahs Augen geöffnet.

Es kommt mir vor, als halte sie den Atem an. Aber wer kann es ihr verübeln? Sie weiß, sie ist im Bilde. Sie weiß, dass ich nach dem Barbesuch zu einem öffentlichen Telefon gegangen bin und die Gesellschaft für Ganzkörperspenden angerufen und herausgefunden habe, wohin die meisten Leichname überstellt werden, nämlich zur University of Illinois an die Medizinische Hochschule von Chicago, und dann fuhr ich dorthin, in den Westteil der Stadt, fuhr umher, verlor eine Stunde inmitten dieses Schandflecks, wo die Häuser zerfallen, kilometerweit dem Erdboden gleich gemacht worden sind, als hätten Giganten darauf getreten. Sie weiß, dass ich schließlich die Hochschule gefunden habe, das Gebäude, wo der Leiter des Anatomischen Instituts sitzt, und wie ich den Wagen an der Straße stehen ließ und über einen Baustellenzaun springen musste, um in das Gebäude zu gelangen, und wie ich, kaum im Inneren des Gebäudes, Angst bekam, dass man mir auf die Schliche käme, dass man meine Augen sähe und den Sicherheitsdienst alarmieren würde, also mied ich den Aufzug und benutzte den Treppenaufgang, öffnete die schwere Metalltüre und …

Wir ziehen auf ihr Bett um, fummeln aneinander herum und ziehen uns aus.

… im Treppenhaus herrschten ungefähr 25 Grad, 30 Grad. Es brachte mich schier um, denn ich musste in die siebte Etage, wo der Arzt sein Büro hatte, jener Mann, den ich mit der Tatsache konfrontieren wollte, dass sie meine Eltern genommen und allerlei mit ihnen angestellt hatten. Warum war es im Treppenhaus nur so heiß? Als ich den vierten Stock erreichte, war ich klitschnass. Ärzte kamen mir entgegen, so dass ich mich möglichst locker und normal geben musste; ich war ein Student, ich musste den Eindruck eines Studenten erwecken. Es war wie in einer Heizröhre, die Hitze wie Wind, der von unten heraufwehte, und als ich die siebte Etage erreichte, war ich einer Ohnmacht nahe und stieß die Tür zum Flur auf und spürte die kühle Luft durch meine Lungen streichen …

Sarah sagt Nein zu etwas, das ich zu tun versuche. Ich spiele an

etwas herum, versuche halbherzig, etwas zu tun, fühle mich aber gleichzeitig unendlich müde, mein Kopf unsagbar schwer …
Und als ich den Namen des Arztes auf der Anzeige gefunden habe, aus jenen weißen, abnehmbaren Buchstaben in der vorgestanzten Rille zusammengesetzt, bin ich zu der entsprechenden Tür gegangen in der Absicht, diesen Mann zu konfrontieren, ihm zumindest ins Gesicht zu blicken, dieses Gesicht reagieren, mir etwas mitteilen zu lassen …
Ich bin dabei einzuschlafen, unendlich erschöpft, also ziehe ich Sarahs Rücken an mich heran und schlafe ein …
… und habe dann die Tür des Arztes geöffnet. Jemand war gleich da, ein Mann in mittleren Jahren, gleich da, ein Mann hinter einem Schreibtisch – ganz nah vor meinem Gesicht, und endlich war der Moment gekommen, da ich – »Oh, Entschuldigung!«, sagte ich und schloss die Tür. Dann nahm ich den Aufzug nach unten, trommelte auf dem Weg abwärts gegen dessen Wände, lehnte mich gegen dessen Türe, zitternd, sprang heraus und dann die Eingangsstufen hinunter, zurück über die Baustelle, schnellen Schrittes, zwischendrin im Laufschritt, dann zurück zum Auto, rein ins Auto, bei aufgedrehtem Radio zurück auf den Highway, zurück zu Grants und Erics Wohnung, wo sie Kabelfernsehen schauten. Ich erzählte ihnen nichts.
Am anderen Morgen schlafe ich bis neun, zehn, halb elf … und wache erst auf, als Sarah in der Wohnung demonstrativ Krach zu machen beginnt. Das Zimmer ist ganz und gar weißes Licht, das Bett noch so schön warm. Ich habe keinen Ort, an dem ich sein kann. Ich möchte nie mehr fort. Ich habe nichts vor. Ich möchte plaudern. Ich schaue mir das Jahresbuch ihrer Schule an. Ich sehe mir Fotos von ihr und ihren Schülern an. Sie scheinen sie wirklich gern zu haben, und es ist so gut, dass wir wieder zurück sind, zwar an einem anderen Ort, aber immerhin zusammen nach all den Jahren, und es ist perfekt, weil wir nun wieder miteinander verbunden sind. Dies ist eine Art Brücke, die Schaden genommen hatte, nun aber wieder aufgebaut wurde, neu gestaltet wurde, und neu, ursprünglich, wunderbar – es ist wirklich großartig, wir werden in

Verbindung bleiben, und wenn ich in der Stadt bin, werden wir uns sehen, und wenn sie in San Francisco ist …

Vielleicht sollten wir etwas frühstücken geh…

Dann bin ich an der Tür und verabschiede mich. Ich weiß nicht, warum ich mich verabschiede. Etwas ist geschehen. Sie erzählt mir, dass sie zur Schule muss, um ein paar Dinge zu erledigen, oder dass sie eine Freundin zum Lunch trifft, oder ihre Schwester, ihre Mutter. Alles ist vage. Ich ziehe mir die Schuhe an ihrer Haustür an, spüre den Zug kalter Winterluft durch den Türspalt, blicke zu ihr auf, als sie noch etwas sagt, »frohes neues Jahr« vielleicht, und dann hält sie die Tür auf, und wir umarmen uns flüchtig, und dann bin ich auf dem Bürgersteig auf meinem Weg zu Grants und Erics Wohnung.

Ich gehe etwas steifbeinig, kalt davon und versuche, mich an ihre Worte zu erinnern. Immer wieder gehe ich in Gedanken unseren letzten Wortwechsel durch. Sagte sie: »Na ja, nachdem du jetzt bekommen hast, was du wolltest …«, oder sagte sie: »War es das, was du wolltest?« Irgend so etwas muss es gewesen sein. Was hatte es zu bedeuten? Ich versuche, die Worte sich fügen zu lassen, sie vertraut klingen zu lassen, sie Sinn ergeben zu lassen. Bekommen, was ich wollte? War es das, was sie gesagt hat? Klar, das hatte ich, ich dachte, das hätte ich, dass wir wieder verbunden seien, nach all der verlorenen Zeit … Scheiße, ich weiß nicht mal mehr, was ich wollte.

Alles war wieder miteinander verbunden worden, und nun das. Ich verstehe es nicht. Sind wir nun wieder verbunden oder nicht? Ich habe den Ring geschlossen, nur um ihn wieder aufbrechen zu lassen.

Als ich den Strand erreiche, in Lake Forest, am darauf folgenden Abend, ist es dunkel, ungefähr neun oder zehn Uhr. Ich muss Chicago am nächsten Tag verlassen. Der vergangene Abend, Silvester, war ereignislos, ruhig. Wir sind alle ein paar Straßen weiter zu einer Party gegangen, die jemand aus Erics Büro gegeben hat, haben rumgestanden und miteinander geredet und Mohrrüben und Sellerie gekaut. Wir haben uns vor Mitternacht verabschiedet und waren ein paar Minuten darauf wieder zu Hause, um Minikekse mit Schokostückchen zu essen und *The Nutty Professor* zu sehen ... Ich parke am Wasser. Ich steige aus dem Auto aus, ziehe mir Grants Mantel über und stecke den Kassettenrekorder in die Jackentasche. In der anderen Tasche habe ich Papier und Stift. Ich bücke mich durch die geöffnete Beifahrertür nach dem Päckchen und hebe es vom Boden des Wagens auf. Schließe dann die Tür und stelle das Päckchen auf der Kühlerhaube ab.

Ich will es jetzt tun. Es ist absolut logisch. Es ist das Richtige.

Ich möchte nicht sehen, was drin ist. Ich schaue mich um, um mich zu vergewissern, dass keine Autos die Straße zum Strand runter kommen. Natürlich will ich sehen, was drin ist. Mit Hilfe meines Autoschlüssels durchtrenne ich das durchsichtige Klebeband auf dem Deckel des Päckchens. Ich passe auf, nicht zu tief zu schneiden, um nicht die Tüte zu beschädigen, in der die Asche, wie ich vermute, enthalten ist; dennoch rechne ich halb damit, dass die Asche aufstäubt, da sie leicht ist wie Staub, und so blinzle ich und wende meinen Kopf zur Seite, um sie nur ja nicht einzuatmen. Ich öffne das Päckchen und klappe die Laschen des Päckchens wie Hautlappen auseinander. Keine Asche stäubt aus dem Inneren.

Im Innern verbirgt sich Gold. Ein goldenes Kästchen, von der Größe und Gestalt eines Kästchens, in dem man auf der Küchenanrichte Kekse oder Zucker aufbewahren würde. Mir fällt ein Stein vom Herzen. Das ist schon besser als der Pappkarton, irgendwie passender, wenn es auch klein ist. Doch dann hat es auch mit diesem Goldkästchen so seine Bewandtnis, eine unheimliche Bewandtnis, die an die Bundeslade in *Der Jäger des verlorenen Schatzes* erinnert, im Kino, mit der Asche darin – all das Schlechte, das den Männern zustieß, die an der Lade herumgepfuscht, ihren Inhalt aufgemischt ... was wäre wenn ...

Mein Gott, ich bin doch kein Scheißnazi!

Aber seht nur, was ich tue, mit meinem Kassettenrekorder und

meinem Notizbuch, hier am Strand, mit diesem Päckchen – berechnend, manipulierend, kalt und auf Beutezug.
Scheiß drauf.
Ich öffne den Behälter. Er lässt sich nur schwer öffnen; ein gewisser Sog aus seinem Innern hält dagegen. Ich entferne den Deckel. Im Innern liegt eine Tüte Katzenstreu, oben zugebunden.
Mist. Jemand hat die Asche mit dieser elenden Katzenstreu verwechselt. Das ist es jedenfalls nicht. Wo ist die Asche, die Asche, die wie Staub aussieht? Dies ist keine Asche. Ich gehe mit der Schachtel zur Motorhaube des Wagens, um besser hineinsehen zu können. Dies sind kleine Steinchen, Kiesel, Traubenkerne, in Weiß, Schwarz und Grau. Ich öffne die Tüte. Staub steigt auf, nur wenig, gerade mal eine Sekunde lang, die Tüte atmet aus, ihr Atem stinkt – ich bin entsetzt, diesen Atem zu riechen, aus Todesfurcht?, irgendwelche leisen Spuren ihres Geruchs? –, aber es riecht einfach nur nach Staub, ein simpler Staubgeruch.
Und dann habe ich das Gefühl, sie schaut zu. Ich habe so etwas nicht oft, habe nicht oft Visionen von ihr (oder gebe mich ihnen hin?), wie sie auf irgendeiner Wolke sitzt, hinunterblickt, wie im Family-Zirkus, in feinem Kleid, glückselig und mit einer gepunkteten Linie gemalt, aber in diesem Moment sehe ich sie plötzlich, wie sie mich beobachtet, nicht von einer Wolke aus, sondern vielmehr einfach dort, oder halb dort, vor dem blau-schwarzen Himmelsgrund direkt über mir, und sie schüttelt einfach ihr Haupt, enttäuscht, angewidert.
Aber ist es nicht ihre Schuld? Natürlich ist es ihre Schuld. Haben ihre Augen mich zu dem gemacht, was ich bin? Die Art, wie sie beobachtete, starrte, billigte und missbilligte? Oh, diese Augen. Schlitze, Laserstrahlen, spitze Nadeln voller Scham, Schuld, Wertung ... Hatte das etwas mit dem Katholizismus oder einfach nur mit ihr zu tun? Zumindest hatte es etwas damit zu tun, dass ich bis zum College niemals masturbiert habe. Das habe ich schon vor einer Weile herausgefunden.
Jetzt, da die Tüte offen ist, treten die Farben und Formen der Kieselsteine klarer hervor. Es gibt sechs oder sieben verschiedene

Farben – sie sind schwarz, weiß, hellgrau, dunkelgrau, graugelb, gelbgrau und cremefarben – verschiedene Formen, kleinere, größere, zumeist rundlich, aber einige auch länglich, manche so lang wie Giftzähne – nichts von der hellgrauen, feinen homogenen Asche, die ich erwartet und mir gewünscht hätte. Oh, das hier ist unendlich viel grauenerregender. Man kann beinahe unterscheiden zwischen den Kieselsteinen – was ist das Weiße? Knochen? Rühren die schwarzen Kieselsteine vom Krebs her, oder sind sie einfach die Teile, die gründlicher verbrannt wurden? Wie geht das überhaupt vonstatten? Mit einem Ofen? Einem Ofen, nicht wahr? Würde daraus folgen, dass Teile des Ofens heißer waren als andere? Das Weiße muss Knochen sein, ganz eindeutig. Ist das hier nicht alles Knochen? Was sonst sollte die Hitze überstehen? Nichts, absolut nichts, es sei denn, man hat einige Teile, dieses oder jenes Organ, einfach schwarz brennen lassen wie Kohle – Kohle ist eine organische Verbindung. Das Schwarze muss der Krebs sein.

Aber was ist dann das Graue?

Ich gehe zum Wasser und über den Sand, der an diesem Strand überwiegend von Menschenhand gemacht, ganz und gar kein echter Sand ist, aber – nun erkenne ich den Zusammenhang – auch wie Katzenstreu ist, und so haben wir ihn, wenn ich's recht bedenke, auch als Teenys genannt, als unser heruntergekommener und weggewaschener natürlicher Strand durch eine Viele-Millionen-Dollar-teure-Strandfront ersetzt wurde, mit Promenade und Landestegen und Schutzbarrieren. Katzenstreu – so nannten wir den Sand; wir hassten ihn, weil unsere Füße, wenn wir darauf herumliefen oder Volleyball spielten, schon nach einem Tag ruiniert, völlig wundgescheuert waren. Ich gehe über die Katzenstreu, in Schuhen, sie knirscht laut wie Kies, dann zum Landesteg, einem dreißig Zentimeter breiten eingerosteten Stahlträger, der auf den See hinausführt, zwölf Meter vielleicht, bis er auf eine niedrige behelfsmäßige Mauer aus großen, weißen Granitfelsen stößt, auf einen Haufen gigantischer Felsbrocken in einem Halbkreis, die eine Mauer bilden und den Strand vor den Wellen schützen. Ich trage das goldene Kästchen vor mir her wie eine Opfergabe. Ich weiß nicht, warum ich es so halte.

Ich springe über ein paar Felsen, bis ich am äußeren Rand der Felsmauer stehe und aufs offene Wasser blicke. Es ist ein nasses Grau und Blau, beinahe neblig, der Himmel und das Wasser fließen keine zehn Meter vor meinen Augen ineinander, das Wasser leise murmelnd, seine Tiefe, obwohl ich nur fünfzehn Meter weit oder so draußen bin, anscheinend ...

Ich werde ausrutschen und hinfallen, mir den Kopf aufschlagen, das Bewusstsein verlieren, in den ruhigen See hineinfallen und ertrinken. So etwas passiert. Hier ist kein Mensch, keiner wird mich retten, ich werde verschwunden sein. Dann wird man den Mietwagen finden, und meine ...

Wenigstens werden die Kassetten unbrauchbar sein, durchgeweicht in meiner Jacke, zusammen mit meinem Notizblock.

Das ist albern, die Einäscherungsreste in den Lake Michigan zu werfen. Lake Michigan? Lächerlich, kümmerlich, billig. Warum lediglich in einen See? Er ist zwar einer der Großen Seen, immerhin, aber – ich sollte am Atlantik sein. Ich sollte in Cape Cod sein. Das wäre etwas. Ich könnte dorthin fahren. Ich habe ein Auto. Ich könnte zu dem letzten Haus fahren, das wir dort gemietet haben, zu dem mit Tante Ruth, bevor sie starb, als ich sie sah, Ruth, durch eine Ritze in der Badezimmertür, ohne ihre Perücke, ohne ihr feuriges rotes Haar – ich müsste den Autoverleih anrufen, um sicherzugehen, dass ich den Wagen hier mieten und dort zurückgeben kann – ich würde nach Cape Cod fahren und dann nach San Francisco zurückfliegen – wie lang würde es dauern, die Autofahrt? Wir haben es Dutzende Male gemacht, Chicago–Cape Cod, wir drei Kinder, während Mom fuhr, acht Stunden pro Tag – Mist, die Fahrt würde mindestens zwei Tage dauern, und ich muss Toph morgen am Flughafen treffen, er wird von L.A. hierher fliegen, wir haben es so organisiert, dass wir beide zur selben Zeit am Flughafen sein werden, Scheiße, Cape Cod kann ich vergessen. Vielleicht wenn ich Bill anriefe ... geht auch nicht, denn dann müsste ich ihm von alldem hier erzählen, und dann wäre er ganz beunruhigt und – vergiss es. Es ergibt Sinn, wenn ich es hier tue, auf der Stelle, es ergibt Sinn. Es ist gut so. Heute ist immerhin der Erste des Jahres.

Oh mein Gott.

Heute ist ihr verfluchter Geburtstag. Ich kann es nicht fassen, dass mir das schon wieder passiert. Warum bringe ich diese Dinge nie in Verbindung? Warum weiß ich, dass ihr Geburtstag bevorsteht, denke aber nicht daran, wenn es so weit ist, erinnere mich nicht daran, bis ich auf einem Landesteg in einem See mit ihrer … Das bringt's, das ist ein Signal, scheiß der Hund drauf, das heißt, dass es in Ordnung geht, keine Frage. Sie liebte den Strand, es war ihr Lieblingplatz, liebte es, herzukommen und ihren Stuhl direkt am Wasser aufzustellen, die Füße im Wasser, die Augen geschlossen, die Sonne aufsaugend, ich hinter ihr, in ihrem Schatten, kühl, mit meinem Handtuch und meiner Flasche …

Ich stecke meine Hand in die Tüte und nehme eine Hand voll, es ist so leicht! Ich weiß nicht, was ich erwartet habe, aber diese Leichtigkeit nicht, ich kann nicht glauben, dass ich, ich muss krank sein, dass ich …

Ich werfe. In der Luft breitet es sich in weitem Bogen aus und fällt mit einer Reihe von Plopitiplops in den ächzenden See. Ich werfe eine weitere Hand voll. Ein Teil fällt daneben. Ich sollte nichts fallen lassen. Es ist daneben gegangen, direkt dort unten neben meinem linken Fuß liegen etwa acht Teilchen – ich trete ja darauf! Natürlich muss mir das passieren! Natürlich trete ich darauf, wie typisch! War ja auch nicht anders zu erwarten, Arschloch! Ich beuge mich vor, um die Teilchen aufzuheben, aber ich habe bereits eine Hand voll in der anderen Hand, und als ich mich hinhocke, entgleiten mir einige aus der anderen Hand und fallen auf meine rechte Seite – Himmelherrgott! Herrgott noch mal! *Warum kann ich das hier nicht anständig über die Bühne bringen?*

Ich stehe rasch auf und werfe abermals, wobei dieses Mal einige der Einäscherungsreste an meiner Handfläche, die inzwischen schweißig ist, kleben bleiben – verflucht! Ich versuche, die zu Boden gefallenen Reste in den See zu kicken, die Felsen hinun-

ter, durch die Spalten – was ich brauche, ist ein Schlauch oder so etwas …
Aber sollte ich wirklich mit der Asche meiner Mutter Fußball spielen? Ich versuche, sie wieder aufzuheben, es sind zu viele, einfach zu viele, und dann kauere ich mich wieder hin – Mist, vielleicht ist das hier gesetzeswidrig. Ich hatte gehört, so etwas sei illegal, diese Einäscherungsreste seien nicht hygienisch, man benötige eine Genehmigung oder dürfe es nur auf offener See machen – ich drehe mich um, um nachzusehen, ob jemand da ist. Nein, mein Wagen ist immer noch der einzige. Aber morgen wird jemand hierher kommen, sie finden und es melden und mit mir in Zusammenhang bringen, weil der Typ vom Bestattungsinstitut, dieser Chad, mit seinem Funkgerät den Polizeifunk abhören wird …
Mit dem Handrücken wische ich die runtergefallenen Teilchen in die Spalten – und fühle mich plötzlich an die Art erinnert, wie meine Mutter immer beschlagene Windschutzscheiben freiwischte, rasch, beinahe brutal, mit dem Handrücken, wobei ihre Ringe gegen das Glas klapperten, während wir auf dem Weg irgendwohin, zum Einkaufszentrum, nach Cape Cod oder nach Florida, durch den einen oder anderen plötzlichen Sturm fuhren, allesamt in ihrem Pinto. Und einen Augenblick lang frage ich mich, ob ihre Ringe in der Tüte sind. Oh Mist. Ihre Ringe könnten da drin sein, halb geschmolzen, wie ein Überraschungsei in einer Schachtel Plätzchen. Nein. Hat nicht Beth die Ringe? Beth hat die Ringe. Klar.
Wie jämmerlich das ist, wie kümmerlich, schrecklich. Oder vielleicht ist es schön. Ich kann mich nicht entscheiden, ob das, was ich tue, schön und löblich und richtig ist oder mickrig und abscheulich. Ich möchte etwas Schönes vollbringen, fürchte aber, dass dies zu wenig ist, einfach zu wenig, dass diese Geste, dieses Ende zu erbärmlich ist … Ist das typisch für weiße Proleten? Genau das ist es! Wir waren immer so sonderbar drittklassig für unsere Stadt, mit unseren unheimlichen Problemen und unseren hässlichen Gebrauchtwagen, unseren Pintos und Malibus und

Camaros, und unserer Tapete aus den 70er-Jahren und unseren karierten Couchbezügen und der Akne und den staatlichen Schulen – und jetzt dieses Werfen von Einäscherungsresten aus einem kleinen goldenen Kästchen in einen See? Oh, es ist einfach unsäglich oberflächlich, erbärmlich, pathetisch ...
Oder wunderschön und liebevoll und herrlich! Ja, das ist es, wunderschön und liebevoll und herrlich!
Aber selbst wenn, selbst wenn dies rechtens und schön ist und ihr Tränen in die Augen steigen, während sie zuschaut, so stolz – wie damals, als sie zu mir sagte, als ich sie trug wegen ihres Nasenblutens, und ich trug sie und sie sagte, sie sei stolz auf mich, sie hätte nicht gedacht, dass ich dazu imstande gewesen wäre, dass ich fähig sei, sie hochzuheben, zum Auto zu tragen und vom Auto ins Krankenhaus, jene Worte gehen mir jeden Tag durch den Kopf, sind mir seither jeden Tag durch den Kopf gegangen, sie glaubte nicht, ich sei dazu imstande, aber ich habe es natürlich geschafft. Ich wusste, dass ich es tun würde, und ich weiß dies, ich weiß, was ich in diesem Moment tue, ich tue etwas, das zugleich schön und schauerlich ist, weil ich seine Schönheit dadurch zerstöre, dass ich weiß, dass es schön sein könnte, und weiß, dass, wenn ich weiß, dass ich etwas Schönes tue, es nicht länger schön ist. Selbst wenn es im abstrakten Sinne schön ist, fürchte ich, dass die Tatsache, dass ich es im Wissen, dass es schön ist, tue, und schlimmer noch, im Wissen, dass ich es bald niederschreiben werde, dass in meiner Tasche ein Kassettenrekorder steckt, den ich genau zu diesem Zwecke mitgebracht habe – dass all dies einen potenziell schönen Akt irgendwie zu etwas Schauerlichem verwandelt. Ich bin ein Monster. Meine arme Mutter. Sie würde es tun ohne all das Nachdenken, ohne das Nachdenken über das Nachdenken ...
Oh Scheiße. Ich werfe noch mehr. Ich tue es so rasch wie möglich. Ich lange in den Beutel und packe eine Hand voll kleiner Steine. Ich ziehe meine Hand aus dem Beutel, und die Steine entgleiten meinem Griff. Ich hole aus, und wieder rieseln mir kleine Steine zwischen den Fingern hindurch, fallen auf die großen, weißen Felsen unter meinen Füßen. Ich werfe. Die Kieselsteine verteilen sich

in der Luft und plopitiplopen ins Wasser. Ich überlege mir Details – sollte ich sie alle in dieselbe Richtung werfen oder mit jedem Wurf eine andere wählen? Sollte ich einige für später aufheben, um sie irgendwo anders zu verstreuen? Yeah, yeah. Das scheint das Beste zu sein – ich kann ein paar behalten, die Hälfte meinetwegen, und den Rest anderswo verstreuen ... in Cape Cod! In Milton! Ich kann ihre Überreste im ganzen Land verteilen, an all ihren Lieblingplätzen! Ich kann sie über die ganze Welt verteilen! Den Atlantik, den Pazifik! Aber was ist mit dem Flughafen, dem Flugzeug? Ich müsste sie ins Flugzeug mitnehmen, müsste das Päckchen dem Sicherheitspersonal am Flughafen erklären. Ich würde das Päckchen auf das Band legen müssen, und dann – erscheinen Einäscherungsreste auf dem Kontrollschirm, wenn sie dein Handgepäck durch das Röntgengerät laufen lassen? Vielleicht würden sie mich bitten, das Päckchen zu öffnen, es vorzuführen, wie sie es mit Laptops machen. Sieht es wie Schießpulver aus? Vielleicht. Ich könnte die Einäscherungsreste am Gepäckschalter aufgeben. Nein, das wäre eine schlechte Idee. Das würde alles noch schlimmer machen.
Ich lange wieder hinein und werfe abermals. Das ist gut. Gut genug. Nein, das ist großartig, das ist das Beste. Hier ist es, wo sie ihre letzten Jahre verbrachte, am Wasser. Ich werfe schneller und schneller, lange hinein und werfe, mein Arm arbeitet beinahe wie ein Dreschflegel, Staub überall. Mein Mantel mit Staub überzogen. Sie ist entgeistert. Ich bin pathetisch. Dies ist es, was ich getan habe. Dies ist es, wozu es gekommen ist – ihre Einäscherungsreste in den See befördern. Nein, sie schaut mir nicht zu. Sie ist fort. Sie wird ein Nachleben haben, aber mir wird es nicht vergönnt sein, weil mir der Glaube fehlt. Ich werde bis dahin sowieso erschöpft sein. Ich bin schon jetzt erschöpft, ich bin so müde. Ich werde in den See springen. Nicht um mich umzubringen, sondern nur, um es zu vollenden ... Das Drama! Ich werde nicht überleben. Wenn ich meine Kleider auszöge, würde ich es überleben. Mit den Kleidern am Leib würde ich untergehen. Mein Herz würde streiken und ich würde untergehen. Ich könnte etwas anderes machen,

etwas Dramatisches. Ich werde den Wagen in den See fahren und am Steuer sitzen bleiben. Vielleicht auch nicht.
Ich werfe und werfe ins Graue hinein. Ich weiß, dass ich ausrutschen und in den See fallen und sterben werde. Oh welch eine Ironie! Genau wie diese eine Frau, die die Asche ihrer Mutter oder ihres Ehemannes von einem Felsen aus verstreute, und eine Welle brandete über den Felsen und nahm sie gleich mit. Vielleicht war es auch die Schwester. Hier sind keine Wellen. Ich werde einfach ausrutschen und in den See tänzeln. Ich muss den Rest der Asche aus dem Beutel schütteln. Ich sollte etwas aufheben. Ich könnte ja einfach nur ein bisschen aufheben, als Souvenir sozusagen. Souvenir! Was für ein Arsch von einem ... was für ein verfluchtes Arschloch, Souvenir, denkt an Souvenir. Ich schüttle den Beutel aus. Ich schüttle den Beutel nicht gerne aus, es ist, als würde ich einen Goldfisch aus einem Tütchen herauslassen. Kann Asche schwimmen? Löst sie sich auf? Ich hab's geschafft und setze mich, und mein Atem, schnell und schwer, ist sichtbar, weil es plötzlich, zumal ich still sitze, arschkalt ist. Das Wasser kräuselt sich sacht, ist Hunderte von Metern tief, und beherbergt Millionen von Fischen, die soeben die Asche fressen. Himmel und Wasser sind nicht zu unterscheiden, und ich fühle den Wasserpegel um mich herum ansteigen, bin schon unter Wasser, und das ganze Wasser ist in etwas Größerem, und ich blicke auf meine Füße, um mich zu vergewissern, dass sie in Sicherheit sind, weil ich mich in etwas Lebendigem befinde.
Ich fahre zur Kirche. Sie liegt nur ein paar Minuten vom Strand entfernt, mitten durch die Innenstadt hindurch, an der Bücherei und dem Friseurladen vorbei.
Ich parke den Wagen und gehe auf sie zu, die Luft feucht und kalt.
Die Tür ist nicht verschlossen. Es ist ungefähr elf. Ich öffne sie einen Spalt und werfe einen Blick hinein in der Gewissheit, dass dies ein Versehen sein muss, dass diese Kirche um diese Zeit nicht geöffnet sein kann.
Drinnen brennen alle Lichter, wenn auch schwach. Langsam gehe

ich hinein. Die Kirche ist leer. Ich bleibe im rückwärtigen, durch Glaswände vom übrigen Raum abgeteilten Bezirk stehen, der für Zuspätkommer und schreiende Babys gedacht ist.
Die Kirche glüht rot. Das Schiff ragt hoch und weiß empor, und in der Mitte hängt ein beinahe lebensgroßer Jesus, in Gold gefasst, gekreuzigt, von Draht gehalten. Unzählige Male habe ich mir wegen dieses Jesus Gedanken gemacht, hatte befürchtet, seine Drähte könnten ihn womöglich nicht halten, er könnte runterfallen, auf Priester und Messdiener. Ich fühlte mich wesentlich wohler, wenn die Geistlichen am Rand standen, während ein Psalm oder die Liturgie gelesen wurde. Wenn der Priester in der Mitte stand, unmittelbar darunter, während der Wandlung, und den Kelch über sein Haupt hob, oh, das war der Augenblick, in dem ich sicher war, dass der Gekreuzigte auf ihn fallen würde – er war einfach so gefährlich aufgehängt, nur an diesen beiden dünnen Drähten.
Diese Kirche ist so klein. Ich blicke auf die Kirchenbänke, die Kirche ist winzig. Die Bänke sind so niedrig, es gibt nur wenige Reihen. Noch nie hat sie so klein gewirkt. Ich betrete das Längsschiff der Kirche. Durch den Mittelgang Richtung Altar über den roten Teppich.
Ich gehe zur ersten Reihe, wo ich das letzte Mal saß, als ich hier war. Ich hatte in der vordersten Reihe gesessen und mich, bevor es losging, immer wieder umgedreht, um einigen Leuten beim Reinkommen zuzuwinken. Ich saß neben Toph, Kirsten, Bill und Beth. Wir saßen zusammengekauert in der Bank, beinahe an deren Ende. Wir waren schon früher gelegentlich in der Kirche gewesen, hatten jedoch noch nie zuvor so nahe vor der Bühne gesessen. Meine Mutter plazierte uns stets in der Mitte oder im hinteren Teil, und wir waren ihr dankbar dafür, weil so weder der Priester noch seine Clique sehen konnten, ob wir die Worte auch wirklich wussten, die wir wissen sollten.
Ich saß in der Kirchenbank, hielt Kerstins Hand, spielte mit Tophs Hand, schwindelig, in meinem blauen Sakko, und wartete auf den Gottesdienst, die ganze Herrlichkeit. Ich wusste schon

seit Monaten, wie es sein würde, hatte es mir ausgemalt, die ganze Sache. Es würde hell sein. Es würde Tag sein. Licht würde durch die hohen farbigen Glasfenster einfallen, prismatisch – nein, das Licht würde ungebrochen sein, ungebrochen, klar, weit, golden. Die Menschenmenge würde unüberschaubar sein, die Kirche so voll wie sonst nur an Weihnachten oder Ostern, die Seitenschiffe würden überquellen von Menschen, beinahe die ganze Stadt würde da sein, sämtliche Verwandte, ihr Bruder und ihre Schwestern aus dem Osten, die Cousins und Cousinen, die enorm weitläufige Verwandtschaft meines Vaters aus Kalifornien, all die ehemaligen Schüler meiner Mutter, das Lehrerkollegium, all meine Freunde, Bills und Beth' Freunde, von der High School, der Grundschule, vom College, Tophs Freunde, deren Eltern, die Kaufleute, Ärzte, Krankenschwestern, Fremde, Bewunderer, alle in ihren Mänteln, ihren dunklen, abgründigen Farben, still, ehrfürchtig, der Bereich am Westeingang proppenvoll, überquellend. Oh, und da wären noch andere, die vor der Kirche warten würden, einhundert auf den Stufen, im Hof, als Menschenschlange sich um das Gebäude wickeln, die Straße hinunter, eintausend oder so, nur um … um zu wissen, dass sie da waren, um zu bestätigen, mit zu beglaubigen … Im Innern der Kirche würde der Gottesdienst beginnen, aber Priester um Priester würde aufstehen und zu sprechen beginnen, doch dann von Trauer überwältigt werden und zum Aufgeben genötigt sein, würde zu seinem roten Samtstuhl schlurfen, das Podium dem Nächsten überlassen und in Tränen ausbrechen und beben, derweil er sein Gesicht in seinen langfingrigen Händen vergräbt. Wir würden da sein, in der ersten Reihe, die schönen, tragischen Eggers-Kinder, blutgetränkt, stoisch, während hundert oder noch mehr Leute sich vor uns aufstellen und von ihr sprechen würden, von all den Geschenken, die sie ihnen gemacht hat, und ihr Leben würde in glorreicher Detailtreue nacherzählt, jeder Augenblick, das ganze Zusammenhalten und Aufopfern und …

Dann würde sich das Dach heben. Das Tonnengewölbe würde sich heben, das ganze Dach würde sich geräuschlos aus der Halterung lösen und abheben, würde geradewegs nach oben steigen und verschwinden, und die schweren Querstützen würden auf und davon fliegen und schon bald ganz klein, winzig vor dem tiefblauen Himmel werden und sich in Vögel verwandeln. Die Kirche würde doppelt so groß, dreimal so groß werden, der Raum würde sich weiten und plötzlich all jene aufnehmen, die draußen warten, und dann noch größer werden, würde alle aufnehmen, die meine Mutter je gekannt hat, Millionen, alle mit ihrem Herzen auf ihren beiden Handflächen, um es ihr darzubringen. Die Engel würden herbeikommen. Tausende, schlank, geflügelt und mit Vogelknochen, sie kämen herab und kreisten über uns, alle mit scharfen, kleinen Augen, und sie würden lachen, voller Frohsinn, warum nicht, das war ein Freudenfest, ein wirkliches Freudenfest. Meine Mutter würde da sein. Kein Sarg, keine sterblichen Überreste, nur sie, eine kurzlebige Erscheinung, riesig, ihr Kopf so groß wie das Kirchenschiff, die Engel um sie herum, winzig im Vergleich, ihr Haar, ihr ursprüngliches Haar, hochtupiert, wie sie es immer mochte, bevor sie es verlor und es durch dunklere, kleinere Locken ersetzte. Und ihr blinzelndes Lächeln, all die Fältchen um ihre Augenwinkel, ihr Lächeln, wenn sie uns alle dort sähe, das Wissen, dass alle, mit denen sie in Berührung gekommen war, dort waren, dass sie etwas zurückgaben, zumindest dies hier zurückgaben. Oh, was für ein Fest. Und wir und sie wären alle so glücklich, sie nicht als irgendein aufgebahrtes Etwas zu sehen, irgendein gummiartiges, schauriges Etwas, sondern vielmehr als dieses wundervoll strahlende, helle Antlitz, über uns allen, und sie würde zuerst ihr breites Lächeln mit geschlossenem Mund aufsetzen, dann ihr breites Lächeln mit schmalen Zahnreihen, dann würde sie lachen, wie sie immer lachte, lautlos, verrückt, atemlos, es war so witzig, was immer es war, hatte jemand etwas Witziges gesagt? Wer? Vielleicht war ich es, vielleicht war ich es, vielleicht war ich es, der sie zum Lachen brachte, wie es uns manchmal gelang, sie richtig aufstörte, so dass es sie schier umbrachte, dieses Lachen, ihre Augen hatten Mühe, offen zu bleiben, noch etwas zu sehen, denn wenn sie lachte, schwammen ihre Augen beinahe augenblicklich in Tränen, und sie musste die Tränen mit der Seite ihres Zeigefingers abwischen – oh, dann wusste man, dass man etwas wirklich Lustiges gesagt hatte, wenn sie weinte, ihre Augen wischte, dann hatte man sie so weit, man hatte es darauf angelegt, es gab nichts Schöneres, kein größeres Verdienst, unendlich bewegend, man versuchte, es herunterzuspielen, sich nichts anmerken zu lassen, aber man war so stolz und völlig aus dem Häuschen, und wenn man sie so sah, wünschte man sich zuerst, sie würde Hör auf! Hör auf! sagen, weil es so witzig war, aber dann machte man doch weiter, weil man sich wünschte, sie möge noch mehr lachen, sich richtig ausschütten, bis sie verschnaufen musste, bis sie beinahe über der Küchentheke zusammenbrach, während man selbst nach der Schule am Küchentisch saß, Oh, du bist schrecklich!, sagte sie. Hör auf! Oh, aber um sie lachen zu sehen, hätte man alles gesagt, und sie liebte es, auf Kosten eines anderen – Bills, Beth', deine, ihre Kosten – aus vollem Halse zu lachen, und in solchen Momenten war alles vergessen, wie weggeblasen, all die Male, die man Angst vor ihr gehabt hatte oder hatte davonlaufen wollen oder sich gefragt hatte, wie sie es nur mit ihm aushalten, ihn in Schutz nehmen könne, man wollte nichts als ihr Lachen, das gleiche Lachen, das erklang, wenn sie mit ihren Freundinnen telefonierte – Ja! kreischte sie dann, Ja! Genau! – danach würde sie aufseufzen, schwer atmen und sagen: Oh, ist das zum Brüllen. Gott, nee, das ist wirklich zum Brüllen. Das war es, was sie sagte, und sie würde etwas Ähnliches sagen, wenn die Kirchenwände verschwänden und das Kirchenschiff sich in Luft auflöste und die Engel schneller flögen, in elliptischen Bahnen um sie kreisten und wir alle die Schwingungen von alldem spürten oder sie allesamt in uns wären und ebenfalls elliptische Bahnen zögen oder durch unser Blut, und Musik würde erklingen, vom *Electric Light Orchestra* vielleicht, *Xanadu* vielleicht, würde sie es wirklich mögen oder es unseretwegen lediglich dulden? Sie würde ein wenig vor sich hinsummen, ihre Finger ein bisschen hin und her bewegen und – oh!, wie großartig das alles wäre! Dann müsste sie fort. Sie müsste gehen, aber nicht ohne Auf Wiedersehen! zu sagen,

Auf ba-hald! würde sie rufen und dabei die Stimme heben zu einer hohen Stimmlage, zu falscher Förmlichkeit, und dann würde sie sich umdrehen und dem goldenen, gebrochenen und gekreuzigten Jesus, der in der Luft hinge, über seine kleine goldene Wange streichen – das Kirchenschiff hätte bereits abgehoben, aber er befände sich noch in der Luft, das goldene Etwas, sie würde ihn sanft berühren mit dem Rücken ihrer gebräunten, beringten Hand, der glückliche Bastard, und dann wäre sie fort, und wir würden auf der Stelle zusammenbrechen, in der geöffneten Kirche und Wochen um Wochen schlafen und von ihr träumen. Oh, das wäre etwas, das wäre etwas Passendes, Verhältnismäßiges, Angemessenes, Großartiges und Dauerhaftes.

Ich stehe auf und gehe zum Katheder – es waren hundert Schritte an jenem Tag, nun sind es nur zwei. Damals hatte ich ein Blatt Papier, ich hatte es mitgebracht, das von unter dem Sofa – ich wollte die Worte auf ein besseres Blatt Papier übertragen, geriet darüber aber in Zeitnot – und ich legte das Stück Papier auf das Katheder und blickte auf und über die …

Wo waren die Leute? Vor mir saß keine Menschenmenge. Da war ein versprengter Haufen, hier ein paar, dort ein paar. Jeder liebte sie; wo waren sie? Natürlich kannte und liebte jeder meine Mutter, jeder, aber wo waren sie? Das konnte nicht sein, war nicht gut genug, ein ganzes Leben und dann so etwas, diese vierzig Leutchen? Wo ist die Frau, die ihr die Haare geschnitten hat – Laura? War sie da? Ist sie hier? All die Frauen vom Volleyball? Sind sie erschienen? Da ist eine von ihnen, Candy, aber … Wo ist ihre Familie? Wo sind ihre Schwestern? Nur Onkel Dan ist da, der gekommen ist, wie er sagt, »um die Familie zu repräsentieren«. Und die Cousins und Cousinen? Ihre Freunde? Einige sind da, aber mein Gott, es waren so viel mehr! Dies sind die Leute, die bei meinem *Vater* dabei waren. Es sollte nicht derselbe Haufen sein, dieselbe Menge! Sie waren unvergleichbar, diese beiden Leben. Wo sind die Leute aus der Stadt? Wo sind die Eltern ihrer ehemaligen Schüler? Wo sind meine Freunde? Wo sind die Vertreter der Welt, die ihrem Ableben die Ehre geben? War es zu schaurig? Sind wir

zu vulgär? Was geht hier vor? Alles, was sie eingesetzt hat, alles, was sie für euch hingegeben hat, sie hat ihr letztes Hemd für euch gegeben und das ist … Sie hat so lange für euch alle gekämpft, sie hat jeden Tag gekämpft, sie hat gegen alles gekämpft, hat für jeden Atemzug bis zum Schluss gekämpft, alles aus der Luft gesogen, was sie konnte, in jenes braune Wohnzimmer, schnappte wieder und wieder nach Luft, es war unglaublich, ja, sie schnappte nach Luft, schnappte nach uns und nach euch, und wo seid ihr?
Wo seid ihr elenden Arschlöcher?

XI.

Black Sands Beach liegt nur zehn Minuten von San Francisco entfernt. Natürlich hängt das ganz davon ab, von wo man aufbricht, aber wenn man irgendwo in der Nähe der Golden Gate Bridge losfährt, sind es zehn Minuten, vielleicht auch fünfzehn, was verrückt ist, wenn man bedenkt, wie ursprünglich und irgendwie abgeschieden dieser Ort ist, sogar exotisch mit seinem Sand, der übrigens schwarz ist, ungefähr 500 Meter davon, von einer flankierenden Felsenklippe zur anderen.

Während wir über die Brücke fahren, muht Toph, weil es uns vor Lachen die Tränen in die Augen treibt, die Fußgänger an, die wir überholen. Er lehnt sich aus dem Fenster und macht Muh.

»Muh.«

Das Fenster ist ganz heruntergekurbelt.

»Muuuuuuuh.«

Die Touristen hören ihn nicht, wie es scheint, weil der Wind, der vom Pazifik her über die Brücke fegt, so bösartig und gnadenlos wie immer bläst, dass den Touristen, Pärchen und Familien, allesamt mit ihren T-Shirts und Shorts zu leicht angezogen, übel von den Böen mitgespielt wird und sie sich kaum auf den Beinen halten können.

»Muuuuuuuuuuh.«

Toph versucht nicht einmal, wie eine richtige Kuh zu klingen. Er sagt einfach nur das Wort – er ist lediglich jemand, der Muh sagt. Eben gibt er ein paar Muhs von sich, wobei er den Laut irgendwie hinausbellt, wie verärgert, aber monoton.

»Muh! Muh!«

Es ist schwer nachvollziehbar, warum es lustig ist. Vielleicht ist es das ja auch gar nicht, wir jedenfalls können uns kaum halten vor Lachen. Ich kann kaum aus den Augen sehen; wir lachen uns halb

tot. Ich versuche, geradeaus zu fahren und wische mir die Augen. Wolkenfetzen fegen über uns hinweg, kleine Baumwollknäuel, die Kinder auseinandergerupft haben. Der letzten Touristengruppe bietet er bei seinem Muhen eine kleine Stottereinlage.
»Ich mein, ich mein, ich mein«, sagt er, »Ich mein, ich mein, ich mein« – er hält einen Moment inne, dann prustet er »Uuuh«, und dann kommt's wieder:
»Muuuuuuuuuuuuuuh.«
Wir haben das Ende der Brücke erreicht, und prompt sind die auseinandergezupften Baumwollwölkchen verschwunden, der Himmel ist klar, zephyrblumenblau, und wir befinden uns auf dem Highway 101, aber nur kurz – zwei Ausfahrten, und schon erreichen wir die Ausfahrt Alexander, kurven wieder auf den Highway 101 zu, unterkreuzen ihn und nehmen die Auffahrt Headlands in nördlicher Richtung. Während wir mit der Straße ansteigen, direkt oberhalb der Golden Gate Bridge, liegen die Wolken plötzlich unter uns, ziehen durch die Brückenkonstruktion wie Flausch, den man durch eine Harfe zieht.
Wir sind nicht zu der Prüfung gegangen. Vor einer Stunde haben wir die von der Stadt vorgeschriebene Aufnahmeprüfung für die High School in den Wind geschrieben, die Prüfung, die Toph hätte bestehen müssen, wenn er in Lowell, San Franciscos renommierter staatlicher High School, hätte aufgenommen werden wollen. Vor einer Woche waren wir im Verwaltungsgebäude der Schule, einem weißen Klotz auf Van Ness, um ihn anzumelden.
»Ich weiß, dass wir spät dran sind, aber wir hätten uns gerne noch zum Aufnahmetest angemeldet …«
»Wer sind Sie?«, fragte die Frau hinter dem Schalter.
»Ich bin sein Bruder. Sein Vormund.«
»Haben Sie die Vormundschaftspapiere dabei?«
»Vormundschaftspapiere?«
»Ja, irgendetwas, das beweist, dass Sie sein Vormund sind.«
»Nein. Solche Papiere habe ich nie bekommen.«
Irgendetwas brauchten sie.

»Was denn?«
»Vormundschaftspapiere, zum Beispiel.«
»Es gibt keine Vormundschaftspapiere.«
Das war pure Vermutung.
Die Frau seufzte.
»Nun, woher sollen wir wissen, dass Sie sein Vormund sind?«
Ich versuchte, es ihr zu erklären, aber wusste nicht, wo ich anfangen sollte.
»Ich bin es nun einmal. Wie soll ich es beweisen?«
»Haben Sie ein Testament?«
»Wie bitte?«
»Ein Testament.«
»Ein Testament?«
»Ja, ein Testament.«
»Mein Gott. Das ist unglaublich.«
Ich dachte an das Testament. Beth hatte das Testament.
»Das Testament trifft keinerlei Regelung.« Wieder log ich. Das Problem mit dem Testament bestand darin, dass nicht ich darin als Vormund aufgeführt wurde, sondern Beth. Es war eine Formsache, etwas, worüber wir uns in jenem Winter verständigt hatten; Beth und Bill sollten Testamentsvollstrecker und die offiziellen Betreuer sein, so dass ich nicht in die geschäftlichen Dinge, den ganzen Papierkram verwickelt sein würde. Das war schon ein paar Mal Thema gewesen, vor der Sache mit der elterlichen Sorge, die Frage nach dem Beweis – *wo ist der Beweis?* –, und schon immer hatte ich befürchtet, damit aufzufliegen. Die ganze Zeit, *ein einziger Betrug!*
»Nun, ohne die Papiere, die Sie als sorgeberechtigt ausweisen, oder ein Testament können wir gar nichts tun.«
Ich hatte all seine Schulzeugnisse mitgebracht, Schreiben der Schule an die Eltern, Schriftstücke, die unseren Wohnort nachwiesen, mit unserer beider Namen über der Adresse. *Wir sind ein Team. Wir sind seit Jahren ein Paar*. – Die Frau zeigte sich wenig beeindruckt.
»Warum sollte ich lügen?«

»Ich will Ihnen mal was sagen, eine Menge Leute von auswärts wollen, dass ihre Kinder aufs Lowell gehen.«
»Sie machen wohl Witze. Ich soll hier runterkommen und so tun, als seien meine Eltern tot, nur um ihn zu einer verfluchten Aufnahmeprüfung anzumelden?«
Noch ein Seufzer.
»Woher sollen wir wissen«, sagte sie, »dass sie überhaupt tot sind.«
»Himmelherrgott, weil ich hier stehe und es sage.«
»Haben Sie Totenscheine bei sich?«
»Das ist ja widerlich«, sagte ich. »Natürlich nicht«, sagte ich, was wieder eine Lüge war.
»Irgendwelche Anzeigen, Nachrufe?«
»Sie wollen, dass ich Ihnen einen Nachruf vorlege?«
»Yeah, das könnte gehen. Glaube ich. Warten Sie mal.« Sie drehte sich um und beriet die Sache mit einem Mann, der an einem Schreibtisch saß. Dann wandte sie sich wieder uns zu.
»Yeah, das ginge. Legen Sie einen Nachruf vor.«
»Aber ich habe keine Zeit …«
»Für beide Elternteile.«
Immer diese Nachweispflicht! Immer dieses Erinnertwerden, nie mehr als ein paar Worte der Unterhaltung, des Streits, bis zu dieser Scheißstory – das ist der Grund, warum ich lüge, Dinge erfinde, warum ich ihn, wenn ich einen Zahnarzttermin ausmache, »meinen Sohn« nenne, so grausam es sich auch anfühlt, wenn es mir über die Lippen kommt …
Ich rief Beth von einem öffentlichen Telefon aus an. Uns blieben nur zwanzig Minuten, bis das Büro schloss. Beth kam runtergefahren mit beiden Nachrufen, zwei kleinen Absätzen im *Lake Forester* über unsere Eltern, sowie mit dem Testament. Wir hatten noch zwei Minuten.
Und nun, eine Woche darauf, am Tag der Prüfung, während Hunderte von Kids die Prüfung über sich ergehen lassen, fahren wir durch die Headlands, auf dem Weg zum Strand. Tatsächlich ist uns erst vor ein paar Sekunden eingefallen, dass wir sie verpassen würden …

»Oh mein Gott«, sagte ich.
»Was ist los?«, sagte er.
»Die Prüfung!«
Er schlug sich die Hand vor den Mund in der Erwartung, dass ich sofort umdrehen und loshetzen würde, wie wir immer loshetzen, mir Ausreden ausdenken würde; er war mittlerweile derart daran gewöhnt, an die Hektik, an mein Hämmern auf dem Lenkrad, wenn wir im Verkehr steckten, an das Fluchen gegen die Windschutzscheibe, an das Fensterklopfen, wenn Türen geschlossen waren, das Betteln um Ausnahmen …
»Vergiss es«, sagte ich. »Ist jetzt auch egal.«
Ist es.
Wir brechen auf.
Zwei Tage zuvor haben wir beschlossen, nicht in San Francisco zu bleiben, also werden wir uns nicht um einen Platz im Lowell bewerben, werden diese Schule nicht nötig haben, nichts von alldem hier, weil wir die Stadt verlassen, den Bundesstaat verlassen, uns im August aufmachen und aus Kalifornien wegfliegen und zurückgehen werden – sogar weiter, über Chicago hinaus nach New York. Wir brechen abermals unsere Zelte ab, begleitet von allerlei missbilligendem Zungenschnalzen und Kopfschütteln, wir müssen aufbrechen, auch wenn wir Bill und Beth dadurch etwas seltener sehen werden, wir ziehen wieder um. – »Ich finde es gut, herumzuziehen, etwas zu sehen von der Welt, nicht festgefahren zu sein «, sagt Toph, und ich liebe ihn dafür. Er wusste, dass ich so etwas hören musste, und ich werde den Teufel tun, ihn zu fragen, ob er es auch so meint.
San Francisco wurde allmählich eng, und alle sterben sie. Die Sommer sind nicht mehr so warm, und auch der Herbst ist nicht mehr das, was er mal war. Die Kids in der Haight werden immer jünger, auch zahlreicher als zuvor, und sitzen den ganzen Tag und die ganze Nacht am Haight und an der Masonic Avenue rum, mit ihren Stöcken, den Footbags, und wissen nirgends hinzugehen in diesen albernen Reggaemützen. Und die Anfahrt zur Arbeit wurde unerträglich, das ewige Einerlei zu traurig, besonders nachts,

wenn ich, nachdem ich Toph zu Bett gebracht und die Tür zugeschlossen hatte, nochmals ins Büro fuhr – die Fahrt einfach nur quälend, die reinste Routine – ich hatte sogar die Wegstrecke geändert, hatte begonnen, die Geary Street hinunterzufahren, bis ganz nach unten, an den Prostituierten vorbei, ein Tempowechsel, was für etwa eine Woche für Abwechslung sorgte mit all den Autos, die langsamer fahren, anhalten, die Polizisten auf Jagd, lachend – doch dann wurde selbst das zur Routine, und daher müssen wir aufbrechen, weil die Leute auf die Straße pinkeln, mittlerweile auch tagsüber, überall, jederzeit pinkeln Leute auf die Straße, entleeren um 12 Uhr mittags ihren Darm auf der Market Street, und mir gehen die Hügel auf die Nerven, immer diese Hügel, das Querstellen der Räder zum Parken und die Kehrmaschinen und die Scheißbusse an den Seilen oder Drähten oder woran auch immer, die immerzu liegen bleiben, und diese verdammten Busfahrer, die aussteigen und an diesem Seil reißen, die dämlichen Busse, die einfach festsitzen, mitten im Weg, alles verstopfen, im Weg …

Das Ganze total verrückt, die Extreme ausgeprägter, die Kontraste zu stark.

Toph und ich fahren weiter hügelaufwärts, weil man rauf muss, wenn man zu Black Sands will, zunächst geradewegs den Hügel hinauf, die Serpentinen entlang, an all den Touristen vorbei, die der Aussicht wegen anhalten und auf die Golden Gate Bridge hinabblicken, und jedes Mal, wenn wir eine Kehre Richtung Brücke machen, eröffnet sich uns ein Ausblick, geradezu biblisch, ein Ausblick, der Treasure Island und Alcatraz umfasst, dann (von links nach rechts) ganz Richmond, El Cerrito, Berkeley und Oakland und dann die Bay Bridge, dann die weißen gezackten Muschelschalen von Downtown, Golden Gate, blutrot, dann den Rest der Stadt mit dem Presidio, den Avenues …

Doch wir fahren weiter, und je weiter wir der sich hochschlängelnden Straße folgen, um so weniger Autos treffen wir an, bis schließlich auf dem Gipfel des Hügels/Berges nur noch wenige Touristen übrig sind, und die sind auch noch im Begriff, umzukehren und wieder hinunterzufahren, drei Rechtsabbiegerspuren an dem Tunnel aus der Zeit des 2. Weltkriegs auf dem Gipfel, weil es bestimmt so scheint, als ende die Straße gerade dort, auf dem Gipfel jenes Hügels …

Aber dann führt die Straße doch weiter, und da ist ein Tor, ein wenig stabiles Metalltor, genau dort, und es steht offen, es ist womöglich immer offen. Weiter geht's also, in unverminderter Geschwindigkeit, und als Toph und ich den Parkplatz überqueren, das Tor passieren und die Abfahrt antreten, gaffen uns zwei junge Touristen hinterher, Holländer in ihrer typischen Kombination von dunklen Socken und Shorts, weil sie nicht wissen, was wir da tun – wir sind so eine Art phantastisches Superhero-Team in einem Space-Auto, das nicht den Gesetzen der Verkehrsordnung und der Physik unterworfen ist.

Die Straße, mittlerweile eine Einbahnstraße, führt geradewegs aufs Wasser zu, und für etwa zwanzig Meter sieht es so aus, als würden wir über die Schanze fahren, so sieht es wirklich einige Sekunden lang da oben aus – und wenn es so wäre, wären wir natürlich bereit, würden die Nummer abziehen, wo wir gleichzeitig aus dem Wagen aussteigen, jeder an seiner Seite, dann der synchrone perfekte Köpper – und so fahren wir langsam, folgen der Rechtsbiegung, und dann geht es abwärts, und im Nu fahren wir parallel zur Wasserfront, natürlich 100 Meter oberhalb davon, ohne zunächst zur Linken auch nur die Spur einer Küste zu sehen, nur den Abgrund – und dann überblicken wir plötzlich die gesamten Headlands, grüne Mohairhügel, ockerfarbenes Velours, die schlafenden Löwen, den Leuchtturm fern zur Linken, nicht zu fassen, dass wir nur zehn Minuten von der Stadt entfernt sind, dieses weite wellige Land könnte Irland oder Schottland sein oder die Falklands oder was auch immer, und wir folgen der Straße nach unten, die sich an der Steilküste hin- und herwindet, und Toph vermeidet es wie immer, in Richtung Abgrund zu schauen, verständlicherweise, und schätzt es ganz und gar nicht, wenn ich freihändig fahre und nur meine Knie zum Lenken benutze, für kurze Zeit, guck ma, ha, ha, guck ma, was ich kann!

»Lass das, Arschloch.«

»Was?«

»Tu die Hand ans Steuer.«

»So kannst du nicht mit mir reden.«

»Na gut. Dann eben *A*-loch.«

Und so entsetzlich dies, sein erster Fluch, auch ist – der erste, der mir jedenfalls zu Ohren gekommen ist –, ist er irgendwie auch aufregend. Etwas Wunderbares. Ihn wütend zu erleben, bedeutet eine große Erleichterung für mich. Ich hatte mir Sorgen gemacht über seinen Mangel an Wutausbrüchen, hatte mir Sorgen darüber gemacht, dass es zwischen uns beiden womöglich zu harmonisch zuging, dass ich ihm nicht genügend Reibungsfläche geboten hatte. Er braucht Reibung, hatte ich mir immer wieder gesagt. Nach all den Jahren der Normalität und Verhätschelung war es an der Zeit, dem Jungen etwas zu geben, was ihn in Wut bringen konnte. Wie sonst sollte er Erfolg im Leben haben? Woher die Motivation nehmen, wenn nicht aus dem Verlangen, mich fertig zu machen? Zwischen uns hatte es bislang nichts als gegenseitige Hingabe und Zuwillensein gegeben, und seine lieben Augen und seine jugendlich reine Weisheit – und nun das! Ich und ein *Arschloch*. Welch eine Erleichterung. Ein Durchbruch, endlich die Wahrheit klar und deutlich! Ich hätte die Zeichen früher erkennen sollen. Beim Ringen neulich, auf dem Boden, und das eine Mal auf dem Tennisplatz, als ich ihn ärgerte, seine Hose in seinen Poschlitz hochzog, hat er sich da nicht entschiedener gewehrt als jemals zuvor? Hatte er es nicht zu einem hübschen, höchst wirksamen Schwitzkasten gebracht und mich mit einer erstaunlichen Hartnäckigkeit darin gehalten, weit länger, als mir lieb sein konnte? Hat sich sein Körper nicht gestählt, sein Griff gefestigt, spricht aus seinen Augen nicht eine gewisse Selbstvergessenheit, ein Zorn, der in der Ferne wohnt? Ja, und nochmals ja! Nun sind wir allmächtig.

Endlich!

»Du darfst auch nicht A-loch sagen.«

»Schon gut.«
»A-loch ist sogar noch schlimmer.«
»Na gut. Dummkopf.«
»Dummkopf ist okay.«

Bei *Might* hatte es eine endlose Folge unergiebiger Mittagessen mit verschiedenen Leuten gegeben, die Lance aufgetrieben hatte, Leuten mit Geld, die ihr Interesse bekundet hatten, uns zu helfen. Immer war es jemand Anfang dreißig, der es aus welchen Gründen auch immer zu genügend Wohlstand gebracht hatte, um ihn verteilen zu können. »Gut«, sagte Lance, indem er mit seinen Händen eine Parenthese einzufügen schien, »dieses Mädchen ist die Erbin des Beidseitigen-Klebebandes-Vermögens, und sie …« oder »Okay, der Typ hat sich von Microsoft auszahlen lassen und hat etwa 300 Millionen, die er in Trend-Medien stecken will …« Wir trafen sie auf einen Drink oder zum Lunch, in der Cocktailbar Infusion 555 oder an einem Picknicktisch im South Park, und wir redeten miteinander, erklärten unsere Vorhaben, ließen unsere Hoffnungen durchschimmern und gaben unser Bestes, die Tatsache in Worte zu fassen, dass wir erfolgreich sein wollten, ohne als typisch erfolgreich zu gelten, dass wir mit dem weitermachen wollten, womit wir begonnen hatten, wobei wir uns die Option offen halten wollten abzuspringen, sollte es einmal langweilig werden, dass wir die Welt erobern wollten auf eine Art und Weise, dass niemand merken würde, dass es das ist, was wir wollen. Und dabei versuchten wir, nicht merken zu lassen, wie müde wir alle waren, wie unsicher, ob wir mit alldem wirklich weitermachen wollten, im Grunde …

Und mitten bei einem solchen Treffen erklärten uns dann die prospektiven Gönner, während sie mit dem Strohhalm die Eiswürfel in ihren Drinks hin- und herkickten, dass sie die ganze Angelegenheit erst noch mit ihren Eltern bereden müssten oder mit ihren Anwälten oder Beratern oder …

Letztlich war es uns einerlei. Denn wir hassten solche Treffen, hassten einander die halbe Zeit über, hassten es, jeden Tag ins Büro zu kommen, fragten uns, warum wir das Ganze überhaupt noch machten …

Die Büroräume waren uns zum nächsten Monat gekündigt worden. Wir waren ohnehin schon länger geblieben, hatten jeden Monat um einen weiteren Monat Verlängerung gebeten und versichert, dass wir ganz nahe daran waren, eine Art finanzielle Unterstützung aufzutreiben, dass wir etwas Geld brauchten, um einen Umzug in die Wege leiten zu können, oder vielleicht zögen wir auch mit dem Unternehmen zusammen, das bereit wäre, uns zu helfen – und so flog Lance nach New York, es sollte unser letzter Rettungsversuch sein, und traf einige Leute, die entweder viel zu klein oder viel zu groß waren, um uns helfen zu können. Er rief jeden Tag an, mit der Neuigkeit, dass es nichts Neues gebe. Er wohnte bei Skye, wie wir alle, wenn wir in New York waren. Einmal haben wir dort eine Riesenparty veranstaltet, und Skye hatte sich um alles gekümmert, freie Getränke, einen Discjockey, hatte auch noch bei ihrem Freund geschlafen, damit wir alle auf ihrem Fußboden übernachten konnten, vier von uns in ihrem Schlafzimmer, Schlafsäcke und Kissenschlacht, und während der Party, als die Polizei angerückt war, um dem Treiben ein Ende zu machen, war es wiederum Skye und ihre Mom, die aus Nebraska im *Big Apple* zu Besuch war, die die Polizei baten, uns weiterfeiern zu lassen, weil, wie ihre Mom sagte, »das einfach liebe Kinder sind, die hart dafür gearbeitet haben«, oder so etwas in der Art, und dazu Skye mit traurigem Blick, wimpernklimpernd, und die Polizei ließ uns gewähren.

An dem Tag, an dem wir ihn zurückerwarteten, rief Lance aus Skyes Wohnung an, weil er noch einen Tag länger bleiben wollte. Skye war krank, lag im Krankenhaus mit Fieber, Lebensmittelvergiftung vielleicht.

»Eine Virusgeschichte«, sagte er.

Moodie und ich verabredeten uns mit den Gründern von *Wired*, gingen hin, um die Idee in die Welt zu setzen, dass sie uns vielleicht unter ihre Fittiche nehmen könnten, dass wir im Verein mit

ihnen ein perfektes Gespann wären, trotz der unzähligen Male, die wir uns über ihre Zeitschrift lustig gemacht hatten, wir rechneten mit einem informellen, lockeren Treffen, arm an präzisen Details und reich an unverbindlichen Phrasen. Und natürlich hatten wir uns da gründlich geirrt. Wir waren sträflich unvorbereitet. Was wir wollten, war gerade mal genug Geld, um die nächste Nummer rausbringen zu können, und eine Vereinbarung wegen der Büroräume, eine Ecke auf ihrer Etage vielleicht, uns blieben nur noch ein paar Wochen, um unsere Bleibe zu räumen, jeder Ort wäre uns recht gewesen, wirklich …
Sie wollten Zahlen und Pläne. Um ihren glänzend schwarzen Tisch versammelt, rangen wir nach Worten, rissen Witze und gaben unser Bestes, zuversichtlich zu klingen, weiterhin ambitioniert, und unsere Erschöpfung zu verbergen, wobei wir einander mit Gesten den Joker zuspielten …
Nein bitte, sprich weiter, sprich zu Ende …
Nicht doch, du sagtest doch gerade …
… und wir sagten, dass ja, selbstverständlich werde es ein neues Designerteam geben und gründlicheres Korrekturlesen, und ja, wir würden aufhören, uns über Anzeigenkunden lustig zu machen, und dass das Ganze natürlich eine dauerhafte Sache sei, dass unsere Prognosen dies und unsere Pläne jenes und Fernsehsendungen und natürlich eine Website, natürlich, und einige Zugeständnisse auf den Covers, einige vertraute Gesichter vielleicht, womöglich sogar Berühmtheiten, wenn es die richtigen sind, es richtig aufgezogen ist, klar, einige Porträts, wir werden daran arbeiten, das Ding einem breiteren Leserkreis zugänglich zu machen, werden mit einer kleinen Mannschaft arbeiten, wie immer, wir werden hier bleiben, mit euch Kumpels zusammenziehen oder nach New York gehen, was auch immer, es wird großartig werden …
Nach dem Händeschütteln machten wir uns davon, an all den Arbeitsplätzen vorbei, eine Reihe nach der anderen, die Hitze all der zugleich arbeitenden Computer, das Kabelwirrwarr, an der Kochnische und dem in Neonorange gestrichenen Empfangsbe-

reich vorbei, das Mädchen am Empfangsschalter *comme il faut* angezogen, und im Aufzug nach unten zur Third Street hielten wir eine kleine Nachlese …

Glaubst du, es ist gut gelaufen?

Yeah, yeah, wir waren klasse.

… dabei wussten wir beide, dass es vorbei war, und das Großartige, seltsam Wunderbare war, dass es keinem von uns ernsthaft etwas ausmachte – oh, natürlich machte es uns etwas aus, klar, aber wir waren bereit. Ich wollte dem Ganzen ein Ende machen, und Moodie wollte es umso mehr, und auch Marny hatte das alles gründlich satt, wie auch Paul. Zev und Lance drangen noch darauf, weiterzumachen, glaubten noch, dass es gute Gründe dafür gebe, doch auch sie wussten – wir hatten sie lange darauf vorbereitet –, dass das Ende der Fahnenstange erreicht war, dass wir auf Sand gebaut hatten. Da waren wir also und wussten, dass drei, vier Jahre, all diese irrwitzig vielen Stunden ein Ende haben würden, ohne dass wir einen einzigen Menschen gerettet hatten …

Was war erobert?

Wen hatten wir geändert?

… ohne einen Platz im Space Shuttle, dass all das – was war es eigentlich gewesen? Es war ein Projekt gewesen, ein kleines, winziges Anliegen, und dieses Anliegen wurde auf bescheidene Art vorgetragen, und na ja – Moodie und ich gingen eines makellosen Julitages durch den South Park, der Park voller neuer Leute, allesamt schön, brillant, jung, und wir waren müde und gingen mitten unter ihnen und dann zum Büro zurück. Es war in Ordnung. Am Ende stand das tröstliche Gefühl, um das Ende zu wissen, seine Kriterien und Bedingungen zu kennen. Uns blieben zwei Wochen, das nun endgültig letzte Heft fertig zu machen, bevor wir die Büroräume geräumt haben mussten, also nahmen wir das Material, das wir bereits geplant hatten – Titelgeschichte: »Sind Schwarze cooler als Weiße?« –, und streuten überall zahllose Hinweise auf das Ende der Zeitschrift, auf Tod und Untergang.

Der Artikel auf der ersten Seite:

Der Tod ist wie so viele großartige Filme traurig.
Junge Leute halten sich für immun gegen den Tod. Und warum auch nicht? Manchmal scheint das Leben endlos, voll von dröhnendem Lachen und Schmetterlingen im Bauch, voll Leidenschaft und Freude und einem schönen, kalten Bier.
Natürlich kommt mit dem Alter die Einsicht, dass »auf ewig« nichts als ein Wort ist. Die Jahreszeiten gehen dahin, die Liebe welkt, wen die Götter lieben, der stirbt jung. Das sind bittere Wahrheiten – unausweichlich, aber, so heißt es, notwendig. Der Winter zeugt den Frühling, die Nacht geht der Dämmerung voran, und Verlust sät den Samen der Erneuerung. Es ist natürlich leicht, so etwas zu sagen, genauso leicht wie, sagen wir, viel fernzusehen.
Doch leicht oder nicht leicht, wir sind auf solche Empfindungen angewiesen. Es nicht zu fühlen, hieße, sich ohne Hoffnung in einen schwarzen Abgrund zu stürzen und für alle Ewigkeit durch eine alles umfangende Leere zu fallen. Im Ernst, was hat man davon, wenn man sagt, die Nacht werde immer schwärzer und die Hoffnung liege zertreten unter den Stiefelabsätzen des Bösen? Welche Antworten haben wir parat, wenn wir zu der fundamentalen Einsicht gelangen, dass es im Leben keine Erlösung gibt, dass früher oder später – trotz unserer schönsten Hoffnungen und kühnsten Träume und ganz gleich, wie gut unsere Taten und Tugenden sind, ganz gleich, wie viel wir uns für unsere diversen Idealvorstellungen von Unsterblichkeit einsetzen –, die Meere unweigerlich brodeln werden, das Böse die Erde rücksichtslos heimsuchen und unser Planet als ruinöser Tummelplatz für Kakerlaken und anderes Ungeziefer zurückbleiben wird.
Es gibt einen Spruch, der gern von Geistlichen und in die Jahre kommenden Ballspielern zitiert wird: Bete um Regen. Aber warum um Regen beten, wenn es heißes, vergiftetes Blut regnet?

Und dann, ein paar Tage später, lasen wir es uns noch einmal durch, in der Hoffnung, es würde nicht aalglatt, herzlos klingen, weil Lance gerade aus New York zurückgekommen war, von all dem Herumgerenne, er und Skye, auf der Suche nach Geld, irgendeinem Hoffnungszeichen. Wir wollten wissen, wie alles so gelaufen war – es war längst nur noch ein rein theoretisches Interesse, aber wir waren trotzdem neugierig, krankhaft vielleicht – wollten witzige Geschichten von Zurückweisung und Gleichgültigkeit hören – und ich erinnere mich nicht, warum wir alle im Büro waren, alle zu derselben Zeit mitten am Tag, aber Lance kam herein, warf den Rucksack auf seinen Stuhl und setzte sich. Dann erhob er sich. Tigerte ein wenig auf und ab. Blieb an der Hängeregistratur neben Marnys Schreibtisch stehen. Auf seinem Gesicht lag so ein gewisser Ausdruck, beinahe ein Lächeln, sein Mund war zu einer Art Lächeln verzogen, zuckte aber auch irgendwie, seine Augen schienen etwas auf dem Boden zwischen uns zu fixieren. Die Hand hielt er sich vor den Mund, um zu verbergen, was auch immer sein Mund anstellte. *Lächelte er?* Er lächelte. Sein Kopf war seitwärts geneigt. Irgendetwas war lustig. Er hatte etwas Großartiges auf Lager.

»Skye ist tot.«

»Was?«, sagte jemand.

»Sie ist *tot*«, sagte er.

»Wie meinst du das? Von wem redest du?« Wir redeten alle gleichzeitig.

»Sie ist *tot.*«

»Wer?«

»Skye.«

»Nicht möglich.«

»Du elender Idiot. Wieso ist das lustig?«

»Es ist sein Ernst. Ist das dein Ernst?«

»Das ist nicht witzig.«

»Nein, hört doch zu, sie ist *tot*. Sie ist *tot.*«

»Nicht möglich.«

»Wie meinst du das?«

»Was ist passiert?«
»Es war ein Virus, und es ist ihr aufs Herz geschlagen. Sie war nur für ein paar Tage dort. Sie konnten ihr nicht …«
»Nein.«
»Verfluchter Himmel.«
»Oh Gott, nein.«
»Nein.«

Marny und ich fuhren hinaus, bis wir kurz oberhalb der Golden Gate waren, nicht weit von der Abzweigung nach Black Sands, um ein Foto für das letzte Heft zu machen. Wir wollten etwas ablichten, das alles auszudrücken vermochte, ein einziges Bild, und hatten deshalb den Tunnel auf der Route 1 ausgewählt, den, durch den man nach Sausalito gelangt und der sich durch die mohairgleichen Headlands gräbt. Es war ein einfacher Tunnel, ein Halbkreis, dunkel, das Ende nicht sichtbar, der Eingang gerahmt durch einen schmalen Regenbogen, der schon vor langer Zeit dort aufgetragen worden war. Wir hatten geparkt und waren den Highway entlanggelaufen, und während Marny nach Autos Ausschau hielt, stand ich auf der mittleren Spur des Highway und machte das Foto, das am Ende eigentlich gar nicht so überwältigend wurde, der Regenbogen verblichen und unscharf, der Tunnel nicht dunkel genug.
Aber das sollte es sein, das letzte Bild. Wir hatten die Wahl zwischen diesem Foto oder dem Brief, den Paul einige Tage zuvor geöffnet hatte, als wir schon am Packen waren, von Ed McMahon. In großen, fettgedruckten schwarzen Buchstaben:

GARANTIERTER GEWINN
FÜR DAS MIGHT-MAGAZIN
1.000.000,00 BIS 11.000.000,00 DOLLAR

Wir widmeten die Ausgabe natürlich ihr, unserer Skye. Eine traurig-armselige Geste. Mann, du hättest Skye sehen sollen, sagten wir. Das kannst du noch immer, übrigens. Leih dir das Video von *Dangerous Minds* aus. Da spielt sie mit, läuft rum, redet. Sie hat den Text, den sie spricht, nicht selbst geschrieben, und war vermutlich erst neunzehn oder zwanzig zu der Zeit, aber da ist sie, läuft und redet und lässt Kaugummiblasen platzen, für alle Ewigkeit.

Der Pfad, der zu Black Sands hinunterführt, ist lang, steil, aber der Blick, überall wilde Blumen und Meer, ist überwältigend. Als Toph und ich hinunterstapfen, kommen uns Männer entgegen, immer paarweise, die schweißig sind und anhalten, um eine Verschnaufpause einzulegen – der Weg nach oben ist tausend Mal beschwerlicher als der nach unten. Wie wir also gemeinsam hinuntergehen, fällt mir auf, wie nah wir uns sind, Toph und ich, und ich bemühe mich nach Kräften sicherzustellen, dass hier niemand einen falschen Eindruck bekommt. Er ist mittlerweile beinahe so groß wie ich, und es sieht ein wenig nach Knabenliebe aus, was in Verbindung mit uns beiden, zumal an diesem Strand, leicht nach der NAMBLA, der Gesellschaft für Liebesbeziehungen zwischen Männern und Jungen in Nordamerika, aussehen könnte, und wenn der Falsche uns sähe, würde er uns garantiert anzeigen, und dann kämen die Leute vom Jugendamt, und dann würde er in ein Heim kommen und ich müsste ihn da rausholen – wir wären auf der Flucht, im Untergrund, und das Essen wäre schrecklich …

Er fühlt sich wie ein weit entfernter Ort an, dieser Strand. Die Besucher von Black Sands sind in erster Linie nackte schwule Männer, einige nackte, nichtschwule Männer, einige nackte, nichtlesbische Frauen, der Rest ist eine Mischung aus angezogenen Leuten wie uns und hin und wieder einem chinesischen Fischer. Wir schmeißen unser Zeug in die Mitte des Strands, wo sich die Familien, falls sie sich hier hin trauen, niederlassen. Wir ziehen unsere Schuhe und Hemden aus, lassen unsere Augen nach links und rechts über den ganzen Strand wandern.

»Weißt du, was ich glaube?«
»Ja. Nein.«
»Ich glaube, jeder sollte in der Lage sein, nur einmal, ein unbeseeltes Objekt zum Leben zu erwecken und sein Kumpel zu sein.«
Es verschlägt mir die Sprache. Sollte er sich ermuntert fühlen?
»Was für ein Objekt zum Beispiel?«, frage ich ungeduldig.
»Zum Beispiel eine Orange.«
Er kratzt sich das Kinn, das macht er tatsächlich, wenn er solchen Gedanken nachhängt.
»Oder einen Hammer.«

John schlitterte, kroch, brach zusammen. Er war in der Reha, verschwand dann und lebte eine Weile mit einer Frau in Santa Cruz, die er bei Narcotics Anonymous (NA) kennen gelernt hatte und die mindestens fünfundvierzig war. Ich hatte sein Leben nicht mehr mitverfolgt, fragte nicht, weshalb er überhaupt bei NA gewesen war, wusste nicht, dass er überhaupt ein Problem hatte, für das NA zuständig war – es lief immer schneller bei ihm, er versuchte, möglichst viele Probleme in möglichst kurzer Zeit abzuhaken. Ich fragte mich, ob das der Plan sei, eine Art Experiment oder Performance-Kunst – wenn ja, hätte ich es respektiert, cool gefunden, aber das war es nicht, es war nicht kalkuliert. Wir gingen zu einer Beraterin, ich brachte ihn rein, sie redete mit uns, bezeichnete mich als »Ermächtigter«, und wir fuhren nach Hause, und er schlief auf der Couch und dann fühlte er sich besser. – Er verschwand wochenlang, tauchte plötzlich wieder auf, rief aus einer Bücherei in Oregon an, hatte sein ganzes Erbe durchgebracht, brauchte jetzt zweihundert Dollar für das Zimmer, in dem er gewohnt hatte, *die Leute vom Red Roof drehten total am Rad* – und dann endlich, nachdem ihm eines Abends im Covered Wagon ein Bekannter einen Fausthieb gegen den Kopf versetzt hatte, wollte er zurück in die Reha.
Meredith und ich teilten uns die Kosten für drei Wochen Privatklinik, da er nicht versichert war und nicht in die Bezirksklinik

wollte, wenn er in die Bezirksklinik müsste, würde er sich was antun – mit dem Scheiß käme er nicht klar, Mann – und so holte ich ihn ein paar Tage, bevor es in die Privatklinik ging, irgendwo in den Hügeln von Oakland ab, er hatte bei einer anderen Frau gewohnt, die er kannte, zwei Kinder am Fenster ...

»Tausend Dank, Kumpel, dass du das Geld lockergemacht hast. Ich muss dir sagen, ich weiß das echt zu schätzen. Bedeutet mir total viel. Der Bezirksladen war voller Fixer und Nutten. Damit wär ich nicht klar gekommen, das schwöre ich dir.«

Ich mache das Fenster auf.

Ich habe ihm nichts zu sagen.

»Ein Teil von mir«, sage ich, »würde dich am liebsten genau jetzt aussteigen lassen, mitten auf dieser Scheißbrücke.«

Schweigen, ungefähr eine Minute lang.

Ich schalte das Radio ein.

»Dann lass mich raus.«

»Ich will dich ja rauslassen, Arschloch.«

»Dann lass mich raus.«

»Ich meine, willst du irgendeinen Rekord brechen? Jetzt sitzt du da, anscheinend ganz normal, Hände im Schoß und alles – aber was ist, wenn du die Narrenkappe aufsetzt? Wann passiert das? Ich meine ...«

Er öffnet und schließt das Handschuhfach, klickt mit dem Knopf.

»Hör auf.«

Er hört auf.

»Ich meine, Scheiße, kannst du nicht einfach mal ...« Ich will sagen *halblang machen.* Aber es würde falsch klingen.

»... halblang machen? Kannst du nicht einfach mal halblang machen?«

Schon wieder das Handschuhfach.

»Hör auf.«

Er hört auf.

»Ich meine, das alles wird so verdammt langweilig.«

» – «

»Wirklich beschissen langweilig. Eine Zeit lang war es ja witzig, dieser ganze fernsehreife Kram, aber das ist vorbei. Es ist schon eine ganze Weile langweilig.«

»Tut mir Leid, Kumpel. Tut mir Leid, wenn ich dich langweile.«

»Und ob du das tust. Dieses ganze unglaubliche Gejammer, die Ungewissheit, das Suhlen in …«

»Bitte. Fass dir an die eigene Nase. Gerade du musst davon reden, du kommst doch von deiner Familienscheiße nicht los. Gerade du …«

»Wir reden hier nicht von mir.«

»Oh doch, natürlich tun wir das. Immer. Irgendwie tun wir das immer. Ist das nicht offensichtlich?«

»Scheiße, jetzt hör mal zu. Ich hätte nicht herkommen müssen.«

»Dann hättest du es besser gelassen.«

»Ich schmeiß dich gleich aus dem Fenster.«

»Mach doch. Na los.«

»Ich sollte es wirklich tun.«

»Ich meine, wie viel machst du dir eigentlich aus mir, abgesehen von meinem Nutzen als warnendes Vorbild, als Vertreter für jemand anderen, für deinen Dad, für die Leute, die dich enttäuschen …«

»Du bist ihm so ähnlich.«

»Scheiße. Ich bin aber nicht er.«

»Doch.«

»Lass mich raus.«

»Nein.«

»Das bin nicht ich. Darauf lasse ich mich nicht reduzieren.«

»Das hast du selbst getan.«

»Ich bin mehr als das.«

»Tatsächlich?«

»Du kannst mich nicht benutzen, um es deinem Dad heimzuzahlen. Dein Dad ist keine Lektion. Ich bin keine Lektion. Du bist kein Lehrer.«

»Du hast es so gewollt. Du wolltest die Aufmerksamkeit.«

»Egal. Ich bin bloß noch einer von denen, deren Tragödien deiner Meinung nach so gut in die Gesamtbotschaft passen. Die Leute, die zurechtkommen, bei denen es glatt läuft, interessieren dich gar nicht so sehr, was? Die Leute geben keine Story ab, was?«

Neben uns ein Laster mit drei Kindern im Bett. Er wird losrollen.

»Und all das nur, um was zu beweisen. Ich meine, es ist doch seltsam, dass jemand wie Shalini, die nicht gerade deine engste Freundin war, auf einmal so ungeheuer wichtig für dich ist. Und wieso? Weil deine anderen Freunde das Pech hatten, kein Pech zu haben. Die einzigen Leute, die Sprechrollen bekommen, sind die, deren Leben ins Chaos stürzt ...«

»Ich darf das.«

»Nein.«

»Ich darf das ...«

»Nein. Und der arme Toph. Ich wüsste gern, wie viel Mitspracherecht er bei der ganzen Sache hat. Du behauptest, er habe seine volle Zustimmung gegeben, es für toll gehalten, zum Brüllen etc. und vielleicht stimmt das ja auch, aber wie glücklich ist er wohl dabei? Das ganze Unternehmen ist einfach abstoßend.«

»So was geht über deinen Horizont. Du weißt gar nichts über uns.«

»Oh Gott.«

»Es ist Erleuchtung, Inspiration. Beweis.«

»Nein. Willst du wissen, was es ist? Unterhaltung. Wenn du genügend Rückzieher machst, wird alles zur Show. Du bist mit allen Annehmlichkeiten aufgewachsen, ohne Gefahr, und jetzt musst du sie suchen, selber produzieren oder, was noch schlimmer ist, das Unglück von Freunden und Bekannten ausnutzen, um dein eigenes Leben ein bisschen dramatischer zu gestalten. Aber du kannst echte Menschen nicht so herumschieben, ihnen Arme und Beine verdrehen, sie in Position bringen, anziehen, reden lassen ...«

»Ich darf das.«

»Nein.«

»Es steht mir zu.«

»Nein. Sieh mal – es steht dir einfach nicht zu. Du bist wie ein ...

ein Kannibale oder so was. Kapierst du nicht, dass es Menschenfresserei ist? Du … machst Lampenschirme aus Menschenhau…«
»Oh Jesus.«
»Lass mich raus.«
»Ich kann dich hier nicht rauslassen.«
»Lass mich raus. Ich gehe zu Fuß. Und ich will nicht dein Treibstoff sein, dein Essen.«
»Ich würde es für dich tun.«
»Stimmt.«
»Ich würde mich von dir essen lassen.«
»Ich will dich nicht essen. Und ich will dich nicht verschlingen. Ich will dich nicht als Treibstoff benutzen. Ich will nichts von dir. Du meinst, weil man dir etwas genommen hat, kannst auch du einfach nehmen und nehmen – einfach alles. Aber du solltest wissen, dass nicht jeder jeden dauernd fressen will, dass nicht jeder …«
»Wir alle ernähren uns voneinander, dauernd, täglich.«
»Nein.«
»Doch. Das tun wir, wir sind Menschen.«
»Für dich geht es nur um Blut und Rache, aber eigentlich geht es um mehr, oder eher weniger, als das. Nicht jeder ist so zornig und verzweifelt und hungrig …«
»Du kannst mich haben.«
»Igitt. Nein.«
»Ich mache dich stärker.«
»Ich bin fertig mit dir.«
»Bist du nicht. Du wirst wieder kommen. Du wirst immer etwas brauchen. Du wirst immer jemanden brauchen, den du vollbluten kannst. Du bist unvollständig, John …«
»Du hast gerade die Ausfahrt verpasst.«

Shalini gab eine Riesenparty. Ein Jahr war seit ihrem Sturz vergangen, und sie war raus aus dem Krankenhaus, war nach L.A. heimgekehrt, um bei ihrer Mom und ihrer Schwester zu leben. Sie machte täglich Fortschritte, konnte beinahe alles wieder tun, obwohl ihr Kurzzeitgedächtnis noch ungeordnet und unzuverlässig war. Alles, was vor mehr als einem Jahr geschehen war, war weg. Oft konnte sie sich nicht erinnern, was vor einem Tag oder einer Stunde passiert war. Man musste ihr fast täglich von dem Unfall berichten, und wann immer sie die Geschichte hörte, war sie platt. »Wow«, sagte sie dann, als sei es gar nicht ihre eigene Geschichte. Doch sie arbeitete an ihrem Gedächtnis, hatte Flashcards, einen Privatlehrer, ein Tagebuch, in dem sie die Ereignisse des Tages notierte, ein Papiergedächtnis für die Dinge, die geschehen waren. Sie war so weit und die Prognosen waren so gut, dass ihre Familie zu ihrem sechsundzwanzigsten Geburtstag eine Riesenparty in ihrem Haus geplant hatte, wo es alles Mögliche zu essen geben sollte, einen DJ, Tanz, Fackeln um den Pool, hundert Leute oder noch mehr.

Toph und ich fuhren runter. Ich wusste nicht, was ich ihr schenken sollte, und tat, was ich in dieser Situation normalerweise immer tue: Ich bat Toph, ihr etwas zu machen. Er hatte eine Reihe von Jesus-Figurinen aus buntem, brennbarem Ton gemacht – Jesus mit offenem Mund, Smoking und Gehstock (»Galaabend-Jesus«), Jesus mit blonder Perücke und rosa Damenkostüm (»Hillary-Jesus«) und Jesus in einem weißen Schlafsack mit rotem Kreuz (»Ich-übernachte-bei-Freunden-Jesus«), komplett mit einer winzigen Dose Juckpulver. Sie waren total klasse und die Empfänger freuten sich immer sehr, doch er behauptete, er habe keine Zeit mehr, Sachen für *meine* Freunde zu machen. Und auch meine zweite Idee ging den Bach runter, als er sich weigerte, das Buch *Mormon* herauszurücken, das er über eine gebührenfreie Telefonnummer bestellt hatte. Auch gut.

Als wir nach L.A. kamen, setzte ich ihn bei Bill in Manhattan Beach ab und fuhr zu Shalini, hielt unterwegs am Einkaufszentrum an, wo ich einen Katzenkalender, ein Buch über die Boy-Group Menudo und ein paar Briefbeschwerer kaufte – 54 Dollar für ein kurzes Lachen. Ich fand das Haus, das hoch auf einem Hügel an einer breiten, dunklen Straße gelegen war. Überall standen

Autos, zu beiden Seiten der Straße; ich musste einige Blocks weiter weg parken. Man konnte die Musik aus fünfhundert Metern Entfernung hören, die Lichter im Garten sehen. Ich hatte Angst. Ich hatte Shal seit Monaten nicht gesehen, wusste nicht, was mich erwartete.

Ich klopfte an die Riesentür, und als man mich einließ, sah ich überall Leute, Stapel von Geschenken auf dem Tisch, auf dem Boden, ungeheuer große, wunderschöne Geschenke, im Wohnzimmer waren Leute, im Fernsehzimmer und hinten im Esszimmer, wo eine ganze Menschenmenge mit irgendetwas beschäftigt war, dann noch um die fünfzig auf der Terrasse, um den Pool herum, umgeben von Fackeln, die den Garten in feuriges Licht tauchten.

Ihre Mutter sagte, Shalini sei oben und ruhe sich aus. Ich ging die mit Teppichen ausgelegten Stufen hinauf und folgte den Stimmen, die durch den Flur klangen. Sie saß auf ihrem Bett mit Blick auf den Pool, strahlte und funkelte, ganz die Alte.

»Hello, Darling«, sagte sie.

Wir umarmten uns. Sie hatte sich schick gemacht, trug Seidenbluse und Minirock.

Ich erzählte ihr, wie mein Wagen auf dem Weg nach L.A. liegen geblieben war – was stimmte –, wie ich Bills Wagen geliehen und damit zu ihr gefahren war, wie großartig die Party offensichtlich laufe, die vielen Fackeln im Garten, die vielen Leute, der Pool …

Sie schaute aus dem Fenster auf den Pool hinab, der wie ein Himmel glühte, die Menschen zeichneten sich als Silhouetten dagegen ab.

»Ja, aber wozu das Ganze?«, fragte sie.

Sie wusste nicht, warum all diese Leute hier waren. Man sah ihr an, wie sie ihr Gedächtnis nach einem Grund durchkramte: vergebens.

»Du hast heute Geburtstag«, sagte ich.

Ihre Schwester Anuja und ich erklärten ihr die Sache mit der Geburtstagsparty.

»Aber wozu der ganze Wirbel? Ich mein, ich weiß, dass ich ganz schön beliebt bin und so, aber mal ehrlich!« Sie lachte kurz auf.

Anuja und ich skizzierten ihr kurz die ganze Geschichte, erzählten etwas von einem Sturz und einem Koma, von einer unglaublichen Genesung. Und wie immer, wenn wir mit der Geschichte zu Ende waren, war Shalini total überrascht.
»Das ist un*glaub*lich«, sagte sie.
»Yeah«, sagten wir. »Du hast Glück gehabt.« Niemand spricht von ihrer Freundin, die bei dem Einsturz umkam.
»Wow. Ich mein, danke, *lieber Gott*«, sagte sie auf ihre Valley-Art und rollte mit den Augen. Gott klang wie *Goooohhht*.
Schließlich kam sie nach unten, tanzte ein wenig auf dem Parkett, das sie am Pool gelegt hatten. Die Geschenke wurden überreicht, und es gab ein Abendessen, und Carla und Mark waren da, und auch alle anderen aus jenen Krankenhauszeiten. Der Ausblick und die warme Brise, die vom Meer heraufwehte, gaben dem Abend etwas Euphorisches, wie es auch vorgesehen war. Die Leute liefen umher mit Tränen in den Augen, vor allem Shalinis Mutter, die ich, seitdem ich sie kannte, niemals anders erlebt hatte. Als die Party allmählich ihrem Ende zuging und Shalini sich wieder oben hingelegt hatte, ging ich mit ihrer Mutter zur Tür.
»Übrigens habe ich den Eigentümer gesucht«, sagte ich.
»Wovon reden Sie?«
»Den Eigentümer, dem das Gebäude gehörte.« Ich erzähle ihr, wie ich den Prozess in den Zeitungen verfolgte, den Prozess gegen den Eigentümer, der für die baufällige Dachterrasse verantwortlich war, wie ich ein halbes Dutzend Mal zum Gericht gelaufen war und ihn gesucht hatte, dass ich in die Sitzungen und den Mann sehen wollte. Ich malte mir aus, was ich mit ihm anstellen würde, wenn wir beiden einen Augenblick allein wären – dass ich ihm, wenn ich mich mit ihm an einem dunklen, verlassenen Ort wiederfände, meine Faust durch den Kopf rammen würde.
»Haben Sie den Prozess gesehen?«, fragte sie.
»Nein, ich bin immer zum falschen Sitzungssaal gegangen oder sie hatten die Verhandlung verlegt. Sie haben die Verhandlungen ständig verschoben. So saß ich dauernd in leeren Sälen und wartete …«

»Sagen Sie Shal, dass ich gehen musste.«
Ich ging in dem Bewusstsein, womöglich nie mehr zurückzukommen. Ich sagte, ich würde wiederkommen – vielleicht an Thanksgiving –, aber ich wusste, dass wir Kalifornien verlassen würden, Toph und ich, dass wir erschöpft waren und uns gejagt fühlten …

Auch ansonsten war jedermann im Aufbruch oder schon fort. Flagg war nach New York gezogen, um sein Studium zu beenden, dann zog auch Moodie dorthin, um eine Stelle anzutreten, und schließlich Zev. Kirsten ging nach Harvard mit ihrem neuen Freund – er studierte Jura, sie war auf ein Diplom in Betriebswirtschaft aus, kurzum ein nettes Paar, ein unangefochtenes Paar, und ich überraschte mich selbst dabei, mich unendlich für Kirsten zu freuen – und auch wir ziehen davon, weil es mich allmählich in tausend kleine Stücke reißt, jeden Tag zur Arbeit zu gehen, diese dämliche Autofahrt jeden Tag, dieselben Straßen, Hügel, und weil ich immer noch keine Krankenversicherung habe und wir die winzige, laute Wohnung gründlich satt sind wie auch die Nähe zu all diesen schrecklichen Nachbarn, die nichts verstehen, die wie wir sein und verstehen sollten, stattdessen verstehen sie rein gar nichts, und ich bin es leid, gegenüber einem Altenheim zu wohnen, dessen Bewohner gleich beim Aufstehen sehen zu müssen, wie sie auf ihrer Veranda herumwuseln, sich fein machen, um ins Gemeinschaftszentrum hinunterzugehen, ihre Badehauben aufziehen und ihre gemächlichen Runden im Pool drehen …

Es gibt zu viele idiotische Echos hier, überall. Sogar ein Strand wie Black Sands erweckt sie wieder zum Leben, ruft die Erinnerung wach, wie sie in ihren letzten Lebensmonaten vom Auto aus zugesehen hat. Als Toph ein Strandfußballspiel hatte, saßen Beth und ich am Spielfeldrand, feuerten ihn an oder ließen abfällige Bemerkungen über den Trainer fallen, derweil sie im Wagen blieb, den wir auf dem Parkplatz hoch über dem Spielfeld geparkt hatten.

Wir konnten sie sehen, wie sie sich über das Lenkrad vorbeugte und angestrengt nach uns spähte, um das Geschehen mitzubekommen.
Wir winkten. *Hi, Mom!*
Sie winkte zurück.
Sie konnte nicht runter zum Spielfeld gehen, konnte sich das letzte Mal, als wir hier waren, die Tour runter zum Strand nicht zumuten, damals, als Beth Examen machte und ich nach San Francisco geflogen kam, als sie, Beth, Toph und ich nach der Zeugnisverleihung an die Küste fuhren, durch Monterey, und als wir am Strand in Carmel anlangten, sagten wir ihr, wir seien gleich wieder da, und rannten die hohen Dünen hinunter, rannten ans Wasser hinunter, Toph erst sieben damals, zum ersten Mal in Kalifornien. Beth und ich taten so, als wollten wir ihn ins Meer werfen. Wir droschen mit langen Büscheln von braunem, gummiartigem Seegras aufeinander ein. Wir blickten auf zum Wagen und winkten. Sie winkte zurück, von hoch oben über dem Strand, wo sie alles übersehen konnte. Und nachdem wir noch etwas herumgetollt waren und Toph Sand ins Haar gestreut und Beth dazu gebracht hatten, eine tote Qualle zu küssen, gingen wir wieder zu unserer Mutter hinauf, in dem Wissen, dass sie alles gesehen hatte, mächtig stolz auf uns alle war, aber als wir die Düne erklommen und uns dem Auto näherten, sah es beinahe so aus, als schlafe sie.
Sie schlief. Ihre Hände ruhten auf ihrem Schoß. Sie hatte nicht gewinkt.
Heute nun ist der Wind ideal. Es ist nämlich beinahe windstill. An diesem Strand, Black Sands, geht meistens ein Wind, der vom Meer kommt und alles versaut, weil er das Frisbee weit in dieses kühle Wasser treibt, so dass ich in meinen Shorts mit steifen Beinen hineinwaten muss, um die Scheibe wieder rauszufischen. Doch heute weht kein Wind, außerdem ist sonst so gut wie niemand hier, was bedeutet, dass wir den größten Teil des Strands oder zumindest unseren Abschnitt für uns haben, was wirklich etwas heißen will, auch wenn es nur für eine Stunde ist.
Wir haben uns enorm verbessert. Ich meine, wir haben wirklich

gut angefangen, als er noch jünger war, als wir zuerst hierher gezogen sind – er war all seinen Altersgenossen um Jahre voraus, war der Glanzpunkt bei den Ultimate-Frisbee-Spielen im sommerlichen Zeltlager, sie verehrten ihn, die anderen Kids – ihr hättet die jüngeren Kids sehen sollen, wie sie sich um ihn geschart haben, oh, und wenn er seine Baseballkappe abnahm und sein langes blondes Haar ins Gesicht fallen ließ – einmal wurde ein Junge regelrecht ehrfürchtig: »Du solltest keine Kappe tragen«, sagte er, »deine Haare sind wahnsinnig.« So ein kleiner Junge, ich war genau in diesem Augenblick dort, es war Elterntag. Na ja, jedenfalls hatte Toph, was das Werfen anging, damals nicht die Möglichkeiten, die er heute hat, und seine Kunststücke, er kennt einige Kunststücke – und auch ich habe immer ein paar Kunststücke auf Lager gehabt, die ich vorführen konnte, wie etwa den Trick, bei dem ich auf das Frisbee zulaufe, wenn es etwa in Brusthöhe angeflogen kommt, und wenn ich die Scheibe fast erreicht habe, springe ich darauf zu, mache eine Art 180-Grad-Salto in der Luft – wenn man's recht bedenkt, ist es wohl eher ein 360-Grad-Salto, weil ich – yeah, also ich überschlage mich in der Luft, fliege der Frisbeescheibe, die sich auf mich zubewegt, entgegen und, wenn ich genau … wenn mitten im Salto mein Rücken der Scheibe zugewandt ist, das ist der Moment, in dem ich sie fange, es ist also wie ein Hinter-dem-Rücken-Fangen, mitten in der Luft, aber, wenn es optimal gelingt, mit der Drehung und alldem, lande ich – das müsst ihr euch mal reinziehen – mit dem Gesicht zu Toph. Ein Salto. Das ist ein verdammt cooler Trick, wenn er gelingt, was nur hin und wieder der Fall ist, bei mir jedenfalls, obwohl ich echt verflucht gut bin … Also die Sache ist die, dass Toph genau diesen Trick versucht und dabei eine wesentlich höhere Erfolgsquote hat als ich. Dennoch verpatzt auch er ihn noch häufig genug, kommt gegen die Frisbeescheibe und schlägt sie weg, was mich zusammenzucken lässt, weil unsere Scheibe alle paar Monate zerbricht, und immer liegt es an so etwas, am Abprallen der Frisbeescheibe, so dass sie auseinander bricht, und es passiert immer, wenn wir gerade am Strand oder sonst wo angekommen sind. Obwohl es

natürlich dicker Kunststoff ist – wir benutzen nur die wirklich schweren Scheiben …
Er führt also den Trick vor, der cool anzuschauen ist, aber er macht auch, bevorzugt sogar, all diese dämlichen Tricks, wirklich scheißdämliche Tricks, Tricks, die eigentlich gar keine Tricks sind, sie sind einfach nur blöd, weil er sich immer schon mehr für dämlichen, albernen Scheißkram interessiert hat als für normale Dinge wie Die-Punkteliste-Führen und so etwas – er kann also ein Kunststück, bei dem er sich, wenn das Frisbee ankommt, auf den Bauch legt und so lange wie möglich liegen bleibt, bevor er im allerletzten Moment aufsteht und dann … ein paar Schritte tut und das Frisbee auffängt. Das ist alles. Ein ganz schön dämlicher Scheißtrick, hab ich Recht? Ich meine, es ergibt überhaupt keinen Sinn, wenn man es recht bedenkt, es ist die unspektakulärste Sache von der Welt. Er aber kriegt darüber einen Lachanfall, wirklich. Lacht wie ein Idiot …
Das Morphium butterte sie ganz schön runter, doch ihr Atem war noch kräftig. Er war unregelmäßig, aber du hättest sie atmen hören sollen – wenn sie atmete, dann in kräftigen Zügen, energisch, es war ein heftiges Einziehen der Luft. Ihre Glieder rührten sich nicht mehr, sie war jetzt ganz still, ihr Kopf zurückgelegt, bloß das Atmen, wie ein unregelmäßiges Schnarchen. Immer mehr wie Schnarchen, mitsamt dem Knirschen, dem Schnappen nach Luft. Wir blieben Tag und Nacht auf, weil man ja nie wusste. Wir schoben unsere Sessel an ihr Lager, rollten uns zusammen und schliefen, hielten ihr die Hand, doch bald brach die Flut herein. Es begann mit einer Veränderung ihres Schnarchens. Es klang mit einem Mal irgendwie runder, hörte sich mehr nach Flüssigkeit an. Dann war es beinahe ein Rasseln. Ihr Atem ging schwerer, sie schien nicht nur Luft, sondern auch Wasserblasen anzusaugen – was war das für ein Geräusch? – und Beth und ich waren bei ihr, jeder an einer Seite, und mit jedem Atemzug sog sie, sog immer kräftiger wie das auslaufende Meer an einem Boot, das noch an der Kaimauer festgemacht ist, der Motor läuft bereits, aber etwas hält es zurück, lässt es nicht los. Mit jedem Atemzug sog sie stärker.

Und das Rasseln, das Brodeln wurde immer ausgeprägter, sie sog eine Wanne Wasser oder Flüssigkeit auf, später einen See, ein Meer, einen Ozean, sog sie auf – der Flüssigkeitsandrang nahm kein Ende, die Flut in ihr stieg und stieg und machte ihre Atemzüge immer kürzer wie bei einer Ertrinkenden, wenn das Wasser steigt und es kein Entrinnen ... Aber aus diesem Atmen sprach auch Intelligenz, und auch Leidenschaft steckte in diesem Atmen, alles war da, wir konnten dieses Atmen anfassen und seine Hand halten, auf seinem Schoß sitzen und fernsehen, ihr Atem wurde rascher und kürzer und rascher und kürzer und dann flach, ganz flach, und in diesem Moment liebte ich sie keinen Deut weniger als sonst, da ich sie so kannte, wie ich sie zu kennen glaubte – oh, sie war am Ende, sie war hinüber, eine Woche vielleicht unter Morphium, und sie konnte jeden Augenblick abtreten, ihre Organe brachen zusammen oder waren bereits ausgefallen, keiner wusste, was sie noch am Leben hielt, aber sie sog diese Luft ein, sie atmete so unregelmäßig, so schwach, aber sie tat es mit dem Mut der Verzweiflung, jeder Atemzug verlangte ihr das Äußerste ab, ihre kleine Person, mit der schönen gebräunten glänzenden Haut, Beth und ich über ihr, ohne zu wissen, wann ... sie aber atmete und atmete, unvermittelt, besorgt, unnachgiebig – und ich will nur hoffen, dass es nicht aus Bedauern geschah, dass kein Bedauern aus diesem Atmen sprach, obwohl ich es besser weiß; ich träume, dass es sehr wohl Bedauern war, denn wenn ich dieses Atmen höre, höre ich die Wut – sie konnte *verdammt noch mal nicht glauben*, was mit ihr geschah. Noch im Morphiumschlaf und selbst als wir bloß noch warteten, auf etwas warteten, war sie plötzlich wieder da, richtete sich auf und sagte etwas, schrie es hinaus, einen Alptraum – wütend über den ganzen Scheiß, darüber, dass so etwas wie das hier tatsächlich passierte, dass sie uns alle zurückließ, Toph – sie war nicht bereit dazu, nicht einmal annähernd, war nicht entschlossen, hatte nicht resigniert, war nicht bereit ...

Und während wir das Frisbee werfen, geht ein nackter Mann vorbei, ich sehe ihn zuerst, als er direkt an mir vorübergeht, zwischen mir und dem Wasser. Er ist etwa so groß wie ich, dünn, blass, knöcherner Arsch, und er geht an mir vorbei, den Strand hinunter in Tophs Richtung. Erst mache ich mir Gedanken um Toph, der jetzt diesen Mann erblicken muss, nicht nur dessen Hintern, sondern auch das ganze Geschehen auf der Vorderseite, dieser Mann, der auf Toph zugeht, unverfroren, stolz sogar, und eine Weile, auf einer Strecke von fünfzig Metern, die der Mann sich ihm nähert, beobachte ich Toph, will wissen, ob er hinsieht oder lacht oder von derart menschlicher Nacktheit angewidert ist, in ihrer Blässe, Ungeschminktheit, Pathetik, Lächerlichkeit und vielleicht Verzweiflung, vielleicht Bedürftigkeit, von Fremden angestarrt zu werden – und Gott weiß, was für abartige Blicke der nackte Typ ihm zuwerfen wird, von der Art, wie sie nackte Typen immer parat haben – aber dann beobachte ich Tophs Gesicht, und er sieht den Mann nicht einmal an. Er tut sein Bestes, ihm auszuweichen, indem er sich übertrieben auf seine Würfe konzentriert, ganz ernst, als sei dieser Wurf so immens wichtig, dass man diesem nackten Mann nun wirklich keine Beachtung schenken kann – es ist tatsächlich irgendwie witzig, geradezu eindrucksvoll, echt – und dann ist der Mann an ihm vorüber, ist verschwunden, geht zum Ende des Strands zu der sonderbaren Klippe, die in die brandenden Wellen hineinragt, und Toph wird diesen nackten Mann nie mehr wiedersehen müssen …

Und wir werden bereit sein, am Ende eines jeden Tages bereit sein, werden zu allem Ja sagen, werden wach zu bleiben versuchen, wenn alle schlafen, werden nicht schlafen, werden Schuhe mit den Heinzelmännchen machen, werden die ganze Zeit über tief atmen, werden die mit Glas, Nägeln und Blut gefüllte Luft tief einatmen, werden sie atmen und trinken – wie mächtig sie doch ist –, so dass wir, wenn es so weit ist, nicht wütend sind, sondern zufrieden, erschöpft genug, um abzutreten, dankbar, werden allen die Hand schütteln, Tschüss, Tschüss, eine Tasche packen, ein paar Brote und zum Vulkan ziehen …

Toph führt noch ein Kunststück vor, bei dem er – also: Zuerst werfe ich ihm das Frisbee zu, und er fängt es ganz normal auf.

Während er dann so steht, steckt er sich einfach, er steckt sich die Frisbeescheibe einfach langsam und bedächtig in den Mund, wie ein Hund. Wenn er sie im Mund hat, macht er einen kleinen Hüpfer, als habe er sie gerade mit dem Mund gefangen. Fangen, in den Mund stecken, dann einen kleinen Hüpfer. Er ist kein bisschen witzig, dieser Trick, er ist jämmerlich, unglaublich dumm. Und was das Tragische daran ist, er macht es vor anderen Leuten, er glaubt, die Leute würden darüber lachen, was einfach unglaublich ... Er lacht natürlich, liebt es über die Maßen. Doch noch immer kann er nicht – ich weiß noch nicht einmal, ob er ihn schon ausprobiert hat – meinen großen Trick, den, wo ich ein Rad schlage und die Frisbeescheibe in dem Moment mit *einer* Hand fange, in dem ich auf dem Kopf stehe. Das ist ein großartiger Trick, ein besonderes Bonbon für die Menge, aber er hat ihn noch nicht versucht, und ich weiß nicht, warum. Aber er wirft gut, und man muss gut werfen, damit der Trick mit dem Radschlagen funktioniert, man muss das Frisbee flach werfen, einen knappen Meter über der Erde, und nicht zu fest und nicht zu eiernd – einfach ein schöner, gerader Wurf. Und er muss auf meine rechte Seite kommen, weil der Trick mit links nicht klappt. Auch wenn Toph den Trick selbst nicht kann, kann ich nicht auf ihn verzichten, wenn ich das Kunststück zum Besten geben will, weil er der Einzige ist, der das Frisbee richtig werfen kann, jedes Mal, was fürs Erste genügt, aber er wird ihn schon bald selber vorführen, er kann alles früher als ich, schlägt mich in jeder Sportart, beim Basketball lande ich keinen einzigen Treffer, die Bälle prallen ab in mein Gesicht und er freut sich, stimmt ein Triumphgeschrei an, ist schon beinahe so groß wie ich, ist fünfzehn Zentimeter größer als ich in seinem Alter, wird mich innerhalb eines Jahres überragen.
Es ist nie zu windig an diesem Strand, es ist einfach mild, die Luft weht umher, tüddelig und weich, und weil dem so ist, fragt man sich, warum jemals jemand zu Ocean Beach gehen sollte, wo es immer wahnsinnig windig ist, so dass man nichts anfangen kann, und schwimmen kann man dort auch nicht, und der Wind versaut dir eben jeden Wurf, es sei denn, man steht sich direkt gegenüber

und lässt das Frisbee hin- und herdümpeln wie zwei Weicheier. Um das Frisbee werfen und daran Spaß haben zu können, brauchen wir etwas Stille, weil wir dem Scheißding *Flügel machen* müssen. Und natürlich bleiben die Leute stehen und schauen uns zu, wir sind eben verdammt gut. Jung und Alt, ganze Familien stehen zusammen und machen Oh und Ah, Tausende, sie haben sich was zum Picknicken mitgebracht, Ferngläser …

Nicht dass wir Frisbee-Fanatiker wären – wir tragen keine idiotischen Stirnbänder oder so was – wir sind einfach nur gut, echt megamäßig – wir werfen die Scheibe hoch und weit. Wir stellen uns so weit voneinander entfernt auf, wie wir nur werfen können … Also schickten wir einen Strauß Blumen dorthin, und Lance, der ihr immer am nächsten gestanden hatte, wollte zu ihrer Beerdigung fahren, war aber gerade erst aus New York zurück … Also schickten wir einen Kranz von uns allen und mussten sie nicht einbalsamiert und kalt sehen, so dass wir einfach denken konnten an … Und alles, was mit vierundzwanzig, fünfundzwanzig noch möglich schien, ist jetzt nur noch ein Witz, eine so lächerliche Illusion, jeder Geburtstag eine Gräueltat … Und heute steht das Goldkästchen auf dem Küchentresen, und darin bewahren wir die Visitenkarten meines Vaters auf und einen winzigen Pullover, den meine Mutter für einen Teddybären gestrickt hat, und ein bisschen Kleingeld und einige Stifte und einen Deckel für irgendwas, für ein Kameraobjektiv vielleicht, der nicht mehr passen wollte …

Oh, Mist, ich wollte ja was anderes erzählen: Also Toph hat noch einen anderen Trick auf Lager, bei dem er die Frisbeescheibe normal fängt – ich werfe sie direkt auf ihn zu, ein Standardwurf, und nachdem er sie gefangen hat, geht er ein paar Schritte vorwärts, macht eine Rolle vorwärts, einen Salto, mit der Frisbeescheibe auf dem Kopf, als hätte er sie mitten im Salto gefangen – du solltest ihn jetzt sehen, er ist mit einem Mal so groß, er wird einmal ein Riese, zwei Meter zehn, vierzig, siebzig – mit Sicherheit der größte Mann, den wir je in unserer Familie hatten und haben werden …

Am besten gelingen uns die weiten, hohen Würfe. Wenn man vier, fünf Schritte Anlauf nimmt und die Frisbeescheibe in die Luft schleudert – es ist beinahe wie beim Kugelstoßen, die Schritte, vier oder fünf schnelle, einer über den anderen, eine Art Seitwärtsschritt –, und dann jagt man dieses Scheißding in die Luft, es hat etwas derartig Gewaltsames an sich, dieses weiße Ding zu werfen, erst drückt man es an seine Brust und dann schleudert man das Scheißding in die Luft, so fest man nur irgend kann, während man es auf Höhe und auf Kurs schickt, aber ansonsten schleudert man es mit allem, was man ihm mit auf den Weg geben kann, in die Welt, als hätte es Klingen, mit denen man den papierblauen Himmel wie eine Leinwand glatt durchschneiden, sie einreißen könnte, und sei auch dahinter nichts als Blut und schwarzes All. Oh, ich werde dich nicht heilen, John, oder sonst jemanden von euch. Ich habe es millionenfach versucht, euch zu heilen, aber dieser Wunsch, euch zu retten, war nicht richtig von mir, weil ich euch lediglich fressen wollte, um selbst stärker zu werden, ich wollte euch alle verschlingen, ich war ein Krebsgeschwür – oh, aber ich tue das euch zuliebe. Seht ihr nicht, dass ich es euch zuliebe tue? Ich habe das alles für euch getan. Ich tue so, als hätte ich es nicht für euch getan, aber das stimmt nicht. Ich fresse euch, um euch zu retten. Ich trinke euch, um euch zu erneuern. Ich verschlinge euch alle, und ich stehe, triefend, die Hände zu Fäusten geballt, schwer atmend ... ich werde bescheuert aussehen, ich werde kriechen, durchnässt von Blut und Scheiße, ich werde ... Sieh dir diese Vögel an, auf ihren staksigen, dünnen Beinen und – es gibt keine Grenze, an der ich aufhöre und du anfängst. Ich bin erschöpft. Ich stehe vor euch Millionen, siebenundvierzig Millionen, vierundfünfzig, zweiunddreißig, wie viel auch immer, ihr wisst, was ich meine, ihr Leute ... und wo ist mein Geflecht? Ich bin nicht sicher, ob ihr mein Geflecht seid. Manchmal weiß ich, dass ihr da seid, und manchmal seid ihr nicht da, und manchmal, wenn ich unter der Dusche stehe und mir mit den Fingern durchs Haar fahre, denke ich an euch alle, an eure Millionen von Köpfen und Beinen, wie ihr unter Gebäuden steht, wie ihr sie herumschiebt, sie tragt, sie auseinander nehmt, neue Häuser baut – und ich bin dann dort bei euch, wenn ihr unter dem Scheißgebäude seid, ganz wie Tausendfüßler und so, ihr Motherfucker – und wenn Toph die Scheibe fängt, spannt er sich an vor Rage, stählt er sich mit einer Gewalt, sein Mund geöffnet, die Zähne gerade und fest aufeinander gepresst. Und wenn ich fange, mache ich es auch, ich spanne mich an vor Rage und schreie und bebe – könnt ihr es sehen? Himmelherrgott, seht euch diesen tierischen Wurf an, habt ihr gesehen, wie Toph das Scheißding geworfen hat, die Flugbahn dieses beschissenen Teils? Es wird weit über mich hinwegfliegen, aber ich kann unter ihm herlaufen, ich bin barfuß und laufe wie ein Indianer, und ich kann zurückschauen und es immer noch kommen sehen, ich kann Toph in der Ferne sehen, blond, vollkommen – es ist da oben und steigt, Himmelherrgottnochmal, es ist klein, aber dann hält es ganz da oben inne, verdeckt die Sonne für einen Augenblick, es ist langsamer geworden und bleibt stehen, und dann bricht sein Herz und es fällt … Und es kommt runter, und der Himmel ist ganz weiß vor Sonne und das Frisbee ebenso, aber ich kann es erkennen, ich kann das Scheißding sehen, ich kann es ausmachen, und ich renne unter ihm her, ich weiß, wo das Scheißding ist, ich werde darunter herlaufen und dieses Scheißding schlagen und unter ihm stehen, um zu sehen, wie es herabschwebt, mit Effet herabschwebt, ich schlage dich Motherfucker und ich bin da, wenn es nach unten und in meine Hände gleitet, meine Hände sind geöffnet, die Daumen als Flügel, weil ich da bin, bereit, es an mich zu drücken, während es sich noch einen Augenblick dreht, bevor es innehält und dann still ist. Ich bin da. Ich war da. Wisst ihr nicht, dass ich mit euch verbunden bin? Wisst ihr nicht, dass ich versuche, Blut zu euch rüberzupumpen, dass das hier für euch ist, dass ich euch hasse, so viele von euch Motherfuckern – wenn ihr schlaft, möchte ich, dass ihr niemals aufwacht, bei so vielen von euch möchte ich, dass ihr es einfach verschlaft, weil ich nichts anderes will, als dass ihr mit mir über diesen Sand wie Indianer lauft, wenn ihr den ganzen Tag verpennt, fickt euch ins Knie, ihr Motherfucker, oh, wenn ihr alle pennt, so viel schlaft, bin ich irgendwo auf einem blöden, wackligen Gerüst und versuche, eure idiotische Scheißaufmerksamkeit zu erringen, ich habe versucht, es euch begreiflich zu machen, habe einfach nur versucht, es euch begreiflich zu machen – was um Himmels willen muss geschehen, um es euch Motherfuckern begreiflich zu machen, was um Himmels willen muss geschehen, was wollt ihr, wie viel wollt ihr, denn ich bin willens und ich stehe vor euch und ich hebe meine Arme und biete euch meine Brust und meinen Hals und warte, und ich war so lange so alt, euch zuliebe, euch zuliebe, ich will es schnell und richtig direkt durch mich durch – Oh, tut's doch, tut's doch, ihr Motherfucker, tut's doch, tut's doch, ihr Arschlöcher, endlich, endlich, endlich.